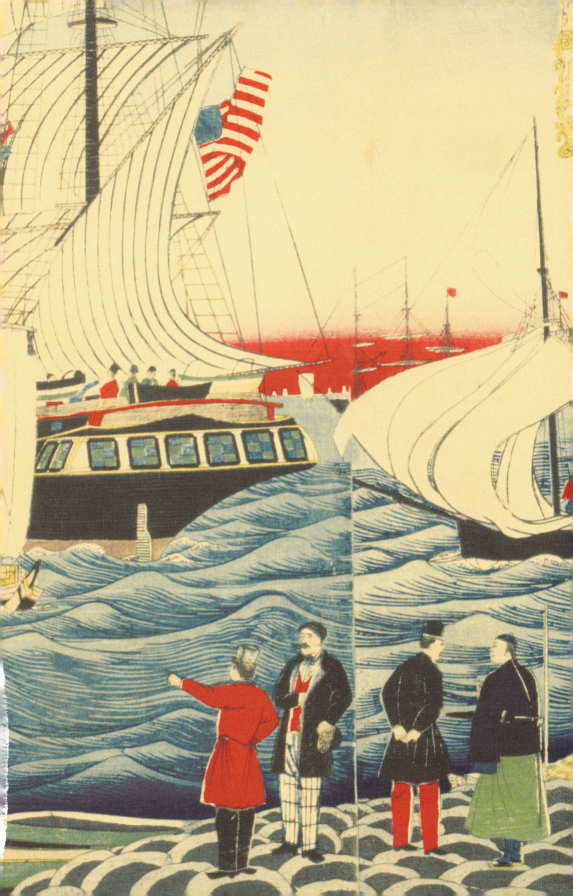

新语往还

中日近代语言交涉史

[日] 沈国威 著

社会科学文献出版社
SOCIAL SCIENCES ACADEMIC PRESS (CHINA)

目　次

导论编

第一章
新词研究与近代新词

一 近代新词之研究

20世纪80年代以后的20多年，是汉语词汇增长最快的时期。改革开放以后，中国对外敞开了自己的大门，外来的新事物、新概念接踵而至。人们需要新的词语来表述这些新事物、新概念，新词的增长正是这种社会生活变动的反映。与此同时关于新词的研究也随之有了长足进步，各种新词词典陆续出版，《现代汉语词典》（商务印书馆）等语文词典也为搜集、反映新词做了可贵的努力。2006年起国家教育部门开始公布年度《中国语言生活绿皮书》，其中收有当年的新词和流行词。

对于新词的产生、使用、普及、定型，以及由此引发的各种语言现象，从社会语言学、词汇学（造词法、命名法）等多个角度进行研究是语言工作者不可推卸的责任。近年来以新词为研究对象的论文、专著大量发表，[①]新词已经成为现代汉语词汇研究的一个重要方面。

但是，我们应该认识到新词的问题并非始于今日。早在19世纪末20世纪初，汉语已经有过一次大规模的新词问题了。对这一历史事实，王力（1900~1986）在20世纪50年代就曾指出：

> 鸦片战争以后，中国社会起了急剧的变化。随着资本主义的

[①] 仅以专书为例，如贺国伟《前卫词话》，南京大学出版社，2001；贺国伟《汉语词语的产生与定型》，上海辞书出版社，2003；汤志祥《当代汉语词语的共时状况及其嬗变——90年代中国大陆、香港、台湾汉语词语现状研究》，复旦大学出版社，2001；郭伏良《新中国成立以来汉语词汇发展变化研究》，河北大学出版社，2001；杨华《汉语新词语研究》，黑龙江教育出版社，2002；张小平《当代汉语词汇发展变化研究》，齐鲁书社，2008；等等。

萌芽，社会要求语言用工作上需要的新的词和新的语来充实它的词汇。特别是一八九八年（戊戌）的资产阶级改良主义运动前后，"变法"的中心人物和一些开明人士曾经把西方民主主义的理论和一般西方文化传播进来，于是汉语词汇里需要增加大量的哲学上、政治上、经济上、科学上和文学上的名词术语。

现代汉语新词的产生，比任何时期都多得多。佛教词汇的输入中国，在历史上算是一件大事，但是，比起西洋词汇的输入，那就要差千百倍。

…………

现在一篇政治论文里，新词往往达到百分之七十以上。从词汇的角度来看，最近五十年来汉语发展的速度超过以前的几千年。[①]

亚洲的近代是东西方冲撞、融合的时代，表达西洋近代文明的新概念随着西方列强贸易的和军事的扩张，如怒涛一般涌入东方。东方的各国为了国家、民族的生存和发展，不得不努力接受这些新的概念。而古老的汉字由于历史上的原因则成为汉字文化圈各国接受西方概念时的唯一选择。如此创造出来的大量的新词，在 20 世纪初的中国被称作"新名词"、"文明词"或"译词"。为了行文方便，本书将这些词统称为"新名词"或"近代新词"。[②]19 世纪以来的近代新词是西方文明的承载体和传播者，有时甚至就是西方文明本身。在日本的近代词汇研究中，这些词语被称为「新漢語」，即用汉字构成的新词。[③]「新漢語」这一名称表明，新的汉字词超越了汉语、日语、朝鲜语等个别语言的框架，成为汉字文化圈概念共享的

---

① 王力：《汉语史稿》，中华书局，1980，第 516 页。原注从略。

② 新名词是包括日常词语在内的"新词"的下位概念。毫无疑问，近代词汇的研究不应局限于以抽象词汇为主的新名词，而应该与生活、文化、宗教等方面的词汇研究互相补充。

③ 在日语中「語＝ご」是 word 的译词，「漢語＝かんご」意为使用汉字的词语，本书在以下的行文中称"汉字词"。一般日语使用者的「漢語」意识是用汉字书写，读汉字音（即日语接受古汉语发音后形成的发音体系），而对造词者的因素则不做特殊的考虑。另，在以下行文中，日语中汉字词（含汉字假名混用词）使用日本汉字并放在「」中，以示区别。

媒介。

　　我们必须指出，20 世纪 80 年代以后的新词是在 19、20 世纪之交的近代新词的基础上产生的，是二次性造词。从这一意义上说，今天的新词现象，只不过是 20 世纪初新名词问题的延续。近代新词给汉语带来的影响远比现在的新词要广泛、深刻得多。第一，近代新词提供了包括各学科基本术语在内的数千个学术词语，使我们有可能通过书面的或口头的形式来谈论近代以后的新知识；第二，近代新词中的新谓词，即采用二字形式的动词、形容词（含大量的二字非谓形容词）为汉语从文言文向口语文的过渡、实现语言的近代转型在词汇上做好了准备；第三，大量新词的出现同时为汉语词汇的进一步发展准备了一批造词成分和造词模式；第四，近代新词与今天的新词的最大不同之处在于它的完成是借助大量来自日语的词语而实现的。

　　但是，对近代新词形成的历史，我们还不能说已经做出了必要的总结。大型汉语辞典对近代新词的来龙去脉鲜有涉及，以近代新词为研究对象的专著也是凤毛麟角。[①]这种现状都需要我们加以改变。近代新词的研究是以记述新词，特别是其中的抽象词汇、学术用语的形成、造词机制，以及新词在汉字文化圈域内的交流史实为主要目的的；近代新词的研究还将为我们提供一个有益的视角来审视今天的新词问题。对于汉语来说，近代新词的研究应该完成下述两个主要任务：第一，对近代词汇体系的形成做出完整的、深入的描述；第二，对近代词语的大部分，尤其是时代关键词进行追根寻源的词史记述。

　　近代新词研究的成果最直接的社会回报形式是：如同《牛津英语词典》（OED）那样，在各种大型汉语辞典中增加详细的词史方面的记述。也就是说，近代新词研究可以告诉我们相当一部分现代汉语用词的"来龙去脉"。但是同时，近代新词研究的意义又远远超出了传统的词汇史研究的范围。语词是概念的载体，近代的新词是近代的诸种概念得以成立的物质保障。例如"自由""民主""个人""权利""义务"等人文社会科学的关

[①]　在此我们也许不得不提到冯天瑜的《新语探源——中西日文化互动与近代汉字术语生成》（中华书局，2004）。对该书笔者曾有文章加以讨论。参见沈国威《原创性、学术规范与"躬试亲验"》，《九州学林》2005 年冬季号。

键词;"原子""分子""细胞"等自然科学的术语,其概念的引介、确立、词汇化、普及、变异以及定型等历史过程的廓清不仅仅是词汇史层面的问题,而且可以说所有冠之以"近代"的史学研究——近代史、近代科学史、近代东西文化交流史、近代思想史等——都将与之发生密切的关联。对许多近代的新学科来说,术语的研究都是一个极其重要的内容,因为新概念的表达基本是靠词语来完成的。对于上述研究来说,术语史的记述是一项最基础的工作,而这样的研究毫无疑问需要各个学科的专家们的参与。因此,新词研究必然是一项跨学科的研究。我们甚至可以从书末参考文献中了解到,长期以来科学史等领域的术语研究一直走在词汇学研究的前面。近年,词汇研究和其他人文科学、自然科学史的研究相结合,更为我们展示了崭新的成果和令人兴奋的前景。

二 概念史的研究与词汇史的研究

近代新词的产生绝大部分并不是本族语言自然发展的结果,而是以外来新概念的导入为动因的,因此可以称为"外来影响词"。① 对于这些词的研究,既有概念史,即外来新概念导入史的一面,也有词汇史,即新词形成史的一面。前者需要回答外来新概念,在这里可以理解为来自西方的概念是怎样传入并被接受的:何人?何时?通过何种途径、手段(媒介)加以引介?引介的动机如何?外来的新概念汇入已有的知识体系时发生了什么事情?接受者是怎样理解和容受的?在容受的过程中是否发生了概念上的异变?等等。

而词汇史视角的研究方法如何?用一个词来指称一个概念叫"词化",或称"词汇化"。词化是对概念的命名,概念可以用一句话来表达,也可以用一个说明性或比喻性的词组、短语来表达。现代语言学的一个基本观点是:语言无优劣之分,不管是科学技术高度发达的社会所使用的语言,还是原始农耕社会所使用的语言,只要有必要,就可以表达任何一种概念,但并不是所有的概念都能词化。例如,英语中的哥哥、弟弟、姐姐、妹妹

① 关于外来影响词的性质等,《词库建设通讯》第7、8期(1995、1996)上有过讨论。

都不是单纯词（即一次性命名）。就是说，没有不能表达的概念，但是，有不发生词化的概念。在引入域外新概念时，能否发生词化要受各种因素的左右。一般来说，在语言生活中出现频率高的概念比较容易词化，否则将停留在词组和短语等说明性（非命名性）表达的层次上。外来的新概念在引介初期常常采取词组或短语的形式来表达，这一点只要看一看马礼逊（Robert Morrison，1782–1834）等人的早期汉外辞典就可以肯定。词组、短语常常在反复使用中逐渐凝缩成一个词。对于词化的全过程，我们需要考察诸如以下一些问题：

（1）造词的过程：词化是怎样实现的，由谁、何时、怎样完成的（概念的命名，或词组的凝缩）；

（2）词的完成度：作为复合词的理据性、词义的透明度；

（3）与旧有语词之关系：有无继承和冲突，互动情况如何；

（4）传播与普及：造词者个人的行为如何变成全体使用者的社会知识；

（5）词义的正确性：概念与词义的吻合性，与原词之间有无意义扭曲；

（6）使用过程中的变化：新词在编入现存词汇体系以后所发生的意义、用法上的变化。

概念史研究和词汇史研究，两者相辅相成，互为表里。概念需要用话语来表述，近代社会的核心概念，其词化常常是强制性的。我们对西方新概念的导入和词化的过程进行考察时，应该特别注意以下几点。

第一，动机。在19世纪初叶，外来概念的引介主要是由来华传教士们担当的。当时中外人士的交流受到严格的限制，传教士们不得不采取书籍、传单等间接的方式进行传教，即"文书传教"。这些印刷品毫无疑问是以宗教内容为主的，但又不限于宗教。因为来华的传教士认识到：为了改变中国民众的信仰，首先必须改变他们视西人为蛮夷的陈腐观念，这就需要向他们介绍西洋的各种情况，展示西方文化的优越性。这部分世俗性的内容，受到传教士个人专长、兴趣的影响。同时，现实生活也使传教士们深深体会到中西文化、制度上的巨大差异。尤其是那些令传教士们深恶痛绝的制度和现象，被不厌其烦地从不同的角度反复提及，希望中国也按照西方的办法行事，传教士们认为这是由野蛮向文明过渡的一个重要步骤。正是这种宗教的理由使传教士们在出版书籍引介近代西方新概念上表现了极大的热情。但是，传教士们对西方概念的介绍，归根结底是其传教工作的一部分。有一些在今天看来属于自然科学领域的知识，在当时则是以某种宗教上的动机介绍给中国的，例如合信（Benjamin Hobson，1816–1873）的博物学、韦廉臣（Alexander Williamson，1829–1890）的植物学等。在译介内容的选择上中国的合作者一直处于从属的地位。

第二，引介者。众所周知，16世纪以后的西学引介，在中国主要采取了传教士口述、中国士子笔录的方式。中国人没有走出国门，而是传教士们不远万里来到了东方。经过一段时间的努力，他们虽然掌握、精通了汉语，但是汉语终究不是他们的母语，加之汉语书面语和口语严重背离，这些都给引介者带来了极大的困难。笔录人员的知识素养也是一个左右引介成功与否的重要因素。中国士子绝大多数不懂外语，他们更重视译文的"雅驯"而不是"正确"。另一个不容忽视的问题是日本的造词。具有深厚汉学修养的日本兰学家既不同于来华的西方传教士，又不同于中国士子，他们是用什么方法翻译和造词的，与中国人的造词之间是否存在着不同之处？是否有日语的特殊性？这些都是需要加以解明的问题。

第三，词化的问题。这里有概念本身以及概念的体现形式两个侧面。外来的概念，有的是抽象的形而上学的知识，有的是具体的文物、产品，科学技术方面的术语也具有特殊性。不同性质、种类的概念，其词化过程也就不尽相同，必须区别对待。词化的实现方式也是一个需要加以考虑的因素。如下一章所述，跨语言的概念转移有"译"与"借"两种方式，译词与借词在意义的可理解性和定型过程中各具特色。

第四，文化交流与语言接触的视角。近代新词的本质是汉字文化圈的国家和地区用汉字接受、表达西方新概念。这是一个共创共享的过程，为此，汉语、日语分别做出了自己的贡献，并在新词的意义和用法上留下了各自的痕迹。在关于近代新词的考证上，东西文化交流与语言接触的视角是不可或缺的。

第五，跨学科研究的必要性。概念的容受过程中发生的种种事态常常构成了学科史的主要内容。例如，"自由""民主""权利""义务"等概念的引入与接受，就是近代思想史、政治制度史的研究课题。"哲学""物理""化学"等作为学科名称的确立也是该学科史研究中必须廓清的事实。这一工作既需要词汇研究视角的词源考证，也需要关于该学科的发生、发展的专业性知识。

三　关于本书

　　本书是一本词汇史的著作。笔者试图通过汉字文化圈近代词汇体系形成的视角，对现代汉语近代新词的产生、定型等历史事实做出阐述。关于汉语词汇的现代化，王力等做了开拓性工作，但是还有许多基本问题有待解决。中国和日本的新汉字词的创造以及围绕这些新词展开的词汇交流，是 19 世纪以降的汉语词汇研究的一个重要对象，也是本书的主要内容。本书的考察范围限于现代社会具有一般教育水平的人进行社会交际、知识性活动所必需的语词，对于那些较专业化的术语，本书无法做过多的涉及。关于近代新词的词源考证，从中国第一部近代意义上的国语辞典《辞源》（1915）到晚近的《汉语大词典》（2000），都尚有待完善。在本书中，我们不可能在个别词的词源考证上花费太多的篇幅，但是，笔者将对那些近代中日词汇交流方面具有代表性的新词进行词源上的概述。

　　在关于近代新词的研究中，第一项工作是发现首见书证。首见书证告诉我们某一词最先出现于何种文献（时代、著者、种类），如果是新造词，可以由此把握造词者和造词理据的情况；如果是借词，可以了解借入者和借入的途径。首见书证是一个新词的源头，其重要性自不待言。即使在文献检索环境得到根本性改善的今天，首见书证的发现也需要有对文献群的深刻了解，需要付出艰苦的劳动。同时，在以往的研究中有一种把首见书证和语词的成立过于简单地联系在一起的倾向。[①]首见书证往往只能说明一个词在文献上出现的情况，往往还属于个人造词行为的范围。严复苦心孤诣创造的译词几乎都消亡了，由此可知，一个词只有在获得该语言社会的认同后，才能成为该语言词汇体系中的一员。本书的努力目标正是对这一过程做出完整的描述。

　　关于中日词汇交流的考察不是汉语近代新词研究的全部，但是毫无疑

---

　　① 在 20 世纪 50 年代，有的人常常把首见书证、造词者与语词的所谓"发明权"联系起来，并延伸以证明某种语言、文化的优劣之分。

问是最重要的部分之一。本书将 19 世纪中叶以来中日词汇交流的各个侧面，放在汉字文化圈各语言词汇体系的近代形成这一历史大语境中去考察，中心问题是：（1）中日两国是如何创造汉字新词的；（2）中日两国是如何接受对方的新词的。

本书用汉语撰写，其叙述角度自然立足于汉语，对汉语如何接受日语词着墨多一些，希望以此对汉语的近代新词研究有所裨益。

本书共分五个部分。我们首先在"导论编"中对一些基本问题进行了探讨，例如什么是汉语的"近代"，其特征如何；在造词和意义形成的观点上看"译词"与"借词"有何种不同之处；来自日语的语词在现代汉语的词汇体系中应该如何定位等。

在"导论编"中，我们还分别对日本和中国的近代新词研究和中日近代词汇交流研究的历史进行了回顾。为了使国内的读者对日本的研究成果及现状有一个较好的了解，笔者尤其对日本的研究情况做了较详细的介绍。关于中国国内的研究，笔者特别想指出：近代新词的问题本质上是以"言文一致"为特征的语言近代化的问题，应该从整个汉字文化圈如何接受西方新概念的角度考虑问题。

"导论编"以下，本书从用汉字创造新词、译词，中日之间在 19 世纪以后的语言接触，围绕近代新词、译词所进行的词汇交流，若干近代新词的创制、传播（交流与容受）、普及、定型等角度展开。其中，"新词创造编"分为三章，分别讨论了日本和中国译词创制问题。第一章以《解体新书》（1774）和《重订解体新书》（1826）为基本材料，主要考察了日本何时开始使用汉字有意识地创造译词、其方法如何等问题。考察的结果告诉我们，兰学的翻译是日本进行的第一次翻译实践，在将荷兰语转变成汉文文章的过程中，兰学家们总结出一套译词创造的方法及翻译模式。江户兰学家的翻译原则还为明治初期的英语等外语的翻译家所借鉴、继承。在这一章里，笔者对江户中期至明治初期的日本新词创造进行了详细的分析，并对日本译词的成就和中日之间的不同之处加以阐述。

与日本不同，直至 19 世纪末期，在中国承担新概念引介和词汇化的主角不是本土的翻译家，而是来华的西方传教士。耶稣会士和新教传教士的著述、译书、杂志、汉外辞典等出版物对近代新词的形成发挥了巨大的作用。这些出版物同时又是中日近代词汇交流的媒介。第一个尝试系统将中西双方的概念加以对应的是马礼逊。马礼逊有独特的翻译观，这在他的辞典上有深刻的反映。在马礼逊之后，传教士医生合信也对医学术语的创造进行了尝试。罗存德（Wilhelm Lobscheid，1822–1893）的《英华字典》（1866~1869）和傅兰雅（John Fryer，1839–1928）的包括化学元素名在内的科技术语都对新词、译词的形成产生了巨大的影响。传教士们创造新词的努力一直持续到 19 世纪末，1904 年出版的术语辞典 *Technical Terms*（狄考文主编）标志着西人造词的终点。第二章对造字为词的方法在化学元素名上的成功和医学术语上的失败做了分析。

严复（1854~1921）是第一个挑战人文科学术语的本土翻译家。第三章从社会语言学和造词法的角度对严复译词的得失进行了分析。笔者还试图把严复的翻译与译词创造放在近代民族国家语言的形成，即国语的获得这一历史语境中去观察。

在"语言接触编"中，就中国人何时开始接触日本书籍、何时开始意识到日语是一种与汉语不同的"外语"这一问题，笔者试图通过明治时期访问日本的中国人留下的记录寻找答案，在这些记录中可以发现中国人开始接触日语时的朴素反应。日语词"借入"汉语的时间集中发生在甲午战败（1895）以后至五四前后的短短二十几年里，其背景是中日之间近代知识流动方向的逆转（第一章）。第二章深入讨论了日本怎样成为向中国提供新知识的途径的问题。词语具有个人创造（或借入）、社会认同的双重属性。第三章主要讨论了中国社会对日语借词的反应和使用者的心态。对于日语借词的否定性反应主要是社会心理在作祟，也有人要把意识形态上的因素归为词源学的问题。当时各种报刊以及小册子、辞典等为我们讨论这一问题提供了丰富的素材。

在"词汇交流编"中，笔者以黄遵宪的《日本国志》、古城贞吉担当翻译的《时务报》的"东文报译"、中国第一本具有近代意义的国语辞典《辞源》以及传教士译词创制工作的集大成者 *English-Chinese Dictionary of the Standard Chinese Spoken Language*（《官话》，1916）为例证，具体讨论这四种文献在借入日语词汇过程中所扮演的角色。我们在讨论历史上的文本和其中所使用的词语时，必须解决"文本的历史复原"问题。例如《日本国志》的读者在相关知识为历史所限定的情况下，究竟能从中得到哪些新的知识（第一章）?《时务报》的"东文报译"是将日本信息译成中文的最早尝试，应该认真评估译文中所使用的译词等对汉语的影响（第二章）。但是笔者在这里为考证《时务报》"东文报译"的翻译地点耗费了更多的笔墨。因为词语本身固然重要，词语得以成立的社会环境也是不容忽视的。在该编的第三、第四章，笔者分析了两个个案：《辞源》展示了现代汉语词汇的一个开端，《官话》则可以说是对传教士造词的一个总结。

最后，在"词源考证编"中，笔者选取了"热带""陪审""化学"三个词，从近代中日词汇交流的角度做了细致的词源考证。鸦片战争以后，西学传播的中心转移至上海，传教士们的翻译以及在翻译过程中的新词创造开始得到优秀的中国士子的帮助，耶稣会士遗产的继承问题也凸显出来。"热带"就是一个有代表性的例子。"陪审"提供了一个俗语成为法律术语的事例，而"化学"则展示了学术价值取向对语词的更替、定型的影响。这三个词，从发生上看，均为中国造词，但是在普及、定型上受到了日语的深刻影响。这些事实都有助于我们了解近代汉字词汇共创、共享的历史。

第二章
近代新词与中日词汇交流

一　汉语的"近代"

　　在进一步探讨近代新词之前，我们有必要先对"近代"这一术语的意义做一番梳理。"近代""现代"等历史学所使用的时代划分的术语均来自日语，但是中日之间的词义却不尽相同。[①] 在日语中，"近世""近代""现代"三个词分别指江户时代（1600~1867）、明治时期至第二次世界大战结束（1868~1945）以及战后这三个时期。日语的「近代語研究」即指对从明治维新起，到第二次世界大战结束止的词汇的历时性研究，而明治时期（1868~1912）则是最重要的时间段。日语的近代词汇体系的科学用语部分在进入明治20年代后（即1887年以后）初步完成，其后"言文一致"的问题提上日程，1900年后，日语转入了向汉字文化圈输出新词的阶段。

　　但是在汉语中，中国历史学"近代"一词所指称的时期的起点是中英鸦片战争（1840），1919年的五四新文化运动以后则被当作"现代"的开端。然而，历史研究的时代划分并不完全等于语言研究的时代划分。就汉语研究而言，汉语史的时代划分，似乎还是一个众说纷纭、悬而未决的问题。

　　王力曾对汉语的历史分期提出了如下的主张：

　　　　一、公元三世纪以前（五胡乱华以前）为上古期
　　　　　　（三、四世纪为过渡阶段）
　　　　二、公元四世纪到十二世纪（南宋前半）为中古期

---

① 沈国威：《近代关键词考源：传统、近代、现代》，《东亚观念史集刊》第4期，2013年。

> （十二、十三世纪为过渡阶段）
>
> 三、公元十三世纪到十九世纪（鸦片战争）为近代
>
> （自 1840 年鸦片战争到 1919 年五四运动为过渡阶段）
>
> 四、二十世纪（五四运动以后）为现代①

王力将语法和语音作为分期的主要标准，认为：

> 一般词汇的发展，也可以作为分期的一个标准，但它不是主要的标准。例如五四以后，汉语大量地吸收外族的词语来丰富自己，加强自己，这一重大的事实不能说是对汉语的本质没有影响。我们之所以不把它当作主要的标准，因为它只是一般词汇的变化，而不是基本词汇的变化。②

尽管王力同时认为现代汉语（即五四以后的汉语）的特点之一是"大量地增加复音词"，但是并没有把词汇作为汉语分期的决定性因素来考虑。在这里，我们应该注意王力把鸦片战争到五四运动这段时期作为近代词汇向现代词汇发展的"过渡阶段"。但是，把过渡阶段的起点设在鸦片战争是否过于迁就了近代史研究的分期？传教士新词、译词的创制从马礼逊来华的 1807 年就已经开始，至鸦片战争爆发，这期间有马礼逊、麦都思（Walter Henry Medhurst，1796–1857）、卫三畏（Samuel Wells Williams，1812–1884）等的数种英华辞典，米怜（William Milne，1785–1822）、郭实猎（Karl Friedrich August Gützlaff，1803–1851）等的中文杂志，以及大量用汉语写成的传教小册子和世俗性知识的普及读物问世。如果要设立过渡阶段，那么这个时间段应该是 1807~1919 年。正是在这段时间里出现的大量新词为汉语从近代向现代过渡做了必要的准备。

吕叔湘对汉语史的分期问题提出了与王力不同的意见：

> 近代汉语从甚么年代起头？到甚么年代了结？换句话说，近

---

① 王力：《汉语史稿》，第 35 页。

② 王力：《汉语史稿》，第 34 页。

代汉语跟古代汉语，近代汉语跟现代汉语的界限在哪儿？这是个还没有经过认真讨论的问题。

能不能仿照中国历史的分期，把近代汉语的期限定得跟中国近代史一致，也就是始于一八四〇年终于一九一九年呢？显然不能，因为在汉语发展史上这两个年代没有重大意义，虽然不是毫无意义。[①]

吕叔湘根据文献资料中言文分歧逐渐变化的情况，建议把晚唐五代即9~10世纪作为近代汉语的起点，而言文分歧重新统一起来的五四运动以后作为近代汉语的终结和现代汉语的开始。这样"近代汉语"就涵盖了长达一千余年的历史时期。

由以上可知，王力和吕叔湘尽管对于近代汉语的起点有着不完全相同的主张，但是，对于近代汉语的终结和现代汉语的开始时期的看法却是一致的。而关于近代汉语和现代汉语两者的关系，吕叔湘认为：

> 现代汉语只是近代汉语的一个阶段，它的语法是近代汉语的语法，它的常用词汇是近代汉语的常用词汇，只是在这个基础上加以发展而已。[②]

就与日常生活密切相关的常用词来说，吕叔湘的论断是正确的。因为常用词有着较强的稳固性，被认为是一种语言词汇的核心部分。但是，当我们把目光转向以抽象词汇和学术用语为主体的近代新词时，就会发现如王力所说的"超过以前几千年"的大变化。尽管王力同时认为新词造成的"只是一般词汇的变化，而不是基本词汇的变化"，但是，当这些新词构成了现代口语文的主要词语基础时，其在研究史上的地位也就不容忽视了。应该指出的是，汉语史的研究对古代汉语词汇向近代汉语词汇的转变给予了较多的关注，而对近代汉语词汇向现代汉语词汇的转变则注意不够。

---

① 刘坚编著《近代汉语读本》，上海教育出版社，1985，吕叔湘序。

② 刘坚编著《近代汉语读本》，吕叔湘序。

迄今为止的研究将汉语史分期的标准放在语音、语法、词汇这三个方面，而对语言赖以存在的人类社会层面的因素考虑得不多。例如王力曾指出：

> 人民的历史不是对语言的历史分期没有关系的。国家的统一和崩溃，部族的融合，人民的迁徙，对汉语的变化都有很大的影响。不过，有一点应该注意的，这些大事件对语言产生了影响，而我们根据语言的质变来分期，所以这些大事件对语言历史分期的关系是间接的；它们并不能作为分期的标准。[①]

但是上述的语音、语法、词汇的变化常常是指某一封闭系统（方言）之内的变化，并不涉及系统之间（即外国语）的相互影响，而这种相互影响正是 19 世纪以来的汉语变化的一大特点。我们之所以关注 19 世纪，还因为在这一百年里汉语发生了诸如北京官话取代南京官话、言文一致初见端倪、开始致力于获得一套表述近代西方知识体系的术语等一系列大变化，尤其是作为近代国家语言的“国语”（national language）的确立提上了日程。[②] 在这一历史进程中，语音、语法、词汇都发生了跨系统的变化。19 世纪汉语的研究有着许多不同于古代汉语、近代汉语研究的特征，语言变化与社会发展的关联应当成为新的切入点。当然，我们的目光还应该投向明末清初耶稣会士们所创制的新词。康熙以后，雍正朝的严厉禁教，使得西学的导入和随之发生的造词活动中断了近百年。但是“非汉语母语使用者的造词”这一耶稣会士和 19 世纪以后的新教传教士的共同特点，以及两者之间在译词上的传承关系都使我们无法忽视这段历史。

本书在以下的叙述中如不加特殊说明，术语“近代新词”乃指汉语中 19 世纪初至 20 世纪初这一时间段内的新词。这些新词的产生乃至在中日之间的移动是本书考察的重点之一，本书还将涉及明末清初的译词和五四以后新词的普及与定型的情况。

---

① 王力：《汉语史稿》，第 34~35 页。
② 这种转变或被称为“进化”，参见本编第三章关于马西尼研究的评述。

二　近代新词的年轮

　　日本国语学家宫岛达夫（1931~2015）首先采用一种其后被称为"语词年轮"的方法调查了日语现代词汇的形成过程。[①]宫岛达夫的具体方法如下：从日本国立国语研究所 1956 年进行的关于 90 种杂志的词汇调查结果中选取高频常用词 1000 条，然后使用明治以后有影响的英和辞典、国语辞典、报纸、古代文学作品对上述常用词的出现时期进行调查，借此把握常用词在各个时期的增长情况。90 种杂志的调查不含广告。宫岛达夫于 1994 年又对 70 种杂志做了相同的调查，但是这一次将广告中的词语也包括进去了。宫岛用图 1 显示调查的结果，即（1）明治时期是日语词增加最剧烈的时期，汉字词的上升曲线陡峭；[②]（2）明治时期增加最多的是汉字词。宫岛还通过与德语词汇的比较指出：明治时期的新词剧增是日语近代词汇形成的一个较显著的现象。[③]

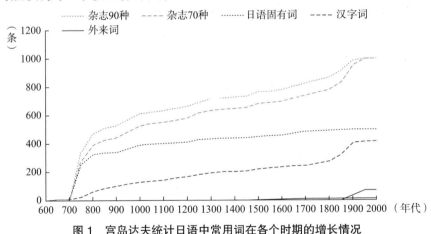

图 1　宫岛达夫统计日语中常用词在各个时期的增长情况

　　那么，汉语的情况如何呢？《辞源》是中国第一部现代意义上的国语辞典，该辞典总编陆尔逵在前言中明确指出编纂的目的之一是语词的"穷

---

①　宫岛达夫「現代語いの形成」国立国语研究所论集『ことばの研究 3』、1967 年。
②　宫岛达夫「語彙史の比較（1）——日本語」『京都橘女子大学研究紀要』35 号、2009 年。
③　宫岛达夫「日本語とドイツ語の語彙史の比較」东京大学『国語と国文学』76 卷 1 号、1999 年；「日本語とドイツ語の語彙史の比較（続）」『京都橘女子大学研究紀要』25 号、1999 年。

源竟委"。但是《辞源》正编（1915）中有 4650 多条词，续编（1931）中有 5430 多条词没有给出书证。①《辞源》正续编共收词近 10 万条，其中有 10% 以上的词没有书证。名为《辞源》，而大量词条无源可查，这就是摆在我们面前的实际情况。这并非完全由于编纂者们考证不勤，而是因为这些词主要是近百年以来新创制的词，19 世纪以前的中国典籍中找不到它们的踪迹并不奇怪。当然编纂者没有利用 16 世纪以后的耶稣会士们的著作和 19 世纪以后的新教传教士们的著述这一事实不能不说是一大缺陷。

对汉语常用词进行了类似于宫岛达夫式调查的是曹炜。曹炜在其著作的第四章"现代汉语词汇的形成"中提出了两个问题，即："一、十九世纪的汉语外来词究竟在现代汉语词汇的形成中充当了什么角色？是主角？还是配角？二、现代汉语词汇的基础是在十九世纪才开始形成还是此前已有雏形？"② 为此曹炜使用《汉语大词典》对《汉语水平词汇与汉字等级大纲》（以下简称 HSK 词汇）③的甲级、乙级 2979 条词进行了书证调查（甲、乙两级共有词 3051 条，其中 72 条《汉语大词典》未收），所示首见书证的出现时期如表 1 所示。

表 1　HSK 词汇甲级、乙级词首见书证

首见年代	秦汉	魏晋南北朝	隋唐五代	宋代	元代	明代	清代	五四以后
数量（条）	1129	248	252	175	99	154	229	693
占比（％）	37.90	8.32	8.46	5.87	3.32	5.17	7.69	23.26

曹炜的调查结果呈现出与宫岛达夫相似的曲线，即秦汉至明代增加平缓，清代以后陡然上升（参见图 2）。这说明现代汉语词汇中的相当一部

---

① 《辞源》中没有书证的词大致可以分为旧有俗语和新词两类。文中的数字专指新词，但其中包括了旧形新义的词。《辞源》中没有给出书证的新词中还包括大量的科技术语，《辞源》共设"算学名词，化学名词……"等学科领域 30 余项，各项下，正编、续编共收词 3600 余条。关于《辞源》的新词情况详见本书"词汇交流编"第三章。
② 曹炜：《现代汉语词汇研究》，北京大学出版社，2004，第 52~56 页。
③ 国家汉语水平考试委员会办公室考试中心制定《汉语水平词汇与汉字等级大纲》修订本，经济科学出版社，2001。

分是晚近形成的。然而曹炜对这个调查结果给出了如下的初步结论：现代汉语词汇，先秦两汉打下了基础，魏晋隋唐宋元时期不断充实加强，明清时期已成雏形，五四以后进一步完善。对于外来词，曹炜则认为其作用是"充当配角，是构成现代汉语词汇的基本框架的辅助成分，为的是使现代词汇系统色彩斑斓，绚丽多姿"。但是，我们不得不指出：曹炜的调查方法和结论对于他自己的关于19世纪语词情况的设问都不具备充分的说明力。第一，在曹炜的调查中，首见书证为清代的词有229条，但是有清一代跨度自1636年至1911年，长达270余年，我们需要对19世纪的文献和其他时期的文献加以区分；第二，《汉语大词典》的书证工作并不完善，对此曹炜认为即便如此也不影响自己结论的正确性，因为更早的书证的发现反能加强汉语基本词汇于五四之前业已形成的论断。但是事情好像并不如此简单。《汉语大词典》的书证几乎没有利用明末清初耶稣会士的汉译西书，也没有利用19世纪以后的新教传教士们的著述（《海国图志》等出自中国士子之手的文献也不在书证收集的文献群之内）。因此仅仅依靠《汉语大词典》无法廓清19世纪词汇的全貌。①

尽管如此，根据曹炜的调查结果，清代新词为229条，五四时期以后的新词为693条，两者相加占3051个常用词的30%以上。30%是一个什么概念？关于第二语言学习的研究告诉我们：如果一篇文章中未知词语超过10%，读者将无法准确理解文章的意义。由此可知，30%是一个足以使词汇体系发生质变的数值。事实正是如此，这部分词语在现代文明社会所起的作用是极其重要的。②

---

① 曹炜在自己著作的第四章"现代汉语词汇的形成"中说："从书名看（马西尼的《现代汉语词汇的形成——十九世纪汉语外来词研究》），这应该是一部探讨现代汉语词汇形成问题的专著，而且答案似乎已经明明白白地写进了书名中——现代汉语词汇的形成与十九世纪外来词的涌入无疑有着直接的密切的联系，十九世纪的外来词是现代汉语词汇体系的基石之一。"（第51页）马西尼原著书名为 *The Formation of Modern Chinese Lexicon and Its Evolution toward a National Language: The Period from 1840 to 1898*，并无"外来词"的字眼。中译本书名系译者所加，不一定反映了原著者的意图。英语 modern 一词的意义也不完全与"现代"吻合。另外，曹炜在议论中没有特别区分外来词与新词的不同。

② 例如前引王力的看法：现在在一篇政治学论文里，新词往往达到70%以上。

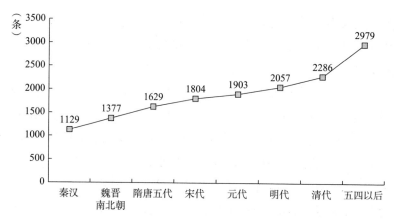

图2 曹炜统计的汉语基本词语增加情况

说明：汉语基本词增加曲线，根据曹炜《现代汉语词汇研究》制作。

三 近代新词与汉字文化圈同形词

近代新词在以下四个方面区别于已有的传统词汇：

（1）发生之契机：使用汉字接受西方的新知识；

（2）意义上的特征：分布集中在新的知识领域，以抽象词汇和学术用语为主，具有名词性；

（3）形态上的特征：多音节性；

（4）跨语言特征：在汉字文化圈中以汉字同形词的形式出现。

从词义上看，近代新词的绝大部分是为了表达西方近代的新概念和新事物而创造的，其中以表示抽象概念的名词居多，如"哲学""科学""陪审""保险"等。新词中还有很多是利用古典中已有的旧词形来表示新的外来概念，如"革命""社会""民主""共和""银行"等，表示外来文物的具体名词也为数不少，如"电报""电话""风琴""温度计"等。近代科学知识必不可少的学术用语也是新词中重要的一部分。[①] 从分布上看，

---

① 尽管本书的讨论不涉及那些过于专业的术语，但是我们应该注意到：随着教育的普及化及知识的大众化，大量的专业术语已经逐渐变成一般性词汇，各学科的基本概念词尤其如此。

新词主要集中在近代以后的自然科学和人文科学知识领域。应该说近代新词的发生并不是汉语自然发展的结果，而是有着被称为"西学东渐"这一近代东西文化交流的强烈外界动因的。

近代新词在词形上的特征是显而易见的，除了一少部分化学元素名以外，新词多为多音节复合词，其中又以双音节最多。单音节的化学元素名也主要作为词缀成分用以构成其他复合形式。可以说，多音节化是近代新词在词形上的一个最显著的特点，反映了现代汉语的发展趋势。

近代新词的另一个显著特点是：在汉字文化圈的国家和地区构成"同形词"。所谓同形词就是用相同汉字书写的词。[①] 尽管在发音上有很大的差异，但是汉字的发音在不同语言之间形成体系上的对应。中日语言之间存在着大量的同形词是众所周知的事实。以对外汉语教学词汇大纲所规定的HSK 词汇为例，中日同形词所占比例见表 2。

表 2　HSK 词汇中的中日同形词

单位：条，%

级别	双音节	3 音节	4 音节及以上	复合词总数	占比
甲级词 1033	294/546	4/13	0/2	298/561	53.1
乙级词 2018	837/1359	23/66	0/5	860/1430	60.1
丙级词 2202	867/1641	14/76	7/32	888/1749	50.8
丁级词 3569	1280/2839	57/115	16/145	1353/3099	43.7
合计 8822	3278/6385	98/270	23/184	3399/6839	49.7

HSK 词汇是为了对外汉语教学的目的人工筛选的词，其所反映的使用频率是有局限性的。那么，在以自然语言为对象进行的词汇调查中情况又

① 对那些如繁体字、简体字、日本新汉字等字体上及各自语言正字法上的细小差别暂忽略不计。汉字文化圈应包括以下国家和地区：中国、日本、朝鲜半岛、新加坡、马来西亚、越南，其中越南和朝鲜半岛基本上不再使用汉字。但是，即使在今天，汉字所体现的汉"音"依然是强有力的新词创造成分。

怎样呢?《现代汉语频率词典》(北京语言学院出版社,1986)登载了三个词表:报刊政论文体中前4000个高频词词表、科普文体中前4000个高频词词表、生活口语中前4000个高频词词表(互有重复),这三个词表的中日同形词情况见表3。

表3 不同文体中的中日同形词

单位:条,%

类别	双音节	3音节	4音节 (含以上)	复合词 总数	占比
政论	1887/2849	30/70	11/37	1928/2956	65.2
科普	1511/2535	24/81	3/17	1538/2633	58.4
生活口语	1043/2293	10/108	2/22	1055/2423	43.5

上述 IISK 四个等级的词条(8822条)和《现代汉语频率词典》三个词表经过去重处理共得到词条10317条。可以认为这10317条词囊括了现代汉语词汇的主要部分,赖此我们不但可以完成日常生活中的交流,还可以从事知识性的创造活动。其中,双音节以上的复合词为8276条,中日同形词占46.9%,为3882条(同形词占总词条数的37.6%)。另外,据有关学者统计,同形词在朝鲜语、越南语的基本词汇中所占比例均在60%以上。① 以中、日、韩为例,三种语言属于不同的语言系统,之所以存在如此大量的同形词,其合理的解释只有一个:这些语言之间在历史上某一个时期发生过大规模的语言接触和词汇交流。由于这些词的大部分形成于19世纪以后,所以这种交流一般也不早于19世纪。

以上事实说明,近代新词的形成在东亚并非一个国家、一种语言之内的事件,而是汉字文化圈的国家和地区如何用"汉字"这一超语言的书写符号来接受西方新概念的问题。

四 近代新词的创制

通过上一节的讨论,我们知道现代汉语最重要的10317条词中,有中

---

① 舒雅丽、阮福禄:《略论双音节汉越词与汉语双音节词的异同》,《汉语学习》2003年第6期;全香兰:《汉韩同形词偏误分析》,《汉语学习》2004年第3期。

日同形词 3882 条。[①] 这些同形词中的近代新词这一部分是汉字文化圈域内近代以后的新词创造和交流的结果，也可以说是共创、共享的产物。中国和日本是主要的创造者，朝鲜半岛、越南等参与了共享。下面我们对新词（含译词）创造的时期、造词方法，以及围绕新词所进行的词汇交流等问题做一简要的历史回顾。

在中国，新词的创制可以追溯到耶稣会士的来华。从利玛窦（Matteo Ricci，1552–1610）1582 年进入澳门（定居北京为 1601 年），到 1919 年的五四运动，有三百多年的时间跨度。在如此漫长的时间里，新词的创制也不可能是均质的。笔者曾以新教传教士马礼逊来华（1807）为分界，将此之前的二百多年间耶稣会士们的译述称为"前期汉译西书"，其中所使用的译词称为"前期译词"；而将 19 世纪以降新教传教士的译述称为"后期汉译西书"，其中所使用的译词称为"后期译词"。[②] 19 世纪是主要的造词时期，又可以细分为以下几个阶段。

准备期：1807~1840 年前后

1807 年新教传教士马礼逊在广州登陆。在清政府严厉的禁教政策下，马礼逊以及其后来华的传教士们采用翻译《圣经》、出版定期刊物等方法致力于基督教的传教，即"文书传教"。传教士们在这一过程中创制了大量译词、新词，在传教的同时实际上促进了西方知识的普及。本时期的西书多在南洋印刷，中国大陆禁止流传，所以实际读到这些印刷品的人不多，影响有限。但是鸦片战争以后，这一时期的西人出版物为《海国四说》（1846）、《海国图志》（1842 年 50 卷本，1848 年 60 卷本，1852 年 100 卷本）、《瀛寰志略》（1848）等中国士子撰述的书籍征引，成为当时关心海外情况人士的共同知识。《海国图志》等又在下述的发展期，以重版、改订版的形式广泛流传，并流入日本。这一时期造词的另一个特点是中国知识分子的参与较少，很多译词具有强烈的口语、俗语的色彩，为士大夫阶层所诟病。

---

① 可以推测，这些词的绝大部分在汉字文化圈的其他国家和地区也以同形词的形式出现。但在以下叙述中"同形词"均指中日同形词。

② 沈国威「新漢語研究に関する思考」『文林』32 号、1998 年。"前期汉译西书"日语为「初期漢訳西書」。亦参见佐藤亨『幕末・明治初期語彙の研究』桜枫社、1986；荒川清秀『近代日中学術用語の形成と伝播——地理学用語を中心に』白帝社、1997。

发展期：1840 年前后~1860 年前后

鸦片战争以后，中国被迫逐渐打开国门，取消了对外国人居住、传教的限制。西学的中心由广州转移至上海，西人的出版事业愈发活跃，墨海书馆的成立是一个标志性的事件。在墨海书馆，传教士们第一次得到了如王韬（1828~1897）、李善兰（1811~1882）、蒋剑人（1808~1867）等中国当时第一流的知识分子的帮助。中国士子的参与不仅大大提高了传教士译述的可读性，而且使新教传教士们得以了解和继承了耶稣会士的丰富遗产。① 后期汉译西书在 1859 年以后开始自由地进入日本，书中使用的词取代了当时日本兰学系统的某些译词。

清政府主导翻译期：1860 年前后~1880 年前后

麦都思、伟烈亚力（Alexander Wylie，1815–1887）相继回国，艾约瑟（Joseph Edkins，1823–1905）北上北京以后，墨海书馆逐渐名存实亡。其宗教书籍印刷业务为美华书馆取代，西学的翻译则由北京的同文馆、上海的广方言馆（后并入江南机器制造总局）、江南机器制造总局翻译馆等继承。但是，明末清初以来的翻译方法，即传教士口述、中国助手笔录，被一直延续下来。翻译内容的选定也忠实地体现了洋务派官僚的意图，以技术、制造等所谓的"西艺"书籍为主，西方人文科学的内容则绝无仅有。在这一时期，除了化学、数学等有限的领域外，在词汇方面汉语对日语的影响逐渐减弱。

停滞期：1880 年前后~1895 年

这十几年是政治上闭塞感极强的时期。政府主持的翻译机关在翻译方法和内容上毫无起色，不能顺应时代的变化。来华传教士在全国大会上虽做出了统一译词、术语的决定，但并没有得到具体落实。② 而与此同时日本则逐渐完成了学术用语的制定，建立了以大量抽象意义的汉字词为特征的近代词汇体系。日本已经无须从中国借用词汇了，或者说，中国已经无法满足日本在译词、新词方面的要求了。福泽谕吉（1835~1901）开始鼓

---

① 如《几何原本》时隔二百余年由伟烈亚力和李善兰译出后 9 卷。
② 参见王树槐《清末翻译名词的统一问题》，《中央研究院近代史研究所集刊》第 1 期，1969 年；王扬宗《清末益智书会统一科技术语工作述评》，《中国科技史料》1991 年第 2 期。

吹"脱亚入欧"论，中国不再被视为新知识的源泉。非但如此，甲午前后日本开始向包括中国在内的汉字文化圈的国家输出新词。这一时期，或因出国考察，中国官吏作为外交官员踏上了日本的土地，有了实际接触日语的机会。他们在自己的视察报告、纪行文字中收录了大量的日制译词、新词。但是，他们的这些记录有很多直至甲午以后都未能引起中国读者的注意。同时，整个知识体系的滞后，使中国士子不具备阅读、理解如《日本国志》等文献的能力。

日本书翻译期：1895~1919 年

甲午战败之后，中国开始大规模吸收西方知识。先觉者和留学生自主的翻译取代了传教士们的工作。但是，在这一时期的开始阶段，除了严复等少数人以外，翻译工作主要是由留学日本的人翻译日语图书，或从日语转译西方书籍。这种情况导致了大量日制译词、新词流入汉语。

反观日本，其汉字新词创制开始于江户中期以后兴起的兰学，整个过程大致可以分为以下两个时期。

兰学时期：1774~1860 年前后

1774 年日本的兰学家第一次翻译出版了欧洲语言的医学书《解体新书》。这是日本知识阶层第一次以明确的自我意识从事外国语文翻译的实践。在翻译的过程中日本兰学家认真思索了译词创造的各种问题。其后，兰学译籍陆续问世，至 19 世纪 50 年代，医学（尤其是解剖学、眼科学）、化学、植物学、军事学（近代军事知识、火器制造等书籍的翻译开始于 19 世纪 40 年代，主要契机是西方国家的威胁和国内的动乱）等方面的词语已经初具规模。特别是培养了大批外语人才，确立了一套行之有效的翻译方法和译词创造模式。

英学时期：1860 年前后 ~1919 年

美国佩理舰队的来航，迫使日本放弃了闭关锁国的政策。同时，在海外新知识的吸收方面，开始了从兰学向英学的转换进程。西周(1829~1897)、福泽谕吉等许多兰学家都自觉参与了这种学术语言的转换。1859 年横滨开港后，大量的中国汉译西书、英华辞典传入日本，日本的知识分子借此迅速掌握了英语。进入明治期以后，人文科学方面的译词创造取得了进步。进入 19 世纪 90 年代以后伴随着言文一致的实现，基本完成了近代词汇体系的建构。

以上，我们对新词创造的历史时期做了简单的介绍。另外，从语言接触和词汇交流的角度，汉字文化圈近代新词中的同形词部分可以分为以下三种类型：中日流向词、日中流向词和中日互动词。分别简述如下。

（一）中日流向词

其词语的流动方向可以表示为"中→日"，流动的时间，上限为16世纪末，下限在19世纪80年代中期。这二百多年又可以细分为两期。第一期是耶稣会士创制的新词、译词，通过他们的译述和同时代的中国士子的著述（即前期汉译西书）传入日本，为日语所吸收。进入日语的前期汉译西书译词有：基督、天主、几何、病院、地球、热带、温带、赤道等基督教、天文学、几何学、地理学等领域的词。这些词主要为兰学家所接受，用于荷兰书籍的翻译。德川幕府采取锁国政策，对外贸易和海外信息的流入都受到极大的限制。但是就图书而言，洋书之禁时紧时弛，1720年，将军吉宗放松了对非宗教类图书的进口限制（即「洋書解禁」）。同时，图书虽然在进口时受到严格的限制，但是对已经流入日本的图书并没有实施严格的取缔。汉译西书（含各种抄本）可以在学者之间较自由地流通，书中使用的词语也就有了为日语吸收的可能性。18世纪以后，由于中国的禁教政策，传教士在中国的活动和著述受到限制，已经不再有新的西书出现，词汇的流入也陷入停顿状态。第二期可以从1807年新教传教士马礼逊登陆广州算起。1859年日本正式开放门户，国外图书的流入不再受限制，汉译西书、英华辞典等（即后期汉译西书）大量传入日本。[①] 新教传教士创制的新词、译词也随之传入日本，成为现代日语词汇的组成部分。这一时期传入日本的译词有：银行、保险、资本、陪审、电气、电报、化学、植物学、细菌、铅笔、阴极、阳极、炎症（含作为词缀的～炎）等，以及大量的数学术语。

19世纪80年代中期以后，日本初步完成了以自然科学、人文科学术语为主的近代词汇体系的建构；而中国西学的引进停滞不前，无法继续向日本提供新的词语，汉语→日语方向的词语流动遂趋于结束。但是，个别词语流入的情况还是存在的。中国改革开放以后，20世纪80年代又有

---

① 但是翻刻出版还受到严格的限制。幕府有专门的审查机关，很多翻刻出版申请被拒绝。

一些汉语的流行词语，如"万元户""电脑"等新闻、商业词语被介绍到日本。

（二）日中流向词

其词语的流动方向可以表示为"日→中"，[①]内容是由日本的兰学家或明治维新以后的启蒙家、翻译家所创制的译词、新词，如：植民、哲学、科学、个人、常识，以及包括政治学、经济学、解剖学、地质学等在内的自然科学、人文科学的术语。这些词于19世纪末开始传入中国，为汉语所吸收。明治时期访问日本的中国官吏、文人曾在视察报告或游记中不同程度地使用了一些日语词，但是中国的读者较容易接触日语词是在甲午战争之后。如本书"词汇交流编"所述，《时务报》（1896~1898）是最早引入日语词的中文媒体之一。至五四运动（1919）前后汉语的言文一致运动取得了决定性的成果，接受日本词语也告一段落。在这之后，日语词的流入成为个别现象，主要有三种：（1）中日战争时期的"时局语"，这种词语受语境影响较大，如"工事""番号"等都只具有军事上的意义；（2）东北沦陷地区的"协和语"，这可以看作一种混合语（pidgin），已经逐渐消失；（3）晚近的日本词语。1949年以后，日语的流入绝无仅有，"献血"是为数不多的词语中的一个。改革开放以后，又有大量的日语新词流入汉语。但是，这部分尚未定型的日语词不在本书讨论范围之内。

传入汉语的日本词语主要是汉字词（即所谓的「漢語」），但是也有一少部分被称为「和語」的日语固有词语。这部分词一般是训读词（包括若干如「場所」这样的混合型词）。[②]在江户时期这些词广泛用于一般日常生活，进入明治时期后有一部分为法律文本所采用，如「取消」「引渡」「場合」「打消」等。这些词主要是通过法律方面书籍的翻译借入汉语的。在现代汉语中，这些词的一部分已经逐渐脱离了法律意义，另外一些词则还继续保持着法律专用词语的特点。在借入时这些词大部分做了某种词形上的调整，如删除假名的部分。日语固有词以音译词的形式借入的情况极少，

---

① 日语词的流入在中国常常被称作"逆流"，我们应该注意这里有一个价值取向的因素。

② 「場所」是训读的日语固有词与音读的汉字词结合而成的混合型复合词，日语研究中称为「湯桶読」。

现代汉语中似乎仅"榻榻米"一词。①

（三）中日互动词

中日互动词是指那些在词语形成及普及定型的过程中，中日双方均以某种方式参与其间的词，词语的流动方向可以表示为"中→日→中"。从这个简单的图示中可知，"中日互动词"首先产生于汉语，其后传入日语并定型，19 世纪末又从日语回流汉语，所以又被称为"词侨回国"或"回归词"。②但是，我们需要认识到这里有两种情况，其一是中国古典（含佛教典籍）、白话小说、"好书"③中的词语，被日本借用来做译词，获得了与西方语言相对应的新意义后又回流中国成为现代汉语词的一员，如革命、共和、民主、关系、影响、卫生、印象等。④日本使用中国典籍词做译词与兰学和明治初期尊重汉学的风潮有关。另外一种情况是，汉译西书等的译词由于某种原因在中国未能得到普及，或者没有能最终完成译词的进程；但是这些词传入日语以后与外语的对译关系得以确定，成为近代新词。这些词在进入日语、返回汉语的过程中词义等并没有发生明显的变化，但是其在现代汉语中的普及、定型是借助于 19 世纪末以后的日本书籍的中文翻译。例如"细胞"一词在中国最早见于韦廉臣、李善兰、艾约瑟合译的《植物学》（1858）。传入日本后成为植物学、解剖学的术语，并由此衍生出了"细菌"。但是，在中国李善兰等的《植物学》之后无人使用"细胞"，甚至连参与《植物学》翻译的艾约瑟在自己以后的译著中也另起炉灶，新造了"微胞"。类似的例词还有"野蛮""热带""望远镜"等。还有一些词经过变化，不再是同形词，而是"近形词"，如《英华字典》的"现银"被改造成"现金"；汉语的"前列腺"被改造成"前立腺"等。在考察渊

---

① 在台湾，日语音译词可能要多一些，如"奥巴桑 = 大妈"等。

② 北京师范学院中文系汉语教研组编著《五四以来汉语书面语言的变迁和发展》，商务印书馆，1959，第 78 页；史有为：《汉语外来词》，商务印书馆，2000，第 8 页。

③ 即教诲臣民如何做一个"好人"或"好官"的书，代表性的有注释讲解皇帝语录的《圣谕广训》，以及《福惠全书》、各种《妇女宝鉴》等。这些书对日本近代的汉字词都有较大的影响。这部分词在汉语中有较强的俗语性质。

④ 对于这一类词我们要仔细辨别当时是否存在译词创造的意识。例如，republic 译"共和"，有实际的创制过程，所以可以说是用古典词做译词。而对那些偶然巧合的字串，造者并没有意识到中国典籍，不能说是旧词新用。

源关系时对此种情况也应该加以考虑。

"中日流向词"主要是在中国产生的新词、译词,姑且称之为"中国新词";同理,"日中流向词"主要是在日本产生的新词、译词,姑且称之为"日本新词"(即「和製漢語」)。日本新词和中日互动词构成了现代汉语受日语影响的语词的主要部分,也是本书主要的考察对象。

在下一节中,我们将对近代新词、译词的创制方法及某些周边概念做一简单的梳理。

五　"译词"与"借词":外来概念的词汇化

1914 年,语言学家胡以鲁在《庸言》杂志上发表了论文《论译名》。这是一篇讨论译词、新词创制以及如何接受包括日语词汇在内的外来词的文章,其中有很多精辟的论述。[1] 迄今为止,有数种构词法和翻译理论的专著曾提及胡以鲁的这篇论文,[2] 但是由于论文中涉及某些日语特有的问题,论者似未完全把握胡氏之所欲言。

胡以鲁开宗明义地说:

> 传四裔之语者曰译,故称译必从其义。若袭用其音,则为借用语。音、译两字不可通也。

胡提出了"译"与"借"两个不同的概念,由此便有了"译词"和

---

[1] 胡以鲁(1888~1917),字仰曾,浙江省宁波定海人。先在日本大学学习法政,获法学士学位;后入日本帝国大学(今东京大学)博言科攻语言学,获文学士学位;在日期间亦师从章炳麟。回国后,历任浙江高等学校教务长等教育行政方面的职务,1914 年转入北京大学讲授语言学课程。胡氏的《国语学草创》(1913)被认为是第一部以普通语言学理论的框架研究记述汉语的著作。该书 1923 年再版时卷末附录了《论译名》一文。《论译名》刊登在《庸言》杂志第 25、26 合刊号上,25、26 为总期号,分卷则为第 2 卷第 1、2 合刊号。有些论文误为 26、27 号。另,本书使用了台湾文海出版社的影印版。参见沈国威《译词与借词——重读胡以鲁〈论译名〉》,『或問』9 号、2005 年。

[2] 潘文国、叶步青、韩洋:《汉语的构词法研究》,学生书局,1993,第 353~361 页;陈福康:《中国译学理论史稿》修订本,上海外语教育出版社,2000,第 182~190 页。

"借词"。那么，"译"与"借"的区别在哪里，由各自的方法产生的"译词"与"借词"有何不同之处，怎样理解胡氏的"称译必从其义""音、译两字不可通"？对这些问题学术界的讨论似乎还不充分。

我们的语言接受外来新概念，大致有两种方法，即"译"与"借"。"译者移也"，即使用自语言的有意义的语素成分将源语言中的概念移入自语言中。其方法有二，第一，用既有的语言成分"移译"；第二，新造译词对译。前者暗含这样一个前提：人类具有一个共同的意义体系，或者曾经有过一个共同的意义体系，即意义的"原风景"。有人否定这个前提，主张不可能有真正的"译"；也有人（如严复）则把这个前提扩大到极致，认为在中国的典籍中可以找到与西方概念完全对应的词语。[1]我们认为语言的词汇体系有极大的柔软性，可以自我调节、自我完善，即词汇体系的自我重构。理论上或许没有绝对完美的对译，但是，随着交流的增加，人类总能找到一个最大的近似值。如若不然，不同语言的人将永远生活在误解之中，这是不现实的。另一方面，人类具有或曾经具有一个意义的"原风景"的主张也无法被全面接受。意义体系的建构与语言文化有着密不可分的关系，说不同语言的人们用不同的方法切割世界、命名世界。而作为概念的名称的"词"并不是孤立的，在其所处的语言中，与其他词保持着这样那样的关系，织成一个意义网络。可谓牵一发动全身，任何一个词的变化，都会引起同一语义场内其他词语的变化。[2]

---

[1] 严复甚至说（也许并不很认真）："支那之语，求诸古音，其与西语同者，正复不少。如西云 mola, mill, 吾则云磨；西云 ear, arare, 吾则云犁；西云 father, mother, pama, 吾云父、母、爸、妈；西云 Khan, King, 吾云君；西云 Zeus, Dieu, 吾云帝；西云 terre, 吾云地。甚至西云 judge, jus, 吾云则, 云准；西云 rex, ricas, 吾云理, 云律。诸如此类，触处而遇。果使语言可凭，安见东黄西白不出同源？"王栻主编《严复集》第 5 册，中华书局，1986，第 1246 页。详见本书"新词创造编"。

[2] 笔者曾以"关系""影响"为例讨论过这个问题。"关系"是中国宋代以后的口语词，首见于《鹤林玉露》，意为给他者带来重大的影响或后果。这一语义在 19 世纪传教士的著述和英华辞典上都得到了忠实的反映。"关系"通过宋代的白话小说传入日本，但是在江户末期语义发生了变化。在日本的《英和对译袖珍辞书》中，"关系"成为 relation 的译词。其后"关系"一词主要被用来表示两者之间的相互关联。《时务报》里有"日俄关系""中英关系"的用例，可推断"关系"的新义是通过报纸上的日译文章导入汉语的。今天常说的"关系重大"是"关系"的旧义。"关系"的词义发生变化后，"影响"填补了"关系"的意义空白。详见沈国威『近代日中語彙交流史：新漢語の生成と受容』笠間書院、1994、222~245 页。

　　而后者，即新造译词对译，如果是复合词还可以分为直译、意译和混合译；如果是单纯词有造字为新词的方法。直译法，或称语素翻译法（本书称为摹借法，由之产生的词称为摹借词），将原词分解成语素，再将语素合成一个复合词。源语言和目的语言的可分解性、造词者的分解能力等都对新词的产生有影响。意译则要求译者对原词融会贯通，然后在目的语中找出一个最大近似值。造字法是西方语言不存在的方法。汉字的历史就是孳乳、繁衍的历史，不论中国还是日本，"凡夫俗子"们都有一种强烈的"仓颉情结"，成为造字的动力。

　　与"译"相对的是"借"。胡以鲁称之为"借用语"。[①] 其特点是"袭用其音"，即今天一般所说的"音译词"。其实，"借"就是借用外语的音或形，由"借"产生的词可以细分为"借音词"与"借形词"。借音词（即音译词），通过音转写的方法将源语言的发音直接移入自语言中。借音词主要发生在书写系统不同的语言之间。借形词是指那些直接借入源语言书写形式的词。与借音词相反，借形词主要发生在具有相同（包括部分相同）书写系统的语言里。[②] 使用拼音文字的欧洲各语言之间，借形造词的事例不胜枚举。例如，英语从法语、德语中直接借入了大量的词语，反之亦然。文字是记录语言的符号，因此，虽然是借形也常常有语音参与其间，在表音文字的场合，这种现象则更为显著。我们认为，欧洲各种语言之间通过书籍进行的词汇交流，与其说是借音，毋宁说是借形，或称为文字转写。[③]

　　在汉字文化圈的国家和地区，不同语言之间的词汇交流是采取汉字形式实现的。汉字是象形文字（或称表意文字），因此这种词汇的跨语言移动可以称为"借形"。

　　"译"与"借"的最大区别在于：前者存在着积极的造词与意义赋予过程，后者则不存在。因此"译"是新词、译词创制上的概念，"借"是语言接触和词汇交流上的概念，两者属于不同的范畴。尽管在为了导入外

---

① "借用语"是个日语词，现在一般做外来词解。
② 现代汉语中有一些新出现的字母词，如 OK、DVD、CD、PC 等，这些均可以认为来自英语的借形词。
③ 曹炜：《现代汉语词汇研究》，第 97~99 页。

来概念而增加新的词语方面，两者所起的作用相同。[1]

"译"的最大特点是：在"译词"产生的同时，初步实现了源语言意义的转移，即读者见词知义。但是，要将源语言中的概念，准确无误地翻译到自语言中，需要艰巨的劳动和大量的时间。严复就说过"一名之立，旬月踟蹰"。而且，这种工作有时甚至被认为是不可能的：因为一个词中所包含的历史文化积淀、言外之意等常常无法以明确的形式转换成外语；更因为使用自语言中固有的、有意义的语言成分去"移"外来概念时，必然会附带很多多余之物，影响词义的恰如其分的转移。对源语言的理解越深刻，这种不可译的问题就越严重，严复即一个极好的例子。严复喜用古僻字做译词的做法常为后人诟病，但是换一个角度看问题，这与其说是严复的复古倾向，毋宁说是他为了除去固有词上多余的（意义用法上的）附着物而做的努力。具体请参见本书"新词创造编"第三章。

译词尽管有种种缺点，但是，我们还必须注意译词在现实社会的语言生活中会逐渐自我调整意义，以接近源语言的词义。这种调整常常是以词义缩小的方式实现的。例如"上帝"，尽管在创制伊始引起了广泛的争论，但最后诚如麦都思所预料的那样，中国人最终用这个词来表示基督教唯一的神：God。[2]

与"译"相反，"借"不管是借音还是借形，借词的实现和意义的转移是非同步的。即在我们最初接触"沙发"、"迪斯科"或"哲学"、"电话"等借词时，词的"形式"并不能保证传递的"内容"，即所指示的意义。这是"借词"的最大特点。

正是胡以鲁第一次明确地区分了"译"与"借"的这种不同之处，指出只有"译"才能将源语言的意义转移过来，直接使用外语的音则无法实现意义转移。根据胡以鲁对"译"的界定，"音译两字"就像"结了婚的单身汉"那样，本身是一个包含悖论的概念，因此也就"不可通"了。他本人是不屑于使用这个不通的字眼儿的，只是因为"世人方造音译之名"，

---

[1] 当然汉语的音译词也有一个选择适当音转写形式，即汉字选择的问题。参见本书"新词创造编"。

[2] 松浦章、内田慶市、沈国威（编著）『遐邇貫珍の研究』関西大学東西学術研究所、2004、100 頁；松浦章、内田庆市、沈国威编著《遐迩贯珍——附解题·索引》，上海辞书出版社，2005。

并"与义译较长短"，所以他不得不"并举而论之"。

　　那么，"借"是怎样实现意义转移，即借词是如何获得意义的呢？一般可以想象的手段有二，一为实物直指，如指着光盘说"这是 CD"；二为加注释或说明，如较早使用"克隆"一词的书籍会加上一个带括号的解释"（即生物复制）"。明治初期，日本的翻译书籍上使用的旁注假名所起的就是这种作用；而 19 世纪末 20 世纪初中国的译著中也常常采用夹注的方式来说明词义。严复用古僻词来翻译时常常加上按语也是一例。

　　借词有几个特点：借词依靠音转写形成，省时省力；借词形成时并没有被赋予意义，只是一个"空"的容器，因此没有旧有词汇体系的附着物；借词的词义由语言社会使用者共同充填，从理论上来说，可以最大限度地接近源语言的词义。主张借词（音译词）的人并不都是懒汉，他们往往是看中了借词在传达源语言意义上的这种特点。而借词的最大缺点也正在这里：词义的普及和定型需要较长的时间，而在这一过程中的词义异化也是不可避免的。

　　在这里我们似乎应该提及一种特殊的借词，即被王力称为"摹借"（calque）的语素对译词。王力说：

> 　　"摹借"是把外语中的一个词（或一个成语），用同样的构成方式搬到自己的语言里来。这种词往往有两个以上的构成部分，摹借的时候就按照这些构成部分进行意译，然后拼凑成词。[1]

　　由于具有"借"的成分，在造词上要容易一些。同时，也正是由于有"借"的成分，源语言中的意义模式得以直接进入目的语言。这种异质的思维方式可以造成混乱，也可以带来崭新的修辞形式。"植民""盲肠""十二指肠"等都是日本兰学译词中摹借的好例子。

　　我们应该认识到，上述的种种"译"与"借"的方法，对于中日的译词创造者具有不同的内涵和心理负荷。例如，江户时代的兰学家们认为用中国的古典词对译荷兰语才是正途；新创译词则难免杜撰，造字更是惊天地泣鬼神的事，不可随意为之；音译也必须按照汉语的音韵系统进行等。

---

① 王力：《汉语史稿》，第 517 页。

而来华的传教士尽管其包括拉丁语在内的母语知识丰富，但是由于需要中国士子的帮助，大多采用了说明的方式阐释词义，故意译词较多。[1] 同时他们又为汉字的六书等知识所吸引，过多地选择了新造字的方法。如本书"新词创造编"所述，这种方法使传教士的译词创造走上了绝路。

胡以鲁的论文是作为对当时开展的应该如何创建译名的讨论的回应而发表的，文中有一些议论是针对章士钊的。论文发表后章士钊便写文章予以回应。[2] 但是，章士钊并没有从造词和概念的形成、转移的角度去理解胡文，议论难免有隔靴搔痒的感觉。加之胡以鲁本人旋即去世，没有机会对自己的翻译理论做出更进一步的说明。最先对胡以鲁表示充分理解的是孙常叙，尽管他在自己的著作中没有提到胡以鲁的这篇文章。孙常叙在自己的著作中专门讨论了译词与借词的区别，指出：

> 在外来语词汇里，有些词是直接从别的民族语言借来的，基本上照样使用，这是借词；有些词是经过汉语的翻译，用汉语的造词材料和方法，把它改造成我们民族语言——汉语的新词，这样的是译词。（着重号为原著所加——引者注）[3]

孙常叙接着写道：

> （译词）和借词不同：借词基本上是保存外国语原有的语音形式；译词就不这样，它已经抛弃了外语词的原有语音形式，用我们自己的造词材料和方法跟外国语词所概括的内容另构成一个纯汉语的内容和形式的统一关系。换句话说：借词是把别种语言的词直接地基本上照样搬来使用的；译词只是汲取外来的新概念，

---

① 在中国，摹借词的例子散见于耶稣会士的译著，例如汤若望的《远镜说》中的"远镜"等。参见谷口知子「『望遠鏡』の語誌について」『或問』1号、2000年。这主要是因为参与翻译的中国知识分子不懂外语，无法利用摹借的方法。另外，从语言类型的角度看，拉丁语、意大利语和英语相对更容易产生摹借词。

② 秋桐（章士钊）：《译名》，《甲寅》第1卷第1号，1914年，第13~15页。亦参见陈福康《中国译学理论史稿》修订本，第172~182页。

③ 孙常叙：《汉语词汇》，吉林人民出版社，1956，第307~315页。

用我们自己的造词材料和方法，重新创造的新词。前者是借用别人的，后者是我们自己创造的。

孙常叙认为：

> "音译"的名字并不十分妥当，因为这种借词是用汉字的音节来对照记音的，基本上是原词的音节（有省略或增加个别音节的）；换句话说，是汉语语音化了的外国语词。并没有把它翻转成和它相当的汉语词，本身并没有翻译的性质，不能叫做"译"。汉字在这种借词里是当作记音符号来用的。（着重号为原著所加——引者注）

其后，王力亦在《汉语史稿》中说：

> 借词和译词都是受别的语言的影响而产生的新词；它们所表示的是一些新的概念。当我们把别的语言中的词连音带义都接受过来的时候，就把这种词叫做借词，也就是一般所谓音译；当我们利用汉语原来的构词方式把别的语言中的词所代表的概念介绍到汉语中来的时候，就把这种词叫做译词，也就是一般所谓意译。[①]

王力认为"借词"（音译词）就是"把别的语言中的词连音带义都接受过来"的词，这其实是一种结果论。如上所述，借词一开始出现的时候，其本身是不负载意义的，至少对广大读者是这样的，关于这一点孙常叙说得更明确无误。借词从无义到有义，即使在媒体充分发达的今天，也需要较长时间。日本国立国语研究所正在推行的「言い換え」（改换译词）的尝试，实质上就是要用意译词（常常是汉字词）来替换音译词。其理由是在公共服务系统，大量的音译词给使用者造成了理解上的困难。

同样是运用"借"的方法，借音与借形是否相同呢？借音词，即音译词由于是单纯转写外语的音，所以不具备表意的功能（这里暂不考虑那些音义兼顾的情况。另外表音文字之间的借形词也不具备表意的功能）。汉

---

① 王力：《汉语史稿》，第 507 页。

字借形词则不同，首先，汉字是一种具有强烈表意功能的符号系统，字义可以和字音最大限度地脱节，而与字形紧密结合。这使得汉字（词）有可能超越不同语言的框架，为周边国家所共有。其次，以中日为例，直到 19世纪中叶为止，汉字（词）的流动方向是由中国到日本的单方向传播。这一事实造成了强烈的"规范意识"（对日本人来说）和"正统观念"（对中国人来说）。因此，许多研究者有意识或无意识地认为：日语中的汉字新词与汉语自造的新词并无不同之处，借形词可以无条件地实现意义转移。例如《五四以来汉语书面语言的变迁和发展》指出："（来自日语的借词）有一个共同的特点，就是构词和汉语相同，意义多半可以从汉字上求得解释。这样的词无异于汉语中自造的词。"（第 78 页）史有为则说："由于字形和字义仍然紧密结合在一起，借形的同时当然也就是借义。"①中日两种语言的新词创制有哪些相同或不同之处，相互的理解度如何？对于这一系列问题我们并没有进行过较深入的讨论。②尽管如此，我们仍有一种错觉：

---

① 史有为：《汉语外来词》，第 18 页。如下一节所述，马西尼也曾指出中日借形词"义和形的关系是直接的"。（*The Formation of Modern Chinese Lexicon and Its Evolution toward a National Language: The Period from 1840 to 1898*, pp.128–129；中译本《现代汉语词汇的形成——十九世纪汉语外来词研究》，黄河清译，汉语大词典出版社，1997，第 153~154 页）

② 对于这个问题，孙常叙的观点可以说是具有代表性的："隋唐时代，随着中国文化大量流入日本，日本语几乎整个地借用了汉语词汇和它的书写符号——汉字。这就使后来日语造词在词素、方法和结构上往往是符合汉语造词规律的。也就是用汉语造词素材和方法进行造词，适合于中国习惯的。"（孙常叙：《汉语词汇》，第 311 页）

正如孙常叙和《五四以来汉语书面语言的变迁和发展》所指出的那样，这里有造词法和用字法两个层次的问题。汉语造词法一般可以归纳为以下六种格式，即主谓格、谓宾格、定中格、状中格、动补格、并列格。作为静态分析的结果，我们可以在中日两语言中找到这六种造词格的例词。但是，作为动态的造词预测，即"能产性"，两种语言却有很大的差异。动补格和并列格在日语中都不是能产的形式。而动词性语素做修饰成分的定中格，日语的能产性远远大于汉语。如触角、担架、定义、动产、动机、动力、动态、动议、读物、领土、绷带、玩具、吸盘等均为日制词（参见沈国威「［V＋N］構造の二字漢語名詞について——動詞語基による装定の問題を中心に、言語交渉の観点から」『国語学』160 号、1991 年）；"好转""暗转"等日制词也不符合汉语动补格的规则。

但是与造词格相比，用字法是一个更不易总结规律的复杂问题。汉字传入日本（汉字文化圈其他国家、地区也是如此）后，在漫长的历史过程中字义、用法等都有了独自发展和演变。例如，汉语的"出"近代以后只能和表出发点的宾语一起使用，如"出国""出家""出境"；但是日语的"出"还可以和表终点的宾语一同使用，如"出席""出场"等。

不管这些汉字词来自何方，系何人所造，其造词原理和理据如何，使用者都可以或应该由字达词，理解词义。[①] 就是说，引入者和接受者都误以为汉字借形词可以同时实现词义的转移。汉字借形词不可否认地具有这样的跨语言传递意义的特点，这也正是汉译西书的译词和日译词可以在汉字文化圈广泛传播的原因；但是同时，我们还必须注意到，作为复合词构成素的"字"，在很多情况下，字义并不一定与词义有直接的联系；而且汉字在不同语言的长期的使用过程中形成了独自的意义和用法。所以，汉字借形词常常会误导人们偏离源语言的词义，特别是在借入初期，这种现象比较严重。中国清末民初出现了很多名为《和文奇字解》的小册子（有时是作为辞典的附录），解释日本汉字不同于中国的意义和用法。这些都可以看作为了消除日本汉字在借形词中的负面影响而做的努力。[②]

　　在结束本节时，让我们把上面的议论列成一个直观的表。

表 4　汉字（词）"译"与"借"举例

译法	译名类		译词例
译	移译	移译词	共和、经济、国语
	直译	直译词	盲肠、植（殖）民、篮球
	意译	意译词	神经、哲学、主观
	造字	造字词	腺、腔、膵、氢、氧
借	借音	音译词	瓦斯、俱乐部、摄氏（温度）、逻辑
	借形	借形词	演绎、范畴、取缔

注：有一种情况是介于"译"与"借"之间的，即用汉籍或佛教典籍中的古僻词做译词。使用既有词语对译外语词，这本身是"译"的行为；但是原有的词义被忽略，旧词形被赋予新词义，从这一点上说又是一种"借形"。兰学家和明治初期的翻译家采用这种方法创造了很多译词，如共和、演绎、现象等。在日本，这种"有据可寻"方法可以增加译词的权威性，而中国的读者常对新旧词义的重合（同形冲突）显示强烈的反感。详见本书"语言接触编"。

---

① 关于借形词中汉字在意义获得上的特殊作用，史有为《汉语外来词》（第16~19页）、曹炜《现代汉语词汇研究》（第97~99页）中亦有相关论述，请参照。当然，我们应该指出，日本明治以后的汉字词词义的透明性要高于江户时期的词。

② 参见沈国威《关于和文奇字解类资料》，『或问』14号、2009年；沈国威《梁启超与日语——以〈和汉读法〉为说》，《现代中国》第11辑，2008年。

六 日语词汇在现代汉语中之地位

那么汉语中来自日本的语词应该如何定位？译词乎？借词乎？胡以鲁在《论译名》中说：

> 借用语固不必借其字形。字形虽为国字而语非已有者，皆为借用语。且不必借其音也。外国人所凑集之国字，揆诸国语不可通者，其形其音虽国语，其实仍借用语也。

这段话可以理解为：有一些词虽然没有借用（外语的）"字形"，也没有（准确地）借用（外语的）"音"，但还是应该看作借词。而那些"外国人所凑集之国字"造的词，由于不符合汉语的造词规则，意义不通，尽管其"字形虽为国字"，"其音虽国语"（即用汉语的发音去读这些字符串），实质上仍然是借词。胡以鲁的这段话似乎是特别针对那些来自日语的似是而非的词语而发的（例如"手续""场合"等），但是同时，从论文第二部分以后的议论中我们还可以了解到胡以鲁基本上是把日语词当作"译词"来看待的。第一次从外来词的角度对来自日语的词语做出界定的是孙常叙。他说：

> 凡是不把外来语词按照我们民族语言的造词素材和方法，就原词的词义造成汉语新词，而按汉语习惯直接采用外来语原词语音或书写形式，基本上照样搬用的词都属借词。[①]

可以说这是第一次明确提出了书写形式的问题，孙常叙进一步指出：

> 汉语词汇中有两种借词：一种是从语音形式借取的，一种是从书写形式借取的。后者一般是从日本语借来的，前者是从日本语以外的其它民族语言借来的。

---

① 孙常叙：《汉语词汇》，第 309 页。

孙常叙并把汉语中的日源词称为"借取书写形式的特殊借词"（第311页），第一次使用了"日语借词"这一术语。孙常叙认为之所以会发生这种"不从语音形式借取，只取书写符号的特殊现象"，是因为汉字具有音义可以脱离的特点，以及历史上中日两国的长期文化交流。

其后王力的《汉语史稿》、北京师范学院的《五四以来汉语书面语言的变迁与发展》，虽然没有在意义范围上做出明确的界定，但是都使用了"日语借词"这一术语。三十余年后旧事重提的是马西尼。马西尼首先将汉语的词汇分成三个基本部分，即固有词（traditional or classical lexicon）、借词（loans）、新词（new formations or neologisms），又在借词项下设置了借音词（phonemic loans）和借形词（graphic loans）两个下位类。[①] 关于借形词马西尼是如下界定的：

> 我们所说的借形词是指：既吸收了外语词的意义又采用了外语词的书写形式的那些词。词的发音受到本族语音系统的影响，而不考虑那些词在源语言中的发音。借形词只有在这种情况下才成为可能：两种语言具有相同的表意文字系统，词的意义和形式直接发生关系，而不必借助于语音。[②]

马西尼对词形的借入和意义实现的关系未做进一步的说明，另外，将借形词限于"具有相同的表意文字系统"的语言之间（即限定于中日等使用汉字的语言之间）的主张也似乎还有可商榷之处，但是，明确地将来自日语的词语作为"借形词"典型事例加以确认是有着积极意义的。此后，许多汉语或词汇学的专著都在外来词的章节加入了关于借形词的记述。[③]

日语的成分在进入汉语时几乎无一例外地采取了汉字的形式，将其称

---

① F. Masini, *The Formation of Modern Chinese Lexicon and Its Evolution toward a National Language: The Period from 1840 to 1898*, pp.128–129. 中译本将 graphic loan 译为"词形借词"，并且用"汉字借词"专指日语借词（第153~154页），笔者在本书中译为"借形词"。

② 马西尼:《现代汉语词汇的形成——十九世纪汉语外来词研究》，第153~154页。

③ 如史有为《汉语外来词》，第16~19页；曹炜《汉语精讲》，北京大学出版社，2001，第96页；曹炜《现代汉语词汇研究》，第97~100页等。

为"借形词"是适当的。在汉字文化圈的国家和地区,直至 19 世纪中叶或更晚的时间为止,汉字是共同的正式书写文字系统。这使汉字文化圈域内的以借形为主要形式的词汇交流成为可能,这些词在各国的语言中也应该被视作"借形词"。

借形词可以借自汉字文化圈其他的国家和地区,也可以借自古人。对典籍中的旧词,尤其是那些已经废弃不用的死词,赋予新义也是近代新词产生的常见方法,我们将在以下的章节中详细地谈到这一问题。

在本章第四节中,我们从造词过程参与的角度将汉字文化圈的近代新词分为"中国新词"、"日本新词"和"中日互动词"三种。其中"日本新词"和"中日互动词"构成了日语借词的主体。日语借词既有异于不伴随意义转移的借音词,又不完全等于母语者用自语言的素材和构词法(摹借暂不论)创造的译词,是近代中日词汇交流研究的主要对象。

在中国和日本的长期文化交往中,中国一直是知识的提供者。从汉唐的律令制度、典籍诗文,到宋明以后的朱子理学、白话小说,汉文化对日本各方面都产生了巨大的影响;耶稣会士的汉译西书也为日本带来了有异于汉文化的新知识。萨丕尔(Edward Sapir,1884–1939)说:"多少世纪以来,汉语在朝鲜语、日语和越南语的词汇里泛滥着,可是反过来,没有接受过什么。"① 萨氏的论断对于理解 19 世纪中叶以前的情况或许是正确的。江户中期以后,日本开始从荷兰书中直接汲取自己需要的知识,并为此付出了不懈的努力。日本兰学的译词,以及明治时期创制的新词、译词在 19 世纪末 20 世纪初大量传入汉语,并最终成为汉字文化圈的共同财产。我们应该重新审视这段历史。

---

① 萨丕尔:《语言论——言语研究导论》,陆卓元译,商务印书馆,1964,第 121 页。

第三章
近代新词研究的回顾与展望

19世纪以后，汉字文化圈的各个国家和地区都面临着一个包括建立近代词汇体系、实现言文一致在内的语文现代化的问题。日本率先完成了这一由前近代语言向现代语言的转变。当我们反思这一历史过程时，首先要问：近代新词是从何时开始成为研究对象的，迄今为止我们做了些什么，今后要怎样做？这些问题的解答势必涉及汉字文化圈域内的其他语言，但在这一章里我们将把视野假定在参与近代汉字新词创制的汉语和日语上，对近代新词的研究史做一个简短的回顾。为了向汉语语境的读者提供新的信息，我们的叙述重点放在介绍日本的汉字新词研究上。最近几年，近代新词的研究取得了前所未有的进展，在本章里我们还将对研究的状况做一些观察，借此展望今后的研究趋向。

一　日本的近代新词研究

进入明治20年代（1888）以后，日本有数种国语辞典相继问世：《言海》（大槻文彦，1889~1891）、《日本大辞书》（山田美妙，1893）、《日本大辞典》（大和田建树，1896）、《日本新辞林》（棚桥一郎，1897）、《言叶之泉》（『ことばの泉』，落合直文，1900）。在自然科学领域，基础学科的术语集的编纂、出版也取得了实质性进展，这些都标志着日语近代词汇体系的初步建立。近代词汇体系的建立为始于文学领域的言文一致运动提供了坚实的基础。明治时代结束（1912）后不久，日本的学者们就开始反思以新词、译词为主的近代词汇形成过程中出现的各种问题了。关于近代新词、译词的研究，在日本大致可以分为人文科学和自然科学两大方向。前者具体又有以下几种类型：（1）国语史研究；（2）洋学史研究（兰学）；（3）英语史研究;（4）中日词汇交流史的研究;（5）与"近代"相关的人文科学领域中其他学科的研究;（6）学科史等自然科学史角度的研究。现分别叙述如下。

（一）国语史角度的研究

日本语言学界的所谓「国语史研究」即关于日语的历时研究。「漢語（かんご）」一词在日语里意为"汉民族的语言"。[①] 明治维新前后，随着大量汉字新词、译词的增加与新知识的普及，「漢語」这一术语又被用来指称那些如汉字熟语和读汉字音的词等在日语中具有外来的，即来自中国的特征的词语。在日本第一部近代国语辞典《言海》中，「漢語」明确作为「和語」即日语固有词的对立项，成为日语词汇体系中的一个重要的组成部分。[②] 而第一次把「漢語」作为研究对象展示在我们面前的是日本国语学家山田孝雄的《日语中的汉字词之研究》（『国语の中に於ける漢語の研究』，1940）。[③] 山田在谈到该书写作动机时说：

> 现在对于汉字词有人排斥，有人拥护。然而不管何种意见，均似漫然而论，并无真凭实据。本书对于汉字词，既非讴歌之，又非排斥之，仅对其在日语中的数量如何，占有何种地位，具有何种性质等做一实际调查而已。（序）

在对日语中的汉字词使用状况做了分析之后，山田指出：现代日语如果排除汉字词，不论是日常生活中的寒暄，还是社会成员于公于私之间的思想交流，都将陷于不可能之状态（第4页）。在第一章"序说"中，山

---

① 如前所述，日语「語」是 word 的译词，「漢語」即使用汉字的词语。一般人的「漢語」意识是：用汉字书写，读汉字音（即日语接受古汉语发音后形成的发音体系），而对造词者的因素则不做特殊的考虑。作为日语研究术语的「漢語」，其严格的定义涉及许多具体的语言事实，这里不做进一步的展开。有兴趣的读者可参阅陳力衛『和製漢語の形成とその展·』汲古書院、2001。

② 《言海》卷末的「採收語類別表」中将词条分为"和语""汉语（即汉字词）""外来语"三大类，并分别做出了详细的数量统计：和语55.8%，汉语34.7%，其他9.5%。这个统计显示了明治20年代日语词汇的构成情况。

③ 该书是山田孝雄1931年（昭和6年）在东北帝国大学（今东北大学）的讲义录。

田对《言海》的编纂者将汉字词与其他来自欧美语言的外来词区别对待的做法表示赞同。他认为汉字词不仅仅停留在"外来词"或"借用语"的层面，而是已经深深嵌入日语语言组织的内部；汉字词已经失去了外国语言的特色，与纯粹的固有词语并无不同之处，大多数国民对汉字词也不再抱有外国语的意识了。^①山田指出：从数量上看汉字词占日语词的将近一半，尤其是在表达抽象意义的领域比例更大；因此研究汉字词就是研究日语的另一半。尽管在言文一致等语言问题上，山田具有强烈的保守和国粹主义倾向，^②但是对日语中汉字词存在的事实做了客观的描述，是第一位将汉字词作为日语研究对象的国语学学者。山田在他的著作中讨论了汉字词流入的历史、汉字词的认定范围、汉字词的特点、汉字词的词形、汉字词的渊源、汉字词在日语中的现状以及汉字词对日语的影响等问题。例如，在第六章"源流之观察"中，山田专门考察了因西学翻译而产生的汉字词之后指出：日语中的汉字词来源于（a）中国的典籍，（b）佛经翻译，（c）汉译西书。尤其是第三点首次由山田明确点出。在山田以后，「漢語」遂作为国语学上的术语被广泛使用。汉字词的研究也成了日语词汇研究中的一个重要方面。

山田的著作首先提出了汉字词的问题，对汉字词的历史、现状做了细致的描述。而关于近代汉字译词、新词的具体研究则多开始于第二次世界大战结束之后。

广田荣太郎的《近代译语考》（1969）是一本以战后发表的论文为主的论文集。该书收入了恋爱、蜜月、新婚旅行、接吻、悲剧、喜剧、世纪、常识、俱乐部、冒险、探险等词语的考证论文。广田所利用的文献资料包括报纸、杂志、各类翻译书籍、英汉辞典、英和辞典等。他所采用的是典型的国语学词源考证的方法，即寻找发现首见书证，考察新词由出现到普及、定型的全过程。广田是较早系统地利用英华辞典考证近代汉字新词的国语学家。

---

① 山田将外来成分按照融入自语言的程度分为纯粹的外语、狭义的外来语、借用语、归化语四类。借用语和归化语的区别在于能否实现某种形态变化。

② 李妍淑『「国語」という思想』岩波书店、1996；子安宣邦『漢字論：不可避の他者』岩波书店、2003 等。如子安所指出：使用如"侵入""归化"等一系列与国家有关的比喻来谈论汉字词是山田的一个特点。

与广田不同，东北大学教授佐藤喜代治在他的《国语语汇之历史的研究》（1971）、《日本的汉语》（1979）等著作中，主要通过对江户时期等近代以前的日本知识阶层，如吉田松阴、桥本左内等人著述的考察，探索日语接受汉字词的历史。佐藤致力于阐明江户时代汉字词的使用与现代日语词汇之间的关系，在个别汉字词语源记述上做了很多开拓性的工作。

另一位需要提及的学者是佐藤亨。他由医学转入汉字词汇研究，在结束了东北大学（仙台）的进修之后，短短的几年里推出三本大部头专著：《近世语汇之历史研究》（1980）、《近世语汇之研究》（1983）、《幕末·明治初期之语汇研究》（1986）。关于汉译西书译词研究的重要性，东京大学教授松村明、古田东朔早就予以指出，而对汉译西书中的词进行全面考察的当推佐藤亨。佐藤的基本方法是从汉译西书中尽可能多地选取汉字词，然后使用《汉和大辞典》等工具书做书证调查，根据书证调查的结果判定词语的"国籍"。佐藤对汉字新词语由诞生到普及的过程似注意不够，对所涉及的汉译西书在西学东渐史上的定位、版本等文献学的把握亦有不尽如人意之处。

自山田以后，汉字、汉字词的研究从传统的汉学家之手转到了国语学家之手，这成为国语学研究的一个重要方面。以近代新词为例，日本学界对汉字新词的产生、接受、普及、定型等研究成果较多，而对日制汉字词的输出关注较少。另外，汉字词研究需要处理大量汉语典籍，在汉学教育相对削弱的今天，研究的难度无疑是增大了。

（二）洋学史角度的研究

日本的洋学又称「蘭学」，指江户中期以后日本知识分子通过荷兰语的书籍等吸收西方近代科学技术知识的历史事实。兰学的输入打破了中华知识的一统天下，给日本的传统社会带来了极大的冲击。荷兰语书籍的翻译使江户的知识分子第一次体验到"翻译"这一与"通事"完全不同的知识创造活动，荷兰语书籍的翻译是译词发生的主要契机。

从兰学的角度对包括词汇在内的日语诸种变化进行研究的代表人物是杉本孜（つとむ）。杉本是国语学家，主要研究荷兰语等对日语的影响和日语的近代化过程。他是一位著作等身的学者，主要著作有《近代日本语之成立》（1960）、《江户时代荷兰语言研究的形成与发展》（『江户時代蘭語学の成立

とその展開』，全5卷，1977）、《江户时代翻译日本语辞典》（1982）、《杉本牧著作选集》（全10卷，1998）等。

在谈论荷兰语对日语的影响时，斋藤静的《荷兰语对日语的影响》（『日本語に及ぼしたオランダ語の影響』，1967）是一本必读书。该书兼有研究专著和辞典的双重性质，对荷兰语的译词情况进行了缜密的整理。

（三）英学史角度的研究

英学史的研究对象是英语传入日本及学习普及的历史。英学史研究在日本极有传统，有《日本英语学书志》（荒木伊兵卫，1931）、《日本英学发达史》（竹村觉，1933）、《日本英学史之研究》（丰田实，1939）等多种经典著作。在这些著作中，著者们对出自来华传教士之手的英汉辞典和日本英语辞典的影响关系做了详细的考证。而从英华辞典及其译词对日语的影响的角度考察日语近代汉字词汇形成的则有森冈健二、永嶋大典等人。森冈健二是国语学家（因此他的工作似也可归入国语学的研究）。他和他的学生们一起对东京女子大学图书馆所藏的英华、英和辞典做了系统的考察。森冈通过自己的研究，详细考证了英华辞典在译词方面对英和辞典的巨大影响，梳理了明治时期几种重要的英和辞典与英华辞典之间的传承关系。森冈等的研究成果以《近代语的成立·明治期语汇编》（初版1969，改订版1991）的书名出版，对汉字译词的研究起到了极大的推进作用。森冈的另一个贡献是对汉字译词的产出模式提出了一个有力的学说。山田孝雄已经注意到了一部分训读的日常词语转变成音读词的现象，而森冈则把这种现象归纳提高到一个能产性造词机制的高度。森冈认为汉字对日语的使用者是一种特殊的符号，通过训练（即语言学习），日语使用者能把汉字的"训"（即日语固有词的意义）和"音"［即汉字的（古汉语）读音］连接在一起，一个汉字的音训在一定的语境中可以自由转换。森冈指出这种音训互通的汉字实际上是同一语素的"环境变体"，森冈将其称为"汉字形态素"，即汉字语素。[①] 具有这种性质的汉字在参与新词创造时独具特

---

① "语素"是morpheme的译词，定义为：最小的有意义的语言单位。语言学理论认为语言的第一要素是声音，文字只是记录语言的符号。只有声音才能和意义发生联系，不能将文字和语言本身等同起来。但是森冈认为，汉字不同于其他表音文字，可以直接和意义发生联系。

点，即造词者首先使用"训"进行思考，组成短语形式，然后再将训读的汉字转换成音读，这样就得到了新的汉字词。森冈的"汉字形态素"假说在日本学术界引起了广泛的讨论，某些语言理论上的技术细节并没有得到完全解决。但是，由"训"及"音"创制新汉字词的过程是确实存在的。例如，荒川清秀通过对"回归线"等词的语源考察，证明了"训"在造词过程中的重要作用。①

永嶋大典在他的著作《兰和·英和辞书发达史》（1970）中考察了包括《哲学字汇》在内的日本各时期主要外语辞典的成长历程。永嶋采用的方法是：选取一定数量的人文科学各领域的关键词，使用不同时期的辞典进行纵向检索，在确定这些关键词的形成历史的同时，廓清各辞典之间在译词上的传承关系。

（四）中日词汇交流史的研究

实藤惠秀（1896~1985）是近代中日文化交流史研究的专家。他的《中国人留学日本史》（初版1960，增补版1970）尽管不是一本讨论词汇交流的专著，但是用了大量的篇幅对留日学生的翻译活动和由此产生的日语词汇的吸收问题做了详细论述。这是因为近代中日文化交流的一个重要侧面就是中国通过翻译日本书籍吸收西方的新知识。实藤的著述可以说影响了一代中国学者。由于语言方面的问题和后面所说的理由，日本国语学的近代词研究对日制译词的输出，特别是汉语吸收日语词并没有给予充分的注意，这一课题留给了以汉语为研究对象的学者。汉学家铃木修次（1923~1989）在他的一系列著作《汉语和日本人》（1978）、《文明的话语》（『文明のことば』1981）、《日本汉字词与中国》（1981），论文《严复的译词与日本的汉字新词》（「厳復の訳語と日本の新漢語」，1983）中把近代思想史、文化史的问题与中日之间的汉字新词汇的交流问题联系在一起。铃木修次的研究可以说是日本学术界对现代汉语中的汉字新词进行词源考证的嚆矢。荒川清秀的《近代日中学术用语的形成与传播——以地理学用语为中心》以"热带""寒带""回归线"等地理学术语为例，在探讨汉字译词产生的词汇学机制的同时，锲而不舍地追溯了新产生的译词在时间上

---

① 荒川清秀『近代日中学術用語の形成と伝播——地理学用語を中心に』77~94頁。

的传承（由耶稣会士到新教传教士）和空间上的传播（由中国到日本，再回流中国）。荒川指出："热"和"暑"在日语中同训 ATSUI。但是日语接受了古汉语的意义辨析体系，将气候的温度高写作"暑"，而将物体的温度高写作"热"。这种区别一直保持到现在。与此相反，汉语在宋以后"热"的语义范围逐渐扩大，以至于涵盖了"暑"的意义。因此将气候温度高的地带命名为"热带"的不可能是日本人，而只能是使用汉语进行翻译的来华耶稣会士。荒川还用相同的方法对"回归线"的发生做了说明。

（五）人文领域其他学科的贡献

在回顾这段历史时，我们可以发现一个饶有趣味的事实，即关于近代新词的最早研究并非始于语言学家。文化史学者石井研堂（1865~1943）在他的《明治事物起原》（初版 1908，以后数次增订再版）中对明治以后出现的新事物进行了溯源和社会学的记述，其中涉及大量新名称、新词语。尤为可贵的是书中记录了很多当时民众对新事物、新词语的反应。法律史专家渡部万藏的《现行法律语的历史考察》（1930）、思想史学者尾佐竹猛（1880~1946）的《维新前后立宪思想之研究》（1934）等著作一方面是概念、制度史的研究，另一方面也是外来概念词汇化的研究。这些著作中均有大量篇幅谈及术语的问题。小泽三郎（1909~1969）的《幕末明治耶稣教史研究》（1944），佐伯好郎（1871~1965）的《支那基督教之研究 3》（1944）、《清朝基督教之研究》（1949）等对汉译西书的内容及其在日本的流布也有详细的叙述。第二次世界大战之后，中日文化交流史专家增田涉（1903~1977）的《西学东渐与中国事情》（1979）、基督教传教史专家吉田寅的《中国新教传教史研究》（『中国プロテスタント伝道史研究』，1997）等都为我们解读近代汉字新词产生的时代背景提供了深邃的知识和见解。

翻译理论与翻译史学家柳父章（1928~2018）的工作是独具特色的。他把翻译活动看作文化交流的最基本的实践，在近代东西方冲撞的社会背景中去考察译词的形成以及概念的可译性等问题。他的一系列著作《翻译是什么——日语与翻译文化》（『翻訳とはなにか——日本語と翻訳文化』，1976）、《God 与上帝——历史中的翻译者》（『ゴッドと上帝——歴史の中

の翻訳者』，1986）、《一个词条的辞典——文化》(『一語の辞典——文化』，
1995）、《近代日语的思想——翻译文体的形成》(2004）为我们展示了关
于文化翻译的思索的深度。

（六）学科史等自然科学史角度的研究

自然科学史的学者们对术语形成问题的研究也早于词汇研究学者。例
如关于学科名"化学"的成立，科学史界在 20 世纪 70 年代就展开了热烈
的讨论。术语的制定与统一是自然科学领域重要的课题之一，自然科学史
学者对于术语厘定过程的研究成果非常丰富，尤其是与兰学有关的，如医
学、化学、地理学等学科。但是需要指出的是由于专业的隔阂，从事语言
研究的人对上述成果的注意和利用都显不足。

20 世纪 70 年代，日本迎来了明治维新一百周年的纪念热潮。日本的
汉字新词研究作为明治时代回顾的一个内容，在 80 年代形成了一个高潮，
涌现出丰硕的研究成果。除了专著以外，还有大量的论文发表，这些坚实
的工作大大地推动了汉字新词的研究。在认真总结已有研究成果的基础上，
《日本国语大辞典》第二版（2001）增设了"语志栏"，其中对 500 余条汉
字新词进行了词源的记述。

这里还应该提到一些非语言专业的学者的工作，例如日本国立国会图
书馆副馆长斋藤毅的《明治的词语——东西之间的桥梁》(『明治のこと
ば——東から西への架け橋』，1977）。著者利用大量馆藏第一手资料，对
"合众国""社会""保险"等语词进行了考证。惣乡正明原来是一位新闻
工作者，在工作之余收集了大量的辞典和术语集。他与国语学家飞田良文
共同编写的《明治的词语辞典》(『明治のことば辞典』，1986）对 1500 多
条近代新词和译词进行了溯源。

日本在历史上一直受汉文化的强烈影响，19 世纪以后汉译西书及其词
汇的传入是日语近代新词、译词得以成立的前提。日本学者的研究多集中
在如何接受来自中国的词汇上，由于汉语能力上的限制对日语的所谓新词
"输出"研究力度不大。

20 世纪 80 年代以后，中国的日语学者开始进入这一研究领域。拙著
《近代日中语汇交流史——汉字新词的创制与容受》(『近代日中語彙交流
史——新漢語の生成と受容』，1994）是在 1991 年完成的博士学位论文的

基础上写成的。笔者的探索大概可以分为以下三个方面：第一，讨论了汉语何时遭遇日语，最早接触日语的中国人对日语是否有外语意识，对日语中不见于中国典籍的汉字新词有何种反应，汉字词汇如何在异质语言（即跨语言）中实现概念传递等问题；第二，利用日本图书馆所藏的英华辞典等资料文献，对以往研究里日语借词的误认情况做了初步整理；第三，以"关系""影响"为例，讨论了日语词汇在词汇体系层面上给予汉语的影响。陈力卫的《日制汉字词的形成及其发展》（『和製漢語の形成とその展開』，2001）考察了日本的汉字词创制的各方面问题，着重点在于江户时期以前的词汇如何向近代词汇转化；明治时期的汉字新词创造以及对现代汉语词汇的影响。朱京伟的《近代中日新词的创造与交流——以人文科学和自然科学的专门术语为中心》（『近代日中新語の創出と交流——人文科学と自然科学の専門語を中心に』，2002）主要对哲学、植物学、音乐方面的术语进行了考察。以上两本著作的考证力度和资料发掘之深都达到了新的水平。近年，亦有很多年轻学者以近代中日词汇交流为研究对象撰写硕士、博士学位论文。

现在，日本学术界关于汉字新词的研究在方法论、资料梳理等基本问题上已经得到了初步解决，词源记述也取得了一定的成就。学者们一方面继续对数以千计的汉字新词的发生史进行整理，另一方面也开始注意到问题的更深一层的实质。

例如旅日韩国学者李妍淑的《名曰"国语"的思想》（『「国語」という思想』，1996）精细地分析了日本明治20年代以后的国语政策及其对朝鲜等周边地区的影响。同样以日本明治中期以后的语言政策为内容的研究有安田敏朗的《殖民地中的"国语学"》（1997）、《帝国日本的言语编制》（1997）等一系列著作。李妍淑和安田敏朗把研究的焦点对准了日本的"国语"形成及其向外部膨胀的历史过程。

思想史学者子安宣邦的《汉字论：不可避的外来者》主要是从近代思想史的角度讨论了日本"国语"形成过程中（即日语如何成为所谓的"国语"的历程，这里包括实体和概念），汉字究竟是一种怎样的存在，以及近世、近代思想史脉络中的汉字问题。子安为自己的著作加了一个令人回味的副标题「不可避の他者」，这个"他者"似可以译成"外来者"。子安指出："汉字对于日语的形成和发展是不可避的外来者。作为外来者的汉字是这样一种语言契机：它使日语有可能不断地对外界打开大门。"①

李妍淑、安田敏朗、子安宣邦等人著作的出现预示着一个新的研究方向的确立。我们应该从思想和文化层面的高度来探讨近代以后的汉字新词现象。

二　中国的近代新词研究

中国的近代新词研究几乎一开始就同日语借词的研究联系在一起。中国知识分子认识到尽管日语也使用汉字，但是其终究是一种不同于汉语的外国语言这一事实是在 19 世纪末。这一点与有史以来一直以汉语为规范的日本知识分子完全不同。然而 20 世纪初，中国的知识分子又不得不面对日制汉字新词大量涌入汉语这一前所未有的事实。对于日语新词的大量涌入，当时就有一些人从社会语言学 [如《盲人瞎马之新名词》(彭文祖，1915)]、翻译术语学 [如上文提及的胡以鲁的论文、余又荪的《日译学术名词沿革》(1935)] 的角度加以探讨。而将来自日语的词汇作为词汇学上的研究对象进行系统研究则是在 50 年代后期。在这里让我们对从汉语角度进行的研究做一番简单梳理。我们的关注点将集中在（1）中国的学者对来自日本的词语进行研究的目的是什么，（2）取得了何种结果，（3）研究过程中存在着何种问题等。

孙常叙的《汉语词汇》可以说是第一本论及来自日语的新词和译词的词汇学著作。在这本著作中，孙氏把汉语中的日语词作为外来词的一个子范畴来讨论，并称之为"日语借词"。如本编第二章中所述，孙常叙第一次把来自日语的词语界定为"借取书写形式的特殊借词"，即本书所谓的"借形词"。孙氏还提出了"认定日语借词首先要辨明它是不是汉语贷词"的观点。这一观点的提出对于考察新词的来龙去脉无疑是十分重要的。但是，孙常叙所举的词例是台风、拔河、道具、石炭、挨拶等，②并没有涉及在近代中日词汇交流中占有重要地位的汉译西书中的新词和译词。

---

① 子安宣邦『漢字論：不可避の他者』232 頁。
② 其中"拔河"大型日语辞典均不收，疑为孙氏笔误。

在孙常叙之后，《中国语文》杂志上刊登了王立达讨论日语借词的文章《现代汉语中从日语借来的词汇》。[①] 王立达在论文中将日语借词分为八类（日语的音译词、训读词、近代新词、进入汉语后意义发生变化的词、中国古典词在日本获得新义后回流汉语的词、日本的国字等），列举包括词头词尾在内的日语词共 589 个。从意义分布的角度看，王立达所举的日语词偏重于政治、经济、哲学等领域，其他学科的词语较少。几乎与此同时，高名凯、刘正埮合著的《现代汉语外来词研究》由文字改革出版社出版。该书第三章专设一节讨论日语词的问题，将日语词分为日语固有词、在日语中获得新意的中国古典词、近代的译词三类，共收词 459 条。关于上述两项研究，笔者曾在前著中做过较详细的讨论，时贤著述亦多有涉及，故这里不再赘述。

1958 年著名语言学家王力出版了《汉语史稿》。其中第四章"词汇的发展"专门讨论了汉语词汇发展演变的历史。第五十五节"鸦片战争以前汉语的借词和译词"包含了三部分内容，即西域借词和译词、佛教借词和译词、西洋借词和译词。西洋借词和译词这一部分，王力没有提及明末清初以及 19 世纪初叶的汉译西书，但是提到了在译词上得益于上述汉译西书的《海国图志》。也许这是当时的政治形势使然，但事实告诉我们不研究耶稣会士和新教传教士的著述就无法廓清"热带""温带"等词的来龙去脉。在第五十六节中王力讨论了鸦片战争以后的新词。我们上面已经说过，以鸦片战争为界讨论新词问题是过分迁就了历史研究的时期划分。在该节中王力总结了现代汉语新词产生的两个特点，即尽量利用意译、尽量利用日本的译名。

王力第一次从现代汉语词汇形成史的角度来讨论近代新词的问题，摆脱了局限在外来词的范围内就事论事的窠臼。

1959 年，北京师范学院中文系汉语教研组集体编撰了《五四以来汉语书面语言的变迁和发展》（以下简称为《五四以来》）。该书同王力一样采用了现代汉语如何形成的视角，对这一问题从词汇和语法两方面进行了讨

---

① 王立达：《现代汉语中从日语借来的词汇》，《中国语文》1958 年第 2 期。王立达的论文在《中国语文》上引起了一场具有民族主义情绪的论战。王甚至被批评有民族虚无主义倾向。

论，是一本极具特色的著作。

《五四以来》把研究的焦点定位在"书面语言"上，该书所说的"书面语言"应指白话文，即19世纪以降来华传教士们所为之努力的浅显的文言文。这是一种可以听得懂的文章语言，用于谈论"较高尚的话题"，如宣教、演讲、授课和讨论知识性的问题等。毫无疑问，这种书面语言需要大量的新词，或者说新词是使这种书面语言得以成立的关键（笔者甚至认为听得懂的书面语是"言文一致"运动的实质）。正因为如此，《五四以来》对新词的形成做了详细的探讨。

首先，《五四以来》指出，词汇与语法不同，对新事物的反应是最敏锐的。"汉语词汇从清代的洋务运动起，就有了剧烈的变动，五四以后汉语词汇的变动是在五四以前这个剧烈变动的基础上形成的。"因此，该书编著者认为"研究现代汉语词汇的发展，应该从洋务运动时期开始"（序言）。历史研究中的"洋务运动"是指19世纪60~90年代洋务派官僚所推行的改革活动。关于洋务运动与新词的关系，《五四以来》是这样叙述的：

> 中国翻译西方近代科学技术方面的书籍，是利玛窦等在明朝时东来后开始的……这种翻译自然产生了一些新词，但是数量不多。鸦片战争以后，中国为了吸收外国文化以图富强，翻译事业就逐渐广泛地开展起来。一八六二年到一九〇二年北京设立的同文馆，一八七〇年到一九〇七年上海江南制造局附设的翻译馆，都是做翻译工作的。此外，天津的北洋学堂、上海的南洋公学、海军衙门、总税务司，以及《时务报》、广学会、墨海书馆等等都做了一些翻译工作……在这些书籍的翻译中，曾产生了大批的自造新词，但是因为它们是比较早期的东西，质量也参差不齐，有些译名不大科学，有的又传流不广，所以好多词并没有沿用下来。另一方面日本的翻译西方科学，大约也在我国设立同文馆、翻译馆的同时开展起来。因为日本有很大部分是用汉词汉字去译欧美的词语，其间的相互影响不少，有时日本借用了汉语的译名，

有时中国也借用了日语的译名。①

甲午战争之后大量日制译词被借用到汉语中来，《五四以来》指出直到五四前后的一段时间里，"丰富汉语词汇的最重要手段就是吸收日译词"。《五四以来》还认为日译词得以大量传入汉语的语言学上的原因是：中国自制的新词、译词无法满足建立新的词汇体系的需要，而日译词的"构词和汉语相同，意义多半可以从汉字上求得解释。这样的词无异于汉语中自造的新词"（第78页）。

《五四以来》还指出，五四以后汉语进入了自律造词的阶段，但是"在马克思列宁主义开始介绍到中国来的时候"，日语词的吸收"仍然是丰富汉语词汇的重要途径之一。那时，马克思列宁主义的书籍多半是从日文转译来的，随着这些书籍的翻译与介绍，又借用来一批日译词"。这样《五四以来》指明了日制译词集中传入汉语的两个重要时期，即五四以前和20世纪20年代。前者以自然科学、人文科学的术语为主，后者的主要内容是马列主义等社会革命的术语（戏剧、文学理论的术语也多在这一时期引入）。②

《五四以来》出版后本来可以期待着引起新一轮讨论，③但是由于当时的政治原因，外来词的研究成为禁区，直到"文化大革命"结束后的80年代初，学术界才重新开始着手日语借词的研究。1984年刘正埮等编写的《汉语外来词词典》刊行。这本词典的编纂可以说是1958年高名凯、刘正埮研究工作的继续。其中共收录了来自日语的词语892条，为后来的研究提供了一个坚实的基础。根据现在的研究成果，我们或许可以指出书中关于日语借词的认定存在着某些错误，但是，892条词不是一个随手拈来的

---

① 《五四以来汉语书面语言的变迁和发展》，第76~77页。该书执笔者情况不明，关于日语借词的内容与下列郑奠的文章相似。

② 关于马列主义术语导入的讨论是该书的一个值得称誉的贡献。但是在当时的政治环境中似无法深入展开讨论。1979年德国的汉学家李博就这一问题完成了自己的专著，并于2003年译成中文出版。参见李博《汉语中的马克思主义术语的起源与作用——从词汇－概念角度看日本和中国对马克思主义的接受》，赵倩等译，中国社会科学出版社，2003。

③ 几乎与此同时，在该校任教的郑奠在《中国语文》杂志上连载了六篇关于近代词汇形成的文章。

数字。考虑到 80 年代初为止的中日之间的信息知识交流情况，我们可以断定这是编纂者独自的长期学术积累。唯一需要指出的是：同其他 50 年代的日语借词研究一样，《汉语外来词词典》对日语借词的收集、辨别方法没有做出必要的说明，也没有附参考文献，以至于在我们试图验证《汉语外来词词典》中关于某些词语的结论的正确性时不得不从头做起。

进入 90 年代以后最重要的研究成果之一是意大利汉学家马西尼的著作 *The Formation of Modern Chinese Lexicon and Its Evolution toward a National Language: The Period from 1840 to 1898*。该书分为两章，第一章 Language and History from 1840 to 1898，主要讨论了 19 世纪初叶以来汉语与西方语言的接触，汉译西书中的译词、新词，以及汉语日语的互相影响问题。第二章 Some Lexical Phenomena，马西尼在这里主要从词汇体系的角度讨论了借词与新词的地位及其分类，并对来自日语的词语做了定位。继孙常叙之后，马西尼再一次将日语词定义为 graphic loan "借形词"，并对来自日语的借形词做了梳理。该书卷末的附录中有一个新词一览表，对近五百条新词进行了考证。马西尼最大的贡献在于他以敏感的学术嗅觉，明确地提出了现代汉语词汇的形成，以及如何向 national language（国语？）发展进化的问题。① 该书于 1997 年由香港中国语文学会组织力量翻译出版，书名为《现代汉语词汇的形成——十九世纪汉语外来词研究》（译者黄河清）。中文译本的出版为广大汉语读者了解该领域研究的最新成果提供了方便，但是译者所加的副标题却给我们提出了一个亟须认真思索的问题——新词、译词与外来词究竟是一种什么关系？可以用"外来词"来涵盖新词的产生所代表的整个现代汉语词汇形成的问题吗？

三　近代新词研究的新机运

进入 20 世纪 90 年代以后，关于近代新词的研究引起了更多学者的关注。与日本的情况一样，近代新词的研究可以从近代词汇史、以近代关键

---

① national language 中译本译作"国语"，这是一个现在不常使用的词。更重要的是，迄今为止学术界还没有对"国语"这一概念做过必要的讨论。另外，原著书名中的 modern 一词所指称的时间段远比汉语的"现代"要长。

词为中心的社会科学概念史、包括各学科史在内的自然科学史等三个视角进行。但是，我们不得不承认，中国现阶段的研究还没有达到日本的深度和广度。

在中国，与日本的情况相似，人文科学领域和自然科学史领域的研究常常走在语言研究的前面，这一事实只要从本书末的参考文献中就可以了解到。成果尤其令人瞩目的是近代基督教传教史、近代思想史、印刷出版文化史，以及有关西学东渐的研究和自然科学领域的学科建立史等方面的研究。近年来，如德国埃-纽伦堡大学的概念史研究计划、香港中文大学的近代思想史关键词研究计划等，其通过关键词的形成过程来审视中国乃至亚洲的"近代"的研究，利用语料库进行的研究也取得了迅速的进展。

与上述的研究相比，语言词汇领域的研究明显地落后了。20世纪90年代，香港中国语文学会曾出版《词库建设通讯》，大大地推动了新词与外来词的研究。但是该杂志停刊后，学者们失去了一个讨论近代新词问题的平台。现在，全国性的汉语研究杂志上关于近代新词的词源考证以及近代词汇体系形成的研究论文可以说是凤毛麟角。这种落后带来了以下的一些消极后果。

第一，我们现在还无法对现代汉语词汇中的日语借词有一个大致的把握，从而评估日语对现代汉语，乃至概念体系的影响。

第二，近代新词，尤其是词源研究的落后，使语言学无法对其他人文科学、自然科学史的研究做出自己应有的贡献。外来新概念的引介常常伴随着词化，如果不能准确地描述词化的整个过程，新概念引介的历史也就无法完成。尤其是词化过程中表现出的各种事实是探讨外来概念容受的重要素材。

第三，影响到汉语本体的研究。《汉语大词典》等大型工具书在近代新词方面的欠缺是众所周知的。某些讨论汉语构词法的著作，在选取分析语料时并没有对中国的译词和日制译词加以区分（其实那些摹借的译词也应该慎重对待）。在这种情况下谈论汉语构词法的特征难免有刻舟求剑之嫌。可以想象如果分析语料中有日语词，除非我们首先证明中国人和日本人使用完全相同的方法创造汉字词，不然，我们的结论就要打折扣。而到目前为止，我们还没有认真思索过这种语料纯洁性的问题。

鉴于以上情况，大力加强对近代新词的研究便是题中之义了。日语借词作为现代汉语词汇研究的一个主要方面应该如何进行？笔者认为，词汇研究的主要任务是在近代新词的范围内对日语借词的数量和影响进行考察。我们首先要制定一个词表，但是有一个需要把作为研究对象的日语借词从其他汉语词汇中辨别出来的难题，因为汉语中的日语借词没有例如日语中外来词使用片假名表示那样的词形上的特征。随机式的抽查会挂一漏万，全词排查也只能是事倍功半。可行的方法是：首先选定现代汉语某一范围内的词汇，如一万条常用高频词（把考察范围局限在某一种文献内也是有效的方法）。在上述范围内确定日中同形词，然后对这些同形词加以甄别：哪些词是日语借词，或受到了日语影响的词，哪些不是。通过这样的方法把日语借词从汉语词汇中分离出来。

在建立这样一个词表以后，作为基础工作我们需要对现代汉语中的日语借词做出词源描述。这种描述应该包括以下的内容。

第一，如果是日本的新造词，造词者是谁，理据如何？最先用于哪种著述，或出现于哪本词典？由何人，通过何种途径引入汉语？汉语社会接受的情况如何？

第二，如果是利用中国古典词改造的译词，则改造者是谁，改造的理由如何？最先用于哪种著述，或出现于哪本词典？由何人通过何种途径引入汉语？汉语社会接受的情况如何？

对日语借词的考察还包括其在现代汉语中的地位：使用频率、覆盖率、与其他词语搭配上的特征等。

显然，上面这样的语源记述是一项非常艰巨的工作，不可能在短时间内完成。我们可以先对其中的抽象词、人文自然科学各学科的关键词（不是较专门的术语）进行词源考证。这样的研究结果，能比较容易为其他学科所利用。

近代新词的研究具有语言学、人文科学、自然科学等跨学科研究的性质，但是同时不同专业的人也应该有所侧重。语言研究者的主要工作内容是词的创造，即概念的词化，以及交流、容受、定型的历史过程。这一过程的记述一般在某一词收入语文辞典时即告结束，至于这个词在历史语境中的解读更多的是相关学术领域专家们的工作了。

新词创造编

引　言
汉文与汉字的悖论

刘进才在诠释安德森（B. Anderson，1936–2015）关于近代民族主义兴起与国语形成关系的论述时说：

> 在欧洲各民族语言发展的现代谱系中，各个现代民族国家语言的诞生是以挣脱古老的神圣语言——拉丁文、希腊文或希伯来文，逐渐向地域方言靠拢，通过现代印刷语言从而建立起各方言区域的书面语言。

刘进才还指出：

> 对于晚清以降的中国而言，民族主义的兴起与印刷语言的产生和欧洲并不相同。[①]

中国与欧洲各国的情况不同，尤其是在印刷语言方面不可等同而视的意见是正确的。[②]但是有一点则与欧洲完全相同，即中国或亚洲汉字文化圈域内其他国家、地区所面临的也是如何摆脱"古老的"汉字汉文，获得近代民族国家的语言——"国语"这一共同的课题。我们需要把问题意识扩大到前近代的语言向近代"国语"进化的层面。[③]语言是处在不断的变

[①] 刘进才:《语言运动与中国现代文学》，中华书局，2007，第13~14页；本尼迪克特·安德森:《想象的共同体——民族主义的起源与散布》，吴叡人译，上海人民出版社，2005，第38~47页。

[②] 所谓的"印刷语言"其实是印刷术带来的文本传播和书写语言两个相辅相成的问题。

[③] 以欧洲为例，俗语开始获得文字与语法，并由此具备记录文学作品的可能性，随着国民文学的形成，最终取得了"国语"的地位，这一过程及其相伴随的各种现象均被称为"语言的近代化"进程。参见山本真弓『言語的近代を超えて』明石书店、2004、10页。

化之中的，任何一个时代都是如此。语言的变化不仅是表达形式（常常被说成语法）的变化、词语的增加，更重要的是被赋予了前所未有的社会意义，即作为国家、民族、自我三个层面认同的核心装置；语言使用者获得了"国语"这一意识形态。因此我们可以说近代以降东亚各语言的变化，其重要性超过了历史上任何一个时期。在描述东亚语言的近代演化过程时，语言接触所引起的互动是一个重要的视角。

作为表意（或称为音节、语素）文字的汉字没有欧亚其他古典语言（拉丁语、希腊语、希伯来语、阿拉伯语等）所具有的那种宗教的神圣性，但这并不妨碍它成为跨语言系统的书写符号体系。汉字为汉字文化圈提供了古典文本和记录语言的手段，同时，汉字所记录的中国典籍又被当作整个汉字文化圈的文章规范。即对于汉字文化圈而言，汉字使书面表达成为可能的同时，使用汉字的古典又严重地束缚了表达的自由性。因此，域内各"国语"的形成必须经过一个去"汉文"——中国典籍所代表的文章规范——的过程，但是尽管议论百出，甚至多项改革被付诸实施，汉字的地位却并没有被撼动。[1]非但如此，汉字文化圈正是依靠古老的汉字才完成了西方近代新知识体系的容受。现在，即使在那些不再使用汉字国家的"国语"里，大量的汉音词也依然占据着书面语言的主要部分。

在进入20世纪之前，汉文发挥了汉字文化圈书面共同语（Lingua franca）的作用。与之相比，日语在商业活动、古典传承和新知识容受等所有方面都不能说是重要的语言。然而，明治维新以后日语率先完成了向近代国语的转变，紧密地与西方文明连在一起，成为传递近代新知识的载体。汉字文化圈的其他国家、地区发现通过日语可以短时间内接受西方的新知识，日语在历史上首次成为非母语使用者的学习对象，与汉文对换了角色，从"方言"演进成东亚的强势语言。日语的变化可以说是江户时期以来长期积累的结果，而在这一过程中汉字新词起了决定性的作用。

如"导论编"所述，我们的语言接受外来新概念，大凡有两种方法，即"译"与"借"。"译者移也"，即使用自语言的有意义的语言成分将源语言中的概念移入自语言中。其方法有二：一是用既有的语词"移译"；二是新造译词对译。后者可以是新造复合词，也可以是新造汉字。新造汉

---

[1] 汉字与其所记录的典籍之间不存在共荣共损的不可分离关系。

字，即利用汉字的构成部件（偏旁部首）创造新字是非汉字语言中不存在的方法。汉字被认为是一个可以不断孳乳繁衍的开放的系统，历史上，创制新的汉字一直是应对概念增长的最重要的手段之一，这是造字为译词的语言心理学及文字学上的基础。汉字作为语言的单位具有"表音符号""语素""词"三重身份，同时以"六书"为主要内容的文字研究（这种研究在清代有了极大的发展）又使翻译者把探究的目光投向"字"的内部。

与"译"相对立的是"借"，"借"就是借用外语的音或形。由"借"产生的词可以细分为"借音词"与"借形词"。借音词即今天一般所说的"音译词"，其特点是"袭用其音"，就是通过音转写的方法将源语言的发音直接移入自语言中。"译"与"借"的最大区别在于：前者存在着积极的对译、造词过程，译词可以同步实现意义的转移，尽管这种转移常常被认为是不完全的或表面的；而借词其实只借音形，不借意义，新概念的容受与定型需要一个漫长的过程。

同时，我们还应该认识到，上述的种种"译"与"借"的方法，对于西方和东方的译词创造者来说具有不同的内涵和心理负荷。同样是使用汉字造词，同样是非母语使用者，日本江户时代的兰学家、明治的启蒙家思想家与来华西方传教士等有何不同之处？作为本土翻译家的严复，其译名创制原则与方法又是怎样？三者之间的成败得失都将在本编中详加讨论。

第一章
日本的近代汉字新词创制

一 近代日本的学术语言

日本古无文字，早在汉代或者更早的时期汉字就已经随中国的典籍通过朝鲜半岛传入日本。其后经过几个世纪的吸收，汉字汉文成为日本统治阶级的阅读语言和书写语言。同时，日本又在汉字的基础上创造了假名，获得了记录日本固有语言的手段。日本的文章体裁"文体"主要有以下几种。

汉文体 即语法、词汇均以中国的典籍为轨范的文章。为了方便日本读者阅读汉文，通常加上表示词序的"训点"和表示形态变化的词尾，这种文体兴起于4世纪下半叶。

和文体 即使用假名、按照日语语法撰写的文章体裁，主要用于和文和歌等传统文学作品，著名的《源氏物语》（11世纪）是其代表性作品。8世纪下半叶起逐渐形成，使用者以女性为主。

侯文体 江户时代信函等社交性文章的文体。使用者为男性，助词、形式动词等为日语固有成分，表实质概念的词语多为汉字词。

汉文训读文体 即汉文直译式的文体。汉文的词序调整为日语的词序，添加帮助理解词义的假名。这是接受、吸收中国典籍过程中形成的一种阅读、撰写汉文式文章的技术。与"侯文体"的私人属性不同，"汉文训读文体"主要用于正式的或学术性的文章，直至20世纪初，还是翻译文章的标准文体。

和汉混淆文体 即在日语语法的框架下混合使用日本固有词语和中国典籍中的汉字词的文章体裁。镰仓时代（1185~1333）广泛用于军记物语，至室町时代（1336~1573）成为男性使用的主要文体。这种文体的基本特征是：汉字以"音读"（即根据古汉语发音形成的日本式汉字读音）的形式表达来自中国的或抽象性的概念；以"训读"（与汉字意义相对应的日语译义）的形式表达日本固有的、日常性的概念。和汉混淆体是现代日语主要的文章形式。

在江户时代（1603~1868），和汉混淆文体还没有获得学术语言的地位，正式的文章使用"汉文"，或"汉文训读文"。江户时代中期，通过荷兰书籍吸收新知识的"兰学"兴起，在兰学书翻译的过程中，汉文汉字词发挥了决定性的作用。表1为主要兰学书的语言、文体使用概况。

表1 江户时代主要兰学书的语言、文体使用概况

书名	时间	使用语言、文体	备注
解体新书	1774	汉文	有训点符号
西说内科撰要	1792	汉文训读文体	
历象新书	1798	汉文训读文体	
重订解体新书	1798 成，1826 刊	汉文	有训点符号
泰西舆地图说	1804	汉文训读文体	
医范提纲	1805	正文为汉文	解说部分为训读体和文
眼科新书	1815	汉文	有训点符号
增补重订内科撰要	1822	汉文训读文体	
远西医方名物考	1822	汉文训读文体	
气海观澜	1825	汉文	有训点符号
植学启原	1835	汉文	有训点符号
穷理通	1836	汉文	有训点符号
舍密开宗	1837	汉文训读文体	
气海观澜广义	1851	汉文训读文体	

由表1可知，汉文及汉文训读文是兰学主要的翻译语言。以《解体新书》为例，译者之一杉田玄白（1733~1817）在解释为何以汉文翻译此书时说："世界分为四，一为亚洲，二为非洲，三为欧洲，四为美洲。日本、中国、朝鲜、琉球等属亚洲，虽语言不同，但书则通文。用汉文撰写，可通诸国。"[①] 又说"窃思是书或有幸传至中国，为其时着想，遂以汉文译出。

---

① 『和蘭医事問答』（1795）。此信写于安永二年（1773）正月。收入『文明源流叢書　第2』国書刊行会、1915、391 頁。

日本人可用假名阅读"。①《解体新书》在当时是否有走出国境的可能性暂
且不论，杉田的言说至少传递了这样的消息：汉文被认为是东亚的共同语；
日本当时有两种读者群，即能直接阅读汉文的上层知识分子，如幕府的官
员等和必须借助于训点符号才能阅读的下层知识分子。后者人数众多，他
们的阅读需求促成了汉文训读文体向和汉混淆文体的转变。例如，《增补
重订内科撰要》使用了汉文训读文体，著者在序中说："(《西说内科撰要》)
然其文义渊邃，议论艰深，初学之辈，难遽窥其微旨，探其赜趣亦属不易。
故晚年更加重订，文章务以平直为要。"《气海观澜》原为汉文，增订为
《气海观澜广义》时，增订者说："将此译成汉文，或误其义，故今以国语②
连缀成篇，务求易解。"

直到明治（1868~1912）初期为止，学术书、翻译书几乎无一例外都
是用汉文体或汉文直译文体（即汉文训读文）撰写的。汉文在明治17、18
年达到顶盛，以后渐渐衰退。明治维新以后，在针对一般民众（妇女儿童）
的汉字教育受到极大重视的同时，政府的法令、启蒙家的文章逐渐向和汉
混淆文体过渡，最终取代了汉文直译文体。

日本学术语言的这种转变得益于大量的汉字复合词（包括译词、新词、
科技术语）的出现。日语文体上的区别明显表现在使用词汇的不同上。与
和文体相比，和汉混淆文体在词汇上的特点是使用汉字词表示实质性的概
念。汉字词主要来自中国的典籍这一点毋庸赘言，但是在汉字传入日本后
的漫长历史中，是否产生了日本独自创造的汉字词？如果有，那么日本利
用汉字创造新词始于何时，具体成果如何？对这些问题我们大致可以做出
如下的回答：从上古汉籍传入到江户时代为止的漫长岁月是日本的汉字接
受、渗透、普及和定型的时期，虽然不能完全否认新造汉字词的可能性，
但是，从总体来说，即无论是从量上看还是从质上看，汉字新词的出现应

---

① 『和蘭医事問答』400页。大槻玄泽之孙，清修（号如电）也在其祖父文集《盘水漫草》
的跋文中写道："曾闻杉田先生之译定《解体新书》，意在执和兰实验说，一洗医风。然
不翻以国文，而汉文记之如彼，仰亦有说。医家皆奉汉法，苟非革其根底，则不能果其
志。其译用汉文，望传之支那，而警觉彼土医林也。后年，英国合信氏著《全体新论》
亦此意。先生先之殂百年，可谓远且大矣。"（原汉文，『磐水存響』1912、127~128页）
亦参见舒志田「『全体新論』と『解体新書』の語彙について」『或問』8号、2004年。

② "国语"即日语。

该被当作一种个别的、偶发的事件。新词的产生不是由于有意识的创造，而是由于使用过程中所发生的发音、书写、意义等层面的"异变"（在一定程度上可以理解为"误用"）。日语词汇史的研究成果告诉我们在"和制汉字词"之前曾有一个漫长的"异变汉字词"的过程。[①]

但是，进入江户时代（日本亦称之为"近世"）以后，情况发生了较大的变化。幕府文教政策的核心是积极推行宋明理学，朱熹等儒家的著作和其他中国的典籍成为官学、私学的主要学习内容。同时，随着町人（市民阶层）社会的发展、成熟，中国宋代以来的白话小说成为一般民众的消遣读物，获得了大批的读者。尽管这些小说经过了翻译，但是其中仍然包含大量的生硬的汉字词语。总之，上述情况下的汉字词汇使用主要侧重于"接受"而不是"产出"。例如，在谈论宋明理学时，儒家著作中的语词就已经足够使用，并不需要重新创造词语。汉字新词产生的契机主要在于江户中期以后的兰学兴起。当然，我们不能忽略这样的学术背景：中国的典籍是日本各类教育机关主要的学习内容，汉字汉文是正式的文字和文章体裁。这些都加速了汉字的世俗化进程，使误用、「嵌字」（即通假字）大量发生。日本制汉字词的出现和这种语言使用背景是密切相关的。朱子学、阳明学等宋明理学，即使对其内容的先进性与影响的程度我们可以有种种不同见解，但是，儒学的容受使汉文汉字成为学术语言这一事实也是不可否认的。其一部分术语，如"理学""究理""穷理"等后来曾短时期被用来表示来自西方的新概念。[②]汉字以及汉字词在日本语言生活中的地位越来越重要了。

那么，日本从何时起开始有意识地创制汉字新词，其新词创制的方法如何？本章将以上述两点为主线，以《解体新书》和《重订解体新书》为

---

① 我们也许可以说汉字容受的过程就是一个从异变到创造的过程。关于汉字容受的问题日语学界有着深厚的研究积累。陈力卫『和製漢語の形成とその展開』对日制汉字词的问题亦有较深入的讨论。

② 沈国威「漢語の育てた近代日本語——西学東漸と新漢語」『国文学』41 卷 11 号、1996年。关于汉字作为日本学术语言主要成分的确立，近年有很多从思想史、语言史角度的探讨。如小森阳一『日本語の近代』岩波書店、2000；黒住真『近世日本社会と儒教』ぺりかん社、2003；子安宣邦『漢字論：不可避の他者』等。亦参照陈力卫「新漢語の現代」佐藤武義（編著）『概説現代日本のことば』朝倉書店、2005。

基本资料，探讨日本兰学的汉字译词创制的原则、方法，[①] 以及对明治以后的影响等。

二 日本的"兰学"与"翻译"

1603 年德川家康于江户建立幕府，号令全国以后，采取了严格的禁教、锁国政策。对外贸易限于中国与荷兰，海外的新信息、新知识等也只能从上述两国获得。直到 1720 年（享保五年），注重实学的第八代将军德川吉宗（1684~1751）放宽了对图书进口的限制，海外新知识的传入才有了一定的进展。德川吉宗于 1740 年命令本草学家、医生野吕元丈（1694~1761）和儒学家青木昆阳（1698~1769）学习荷兰语，试图通过荷兰的书籍了解世界大势，吸收西方的新知识。两人均学有所成，野吕根据兰书撰述《阿兰陀禽兽虫鱼图和解》（1741）、《阿兰陀本草和解》（1741~1750）；青木则撰述《和兰文字略考》（1746 前后），三书遂成为日本兰学之滥觞。野吕书名中的"和解"意为用日语解释外语的大意，故野吕等的书还不是严格意义上的翻译，只能算是译述。第一本真正的荷兰翻译书是 1744 年出版的解剖书《解体新书》。[②]

《解体新书》与野吕元丈等的著述不同，系用古典汉文译出。这本书的翻译和获准公开刊行是日本学术史上一个划时代的大事件，其意义不仅在于向日本介绍了构成西方医学主要基础的解剖学知识，更在于日本人第一次有意识地实践了"翻译"这一异质文化之间书面语言层面上的知识交流方法。自此以降，日本学界得以从汉字圈以外的地区、汉字以外的媒体直接汲取新的知识。[③]

---

① 从国语学的角度对两书的译词进行探讨、整理的工作比起科学史方面的工作似乎少得多。松村明 40 余年前曾有意做详细的研究，但只写了一篇便中止了。「翻譯、對譯、直譯、義譯——解体新書とその譯語（一）」『国语研究室』2 号、1964 年。

② 兰学家们可以通过访问"江户参府"，即从来东京"述职"的荷兰商馆馆长等处了解各种新知识，请他们解疑。这样获得或加以确认的新知识汇入了兰学译籍。

③ 杉本つとむ指出："江户时代兴起的兰学不仅仅是荷兰的学问。兰学以医学为出发点，但是归根结底是通过荷兰语学习近代西方的科学。其内容包括（1）荷兰语，（2）医学、西洋本草学，（3）自然科学，（4）人文科学，（5）军事学，（6）文明批评等六个方面。"『近代日本語の成立と発展』（杉本つとむ著作選集 2）八坂書房、1996、295 頁。

对"翻译"一词及其在中国文化史上产生过的事实,日本的兰学家们是完全不陌生的。大槻玄泽(1757~1827)在《重订解体新书》(1798 成,1826 刊)中写道:

> 按汉土云译之义,极旧矣。其名出于《礼记·王制》。其注说曰译,音亦,传夷夏之言,而转告之也。又译陈也,陈内外之言。又译释也,犹言誉,谓以彼言语相誉释而通之也。又译即易,谓换易言语使相解云。即为达异方之志之官,北曰译,东曰寄,南曰象,西曰狄鞮,而四边异其名也。但至后,则四方共通称曰译也,是本为通士舌人之事也。盖汉唐翻译异方之书,则始于翻西竺佛典。按《名义集》曰翻译梵天之语。转为汉地之言,音虽似别,义则同云。①

由此可知《翻译名义集》卷首的"夫翻译者,谓翻梵天之语,转成汉地之言"的观点是日本兰学家们理解"翻译"的基础。② 而对于日本是否存在"翻译",大槻则指出:

> 中古以降,汉学之入于我,其文字则以国语读书,号曰和训。物子曰,取诸训诂之义,其实则译也。而人不知其为译矣。和训与译,无差别。又邦人以和语为汉文,亦称译文。又后世谓某书谚解,亦译文之类欤。③

大槻这段文字来自荻生徂徕。徂徕在《译文筌蹄》(1715)卷首说:"此方学者,以方言读书,号曰和训。取诸训诂之义,其实译也,而人不知其为译矣。""以方言读书"即指用日语解读汉籍。又说"曰和训,曰译,无甚差别"。④ 徂徕的"和训"是指日本人阅读汉语典籍的一种特殊方法

---

① 《重订解体新书》卷 12,第 30 页下 ~31 页上。
② 《翻译名义集》,江苏广陵古籍刻印社,1990,第 13 页。
③ 《重订解体新书》卷 12,第 30 页上。
④ 『荻生徂徕全集』卷 5、河出書房新社、1977、16、18 頁。原汉文。

「読み下し」(读下)。"读下"是日本在吸收汉字、汉文过程中创造的汉文直读的方法。"读下"只对语序做一些调整,最大限度地利用原文中的词语和表达方式。与"读下"相反的过程,即用和训的方法撰写汉文的过程称为「書き下し」(书下)。大槻所说的"邦人以和语为汉文",即日本人用「書き下し」的方法撰写汉文调的文章,这样的文章也被称为"译文"。同时,后世所谓的"某书谚解"(即通俗性的解释),也属于译文之类。虽然和训的实质就是译,但是当时的日本人并没有意识到这一点。笔者认为,这是因为日本在接受汉文化时,没有固有的文字做媒介,故"人不知其为译"。①将汉字作为表音的符号(即所谓"万叶假名")使用,或以后用假名记录的文章最终只能算俗解,而不是正式的文章。日本关于"翻译"这一概念的确立也因此受到影响。②徂徕认为和训既有"一读便解"的好处,但是同时又"虽若可通,实为牵强","皆似隔靴搔痒"。就是说,汉文功底差的人也可以读懂经过和训的文章,但是,在对原文的理解上会不可避免地发生某种隔阂。

《解体新书》是日本人第一次体验将一种文字转变成另一种文字的真正的"翻译"。大槻在《重订解体新书》中反复强调:"吾党方今以汉语翻译异方殊域之书册,当以斯编(即《解体新书》——引者注)为草创也。"③"本朝西洋医书翻译之业以本篇为权舆。"④对于中土之译佛经与日本兰学家译西方医书两者的不同之处,大槻指出:

> 但如彼梵汉译文,则教化济度之经典,多则心法性情上之事,而不系于吾日用切近、病厄医疗之要也。然是当时名僧学士之所为,要不令失彼真义之精力,何其可企及哉。⑤

---

① 《刊谬正俗》(1690)附录的《译文法式》强调:"译文乃就原文,以国字换写。"参见『日本国語大辞典』2版、小学館、2001、"译文"。
② 当时,汉语作为贸易语言同荷兰语等一样是口语翻译的对象。长崎的"唐通事"就是这样一批专业翻译人员,但只被称为"通事"。
③ 《重订解体新书》卷12,第30页上。
④ 《重订解体新书》卷12,第19页上。
⑤ 《重订解体新书》卷12,第31页上。

即一为"教化济度"的形上之学,一为"日用切近"的实用之学。对于中国的译经,大槻感叹道,"是当时名僧学士之所为,要不令失彼真义之精力,何其可企及哉"。但是对于明末清初的西书翻译,大槻则说:

> 又挽近天文星历之诸术,取西洋所说之诸编,而成者殊伙。闻是召洋人于本地,传译笔录,以所纂修云。亦是异于吾辈之直就彼邦书横文抗颜强译者也。①

中国的翻译方式是西洋人口述,中国人笔录,而日本则是"直就彼邦横文抗颜强译"。前者"本所取于重译,而非直就彼书译之者,则未免隔一层而观焉";② 后者"以直从事翻译,故东西万里,而得与西哲交臂讨论于一堂上"。③ 大槻玄泽一语道破汉译西书和兰学翻译在方法上的不同,这种差异一直影响整个 19 世纪两国容受西学的程度。

但是,在当时的条件下直接翻译西方的解剖书困难重重。《解体新书》的译者杉田玄白将之比喻为"没有桨舵的船在汪洋大海上航行";④ 大槻玄泽也说:

> (西译汉书)皆自非笃学高才之名士所不能也。今吾辈以不敏无学,不娴汉文,换易彼异言横文,欲新为誉释,则所不可敢当其任也。然僻其所好,自不顾固陋,勉焉从事于此而已。然则条条件件,不免多难通者必也矣。⑤

尽管"不敏无学,不娴汉文",兰学家们仍然是"不顾固陋,勉焉从事于此"。之所以要这样做,是因为中国医籍中的很多记述"穿凿附会,牵强疏卤",离事实太远。

日本的兰学翻译从《解体新书》刊行的 1774 年算起,到中国的汉译

---

① 《重订解体新书》卷 12,第 31 页上下。
② 《重订解体新书》卷 12,第 8 页上。
③ 《重订解体新书》卷 11,第 33 页上。
④ 杉田玄白(著)· 片桐一男(全訳注)『蘭学事始』講談社、2000、120 頁。
⑤ 《重订解体新书》卷 12,第 31 页上下。

西书可以自由输入日本的 1860 年前后止，进行了 80 余年。在这一时期兰学家们的译词创制在医学、植物学、化学、军事学等方面大有收获。我们将在下一节里对《解体新书》开始的兰学译词创造做一些深入的讨论。

三　从《解体新书》到《重订解体新书》

如上所述，杉田玄白等人首次尝试用一种他们熟悉的外语去翻译另一种他们不熟悉的外语，内容则是与中医大相径庭的西方医学。

《解体新书》（安永三年，1774）正文四卷，附图一卷，德语原著书名 *Anatomische Tabellen*（1722），翻译底本荷兰语书名 *Ontleedkundige Tafelen*（1734）。该书用汉文撰写，但是加有日语独自的阅读符号"训点"。由此可知，译者是预设了两个读者层的，即包括中国人在内的汉学素养较高的读者和日本社会的一般读者。后者主要是在日本各地从事医疗工作的中医医生和下层知识分子。他们中有一些人在阅读完全用古汉语撰写的书籍时需要借助"训点"加深理解。在翻译过程中始终困扰着杉田等的就是术语问题。《解体新书》卷一第二编"形体名目篇"和第三编"格致篇"即对解剖学术语加以界定和解释的部分。其体例如下（方括号中为双行夹注，下同）：

形体名目篇：小腹者，谓脐部下也。其两边，谓之意利亚［罗甸］。

格致篇：一　苟势验［此翻络］，其形细微而如丝，是经脉之别支也，所在有之。

即，译者在"形体名目篇"中首先界定了"小腹"的解剖学上的含义，然后用汉字标出了拉丁语的发音。而在"格致篇"中则是原语词的汉字标音"苟势验"在前，释义在后，[①]译者并特意在夹注中指出将"苟势验"译成"络"。这样，外语的原词和汉字的译词之间一开始就存在着紧张的对

---

① "意利亚""苟势验"旁有日语注音片假名。由于印刷的原因，此处从略。

峙关系。"格致篇"的方式，即以汉字间接标出外语的发音，然后给出译词是兰学书里一般的方式。之所以称之为"间接"，是因为正文只能使用汉字，汉字的具体发音只能用假名标示出来。远离江户的藩医建部清庵（由正）在 1773 年写给杉田玄白的信中说：萩野（元凯）氏所著《刺络编》（1771）中有"和兰针法要术"的内容，在蛮名（外语名称）旁加读音假名，其间注有汉名，重译烦累，难见其要；如全用汉名，蛮名悉集于卷末，类似《翻译名义集》者，则针法要术必将更易懂，更方便。①《刺络编》正文中的术语都用音译汉字，如"一名蒲儿乌笃亚垤儿 / 蒲儿乌笃又言蒲罗乌笃，译言血 /。"（// 内为夹注）极不便于阅读。杉田玄白在回信中肯定了建部的建议，告诉他：《解体新书》也想了各种方法，对许多中国医学不存在的概念，择其重要者辑入第三编集中解释。②

尽管"形体名目""格致"两篇所涉及的术语不多，释义也极为简单，③但正是在这种外语和译词的一一对应过程中，兰学家们明确意识到"翻译之法"，即译词创制的问题。杉田在给建部清庵的信中就已经提到"对译、义译、直译"三种译词创制法，在《解体新书》的凡例中又进一步对此加以归纳。杉田玄白写道：

> 译有三等，一曰翻译，二曰义译，三曰直译。如和兰呼曰偭题验者即骨也，则译曰骨，翻译是也。又如呼曰加蜡假偭者，谓骨而软者也；加蜡假者，谓如鼠啮器音然也，盖取义于脆软；偭者偭题验之略语也，则译曰软骨，义译是也。又如呼曰机里尔者，无语可当，无义可解，则译曰机里尔，直译是也。

---

① 『和蘭医事問答』398 頁。

② 建部清庵原为江户医生，后移居奥州一关藩（今岩手县一关市）任藩医，共传五代，与杉田信函往来的是第二代由正。一般说建部清庵均指由正。其时，年已 62 岁的建部由正就自己对于西方医学的种种疑问写信向江户的兰学家请教。这封托人转交的信两年以后方辗转送达杉田玄白手中。杉田被建部的探求精神和卓见感动，写信回答了他的问题，并向他介绍了《解体新书》包含的最新的医学知识。另《和兰医事问答》的汉语译文可参见『或問』26 号、2014 年；『或問』27 号、2015 年。

③ 《重订解体新书》中有了较大的增订，如对"神经""滤胞（腺）""动血脉""静血脉""乳糜"等都做了较详尽的解释。

　　兰学翻译群体中所实行的"翻译、义译、直译"的译词创制三法首次公之于众。虽然这只是初步的总结，文中的"等"字是仅仅表示类别，还是含有次第的意思也不很明确，但是对其后兰学的翻译实践影响极大。①

　　《解体新书》出版后，杉田玄白将该书的修订工作交给了自己的弟子大槻玄泽进行。②大槻遵照师命对《解体新书》进行了全面修订。修订工作于1798年初步完成，但是由于种种原因一直未能刊行。1817年杉田玄白去世，1826年修订本出版，书名为《重订解体新书》。全书包括卷首共13册，另附铜版画1册，版本情况大致如下。

　　第一册卷首，含"《重订解体新书》序"，清庵健部由水识，1822年春；"《重订解体新书》附言"，大槻玄泽识，1798年春；"旧刻《解体新书》序"，吉利雄永章撰，1773年春；"旧刻《解体新书》凡例"，杉田玄白识，1772年秋，该文后有一段杉田玄白写于1798年夏的"再识"。③

　　第二至五册即卷一至卷四，为正文，与旧刻《解体新书》相对应，是大槻玄泽改译修订的部分。

　　第六至十一册即卷五至卷十，为《名义解》，是对正文内术语加以解释的部分，在体例上参考了中国的《翻译名义集》。将术语收集一处作《名义解》，这本是建部清庵在给杉田玄白的信中的提议，多年后由他本人的弟子大槻玄泽完成了。《名义解》中还包含原书的注释（书中标为"注证"）和征引其他西方医书，中国的汉译西书、中医书的内容。第五册的书名签上为"重订解体新书 卷一名义解上 卷之五"，从卷数重起这一点看，《名义解》很有可能是作为另外一种单行本而准备的。④扉页书名签为"翻译新定名义解"，并指示读者"读本编者每篇宜与斯编参考"，即阅读正文时应与《名义解》有关部分互参。对于《名义解》的缘起，大槻玄泽在卷五开头写道：

---

① 佛经翻译中的"五不翻"（《翻译名义集》的卷首序文）是在五种情况下直接采用梵音的音译原则。但是佛经翻译理论中对意译等的原则并无涉及。大槻的所谓"三译者效浮屠氏译经旧例矣"之说实际上是一种借助中国典籍的权威化做法。杉田玄白在《和兰医事问答》中则说：虽有浮屠氏译法，而我等未尝学过（第406页）。

② 大槻玄泽原是建部清庵的得意门生，由于建部清庵本人年事已高，遂派自己的弟子大槻入杉田玄白门学习兰医学。大槻后来成为江户代表性的兰学家。

③ 由水是建部清庵第三代。另，旧刻凡例日期署1772年，似为误刻。

④ 卷五以下的情况为：卷六，卷一名义解下；卷七，卷二名义解；卷八，卷三名义解上；卷九，卷三名义解下；卷十，卷四名义解。

今所传译，务欲名义之妥当于原称，不能以不私造语新制字以译定。① 所谓"肬""腔""摄护"，或"解体""神经""滤胞"之类皆是也。因作翻译《名义解》，附之本编，使览者知有其名义所由本矣。

《名义解》六卷几占全书 2/3，共收录术语 350 余条，远远超过了一般意义上的修订。大槻的工作使《重订解体新书》成为一本对西方解剖学概念进行全面介绍的新著。《名义解》的体例如下所示，首先列举词条，词条下以夹注形式标明造词种类：直译、义译、对译；方框内是原词发音的汉字转写，汉字右侧标有注音的片假名。原词拉丁语在前，荷兰语在后。接下来是译词形成的理据，或解剖学术语、概念等的说明。

软骨 ［义译］蛤鹿低拉愕［罗］蛤鑾迦菶［兰］。按蛤鑾迦者，即谓啮细脆骨者之声，转为脆软之义。（夹注略）菶者菶牒冷之下略，即骨也，因译曰软骨。（下略）②

（下略）部分是关于软骨的形状、功能等的长达两页的详细说明。原词列出了拉丁语和荷兰语汉字音转写，并对荷兰语（也有一些词条中对拉丁语）的原词进行了语素层次上的分析。由此可知，兰学家们的外语知识已经达到了相当的程度。

第十二至十三册是卷十一、十二，为"附录"，分上下两部分。这部分记录了大槻玄泽关于东西方医学的见解和翻译的心得与杂感。此两卷写于正文等修订完成至全书公开刊行的 1798~1826 年。

《重订解体新书》卷首中的旧刻序和旧刻凡例与 1774 年的初版序、凡例相比均有较大的改动，其中关于译词创制部分的原文如下（请与前引初版凡例比较）：

译例有三等，曰直译，曰义译，曰对译。今举其一二言之。

---

① "不能以不私造语"似应为"不能不以私造语"。
② 《重订解体新书》卷 5，第 21 页下。

萘牒冷，即骨也。译曰骨，直译是也。泄奴，即神液通流之经也。译曰神经，义译是也。吉离卢，无名可充，义可取，乃音译曰吉离卢，对译是也。其对译之字音，皆用抗州音（即杭州——引者注），亦唯在仿佛之间耳。地名则袭用既经汉译者。虽有其未妥当者，姑从之，不复改正。若夫未经汉译者，则照例以填字音。

而在卷五名义解的开头，大槻玄泽再次对译词创制的原则方法做了阐述，他写道：

> 凡本编所载，其物其名，皆由解体实测而所创定也。故我邦及汉土，古今未说及者居多，虽则有说及者，形状主用大差者，亦不鲜矣。于是不能以其物为其物，以其名为其名，遂私立种种译例以从事。所谓直译、义译、对译是也。即译协卢僧曰脑，译法卢多曰心之类，谓之直译。译泄奴曰神经，译吉离卢曰滤胞之类，谓之义译。直曰劫业卢曰蛤瓦机之类，谓之对译［又谓之音译］（夹注略）。三译者效浮屠氏译经旧例矣。①

从《解体新书》凡例，到《重订解体新书》的旧刻凡例，再到《名义解》，有关记述的变迁反映了兰学家们对译词创制方法认识的深化。下面我们对《解体新书》《重订解体新书》两书的译词创制做一些具体的分析。为了叙述方便，我们先将译词创制方法记述的演变整理如下。

表 2　译词创制法术语演变一览

名称	出典	译例	今称
对译	和兰医事问答	骨	无专指的术语
翻译	解体新书凡例	如和兰呼曰俪题验者，即骨也	
直译	旧刻解体新书凡例	萘牒冷即骨也，译曰骨，直译是也	
直译	翻译新定名义解	即译协卢僧曰脑，译法卢多曰心之类，谓之直译	

---

① 《重订解体新书》卷 5，第 1 页上下。

续表

名称	出典	译例	今称
义译	和兰医事问答	软骨	意译或直译
义译	解体新书凡例	曰加蜡假俪者……译曰软骨。义译是也	
义译	旧刻解体新书凡例	泄奴即神液通流之经也，译曰神经，义译是也	
义译	翻译新定名义解	译泄奴曰神经，译吉离卢曰滤胞之类，谓之义译	
直译	和兰医事问答	奇缕	音译
直译	解体新书凡例	又如呼曰机里尔者，无语可当，无义可解，则译曰机里尔，直译是也	
对译	旧刻解体新书凡例	吉离卢无名可充，义可取，乃音译曰吉离卢，对译是也	
对译	翻译新定名义解	直曰劫业卢，曰蛤瓦杌之类，谓之对译（又谓之音译）	

关于译词创制的方法，《兰学事始》（1815 年成）中也有相类似的记述，应是兰学家的共识。下面我们逐条进行分析。

（一）"翻译"

《和兰医事问答》中的"对译"和《解体新书》中的"翻译"在《重订解体新书》中被改称"直译"。该术语指的是这样一种语言创造行为：使用已有的汉字词直接去译外语的词，通过这样的工作使两者之间建立"等值关系"。所谓已有的汉字词即存在于各类中国典籍，特别是医学典籍中的词语。使用已有的汉字词是兰学家进行"翻译"的基本原则，唯有如此才能保证译文的权威性及中西医学之间的（在某种意义上可以理解为传统与所处时代之间的）知识传承性。"翻译"被认为是最理想的状态。译者们还常常在译文中标注出某一个译词在中国典籍中的出处。由此我们可知，杉田玄白等的"翻译"是一个译词选择的问题，这里还不存在第一次创造，即造词的活动。

《重订解体新书·名义解》中共列出"翻译（直译）"词一百余条，[①]兹

---

① 并非每条词都注明了造词方法，与前一条词相同时不注。但多有舛误。

举例若干如下：

> 颔　胸　膜　水脉　血液　蒸气　汗孔　骨骸　舌骨　肋骨
> 肺　表皮　脂肪　眼珠　门脉　食道　肠隔　胎子　卵巢　胞衣

　　单音节词因为不存在复合造词的问题，所以都是"翻译"词，[①]双音节词如果取自中国的典籍亦同。但是书中有一个词例外，即"海绵"。大槻玄泽在这条词下标出"直译邦名"。也就是说，不是用中国典籍中的词语，而是用日语固有词去翻译荷兰语。四面环海的日本对于海绵这种海洋生物应不陌生，但是日本江户以前的文献中不见"海绵"的用例。在《解体新书》中这种生物被音译为"私奔牛私"，夹注则解释为"形如绵絮，有针眼，其色黄，吾邦呼云海绵或吸水"。"海绵"二字旁加有训读片假名「ウミワタ」，这表明该词是一个日语的固有词。"海绵"作为正式译名首见于《重订解体新书》，而中国的典籍中没有"海绵"的用例，《汉语大词典》（1994）、《辞源》（2015）均不收此词。

　　然而，使用已有词语进行的"翻译"不可避免地要遭遇一些问题。供兰学家们选择的词语主要是中国传统的医学术语，但是中医、西医是两个截然不同的医学体系，基本原理、术语都不尽相同。用中医的术语套用西方的概念无异于削足适履，相舛之处是不可避免的。即使一些表面上相同的名称，所指的实质也有很大的差别。杉田玄白在《解体新书》的凡例中说"汉说之所可采者，则不过十之一耳"。大槻玄泽在《名义解》中也开宗明义地说："我邦及汉土，古今未说及者居多。虽者有说及者，形状主用大差者，亦不鲜矣。于是不能以其物为其物，以其名为其名。"这样的情况在《重订解体新书》中比比皆是，试举几个较有代表性的例子。

> **腰**　……按汉所谓腰者，泛并腰椎下荐骨部分以称之……与和兰所谓冷邓［腰也］义差异也。本篇译曰腰者效此。[②]

[①]　但是在《名义解》中亦有单音节汉字被标为义译词的情况，如"卤""精""珠"等，详后。

[②]　《重订解体新书》卷5，第11页下。

脂肪　……按汉所谓脂肪，或脂，或散，或肥白，或肥白油，皆于禽兽称之耳。未说人身具此物也。今姑假译曰脂肪也。[①]

脾　……按汉所说脾脏是也。如其本质官能则迥异也……［汉医的脾开窍于口云云］是皆臆想妄诞，固无足取者。今不问其本质官能，姑假其字译云尔。[②]

即中医的"腰""脂肪""脾"所指称的器官、生理功能都与西医不同，译者不过是"不问其本质官能，姑假其字"，暂借旧名称翻译新概念而已。对于这种做法，杉田玄白在《兰学事始》中做了如下的辩解：

了解解剖的知识，以为医疗之帮助，此为翻译本书之初衷。因此尽快译出，明白易懂，使人了解西医之大概，与自己已知的医术相比较，尽快掌握西方的新知识，这是我们的首要目标。为此，在翻译中尽量采用了中国人所使用的旧名称。但是，中医的命名和西方称呼，所指多有差异，实难定夺。几经思虑，我辈所为乃属开创，遂决定以易懂为要义，创制译名。[③]

大槻玄泽也指出：

上古邈矣，自中世传汉唐医籍而法其古训，以其方术，行于世者，殆一千有余年也。但前哲所建，人身诸器，命名之义，其所据今较诸实测所定之名称，则大异小同，多有不可相当者。方今吾辈之创此业也，聊以在欲补订所其未备，是以此所译定内景名物，汉人所未说，而不可以汉名直译者，皆出于新译。然吾侪苟业医，从来奉汉唐方法，均是熏陶其诸说者也。而今更创新译之业，专欲补其阙，则岂悉废其旧为得耶。然若其名物，逐一从彼原称下译，则观者不唯不得遽辨识之，又为可解不可解一种异

---

① 《重订解体新书》卷7，第4页下。
② 《重订解体新书》卷10，第1页上下。
③ 杉田玄白（著）·片桐一男（全訳注）『蘭学事始』109页。

说，以至俾响往者裹足也。故务以蹈袭旧称，其无可当者，姑且
假借他义以为之译。是以有回护古经者焉，有牵强旧说者焉，要
取令人意易会也。然对彼言此，则或有虽古经所论定，不得不议
者。故委曲翻彼西说，直为之译者闲亦有之。余非敢好辨，出不
得已也。读者察焉。①

就是说，照原书忠实译出，读者或以为是异端邪说无法接受；对于那些中
国医学不存在的概念，只能假借其他译名，因此难免有牵强附会之处。"翻
译"主要利用中国典籍中已经存在的词语。但是，汉医之名目非实测所
得，许多术语并没有经过解剖学的验证，离实际情况相差甚远；加之旧词
语常附有传统的旧意义，这些情况妨碍了西方医学概念的正确转达。然而
如果全部推倒重来，那些长期受中国传统医学熏陶的人势必无所适从。所
以尽管兰学家们已经明确地意识到中医术语的缺陷，但是，为了不给那些
具有传统医学知识的人造成理解上的过度负担，杉田玄白等还是采用了部
分现有的术语，想以此加速新知识的普及。译者在新旧之间、传统与现实
之间、科学态度与迷信盲从之间进退维谷、前后失据的窘迫之状跃然纸上。
在《重订解体新书》中，大槻玄泽反复为自己开脱"余虽似好辨，然我新
译之业，不得不姑假其文字，则亦不能无真伪之辨也。学者宜去旧杂，而
就本篇实诣也"，不时提醒读者注意中西之间的差异。例如在关于食道的
解释中说：

> 是胃管之义。以其为胃之上管也。此汉所谓食道也，但大异
> 其命名之义。然今不用原称二译名，而直以食道译之。亦取旧称
> 易记也。②

又如，大槻玄泽对中西医关于"肠"的概念的不同做了数百字的叙述，在
这段文章中大槻指出：

---

① 《重订解体新书》卷12，第19页上~20页上。
② 《重订解体新书》卷9，第33页上。

汉说大肠者传导之官，变化出焉；小肠者受盛之官，化物出焉。则官能位置皆大错矣。①

由上可知，中国典籍的词语常常处于一种优先地位，名实之间的矛盾为"名"的权威性和传承性所压制。但是，"显微镜"可以成为一个反例。卷五《名义解》中的"显微镜"条全文如下：

> **显微镜**　［注证］密哥鲁斯革弭穸［罗］弗卢愕罗多歹拉斯［兰］按弗卢愕罗多者，使大之义；歹拉斯者，镜也。汉既谓之显微镜，盖义译也。余窃译曰廓象镜。《尔雅疏》廓者，方言云。张小使大谓之廓［《诗经·毛传》廓，张大也。正义云。物之小者，张之使大］，即张大物象之眼镜也。虽不雅驯，恐是切原名。然今袭用汉名者，使人易晓耳。

大槻认为从与原词对应的观点看，"廓象镜"虽然不够雅驯，但是更"切原名"，即"弗卢愕罗"有"使大之义"而没有"显微"之义。只是为了"使人易晓"，才"袭用汉名"。②在这里我们看到了一种基于对原文深刻理解而产生的"离反精神"，正是这种精神使"翻译"通向"义译"。

（二）"义译"

"义译"这一术语在《和兰医事问答》、《解体新书》与《重订解体新书》之间并无变化，但是所举的例子则不尽相同。《和兰医事问答》和《解体新书》凡例中的例词都是"软骨"，而《重订解体新书》卷首的旧刻凡例改为"神经"，《名义解》进一步改为"神经"和"滤胞"。③如下一节所述，兰学中的"义译"实际包括逐字译和意译两种情形。关于"义译"的具体含义和所示例词的变迁情形我们将在下一节做详细的分析。

兰学家的"义译"，一言以蔽之是在没有现成词语的情况下创制新的

---

① 《重订解体新书》卷 9，第 36 页下 ~37 页下。
② 当然另一个原因是"廓象镜"不见于中国的典籍，涉嫌杜撰。
③ "神经"首见于《解体新书》，"滤胞"则是大槻玄泽创造的译词。

译词。从语言结构上和语义上深刻理解和掌握所译的外语是义译（尤其是逐字直译）的必要条件。日本的兰学家在短短的几十年里，经过两代人的不懈努力做到了这一点。而在中国，虽然逐字直译的例子散见于传教士的译著中，例如汤若望等所使用的"远镜"等，[①] 但是参与翻译的中国知识分子由于不懂外语，直到 19 世纪末严复等翻译的出现，始终与直译无缘。

（三）"直译"（音译）

《和兰医事问答》和《解体新书》中的"直译"在《重订解体新书》中改称"对译"，《名义解》中则见"又谓之音译"的说法，从例词上看也可知所谓"直译（对译）"即现在所说的音译。兰学译籍中的音译是用汉字转写荷兰语的发音。《解体新书》凡例中的例词为"机里尔"，今译"腺"。《重订解体新书》的旧刻凡例中所举的例子为"吉离卢"，仍然是"腺"的音译，但是标音汉字有了改动。在《名义解》中例词则换成"劫业卢""蛤瓦机"。兰学家为什么要采取音译的方法？主要似有以下三种原因。

首先《解体新书》对采用音译词"机里尔"的理由，说是"无语可当，无义可解"。"无语可当"是因为中国的传统医学里无此概念，故没有表达这一概念的词语。而"无义可解"的"义"似可做两种理解：一是理据义，即原词成立之理由；二是概念义，即该词所指称的器官及其功能等辞典上的意义。一个词不能没有概念义，但并不是所有的词都有理据义（由于语言形式与内容关系的任意性原则，单纯词一般被认为不存在理据）。由于外语或解剖学方面知识的限制，《解体新书》的译者对"机里尔"的两种"义"似都有不解之处。译者在没有把握的情况下不去生造译词，而是采用了音译词。这一方面体现了译者实证的科学态度，同时也表明"直译"乃是不得已而为之的方法。但是在《重订解体新书》的旧刻凡例中，尽管举例仍是表示"腺"的音译词，但是音译的原因改为"无名可充，义可取"。这里的"义"只能理解为概念义，即随着时间的推移，兰学家们已经对腺的

---

① 谷口知子「『望遠鏡』の語誌について」『或問』1 号、2000 年。

概念义有了全面的认识，只是一时还没有找到适当的译词。① 然而在《重订解体新书》的正文中，大槻玄泽首次使用了新造的义译词"滤胞"，并做了如下的说明：

> 名之日吉离卢。［按吉离卢之名，特命此物，别无它义。汉固所未说，以故宜音译以存原称。然有嫌此物独存原名，异于他物，因以其官能作用宛如用筛罗滤过水浆者，义译日滤胞耳。窃顾未必切当，姑期他日之再考云］（下略）②

就是说"吉离卢"这种音译形式是用来指称"腺"的，这个字串本身并没有字面的意义（"别无它义"即理据义）。由于中医里没有这种概念，所以应该使用音译形式来保存"原称"，这样可以避免其他概念的混入。但是译者认为只在此处使用音译词与全书的体例不合，故只好根据其生理上的作用等新造译词。

《解体新书》中使用的音译词，除了"机里尔"以外还有"私奔牛私"、"蛮度"和"奇缕"，在《重订解体新书》中分别译为"海绵""系带""乳糜"。这些都说明对于原文词语（主要是概念义）不甚理解的现象已经不复存在（"系带"后来改译为"韧带"）。③

使用音译词的第二种类型是人名等固有名词，如西方古今解剖学家的名字等。固有名词只能音译，古今同理。

音译词的第三种类型即是上文表 2 中列举的"劫业卢""蛤瓦杋"（分别为陀螺、西式女装镶嵌的花边）。《解体新书》和《重订解体新书》中仅此两例。实际使用情况分别如下：

《解体新书》
　　其形上圆下尖，如圭偈缕［和兰人玩器之名，其形如未开莲

---

① 经验告诉我们，当一个外来概念为目的语所不存在，又没有理据义时，译词的创造将遭遇极大的困难。

② 《重订解体新书》卷 5，第 24 页下。

③ 小川鼎三『解体新書：蘭学をおこした人々』中央公論社、1968、62~63 頁。

倒悬〕①

其襞槓之所，弱而似加蜡亚古〔和兰服饰，重迭如花〕②

《重订解体新书》

劫业卢　其形上丰圆，下尖锐，全状似翻转劫业卢者〔劫业卢释于《名义解》〕③

劫业卢　〔对译〕按奕器名。盖陀螺之类，状如倒悬莲花含苞者云。④

蛤瓦机　襞槓　衬附于厚薄二肠，其状迂曲襞迭，宛似蛤瓦机者是也〔按蛤瓦机者，西洋衣服之饰也，即风领或襴裳等，缝缘为迭槓者也〕⑤

这两个音译词表示的都是东方没有与之完全对应的西洋物品的名称。对于这两个词，译者是知道具体含义的。知词义而不译，或许是受了佛经五不翻的"三此无故"的影响。⑥

兰学译籍中的音译词，在形态上有一个重要特征，即使用一套专用的标音汉字。这些汉字是无义的或虚义的，发音也与一般音读汉字不同，实际发音用片假名标出（有时使用合体汉字，一个字表示两个音节）。兹举例若干（括号内为原标音片假名的复原音）：

瓦（ga）　牒（de）　铎（do）　罗（lo）　业（ge）　歹（ga）
劫（ke）　机（gu）　协（he）　乞（a）　犇（ben）　愕（go）

这套汉字同时用于拉丁语、荷兰语的注音。兰学家们试图通过这种方

---

① 《解体新书》卷3，第6页下。
② 《解体新书》卷3，第21页下。
③ 《重订解体新书》卷3，第8页下。
④ 《重订解体新书》卷8，第17页下。
⑤ 《重订解体新书》卷3，第28页下。
⑥ 三此无故，如阎浮树（胜金树），中夏实无此木。（《〈翻译名义〉序》，《四部丛刊》子部《翻译名义集》）

法消除汉字原有字义对音译词的影响。

音译词汉字选择的另一个特点是，兰学家们对中国典籍上的国名、地名等音译词表示了极大的尊重。例如，《解体新书》中的国名等固有名词直接取自中国的书籍。译者在凡例中声明："斯书所直译文字，皆取汉人所译西洋诸国地名……一不用臆见也。"《重订解体新书》的"旧刻凡例"中也说"其对译之字音，皆用抗州音，亦唯在仿佛之间耳。地名则袭用既经汉译者。虽有其未妥当者，姑从之，不复改正"。在这里汉语和日语的音韵系统之间的差异被完全忽略了。

总的来说，除了人名、地名等情形以外，兰学译籍中的音译词不多。下面是一些在化学、医药的书籍中较常见的音译词（括号内为汉语今译）：

安质谟尼母（锑）	丁几（酊剂）	亚尔加里（碱）
曹达	摄氏	依的儿（以太）
护谟（橡胶）	瓦斯	几（规）那（金鸡纳霜，即奎宁）
规尼涅（奎宁）	淋巴	倭麻质斯（风湿病）
窒扶斯（伤寒）	华氏	健质亚那（龙胆）

日语中"俱乐部"等为数不多的音兼义译词的出现是在明治中期（19世纪80年代）以后，在书面语言中大量使用片假名外来词则是进入20世纪以后的事了。

四　新词产出的机制：兰学的"义译"

《解体新书》首次使用了"义译"这一术语。对于兰学家，"义译"是指这样一种语言创造活动，即在中国典籍中没有现成词语的情况下用汉字创制新的译词，新译词一般采用复合词形式。如前所述，使用中国典籍中已有的汉字词做译词是兰学家"翻译"的基本原则，唯有如此才能保证译文的权威性及中西医学之间的（在某种意义上可以理解为传统与所处时代之间的）知识传承性。"翻译"被认为是东西方之间最理想的意义、概念转换的方式。但是，中国典籍中不存在的新概念，或中西之间相矛盾的概念，"翻译"则是无能为力的。大槻玄泽在《重订解体新书》卷五《名义

解》卷首说:"我邦及汉土,古今未说及者居多。虽者有说及者,形状主用
大差者,亦不鲜矣。于是不能以其物为其物,以其名为其名,遂私立种种
译例以从事。所谓直译、义译、对译是也。"又说:"今所传译,务欲名义
之妥当于原称,不能以不私造语新制字以译定。所谓'肶''腟''摄护'
或'解体''神经''滤胞'之类皆是也。"对于这些"翻译"无能为力的
西方新概念,兰学家们只能独自创造译名来表达。兰学家谦卑地称之为
"私立种种译例"或"私造语"。一个"私"字表示了新造词的非正统性的
价值取向。这种译名创制,材料非汉字莫属,其主要方法则是"义译"(关
于新制字,即造字为词的情况,参见下一章)。可以说,正是在掌握了"义
译"这一方法后,日本的兰学家才开始有意识地并有可能用汉字创制大量
的新词。

关于"义译",《和兰医事问答》和《解体新书》所举的例子都是"软
骨"。杉田玄白解释说,荷兰语的"加蜡假偭","加蜡假""谓如鼠啮器音
然也,盖取义于脆软","偭"是"偭题验",即骨的"略语",两者相加就
得到了新词"软骨"。在"旧刻凡例"中,软骨的例子被改成"神经",说
明文字为"泄奴,即神液通流之经也。译曰神经,义译是也"。大槻玄泽
在《名义解》中,又做了进一步的修改。大槻给出的新的说明是"译泄奴
曰神经,译吉离卢曰滤胞之类,谓之义译"。

兰学的"义译"从其所举的例子判断,是指这样两种情况。第一种情
况,用现在的术语说就是"语素对译法",即将外语词分解为可以理解的
意义单位——语素,再从自语言中找出与之相对应的语素,组成新的复合
词。王力把这种方法称为"摹借"(calque),认为它是一种特殊的意译,
比较近似借词。王力说:

> "摹借"是把外语中的一个词(或一个成语),用同样的构成
> 方式搬到自己的语言里来。这种词往往有两个以上的构成部分,
> 摹借的时候就按照这些构成部分进行意译,然后拼凑成词。[①]

第二种情况就像"神经""滤胞"那样,原词分别为 Zenuw(复数形

[①] 王力:《汉语史稿》,第517页。

式 Zenuwen）、Klier 等单纯形式，至少在共时的角度无法做进一步的语素分解（理据义不明）。译者只能根据自己对外语词义和所指事物的理解，给出一个新的译词。上述两种方法现在常常被称为"直译"和"意译"。但是这两个术语更多的是指称句子层次的翻译方法，因此本章暂且使用"摹借法"和"汲义法"来专门讨论译词创造上的问题。

"摹借法"要求译者对源语言具有深入的了解——不如此就无法切分源语言的词。日本的兰学家克服了种种困难做到了这一点。《重订解体新书》中不仅有关于荷兰语的，而且还有很多关于拉丁语的词源分析。兰学家对外语的理解和学习程度之深远远超出我们今天一般的想象。下面是一些《重订解体新书》中"义译"的例子。

十二指肠　……按多袜卢拂形业力硬达卢模者，十二指也。谓胃左口下薄肠之始，十二指横径之际也。[①]

盲肠　……按勃灵牒达卢模者，盲也。谓厚肠之始，四指横经之际。[②]

摄护液　……按何卢斯当牒卢斯者，摄护也；诃古多者，液也。因译曰摄护液，是摄护中滤胞所分泌之液。[③]

口盖骨　［义译］按业歇灭鹿跕者，其义犹曰为天盖［菶牒冷者骨也］，顾是此骨被肉为口内之天盖也。故私造语而译云尔。汉所谓腭似指之，然未知其肉里有此骨，则不可取也。[④]

小脑　……按劫列乙涅者，小也；歇卢泄能者，脑也。一名后脑，是对前脑而称也。其曰小者，以其分部之小也。[⑤]

以下是《重订解体新书·名义解》中的一些摹借法造词的译例：

---

① 《重订解体新书》卷 9，第 38 页。《解体新书》作"十二指肠，其长如十二指横径"，并没有给出原词分析。下同。

② 《重订解体新书》卷 9，第 40 页。

③ 《重订解体新书》卷 6，第 18 页下 ~19 页上。

④ 《重订解体新书》卷 6，第 23 页上。

⑤ 《重订解体新书》卷 7，第 14 页上。

延髓　巩膜　后脑　锁骨　尺骨　小脑　盲肠　网膜　甲状软骨

　　荷兰语和德语属于同一语族，单词比较容易分解成有意义的语素，而汉语更是以语素为单位的语言。这种偶然的巧合极大地方便了兰学家们的"义译"。以下是其他兰学译籍中创制的摹借法词例。[①]

引力	扁桃腺	泪囊	胸膜	坐药	骨膜	球根
结膜	重力	前脑	视角	视线	听骨	角膜
恐水病	巩膜	色素	王水	炭素	炭酸	淀粉
处女膜	乳糖	乳酸	重心	夜盲症	水素	马力
视差	黏膜	耻骨	鼓膜	泪腺	泪管	间歇热
半规三管						

　　摹借法由于具有"借"的因素，所以在新词创造上要容易一些。同时也正是由于有"借"的因素，外语中的意义模式得以直接进入自语言。这种异质的思维方式可以造成混乱，也可以带来某些新的表达方式。例如，十二指肠中的十二指表示的是肠的长度。用手测量长度时，中国的习惯是虎口张开，以拇指和食指之间的距离去量，西方的习惯则是以手指的直径去量。这种习惯上的差异往往会影响词义的理解。例如非专业人员对于"十二指肠""盲肠""巩膜"等术语的命名理据往往是望文生义，并不正确。

　　"植民"也是一个有趣的例子。"植民"摹借于荷兰语 volkplanting（当时的拼写法）。最早介绍西方关于殖民概念的是本木良永，他在《阿兰陀地球图说》（1772）中写道，美洲新大陆发现以后，欧洲人"全地球ノ国土豐饒ノ国々ニホルコ　プランティギンノ術ヲ建テシ也"（建立向全球国土丰饶之国家植民之策略——引者译）。本木良永把这种政策解释为"人民蕃育ノ術"。而复合词"植民"则首见于志筑忠雄的《锁国论》（1801）："幾程なきに現前の利に誘われ大に是地に植民し。"使用的是动词形式。志筑对此加以注释"人を植ること彼等が国の習なり、人を其地に渡し住

---

① 参见斋藤静『日本語に及ぼしたオランダ語の影響』篠崎書林、1967。

しむるといへり"（植人是彼国习俗，乃使人住往他国之谓——引者译）。其后的兰学书相续介绍了植民的概念。例如，《和兰通舶》（1805）的「衆ヲ植ル」、《坤舆图识》（1845）的「人種を移す」等。最终在《坤舆图识增补》（1846~1847）中首次出现了名词性汉字熟语形式的"植民"。深受兰学译词影响的《英和对译袖珍辞书》（1862）首见［Colony 殖民］，将"植民"改为"殖民"，似乎是想突出"繁殖"的意思。"殖民"通过《附音插图英和字汇》（1873）在日语中普及定型，并于 1897 年前后通过《时务报》中的日文翻译传入我国（详后）。但是，日本在大正时期（1912~1926）出于与原词对应的考虑又将"殖民"改回"植民"，这一改动遂造成了现代中日语之间的词形不一致。①

摹借法有两个问题需要加以注意，一是如何选择与外语相对应的语素；二是能否准确把握外语语素的意义。对于外语的语素选择什么样的汉字与之对应？中日之间的汉字使用存在着意义、用法上的差异。日语中的"训"使这种差异习惯化、固定化，"训"往往直接影响作为对译语素的汉字的选择。例如软骨，既然"取义于脆软"，则"脆"和"软"都有可能成为对译语素。②但是，在日语中汉字"脆"训作 MOROI，意为易坏、易碎；"软"训作 YAWARAKAI，意义为软、柔软，反义词是"硬"。鉴于"脆"的这种负面意义，杉田玄白选择了"软"字。

左右汉字选择的另一个因素是兰学家们似乎在尽量避开较常见的字，如"巩膜"。《重订解体新书》的解释是："坚固也，巩固也。是以运动六筋错综聚会而为，巩固重厚，固有此名。"③同训汉字"坚""强""固"都没有入选。

兰学家们关于外语的语素意义的把握也是一个值得探讨的问题。例如"加蜡假"并不具备软的意思，杉田解释为"鼠啮器音"，由这一象声词的意义到"取义脆软"之间是有一个飞跃的。我们甚至有理由说，将"加蜡假"理解为脆软是借助于对软骨的生理功能上的把握。随着解剖学知识的

---

① 松下国际财团研究成果报告书『欧化国家を目指せ：情报発信基地としての 19 世紀日本——日本新聞の中国語訳を通じて見る近代日中語彙交流』（沈国威等）、1998。
② 实际上合信的《全体新论》（1851）、罗存德的《英华字典》（1866~1869）都作"脆骨"。
③ 《重订解体新书》卷 7，第 25 页下。

增加，兰学家在译词创造上获得了更大的自由。就是说，有一些词在语素对译的过程中并非拘泥于外语的语素义，而是更多地考虑解剖学上的事实，以及一个译词和其他译词之间的整合关系。例如"静脉"，《重订解体新书》的记述如下：

静血脉 遏那 [罗] 宅牒卢斯 [兰] 又称 何鹿·宅牒卢，本篇或称 何鹿列·宅牒卢斯 [同上] 按 宅牒卢斯 者脉也。何鹿 及何鹿列 者，共广阔之义。盖此脉干本歧，行于上下处，合为一干。其口颇广阔，且其全干，亦比之动血脉干，为稍太而阔，广阔之义，取于此以称焉，乃宜译曰阔脉。然阔脉字面颇不雅训……因今译曰静血脉，以对动血脉，不特于意不妨，亦为一对名云……取其逆流稳静之性，今译曰静血脉，皆是所实测穷尽辨物创名。①

译者明明知道原词的语素意义为"广阔"，而没有译为"阔脉"，是因为"阔脉字面颇不雅训"，译为"静血脉""以对动血脉"，有译词词形之间整合关系上的考虑，更重要的是"创名"必须"实测穷尽辨物"。在这里可以发现摹借法向汲义法发展的可能性。

"汲义法"除了需要对源语言有深刻的了解外，还需要对所译内容——在此为解剖学——有丰富的知识，不然就无法在把握器官的作用、功能的基础上进行准确的译名创制。

"神经"是作为"汲义法"义译的最典型例子。《解体新书》在谈到解剖学的意义时开宗明义地说："在审神经（汉人所未说者，主视听言动）。"②然后又在第三篇"格致篇"中说："世奴（此翻神经），其色白而强，其原自脑与脊出也。盖主视听言动，且知痛痒寒热，使诸不能动者，能自在者，以有此经故也。"③在这里杉田玄白并没有解释为何译作"神经"。但是在《解体新书》刊行前夕，建部清庵就自己所藏的一本和兰医书中的内容向杉田玄白求教："书中有名为'セイヌン'（音 SEINUN，即神经的复数

---

① 《重订解体新书》卷 5，第 28 页下 ~31 页上。
② 《解体新书》卷 1，第 1 页下。括号中为夹注。
③ 《解体新书》卷 1，第 8 页上。

形式 Zenuwen——引者注）的经七十四，其下又有孙络成千万而不可胜数，汉名谓之何，恳请见教一二。"对此，杉田玄白引用已经译好的《解体新书》的有关部分，对"神经"的内容和命名理由做了详细的说明：

> （《解体新书》等）译作"神经"者，即荷兰语的セイニユウ，汉人所未说。……掌一身之动作，其妙用，与中国所谓神气之物相似，故义译为神经……
>
> 经脉成为一个熟语时，（经与脉）并不加区别，而十二经脉分有所指时，只说某某经，而不说某某脉。セイニユウ原本为一身最重要者，与动血脉相区分，在セイニユウ之下加"经"字以命名。[①]

在"旧刻凡例"中，神经的造词理据为"神液通流之经也"，简单明了。据日本医学史家的研究，这是受当时较流行的神经液说的影响。[②] 在《重订解体新书》中，大槻玄泽对神经的形状、功能等做了更详尽的论述。下面一段可以看作大槻对神经命名理据的认识：[③]

> 按此物汉人未说者，故无正名可以充者。虽然彼所谓神，若灵，若精，若元气等，皆谓此物之用也，唯不知其形质如何耳。因今译曰神经，宜照鉴脑及神经，头首诸篇以辨识焉。[按汉土挽近方王二氏，所谓脑者，元神之舍。散其气者，为在筋。乃名之曰筋络者，盖指此物也]

"汲义法"义译的另一个例子是"滤胞"。《解体新书》凡例中说"又如呼曰机里尔者，无语可当，无义可解，则译曰机里尔，直译是也"。对于这个"汉人所未说"的器官，《解体新书》虽然对其概要做了初步的说明，但最终还是谨慎地采取了音译形式。但是在《重订解体新书》中，大

---

① 『和蘭医事問答』398~406 頁。
② 关于《解体新书》《重订解体新书》的"神经"介绍在医学史上的定位，可参见有关医学史的著作，如前引小川鼎三的著作等。
③ 《重订解体新书》卷 5，第 17 页下 ~18 页上。

槻已经完全掌握了 Klier 的知识内容，问题是用什么译词去表达。如前所述，大槻认为使用音译形式与全书的体例不符，遂创造了"滤胞"。大槻说："因以其官能作用宛如用筛罗滤过水浆者，义译曰滤胞耳。"但是大槻对自己的译词似乎并不满意，继续写道："窃顾未必切当，姑期他日之再考云。"[①]

"滤胞"其后为《和兰内景医范提纲》（宇田川玄真著，1805 刊，以下略为《医范提纲》）中的新造字"腺"所取代。

在这里我们来看一个《重订解体新书》以外的"汲义法"例子。[②]中国有着悠久的本草学传统。进入江户时代以后，李时珍的《本草纲目》也对日本的医学界产生过巨大的影响。然而，宇田川榕庵（1798~1846）于1834 年出版第一本介绍西方植物学的著作时，将自己的书命名为《植学启原》。在此之前榕庵曾著有《菩多尼诃经》和《植学独语》。"菩多尼诃"是拉丁语 Botanica（植物学）的音译形式，榕庵用（汉文）佛经的形式向他的弟子们介绍了西方植物学的基本知识。之所以采用音译的形式，是因为榕庵认识到西方的 Botanica 与中国的本草是完全不同的两种学问，中国的典籍中没有能表达这一概念的名称。而《植学独语》可以说是榕庵阅读西方植物学书籍的笔记，是和文体。在这里，榕庵改用汲义法"义译"Botanica 为"植学"。对此，榕庵说：

> 植学与本草不同，中国的所谓本草，乃凡可药用者，水火土砂、草木金石自不待言，至牛溲马勃、败鼓之皮，悉载无遗。辨识其物，品骘其等，明其良毒之学问。
>
> 而西洋之菩多尼诃，此译植学，乃仅限植物，不拘其效能如何，能入药否，广搜博记，考论植物生长开花结实之理。植学与本草为迥然不同之学问。[③]

在做了上述充分的准备之后，榕庵撰写了《植学启原》。榕庵的友人

---

① 《重订解体新书》卷 5，第 24 页下。

② 沈国威（编著）『植学啓原と植物学の語彙：近代日中植物学用語の形成と交流：研究論文・影印翻訳資料・総語彙索引』関西大学出版部、2000、5~16 頁。

③ 矢部一郎『植学啓原＝宇田川榕庵：復刻と訳・注』講談社、1980、111 頁。

箕作虔（阮甫）在卷头的序中写道：

植学启原序

　　亚细亚东边之诸国，止有本草，而无植学也。有斯学而有其书，实以我东方榕庵氏为滥觞云。客嘲曰植学即本草耳，况其名不见于古，而杜撰命之，妄亦甚矣。余谓龌龊哉，客之言也，请近取譬。盖本草者，不过就名识物，详气味能毒，犹如知角者牛，鬣者马，不堪与究理相涉也。若夫所谓植学者，剖别花叶根核，辨析各器官能，犹动物之有解剖，真究理之学也。①

　　使用不见典籍的新词有被讥讽为"杜撰"的危险，箕作为此做了预防性的解释。然而，榕庵这种新词创制并不是标新立异的炫耀，而是使表达形式和概念内容更加相符的努力。"植学"与"神经""滤胞"一样，原词都无法再做语素层面的分解。这种汲义造词的方法，显示了江户兰学达到的水平和兰学家的近代科学精神。

　　"植学"最后让位于来自汉译西书的"植物学"，但是兰学家们的挑战是值得赞许的。

　　"摹借法"与"汲义法"相比显然更具有权威性。下面我们将会看到在新造字的过程中也存在摹借法的影子。而"汲义法"的实现常常具有以下两个特点：一是中国传统医学中不存在的概念；二是原词无法分解，成词理据不明。同时由于没有可以借鉴的模式，"汲义法"更能反映目的语言的各种特征。

五　兰学中的新造字问题

　　大槻玄泽在谈到译词创制时说："今所传译，务欲名义之妥当于原称，

----

① 『植学啓原・植物学』（江戸科学古典叢書 24）恒和出版、1980、13 頁。箕作阮甫（1799~1863），江户后期著名的洋学家、医生。译述西洋、中国的书超过 90 种。魏源的《海国图志》、裨治文的《大美联邦志略》等都是经过他训点、注释后在日本刊行的。见『洋学史事典』雄松堂出版、1984。

不能以不私造语新制字以译定。所谓'朒''腔''摄护'或'解体''神经''滤胞'之类皆是也。"值得注意的是对于大槻来说，"私造语"和"新制字"为同一层次的事件。就所举的词例而论，"朒""腔"是新制字，此外都可以看作私造语。①所谓的"造语"应该理解成创造新的复合词。需要指出的是，当时字和复合词的区别意识并不强烈，字即词的观点占统治地位。而在《解体新书》《重订解体新书》以及其他兰学译籍中，复合词的汉字之间多用连字符连接以显示一个意义单位。这一方法在方便读者的同时也增强了复合词的观念。如前文所述，兰学翻译中最为正统的方法是"翻译"，即利用中国典籍中已有的词语表达西方的新概念。"义译"，即创造新的复合词，乃是不得已而为之。已有的词语中有多音节词也有单音节词，在翻译的过程中对于单音节的"字"，兰学家们主要采取了三种方法：(1)使用汉字直接对译荷兰语中的词语；(2)利用冷僻废弃的字来翻译西方医学的新概念，此种情况下这些字被赋予了新的意义；(3)创造新字表示中国医学中所没有的西医新概念。

下面我们对这三种情况分别做一些讨论。首先(1)的词多为表示身体部位的基本词，例如《名义解》中有以下的例子：

颔	颐	髭	胸	腰	臑	臂	膜	骨	筋
腱	脉	汗	尿	乳	精	泪	皮	唇	脑
尻	睾	荚	肛	眼	眉	睑	耳	翼	郭
艇	鼻	脊	准	翅	舌	奶	肺	心	弓
胃	肠	脾	肝	胆	肾				

这些字（词）所表示的是基本的身体部位，为人类所共有的概念，在跨语言转换上应该没有困难，比较容易实现"翻译"，即直接的对译。但是，某些名称作为医学上的术语，其严密、准确的定义在中西医之间并不相同，而直接的对译往往掩饰了这种差异。为了消除这种中西之间的名称和所指的差异，可以重新制定一套新的术语。然而，所有的术语全部重新制定势必造成新旧知识的断裂，不利于西方医学知识的传播和普及，但是沿用旧

① "朒"虽然见于中国典籍，大槻是当作新制字看待的，详后。

名称则违反兰学家们所推崇的"躬试亲验"的科学精神。兰学家们就是这样处于两难的境地。作为一种解决方法，如前文所述的"腰""脾"等词那样，译者常常对一些术语做出新的界定，这实质上是对一些旧字词给予新的意义。如对于"卤"，大槻的解释如下：

> 卤 ［义译］泄留模［罗］物乙［兰］按物乙者，血中所混有
> 碱液之一通语也。汉人所未说者，故权译曰卤。取字书所谓卤昌
> 尺切咸水也。或译曰咸液亦可也。①

这里应该引起注意的是大槻将"卤"标为"义译"，在《名义解》中同样被标为"义译"的单汉字还有"肕""珠"。②《重订解体新书》中的"义译"是指新造译词，一般地说是双音节以上的复合词，已有的单汉字是不存在所谓"义译"问题的。那么将"卤"等作为"义译"来对待是大槻玄泽的一时笔误吗？似乎并非如此简单。字（词）义的重新界定与原义距离足够大时，就会产生"义译"的错觉。或者说"义译"不仅仅是一个复合造词的问题，还可以理解为一个赋予新义的问题。

　　当已有的汉字被赋予新的、严格的医学术语义时，势必与原义发生冲突，越是常用字这种新旧意义的冲突越强烈。为了把这种"同形冲突"减到最小的程度，兰学家们尽量选用冷僻的或已经废弃的字来翻译西医中的概念，这就是我们所要强调的第二点。例如，在卷一中有"肋，肋间多肉之处，名曰肕"的说明，③《名义解》中则更进一步地解释道：

> 肕 ［义译］应的卢革斯低力窍［罗］按肋骨间多肉之处也。
> 字书。肕于力切，胸肉也。姑假借之。④

---

① 《重订解体新书》卷6，第3页上。
② "肕"详后。"珠"即日语中的"耳珠"，汉语称"耳屏"。在荷兰语中这个词和"野羊"同义，大槻说"未详何义，姑俟后考"（《重订解体新书》卷7，第32页下），即不知为何野羊和耳屏具有相同的语音形式。
③ 《重订解体新书》卷1，第8页下~9页上。
④ 《重订解体新书》卷5，第10页上。

即原字义是"胸肉",假借来指称"肋骨间多肉之处"。以下的三例也都是一般绝少使用的字被借来做术语的例子。

上腹部 左右两旁胞胀之处。名曰胗。①

胗 ……季肋下空软处也。按汉所谓胗,一名桴中者,盖是也。②

下腹部 左右两旁。名曰膁。③

膁 ……按肷鱼兼切。腰左右丘肉处,即是也。④

毨 歇泄冷 [兰] 按是所以修织聚成人身内外诸器形质者,而其状细长纤毫如丝如缨者是也。汉所未曾说者,以故无正名可以当者……

歇泄冷 皆纤细丝条之义也。因姑假借毨字以译之。字书。毨思廉切,音纤,毛也,乃取义于纤细毛茸而已。夫人身之诸器诸物,以歇泄冷组织之。犹细丝纤缕,经织纬组。⑤

当然,所谓冷僻只是一个程度的问题,旧义并不能完全消除,因此就有了新造一法。即第三点,创造新字表示中国医学中所没有的西医新概念。《解体新书》中并无新造字,而在《重订解体新书》中按照大槻的理解新造字有二例,即"肶"和"腟"。关于"肶",我们放到"腺"中一起讨论,这里先看一下"腟"。

《解体新书》中"其荬皱管而连子宫"⑥的译文在《重订解体新书》中改为:"腟,自阴门至子宫之间皱皱肉室是也。"⑦据此可知,在《解体新书》

---

① 《重订解体新书》卷1,第8页下~9页上。

② 《重订解体新书》卷5,第10页下。

③ 《重订解体新书》卷1,第8页下~9页上。

④ 《重订解体新书》卷5,第11页上。

⑤ 《重订解体新书》卷5,第14页下~15页上。

⑥ 《解体新书》卷4,第10页上。

⑦ 《解体新书》卷4,第11页下。

中未能实现的器官命名，由《重订解体新书》首次完成了，说明部分也较
《解体新书》为详细。在《名义解》中解释得更加详尽（括号中为夹注）：

　　腟　[制字] [法技纳] [罗] [悉劫乙牒] [兰] 按 [悉劫乙牒] 者，室
也。即男茎容受之室也……今新制字译云尔。[室边傍从肉音为
呸，即会意也，非字书尺栗切，肉生也之腟][1]

　　大槻将"腟"作为"制字"，即新制汉字来表达西洋医学中的概念，
并在夹注中对造字的理据做了说明。"腟"字中国的字书，即《玉篇》中
可见，解释为：丑一切，肉生意。但是大槻的"腟"与中国的字书完全无
关。从肉从室，为会意字，"室"乃荷兰语"悉劫乙牒"之本义。在此我
们还可以看到摹借一法在兰学家心目中的地位。[2]
　　兰学译籍中的"新造字"数量极少，沿用至今的除了"腟"以外，仅
有"腺""膵"二字。下面让我们来看一看"腺""膵"的创造过程，这两
个字均首见于《医范提纲》。
　　"腺"所表示的概念在传统的中国医学中并不存在，《解体新书》将荷
兰语的 Klier 音译为"机里尔"是一个象征性的事件。在《重订解体新书》
中，对这一西方解剖学的概念给予一个什么样的译名仍然是一件颇需斟酌
的事。《重订解体新书》卷一在关于解剖目的部分中有"其当辨之物第二
滤胞所会簇及主用"的说明，大槻还指出："按滤胞，神经二种汉医所未
说。"[3] 由此可知，大槻创制了一个新词"滤胞"来表示这一新概念。在《名
义解》中，大槻对滤胞做了大篇幅的说明，相关部分摘录如下：

　　滤胞　[义译] [歹郎就拉] [它邓] [并罗] [吉离卢] [兰] 按此物一
种小泡子，全身皮里中外，无所不有……

---

① 《重订解体新书》卷10，第21页下。《重订解体新书》及《医范提纲》均为"腟"，音读
　　shitsu，但明治初期讹变成"腟"，音读 chitsu。日本出版的汉和字典将前者作为后者的
　　异体字处理。
② 上例中的"室"均注假名 saya，即荚之意。大槻对于《解体新书》和《重订解体新书》
　　之间的传承关系也给予了充分注意。
③ 《重订解体新书》卷1，第1页下。

形质柔软，各自为小胞，外包以一膜，每胞有无数针眼，宛
如海绵穿蛀窠者，又如蒸饼剥外皮者［又犹橘柚瓤剥白膜者，细
胞累累津液充满者①］，名之曰吉离卢［按吉离卢之名，特命此
物，别无它义。汉固所未说，以故宜音译以存原称。然有嫌此物
独存原名，异于他物，因以其官能作用宛如用筛罗滤过水浆者，
义译曰滤胞耳，窃顾未必切当，姑期他日之再考云。或以腒充焉，
内经中腒者，肉之标也。腒谓肘膝后肉如块者也，则固不可取
焉也］。②

大槻玄泽首先对腺的形状特征等进行了说明，接着在夹注中讨论了命
名问题。这里我们应该注意到，大槻没有能够像处理其他术语那样对原词
进行语源上的意义说明。也就是说，原词 Klier 的理据义不明。所以大槻
在夹注中说，"吉离卢之名，特命此物，别无它义"。上文已经指出，类似
这种中国医学所没有的概念，原词又无法分解的情况，译词创制是较困难
的。大槻认为，因为中医没有此概念"故宜音译以存原称"。但是，音译
会造成译文体例上的不合，大槻只好根据生理功能进行"义译"。"宛如用
筛罗滤过水浆者，义译曰滤胞耳"是大槻命名的理由，但是腺不仅仅是滤
过，大槻也指出了腺有多种功能。所以他本人对"滤胞"也并不满意，说
"窃顾未必切当，姑期他日之再考"。这不仅仅是自谦之词。大槻还曾尝试
用一个冷僻字，即"腒"（jùn）来翻译 Klier。这个字有肉块的意思，即
"谓肘膝后肉如块者"。但出于同形冲撞的原因，大槻终于放弃了使用"腒"
的尝试。

大槻的这种犹豫不定，促使周围的人继续对这一名称的探索。1805 年
刊行的《医范提纲》第一次使用了"腺"。该书卷首的"提言"中说：

此书所载诸器诸液名称，并新制字等，皆参考《重订解体

---

① 此例为"细胞"的首见书证，但是显然不是 cell 的译词。详见沈国威（编著）『植学啓
原と植物学の語彙：近代日中植物学用語の形成と交流：研究論文・影印翻訳資料・総
語彙索引』68~78 頁。

② 《重订解体新书》卷 5，第 24 页上下。

新书》，有改译之处，登于《医范提纲》。故其名应就《医范提纲》，兹将改正之处列举如下，示原译《解体新书》之异同，以便检索。①

所列举的术语中有"腺"，并有"腺新制字，音泉"的说明。这也是一个会意字，取义腺液像泉水般地涌出。《医范提纲》之后，"腺"逐渐被接受。

另一个有名的新制字是"膵"。膵也是一种腺性的器官，为传统的中医理论中所无。《解体新书》中译为"大机里尔"：

> 夫大机里尔者，机里尔之大会者也。在胃之下，脾与十二指肠之间。着肠网与下膈膜。②

"大机里尔"在《重订解体新书》中被改译为"肫"，有关内容如下：

> **肫** ［新译］帮古列 它斯 ［罗］它鹿弗罗斯 吉离卢、别跕［并兰］……此滤胞统会而为一片肉之义也。夫此物……宜命一个脏名，以与他脏并称焉。然汉人所未说者。故今新制一字，译曰肫。肫徒孙切，月肉也，屯聚也，结也。即滤胞屯聚，而为肉之会意也。［按字书肫鸟藏也，言鸟藏名鸡肫鹤肫，则虽似有所据，然亦非必然也，盖会意之偶然而合者］一名滤胞床。此物诸书异名甚多，即"大会滤胞""腹里肫床""都裔""会簇滤胞""纯肫""素肉"之类。皆和兰称呼之译名也。③

大槻称之为"新制一字"的"肫"，仅就字形而言并不是新字，《说文解字》中就已经出现了。"肫"共有三个发音，意义分别如下：

① 《医范提纲》目录，提言，第7页下。

② 《解体新书》卷3，第23页下。

③ 《重订解体新书》卷9，第45页下~46页下。

肫 zhūn：颧骨；禽类的胃；诚挚

肫 chún：古代祭祀用牲后体的一部分；通"纯"

肫 tún：小猪

大槻亦知道这些事实。但是，他使用的不是这些旧义，而是"肉之屯聚"之意的会意字。即"其质许多细小滤胞，及大小诸管，血脉诸支相会而屯聚。一膜被其表，以成全角也"。[①]同时，大槻也注意到这个字具有禽类胃的意思，他声明这只是偶然的巧合。但是，有理由认为这种偶然的巧合影响了"肫"的普及和定型。兰学家经过反复摸索，最后在《医范提纲》中创制了"膵"。书中的说明是："膵受血于动血脉分泌之以造膵液。"造字的理据是：膵的萃有荟萃、集聚义，集，即"集细胞以成之"。可知与"肫"的造字理据完全相同。

兰学家的"新造字"现在仍在使用的只有"腔""腺""膵"。其中"腺"具有类词缀的性质，最为重要。这种日本的自造字，在日语研究中被称为"国字"，又称"倭字""和俗字""和制汉字"，是日本人根据汉字造字的方法创造的汉字。在古文献如《古事记》《万叶集》中已经有一些例子，但是大多数是中世（12 世纪）以后的新造字。造字的方法主要是会意，如"峠""辻""躾""鰯"等。这些字大多没有中国式的发音。进入明治以后又出现了"瓩""糎""粁"等合体字。这些字不是单音节，应该当作符号看。和字具有低俗的特点，受过正统汉学教育之人不为之。例如，关于腺的概念，稻田三伯《八谱》、野吕天然《生象止观》等都造奇字表示，但终没有成功。石坂宗珪批评造字乃翻古圣成案，是欺人之举。[②]这一点与 19 世纪的来华西方传教士的做法形成了鲜明的对照。

六 继承与创新——日语近代学术用语的形成

明治时代是从江户时代的以汉学、兰学为中心的旧的学术体系向近代

---

① 《重订解体新书》卷 3，第 31 页下 ~32 页上。

② 笹原宏之『日本の漢字』岩波書店、2006、177~184 頁。

西方新的学术体系全面转化的时期。新的知识需要新的文体、新的表达手段，而这一切又都是以新的词语为前提的。明治一代，特别是明治20年代以前，新词、译词首先是作为学术词汇而存在的。

　　始于《解体新书》（1774）的兰学勃兴至幕府后期（19世纪60年代）持续了80余年，人才辈出，学术成果累累。兰学家在自然科学方面，尤其是医学、植物学、化学、兵学、炮术等领域成功接受了西方的新知识，并创制了大量表达新知识所需要的术语。如解剖学、眼科、妇产科、外科等专业的基础术语在幕府后期都已经基本完成。① 但是，兰学几乎于人文科学无涉，这些领域术语创制的任务不得不落在了明治启蒙家的身上。以福泽谕吉的《劝学篇》（『学問の勧め』，1868）、《西洋事情》（1872）为代表的启蒙书籍受到日本社会的热烈欢迎，这些书籍中的新词语也随之普及、定型。与启蒙思潮相呼应，学院派的术语建构也取得了初步的成功。西周、津田真道、井上哲次郎、中江兆民、加藤弘之等明治时代著名的思想家、学者在术语创制上扮演了重要的角色。② 在普及方面，《明六杂志》（1874~1875）等刊物的影响是不可忽视的。以《明六杂志》为例，其刊行时间虽然不长，但为哲学、心理学、进化论、政治学、经济学等几乎所有社会科学领域准备了新造的术语。《明六杂志》的新词、译词后来通过《哲学字汇》（1881）得到了普及。

　　明治时代到底创制了多少，或哪些新词、译词？其中又有哪些存留至今？关于新词、译词，可以从造词者、造词法，以及最初在哪本书里出现、普及定型的过程如何等近代词汇史的角度进行研究。例如，手岛邦夫就对西周的术语创制工作做了全面的调查。根据手岛的调查结果，西周在译文中新创造的双音节汉字译词约有240个，现在仍在使用的有43个，约占总数的18%（笔者统计）。③ 对其他翻译者，如福泽谕吉、加藤弘之等也需

---

① 大鳥蘭三郎「我医学に使用せらるゝ解剖学語彙の変遷」『中外医事新報』1932~1933年。

② 明治初期是得风气之先的知识分子活跃的启蒙时代，他们所使用的语词具有极大的影响力。另外，关于学校教育以及教科书所扮演的角色，也需要进行实证性的研究。

③ 手島邦夫「西周の新造語について――『百学連環』から『心理説ノ一斑』まで」『国語学研究』41集別冊、2002年。

要做类似的调查，同时也有必要探讨译词消亡及更替的原因。①

兰学的实践为明治维新以后的西方科学体系的容受在思想上、方法论上做了准备。兰学的遗产不仅体现在具体译词的提供上，更体现在译词创制的方法上。兰学的译词三法翻译、义译、音译，对明治初期的译词创造产生了深刻的影响。承担着引入西方近代学术体制重任的明治启蒙家们一方面受过严格的兰学训练，另一方面又有着深厚的汉学素养。这使他们得以顺利地完成由"兰学"向"英学"，即以英语为传播媒介语言的知识体系的转变。

兰学的"翻译"其基本原则是在中国的古典中寻找译词。对于明治初期的启蒙家来说，"翻译"所需的词汇，即已有汉字词汇主要有两个来源：一是中国的典籍，二是近代以后来华的西方传教士的译著。所谓中国的典籍除了四书五经、先秦诸子、唐宋诗文、宋明理学等以外，还包括佛教经典、白话小说和善书。例如西周所使用的译词中有近 70% 出自中国的典籍。②

来华传教士的译著主要是指后期汉译西书，即 19 世纪以后来华的基督教新教传教士翻译编纂的图书和英华辞典。③日本在缔结《日美修好通商条约》后，于 1859 年开放神奈川、箱馆和长崎三个港口，中国的汉译西书、英华辞典可以自由进入日本。④此外如"千岁丸"号远航上海（1862）所象征的，日本还派遣人员前往中国积极收集上海等地出版的汉译西书。⑤幕府末期日本的"英学"尚未确立，而上海已经开港近 20 年，有大量汉译西书的积累。当时日本的知识阶层具有很高的汉学素养，可以直接阅读中国的汉译西书。加之日本还没有合适的英日辞典可供选择，英华辞典就

① 这是一项跨学科的工作，且词语数量巨大，即使是初步的完成也需要时日。《日本国语大辞典》（第 2 版）为以学术词汇为中心的近代汉字词 500 余条加了"语史"，当然这仅仅是一个开端而已。

② 参见手岛邦夫「西周の新造語について——『百学連環』から『心理説ノ一斑』まで」『国語学研究』41 集別冊、2002 年。

③ 早期汉译西书，即 16 世纪末来华的耶稣会士著作中的译词除了个别领域的词外，大部分并不是直接，而是通过新教传教士的著作间接传入日本的。参见本书"词源考证编"。

④ 沈国威、内田慶市（編著）『近代啓蒙の足跡：東西文化交流と言語接触：「智環啓蒙塾課初歩」の研究』関西大学出版部、2002、1~2 頁。

⑤ 陳力衛『和製漢語の形成とその展開』285~304 頁。

成了他们最好的参考工具书。日本的启蒙家利用英华辞典来学习英语，明治初期许多英日辞典是参考英华辞典编纂而成的。这些情况都促使汉译西书中的大量译词被借入日语。

同时，明治初期整个日本社会处于强烈的崇尚汉学的氛围之中也是借用汉译西书译词的另一个重要原因。① 例如，幕府后期已经普及定型的兰学译词"舍密"被汉译西书中的"化学"所取代，② 尽管有人认为"化学"这个字眼未能准确地表达这一学科的本质。类似的例子还有"越列机"→"电气"、"积极、消极"→"阴极、阳极"、"健全"→"卫生"、"解体"→"解剖"、"植学"→"植物学"等。这种译词更替的现象说明了填补词汇体系上的空缺并不是借用译词的唯一理由。③ 社会语言学上词语所体现的价值取向常常是译词借用、更替的更重要的动机。换言之，翻译者所追求的不是译词意义的正确，而是这些汉字词来自中国。兰学译词创造三法中的"翻译"原则得到了严格运用。在这一点上，井上哲次郎等编纂的《哲学字汇》是一个极典型的例子。④ 这本收词不足 2000 条的哲学术语小册子中，如表 3 所示，有 47 条译词标明了中国典籍的出处。

表3　《哲学字汇》出典标注词一览

序号	原词	译词	备注
1	Absolute	绝对	按，绝对孤立、自得之义，对又作待，义同。绝待之字，出于《法华玄义》
2	Abstract	抽象、虚形、形而上	按，《易·系辞》，形而上者谓之道
3	Afflux	朝宗	按，《书·禹贡》江汉朝宗于海
4	Ambiguous	暧昧、糊涂、滑疑	按，《庄子·齐物论》滑凝之耀，圣人之所图也。口义，滑凝言不分不晓也

① 池上祯造『漢語研究の構想』岩波書店、1984。
② 参见本书"词源考证编"。
③ 沈国威「漢語の育てた近代日本語——西学東漸と新漢語」『国文学』41 卷 11 号、1996 年。将兰学家创造的译词统一为中国典籍上的词语的动向，早在《历象新书》（1792~1802）中篇和下篇的译词变迁中就已经存在。
④ 参照朱京伟『近代日中新語の創出と交流』；陈力卫『和製漢語の形成とその展開』305~324 页。这些标注词实际是借形词，详后。

序号	原词	译词	备注
5	*A priori*	先天	按,《易·乾》,先天而天弗违,后天而奉天时,天且弗违
6	*A posteriori*	后天	同上
7	Aretology	达德论	按,《中庸》智仁勇三者,天下之达德也。注谓之达德者,天下古今所同得之理也
8	Becoming	转化	按,《淮南·原道》转化推移得一之道以少正多
9	Beginning	元始、太初	按,《列子·天瑞》有太易,有太初,有太始,有太素。太易者未见气也,太初者气之始也,太始者形之始也,太素者质之始也
10	Category	范畴	按,《书·洪范》天乃锡禹洪范九畴,范法也,畴类也
11	Change	变更、万化	按,《阴符经》宇宙在乎手,万化生乎身。又庄子《大宗师》,若人之形者,万化而未始有极也
12	Coexistence	俱有	按,俱有之字,出于《俱舍论》。又唐杜甫诗"向窃窥数公,经纶亦俱有",又用共存之字可
13	Complex	错缪	按,《淮南·原道》错缪、相纷,而不可靡散
14	Concentration	凝聚(心)	按,《传习录》久则自然心中凝聚
15	Concrete	具体、实形、形而下	按,《易·系辞》形而下者谓之器
16	Conflux	会同	按,《书·禹贡》四海会同
17	Deduction	演绎法(论)	按,《中庸·序》更互演绎,作为此书
18	Deontology	达道论	按,达道之字,出于《中庸·注》。达道者,天下古今所共由之路
19	Egoistic altruism	兼爱主义	按《墨子》兼爱,欲天下之治,而恶其乱,当兼相爱交相利。此圣王之法、天下之治道也
20	Emancipation	解脱	按《名义集》,纵住无碍,尘累不能拘,解脱也
21	Ethics	伦理学	按《礼·乐记》,通于伦理,又近思录。正伦理,笃恩义
22	Evolution	化醇、进化、开进	按,《易·系辞》天地絪缊,万物化醇。《疏》万物变化而精醇也。又淳化之字出于《史记·五帝本纪》

续表

序号	原词	译词	备注
23	Existence	万有成立、存体、存在、生物	按，现象之外，别有广大无边不可得而知者，谓之万有成立。成立之字，出于李密《陈情表》
24	Heterogeneity	庞杂	按，庞杂也，《书·周官》不和政庞。庞一作厖
25	Homogeneity	纯一	按，《法华经》纯一无杂，又《朱子语录》纯一无伪
26	Induction	归纳法	按，归还也，纳内也。《韵书》以佐结字故云归纳，今假其字而不取其义
27	Intelligence	睿智、虚灵	按，《传习录》心之虚灵明觉，即所谓本然之良知也
28	*Mahayana*	摩诃衍	按，《起信论》摩诃衍者，总说有二种，一者法，二者义。所言法者，谓众生心是，心则摄一切世间出世间法，依与此心，显示摩诃衍义
29	Metaphysics	形而上学	按，《易·系辞》形而上者谓之道，形而下者谓之器
30	Metempsychosis	轮回	按，《圆觉经》始终生灭，前后有无，聚散起止，念念相续，循环往复，种种取舍，皆是轮回
31	Modification	变化、化裁	按，《易·系辞》化而裁之谓之变
32	Human nature	性、人性	按，陈淳曰，荀子便以性为恶，杨子便以性为善。恶，浑，韩文公又以为性有三品，都只是说得气。近世东坡苏氏又以为性未有善恶，五峰胡氏又以为性无善恶，都只含糊。就人与天相接处，捉摸说个性
33	Necessitarianism	必至论	按，《庄子》林注死生犹夜旦皆必至之理
34	*Nirvana*	涅槃	按，《楞伽经》我所说者，妄想识灭，名谓涅槃。大经，涅言不生，槃言不灭，不生不灭，名大涅槃。事详于《名义集》
35	One	泰一、一仪、一个	按，《前汉·郊祀志》，以大牢祀三一。注，天一地一泰一。泰一者，天地未分元炁也，泰又作太，淮南诠言，洞同天地，浑沌为朴，未造而成物，为之太一。注，太一元神，总万物者

续表

序号	原词	译词	备注
36	Reality	实体、真如	按，《起信论》当知一切法不可说，不可念，故名为真如
37	Relativity	相对	按，《庄子》林注，左与右相对而相反，对又作待，相待之字，出于《法华玄义释签》
38	Rudiment	元形、基本、起端	按，文仲子，天统元凭，地统元形
39	Sage	至人	按，《庄子·田子方》得至美而游乎至乐，谓之至人
40	*Samadhi*	三昧	按，《名义集》此云调真定，又云正定，亦云正受。故事成语，儒家曰精一，释家曰三昧，道家曰贞一，总言奥义之无穷
41	Seclusion	隐遁、沉冥	按杨子门明，蜀庄沉冥。吴注，晦迹不仕，故曰沉冥
42	Substance	本质、太极	按，《易·系辞》易有太极，是生两仪。正义太极谓天地未分之前，元气混而为一，即太初太一也
43	Suggestion	点出、暗指、剔醒、提起、张本	按，《左传·隐公注》预为后地曰张本
44	Unconditioned	脱碍、自然、无碍	按，《心经》，菩提萨埵，依般若波罗蜜多故，心无挂碍，无挂碍故，无有恐怖
45	Unification	冥合	按，冥合谓与天神冥合也。冥合之字，出于柳宗元《西山记》
46	Vanity	虚夸、浮华、盗夸	按，《老子》服文采，带利剑，厌饮食，财货有余，是谓盗夸，非道也哉
47	Infinite vision	无限观	按，《庄子·大宗师》朝彻而后能见独，见独而后能无古今，无古今而后能入于不死不生

注：井上在《哲学字汇》绪言中写道："先辈之译字中妥当者，尽采而收之；其他新下译字者，《佩文韵府》《渊鉴类函》《五车韵瑞》等之外，博参考儒佛诸书而定，今不尽引证。独其意义艰深者，搀入注脚，以便童蒙。"可知标明出典的只是一小部分。

表3中的译词有的直接借自佛教典籍（原书中音译词的原词标为斜体），词义也试图与佛教上的概念保持一致。另一些取自先秦诸子的词语，

如墨子的"兼爱主义"、庄子的"相对"等也最大限度地考虑了原出典的意义。但是也有一些词，正如井上所说"今假其字而不取其义"（26"归纳法"），只提供词形而不提供意义。只在汉学受到推崇的幕府末期、明治初期才有可能出现这种现象。

这一时期的知识分子借着英华辞典和汉译西书，在短时间内掌握了英语的知识，完成了从"兰学"到"英学"的转换。但是，汉译西书的主要内容仅限于数学、地理学、天文学、医学和植物学等自然科学的领域，所能提供的译词也很有限，人文科学则几乎没有可供参考的译著。因此人文科学的术语只能自行创造，其主要方法便是兰学的"义译"。明治启蒙家的"义译"主要是依靠摹借法来实现的。对于他们来说，这意味着必须充分把握外语的结构与意义。我们可以在福泽谕吉、西周等人的译著中发现大量的对原词进行词根分析，进而构思出与新译词语素相对应的"义译"例子，如：

● 性理学ハ英語サイコロジ、仏語プシコロジー、共ニ希臘ノプシケー魂並ニ心ノ義ロジー論ノ義ヨリ来ル者ナリ（西周:《生性发蕴》，第 30 页）

译文：心理学英语是 Psychology，法语是 Psychologie。两者都源于希腊语 Psyche，即"魂""心"义和 logy，即"学"义。

● 第二　国ニ「ポリチカル・レジチメーション」ト云フコトアリ「ポリチカル」トハ政ノ義ナリ「レジチメーション」トハ正統又ハ本筋ノ義ナリ今假ニ之ヲ政統ト訳ス（福泽谕吉:《文明论之概略》卷 1 第 2 章，第 21 页上）

译文：第二，对于国家有 political legitimation 的说法。political 是政治的意思，legitimation 是正统或嫡系的意思，现在暂译作"政统"。

这种词源分析，在《英独法和哲学字汇》（《哲学字汇》的第 3 版，1912）中被推向极致。

另外，"音译"在明治时期还有较浓重的不得已而为之的色彩。就词形上的特征而言，明治时代的学术词汇，汉字词的数量占压倒性的比例。《哲学字汇》中没有片假名形式的音译词;《言海》（1891）里共收词 39103 条，其中只有 264 个是来自西方语言的外来词，仅占 0.68%，而且尽管是外来词，但是绝大部分采用汉字词的形式。音译词开始摆脱汉字的束缚，使用片假名表示是在明治末期。①

明治时代，不只是书籍的翻译，辞典、术语集的编纂也得到了积极推进。辞典和术语集不仅可以从已刊行的书籍中选取新词、译词，还可以集中创制新译词，这是辞典不同于一般翻译著作的特点之一。在这里我们来看看明治时代的辞典、术语集的编纂情况。在掌握明治时代辞典、术语集的概况方面，可以利用《辞书解题辞典》（惣乡正明等编，东京堂出版，1977）和《明治的词语辞典》。前者收录了江户中期至1926年（大正15年）出版的各类辞书逾5000部；后者则增收了惣乡氏后来收集到的辞典。虽然不能说已经概括无余，但大致能反映出那个时代的情况。笔者从这两本书中选出江户时代至明治45年（1912）出版的辞典、术语集460种。选择标准是，外语辞典、术语集、大型日语辞典等与近代日语词汇体系形成有着密切关系者，而略去了和歌、作文、节用集、小型日语辞典、人名地名辞典等。这些辞典，大致上可分为外语辞典、术语辞典、术语集、日语辞典、百科辞典等五类。根据年代区分，具体数量如表4所示。

表4 《辞书解题辞典》《明治的词语辞典》中收录的辞书数量

年代	1868年以前	1868~1877	1878~1887	1888~1897	1898~1912
数量	26	65	79	62	228
合计	460				

以下从新词、译词的创造、普及和定型的角度对明治时期的辞典编纂、出版情况做简单的说明。

（1）明治维新以前的情况

明治维新前出版的辞典工具书有26种。其中兰日辞典《译键》（1810）、《和兰字汇》（1858）是兰学译词之集大成者，对以后的译词创制产生了极大的影响。至于英和辞典，1814年编纂的《谙厄利亚语林大成》实际上不过是一本小小的词汇集。真正的英和辞典还要等待《英和对译袖珍辞书》（初版1862，增订版1867）和《和英语林集成》（1867）的出现。前者在编纂过程中主要参考了英荷辞典，即精通荷兰语的编者通过英荷辞典确认

---

① 飛田良文「外来語の取り入れ方の変化」『日本語学』17巻5号、1998年。

英语原词的意义，再从兰日辞典中选择适当的译词，其结果是大量的兰学译词被吸收进来；后者则以日本固有的"和语"为主，汉字词较少。因此这两部辞典都无法完全胜任明治初期的英语书籍的翻译工作。除此以外，还有几部法和辞典、词汇集出版。明治时期之前的外语辞典里不管是哪种语言，兰学的译词都占有极大的比重。

（2）1868~1877 年

明治元年至 10 年所出版的辞典和术语集激增至 65 种。外语辞典方面，英日、日英辞典共有 18 种刊行。其中，《附音插图英和字汇》（1873）从罗存德的《英华字典》（1866~1869）与兰学系统的辞典中吸收了大量译词，对整个明治时代的英和辞典都产生了极大的影响。明治维新之前，术语辞典只有一种，即《炮术语撰》（1849），而在明治的最初 10 年里，共出版了 23 种。《解体学语笺》（1871）和《医语类聚》（1873），一方面继承了兰学的译词，另一方面从来华传教医生合信的医书里吸收了包括"炎症"在内的一系列术语。《化学对译辞典》（1874）和《植学译筌》（1874）都是该学术领域最早的术语集。另外作为这一时期的一个独特现象是《布令字弁》（1868）、《日志字解》（1869）、《音训新闻字引》（1875）等汉字词汇辞典的大量出现。[1]这些辞典收集了明治新政府发布的布告、法令以及报刊上所使用的汉字词并加以释义，在向一般民众普及汉字新词方面发挥了重要的作用。此外还有一定数量的英华辞典、德日辞典、法日辞典被翻刻、翻译出版。

（3）1878~1887 年

这一时期出版的辞典和术语集有 79 种。以中国的《英华字典》为底本翻译编纂的《训译华英字典》（永峰秀树，1881）、《订增英华字典》（井上哲次郎，1883）问世，受到了广泛欢迎。当时除了《附音插图英和字汇》以外可供选择的英日辞典还很少。同时，为了回应大规模的翻译、著述活动，术语辞典的编纂也在积极进行，这期间共有 34 种推向社会。观其细目，医学类（生理学、解剖、病理）有 10 种以上，为最多；动物学、植物学等的术语辞典也首次刊行。但最值得大书特书的是《哲学字汇》的出

---

[1]　收录在《辞书解题辞典》中的汉语辞典只是一小部分。参见松井利彦『近代漢語辞書の成立と展開』笠間書院、1990。

版［初版 1881（明治 14 年），改订增补版 1884］。永嶋大典指出："井上哲
次郎所编的《哲学字汇》，汇集了由幕府后期到明治初期急速发展的人文
学科的专门术语。尽管还是初步的工作，但是对日语的抽象词语的创制和
普及贡献极大。"①《哲学字汇》确实如永嶋所说只是一本收词 2000 余条的
术语手册，但是在其推动下，《法律字典》（1884）、《教育心理论理术语详
解》（1885）等相继刊行。后两种辞典采用大条目注释的方式，对学科的
关键术语的定义、内涵加以详尽的说明解释。几乎与此同时，包罗西方新
知识的《百科全书》（1884）的出版也是一个极具象征性意义的事件。在
这一时期，中国的汉译西书和英华辞典继续传入日本，但是数量上逐渐
减少。值得一提的是卢公明（J. Doolittle, 1824–1880）的《英华萃林韵府》
（1872）。该辞典的第三部分由来华传教士所编辑的术语集构成，反映了传
教士们译词和学术词汇创制的阶段性成果。这一部分马上被日本的学者改
编为《英华学艺词林》（1880）出版，为日本提供了地理、数学等学科的
相关术语。②

（4）1888~1897 年

在明治 30 年代，辞典和术语集计有 62 种出版。外语辞典中英日、日
英辞典有 21 种，占全体的 1/3 以上。《韦伯斯特氏新刊大辞书和译字汇》
（1888）被广泛使用，但与明治前期的辞典相比，并没有实质性的进展。③
有显著进步的则是术语辞典和日本的国语辞典。术语辞典计有 24 种刊行。
《工学字汇》（1888）、《英独和对译矿物字汇》（1890）、《法律字汇》（1890）、
《植物学字汇》（1891）、《电气译语集》（1893）、《英和数学字汇》（1895）
等由各类专业学会编纂的术语辞典，在各学科术语整备上发挥了重要的作
用。另一方面，《言海》（1891）、《日本大辞书》（1893）、《日本大辞林》
（1894）、《日本大辞典》（1896）、《日本新辞林》（1897）等大型日本国语
辞典相继问世。在这些辞典里可以看到专业术语转变为一般词汇的倾向。
收录汉字词的辞典、英华辞典在这一时期开始销声匿迹，汉语在词汇方面

① 永嶋大典『兰和・英和辞書発史』講談社、1970、100 頁。
② 杉本つとむ、吴美慧（編）『英華学芸詞林の研究——本文影印、研究、索引』早稲田
　大学出版部、1989。
③ 永嶋大典『兰和・英和辞書発史』139~146 頁。

影响日语的历史宣告结束。

（5）1898~1912 年

明治时期的最后 15 年间，辞典和术语集共有 228 种出版，实现了跨越性的增长。英日、日英辞典有 37 种，其中 1902 年出版的《新译英和辞典》（神田乃武等编，三省堂）是给颜惠庆《英华大辞典》（1908）提供译词的源泉，1911 年（明治 44 年）出版的《模范英和辞典》（神田乃武等编，三省堂）是明治一个时代学术词汇的总结。术语辞典的刊行达 139 种之多，涵盖了全部学术领域。《日本百科大辞典》（1908）等大型百科全书也有数种出版。同时，如《哲学字汇》第 3 版出版所象征的，术语的整理、厘定工作也已经提上了日程。伴随着英语的普及，外来新概念的导入及词汇化开始从创造译词转向直接借用。译著乃至著述中音译词大量增加是这一时期学术词汇的最大特色。

《言海》所代表的日本国语辞典的出版以及各学科领域术语辞典的刊行标志着在明治知识分子的努力下，通过借鉴吸收兰学译词以及来自中国的古典词、汉译西书中的译词，日语近代词汇的主要部分在明治 30 年代（1888~1897）大致完成，文学上的言文一致运动也取得了初步的成功。在19 世纪末 20 世纪初，实现了词汇近代化的日语，开始向汉字文化圈的其他国家和地区输出以学术词汇为主的新词语。

当某一种外来的知识体系传入时，如何用自语言加以转述？中国的佛经翻译是一个划时代的文化壮举，为汉语的发展做出了不可估量的贡献。但是，明末清初，以及 19 世纪以后的汉译西书，采用西人口述、中人笔录的方式，中国的士子过分依赖西人，自己不去学习外语，翻译以及译词创制事业遂走上一条不通之路。而日本的兰学家面对"横文"，"抗颜强译"，并在翻译实践中掌握了译词创制三法，开辟了汲取知识的新途径。兰学家的尽量利用中国典籍词语的"翻译"，摹借或汲义造词的"义译"以及万不得已而为之的"音译"，为明治以后的启蒙家所继承，大量的译词、新词得以产生，并扩散到汉字文化圈的其他国家和地区。进入大正时期（1912~1926）以后，音译逐渐成为日语吸收外来新概念的主要方式，使用片假名的"外来语"成为外来概念词汇化最一般、最省事的方法。音译外来词在词义明晰度上存在着很多问题。进入 21 世纪以后，日本国立国语研究所开始对行政服务系统频繁使用的音译词进行调查研究，试图解决音译词词义不明等问题。[①] 在信息爆炸的今天，汉字文化圈是否还有为容受域外新概念而共创、共享新词语的可能性？回顾整理江户兰学这段历史，或许会为我们提供有益的启示。

---

① 即该所所推行的「言い換えの研究」（更换译词的研究）。详情参见该所网站，http://www.kokken.go.jp/。

第二章
来华传教士的译词创造

明末清初来华的耶稣会士们，为了有效地推进在中国的传教，翻译出版了大量介绍西方知识的图书。他们在译书过程中，创造了大量的新词和译词。

18世纪初，清王朝施行严厉的禁教、闭关政策。其后，直至19世纪初叶新教传教士进入广东时止，西学的传播断绝近百年。

1807年新教传教士马礼逊踏上了中国的土地。但是由于严厉的禁教政策，马礼逊无法进行传教活动，甚至学习汉语也遭严禁。传教士们只能以书籍传教的方式进行活动。为此，传教士们印刷出版了大量的布道宣传品。与此同时，为了破除中国民众的迷信，纠正其蔑视外国人的陋习，传教士们还出版了许多介绍西方历史、地理、文物制度以及近代以来科学知识的书。

学习外语离不开各种各样的辞典，16世纪末耶稣会士一踏上中国的土地就开始为汉外辞典的编纂而努力。[①]1807年新教传教士马礼逊来华，伦敦传教会给他的任务之一就是为接踵而来的传教士们编一本学习汉语的辞典。马礼逊不负众望，在极端困难的条件下编辑出版了一套3部（part）6卷（volume）的辞典，[②]开创了中外概念对译的先河。马礼逊之后，较重要

---

① 有关情况请参见马西尼「早期の宣教師による言語政策：17世紀までの外国人の漢語学習における概況──音声、語彙、文法」内田慶市、沈国威（編）『19世紀中国語の諸相：周縁資料（欧米・日本・琉球・朝鮮）からのアプローチ』雄松堂出版、2007、17~30頁；姚小平《早期的汉外字典——梵蒂冈馆藏西士语文手稿十四种略述》，《当代语言学》2007年第2期。

② 马礼逊的辞典第一部中文名《字典》共3卷，第二部《五车韵府》共2卷，第三部无中文名，英文名 *An English and Chinese Dictionary*，不分卷。参见沈国威（編）『近代英華華英辞典解題』関西大学出版部、2011。以下根据行文以"马礼逊辞典"统称，或使用《字典》《五车韵府》《英华字典》分称。另，马礼逊还于1828年出版了《广东省土话字汇》。

的英华、华英辞典有以下数种：

- 卫三畏《英华韵府历阶》，1844

- 麦都思 *Chinese and English Dictionary*，1842–1843；*English and Chinese Dictionary*，1847–1848

- 罗存德《英华字典》，1866~1869

- 卢公明《英华萃林韵府》，1872

- 邝其照《字典集成》，初版 1868；第二版 1875；第三版 1887

- 司登得《汉英合璧相连字典》，1871；《英汉袖珍字典》，1874

- 翟理斯 *A Chinese-English Dictionary*，初版 1892；第二版 1912

- 谢洪赉《华英音韵字典集成》，1902

- 颜惠庆《英华大辞典》，1908

- 赫美玲 *English-Chinese Dictionary of the Standard Chinese Spoken Language*（《官话》），1916

中国自古以来有"字书"而无"辞典"，作为 dictionary 译词的"辞典"是进入 20 世纪以后由日语传入汉语的。① 日本 18 世纪末陆续刊行的几种荷兰语日语双语辞典的正式名称有《译键》《和兰字汇》，其他如"语笺"（《蛮语笺》，1848）、"便览"（《三语便览》，1854）、"字类"、"字解"等也是当时常用的辞典名称。"辞书"首见于《译键》，是 concordantje（旧拼写法，意为词汇索引，等于英语 concordance）、woordenschat（词汇，等于英语 stock of words，vocabulary）的译词。1862 年堀达之助编纂出版《英和对译袖珍辞书》，除了书名以外，书中 dictionary 的译词也使用了"辞书"，这是 dictionary 和"辞书"第一次建立对译关系。② 其后的一段时间里，作为 dictionary 的译词，"字汇"与"辞书"长期并存。1878 年出版的《日本小辞典》（物集高见编）是日本第一本以"辞典"命名的语文工具书（主要收录日语固有词汇的动词），进入 20 世纪以后，"辞典"一名逐渐普及

---

① "辞典"无疑是随着实物进入汉语的。《申报》最早关于辞典的广告是 1899 年 9 月 9 日的"东洋轮舟运来帝国大辞典"。此后辞典的广告就成了书籍广告的主要内容。

② "袖珍"即"袖珍本"，原称"巾箱本"，明代以后"袖珍"多用于书名。马礼逊辞典的《英华字典》分册 vade mecum 译为"袖珍"，后续的英华辞典中 pocket book 均以"袖珍"为译词。日本《英和对译袖珍辞书》第一次将"袖珍"用于外语辞典，但该辞典 pocket book 项下译为"怀中书"，并没有"袖珍"。

并扩散到整个汉字文化圈。现在日语口语中还使用"辞书""字引"等词，但正式出版物的名称以"辞典"为主。[①]

在中国最早将"辞典"用于工具书名称的是1908年颜惠庆等编纂的《英华大辞典》（商务印书馆）。此前的汉外辞典，如麦都思、翟理斯（1845~1935）等的辞典没有中文名，其余各种或称"字典"，或称"韵府"（也有如谢洪赉的两者并用的）。对于中外的辞典在体例、内容等方面的异同，严复在《英华大辞典》序中曾一语中的地指出：

> 夫西文辞典众矣，以言其卷帙，则自盈握小书，至于数十巨册；以言其说解，则自粗标互训，至于历著异义引伸，与夫其国古今文家所用其字之世殊，乃至里巷谣俗，凡国民口之所道，耳之所闻，涉于其字，靡不详列。凡此皆以备学者之搜讨，而其国文字所以不待注解而无不可通也。今夫中国字书旧矣……虽然其书释义定声，类属单行独字，而吾国名物习语，又不可以独字之名尽也，则于是有《佩文韵府》以济其穷。字典以部画相次，而韵府则以韵为分，此其嘉惠学者，使自得师，其用意皆可尚也。……而所谓辞典者，于吾字典、韵府二者之制得以合。此其国名物所以降多，而辞典所以日富也。[②]

严复在称赞西方辞典种类繁多、释义详备的同时，评论中国的辞典

---

① 其他日本近代主要外语辞典如下：本木正荣等《谙厄利亚语林大成》，平文《和英语林集成》，柴田昌吉、子安峻《附音插图英和字汇》，尺振八《明治英和字典》（1884~1889），岛田丰《附音插图和译英字汇》（1887），棚桥一郎等《韦氏新刊大辞书和译字汇》（1888），神田乃武等《新译英和辞典》《模范英和辞典》，井上哲次郎《哲学字汇》等。

② 王栻主编《严复集》第5册，第253~254页。王鼎也在《新辞典》（1914）的序中写道："夫一字必合一义或数义。以单字为本位，而分别解说其字义，证明其音读者，谓之字书。若字典或字汇是。联合二个或二个以上之单字，成为一学语，而别含意义者为辞。以辞为本位，而分别诠释其辞义，探讨其辞源者，谓之辞书。若治东西文者所用之辞典与辞林等是。惟我国向只有字书，而无辞书之用。自学制更新，世界学识日渐灌输以来，种种科学术语，及新译名词，流行日益繁赜，学者每以一二名术语之艰涩不可通，遂至全书废阁，不复乐于从事；或则以字害意，不惜臆断曲解，以自炫其彗语，卒之谬种流传，文字反因以日晦，而真义愈不得伸。凡斯诸病，皆原于无便利适当之辞书以资深考故也……"

说，中国古已有字典，对每一个汉字诠释其字义、确定其字音。但是，汉语的词、习语并不都是采用单独汉字的形式，于是就有韵府一类的书对这些（多音节的）词、习语进行解释，以补充字典的不足。而西方的辞典，口语俗语、耳之所闻都加以收入，详细解释。所以西方的古典不借助注释书（仅靠辞典）也可以读懂，而且西方辞典编纂的形式集中国字典、韵府的长处，使用方便。

19世纪以降西人编纂的汉外辞典，虽多使用"字典""韵府"等中国传统的名称，却赋予了西方的形式和内容，导入了全新的理念。以传教士为主导的汉外辞典编纂，不仅为中外人士（甚至包括日本人）的外语学习（英语和汉语）提供了有效的手段，而且使中国人认识到中国自古以来只有字典而无辞典的现实。① 在19世纪以来的汉外辞典编纂方面，来华传教士做出了巨大贡献。尤其是罗存德的《英华字典》，鸿篇巨制，达2000余页，对汉字文化圈近代词汇的形成产生了深刻的影响。②

编纂辞典的同时，传教士们开始酝酿图书翻译。为此设立的中国益智会（The Society for the Diffusion of Useful Knowledge in China）虽然并没有实际性的成果，但是对译书的内容等做了认真的思考。③上海开港（1843）后，麦都思创办墨海书馆，翻译出版圣经等宗教书，也翻译了大量知识性读物；④19世纪60年代末江南机器制造总局翻译馆开始出版工业制造内容的译书。在辞典编纂、图书翻译的过程中，翻译方法、译词创制等方面的问题自然呈现在有关人员的面前。在江南机器制造总局译书数十年的傅兰雅于1880年撰文总结译书问题，文中对译词创造法进行了详细的讨论，将译词和术语创制规范化的问题提上了日程。傅兰雅的造新字做译词的方法在化学术语方面取得了成功，却发出了一个错误的信号：造字可以解决

---

① 由于编纂力量、印刷条件等限制，汉外辞典一书难求的状态一直没有改变。严复在回忆自己学习英语的经历时说："尚忆三十年以往，不佞初学英文时，堂馆所颁，独有广州一种，寥落数百千言，而义不备具。浸假而有《五车韵府》等书，则大抵教会所编辑，取便西人之学中国文字者耳。"（《〈商务书馆华英音韵字典集成〉序》，1903）

② 森岡健二（編著）『近代語の成立・明治期語彙編』明治書院、1969；沈国威『近代日中語彙交流史：新漢語の生成と受容』。

③ 关于中国益智会的一系列活动，参见顾长声《从马礼逊到司徒雷登——来华新教传教士评传》，上海人民出版社，1985，第31~34页。

④ 熊月之：《西学东渐与晚清社会》，上海人民出版社，1994。

术语问题。博医会的医学术语遂沿着傅兰雅的方向走上了一条毫无成功希望的路。因此，尽管传教士们为译词创造付出了大量的努力，但是他们并没有取得成功。现代汉语中学术词语的绝大部分来自日语，或受到了日语的深刻影响。为什么会有这种匪夷所思的结果，除了政治、思想、社会等方面的原因以外，语言乃至词汇学本身的必然性在哪里？

在西学东渐的近代知识大移动中，汉语是怎样将西方的新概念变成可资利用的语词资源的？本章将选取马礼逊编纂的汉外辞典的第 3 部 *An English and Chinese Dictionary*（《英华字典》，1822）、合信的医学著述、罗存德的《英华字典》，以及傅兰雅论译词创制的文章和博医会医学术语的审定等具体问题，对马礼逊以来西方新概念的导入及词汇化问题进行讨论。

一　马礼逊的汉英字典——第 3 部:《英华字典》

编辞典、译《圣经》是马礼逊的两大任务。马礼逊从 1815 年起开始编纂，至 1822 年最终完成了 3 部 6 卷的皇皇巨作。迄今为止，对马礼逊的辞典的考察多从传教士出版印刷等文化活动的角度进行，亦取得了丰富的研究成果，大致廓清了主要的历史事实。[①] 但是如果把这 3 部 6 卷辞典作为马礼逊学习掌握汉语的一个过程来检验，我们会从中发现许多饶有兴味的问题。马礼逊的辞典为我们提供了观察早期中英语言接触的一些具体案例。例如，一般认为辞典的第一部在很大程度上是《康熙字典》的英文译释，但是《康熙字典》中所收的汉字并不是均质的，其中有很多古僻字、废字。这些"字"只是一种遥远年代的"符号"化石，已经不再构成汉语的一部分了。字义的显示形式也不相同，如常用字多义、古僻字无义等。

[①]　如吴义雄《在宗教与世俗之间——基督教新教传教士在华南沿海的早期活动研究》，广东教育出版社，2000；苏精《马礼逊与中文印刷出版》，台湾学生书局，2000；苏精《中国，开门！——马礼逊及相关人物研究》，香港基督教中国宗教文化研究社，2005等。日本关于马礼逊辞典也有很多研究。如宫田和子『英華辞典の総合的研究』白帝社、2010。冯锦荣的最新研究解明了马礼逊辞典编纂时参考书目的某些问题，参见冯锦荣《陈ningen/蒙（1600？~1692？）之生平及西学研究——兼论其著作与马礼逊〈华英字典〉之中西因缘》，《明清史集刊》第 9 卷，2007 年，第 243~291 页；朱鳳『モリソンの華英・英華字典と東西文化交流』白帝社、2009。

马礼逊辞典的释义反映了汉语的这种现实，有的字释义极为详尽，而另一些字则非常简略。同时，汉字的简单排列不等于词，词的简单相加也不等于句子。在作为语言成分这一点上看，"字"与word是完全不同的概念。这些都使马礼逊开始关注更长的语言单位。马礼逊的辞典正是他自己学习汉语过程的再现。马礼逊在他的辞典中对中国的独特概念进行了详尽的解释。因此有人说，马礼逊的辞典更具有百科全书的性质。或许我们应该认识到，这正是马礼逊在翻译上的"语境主义"的表现，他在探索怎样做才能完整无缺地移译每个汉字所包含的全部意义。本章不可能对马礼逊的辞典编纂全过程做哪怕是最简略的描述，在这里仅就马礼逊辞典的第3部——《英华字典》进行一些讨论。

对于这部《英华字典》我们应该注意以下几点。

（1）特殊的编纂动机：外国人的汉语学习。

（2）特点：句子、短语远远多于词（复合词、单纯词）。初步调查平均译词长度超过4个汉字。究其原因，一是由于马礼逊的翻译观（详后）；二是该字典虽然形式为"英汉"，实际在很大程度上是一本为外国人学习汉语而编纂的"汉英辞典"。第一部《字典》卷末附有一个英文索引，与字典正文中的汉语部分相对应。《英华字典》的编纂和这个索引有很大的关系。

（3）译词来源：马礼逊来华以后在汉语学习过程中所收集的例句，很多来自《红楼梦》等白话小说及日常口语。但是，数学、几何学的术语有较严格的定义，应该是参考了耶稣会士的某些著作。

（4）字典体例的特殊性。

二　马礼逊的译词创制观

马礼逊《英华字典》的体例如图1书影所示。首先是大写字母的英语词条，然后是汉语的译词及其发音（广东方言），接下来是汉语或英语的释义。在很多情况下，英语释义部分放在汉语译词前面。除了大写词条以外还有第一个词头字母大写的词组和汉语译文。《英华字典》在形式上是用英语的"词"检索汉语中与之相对应的语言单位。在这种中西方概念对译的工作中，马礼逊遇上了极大的困难：针对每一个英语词，汉语是否存在一个与之对应的语言单位？这种“对应”是否适用于所有的语境？马礼逊在《英华字典》的前言（1821 年 7 月）中说：

> 这里收集的词语将给予学习汉语的人以重要的帮助。但是，一个完全不懂汉语的人仅仅靠参考这本字典里给出的英语词是不可能用汉语来表达自己的思想的。

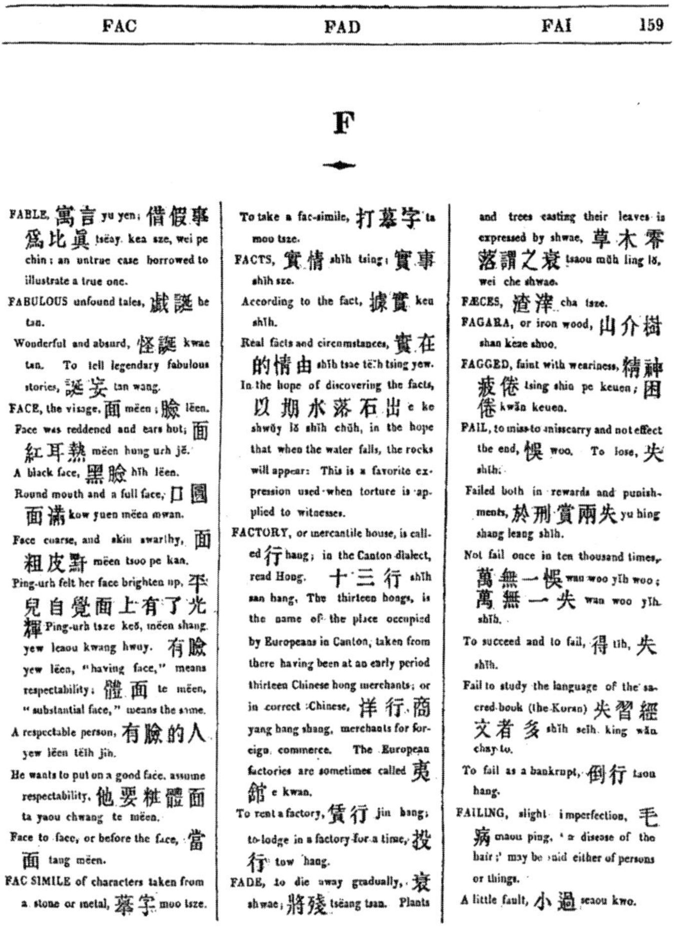

FAC　FAD　FAI　159

F

FABLE, 寓言 yu yen; 借假事爲比眞 tsëay kea sze, wei pe chin; an untrue case borrowed to illustrate a true one.

FABULOUS unfound tales, 戯誕 he tan.

Wonderful and absurd, 怪誕 kwae tan. To tell legendary fabulous stories, 誕妄 tan wang.

FACE, the visage, 面 mëen; 臉 lëen.

Face was reddened and ears hot; 面紅耳熱 mëen hung urh jë.

A black face, 黑臉 hïh lëen.

Round mouth and a full face, 口圓面满 kow yuen mëen mwan.

Face coarse, and skin swarthy, 面粗皮黯 mëen tsoo pe kan.

Ping-urh felt her face brighten up, 平兒自覺面上有了光輝 Ping-urh tsze keŏ, mëen shang yew leaou kwang hwuy. 有臉 yew lëen, "having face," means respectability; 體面 te mëen, "substantial face," means the same.

A respectable person, 有臉的人 yew lëen tëih jin.

He wants to put on a good face, assume respectability, 他要粧體面 ta yaou chwang te mëen.

Face to face, or before the face, 當面 tang mëen.

FAC SIMILE of characters taken from a stone or metal, 摹字 moo tsze.

To take a fac-simile, 打摹字 ta moo tsze.

FACTS, 實情 shïh tsing; 實事 shïh sze.

According to the fact, 據實 keu shïh.

Real facts and circumstances, 實在的情由 shïh tsae tëih tsing yew.

In the hope of discovering the facts, 以期水落石出 e ke shwŭy lŏ shïh chŭh, in the hope that when the water falls, the rocks will appear: This is a favorite expression used when torture is applied to witnesses.

FACTORY, or mercantile house, is called 行 hang; in the Canton dialect, read Hong. 十三行 shïh san hang, The thirteen hongs, is the name of the place occupied by Europeans in Canton, taken from there having been at an early period thirteen Chinese hong merchants; or in correct Chinese, 洋行商 yang hang shang, merchants for foreign commerce. The European factories are sometimes called 夷館 e kwan.

To rent a factory, 賃行 jin hang; to lodge in a factory for a time, 投行 tow hang.

FADE, to die away gradually, 衰 shwae; 將殘 tsëang tsan. Plants and trees casting their leaves is expressed by shwae, 草木零落謂之衰 tsaou mŭh ling lŏ, wei che shwae.

FÆCES, 渣滓 cha tsze.

FAGARA, or iron wood, 山介樹 shan keae shoo.

FAGGED, faint with weariness, 精神疲倦 tsing shin pe keuen; 困倦 kwăn keuen.

FAIL, to miss to miscarry and not effect the end, 悞 woo. To lose, 失 shïh.

Failed both in rewards and punishments, 於刑賞兩失 yu hing shang leang shïh.

Not fail once in ten thousand times, 萬無一悞 wan woo yïh woo; 萬無一失 wan woo yïh shïh.

To succeed and to fail, 得 tïh, 失 shïh.

Fail to study the language of the sacred book (the Koran) 失習經文者多 shïh seïh king wăn chay to.

To fail as a bankrupt, 倒行 taou hang.

FAILING, slight imperfection, 毛病 maou ping, 'a disease of the hair;' may be said either of persons or things.

A little fault, 小過 seaou kwo.

图 1　马礼逊《英华字典》书影

在辞典第 2 部前言（1819 年 10 月）中，马礼逊就曾经表示过类似的想法，他说：

学者不能期待从这本字典得到翻译时使用的正确的词语。本字典只能提供在众多的词义中，选择一个适当的表达方式的线索。同时，我们也不能指望从这本字典得到诗的语言的正确的意义、一个词的全部比喻义以及古典中的含义。要达到这一点，需要更多的才气焕发的欧洲人付出比迄今为止已经付出的或将要付出的更大的努力，做出更多的工作。

马礼逊认为脱离语境的语词对译是无法实现的，这一点麦都思与之完全不同。麦都思在 *English and Chinese Dictionary*（1847~1848）的前言中则说：

毫无疑问，这里所列举的大部分词语，如果著者对原文的理解没有错误，都是完全正确的汉语。所以，在大部分情况下，读者可以相信能得到与英语相对应的汉语的语词。有时，我们无法找到与英语相对应的汉语语词，这时，著者只得加以创造。但是，对于这里所收集的语词来说，这只是极少的一部分。

即在麦都思的辞典中新造的词只占极小的一部分，麦都思认为两种语言之间是存在可译性的。任何一个词都处于特定的词汇系统之中，为特定的语境（群）所限制，从这一立场出发，完整的对译是不存在的；同时，词的意义是变化的（获得新义），词汇体系具有强大的自我调整机制。然而马礼逊的"语境主义"使他对汉语的观察达到了同时代人没有达到的深度。

三 由概念到词语——词汇化历程举例

马礼逊来华后努力研究汉语，并在短时间内达到了高水平。《通用汉言之法》（1815）、《广东省土话字汇》等的编写都是他汉语造诣之深的证明。在《英华字典》中马礼逊对汉语也有正确的记述，如对英语字母 B

的 说 明：The Chinese have not the sound of this letter in their language, and cannot distinguish the sounds of B and P。但是，深刻地理解某一种语言所表达的概念，与把这一概念用另一种语言的"词语"表达出来是不同的事情。这是一个概念的词汇化的问题。现代语言学理论认为没有不能表达的概念，但是有不发生词汇化的概念。让我们看一下传教士们是怎样将西方的概念移入汉语的，马礼逊的辞典与麦都思、罗存德的辞典有何不同之处。（以下发音均从略）

ACADEMY or private school for children, 学馆；学堂 for men, whether opened by government or private teachers

● 麦都思：a school, 学馆, 学堂；a school in ancient times, 庠序, 学校；a school for adults, 大经馆；a college, 书院；a school established by Government, 学宫, 黉宫, 学院；the imperial academy, 翰林院

● 罗存德：a private school for children, 书馆, 学馆, 学堂；a public school, 社学；a college, 书院；a college in ancient times, 庠, 序, 学校；a private academy, 大经馆；a district or prefectural academy, 学宫；a public academy, 学院；an ancient do, 黉宫；the imperial academy, 翰林院

小写英语的部分实际是对汉语词的解释。马礼逊认为"学馆、学堂"大致相当于英语中的 academy，但是在某些情况下只是为儿童开设的私人学校，而且不管开办者是官府还是私人，都只招收男性学生。麦都思和罗存德的辞典基本上承袭了马礼逊的解释，但给出了更多的意义相近的汉语词。

BANK BILL note given by a wealthy merchant which is received as money, 银票, not in general use

● 麦都思：Bank notes, 钱钞, 银单, 银票, 楮币

● 罗存德：银纸, 会单, 银单, 汇单, 银票, 钱票, 钱钞, 钞纸, 楮币

马礼逊指出"银票"由富裕的商人发行，作为银钱被接受，但在中国

使用得并不普遍。麦都思给出了一系列近义词，但是与英语之间的差异被忽略了；罗存德在 Bank 的词条下给出了"汇理银行，银行，银铺，银号，钱铺，钱庄，银店，大英国银行，借银行，揭银行，卖银铺，借银铺"等译词。"银行"作为译词首次出现在辞典里，但从"借银行""揭银行"等可知，"银行"还没有完全凝固成一个复合词。

> BOTANY may be expressed by 树木花草之总理
> - 麦都思：花草之学，花草总理；a work on botany，本草
> - 罗存德：草木总理，草木之学，博学草木
> BOTANIST，谙草花总理之人
> - 麦都思：本草家，识花草者，花师
> - 罗存德：草学者，识草木者，博学草木者，本草家

对于 botany 马礼逊只给出了一个说明性的词组，尽管他在字典中提到了《本草纲目》这本中国"最好的药物和植物学的书"，但拒绝使用"本草"这一名称。麦都思也意识到"本草"与 botany 的差异，但还是把"本草（家）"作为译词列出来。罗存德则在自己的辞典中以注释的形式说明了马礼逊这样做的理由：That Botany has never been studied by the Chinese as a science, and that up to this moment they have the crudest notions repecting the classification of plants, may be seen from an extract made from the Chinese Materia Medica. The same is found in Morrison's Engl. and Chinese Dictionary. pp. 48–49。[1]

> COMPANY of merchants, 公司, The English company is sometimes called 公班衙
> - 麦都思：an incorporated body，大会，公司，公班衙
> - 罗存德：the E. I. company，公司，公司大呢，公会，商会……保险公司，燕梳公司

---

[1] 马礼逊的观点对后来的传教士影响颇大。例如裨治文在 *Chinese Chrestomathy in the Canton Dialect*（1841）的"草木篇十四（Botany）"中写道：Botany, in the scientific sense of the word, is wholly unknown to the Chinese. p.436。

对于这种中国并不存在的商业组织的名称，马礼逊似乎感到了"公"字的不正确。罗存德在自己的辞典里具体地描述了词义的变化：在中国"公司"原来作为名词、形容词只用于东印度公司，现在，可以用于商人的组织和公家的公司。

FLAG or colours, 旗 One white flag, 白旗一杆, Flags of a triangular shape are mostly used in the Chinese army, as signals. Many of the Chinese flags have large characters written on them to show by Whom, or for what they are carried. China does not appear to have a national flag

●麦都思：旗，旐，幡，旌旗……（以下译词 20 余条）

●罗存德：旗，旐，帜，幟……旌旗，the flag of a state，国旗，白旗，升半旗……（以下译词、短语 20 余条）

马礼逊详细介绍了中国的各种 flag，这显然是针对外国读者的。国旗 the flag of a state 始见于罗存德的《英华字典》，白旗、升半旗也是出自罗存德之手的摹借词。

GAZETTE or a pamphlet containing daily official paper, to and from the Emperor of China, is called 京报, also 邸报

Gazette from Peking, in manuscript, is called 京抄 and 京字

●麦都思：京报，京抄，邸报，邸抄

●罗存德：新闻纸，报，宪报，京报，邸报，京抄……香港中外新报……

NEWSPAPER or Peking gazette, 京抄，邸报，辕门报，a sort of paper issued daily in provincial towns

●麦都思：新闻篇，京抄，邸报，辕门报，京报

●罗存德：新闻纸

马礼逊注意到了 GAZETTE 与京报、邸报等的不同之处，而罗存德则反映了 19 世纪 60 年代以后香港已有西方式报刊的现实。

HOSPITAL place for the reception of the sick, 医馆 Charitable

hospitals, or places of reception for the poor and destitute in Canton, are the following, 1. 栖流所, 2. 育婴堂, 3. 麻疯院, 4. 瞽目院, 5. 男普济院, 6. 女普济院

● 麦都思: 普济院, 施医院, 医馆, 医局, 济病院, 疯院, 瞽目院, 老人院, 养老院, 栖流局, 育婴堂

● 罗存德: 医馆, 医院, 医局, 兵医馆, 疯院, 育婴堂, 老人院

马礼逊更多地解释了教会的医疗设施, 因为这是传教士投入最多的工作之一。

WINE or any manufactured beverage; as wine, spirits, beer, &c., are in Chinese all called 酒 Grape wine, 葡萄酒

● 麦都思: 酒, 欢伯……wine from the grape, 葡萄酒; new wine or grape juice, 葡萄汁……(40 多条译词和短语)

● 罗存德: 酒, 欢伯, 醇酒……葡萄酒……烧酒, 薄酒, 黄酒……(以下译词、短语近 30 条)

马礼逊对酒的解释格外详细: "As he said this, the attendants brought up wine, 正说着左右摆上酒来。To awake from wine, 酒醒了。"另外还有: "从来说酒能成事能败事, 我见成事的少败事的多。""酒真是腐肠之药伐性之斧。"这些例句均取自白话小说或日常生活。马礼逊指出, 中国把所有的酒精饮料都称作"酒", 这个"酒"与英文的 wine 相对应。麦都思和罗存德都提供了一个庞大的近义词群。

WORLD the terraqueous globe, 地球 All under heaven, 普天下, 通天下 The Chinese say, 天下 when meaning only their own empire, or their world. The world of human beings and the present state of existence, 世, 世界, 混完世界, 红尘, 尘世

● 麦都思: 世界, 天下, 世间, 完世界……尘寰, 世俗, 尘世……(30 多译词)

● 罗存德: 世, 世界, 天下, 宇宙, 乾坤……(以下译词、短语近百条)

马礼逊另外列出了 16 条词组。马礼逊敏锐地感觉到 world 无法准确地译成汉语，"天下"有着强烈的皇权含义；"世界"又多用于宗教性的语境。但是在麦都思、罗存德的辞典中这种宗教性的含义已经不再被强调。

综上所述，马礼逊极敏锐地意识到某些词语的概念义乃至联想义的中英之间的差异，并用注释的方式使之明确化，语境的说明较多。马礼逊试图尽可能地帮助读者（即汉语的学习者）理解某一个汉语词的意义——表面的与内涵的。而麦都思、罗存德常常为一个英语词准备一个近义词群，没有或较少有语境上的说明。他们期待着使用者可以从近义词群中选择最恰当的词做译词。在初期的双语辞典中词组、短语形式的对译较为常见，词组、短语的词汇化需要一段较长的时间。通过三种辞典的对比我们既可以了解编纂者的方针的不同，又可以发现在 40 余年的时间里，词汇化的努力有了极大的成果。

四　合信的《医学英华字释》

合信是马礼逊的女婿，1839 年来华，此时马礼逊已经去世数年，但是马礼逊对合信的影响是明显的。合信 1851 年撰写了《全体新论》，这是我国近代第一本介绍西方医学（解剖学、生理学）的著作。他后来又出版了《博物新编》（1854）、《西医略论》（1857）、《妇婴新说》（1858）、《内科新说》（1858）等书。合信在华传教行医十余年，一系列著作是在中国助手陈修堂等的帮助下完成的。如同日本兰学家的翻译一样，合信首先要面对的也是译词问题。[①] 他在登载于《中国丛报》上的《全体新论》英语序言中写道：

> 选定新术语，为在此之前尚不存在的，或不正确的人体部位

---

① 当然除了译词以外，文体等方面也存在着极大的问题，如合信说："一、是书本于译述，恐失真意，故文辞断续，语多不醇，阅者须以意会得之。一、是书文理新奇，翻之唐文，难求甚解，阅者一读，恐未尽晓，不妨多读数回，实于身心有益，胜看无稽小说也。"

寻找适当的译词是一个充满困难的经历。①

在《〈全体新论〉例言》中，合信对中国读者说：

是书全体名目甚多，其为中土所无者，间作以新名，务取名
实相符，阅者望毋以生造见弃。

从"间作以新名"的表述中或可推定合信的新造词不多，主要使用了
既有的词语。②这样做的好处是具有中医知识的人可以尽快对西方的医学
有一个大致的了解，弊端是影响读者准确理解掌握西方医学。③例如，《全
体新论》中用"～经"来表示内脏器官，如"胃经""肝经""心经""肺
经"等。"胃经"一节的开头为："胃之为言围也，受食物／见《尔雅》／，
故曰仓廪之官／见《三才图会》／。"（／／内为夹注，下同）然后才是解剖
学上的表述。引用《尔雅》《三才图会》无疑是为了提高著作的权威性。
合信还尝试着用重新定义的方式向既有词注入新的意义，如：

是书所称管字，与筋字大相悬绝。筋者实，管者通。
是书所称脑气筋者，其义有二：一取其源由脑出，二取其主
司动作觉悟。
是书所称血脉管，或称养血管，或称发脉管，本属一管。其
中有血有脉者是也。如回血管或称回管，亦属一管，导血回心、
蓝色无脉者是也。微丝血管或称微丝管亦然。若单称血管二字，
则总指三管而言。
动肉／或曰肌，即字典所谓附骨之肉／

对于中医中不存在的概念和器官，合信更多地使用通俗的语言做形象的描

① *Chinese Repository*, Vol. XX, Aug. 1851, pp.538–539.
② 尽管不多仍有被讥为"生造"的危险。
③ 沈国威「近代における漢字学術用語の生成と交流医学——用語編（1）（2）」『文林』
30、31 号、1997 年。

写，如：

> 甜肉者，中土无名，长约五寸，横贴胃后，形如犬舌，头大向右，尾尖向左，尝其味甜，故曰甜肉。（卷下，第 11 页上）
>
> 西国以显微镜显之，见血内有二物。一为明汁，以为粒子。粒子者，其形圆扁如轮，中空而赤，内储红液，浮游于明液之中，名曰血轮……凡明汁之内，又有数物，一为蛋青／以火煮熟，色如蛋白，故云／，一为肉丝，一为肥脂，一为卤物，一为铁锈。（卷下，第 17 页下）

可以说俗语性，即最大限度地利用旧有词语是合信著作的特点。因此，不可避免地要发生新旧语词冲突。例如下文中的"筋"既表示筋腱也表示神经，显然不严密。

> 每肉皆有头尾，头尾之间生肉筋／其筋坚韧光白，不类脑气筋／。（卷上，第 13 页下）

作为上述医学书中使用术语的总结，合信于 1858 年编纂出版了《医学英华字释》。[①] 合信的《医学英华字释》与一般的术语集不同，词组和短语的比例非常之高。表 1 是一个简单的统计。

表 1 《医学英华字释》术语字数统计

汉字数	1	2	3	4	5	6	7	8	9	10
条目数	35	298	321	410	262	275	213	178	47	4

《医学英华字释》共收录 2043 条目，4 字及以上的条目占 68%，词汇化的程度较低。10 字的 4 条如下："第七对又一支入耳司听""总脑筋传声于脑而能听""内窍能气筋坏则不能听""托高管内水银廿八英寸"。但是同时，"～炎""～骨""～筋"等词缀性成分已经形成，并显示了较强的造

---

① 松本秀士「ホブソン（合信）にみる解剖学の語彙について」『或问』11 号、2006 年。

词力。[1] 没有新造字或古僻字是合信医学术语的另一大特点。

作为最初的尝试，合信的译词保留下来的并不多。在结束本节之前仅就对中日都有影响的两个词做一些讨论。

～炎、炎症 对于身体的一部分赤红、肿胀、发热、疼痛等症状，使用"热""火""炎"等字来表示的例子，宋明以后的医书中可以发现。中医较通行的术语是"燋肿"。

合信在《西医略论》中设"炎症论"一章，对症状、病理、治疗法都做了详细的说明。特别是在病理部分介绍了青蛙试验的情况，这些都是当时最新的关于炎症研究的信息。

> 其肉渐红、渐肿、渐觉热痛，名曰炎症／西国方言曰炎法美顺，译为炎热之意，故名曰炎证／。（卷上，第 8 页上）

即合信第一次以"炎症"译 inflammation。从合信的记述可知，原词的词根 inflame 燃烧、使赤红的意义，在造词过程中起了一定的作用，即"炎"是一个摹借词。考虑到合信的著作于明治前后在日本的流传情况，可以断定"～炎""炎症"是通过《西医略论》传入日本并为日语所借用。《医语类聚》中收有"胃炎""肝炎""网膜炎""扁桃体炎"等包含"～炎"的病名 160 余条，而在此之前的医学书中主要使用"燋冲"或"燋肿"。

精锜水 合信的另一个译词"精锜水"也传入了日本。合信在《博物新编》里已经对精锜（今译"锌"）做了介绍："精锜之质类似白铅，出自外国。"[2] 尽管他在自己的医学书里没有使用"精锜水"，但是《医学英华字释》中可见："Solution Sulphate of Zinc，精锜水。"嘉约翰（John Glasgow Kerr，1824–1901）在《西医释略》（1872）中解释道："精锜系金之类，中土无名，因功力专在吐，故名精锜吐散。""精锜水"后经平文（J. C. Hepburn，1815–1911）将配方传给岸田吟香（1833~1905），在日本出售而被当作日本词。

---

[1] 中医使用"燋肿"，不具备词缀化的可能性。参见沈国威「中国の近代学術用語の創出と導入」『文林』29 号、1995 年。

[2] 合信：《博物新编》，墨海书馆，1855，第 50 页下。

五　罗存德的《英华字典》及其
化学元素命名方案

　　19 世纪在中国出版的为数众多的英华辞典中，来华传教士罗存德的《英华字典》是一本值得大书特书的辞典。这本辞典代表了 19 世纪西人汉外辞典编纂的最高成就，对汉语、日本近代英日辞典的编纂、译词的形成都产生了极大的影响。罗存德本人以《英华字典》闻名于世，其对于汉语本体的研究在当时也属一流，[①]但他同时也是疑点最多的人物之一。《英华字典》公开发行前夕，罗存德与教会发生教义纷争，以致该辞典在中国国内的流通受到了极大的阻碍，现在在国内很难看到他的辞典和著作。而当时日本正值学术转型期，兰学家转向英语，需要学习英语的工具书，罗存德的辞典接受了大量来自日本的订单。现在，仅以公共图书馆计，日本就有 30 家以上的图书馆收藏《英华字典》达 70 余套之多。[②]由于《英华字典》对日本近代英语学习史、日语词汇史的影响巨大，日本学界很早就开始对该辞典，或利用该辞典进行相关领域的研究。[③]20 世纪 90 年代以后日本又出版了附录 CD 的影印本（东京美华书院，1996）。罗存德的生平事迹及其本人在中国乃至亚洲近代传教史上的地位如何？他的《英华字典》究竟为近代以后的汉字词汇的发展提供了什么？

　　关于罗存德，1981 年出版的《近代来华外国人名辞典》的记述如下：

　　Lobscheid，Wilhelm　罗存德

　　　　英国人，德国礼贤会（Rhenish Missonary Society）教士。1848年来华，初在香港，后在广州传教施医。编有几种医学书籍。[④]

---

① 参见沈国威『近代日中語彙交流史：新漢語の生成と受容』。
② 宮田和子「十九世紀の英華・華英辞典目録——翻訳語研究の資料として」『国語論究 6 近代語の研究』明治書院、1997、1~101 頁。
③ 森岡健二『近代語の成立・明治期語彙編』1969；那須雅之「W. Lobscheid 小伝——『英華字典』无序本とは何か」『文学論叢』109 輯、1995；「Lobscheid の『英華字典』について——書誌学的研究（1）（2）」『文学論叢』114、116 輯、1997、1998。
④ 中国社会科学院近代史研究所翻译室编《近代来华外国人名辞典》，中国社会科学出版社，1981，第 291 页。

而伟烈亚力提供的情况是：罗存德为礼贤会（Rhenish Missionary Society，RMG）派遣的传教士，1848 年 5 月 22 日抵香港，1850 年 3 月 18 日返欧，1853 年 2 月 18 日再次携妻来香港，这次的身份是福汉会（Chinese Evangelization Society）的负责人（罗是该差会派往中国的第一名传教士——笔者注）。1857 年罗存德与福汉会脱离关系，于 1861 年 3 月 2 日返回欧洲，再返香港居住是在 1862 年 9 月。伟烈氏辑录了罗存德的著作 21 种，其中汉语著作 12 种，英文著作 9 种。但是以上两个文献都没有提及罗存德最重要的著作《英华字典》。[①]

日本基督教史学者佐伯好郎在其著作《支那基督教之研究 3》中指出：

> 罗布存德（W. Lobscheid）后来成为洪秀全的秘书及宣传负责人，1864 年他对（参与镇压太平天国的）戈登将军（Charles George Gordon，1833–1885）进行了严厉的谴责。他还是著名的《英华字典》的编者，该字典 1883 年由文学博士井上哲次郎增订改编为日语。罗氏受拜伦总部的派遣来华进行医学传教，在郭实猎的领导下工作。[②]

其后，佐伯又在他的另一本著作《清朝基督教之研究》中写道：

> 遗憾的是 Rev.W.Lobscheid 传不详，他是 1883 年井上哲次郎博士校订翻刻的《英华字典》的著者，字典上的中国名为罗布存德，由此可知其为来华传教士。罗将太平天国视为宗教团体，或革新团体，当作在中国传布新文明的使徒团。[③]

但是佐伯的记述并不正确。罗存德当洪秀全的秘书和负责宣传一事，

---

① A. Wylie, *Memorials of Protestant Missionaries to the Chinese*, Presbyterian Mission Press, 1867，成文书局影印版第 184~186 页。伟烈亚力资料收集的时间下限为 1867 年。

② 佐伯好郎『支那基督教の研究 3』春秋社、1944、442 頁。罗的名字拼写原书如此，下一条引文亦同。

③ 佐伯好郎『清朝基督教の研究』春秋社、1949、144 頁。

没有其他资料可以佐证；罗本人也从未使用过"罗布存德"这一名字；[①] 谴责戈登也不是 1864 年，而是 1863 年。

关于罗存德与太平天国的关系，吟唎的《太平天国革命亲历记》有较详细的描述，内容大致可以归纳如下。罗存德与当时居住在中国南部的传教士杨笃信（Griffith John）、艾约瑟（Joseph Edkins）、慕维廉（William Muirhead）一起以深切的同情心关注着太平天国的情况变化。1863 年 5 月，罗毅然前往太平天国的首都南京访问。在南京罗受到了太平天国的干王和其他首领们的热情接待。据此，吟唎推测许多太平天国的人士在广州研读《圣经》的奇妙真理时就已经和罗相识，其中有一些人大概是罗的教友或门生。罗存德拒绝了太平天国方面希望他留在南京的请求，几天后返回广州。其理由是广州有事情要处理。罗回到广州后马上给香港 *The Daily Press* 投稿（1863 年 6 月 10 日刊登），介绍旅途见闻和南京的真实情况，称赞太平天国的正义行动，谴责以英国为首的外国势力对太平天国的武装干涉。吟唎甚至认为：如果他留在太平天国首都负起自己的职责，并宣布此事，再把太平天国的各种优点公之于众……那么，他就很可能成为阻止英国的干涉和澄清亚洲人民唯一自愿的耶稣崇拜者的宗教错误的力量了。[②]

以上是笔者在《近代日中语汇交流史》中对罗存德进行的初步考察。在拙著之后，那须雅之对罗存德进行了详尽的调查，使传教士罗存德其人、其事显现在我们面前，现简介如下：

> 罗存德于 1822 年 3 月 19 日出生于德国西北部的一个村庄，父亲是个制鞋匠人。罗的双亲都是虔诚的基督徒，并希望儿子能成为一位牧师。1829 年罗存德 7 岁时母亲去世，父亲于两年后再婚，但 1833 年父亲也不幸去世。这样，罗存德在 11 岁时便不得不继承了制鞋的家业。在两位叔叔的帮助下，罗存德到 18 岁为

---

① 辞典署"罗布存德原著，井上哲次郎订增"，但井上哲次郎撰写的前言称"罗存德"。参见沈国威《近代英华字典环流：从罗存德，井上哲次郎到商务印书馆》，《思想史》7（专号：英华字典与思想史研究），2017 年。

② 吟唎：《太平天国革命亲历记》，王维周、王元化译，上海人民出版社，1997，第 497~501 页。

止一直在公立学校学习。

1844 年，22 岁的罗存德作为公费生进入 Rheinische Mission Gesellschat（礼贤会）系统的神学校，学习神学和医学直到 1847 年。在学期间，罗存德的外语才能受到了高度评价。恰好在那时，礼贤会响应该会派往香港的传教士郭实猎的要求，派遣两名牧师叶纳清（F. Genahr，1823–1864）和柯士德（H. Kuster）去中国协助郭实猎传教。然而，柯士德到中国后旋即病笃，礼贤会遂决定增派罗存德赴华。

1848 年 5 月 28 日，罗存德到达香港，在郭实猎的领导下从事传教活动，后来又在伶仃湾等地开设医院，进行医疗传教。1850 年罗存德经由英国回国治病。在家乡罗存德与 Kind Alwine 结婚，并脱离礼贤会。1853 年 9 月，罗存德作为福汉会派往中国的第一名传教士携夫人来华，于 1854 年 2 月 18 日到达香港。罗存德为福汉会工作到 1857 年，后来该会因资金短缺停止活动。第二次来华后，罗存德的主要精力似乎转移到了教育和文化出版活动方面。罗一生共出版图书 40 余种。[①]

1854 年 12 月，罗存德作为汉语和德语的翻译与卫三畏等一同乘阿达姆率领的第三次日本远征舰队前往日本，参与日美和约的换文签字活动。这时，他向日本负责翻译的堀达之助赠送了麦都思的两种辞典 *Chinese and English Dictionary*（1842~1843），*English and Chinese Dictionary*（1847~1848）。

1856 年，罗存德成为伦敦会的会员，1857 年又被英国政府任命为香港政府的视学官（Government Inspector of School），与理雅各（J.Legge）一起参与香港的教育行政。当时香港已经成立了 13 所公立学校（Government School），设置在维多利亚（Victoria）的大书院（Central School）统管这些学校。罗存德首先着手的工

---

① 罗存德还编纂有以下数种教科书：《千字文》（*Thousand Character Classic*，Hong Kong，1857）、《麦氏三字经》（*Medhurst's Trimetrical Classic*，Hong Kong，1857）、《四书俚语启蒙》（*The Four Books with Explanation in the Local Dialect*，Hong Kong，1860）、《幼学诗释句》（*Odes for Children with Notes*，Hong Kong，出版年不详）。

作是为中国的学童编写教材。

　　罗存德从 1864 年开始着手《英华字典》的编纂工作。1869
年字典完成前夕，罗存德与 China Missionary Conference 因教义
发生对立，被褫夺神职，同年 9 月以后黯然返欧。罗氏回国后，
为了消除罗的影响，出版社（Daily Press Office）接受有关方面
的命令删去了《英华字典》的 3 个序言。[1]

　　罗存德于 1874 年作为牧师移居美国，1893 年 12 月在美国
去世。[2]

　　罗存德本人在字典正式出版之前就离开了中国，字典被出版社乱做
改动，因此版本混乱。[3] 在此，我们先就该辞典编纂、出版和译词做一些
介绍。

《英华字典》于 1866 年 10 月出版第一册 Part Ⅰ，以后每年一册，至
1869 年四册（Part Ⅰ-Ⅳ）出齐。装订形式有四册分订本和二册分订本
（不计在日本重新装订的一册合订本）。

第一册卷首有罗氏的英文序言，日期为 1866 年 4 月 28 日。[4] 序言后
是一篇汉语的序，署名"同治丙庚夏四月翰生张玉堂书于九龙官署西斋"，
钤有"武功将军""玉堂之章"印二枚。"武功将军"为清代武官名，从
二品，可知张玉堂是当地的行政军事长官。张在序中对罗的辞典大加赞
扬说：

　　　其中俚语文言无不悉载，前人所略者译之不厌其烦，所赘者
删之不嫌其简。访客至于迩言，搜罗不遗俗字，重抽旧绪，别出

---

① 英国外交官、汉学家梅辉立（W.F.Mayers，1839–1878）直接参与此事。辞典的销售似
乎也受到影响。如当地的报纸上没有该辞典的宣传广告。

② 那须雅之「『英華字典』を編んだ宣教師ロブシャイト略伝（上中下）」『しにか』9 卷
10~13 期、1998 年。谨以本节纪念英年早逝的挚友那须雅之。

③ 参见那须雅之「『英華字典』を編んだ宣教師ロブシャイト略伝（上中下）」『しにか』9
卷 10~13 期、1998 年。

④ 第一册封面与扉页之间夹有一个出版商的声明，日期为 1866 年 10 月 15 日，由此可知
脱稿至印刷完成用了半年时间。参见沈国威「大阪外大図書館蔵の『英華字典』」『国語
学』170 号、1993 年。

新诠，博采傍稽，合参互证。

张的序中还有罗存德"无事常到九龙过访"的表述，可知辞典的编辑是在香港一带进行的，罗存德英文序中的 Punti（本地）也可以确定为广州方言。

罗的辞典之前，有过马礼逊的辞典（1815~1822）、麦都思的《华英语汇》《英华辞典》和卫三畏的《英华韵府历阶》。序中的"前人所略者详之……"云云，是否意识到上述辞典不得而知。但是关于俚语、俗字的评价是符合《英华字典》的实际情况的；而"重抽旧绪，别出新诠"则是对罗存德译词创造的极好概括和总结。[①] 可见罗存德更多的是将汉语已有的词语加以改造当作译词的，全新的创制似乎还不是主要部分。这就是说罗在编纂辞典时，除了新造以外，采用原有的旧词（重抽旧绪），或对旧词赋予新义（别出新诠）也是该辞典译词创造的主要方法。这也说明《英华字典》的新概念移入还在可以依靠旧词新义的范围之内。而 19 世纪末，政治、经济、自然、人文科学等领域全面开始导入西方新概念，仅靠旧词新义已经无法对应了。

第四册 Part Ⅳ 前还有一个序言，日期为 1869 年 2 月。[②] 当时《英华字典》全四册已经完成，只待印刷了。在这里，罗存德对整个辞典编辑工作进行了回顾。他说，《英华字典》收录了 5 万条以上的英语单词，译词使用了 60 万以上的汉字。仅仅标出等价译词的做法常常不能从根本上满足学习者和使用者的需要，为此，他尽量给出了每个单词的各种实际使用情况。

那么，罗氏的《英华字典》对汉字文化圈近代汉字新词的形成究竟起了何种作用？日本学者森冈健二等从其对日语的影响方面做了细致的研究。笔者认为《英华字典》的影响可见于以下几个方面。

（1）在日本大量使用，许多人是使用罗氏辞典学习英语的。

（2）上述的使用者中包括了西周、福泽谕吉、中村正直等明治初期的

① 沈国威『近代日中語彙交流史：新漢語の生成と受容』136~146 頁。

② 奥地利国家图书馆藏献给普鲁士皇帝的《英华字典》第二册前还有一个序言，参见沈国威《奥地利国家图书馆藏近代汉译西书》，『或問』10 号、2005 年。

思想家和启蒙家。他们的使用使罗氏辞典中的译词进入了当时的启蒙书籍和其他翻译书籍。个人的辞典使用变成社会的知识共享。

（3）英和辞典的主要参考资料，如明治中期为止最具影响力的《附音插图英和字汇》，就是以罗的辞典为主要译词来源的。

（4）直接改编为英和辞典，如中村正直、井上哲次郎等。

（5）"保险""陪审""银行"等一批广东早期译词通过该辞典传入日本并得到普及。

详细情况暂不做深入讨论。

罗存德是不赞成使用"化学"这一名称的，[1]但是他在《英华字典》中对化学的术语，准确地说，是元素名称，却显示了特殊的关心。罗存德在字典 Part Ⅳ 的序言中专门讨论了化学元素的命名问题（见图 2）。他认为汉语中表示构成世界基本元素的字是"行"，因此绝大部分的元素名称可以通过将某一汉字插入"行"中而轻易得到，[2]即把"行"分成左右两部分，在中间夹上与化学元素有关的汉字。[3]罗存德列举了以下的例子：

衔（Shwui）=hydrogen（氢）

衍（Kwang）=phosphorus（磷）

術（Tan）=carbon（碳）

衡（Luh）=chlor（氯）

罗希望通过这样的简单命名法，使化学知识能够在中国普及开来。罗存德在前言中写道，他相信与当时常见的化学书中使用的说明式的方法相比，他的方法更简便易行；通过专家的使用和推广，可以使中国学习化学的人更快、更好地理解西方的科学（western sciences）。

---

① 参见本书"词源考证编"。

② 罗存德的"行"字来源于中国传统的"五行"观，但耶稣会士也把希腊的四元素译为"四元行"。感谢王扬宗教授赐教。

③ 参见沈国威『近代日中語彙交流史：新漢語の生成と受容』144 页。近期关于这一问题有苏小楠的论述「近代日本語の成立が近代中国語に与えた影響」『日本語論究 7』和泉書院、2003。

It now remains for us to explain the principle on which we have formed some of the words used in chemistry. The Chinese characters for element is 行. All words combined with this radical are placed between the right and left division of the figure of the character. Acting upon this principle we had no difficulty in exhibiting in the simplest form the names of most of our elements. The following examples will illustrate this principle:—

Put 水, water, in the centre of 行, the element, and you have 衏, hydrogen;
" 炭, coal, do. do. 行, do. do. 衏, carbon;
" 光, light, do. do. 行, do. do. 衏, phosphorus;
" 綠, green, do. do. 行, do. do. 衏, chlor; &c. &c.

图 2　罗存德《英华字典》Part Ⅳ序言

《英华字典》共收录化学元素名 49 种，其中采用造字法命名的为 21 种，除去上文所示的 4 种外，其余 17 种如表 2 所示。

表 2　罗存德《英华字典》所收化学元素名

Bromine	衏 Chau（溴）	Strontium	衏 Peh（锶）
Fluorine	衏 Hwang（氟）	Tellurium	衏 ti（碲）
Iodine	衏 Lan（碘）	Thorium	衏 Hwui（钍）
Nitrogen	衏 Siau（氮）[a]	Titanium	衏 hung（钛）
Oxygen	衏 Yang（氧）	Uranium	衏 Tien（铀）
Potassium（Kalium）	衏 Kien（钾）	Vanadium	衏 Hau（钒）
Selenium	衏 Hung（硒）	Yttrium	衏 Kin（钇）
Silicon	衏 Shih（硅）	Zirconium	衏 Heh（锆）
Sodium（Natrium）	衏 so（钠）		

注:（　）中为今译名。
a.罗存德同时给出了译词"淡气"。

罗存德没有对夹在中间的字的选择原则做出说明，但根据实例大致可以归纳为以下两种情况：根据原词的词根选择的字，如衏的"水"，衏的"天"；根据该元素的形态、性质或颜色等选择的字，如衏的"养"，衏的"绿"等。应该指出前者的新字所占比例极小。

罗存德的造字法基本属于形声的范畴，新字按照夹在"行"中间的字发音。[1] 罗存德的尝试没有获得成功，对其他人的启迪也是一个未知数。[2]

---

[1]　罗同时给出了广东方言的发音和官话的发音，前者用小写字母表示，后者用大写字母表示。"钠""碲"未标注官话的发音。

[2]　傅兰雅在 1890 年的文章中批评过罗存德辞典的译词，说明他至少在那之前使用过罗的辞典，详后。

六　傅兰雅的翻译实践与译词创制

19 世纪来华的西方人士中在翻译西书方面贡献最大的是英国人傅兰雅。傅兰雅于 1861 年 7 月受英国圣公会的派遣来香港任圣保罗书院的校长，1863 年转赴北京出任同文馆英文教习，1868 年又受聘于上海江南机器制造总局翻译馆，直至 1896 年夏离开中国赴加州大学任东方语言文学教授。傅兰雅在中国工作生活了 35 年以上。①

1871 年傅兰雅出版了自己的第一批译著《运规约指》《化学鉴原》《化学分原》《防海新论》等，至 1880 年，傅兰雅译完的著作近 70 种，还有十几种正在翻译。傅兰雅还于 1876 年在上海开设"格致书院"（科学普及兼图书销售），出版《格致汇编》（1876~1892 年陆续刊行），积极从事西方科学知识的引介、普及工作。1880 年 1 月 29 日傅兰雅在《北华捷报》（*North China Herald*）上撰文向西方读者介绍江南机器制造总局翻译馆及其译书情况，同时根据自己的翻译实践对西文中译及译词创制等问题进行了讨论。文章刊出后，傅兰雅又感到"书为西文，华友不便披览，若仅裨益西人而不公诸华友，殊属憾事，故不惮劳悴，灯下译成"汉语，连载在《格致汇编》1880 年春季至秋季的 4 期上。②应该说在 1880 年时，傅兰雅是对这一问题最有发言权的人。

这篇题为《江南制造总局翻译西书事略》的文章分为序、第一章"论源流"、第二章"论译书之法"、第三章"论译书之益"、第四章"论译书各书目与目录"。傅兰雅在第一章里，对翻译馆的缘起、译者、译书内容等做了介绍；第二章主要讨论关于译词创制的问题；第三、四章主要讨论译书与中国社会的关系及翻译馆的实际成绩。以下我们以第二章为中心考察傅兰雅的译词创制原则及方法等问题。

---

① 关于傅兰雅及其译书的具体情况，参见王扬宗《傅兰雅与近代中国的科学启蒙》，科学出版社，2000。

② 傅兰雅：《江南制造总局翻译西书事略》，以下引文均据《格致汇编》第 2 册，南京古旧书店，1991，第 349~354、381~386 页；第 3 册，第 19~24、51~54 页。亦可参照张静庐辑注《中国近代出版史料初编》，上杂出版社，1953，第 9~28 页。日文翻译参见桥本敬造文，载『関西大学社会学部紀要』23 卷 2 号、1992 年。

在第二章中，傅兰雅首先指出，当时西方人认为"中国语言文字最难为西人所通，即通之，亦难将西书之精奥译至中国"，这是因为"中国文字最古最生而最硬"。"中国自古以来最讲求教门与国政，若译泰西教门或泰西国政则不甚难"，但是如果是翻译西方的科学技术"几成笑谈"。尤其是西方最近科学技术发展迅速，"门类甚多，名目尤繁，而中国并无其学与其名，焉能译妥，诚属不能越之难也"。①针对这种观点，傅反驳说："实有不然。盖明时利玛窦诸人及今各译书之人，并未遇有甚大之难以致中止。"傅兰雅同意"无其学与其名"是翻译的最大障碍，指出"译西书第一要事为名目"。但是傅兰雅同时认为"中国语言文字与他国略同"，也是在不断发展变化的，具有接受外来新事物的潜在可能性。"近来中西交涉事年多一年，则新名目亦必每年增广"，对于"贸易或交涉事内有新意新物，必设华字新名"始能表达，若拘泥于语词的旧义，"所用名目必为华字典内之字义，不可另有解释，则译书事永不能成"。所以在译名创制上翻译者的任务是艰巨的。傅兰雅回顾明末清初耶稣会士以来的译词创制，说"所设新名，间有文雅者，间有粗拙者，如前西人与华人所定各名，常有蠢而不能久行者"。但是这种情况在欧美也发生过，"二三百年前，英国多借希腊与罗马等国文字，以作格致与制造内之新名，后则渐除不用，或更换以更妥者"。"各国所设名目若甚不当，自不久必更以当者"，"西国久用之名，后知不合，则更新者虽多有不便，亦不得已也"。中国也不例外，来自外国的译名"不能一时定准，必历年用之始能妥协"。

关于译词的创造方法，傅说"此馆译书之先中西诸士皆知名目为难，欲设法以定之，议多时后，则略定要事有三"。傅兰雅的三要事如下，为了准确把握傅的原意，在此同时附上英语原文（见表3）。

---

① 江南机器制造总局翻译馆几乎没有西方人文科学内容的翻译，对这方面的翻译，傅兰雅似乎存在误解。后来的翻译实践证明，在人文科学领域中，中西之间差异更大。同时还需注意的是，傅兰雅在这里讨论的是西人译西书，中国还没有外语人才，翻译工作只能以西人主导的方式进行。

表3　傅兰雅翻译原则"三要事"

《格致汇编》1880年6~9月	*North China Herald*, Jan. 29, 1880
华文已有之名　设疑（拟）一名目为华文已有者，而字典内无处可察，则有二法：一、可察中国已有之格致或工艺等书，并前在中国之天主教师，及近来耶稣教师诸人所著格致工艺等书；二、可访问中国客商或制造或工艺等应知此名目之人	1.—Existing nomenclature. — Where it is probable a term exists in Chinese, though not to be found in Dictionaries: (a) To search in the principal native works on the arts and sciences, as well as those by the Jesuit missionaries and recent Protestant missionaries. (b) To enquire of such Chinese merchants, manufacturers, mechanics, &c., as would be likely to have the term in current use
设立新名　若华文果无此名，必须另设新者，则有三法：一、以平常字外加偏旁而为新名，仍读其本音，如镁、钟、砷、矽等，或以字典内不常用之字释以新义而为新名，如铂、钾、钴、锌等是也；二、用数字解释其物，即以此解释为新名，而字数以少为妙，如养气、轻气、火轮船、风雨表等是也；三、用华字写其西名，以官音为主，而西字各音亦代以常用相同之华字。凡前译书人已用惯者则袭之，华人可一见而知为西名。所已设之新名，不过暂为试用，若后能察得中国已有古名，或见所设者不妥，则可更易	2. — Coining of new terms. — Where it become necessary to invent a new term there is a choice of three methods. (a) Make a new character, the sound of which can be easily known from the phonetic portion, or use an existing but uncommon character, giving it a new meaning. (b) Invent a descriptive term using as few characters as possible. (c) Phoneticise the foreign term, using the sounds of the Mandarin dialect, and always endeavouring to employ the same character for the same sound as far as possible, giving preference to characters most used by previous translators or compilers. All such invented terms to be regarded merely as provisional, and to be discarded if previously existing ones are discovered or better ones can be obtained
作中西名目字汇　凡译书时所设新名，无论为事物人地等名，皆宜随时录于华英小簿，后刊书时可附书末，以便阅者核察西书或问诸西人。而各书内所有之名，宜汇成总书，制成大部，则以后译书者有所核察，可免混名之弊	3. — Construction of a general vocabulary of teams, and list of proper names. During the translation of every book it is necessary that a list of all unusual terms or proper names employed should be carefully collected and formed into a complete volume for general use as well as with a view to publication

　　"要事"之一即利用已经存在的译名。傅兰雅提到了两种可以利用的资源，即耶稣会士们的著述和以墨海书馆为中心的新教传教士的翻译活动。

尤其是对耶稣会士文化遗产的关注和利用，较之鸦片战争前的广州时期是一个进步。另外，贸易的自由化、江南机器制造总局的实际生产活动使从"客商或制造或工艺等应知此名目等人"处了解术语成为可能。但是，这种情况常常不能说是"译词创新"，因为只是即物命名，没有外语中介其间。广州时期以这种方式产生的词也不在少数，其作为译名的特点是俗语性，有"粗拙""蠢而不能久行"的危险。

"要事"之二是讨论译词创制的部分。在这里傅兰雅实际涉及三个问题。第一个问题是以造新字的方式创造术语，具体地说就是化学元素的命名问题。傅兰雅提出了两个方法。一是利用常用汉字做声符，加上表意的偏旁构成新汉字。声符选择与外语的第一或第二个音节近似的字，偏旁的选择根据物质的性质，傅兰雅所示的例字是"镁""钟""砷""矽"。二是利用"不常用之字释以新义而为新名"，就是对已经废弃的古僻字给予新的意义，用作译名。傅兰雅的例字是"铂""钾""钴""锌"，均见于中国的字书。如"钾"意为铠甲；"锌"意为刚。该条目所涉及的可以说是造字和用字层次的问题。造字主要利用的是形声的方法，利用偏旁对指称对象进行某种化学上的分类，即，"金"表示金属，"石"表示非金属。[1]如上节所述，用造新字的方法表示化学元素的首提者是罗存德。但是罗的"五行法"只能用新字表示化学元素名，并不添加积极的分类学上的意义。傅兰雅的方法则可以表示物质的形态，显然进了一步，而且从字形上更容易为中国人所接受。傅兰雅的造字原则形成于1869年着手翻译的《化学鉴原》，是否受到了罗存德的影响不得而知，但合作者徐寿起了重要的作用是毋庸置疑的。[2]两人拟定的命名方法是：

> 西国质名字多音繁，翻译华文不能尽叶。今惟以一字为原质之名，原质连书即为杂质之名……原质之名中华古昔已有者仍之，如金、银、铜、铁、铅、锡、汞、硫、磷、碳是也……昔人所译

---

[1] 傅兰雅的术语表中没有使用"气"字旁的新字，"氧""氢""氮"等表气体的字是在益智书会1899年公布的《协定化学名目》中首次出现的。参见王扬宗《清末益智书会统一科技术语工作述评》，《中国科技史料》1991年第2期。

[2] 王扬宗：《关于〈化学鉴原〉和〈化学初阶〉》，《中国科技史料》1990年第1期。

而合宜者亦仍之，如养气、淡气、轻气是也……此外尚有数十品，皆为从古所未知，或虽有其物而名阙如，而西书赅备无遗，译其义殊难简括，全译其音苦于繁冗。今取罗马文之首音，译一华字；首音不合，则用次音，并加偏旁，以别其类，而读仍本音。[1]

其中关键是"以一字为原质之名"的一字原则。一字原则解决了汉语语词特点与化学元素名之间的矛盾。[2]汉语的词长一般不超过4个音节，而化学元素既需要单独使用，又需要以化合的形式出现。如果元素名为双音节，在复合使用时将极为不便。采用一字原则的傅兰雅的元素名正是在这一点上大大优于丁韪良《格物入门》（1868）的译名。[3]新造字是"一字原则"的必然结果。因为尽管废弃古僻的汉字可供征用，既有的汉字仍然无法完全满足为那些"从古所未知，或虽有其物而名阙如"的新发现的元素命名的需要。[4]

第二个问题是复合词的创造。汉语中可以区别意义的音节有1200多个，新词的创造不得不更多地依赖多音节的复合词。如上文所述，作为译词的复合词的创造按照其理据的实现可分为直译和意译。从傅兰雅所举的例词"养气""轻气""火轮船""风雨表"等来看，主要是意译。这是因

---

[1] 《化学鉴原》第1卷第29节"华字命名"。《化学材料中西名目表小序》："所有原质，多无华名，自必设立新者，而以一字为主，或按其形性大意而命之，或照西字要声而译之。"

[2] 《化学鉴原》的一字原则并不彻底，气体还保留双音节的形态。参见苏小楠「近代日本語の成立が近代中国語に与えた影響」『日本語論究 7』。

[3] 丁韪良在卷7"化学"的"原行总目"中共列出了42个元素，其中配有中文名的有25个。除了中国古代已知的金属元素铁、铜、锡以外，其他元素名均为双音节。丁的化学元素名，气体以"气"结尾（养气、淡气）；非金属元素的大部分以"精"结尾（碳精、硼精）。亦参见 F. Masini, *The Formation of Modern Chinese Lexicon and Its Evolution toward a National Language: The Period from 1840 to 1898*, pp.154~156。中译本第 185~187 页。

[4] 几乎与傅兰雅同时，在广州传教行医的传教士嘉约翰翻译出版了《化学初阶》（1871），书中共列出元素名63个，均为单音节名称。嘉约翰也采用了造字的方法，并参考了傅兰雅的元素命名（参见王扬宗《关于〈化学鉴原〉和〈化学初阶〉》，《中国科技史料》1990年第1期）。但两者的元素名有30个新造字不相同（主要是声旁），造成这种不同的原因或是方言的发音不同。

为当时采用的翻译方法是外国人口述，中国人笔录。① 中国人不懂外语，外国人的口述常常不得不是具体的、描写性的。对于 Oxygen, Hydrogen，日语的译词"酸素""水素"是严格对应原词词素结构的直译，而汉语的"养气""轻气"只是现场性极强的、通俗易懂的意译。"用数字解释其物，即以此解释为新名"表明译词也正是在这种解释的过程中诞生的。但是，傅兰雅指出新的译名"以字数少为妙"（ as few characters as possible ），双音节是复合词的最少字数，现代汉语中三音节的复合词也有了极大的增加。但是，超过这个数值就变成了短语或词组，在实际使用上极不方便。上文所述的马礼逊的辞典、合信的医学术语集等都存在这样的问题。

第三个问题即音译。傅兰雅的主张可以归纳为：使用官话而不是方言的发音，对于外语中较常见的发音使用相同的汉字加以表示，即表音汉字的统一性问题。这里傅兰雅显示出某种踌躇，一方面为了" 见而知为西名"，最好有一套音译专用的汉字，这种字没有明显的字义，只表示发音，所以他对"北京有数教师共拟成华字一副，以译西国人地各名"的尝试寄予期望，但同时又说"所设者用以译新名则可，若不仍前人所用者，亦不能有甚大益"。拟议中的音译专用字不能用于已有的译词，新旧译名统一仍无法实现。

"要事"之三是术语集编纂的问题。这不仅是一个方便后来译者的问题，同时也是术语的统一与体系建构的必要工作。该文发表以后，傅兰雅陆续出版了《金石中西名目表》（1883）、《化学材料中西名目表》（1885）、《西药大成药品中西名目表》（1887）、《汽机中西名目表》（1890）。其中《化学材料中西名目表》如卷头小序所说"于同治九年在江南制造总局，翻译《化学鉴原》续编、补编时所作"，是经过了长时期精心准备的。傅兰雅编纂的一系列术语集是对江南机器制造总局翻译馆工作的总结，为进一步的术语创制打下了基础。

进入 19 世纪 80 年代，教会学校的大量增加带来了西方自然科学知识

---

① 傅兰雅在该文中指出："至于馆内译书之法，必将所欲译者西人先熟览胸中，而书理已明，则与华士同译。乃以西书之义，逐句读成华语，华士以笔述之。若有难言处，则与华士斟酌何法可明，若华士有不明处，则讲明之。译后华士将初稿改正润色，令合于中国文法。"

教育上的需要，科技术语的创制、审定遂成为传教士组织的一项重要工作。1890 年第二届新教传教士全国大会在上海召开，傅兰雅在会上宣读了关于科技术语问题的长篇论文。^① 这篇文章分为四部分：(1) 科技术语与汉语之关系；(2) 汉语科技术语体系的某些特点；(3) 译名混乱的现状及其原因；(4) 解消译名混乱之方法。作者在第二部分中从 7 个方面对科技术语的创制原则和方法做了详尽的讨论。^② 傅兰雅的主要论点如下。

第一，尽可能译义，而不是译音。

傅认为汉语的术语少，对外来语言成分的适应性差。世界上许多语言用音译的方法增加新词，丰富自己的词汇，而汉语很难从外部世界吸收重要的概念。这是因为一种语言吸收其他语言的能力与两者之间的相似程度成正比。汉语与西方语言相差较大，只能以自己独特的方式缓慢地吸收。汉语中大量方言的存在也增加了音译的困难。傅兰雅指出实际使用情况显示汉语更适合译义。但在翻译方法上，傅兰雅以罗存德《英华字典》中的 "demi-god= 半个上帝"，^③ 和其他人的 "brother-in-law= 兄弟在律法" 的错误为例，强调应该避免逐字直译。翻译的关键是译词，傅兰雅认为译词应该在中国的古典中寻找，这是一项艰难的工作，以至于最优秀的翻译家也因为贪图省事，在应该译义的地方使用了译音的方法。如把石膏（gypsum）音译为 "绝不斯恩"，把花岗岩（granite）音译成 "合拉尼脱" 等，傅兰雅认为均不可取。

第二，如果无法译义，则要尽量用适当的汉字音译。

某些术语，特别是固有名词不能译义，只能用汉字表示最相近的发音。这时汉字的选择是关键。应该建立一个音译用字的系统，用相同的汉字表示常用的、相同的音节，而且要使用官话的发音。

第三，新术语应尽可能同语言的普遍结构相一致。

该节的题目颇为费解。傅兰雅在文章中这样写道：偏旁构成了汉语最

---

① Records of the General Conference of the Protestant Missionaries of 1890, Shanghai, May 15th. 关于该文的基本情况参见王扬宗《清末益智会统一科技术语工作述评》，《中国科技史料》1991 年第 2 期。

② 王扬宗：《清末益智会统一科技术语工作述评》，《中国科技史料》1991 年第 2 期；《傅兰雅与近代中国的科学启蒙》，第 67 页。

③ 罗存德辞典中实际的译词为 "半上帝、半神"，似无不妥。

显著的特征之一，新的术语不应忽视这种重要的特征。成千上万的汉字被精心地按照偏旁部首排列在字典里等待着人们使用。《康熙字典》里收录的汉字超过 8 万个，[①] 但除非是极特殊的情况，被使用的字不到 8000 个。有一些正统的汉字已成为化石，只有很模糊的意义。我们为什么不去发掘这样的字并赋予新义用它们做译词呢？这种努力在制定化学术语时已被尝试过，如锌、钾等。中国的学者总的说来是可以接受的。这些字的长处在于字形和发音已经存在，可以被选来做新的术语。可供选择的种类极多，并具有正统性。当我们使用"加非"转写 coffee 时，这两个常用字的字义无法消除。那么"咖啡"如何？有时我们用加口字旁的方法告诉人们这两个字只表发音，没有意义。为什么不应该选择早已被遗忘的另外两个字"榗槐"，而且这两个字还有表义的木字旁？这样做唯一的危险是：某些未来的汉语文献学家可能会在古籍中找出这两个字的最初意义，然后批评我们用错了字；或者某些保守的爱国者有一天写文章详尽地论证这种植物原来生于古代的中国，后来被带到西方去了，就像蒸汽机和电报一样。在那些有发生误解之虞的场合，最好的方法也许是使用适当的偏旁和声符完全重新造一个在任何一本现有的字典里都找不到的字。翻译化学元素名时，就使用了造字一法，并逐渐为中国社会所接受。造字的一个重大的缺点就是，挑剔的中国文人反对这些非正统的汉字。

在以下的文章中傅兰雅对"来福枪"和其他音译词提出了批评，说"来福"是一种黑色幽默，应该加上火字旁。

从该节实际的内容可知，所谓的"尽可能同语言的普遍结构相一致"主要讨论的是利用古僻字或新造字做译词的问题。以下四节——译名应简短精练；译名应予以准确的定义；译名在任何语境都能保持意义的一致；译名应有灵活性和适应性等内容——在此不做深入讨论。

傅兰雅的两篇文章相隔十年，但主张是一贯的，即尽量译义或利用古僻字、新造字做译词。可以说傅兰雅以及翻译馆系统的译词创造具有很大的局限性。主张译义，但对复合词却很少注意，尤其是"摹借法"（直译）的译词绝无仅有。这些都与日本兰学家的译词创制形成鲜明的对照。

傅兰雅所提倡的一系列术语创制原则和方法为益智书会和博医会所接

---

① 原文如此，恐是傅氏笔误。《康熙字典》实收汉字 4 万余个。

受，尤其是以造字为核心的化学元素命名法后来成为国家标准。应该承认傅兰雅在化学元素名的创制上取得了成功。但是这种成功同时也传递了一个错误的信息：新词的创造即新字的创造。造字法尤为博医会所推重，认为是医学术语创制的最好方法，并将其发挥到了极致，终于使医学，尤其是解剖学术语的制定走进了死胡同。具体情况我们将在下一节讨论。

七 博医会的医学术语制定

西方医学知识是西学的一个重要方面，传教士们最初就是利用医学传道的方法打开局面的。合信、伯驾（P.Parker，1804–1889）、嘉约翰等在医学传道事业上都做出过巨大的贡献。1886年博医会（China Medical Missionary Association）成立，宗旨是推进西方医学知识的引介和教育，医学术语的创制、审定也被提上了日程。高似兰（P.B.Cousland，1861–1930）是这样回顾这段历史的：[①]

1850~1858 在创制汉语医学术语方面最初做出认真尝试的是广州的传教医生合信，在这期间合信出版了数种关于西方医学的入门书和教科书，及一本英汉对译的术语集。[②]

1871~1890 合信之后，广州的嘉约翰医生为中国的医学事业奉献了30余年，从1871年到1898年翻译出版了多种医学著作，在医学术语的创制方面也多有建树。[③]与此同时，福州的柯为良（D.W.Osgood）、惠亨特（H.T.Whitney）医生，北京的德贞（J.H.Dudgeon，1837–1901）医生在解剖学、生理学领域；汉口的施维善（Porter Smith）医生在药物学领域；山东的洪士提反（S.A.Hunter）医生在诊断学、制药学领域都做出了自己的

[①] *English-Chinese Lexicon of Medical Terms*，卷头的 Historical Note。关于医学术语的制定问题请参见王扬宗《清末益智会统一科技术语工作述评》，《中国科技史料》1991年第2期；张大庆《早期医学名词统一工作：博医会的努力和影响》，《中华医史杂志》1994年第1期；张大庆《高似兰：医学名词翻译标准化的推动者》，《中国科技史料》2001年第4期。

[②] 即所谓合信医书五种《全体新论》《博物新编》《西医略论》《妇婴新说》《内科新说》，及《医学英华字释》。

[③] 嘉约翰自1859年起就开始刊刻医学宣传材料，1871年出版《化学初阶》《西药略释》《割症全书》《眼科撮要》《炎症（论略）》，其后陆续有医学著述出版。

贡献。上海的傅兰雅、广州的桑普生（J.C.Thomson）也完成了医学某些领域的术语集。

1890 医学术语因译者而异，缺乏统一的状况严重影响中国的西方医学教育。为此，博医会在上海召开第一次大会，成立了术语委员会，着手制定标准术语。

1901 术语委员会召开第一次会议，审定解剖学、组织学、生理学、药剂学术语，出版了术语集 *First Report of the Committee on Medical Terminology Appointed by the China Medical Missionary Association. Terms in Anatomy, Histology, Physiology, Pharmacology, Pharmacy*（Presbyterian Mission Press, 1901）。

1904 术语委员会召开第二次会议，审定病理学、内科学、外科学、产科学、妇科学术语，出版了术语集 *Second Report of the Committee on Medical Terminology Appointed by the China Medical Missionary Association. Terms in Pathology, Medicine, Surgery, Obstetrics, Gynecology*（Presbyterian Mission Press, 1904）。

1905 术语委员会召开第三次会议，审定、修改已出版的各科术语。同年博医会召开第二次大会，决定出版使用标准译词的医学教科书系列。

1908 术语委员会审定的术语由高似兰编辑出版，即 *An English-Chinese Lexicon of Medical Terms*（Compiled for the Terminology Committee, 1908）。

博医会术语委员会在 1901 年出版的术语集 *First Report* 的导论中对术语创制原则做了如下的说明：

> 对于博医会的成员，阐明造词的原则也许是有益的。首先需要注意的第一个问题是骨的名称，从术语体系的建构上考虑，最理想的是尽可能为每一骨头准备一个单音节汉字的名称，动脉、静脉、神经、肌肉的名称也应该如此。
>
> 为了寻找合适的汉字，委员会对卫三畏、翟理斯的辞典，以及《康熙字典》做了长时间、全面彻底的调查，最终决定了下述原则：每一个长的，或重要的骨头，应该在字旁边加"骨"字旁；手部的骨头加"手"字旁，腿、脚的骨头加"足"字旁。但是，

头骨不需要特别加偏旁，因为事实上，颅骨等已经有表示头部的偏旁了。

　　具体的方法是采用废弃的旧汉字，或给常用的字加上偏旁，并赋予《康熙字典》所没有的新意义。这种命名体系将极大地帮助学生和教师记忆骨在身体中的位置。

　　为血液循环系统的各部分命名的原则是，添加血字旁，每一部分都用一个汉字表示。

以下是博医会血液循环系统一部分译名例示（见表4、图3）。

表4　博医会血液循环系统部分译名例示

原词	汉字	发音	理据	今译
Auricle	窤	Hsüeh	blood cave	心房
Ventricle	蟥	P'en	blood spirter	心室
Artery	脈	Mo		动脉
Vein	盂	Huang	blood going to heart	静脉
Capillary	盤	Wei	minute blood vessels	毛细管

BLOOD CIRCULATORY SYSTEM.

In naming the parts of the blood circulatory system it was decided that every character used should have the blood radical, and that each part should be represented by a single character. The following list shows the names agreed upon:—

Auricle　窤 *Hsüeh*.　A Kang Hsi character adopted to mean "blood cave."

Ventricle　蟥 *P'én*.　A made-up character, intended to mean "blood spirter."

Artery　脈 *Mo*.　See Giles 8,013, Williams page 584.

Vein　盂 *Huang*.　A Kang Hsi character meaning "blood going to heart."

Capillary　盤 *Wei*.　Made up to mean "minute blood vessels."

It was necessary in following out this rule to make two characters for ventricle and capillary respectively.

图3　博医会血液循环系统部分译名例示

蟥、盤是新造字，其余为《康熙字典》的收录字，但是赋予了新的解剖学意义。其他还有：

Canal 和 Duct 等管状器官用"腤"表示；

Cell 用"朓"*Chu* 表示；①

Gland 的译名，术语委员会认为来自日语的"腺"音 *Chüuan*，会意 flesh spring，是准确的。但是同时又建议对于无管的 gland 使用"橮"*Hu*= 核。

前言中还对以下术语的理据做了说明：

Pancreas 脄 *I*（胰［腺］）	albumin 胉（白蛋白）
Lymph 蠹 *Chin*（淋巴）	proteids 腥 *Ch'eng*（蛋白质）
Globulin 腈 *Ching*（球蛋白）	Serum 盟 *Ming*（血清）
Tissue 腸 *Wang*（组织）	Uterus 痯 *Kung*（子宫）

First Report 的造字原则为博医会其后的术语审定工作所遵循。在 *An English-Chinese Lexicon of Medical Terms* 前言中，高似兰对术语委员会的译词创制原则做了整理，列于卷首。具体内容如下：

一、使用中国的译名。当然在很多情况下，这样的译名是不存在的，或作为医学术语词义模糊，过于粗俗。为此，我们的查询范围不应该局限于中国的书籍，日本的辞典、教科书也应该仔细查对。

二、意译外语的术语。这时译词应该尽可能简洁、清晰，与原文在意义保持一致。

三、利用《康熙字典》中废弃不用或罕用的字。很多字在构形上、字义上可以有效地利用来做术语准确地表示医学上的意义。这些单音节的表意文字在术语体系的建构，特别是表示血管、神经、骨等概念时极为有利。

四、音译外语的术语。用这种方法创造的术语不能移译原词的意义，也不能提供任何意义上的线索。所以，迄今为止尽可能地受到了回避，只在药用植物或化学等领域有一些例子。音译是

---

① 术语集编纂者拒绝使用李善兰创制的"细胞"，并认为"朓"比"珠"更能发挥汉字的表意功能。参见沈国威（编著）『植学啓原と植物学の語彙——近代日中植物学用語の形成と交流』。

解决难题的不得已而为之的方法。同时，能用于音译的汉字也很少，如果用拼音记录汉语的方法得到普及，音译词的创造可能会方便一些。

五、造新的汉字。这是一个非常有魅力的方法。像很多汉字那样新字可以用适当偏旁和声符构成，一看偏旁就可以知道新字的意义和科学上的分类。①

1937年，《高氏医学辞汇》（增订第8版）出版，采用新造字形式的术语基本被摈除，取而代之的是日本的医学术语，博医会术语委员会的努力基本可以说失败了。博医会的新造字为何得到了与傅兰雅的化学元素命名不同的结果？第一，傅兰雅的新造字主要是"形声"，即"取罗马文之首音，译一华字；首音不合，则用次音，并加偏旁，以别其类，而读仍本音"，而博医会的新字有了更多的"会意"成分，更加追求新字的理据。第二，也是最重要的，博医会的"一字原则"无视汉语的特点，是不必要的。②如子宫、蛋白、血清等改用一个新字后分别与"宫""呈""明"发生同形冲突，反而无法上口了。

八 造字为译词的末路

1904年，益智书会主席狄考文（C. W. Mateer，1836–1908）主编出版了术语词典 *Technical Terms*，这本词典可以说是对传教士百年术语创制工作的总结。狄考文在序言中说：适宜的科技术语对于科学的思维和研究都是不可或缺的。在物理科学的一些领域，英语增加了数以千计的新词和术语。为了在中国成功进行西方科学的教育，充足的、适宜的术语是绝对必需的。但是，一些最早著书立论向中国读者介绍物理科学的人却试图尽可能地绕开新术语的问题，其结果是科学问题的准确表述受到了损害，科学的正确发展也受到了影响。如同英语那样，大量的科技术语必将使汉语更

---

① 但是高似兰承认他们自己并没有利用这一方法的资格。

② 复合词的理据是由每一个构词成分的语音形式支撑的，而作为汉字构件的偏旁部首则没有语音形式。因此理据即使被认知也只是视觉的，与语言的本质——声音无关。

加丰富。狄考文认为：

> 一般来说，常有一个问题被提起，即科技术语应该翻译还是
> 音译。当能找到一个简洁、适当的词语时，答案似乎显而易见。
> 中国学者通常喜欢这种译词。但是，对于那些冗长的、俗气的译
> 词，或意义不清的词语，直接采用西方语言的音译可能更好。这
> 一方法在商人中较流行。这本术语集中有很多音译词，尽管在总
> 体上只占很小的一部分。……
>
> 读者会发现一个事实，这本术语集里包含了大量的中国字典
> 中找不到的新汉字。这些汉字都是由一个偏旁和一个声符组成的，
> 按照声符发音。所有的基本元素以及一些常见的物质名称都是用
> 这种方法命名的。这一方法还被用于那些急需单音节汉字译名的
> 术语。造字的方法能在丰富语言词汇的同时，避免陷入混乱。我
> 们大胆地预言：这一方法与过去相比，今后将会被更多地采用。

这本术语集中的造字词主要集中在医学、化学的领域。回过头去看，
狄考文的"大胆预言"并没有成为现实。在序言中，狄考文说，*Technical
Terms* 的编纂工作大部分是由其夫人完成的，但是事过十年，狄考文夫人
在 *New Terms for New Ideas*（1913）的序言中写道：

> 有人创造新汉字来表达新概念，但是这种方法的缺点是发音
> 不易确定。本书只采用了一个，即 microbe 的译词：稔。新造字
> 的方法很难普及，中国人自己创造的新词有更明显的东方特色。

对于新造字或利用废弃的古僻字做译词的方法，本土的知识分子和翻
译家们也各有主张。例如章太炎在《訄书·订文》中多次提到造字应对新
概念的问题。① 章太炎引用荀子的话说，后王起，"必将有循于旧名，有作
于新名"。所谓"新名"对于章氏而言就是造字。对于造字的正当性，章

---

① 章太炎的主张在《订文》的三个版本中有较大的变化，以下均引自"重订本"。参见《章太炎
全集·〈訄书〉初刻本、〈訄书〉重订本、检论》，上海人民出版社，2014，第208~233页。

太炎先说大原则："上世语言简寡，故文字少而足以达旨。及其分析，非孳乳则辞不戢。"接着又举例说"父子、君臣、夫妇、朋友各有正文"，但是"兄弟、昆弟，古无其文，盖亦无其语也"。后来发生了新的概念，也就为之准备了新字。再"如火车中止，少顷即行，此宜用辍字古义。如铁路中断，济水复属，此宜特为制字。雷霆击物，昔称曰震。火山之发，上变陵谷，下迁地臧，今宜何称？釜气上烝，昔号曰融。既烝复变，既烝复凝，今宜何号？南北极半岁见日，半岁不见日，昔名之暨。赤道下昼夜平等者，今宜何名？东西半球两足相抵，昔谓之僻，正当作舛。东西背驰，终相会遇者，今宜何谓？"章氏指出对峙的两个概念，只有一方有字，另一方无字，这种情况都应该造新字。更何况中国现在"与异域互市，械器日更，志念之新者日蘖"。章氏还特别指出"有通俗之言，有科学之言，此学说与常语不能不分之由"，所以需要更多的新词。如何应对？"惟夫庶事繁兴，文字亦日孳乳。""然苟无新造之字，则器用之新增者，其名必彼此相借矣。"势必引起混乱。当然，章太炎也认识到需要造的字"不啻千万"，"志念之曲折，不可字字而造之，然切用者不宜匮乏"。需要"择其要者，为之制字，则可矣"。但是，章太炎始终没有说明应该如何造字。

章太炎还提到了另一种方法，即启用废弃字。章说："古义有精眇翔实者，而今弗用，举而措之，亦犹修废官也。"这显然是意识到傅兰雅利用古僻字命名化学元素的尝试。但是章氏对傅兰雅的利用法极为不满，说："故有之字，今强借以名他物者，宜削去更定。如镀锑，本火齐珠也，今以锑为金类原质之名。汽，本水涸也，隶作汔。今以汽为蒸气之名，名实囷骰，易致眩惑。"古时或有类似的事例，"然在轮近，无容效尤。是故锑、汽等文，必当更定"。对于利用废弃字，章太炎并不反对，他说"顷岁或需新造，寻检《苍》《雅》，则废语多有可用为新语者，若奭、昆、辍、暨诸文是也"。但前提是必须精通小学才能化腐朽为神奇。日本学者武岛又次郎著《修辞学》（东京博文馆，1898），其中主张文章应该排除"废弃语"。对此章氏揶揄道"东人鲜通小学，不知其可相摄代，则宜以为一瞑而不复视矣"。章太炎的原则是"废弃语之待用，亦与外来、新造无殊，特当审举而戒滥耳"。

最早明白无误地对传教士的造字法做出积极回应的是梁启超，梁启超说：

> 古人造一字以名之者，今其物既已无存，则其字亦为无用。其今有之物，既无其字，则不得不借古有之字而强名之，此假借之例，所以孳乳益多也。……新出之事物日多，岂能悉假古字，故为今之计，必以造新字为第一义。近译诸名，如汽字之类，假借字也；如六十四原质锌、铂、钾等之类，造新字也。傅兰雅译化学书，取各原质之本名，择其第一音译成华文，而附益以偏旁，属金类者加金旁，属石类者加石旁，此法最善。他日所译名物，宜通用其例，乃至属鱼类者加鱼旁，属鸟类者加鸟旁，属木类者加木旁，属器类者加匚旁，自余一切，罔不如是。既无称名繁重之苦，又得察类辨物之益。①

对傅兰雅大加赞赏之余，还要把造字的方法扩大到所有译词创制上。黄遵宪对此也有相同的意见，他在 1902 年就译名的创制、文章形式的改革给严复的信中说，四千年前产生的汉字"即以之书写中国中古以来之物之事之学，已不能敷用，况泰西各科学乎？"古文字的意义与现在的事物意义范围"已绝不相侔"，更不要说与西方文字相比较了。黄遵宪指出"今日已为二十世纪之世界矣，东西文明两相接合，而译书一事以通彼我之怀，阐新旧之学，实为要务"。②关于译名创制，黄具体提出了以下几个方法：造新字、假借、附会、嗹语、还音、两合。

新造字即造字为词，黄将其列为第一项，似乎认为最可行的方法。黄说"中国学士视此为古圣古贤专断独行之事"，其实《仓颉》只有三千多字，至《集韵》《广韵》增加到四五万字，这些都是后来"因事而制造"的。如"僧""塔"等字，词章家当作十三经内的文字用，其实是为翻译佛经而造的字，"晋魏以前无此事也"。黄甚至说：如同荀子所说的，新词被社会所接受需要时间，对于那些社会不理解的词要说明词义，要对词义加以辨析，我认为只有通过造字方法产生的新词才能迅速地为社会所接受

---

① 《译书》，《时务报》第 29 册，光绪二十三年五月十一日（1897 年 6 月 10 日）。
② 王栻主编《严复集》第 5 册，第 1571~1573 页。对这封信王栻注释：此据王蘧常先生所藏抄件，原标题下注明："壬寅（1902）年作"，月份不可考。

（荀子又言，命不喻而后期，期不喻然后说，说不喻然后辨。吾以为欲命之而喻，诚莫如造新字）。但是黄没有提及如何造字。

张之洞也对"化学家制造家及一切专门之学，考有新物新法，因创为新字"的做法表示了赞同。[①]

而严复对传教士们的方法是有保留的。尽管他在早期的译著中大量使用了古僻字，但是1909~1911年在清学部审定名词馆主持科学技术词汇的审定工作时，古僻字的使用受到了一定的限制，例如，审定词中取自《康熙字典》的古僻字译词只有 Lymph 的译词"蠹"等少数几个例子。[②]至于新造字，严复及其他本土的翻译家们似乎不愿意冒"坐之非圣无法之罪"（黄遵宪语）的风险去尝试。对于使用古僻字，胡以鲁说："故有之名，国人误用为译者，亦宜削去更定。误用者虽必废弃语，第文物修明之后复见用，则又觳惑矣。是宜改作者。例如镥锑本火齐珠也，今借锑以译金类元素之名；汽本水涸也，今借汽以译烝气之名，则不可。"就是说，"锑"本来指火珠，"汽"本来指水涸，用来翻译金属元素或水蒸气不当，因为虽然现在是废弃的字，但是当"文物修明之后复见用"时会发生误解。可见，胡氏是不赞成傅兰雅利用废弃字作为化学译名的做法的。[③]

如前所述，汉字的历史就是滋生繁衍的历史，"六书"的原理对西方人似乎更有魅力。但是，正如黄遵宪所说，对中国的读书人而言，造字是"古圣古贤专断独行之事"；而从词汇学的角度看，近代以降汉语的新词增加只能采用复合词的方式，新的语音形式的创造已经成为不可重复的历史了。对有限的语音形式，仅靠增加记录语言的符号是不可能完成科技语体系的建构的。这就是传教士留给我们的教训。

---

① 张百熙、荣庆、张之洞：《学务纲要》（1903年9月），转引自舒新城编《近代中国教育史料》，中华书局，1928，第8~30页。参见本书"语言接触编"第三章。

② 参见本书"词汇交流编"。

③ 胡以鲁《论译名》，《庸言》第25、26期，1914年。亦参见沈国威《译词与借词——重读胡以鲁〈论译名〉》，『或问』9号、2005年。

第三章
严复的译名与新国语的呼唤

在本编的前两章，我们对日本兰学家与来华西方传教士在近代新词创制方面的努力与得失进行了考察。日本江户时代的知识阶层可以看作汉文的准母语使用者；尽管西方传教士来华有年，但是在书面语的修养上，始终未能赢得中国士子的尊重。本章以严复为例，考察作为母语使用者的本土知识分子在新词、译词创制上的贡献。

西学东渐是 19 世纪最值得关注的历史进程之一。中叶以后，除了传教士引介的启蒙知识以外，清政府的官方翻译机构也开始翻译西方工业方面的书籍，洋务运动大大推动了西方自然科学知识的传入。但是这些引介工作并没有给中国社会带来根本性的变革。甲午战败（1895）以后，国人开始重新审视西方新知识的引介问题；内容的多样化和渠道的多元化是一个显著的特征。即，引介内容由西艺向西政、西学的转变；引介渠道也由传教士主持的报刊图书向国人创办的媒体扩展；中国人开始尝试独自引入新知识，假道日本也成为一种新的选择。[①] 新知识需要新的话语，我们姑且把这种新时代所需要的话语称为"新国语"。作为近代民族国家的国语，至少应该具有以下的特征：可以用来表述新概念、讲授新知识，[②] 书面形式和口头形式具有较大的一致性，有为绝大部分国民所掌握的可能性。通过"翻译"而实现的西方新知识的容受是新国语的催化剂，因为近代以降汉语的"进化"很大一部分不是自律发展的结果。严复是最早尝试翻译西方人文科学书籍的汉语母语译者之一。与其在中国近代思想史、启蒙史上的巨大影响相比，严复的文本及译词对新国语的形成有何贡献？如果回答是

---

① 参看本书"语言接触编"第二章。

② 严复说："方今欧说东渐，上自政法，下逮虫鱼，言教育者皆以必用国文为不刊之宗旨。"《严复致伍光建函》，王栻主编《严复集》第 3 册，第 586 页。

否定的，那么是为什么？本章把考察范围限定在 1895~1900 年，主要讨论严复早期，即于 19 世纪内完成的《天演论》《原富》这两本译著，其译名对现代汉语词汇体系的形成有哪些影响，并由此观察当时汉语容受域外新知识的可能性。严复的名言"一名之立，旬月踟蹰"告诉我们他的翻译充满了艰辛。然而，严复苦心孤诣创制的译名与其初衷相悖，绝大部分成了历史词汇。这一事实与汉语不得不从日语借入新词、译词之间是否存在着某种因果关系？

一　《天演论》之前：19 世纪末的翻译环境

严复于 1895 年春至 1896 年秋将赫胥黎的两篇论文翻译成《天演论》。[①] 初稿完成后严复屡加修订，于 1898 年 4 月以单行本的形式刊刻出版，其后风行海内。继之，严复又从 1898 年开始着手翻译《原富》，并于 1900 年译出初稿（正式刊行为 1902 年）。至 1909 年，严复共完成了他的主要译著 9 部。一系列的译著奠定了严复在中国近代启蒙史上的地位。然而从语言的角度考察严复的译著时，我们应该问：当严复 1895 年决心向中国读者介绍赫氏的进化论时，他本人或整个中国社会处于何种翻译环境（infrastructure）之中？

出生于福建侯官乡间中医家庭的严复，1866 年考取福州马尾船厂附属的船政学堂——马江学堂，翌年正式入学，"所习者为英文、算数、几何、代数、解析几何、割锥、平三角、弧三角、代积微、动静重学、水重学、电磁学、光学、音学、热学、化学、地质学、天文学、航海术"。[②] 毕业后在海军供职，1875 年受派赴英，1876 年入格林尼治海军大学，"肄业高等

---

① 关于严复何时开始翻译《天演论》、何时译了似乎还有争论。不过有一点是可以肯定的，严复在 1895 年春的文章中谈到了达尔文进化论的一些主要观点 [《论世变之亟》（1895 年 2 月 4~5 日）；《原强》（1895 年 3 月 4~9 日）]，但是《天演论》的主要译词，如"物竞""天择""天演"却没有在这时出现。《原强》中的"争自存""遗宜种"在《〈原强〉修订稿》（至迟 1896 年 10 月）中分别发展成"物竞""天择"，并增加了"天演"一词。译词的发展应该与《天演论》的翻译同步。

② 《侯官严先生年谱》，王栻主编《严复集》第 5 册，第 1546 页。

数学、格致、海军战术、海战、公法及建筑海军炮台诸学术"，① 留英两年有余。严复于 1879 年毕业回国，先后任福州船政学堂教习、烟台海军学校教习等职，1880 年调任天津水师学堂任总教习（教务长），1890 年升任学堂总办。1900 年避义和团乱，由津赴沪，始与海军脱离关系，在海军系统学习、工作 30 余年。从学历、职历上看，严复可以说是一个典型的技术官僚，但是他并没有技术方面的翻译著述传世。相反，早在英国学习期间严复就对人文科学显示了极大的兴趣。② 1895 年，严复 43 岁，甲午海战，中国水师惨遭重创，严复"大受刺激，自是专致力于翻译著述"。③ 严复的著述见于记录是从 1895 年 3 月开始的，至 1898 年春共有 12 篇。④ 这些著述无疑与《天演论》的翻译有着思想、语词上的关联。例如在《原强》等早期的文章中可以找到与《天演论》相类似的叙述和相同的译词。⑤ 这明确显示那时严复已经为翻译做了必要的准备。严复精通英语，对所要翻译的学说有着强烈的共鸣，对相关知识均有广泛的涉猎。如梁启超等评论严复"于西学中学，皆为我国第一流人物"，⑥ 同时代没有人能像严复那样深刻地理解西方的新知识。但是我们还必须认识到：严复的知识获得是在英语这一单一语言系统内完成的，学习过程中不存在汉语的中介，这给严复日后的翻译带来了麻烦。

而整个中国社会对容受西方的新知识做了哪些准备？除了通商口岸实用性的学习以外，19 世纪 60 年代以后，北京同文馆、上海广方言馆等机构开始讲授外语（尽管主要限于英语），培养翻译人员。西方人文科学的

---

① 《侯官严先生年谱》，王栻主编《严复集》第 5 册，第 1547 页。

② 曾纪泽：《出使英法俄国日记》，岳麓书社，1985，第 186 页。

③ 《侯官严先生年谱》，王栻主编《严复集》第 5 册，第 1548 页。对于严复翻译的动机有很多研究成果。我们可以说严复一直具有传统知识分子的心态。

④ 王栻主编《严复集》第 1 册第 1~79 页收录的文章作于 1896 年 4 月之前。

⑤ 《论世变之亟》（1895 年 2 月）中有"自由""平等"；《原强》（1895 年 3 月）中可见自然、宗旨、群学、数学、名学、力学、质学、化学、生物、生学、心学、自由、平等、自主、原质、进化、自治、民主、理财、议院等词语。可见严复为翻译做了准备，对该学科的发展极为关心，并进行了跟踪。也许我们要问，如果没有甲午战败，严复是否也会翻译《天演论》？

⑥ 梁启超：《介绍新著》，《新民丛报》第 1 号，1902 年，第 114 页。吴汝纶也在 1898 年 3 月 20 日致严复的信中说："其能熔中西为一冶者，独执事一人而已。"王栻主编《严复集》第 5 册，第 1561 页。

翻译并非自严复始，丁韪良早在 1864 年就译出了《万国公法》，其后同文馆又有《公法便览》（1877）、《富国策》（1880）、《公法会通》（1880）等刊行，江南制造总局翻译馆的《佐治刍言》（1885）和颜永京译的《心灵学》（1889）也属于人文科学的译籍。但是这些译籍没有给中国知识阶层带来应有的影响。总而言之，与严复的充分准备相反，中国社会所做的准备明显不足。这主要表现在外语知识的积累和新的知识体系的建构方面。理解进化论需要动植物学、生物学、物理化学等方面的知识。[①] 仅以外语知识的获得而论，当时懂英语的人少，能够胜任人文学科内容翻译的人更少。[②] 严复借友人之口对同文馆的数种译书表示了不满。[③] 中国社会的英语学习环境还不尽如人意，例如汉外辞典，直至 1895 年前后严复着手翻译时，可资利用的英汉辞典和术语集不过传教士编纂的数种（参见本编第二章）以及江南制造总局翻译馆的并不一定公开的几种而已。关于汉外辞典，严复在回忆自己学习英语的经历时说：

> 尚忆三十年以往不佞初学英文时，堂馆所颁独有广州一种，寥落数百千言，而义不备具。浸假而有《五车韵府》等书，则大抵教会所编辑，取便西人之学中国文字者耳。[④]

严复所说的《五车韵府》应该是 19 世纪 60 年代在上海石印出版的马礼逊辞典第二部的简本。严复明白地道出了出自传教士之手的英汉辞典的编纂目的和流通情况。这种情况直至 1902 年商务印书馆出版《华英音韵字典集成》为止，并没有得到根本的改变。[⑤] 同时在英汉翻译的技术层面，

---

① 严复说对于斯宾塞的书"读其书者，非于天地人、动植、性理、形气、名数诸学尝所从事，必不知其为何语也"。王栻主编《严复集》第 1 册，第 92 页。

② 例如严复在谈到 1898 年英语翻译的情况时说："方今谈洋务者如林，而译手真者最不易觏。支那境内，以仆所知者言之，屈指不能尽手。"王栻主编《严复集》第 3 册，第 508 页。

③ 严复说："曩闻友人言，已译之书，如《谭天》，如《万国公法》，如《富国策》，皆纰谬层出，开卷即见。"《论译才之难》，王栻主编《严复集》第 1 册，第 90~91 页。

④ 《商务书馆华英音韵字典集成》序，1902。

⑤ 由谢洪赉负责编辑的《华英音韵字典集成》是以日本井上哲次郎的《英华字典》为底本的。而井上的字典则是来华传教士罗存德的《英华字典》的日本改编增订本。井上在改订时加入了 6000 个以上的新词。

由于当时译书采用西人口述、中士笔录的方式，没有中英严格对照的机会，加之英语教育不普及，学习人数、教材、翻译定式的积累均与日本相距甚远。我们可以说，严复在动手翻译之前可供利用的资源并不多，严复的翻译可以说是从零点出发的。所谓零点是说，严复在着手翻译西书时，除了外语知识和新科学知识体系的建构等社会基础问题以外，用以移译外语的媒介"汉语"本身，也存在着很多必须解决的问题。这些问题存在于三个不同的层次：篇章、句式、语词。篇章、句式是语言的形式，外语的语言结构及其所表达的"内容"能否置换成某种为中国读者所接受的汉语"形式"？如果能，是何种形式？语词是译名，即概念对译关系的建立。外语的每一个词都需要在汉语的词汇体系中找到一个与之对应的"要素"。这种"要素"可以是词（译名），也可以是短语或一个大于短语的小句。下面我们来看一下严复是怎样解决这三个问题的。

二 严复的翻译实践

（一）关于篇章的问题

如上所述，严复精通英语，对翻译内容和相关知识也有深刻的理解。但是一旦决定将英语的文本转换成汉语的文本，他首先要面临译文采用何种文章体裁这一语言形式的问题。[①] 赫胥黎的两篇文章，一为讲演稿，一为帮助读者理解讲演内容的导读性文章。讲演稿的内容被认为更难懂。即便如此，这种内容也是可以通过口头语言表达的；而反观汉语当时还不存在演说体。19 世纪以后来华的传教士们在中国助手的帮助下用一种被称为

---

① 沈苏儒说："在他拿起《天演论》来翻译的时候，除了'之乎者也'的古文以外，他还能有什么别的文字工具？"《论信达雅》，罗新璋编《翻译论集》，商务印书馆，1984，第942 页；而黄克武则指出，当 19 世纪末 20 世纪初严复从事翻译工作时，在文字上主要有四种选择：一是讲究文藻华丽与对仗工整的骈文；一是科举考试用的八股文；一是从曾国藩（1811~1872）开始，上承唐宋八大家的"桐城-湘乡派古文"，或称桐城派古文；一是刘鹗（1857~1909）、李伯元（1867~1906）、吴趼人（1866~1910）等人在撰写小说时所用的白话文。黄克武：《自由的所以然：严复对约翰弥尔自由思想的认识与批判》，上海书店出版社，2000，第 71 页。

"浅文理"的文体翻译《圣经》和其他传教文书，这种文体具有口头宣讲的可能性。传教士译《圣经》近百年，但是"浅文理"并没有成为一种能为士大夫所接受的文章体裁，而对新国语产生重大影响的梁启超的新文体还在酝酿之中。[①]

严复在 1896 年 8 月之前某时致函吴汝纶（1840~1903），向他介绍了所译《天演论》的有关内容，吴 8 月 26 日回信加以赞许。严复遂将译稿寄给吴，请他帮助修改。吴汝纶在 1897 年 3 月 9 日的回信中对严复的译文提出意见，说"若自为一书，则可纵意驰骋；若以译赫氏之书为名，则篇中所引古书古事，皆宜以元书所称西方者为当，似不必改用中国人语。以中事中人，固非赫氏所及知，法宜如晋宋名流所译佛书，与中儒著述，显分体制，似为入式。此在大著虽为小节，又已见之例言，然究不若纯用元书之为尤美"。[②] 就是说不分青红皂白地把外国的文章中国化，效果并不见得好。此点与马礼逊、罗伯聃等传教士的文化适应的主张、实践有所不同。[③]

严复接受了吴汝纶的建议，对译文做了修改。并于 1897 年 11 月 9 日（十月十五日）回信说："拙译《天演论》近已删改就绪，其参引己说多者，皆削归后案而张皇之，虽未能悉用晋唐名流翻译义例，而似较前为优。"[④] 从这些往还的信函中可知晋唐佛经翻译是两人所追求的理想。但是他们讨论的是一些翻译上的细节问题，并没有涉及文体，关于文体的讨论是在《天演论》的"吴序"中进行的（完成于 1898 年 3 月之前）。在序言中，吴首先指出了"文"与"道"的关系："凡吾圣贤之教，上者，道胜而文至；其次，道稍卑矣，而文犹足以久；独文之不足，斯其道不能以徒存。"即中国古代圣贤的学说教诲，上等的，道理高尚，文章完美；次一等的，道理稍有逊色，但文章可以使其长久流传；唯独那些文章不好的，其学说也就无法流传下来。这种"文以载道"的传统思维在当时是占据统治地位

---

① 《时务报》于 1896 年秋创刊，为梁提供了新文体的试验场。

② 《吴汝纶致严复书（二）》，丁酉二月初七日（1897 年 3 月 9 日），王栻主编《严复集》第 5 册，第 1560 页。

③ 内田慶市『近代における東西言語文化接触の研究』関西大学出版部、2001、145~164 頁。

④ 王栻主编《严复集》第 3 册，第 520 页。

的。吴接着写道:"晚周以来,诸子各自名家,其文多可喜,其大要有集录之书,有自著之言。"吴将文章分为两类——"集录"和"撰著"。所谓"集录"就是篇章各自独立,不相连贯,《诗经》《尚书》是这一类书最早的作品;所谓"撰著",就是文章都围绕一个主题展开("建立一干,枝叶扶疏"),《周易》《春秋》则是最早的例子。吴汝纶指出汉代多撰著,最有成就的是司马迁的《史记》和扬雄的《太玄》。前者模仿《春秋》,后者模仿《周易》。这两本书都是有一条主线,文章围绕主线展开。但是到了唐代中叶,韩愈推崇《诗经》《尚书》,社会的风尚变为喜好集录文体,宋代以后也是如此。所以唐宋多集录之文,集录的书多了,撰著的文体则不再多见,偶尔有一些,文采也不好,读者不喜欢。最近传入中国的西方书籍,都是围绕一个主题展开的,这与汉代的撰著文体应该有相吻合的地方。吴汝纶似乎觉察到撰著文体更适合于"宏大叙事";这一特点同时也与学术,尤其是西方科学的体系性密切相关。吴氏指出撰著与集录在文章体裁上虽然不同,但归根结底是文章的功力。现在有人说,西方的学问都是中国人所不知道的,要想开启民智,最好的办法就是译书。可惜的是现在"吾之士以其时文、公牍、说部之词,译而传之"。[1] 士大夫们所崇尚的既非"集录",也不是"撰著",而是时文、公牍、说部,即八股文、官场公牍(例如樊增祥的判牍等——笔者注)和小说逸闻、笔记、杂著之类,除此三种以外几乎无以为文。"吾国之译言者,大抵舍陋不文,不足传载其义。"西书中虽然有很多新知识,但是时文、公牍、说部这样的文体无法胜任翻译西书的重任,也难以引起有识之士的阅读兴趣。吴汝纶指出汉晋佛教传入中国时,中土的学问还没有衰落,那些有才能的人笔录口译者的翻译,口译者、笔录者互相切磋,所以译成的佛经自成一体。吴说:赫胥黎的学说和佛教有何种关系不得而知,但译成中文的赫胥黎要想比肩司马迁、扬雄是一件非常难的事情,即使要和唐宋的文章并驾齐驱,也很不容易。严复正是目睹了传教士等译书的失败,认识到文体是一个亟须解决的受众层面的问题。他在《天演论》中采用了古雅的文体,即走了一条"雅驯"的路。严复通过他的译文不但传达了赫胥黎的学说,更重要的是介绍了生存竞争、优胜劣败的进化论思想,"使读焉者怵焉知变"!能触动读者的文章自

---

[1] 吴汝纶:《〈天演论〉吴序》,王栻主编《严复集》第5册,第1317页。

然是好文章。吴汝纶在序言中对严复的译文赞赏有加："与晚周诸子相上下之书。""文如几道，可与言译书矣。"从文章的角度来看，严复的《天演论》获得了巨大成功，如鲁迅所说连"吴汝纶也肯给他作序"。但是，吴汝纶在对严复的译文推崇备至的同时，又说："予又惑焉。凡为书必与其时之学者相入，而后其效明。今学者方以时文、公牍、说部为学，而严子乃欲进之以可久之词，与晚周诸子相上下之书，吾惧其舛驰而不相入也。"①吴汝纶清醒地意识到西方新学的内容、严复的译文形式、当时读者的阅读情趣这三者之间存在着严重的背离，这种背离势必影响新知识的普及。在使时代的读者屈就传统的文体，还是使文体适应于时代的读者这一问题上，吴汝纶说"盖将有待也。待而得其人，则吾民之智瀹矣"。指望大家都写桐城文、读桐城文显然是不现实的，只能期待有人想出新办法来，这也是"赫胥黎氏以人治归天演之一义也欤"，②万事都在进化中。

《天演论》脱稿前后严复开始翻译《原富》。这是一本专业性极强的书，其中使用了大量的经济学术语。《天演论》达旨式的译法显然行不通，译文也难以再现《天演论》的"铿锵"节奏了。③极感困惑的严复在给吴汝纶的信中说："《原富》拙稿，新者近又成四五册，惟文字则愈益芜蔓，殆有欲罢不能之意。"④早在1898年春，严复就已经陆续将《原富》的部分译稿寄给吴汝纶，并"数数致书"，希望吴汝纶依然能像《天演论》那样提出建设性的意见。吴也为严复"虚怀谦挹，勤勤下问，不自满假"的态度所打动。但是吴汝纶对《原富》这样的专业书也是无能为力，只为译文做了一些文字上的修改。吴说自己"识浅，于计学尤为梼昧"，"所妄加检校者，不过字句间眇小得失"，是"愚心所识一孔之明"，仅供严复参考。而值得注意的是，吴在同一封信中提到了"桐城派"姚鼐所编的古文选《古

---

① 吴汝纶在给友人的信中还说："《天演论》亦拟排日付印。几道欲某代为销售，近日阅报者尚不能多，又阅者未必深通中国古学，不过略猎书史，得《时务报》已拍案惊奇，如几道之《天演论》，则恐'大声不入俚耳'。"《答吕秋樵》（戊戌正月廿日），《吴汝纶全集》（三），黄山书社，2002，第181页。

② 吴汝纶：《〈天演论〉吴序》，王栻主编《严复集》第5册，第1319页。

③ 严复说："是译与《天演论》不同，下笔之顷，虽于全节文理，不能不融会贯通为之，然于辞义之间，无所颠倒附益。"王栻主编《严复集》第1册，第101页。

④ 《与吴汝纶书（二）》，王栻主编《严复集》第3册，第522页。

文辞类纂》。吴对此书大加推崇，说"中学浩如烟海之书，行当废去，独留此书，可令周孔遗文，绵延不绝"。[①]

严复在收到吴汝纶信后一个星期内就写了回信（二月初七日，1899 年 3 月 18 日）。从吴二月二十三日（4 月 3 日）的信中看，严复似乎从吴氏推崇《古文辞类纂》中感觉到吴在暗示自己的译文没有达到吴所期待的水准，即不够雅驯（严复的信不存，我们只能根据吴的回信推测严复来信的内容）。严复在回信中辩解道："行文欲求尔雅，有不可阑入之字，改窜则失真，因仍则伤洁，此诚难事。"就是说，翻译西方的专业书不得不使用中国典籍中没有的新词，然而这些新词被视为杜撰，影响译文的雅驯，实难以两全。[②]针对严复的误解，吴汝纶在二月二十三日去信解释，这就是吴汝纶致严复的第六封信，也是现存信札中最长的一封。那么，在这封信中吴汝纶对文体问题都发表了什么意见？

吴汝纶首先表示歉意："以校读尊著《计学》，往往妄贡疑议，诚知无当万一，乃来书反复齿及，若开之使继续妄言，诚谦挹不自满假之盛心，折节下问，以受尽言，然适形下走之盲陋不自量，益增惭恧。""某前书未能自达所见，语辄过当。"吴说严复信中"新旧二学当并存具列"的主张"最为卓识"，表示赞同，而自己"本意谓中国书籍猥杂，多不足远行"。新旧二学并存不可避免，但西学流行以后，学生需要在西学上花费大量时间，再无暇浏览过去那些"无足轻重之书"了。尽管如此，姚鼐选编《古文辞类纂》"万不能废"，应该成为学堂的"必用之书"。"中学之精美者，固亦不止此等。"曾国藩往昔说过，六经之外有七书，即《史记》《汉书》《庄子》《韩愈文》《文选》《说文解字》《资治通鉴》，能通其一，就是大学问家了。吴汝纶说上述典籍以外，还可以加上姚鼐的《古文辞类纂》和曾国藩的《十八家诗钞》。但是这些典籍

① 《吴汝纶致严复书（五）》，己亥正月三十日（1899 年 3 月 11 日），王栻主编《严复集》第 5 册，第 1563 页。

② 清末统治文坛的桐城派，对"阑入之词"历来就极为挑剔。"方苞尝语沈廷芳：古文中不可有语录中语、魏晋六朝人藻丽俳语、汉赋中板重字法、诗歌中隽语、南北史佻巧语。又答程夔州书云：传记用佛氏语则不雅，即宋五子讲学口语，亦不可入散体文。""曾国藩谓康熙雍正间，号为古文家者虽多……以方苞之文最为无颣。"（叶龙：《桐城派文学史》，香港龙门书店，1975，第 9~10 页）

"必高才秀杰之士，乃能治之"，资性平钝的人即使不学习西学，将全部时间用于此，也"未能追其涂辙"。唯有《古文辞类纂》，哪怕是西式学堂也不能弃而不学，否则中国的学问就要断绝。现在"世人乃欲编造俚文，以便初学。此废弃中学之渐，某所私忧而大恐者"。以上就是吴汝纶对新旧之学关系的基本看法。

对于严复另函所询问的事，吴汝纶自谦道"浅学不足仰副明问，谨率陈臆说，用备采择"。吴说欧洲的语言应该与汉语完全不同，翻译的时候应该另外创立一种文体。例如，"六朝人之译佛书，其体全是特创"。现在译西文，不但不宜用中国旧有的文体，也不能袭用佛经。吴谦逊地说自己"不通西文，不敢意定"，推测"彼书固自有体制，或易其辞而仍用其体似亦可也。独中国诸书无可仿效耳"。这可以说是"直译"主张的先声了。接着，吴汝纶在札中回答了严复关于译词雅驯的困惑。"来示谓行文欲求尔雅，有不可阑入之字，改窜则失真，因仍则伤洁，此诚难事。"对此，吴汝纶一方面发表意见："鄙意与其伤洁，毋宁失真。凡琐屑不足道之事，不记何伤。若名之为文，而俚俗鄙浅，荐绅所不道，此则昔之知言者无不悬为戒律。"曾文正所说的"辞气远鄙"就是这个意思。文章固然有化俗为雅的方法，如《左传》里的"马矢"、《庄子》的"矢溺"、《公羊传》的"登来"、《史记》的"夥颐"等，在当时都是鄙词俚语，但入文之后不失为雅。司马迁著《史记》时，一定删除了很多不雅的词，"不然，胜、广、项氏时，必多有俚鄙不经之事，何以《史记》中绝不一见"。吴又说："如今时鸦片馆等，此自难入文，削之似不为过。倘令为林文忠作传，则烧鸦片一事固当大书特书，但必叙明原委。如史公之记平准，班氏之叙盐铁论耳。亦非一切割弃，至失事实也。"吴氏承认词语的选择应该根据内容来决定，对严复使用新词表示理解。接着吴汝纶再次回到选文的话题，说姚鼐所选的文集似难以为继，唯独曾国藩的《经史百家杂钞》能独树一帜；清末王先谦曾编《续古文辞类纂》34卷，黎庶昌也编有《续古文辞类纂》28卷，选录清中叶以后散文，都是姚氏选本的续书。对此，吴汝纶说"似皆未善"，又说"国朝文字，姚春木（姚椿，1777~1853——引者注）所选《国朝文录》，较胜于廿四家，然文章之事，代不数人，人不数篇，若欲备一朝掌故，如文粹、文鉴之类，则世盖多有"。吴汝纶说在文章上有贡献的，姚鼐之后，只有梅曾亮（字伯言，1786~1856）、曾国藩、张裕钊（字廉卿，1823~1894）数人而已，其他都不值一提。

在复函的结尾处，吴汝纶说"来示谓欧洲国史略，似中国所谓长编、纪事本末等比"，如果是那样的话，西方的书就可以用曾国藩所说的"叙记""典志"两类来翻译。这两类是曾氏新加到《经史百家杂钞》中去的，姚鼐的《古文辞类纂》里并没有这两类。"叙记"里收录了《左传》中《齐鲁长勺之战》《秦晋韩之战》等文；"典志"里收录了《史记·天官书》《史记·平准书》《汉书·地理志》等。吴汝纶说"欧洲纪述名人，失之过详"，可以用司马迁、班固的笔法加以剪裁，"文无剪裁，专以求尽为务，此非行远所宜"。中国偶然有这样的传记，最有名的是班固《汉书》里的《王莽传》。至于"穆天子、飞燕、太真等传，则小说家言，不足法也"。最后吴汝纶说"欧史用韵，今亦以韵译之，似无不可，独雅词为难耳。中国用韵之文，退之为极诣矣。私见如此，未审有当否"。结束了这封长信。

吴汝纶认为汉译西书应该创造一种全新的文体。但这在19世纪末20世纪初举步维艰。六朝译佛书时，之所以能够创新文体，是因为当时"中学未衰，能者笔受，前后相望，顾其文自为一类"；而"今西书之流入吾国，适当吾文学靡敝之时"。[1]19世纪末在西学的侵蚀下中学已是一片衰败的景象，加之新文体的建立，"非大手笔不易办也"。吴汝纶把新文体创建的希望寄托于严复，说："窃谓以执事雄笔，必可自我作古。"然而仅靠严复的孤军奋战是无法挽回古文派的颓势的，在时务文体和日本新词的夹攻下，严译的命运亦不难预见。

（二）关于句式的问题

与文体相连的是，当时的汉语有哪些可以利用的句子形式？文体在某种程度上规定了句子形式的可能性。四六骈体文要求辞藻华丽、对仗工整，译文的句型选择必然受到严格限制。笔者在这里主要意识到的是语言类型学视角的句子结构问题。如果说1895年时，文章体裁尚有主观选择的回旋余地，那么句子形式上这种可供选择的余地则小得多。语言形式与语言

---

[1] 吴汝纶：《〈天演论〉吴序》，王栻主编《严复集》第5册，第1319页。

内容的问题即当时的汉语所具有的表达上的可能性。具体地说，中文与英文属于不同的语言系统，句子结构不同。严复在《天演论》"译例言"中指出：

> 西文句中名物字，多随举随释，如中文之旁支，后乃遥接前文，足意成句。故西文句法，少者二三字，多者数十百言。假令仿此为译，则恐必不可通，而删削取径，又恐意义有漏。

严复的意思是，英文中的名词可以（使用关系代词的形式）随时（从后面跟进）进行解释，就如同汉语的夹注一样，所以英文的句子动辄数十个词。[1] 而汉语则没有与之相对应的句子形式。如果省略这些修饰成分，又怕翻译得不完全。对于这段话应该从语言类型学的角度加以解读。语言类型学的知识告诉我们：绝大多数 SVO 型的语言，修饰成分在被修饰成分的右侧（即后面）。这样，句子中的任何一个被修饰成分都可以通过关系代词一类的小辞导入修饰成分，在记忆负担允许的情况下句子可以无限延长。但是，同样作为 SVO 型语言的汉语则不具备这种结构上的可能性。当时汉语的名词修饰结构，即定语形式极不发达（结构助词"的"被用于正式的文章是五四前后的事）。[2] 严复的《天演论》很大一部分使用四六骈文体，句子短小。这一点极不利于对概念的严格定义。[3] 严复对概念的界说是极为关心的，但是在《天演论》里定义文体问题没有得到解决。至《原富》，严复放弃了四六骈文体，使用了古散文体。严复的句子形式最终限制了新词的使用。

---

[1] 关于这段话笔者与翻译研究家的解释有所不同。笔者基本认为，严复的"信达雅"与其说是一个永恒的翻译论的命题，毋宁说是 1895 年《天演论》翻译的"个案"。讨论的是中英间句子形式对应（即忠实于原文句子形式）、译词（概念的等义传达）、受众（可接受的文体）等问题。

[2] 关于汉语欧化文体的研究，有王力《汉语史稿》、北京师范学院中文系汉语教研组编著《五四以来汉语书面语言的变迁和发展》等。但是均未论及定语修饰问题。

[3] 汉语翻译其他语文时也遇到了定语的问题，如黄遵宪的《日本国志·刑法志》。参见本书"词汇交流编"第一章。现代汉语的定语修饰功能有了改善，如使用介词"对"将宾语提前，用代动词"进行""加以"等使宾语可接受较长的修饰成分等。

（三）关于语词的问题

词是语言的基本意义单位。近代词汇体系的形成需要与外语建立一一对译的关系。即一个词既是其所在语言词汇体系的一员，又必须是其他语言的一个等价物。现今的世界要求我们必须用不同的"形式（语音）"表达相同的"内容（概念）"。无译名即无译事，例如要翻译赫胥黎的这两篇论文，首先要为如本书末尾附录中的英语原词准备译词。但是在 1896 年，汉外辞典还无法满足类似《天演论》这样的人文学科书籍翻译的需要；就学术用语而言，中英的语词之间尚没有建立一一对应的翻译关系。严复的翻译就是这样不得不从译名的创制开始，这一点与日本兰学家的早期翻译环境颇为相似（1774 年刊行的《解体新书》也不是完整的翻译）。严复说《天演论》是"题曰达旨，不云笔译"。言自己所欲言的"取便发挥"是一个原因，没有译名无法······一对译或是更主要的原因。由于没有译词，"凡琐屑不足道之事，不记何伤"也就不能免了。严复在自己的翻译活动告一段落之后的 1911 年，强调译名的重要性说："今夫名词者，译事之权舆也，而亦为之归宿。言之必有物也，术之必有涂也，非是且靡所托始焉，故曰权舆。识之其必有兆也，指之其必有椉也，否则随以亡焉，故曰归宿。"[1]

而所谓一一对译关系的建立，就是在两个词汇系统中寻找意义上的等价物，并使之形成固定的联系，即"定译"。等价物不存在时就需要利用既有的语言成分创制之。20 世纪初中英概念等价物，即译名的获得不外有以下 3 种途径：（1）使用汉语古典词；（2）新造；（3）借自日本。这里分别存在怎样利用和承袭中国的古典词和汉译西书中已经存在的译词、这种利用会产生什么样的结果、怎样新创、严复以及中国读者对于借用日语词的态度、日语资源利用的可能性等问题。

---

[1] 《〈普通百科新大词典〉序》（1911），王栻主编《严复集》第 2 册，第 277 页。笔者对严复这段话的理解是：译词必须能表达、传递外域的概念，是翻译的前提，没有译词也就没有翻译，所以称为"权舆"；同时，译词（即命名一个新概念）又必须有理据，能"望文生义"，为此必须抓住事物的特征，这样才能便于记忆，意义明白，一目了然。译词是译文的落脚之处，是归宿，不懂译词就读不懂译文。

1. 使用汉语古典词做译词

中国的典籍和传教士出版的译籍、报刊是为严复提供译词的主要资源。前者如《天演论》中的"天道""变化""递嬗""循环"等；《原富》中作为术语使用的既有词，包括文言词和口语词更是大量增加，如"祭酒""佣工""交易""租赋"等。使用自语言的成分移译外语是翻译的根本，就是说使用古典词做译词是势所必然。而同时，传教士系统的译词也大量出现在严复早期的两本译著中，如：自然、宗旨、数学、力学、化学、生物、动物、植物、自由、平等、自主、原质、自治、民主、理财、几何、议院、权利、共和、温带、上帝、世界、保险、银行等。严复并不看好传教士的翻译，但是 1895 年前后，传教士参与其间的译著及其媒体仍是引入西方新知识的主要途径，其译词的影响力也是可观的。从严复的使用可以反证这些译词的普及程度。

然而这些既有词语，不管是中国典籍上存在的，还是传教士们创制的，都有一个作为译词是否适当的问题。严复在《天演论·译例言》中说："新理踵出，名目繁多，索之中文，渺不可得，即有牵合，终嫌参差。"在这里严复以"prolegomena= 卮言、悬谈、悬疏、导言"为例，抱怨"此以定名之难，虽欲避生吞活剥之消，有不可得者矣"。严复选定一个译名时考虑了许多因素，如，卮言滥恶，悬谈沿袭释氏，都不是适当的译名。造成译名不适当的主要原因是"大抵取译西学名义，最患其理想本为中国所无，或有之而为译者所未经见"。[1] 这里的"理想"即 idea，今译"概念"，对于那些"本为中国所无"的西方"理想"，严复的工作是导入新概念并使之词汇化（详后）；问题是那些"或有之而为译者所未经见"的"名义"如何解决。不同的语言之间建立对译关系是以人类具有可以互相接受的意义体系为前提的，而进一步思考，人类是否分享一个意义世界的"原风景"？如果回答是肯定的，那么只需努力把"未经见"的名义找出来就行了。严复也确实为这种寻找做出了努力。需要注意的是严复在这里其实表现了两种不同的态度：对于一般的名义，"但求名之可言而人有以喻足矣"，又说"若既已得之，则自有法想。在己能达，在人能喻，足矣，不能避不

---

[1] 《尊疑先生复简》，《新民丛报》第 12 号，1902 年；王栻主编《严复集》第 3 册，第 518 页。

通之讯也"；但是对于那些关键词，严复则说："盖翻艰大名义，常须沿流讨源，取西字最古太初之义而思之，又当广搜一切引伸之意，而后回观中文，考其相类，则往往有得，且一合而不易离。"① 例如对于 right 译 "权利"，严复说：

> 惟独 Rights 一字，仆前三年，始读西国政理诸书时，即苦此字无译，强译 "权利" 二字，是以霸译王，于理想为害不细。后因偶披《汉书》，遇 "朱虚侯忿刘氏不得职" 一语，恍然知此职字，即 rights 的译。然苦其名义与 Duty 相混，难以通用，即亦置之……而以直字翻 rights 尤为铁案不可动也……此 rights 字，西文亦有直义，故几何直线谓之 right line，直角谓 right angle，可知中西申义正同。此以直而通职，彼以物象之正者，通民生之所应享，可谓天经地义，至正大中，岂若权利之近于力征经营，而本非其所固有者乎？……至 Obligation 之为义务（仆旧译作民义，与前民直相配），Duty 之为责任，吾无间然也。②

在《群学肄言》的 "译余赘语" 中则说：

> 尝考六书文义，而知古人之说与西学合。何以言之？西学社会之界说曰：民聚而有部勒（东学称组织）祈向者，曰社会。而字书曰：邑，人聚会之称也。从口，有区域也，从卩，有法度也。西学国之界说曰：有土地之区域，而其民任战守者曰国。而字书曰：国，古文或，从一，地也，从口，以戈守之。观此可知中西字义之冥合矣。③

这解释得已经非常牵强了。不同语言使用者可以有相同的概念，但不必也不可能有相同的命名理据。严复并不赞成 "西学中源说"，但是他似乎认

---

① 以上均引自《与梁启超书三》，王栻主编《严复集》第 3 册，第 518~519 页。
② 《尊疑先生复简》，《新民丛报》第 12 号，1902 年；王栻主编《严复集》第 3 册，第 519 页。
③ 王栻主编《严复集》第 1 册，第 126 页。

为通过"发明"可以使隐微的中西之间的意义关系再次凸显出来。① 严复在《天演论·译例言》中说："用汉以前字法、句法，则为达易；用近世利俗文字，则求达难。"这决定了严复多用单汉字做译词，直、职 =right，稘 =century，货 =commodity 等都是严复颇为得意的例子。关于这一点在后文讨论"计学"时还会有所涉及。

使用既有词语常常须除去后来添加上的"杂质"。例如严复强调"中文自繇，常含放诞、恣睢、无忌惮诸劣义，然此自是后起附属之诂，与初义无涉"，"自繇之义，始不过谓自主而无挂碍者，乃今为放肆、为淫铁、为不法、为无礼，一及其名，恶义坌集，而为主其说者之诟病乎！"② 之所以发生这种情况，严复认为是"名义一经俗用，久辄失真"。③ 选择古僻字做译词可以说是严复翻译的一个特点，《原富》中很多西方的物产名称使用了极为古僻的字。仅举以下数例。

表 1 《原富》中严复译词举例

译词	原词	严复的原注（引自《原富》）
麷麲	Bread	《广韵》：麳麰谓之麷。《方言》：凡以火干五谷之类，关西陇冀以往谓之麷，秦晋之间或谓之�，�与麷同。郑注：迾人云，鲍者于煏室炮干。此与西人之作馒头同事，且其名与西音甚近，今取以名之焉。（第 67 页）
朕膳	butcher's meat	《说文》：朕，脯也。《南史》，孔靖饮宋高祖无朕，取伏鸡卵为肴。又，《说文》：朒、朕，肉也。《周官》膳夫，郑注：膳，牲肉也。今取以译屠肆诸肉之字。（第 67 页）
腀	butter	俗呼牛奶油。（第 205 页）
爛�	Cheese	俗呼牛奶饼。（第 205 页）
毳	Fleece	Φ
湩酪	Dairy	Φ
闟	woolen coat	Φ

注：Φ= 无注，下同。

---

① 这种方法在严复研究中被称为"格义"与"会通"。参见韩江洪《严复话语系统与近代中国文化转型》，上海译文出版社，2006，第 163、165 页。

② 王栻主编《严复集》第 1 册，第 132~133 页。

③ 王栻主编《严复集》第 1 册，第 133 页。

　　严复的所谓"达"就是西方意义的完整的移译。但是，表1中的西方独特的物产名称很难包括联想义在内完全移译到汉语中来，严复试图用古僻字来翻译。这既是严复的"用汉以前字法、句法，则为达易；用近世利俗文字，则求达难"主张的具体实践，同时又可以从词汇学的角度做这样的解释：古僻字是死文字，即使古文字知识丰富的读者也很难把握这些字的意义。字义模糊的古僻字不会造成"同形冲撞"，如同傅兰雅的化学元素名的翻译，译者可以自由地向这些古僻字里充填新的意义。但同时，也正是由于字义模糊，注释往往是不可缺少的。对其中的一些词，严复加了注释，而更多的没有加，^①意义的等值性是存在问题的。用既有字词对译外语，难免有隔阂，会影响对西方概念的准确理解，发生所谓的"误读"。用古僻字做译词，今人可以看作"借形词"的一种（参见本书"导论编"），是严复为了最大限度地减少既有词语附着义造成的误解所做的努力。

　　各语言的词语是自成体系的，处于不同词汇体系中的词语的分布，即原词在原文中可以出现的语境，与译词在目标语言中的语境，不可能完全相等。这一点似乎使严复非常困惑，他说：

　　　　宪法西文曰 Constitution，此为悬意名物字，由云谓字 Constitute 而来。其义本为建立合成之事，故不独国家可以言之，即一切动植物体，乃至局社官司，凡有体段形干可言者，皆有 Constitution。今译文宪法二字，可用于国家之法制，至于官司局社尚可用之，独至人身草木，言其形干，必不能犹称宪法。以此推勘，即见原译此名，不为精审。^②

　　即原文的 Constitution 作为动词 Constitute 的（抽象）名词形式可以出现在"人身草木"的语境中，而译词"宪法"既没有与之相通的动词形式，也只能用于"国家之法制"的语境。

　　当时困扰严复的汉语的另一个"缺点"是动词、形容词等谓词无法或

---

① 商务印书馆 1931 年出版"严译名著丛刊"时加了大量注释帮助读者理解，见该丛刊前言。
② 王栻主编《严复集》第 2 册，第 239 页。

不具备转变成体词的手段。如原文中的"possibility 可能性、personality 人格、exactness 准确性、variety 多样化、duration 持久性"等。而另外一些双音节的复合词在词性上无法做出体词与非体词的区别。如严复在《群己权界论》中使用了"自繇"这一词形，他对此解释道：

> 由、繇二字，古相通假。今此译遇自繇字，皆作自繇，不作自由者，非以为古也。视其字依西文规例，本一玄名，非虚乃实，写为自繇，欲略示区别而已。[①]

即，由、繇这两个字，在古代是通假字。在该书里，严复把 liberty, freedom 都译作"自繇"，而不译作"自由"。严复解释说这并非厚古薄今，而是因为按照英语的语法规则，liberty, freedom 这两个词是抽象名词，是实词而不是虚词（根据中国语言研究的传统"自由"是虚词，即副词），自己不过是想从形态上把名词和副词区分开来而已。但是，显然他的努力并没有成功。

2. 新造

既有词语不够只能新造。对于西方的新概念，张之洞等认为除了制造业以外不应新造，而应该使用中国典籍里的词。[②] 严复深知全部用既有词语翻译西方书籍几乎不可能。在"索之中文，渺不可得"时"译者遇此，独有自具衡量，即义定名"了。当然这里的"定名"可以理解为利用既有字词或新创复合词。事实上，严复并不反对新造译名，也不隐瞒新造词。他不无骄傲地说："他如物竞、天择、储能、效实诸名，皆由我始。"如上所述，有些词严复在 1895 年的文章中已经开始使用了。译名的创制是一个艰难的历程，严复说"一名之立，旬月踟蹰"，但是对于如何造，则多语焉不详。我们只能从严译中窥探严复在新造译名方面的所作所为。

严复说："所有翻译名义，应分译、不译两种：译者谓译其义，不译者

---

① 王栻主编《严复集》第 1 册，第 133 页。
② 参见本书"语言接触编"第三章。

则但传其音。"① "译"即用已有的或新造的词语移译外语的词义;"不译"即
"借",只借用外语的语音形式。形式与内容不发生关联,就是现在常说的
音译词。有一些词不需要形式与内容发生关联,如人名、地名、国名等专
有名词;而另外一些普通名词则需要使形式与内容发生关联。在《天演论》
中严复是这样做的(见表 2)。

表 2 《天演论》中严复音译词举例

译词	原词	今译	严复的说明
涅伏	nerve	神经	俗曰脑气筋
迷卢	mile	英里	Φ
乌托邦	utopia	乌托邦	乌托邦者,犹言无是国也,仅为涉想所存而已
吉孛	gibbon	长臂猿	Φ
倭兰	orang-ontany	猩猩	Φ
戈栗拉	gorilla	大猩猩	Φ
青明子	chimpanzee	黑猩猩	Φ
芝不拉	zebra	斑马	Φ
斐洛苏非	philosophy	哲学	译言爱智

严复为何"不译"? 佛经翻译中的"五不翻"原则,即"一秘密故,
二含多义故,三此无故,四顺古故,五生善故"可以说是主要原因。② 例
如,在 bank 译"银行"已经完全普及的当时,严复在《原富》中使用了
"版克"。严复说:

> 版克此云银号,又曰票号,曰兑局,曰钱店,其实皆版克也。
> 所不当云银号者,以其业不仅银;所不当云钞局者,以其事之异
> 古。而票号诸名又嫌不典,不若直译其音之为当也。

《原富》中音译词的数量有了较大的增加,这反映了严复对原词意义

---

① 《京师大学堂译书局章程》,王栻主编《严复集》第 1 册,第 128 页。
② 《〈翻译名义〉序》,《四部丛刊·翻译名义集》。

的严格追求，同时也造成了理解上的障碍。[①] 如本书"导论编"所说，音译词可以使词义最大限度地接近原词，但是意义的获得、定型需要较长的时间，这是因为音译词不具备成词的"理据"。在音译词创制上，严复有音义结合的意图，如 bread 译作"麭麭"，严复的一个理由是"其名与西音甚近"。

"译"的词的新造主要有两个方法，即直译（本书的摹借法造词）和意译（本书的汲义法造词）。前者先将原词分解到语素的层次，然后再挑选与之相对应的汉语语素合为新词；后者则将原词融会贯通，用汉语的新词表达其义。一般说来，单纯词使用汲义法的较多，复合词和那些可以词根分解的词多使用摹借法。上述"物竞""天择"等都是汲义法的新词；"人择 Artificial selection"等则是"摹借法"的造词。严复精通英语，对涉及语源的拉丁语等也有一定的知识，所以在讨论一个译名是否恰当时，经常进行语源上的分析，例如"宪法""群学""计学"等。摹借法因为有借的因素在其中，在造词上比汲义法要容易。但是思维方式（即理据）是外语的，如将 greater year 译成"大年"，在未加任何解释时显然无法传递原词的意义内涵。《原富》中摹借法增加较多，如：德行学 moral philosophy、内籀 induction、外籀 deduction、过庶 overpopulation、过富 overproduction、还税 drawbacks、自由齐民 freeman、元学 ontology 等。原文的复合词、词组更是全数以摹借法造出，如：分功 division of labor、生货 raw material、熟货 manufactured good、懋迁易中 medium of exchange、物值通量 standard of value、真值 real price or price in labor、易权 power of exchange、平价 average price、法偿 legal tender、金铤 gold bar、银铤 silver bar、格物硕士 great scientist 等。"计学"是一个兼有"摹借"与"汲义"性质的译词，我们将在下一节讨论。

3. 借自日本——以"天演""殖民"为例

严复译《天演论》的 1895~1896 年，日本已经逐渐显露成为中国新知识撷取源泉的端倪。除了传教士的媒体以外，黄遵宪的《日本国志》《时务报》的日文报刊翻译专栏"东文报译"等都提供了这种可能性。

[①]　严复在给张元济的信中说："又全书翻音不译义之字，须依来教，作一备检，方便来学。"王栻主编《严复集》第 3 册，第 537 页。可知出版社对严复的译文提出了修改的要求。

19 世纪末 20 世纪初引介西学时，东学以及日本译名是一个无法回避的问题。对于东学，严复认为：日本明治以来努力接受西方的新知识 30 余年，但东学终不是西学的本源，在译词上、内容理解上有很多不完备的地方，故不能以东学为依据。[①] 严复说：

> 今夫科学术艺，吾国之所尝译者，至寥寥已。即日本之所勤苦而仅得者，亦非其所故有，此不必为吾邻讳也。彼之去故就新，为时仅三十年耳。今求泰西二三千年孳乳演迤之学术，于三十年勤苦仅得之日本，虽其盛有译著，其名义可决其未安也，其考订可卜其未密也。乃徒以近我之故，沛然率天下学者群而趋之，世有无志而不好学如此者乎？侏儒问径天高于修人，以其愈己而遂信之。今之所为，何以异此。[②]

进入 20 世纪以后，严复的译名受到日本译名的严重挑战。日本译名的闯入造成了"名异而实同"的问题，即存在着中日用不同的词去翻译同一个外语原词的现象，这样就有一个孰优孰劣的判断。对于日本译名，严复大致的观点是：日本不是汉语的母语国家，先译成日语再转译成汉语，重译隔阂，不能传真，无法正确地表达原义；或者由于不见中国的经典，

---

① 在给亲友的私人信件上，严复说得就更不客气了。如《与熊季廉书七》："至一切新学，则不求诸西而求于东。东人之子来者如鲫，而大抵皆滥竽高门，志在求食者也。吾不知张南皮辈率天下以从事于东文，究竟舍吴敬恒、孙揆陶等之骄嚣有何所得也？"（林载爵主编《严复合集》第 5 册，财团法人辜公亮文教基金会，1998，第 19 页。该信写于 1902 年）《与熊季廉书八》："上海所卖新翻东文书，猥聚如粪壤。但立新名于报端，作数行告白，在可解不可解间，便ได利市三倍。此支那学界近况也。"（林载爵主编《严复合集》第 5 册，第 22 页。该信写于 1903 年）《与曹典球书三》："大抵翻译之事，从其原文本书下手者，已隔一尘，若数转为译，则源远益分，未必不害，故不敢也。颇怪近世人争趋东学，往往入者主之，则以谓实胜西学。通商大埠广告所列，大抵皆从东文来。夫以华人而从东文求西学，谓之慰情胜无，犹有说也；至谓胜其原本之睹，此何异睹西子于图画，而以为美于真形者乎？俗说之悖常如此矣！"（王栻主编《严复集》第 3 册，第 567 页。该信写于 1905 年）《与熊纯如书八》："方今吾国教育机关，以涉学之人浮慕东制，致枘凿不可收拾。"（王栻主编《严复集》第 3 册，第 607 页。该信写于 1912 年）

② 王栻主编《严复集》第 3 册，第 561 页。该文写于 1902 年 5 月。

不够雅驯。例如，严复说："东学以一民而对于社会者称个人，社会有社会之天职，个人有个人之天职。或谓个人名义不经见，可知中国言治之偏于国家，而不恤人人之私利，此其言似矣。然仆观太史公言《小雅》讥小己之得失，其流及上。所谓小己，即个人也。"① 既然如此，"不经见"的日本译词"个人"就要逊于司马迁的"小己"了。

但是日本译名并没有形态上的特征，很多日本译名作为"阑入之字"混进了严复的译文。例如，"起点"是守旧人士反应激烈的日语词，却被严复不经意地用于《天演论》（"论五·天刑"的按语）中了。《天演论》《原富》中日本译名的情况如何？在此我们就"进化"和"殖民"做一些讨论。

众所周知，"天演"是严复首创，但是，这一风靡一时的译词其后为来自日语的"进化"所取代。然而我们应该注意到《天演论》中已经多次使用了"进化"。

"进化"是向日本介绍达尔文进化论的加藤弘之（1836~1916）的造词，最早见于加藤主持的东京大学的学术杂志《学艺志林》。该杂志第10册（1878）上刊有一篇学生的翻译论文"宗教理学不相矛盾"，其中有"进化"的用例，同时使用的还有"化醇"，因为进化总是意味着向更完善、复杂的形式变化。"进化"其后被收入《哲学字汇》，作为学术词普及定型。

在中国，最早见诸文字的"进化"是《时务报》。1897年1月13日（光绪二十二年十二月十一日）出版的第17册上刊登了古城贞吉译自日本《朝日新闻》的社论《论社会的宽容》（『社会の容量』，中文名为笔者译）。② 古城译为《论社会》，这样，一篇论述急速发展后的社会需要更多的宽容的文章经过古城的译笔变成了鼓吹进化、否定退化的文字。这篇文章里的"进化"与"开化、进步"同义。我们再来看一下《天演论》的"进化"。

> 最后第五书，乃考道德之本源，明政教之条贯，而以保种进化之公例要术终焉。（导言一，复案）
> 此洞识知微之士，所为惊心动魄，于保群进化之图，而知

① 王栻主编《严复集》第1册，第126页。
② 参见本书"词汇交流编"第二章。

徒高眈大谈于夷夏轩轾之间者，为深无益于事实也。（导言三，复案）

由是而推之，凡人生保身保种，合群<u>进化</u>之事，凡所当为，皆有其自然者为之阴驱而潜率。（导言五，复案）

天演之所以陶钧民生，与民生之自为体合（物自变其形，能以合所遇之境，天演家谓之体合）。体合者，<u>进化</u>之秘机也。（导言十五，复案）

这 4 条是严复加的按语，不属于翻译的范畴，"进化"也可不作为译词看待。"进化"主要在讨论"群"，即社会问题的语境中使用。① 在《原强》中有"（游牧民族）虽然强矣，而未进夫化也。若夫中国之民，则进夫化矣，而文胜之国也"的文字。在《救亡决论》（1895 年 5 月）中又有"必为我自由，而后有以厚生进化"的句子。例子中的"进化"与"治化将开"同义，是人类或社会文明化的意思。严复的这种人类"向化"的观点来自斯宾塞。严复说"其书……宗天演之术，以阐人伦治化之事"，② 又说游牧民族等的征服，"强矣，而未进夫化也"。③ 下面的译例都反映了严复对"化"的把握：

夫以人事抗天行，其势固常有所屈也。屈则治化不进，而民生以凋。（导言八，乌托邦）

盖天地之大德曰生，而含生之伦，莫不孳乳，乐牝牡之合，而保爱所出者，此无化与有化之民所同也。方其治之未进也，则死于水旱者有之，死于饥寒者有之。（导言九，汰藩）

天良生于善相感，其端孕于至微，而效终于极巨，此之谓治化。治化者，天演之事也。（导言十四，恕败）

前论谓治化进则物竞不行，固矣。（导言十六，进微）

---

① 上引文第一句中的第五书即 *The Principles of Ethics*，今译《伦理学原理》。可知严复试图用"道德"来表示 ethics 的意义。

② 王栻主编《严复集》第 1 册，第 16 页。

③ 王栻主编《严复集》第 1 册，第 10 页。

是故人治天演，其事与动植不同。（导言十六，进微）

治化愈浅，则天行之威愈烈。惟治化进，而后天行之威损。（论十六，群治）

坐不知人治天行二者之绝非同物而已。（论十七，进化）

然溯太古以迄今兹，人治进程，皆以此所胜之多寡为殿最。（论十七，进化）

是故善观化者，见大块之内，人皆有可通之方，通之愈宏，吾治愈进，而人类乃愈亨。（论十七，进化）

然则言化者，谓世运必日亨，人道必止至善，亦有不必尽然者矣。（论十七，进化）

前言园夫之治园，有二事焉：一曰设其宜境，以遂群生；二曰芸其恶种，使善者传。自人治而言之，则前者为保民养民之事，后者为善群进化之事。善群进化，园夫之术必不可行，故不可以力致。（导言十八，新反）

《天演论》的论十七题目为"进化"，在原著中是讨论"进化论和伦理观"的部分，内容涉及社会进化与生物进化的不同之处以及人类社会的发展进步。严复的"化""进化"的用例也主要集中在这一部分。上述例句中的"化"与原文中的 civilized, civilization, ethics process 等对应。严复倾向于用"天演"译 cosmic process, evolution，以自然界为对象；用"进化"译 civilization, ethics process，以人类社会为对象。

从词的理据上看，"天演"表达的是生物在自然界的变化，而"进化"（包括"退化"）则给这种变化加上了一个"西方"的价值视角，即单方向的进步观："以人为论，由孩提以至〈长〉大成人。以国为论，由野蛮以至于开化。"人类社会是"由初民而野蛮，由野蛮而开化也"，这就是"一国一群之进化"。① 为了表达"天演"的具体情况，严复使用了"浅演""初级浅演社会""深演""深演国家"等术语。② 严复在 1913 年发表的《天演进化论》中写道：

---

① 王栻主编《严复集》第 1 册，第 91~92 页。

② 《政治讲义》，王栻主编《严复集》第 5 册，第 1252 页。

> 天演西名"义和禄尚",最先用于斯宾塞……有达尔文所发明之二例:其一即天择,所谓各传衍最宜者存;其二则先世所习传为种业。至今学者于第一例翕然承认,以此为天演最要功能,一切进化皆由于此。

文章中严复以妇女、宗教等为例,讨论了"人群社会之进化"的问题。严复的"人群社会"是同义反复,但是"天演进化"却不可以简单地当作同义反复,其用法反映了严复对"义和禄尚"的理解,或具有深刻的思想史上的内涵。总之严复的"天演""进化"应该从思想史的角度重新加以整理,而我们在这里可以做出的结论是:《天演论》等早期译著中的"进化"与日语并无直接关系。

另一个词是"殖民"。赫胥黎的原著是讨论生物进化和殖民地伦理的文章,"殖民"可以说是一个关键词,但是《天演论》不见"殖民"一词。

如本编第一章所论,"植民"是兰学书的译词,后被英和辞典接受以"殖民"的词形在明治初期普及定型。"殖民"于1897年前后通过《时务报》的"东文报译"传入我国。赫胥黎的两篇文章中,社会进化和殖民地伦理是主要内容,"殖民"是关键词,colony,colonist 在原著 *Evolution and Ethics* 中使用了21次。但是这个对于中国读者来说是全新的重要概念并没有被导入《天演论》,严复也没有为此准备固定的译词。直至《原富》,严复才在《丁部篇七·论外属》中附加了一条说明:(外属)亦译殖民地。这是严复首次在自己的译著中正式使用"殖民"一词。此时,中国为列强瓜分,殖民地化刺激了国民的危机意识,来自日语的"殖民"成了必不可少的时代关键词。同时还应该引起我们注意的是:严复没有为这两篇论文的另一个关键词 ethics 准备固定的译词。①

《天演论》中日本译名的影响可以忽略不计,而对于《原富》则有必要认真分析,"殖民""宗教""自由""科学""哲学"等的使用都是受日

---

① 罗志田指出:"严复在将赫胥黎的《进化论与伦理学》译述成《天演论》时,已对原著进行了删节,赫胥黎主张以人伦准则约束人的自然发展这一重要观念就已被严复大量删去。"《二十世纪的中国思想与学术掠影》,广东教育出版社,2001,第238页。

本译名影响的例子。

三　《天演论》《原富》之后——新国语的呼唤

如前所述，《天演论》刊行前后严复已开始着手翻译《原富》，1902 年《原富》前两编由上海南洋公学出版。严复翻译《原富》时，译词"经济学"已经在日本普及、定型。另外，中国在严复的《原富》之前也已经有经济学方面的译籍刊行，如同文馆的《富国策》等。当时中国最一般的译词是"理财"，严复在 1895 年的文章中就使用了"理财"来指称经济学。例如"西洋言理财讲群学者"，[1]"西洋最要之理财一学"；[2] 在《西学门径功用》等文章中也使用了"理财"。[3] 但是，严复显然对"理财"并不满意，始终没有放弃追寻更合适的译名的努力。他于 1898 年 3 月之前将"斯密氏《计学》稿一册"寄给吴汝纶，并就译名"计学"征求了吴氏的意见。这时严复应向吴汝纶说明了选择"计学"的理由。吴汝纶在回信中对"计学"表示肯定，说："计学名义至雅训，又得实，吾无间然。"[4]《原富》译完后，严复在卷头写道：

> 计学，西名叶科诺密，本希腊语。叶科，此言家。诺密，为聂摩之转，此言治。言计，则其义始于治家。引而申之，为凡料量经纪撙节出纳之事，扩而充之，为邦国天下生食为用之经。盖其训之所苞至众，故日本译之以经济，中国译之以理财。顾必求吻合，则经济既嫌太廓，而理财又为过狭，自我作故，乃以计学当之。虽计之为义，不止于地官之所掌，平准之所书，然考往籍，会计、计相、计偕诸语，与常俗国计、家计之称，似与希腊之聂摩较为有合。故《原富》者，计学之书也。[5]

---

① 《〈原强〉修订稿》，王栻主编《严复集》第 1 册，第 26 页。

② 《救亡决论》，王栻主编《严复集》第 1 册，第 48 页。

③ 王栻主编《严复集》第 1 册，第 65、95 页。

④ 《吴汝纶致严复书三》(1898 年 3 月 20 日)，王栻主编《严复集》第 5 册，第 1562 页。

⑤ 王栻主编《严复集》第 1 册，第 97 页。该文写于 1901 年 9 月。

即严复认为用"经济"译 Economy"太廓",而"理财"又"过狭",所以新造了"计学"。"计"字出现在"会计""计相""国计""家计"等组合中,与希腊语的原义吻合。这是严复译《原富》时得出的结论。"正名定议之事,非亲治其学通澈首尾者,其甘苦必未由共知",这个词有融会贯通的过程,有直译的成分(即从词源上分解了原词),但是更主要的是意译。

《原富》出版后,梁启超立即在《新民丛报》上撰文介绍。梁的文章谈到了两点,即译词与文体。对于译词,梁说"至其审定各种名词,按诸古义,达诸今理,往往精当不易,后有续译斯学之书者,皆不可不遵而用之也"。同时希望严复能"将所译之各名词,列一华英对照表,使读者可因以参照原书,而后之踵译者,亦得按图索骥,率而遵之,免参差以混耳目也"。[①] 但是,"计学"却引发了一场争论。这场争论表面上是原词与译名是否"名实相符"的问题,即译名如何才能准确地反映原词的意义。但是实际上二次造词(即复合词)、社会的可接受性(即雅驯)等都成了判断译词适当与否的重要因素,并由此引发了汉语多音节化的讨论。

首先,梁启超对 Political Economy 的译名发表了意见:英文的 Political Economy,中国没有与之对应的词语;日本人译为经济学,实际上不确切。严复想使用"计学"来翻译,但是不能概括原词的意义。梁启超认为原词包括政治和计算两个意思,提出用"政术理财学"来译,并就此征求读者的意见。[②]

梁的"政术理财学"一出,就在《新民丛报》上引起了讨论。读者"东京爱读生"来信说:把英文的 Political Economy 译为"政术理财学",比日本的"经济学"、严复的"计学"都更精确,但是使用四个字,未免太长,在进一步构成复合词时很不方便。如日本的书籍中有所谓的"经济界""经济社会""经济问题"等词,使用"计"字不通,"政术理财"也不通。这门学问在中国虽然没有专门的研究,却是人生必需的,中国有数千年文明,古籍之中怎么会没有一个名词来表示这个意思呢?东京爱读生希望杂志编辑全力寻找,找出一个"雅驯之名"。[③]

---

① 《新民丛报》第 1 号,1902 年,第 113~115 页。

② 《新民丛报》第 1 号,1902 年,第 113~115 页。

③ 《新民丛报》第 3 号,1902 年,第 101~102 页。

梁启超在回复中承认"政术理财学"确实冗长，不适于构成新的复合词。但是在古典中寻找合适的译名也不易实现。梁指出，《洪范》有"食货"二字，与经济学的内容很相近，但是"食货"只有"客体"没有"主体"（即这是一个动宾结构），无法让人满意。《管子》有《轻重》篇，内容是讲经济学的原理，如果要在古典中寻找译名，"轻重"二字是最合适的。但是词义不通，容易引起混乱。《论语》中有"货殖"一词，司马迁写过《货殖列传》。这个词的意思与经济学也很相近。但是 Political Economy 的意义注重公共的财富，"货殖"却强调私有的财富，而且没有政治的含义。《史记》中另有《平准书》，内容是朝廷理财的事情。汉代平准制度的目的是吸取天下的财富集中于京师，这本来不是为了社会全体利益的制度，不足以表达 Political Economy 的意义。但是单说"平准"二字，仍然有为民均利的意思；而且这二字出于《史记》，人们一见就知道意思，又不至于和其他名词混淆。所以 Political Economy 可以译为平准学。这样日本的经济家、经济学者、经济界、经济社会、经济问题就可以分别译为平准家、平准学者、平准界、平准社会、平准问题。创造新的复合词也不困难。[①]

这时严复给《新民丛报》写信反驳了梁启超的观点。严复说，现在的英语里经济学的原词多用 Economics，已经删除了 Political。严复的意思是所谓"政术"云云可以不用考虑了。严复指出，中国古代有计相、计偕等词，国计、家计、生计等名词也很通行。要想创制一个译名，意义的范围和深度都需要与原词相符合。如果是这样的话，"计"是唯一的选择。经济学的道理发生于日常生活，成为专门学科是近二百年的事情。经济学的一些道理虽然中国古时也有，但是中国没有这种专门的学问，这是毋庸讳言的。有人说中国有几千年的文明史，经济学是人类社会必需的学问，古籍中一定会有专门的名称。但是其认为在古籍中找不到专门名称的可能不止经济学一科。梁启超提出用"平准"代替"计学"，但是"平准"绝不能完全表达这门学问的含义。"平准"原来是一个官名，职责是便宜时收购，腾贵时卖出，平抑物价。其所翻译的《原富》内容比这要广泛得多。如果为了追求通俗最好使用"理财"；如果担心定义不清，要追求雅驯，

---

① 《新民丛报》第 3 号，1902 年，第 101~102 页。

那么其所创制的"计学"还是有长处的。①

严复的意见在《新民丛报》上发表后，读者驹场红柳生（驹场为日本东京大学所在地）来信质问：从 Morbotl 氏开始，经济学原名由 Political Economy 转变为 Economics，日本人译为"经济学"。表面上看，"经济"好像与"政治"混淆（即经邦治国），但是"经"字含有政治的意义，"济"字有流通的意义，二字与这门学问非常相符。日本当时选定这个术语时也是经过了认真考虑的。《新民丛报》第 3 号上提议改译为"平准学"。确实如严复所说，"平准"只是一个官名，不足以表达这门学问的含义。严复认为自己所创的"计学"极为雅驯，可以用于各种情况，这是不是"自许之太过"？ Statistics 是经济学的一个分支，日本人译为"统计学"，又称"计学"。如果按照严复的意见使用"计学"来翻译 Economics，那么今后翻译 Statistics 时用什么译名呢？《新民丛报》第 7 号提议使用"生计学"。"生计"二字虽然比严复的译名稍好，但还是范围太小，不能把政治理财的意义包括进去。西方的新知识，中国自古以来不存在的有很多，如果都要使用古典中的名词一是不可能，二是意义不一定吻合。现在我国处于接受西方新知识的草创期，国家对译名还没有统一的规定，加上知识分子喜好标新立异，造成了很多误解。与其让后代笑话，不如暂时使用"经济"，以等待更合适译名的出现，或者使用日本的"财政学"。这个名称涵盖了Economics 的宗旨，定义也清楚。②

梁启超对驹场红柳生的信做了长篇回应。梁首先承认"平准"不适当，宣布放弃。"计学"与 Statistics 相混，而且是单音节名词，使用不便。例如日本的"经济问题""经济世界""经济革命"等都无法改为"计问题""计世界""计革命"等。梁启超说就译词的音节数问题曾去信询问严复，还没有得到回复。梁赞同西方的新知识无法一一用中国固有词语去翻译的意见，但是他说"惟经济二字，袭用日本，终觉不安。以此名中国太通行，易混学者之目，而谓其确切当于西文原义，鄙意究未敢附和也"。"日本所译诸学之名，多可仍用。惟经济学、社会学二者，窃以为必当更

---

① 《与梁启超书二》，王栻主编《严复集》第 3 册，第 517~518 页。此信作于壬寅（1902年）三月。

② 《新民丛报》第 8 号，1902 年，第 97~98 页。

求新名。"对于驹场红柳生选用"财政"的建议，梁说"财政者不过经济学之一部分耳。指财政为经济，无异指朝廷为国家"，因此"财政学决不可用"。对于严复"如果为了追求通俗最好使用理财"的主张，梁启超说"专用名词，万不可以动词冠其上。若用理财，则其于用之于复杂名词时，窒碍亦滋多矣"。① 梁启超最后的结论是暂用"生计"，"以待后贤"。②

从梁启超的回应我们知道梁曾给严复去信讨论译名问题。此信不存，但是我们可以揣测，梁在信中举佛经翻译的例子，主张译词应该多用二字，这样便于构成复合词。当然，更主要的理由应该是描写的精密化。

严复的回信摘要登载在《新民丛报》第 12 号上。严复说，译名不必拘泥"单字双字"，应该根据具体情况处理。例如 Economics，有时作名词用，有时作形容词用，不一定非译"计学"不可。"化学"有时可以译成"物质"，"几何"有时可以译成"形学"是同样的道理。"计学"可以根据不同的情况译成"财政""食货""国计"等，只要能表达意义就行。"中国九流，有以一字称家，有以二字称家"，也没听说有什么不方便的地方。所以 Economic Laws 可称"计学公例"，Economic Problems 可称"食货问题"，Economic Revolution 可称"货殖变革"。③

作为汉语的语素需要有"伸缩性"，即"经""经济"可以表达相同的概念。这样在构成复合词时才能运用自如，如"经济改革""经改"。"计学"的"学"是类名词（或称新词缀），对复合词的词义有影响，如"计学改革"是计学这门学问本身的改革，还是所涉及的内容的改革并不确定（比较"经济改革"vs."经济学改革"）。但是严复的"计学"可以根据不同的情况译成"财政""食货""国计"的辩解只能造成一事多名、一名多译的后果，徒增混乱，是必须防止的。

其后，无锡的孙开圻来信建议使用"国计学"。对此，梁启超回应说，经济不仅仅属于国家，如果用"国计"，那么"个人经济""家庭经济"等说法就都不成立了。④ 这是汉字的一个特点，即字义总是附着的。英语的

---

① 动宾结构的复合词不易转变成体词。
② 《新民丛报》第 8 号，1902 年，第 98~99 页。
③ 王栻主编《严复集》第 3 册，第 518 页。
④ 《新民丛报》第 11 号，1902 年，第 89~90 页。

原词有"家"的意思，但是这不影响用这个词谈论国家，乃至世界的经济。而用"国计"谈论个人、家庭则会使中国人产生不合逻辑的感觉。

至此，关于经济学译名的讨论告一段落。1910年严复在名词馆主持科技术语的审定，"计学"被选作学部审定术语，但是最终被日本译名"经济"所取代。

与译名相比，梁启超对于文体所提出的批评要尖锐得多：

> 严氏于西学中学皆为我国第一流人物，此书复经数年之心力，屡易其稿，然后出世，其精善更何待言。但吾辈所犹有憾者。其文笔太务渊雅，刻意摹仿先秦文体，非多读古书之人，一翻殆难索解。夫文界之宜革命久矣。欧美日本诸国文体之变化，常与其文明程度成比例。况此等学理邃赜之书，非以流畅锐达之笔行之，安能使学僮受其益乎？著译之业，将以播文明思想于国民也，非为藏山不朽之名誉也。文人结习，吾不能为贤者讳矣。

就是说梁启超认为严复《原富》的翻译，在译名的层次上问题不大，而"文笔太务渊雅，刻意摹效先秦"的文体却成了一般读者从严译中顺利获取新知识的主要障碍。[①] 这种来自读者视角的担心，吴汝纶也曾表达过。梁的批评似乎是集中在文体上，解决方法是使用"流畅锐达"的文章。对于梁的批评，严复做了认真的反驳："仆之于文，非务渊雅也。"就是说自己并没有"刻意摹仿先秦文体"的意图。对于梁启超针对文体的批评，严复在其他的信中抱怨说："昨晤汪、杨二君，皆极口赞许笔墨之佳，然于书中妙义实未领略，而皆有怪我示人以难之意。天乎冤哉！仆下笔时，求浅、求显、求明、求顺之不暇，何敢一毫好作高古之意耶？又可怪者，于拙作既病其难矣，与言同事诸人后日有作，当不外文从字顺，彼则又病其笔墨其不文。"[②] 译文古雅则被责难"示人以难""好作高古"，写得"文从字顺"

---

① 严译之难读、难懂在当时就已是事实。例如，夏曾佑说："《原富》前日全书出版，昨已卖罄，然解者绝少，不过案头置一编以立懂于新学场也。"王栻主编《严复集》第5册，第1574页。对大多数人来说严译不是知识的传媒而只是一种文化符号。

② 王栻主编《严复集》第3册，第535页。

又被讥"笔墨其不文",真叫人无所适从。在另一封信中严复则说:"《丛报》于拙作《原富》颇有微辞,然其佩其语;又于计学、名学诸名义皆不阿附,顾言者日久当自知吾说之无以易耳。其谓仆于文字刻意求古,亦未尽当;文无难易,惟其是,此语所当共知也。"① 文章之所以难读是因为原著的内容深奥,责任并不在译者。严复说:"窃以谓文辞者,载理想(idea= 概念——引者注)之羽翼,而以达情感之音声也。是故理之精者不能载以粗犷之词,而情之正者不可达以鄙倍之气。"文体需要保持一定的品位,一味迎合不学无术的人,只是糟蹋文章。严复说译书都是在为"播文明思想于国民",但是由于翻译的内容、专业等不同,自然会有难易之别。"声之眇者不可同于众人之耳,形之美者不可混于世俗之目,辞之衍者不可回于庸夫之听。非不欲其喻诸人人也,势不可耳。"对于梁启超的"文体变化与时代之文明程度为比例"的说法,严复认为中国学术"战国、隋、唐为达于全盛而放大光明之世",应该使用这两个时代的文体。欧洲的文体发生了变化,所变化者是概念的增加和学术的进步;而"情感之高妙,且不能比肩乎古人"。

在 1902 年,译文的文体、译名似乎是一个"因噎废食"的问题。但是,黄遵宪加入了讨论。② 他一边称赞严复的译文"隽永渊雅,疑出北魏人手",一边表示对于"《新民丛报》以为文笔太高,非多读古书之人,殆难索解"的指责不便发表有倾向性的意见。黄氏认为,名学内容难,即便使用通俗的文体,也不易懂。这是"势不得不然也"。但是,《原富》如能使用通俗文体,能够读懂的人会多一些。黄承认制定译名是一件非常难的事情,非当事者不知其中甘苦。严复对译名要求过高,译名与原文必须在所有层次上相对应,这种高标准可能不易实现。黄遵宪认为四千年前产生的中国已有的文字,用来书写其后新出现的事情"已不能敷用,况泰西各科学乎?"③ 古文字的意义与现在的事物意义范围"已绝不相侔",更不要说与西方文字相比较了。黄遵宪说"今日已为二十世纪之世界矣,东西文明两相接合。而译书一事以通彼我之怀,阐新旧之学,实为要务"。严复在

---

① 王栻主编《严复集》第 3 册,第 551 页。该信写于 1902 年春。

② 王栻主编《严复集》第 5 册,第 1571~1573 页。

③ 高凤谦也说:"十三经字数不过五千余,至许氏说文则九千余,流衍以及本朝之《康熙字典》,竟增至四万余。然则《说文》《字典》所采新字为经传所未见者,遽谓之非先王之法,言得乎?"《论保存国粹》,《教育杂志》第 7 期,1910 年,第 79~80 页。

引介西学上是重要的人物，发言有影响力。为此黄提出自己的见解，供严复参考。黄遵宪的建议分为两个部分，即译名的创制和文章形式的改革。[①]对于译名创制，黄具体提了以下几个方面：造新字、假借、附会、啑语、还音、两合。

关于黄遵宪的新造字提议，我们已经做过分析（见本编第二章），在这里对他的其他主张做一些讨论。

"假借"即用中国的旧字、词表示外来的新意义，罗存德、傅兰雅做过有益的探索。

"附会""还音""两合"所讨论的是音译问题。附会的方法是选择那些没有意义但是发音相近的字"而附会之"，即给予新的外来义；还音是对那些"凡译意则遗词，译表则失里"的词采用音译；两合则是用两个汉字的合音接近外语的发音。黄遵宪所举的例子均采自佛典翻译。

黄遵宪关于"啑语"的议论值得格外注意，"啑语"的原义是联绵字，但在此是创造复合词。黄说："单足以喻则单，单不足以喻则兼，故不得不用啑语。佛经中论德如慈悲，论学如因明，述事如唐捐，本系不相比附之字，今则沿习而用之，忘为强凑矣。"所谓"强凑"的观点在当时似较普遍，如严复说：

> 按宪法二字连用，古所无有。以吾国训诂言仲尼宪章文武，注家云宪章者近守具法，可知宪即是法，二字连用，于辞为赘。今日新名词，由日本稗贩而来者，每多此病。[②]

而吴稚晖则不同意"强凑"之说：

> 和训之字，本用假名。动状各词，大都不用汉文。用汉文者，惟双迭之词，有如"提挈""经验""繁华""简单"之类耳（双

[①] 关于文体，黄遵宪主要提出了一些技术上的建议，如改行，使用括号、序号、图表，加注释等。但是同时针对严复"文界无革命"的主张，明确指出：文体是需要改革的。"如《四十二章经》，旧体也。自鸠摩罗什辈出，而行矣。本朝之文书，元明以后之演义，皆旧体所无也。而人人遵用之而乐观之。文字一道，至于人人遵用之乐观之足矣。"

[②] 王栻主编《严复集》第 2 册，第 238 页。

迭之动状词，汉人习焉不察，仅目之为掉文而已）。其实有时非双用不能达意。即此可见名词固不能专用单息拉勃矣（息拉勃＝音节——引者注）。而动状等词，亦未尝能止用单息拉勃也。又日本新学词头，采用欧书者，近二十年之所增添，大都不喜译意，而用假名译音。[①]

即吴稚晖认为名词不能只用单音节形式，这是因为"有时非双用不能达意"；动词、形容词也不能只用单音节形式，但是对此吴氏没有说明理由。王国维也意识到了中日（实际上是严复的译词）译词创造上的重大不同之处，"日本人多用双字，其不能通者，则更用四字以表之；中国则习用单字，精密不精密之分，全在于此"，所以"创造之语之难解，其与日本已定之语相去又几何哉"。[②]关于双音节译词的问题，胡以鲁引用荀子所谓"参而成文，名之丽也"的主张，指出在没有可以利用的固有语词时，应该"以多音节复合词的形式创造译词"。胡的观点是与王国维相同的。[③]黄遵宪的这封信显然是在看过严复在《新民丛报》上给梁启超的那封信之后写的。严复是否回复、如何回复都不得而知。

《原富》以后，严复继续翻译了《群学肄言》（1903）、《穆勒名学》（1903）、《群己权界论》（1903）、《社会通诠》（1903）、《法意》（1904~1909）、《名学浅说》（1909）。翻译的方法和使用的译词都发生了变化。因为汉语本身已经踏上了"国语化"的"天演"路程，严复无法完全置身这种变化之外。就严复后来的文章（包括译著）而言，文体上的变化并不显著，但

① 燃（吴稚晖）:《书〈神州日报〉〈东学西渐〉篇后》,《新世纪》第101~103期，张枬、王忍之编《辛亥革命前十年间时论选集》第3卷，三联书店，1960，第473页。

② 王国维:《论新学语之输入》,《教育世界》第96号，1905年，收入《王国维遗书》第5册《静安文集》，上海古籍书店，1983，第97~100页。

③ 沈国威:《译词与借词——重读胡以鲁〈论译名〉》,『或问』9号、2005年。所谓"强凑"是指汉语中的并列造词格，即由两个近义（同训）或反义的语素构成复合词。论者多注意意义的"精密性"，其实，并列格复合词中的语素并不都对词义的精密性做出贡献，也就是说之所以要用两个语素并不是词义上的要求，而是韵律或词性转换上的必需（并列格的复合词可以较容易地转变为体词性）。并列词格是现代汉语词汇体系最显著的特点之一，具有很强的能产性。

新词的增加，尤其是日本借词的采用却是引人注目的。①

黄遵宪称严复是学界的"第一流人物，一言而为天下法则，实众人之所归望者也"，对严复的影响力寄予极高的期待。1909 年严复任学部审定名词馆总纂，这是他在译名方面施展抱负的绝好机会，他也确实做了极大的努力。②但是，最终归于失败。③

无论是文体也好，译名也好，时代所呼唤的新"国语"走上了一条与严译背道而驰的路。今天我们探讨这段历史时，严复及其一系列译著是一个重要的参照，它引导我们从相反的角度思考近代新词、译词的产生与汉语自身的近代演进过程。

---

① 朱京伟:《严复译著中的新造词和日语借词》,《人文论丛》2008 年卷，中国社会科学出版社，2009。
② 参见本书"词汇交流编"第四章。
③ 黄克武:《新名词之战：清末严复译语与和制汉语的竞赛》,《中央研究院近代史研究所集刊》第 62 期，2008 年。

语言接触编

引　言
接触与应变

　　语词的"借贷"是以语言接触为前提的，同时还必须具有文化、政治和经济的动机。汉字早在汉代或更早的时期就通过朝鲜半岛传入日本。汉字的扩散对于中国来说是一种在不知不觉中实现的被动接触，但是对于尚无文字的日本来说，则是一个获得文字、建立书写记录手段的大事件。同时，汉字及其所承载的文物制度、人文知识，是促进日本社会发展的强大力量。仅从语言文字的角度论，在漫长的容受汉字的过程中有"万叶假名"、平假名、片假名的创制和训读法的建立，汉字从根本上改变了日语意义体系的架构，① 成为"不可分离的他者"。② 日本的语言研究历来就有相当大一部分是围绕着汉字的传来、容受和使用展开的。

　　反观中国，中国人何时注意到日语的存在并与之发生主动接触？汉语在这种接触中又受到何种影响？这种问题意识的萌发不会早于19、20世纪之交。经过明治维新，日语成为汉字文化圈域内的强势语言，开始成为承担西方近代新知识的载体和传播媒介。在20世纪初的一段时间里，通过日语学习新知识是使日语上升为东亚学习人数最多的外语之一的主要原因。日语不再仅仅是一个沉默的接受者，亚洲的"近代"到处都有日语的痕迹。但是时至今日，在近代词汇史的研究中，日语对汉语的影响问题仍是一个薄弱的环节。20世纪50年代有过一个短暂的研究热潮，但所留下的成果不多，还有很多工作需要做。

---

① 日语的动词、形容词意义抽象笼统，如 TORU 可以训成"取、采、捕、执、摄、盗、摄"，即汉字促进了日语意义体系的细化。相反，名词一类缺少抽象词语。例如日语固有词语有具体的动物、植物名称，却没有表类别的词，如"动物""植物"等只能使用汉字词。

② 子安宣邦『漢字論：不可避の他者』。

　　本编分为三章。第一章"中国人遇到日本语",主要考察中国人最初邂逅日语时,对日语汉字词采取了一种什么样的态度。通过该章我们可以从侧面捕捉 19 世纪末的中国人的日语观。第二章"近代新知识的容受与日本途径",主要分析和验证中国人通过日语获得西方新知识的观念意识如何确立,并如何付诸实现。作为个案,该章详细讨论了康有为的《日本书目志》和梁启超的日本知识认知的历程。第三章"新名词,来自日本的'丑怪字眼'",从社会语言学和词汇学的角度讨论中国社会对来自日本的新名词的反应。

第一章
中国人遇到日本语

　　日本的汉字新词、译词从何时起传入中国？关于这一问题，一般的看法是甲午战败之后清政府首次向日本派遣留学生（1896年3月）；其后戊戌变法失败（1898年秋），鼓吹改革的领袖人物康有为、梁启超等流亡日本，在东京创办《清议报》（1898）、《新民丛报》（1900），文章中多用日语词，1900年以后留学日本呈现热潮，留学生逐渐掌握日语，开始大规模地翻译日文书，日语词汇遂大量进入汉语。[①]

　　日本学者铃木修次对于日语词传入中国的时间问题，曾指出：在《清议报》创刊之前，梁启超之师、鼓吹改革变法的康有为向光绪皇帝奏呈《戊戌奏稿》，其中已经使用了相当数量的日语词。[②]铃木的研究把借用日语词的时间推前了数年，但仍为甲午之后这一点没有变化。而在中国，郑奠早在1958年就指出了中日两语言的近代新词、译词在发生上具有相关性和连续性。郑奠说：

　　　　中国翻译西方近代科学技术的书，是从明季（十六世纪后期）利玛窦辈的东来开始。由于中国学者徐光启诸人的努力，有过不少的成就。到了清世，尤其是在十九世纪时代，中间经过鸦片战争的刺激，为了吸收新文化以图富强，对于翻译事业，比较广泛地开展起来。在北京设有同文馆（1862~1902年），在上海江南制造局附设翻译馆（1870~1907年）。此外，天津的北洋学堂、上海

---

① 王国维说："近年文学上有一最著之现象，则新语之输入是已。"[《论新学语之输入》（1905）] 所指即日本译词。彭文祖说："溯我国新名词之起源于甲午大创以后，方渐涌于耳鼓。"[《盲人瞎马之新名词》（1915）] 参见王立达《现代汉语中从日语借来的词汇》，《中国语文》1958年第2期；高名凯、刘正埮《现代汉语外来词研究》；王力《汉语史稿》；北京师范学院中文系汉语教研组编著《五四以来汉语书面语言的变迁和发展》等。
② 铃木修次『日本漢語と中国：漢字文化圏の近代化』中央公論社、1981、28~38頁。

的南洋公学、海军衙门、总税务司，以及时务报、广学会、墨海书馆等等都有译本刊行，不胜列举……日本的翻译事业，据《日本国志》所记载，自十九世纪开始。日本文化八年（1811 年）始置翻译局于浅草，为和兰学；安政三年（1856 年）改称蕃书调所；文久二年（1862 年）改为洋书调所；八月改为开成所，此后才逐渐发展。这时期与中国的同文馆翻译馆约略相当，同样使用汉语汉字，造词定名，期间当有中日交流、互相影响的一段过程……总之，在这一段时期日本学者与中国译界同时并进，是相互影响的一段过程。[①]

19 世纪初新教传教士来华后创制的译词通过汉译西书、英华辞典等（关于英华辞典类的资料，郑奠亦疏漏了）传入日本，对日语近代词汇体系的形成产生了巨大的影响。如本书"导论编"所述，日本学界对这段历史进行了深入广泛的研究，积累了大量的研究成果。与此相反，关于甲午之前日语对汉语产生过何种影响的问题，在中国虽然有郑奠的推测，但是尚没有具体的考察。

本章从中国人何时邂逅日语、日语新词何时流入汉语的角度进行考察，主要以明治维新前后访问日本的中国人留下的著述为素材，对其中的词语进行分析，探讨 1895 年之前的一个时期里中国知识分子与日语接触的事实。这种接触过程中是否存在日语词汇流入中国之可能性，以及这种可能性是否成为现实，中国的知识分子在遭遇日语时曾做出何种反应，都是本章要讨论的问题。

本章考察的资料主要取自《小方壶斋舆地丛钞》、"走向世界丛书"以及其他丛书等收入的近代前期访问日本的中国知识分子、外交官、出访官员留下的记录，[②] 词语则主要从以下书中抽出：

---

① 郑奠:《谈现代汉语中的"日语词汇"》,《中国语文》1958 年第 2 期，第 94~95 页。

② 《小方壶斋舆地丛钞》是清末王锡祺编辑的地理丛书，由正编、补编各 12 帙，再补编 6 帙构成，收录了明代以后中国人和外国人撰写的关于世界各国（包括中国）地理的著作，上海著易堂刊。"走向世界丛书"由钟叔河主编，收录了从明代至清末访问西方各国（包括明治维新前后的日本）的中国人写的游记（预定 100 种，一部分从《小方壶斋舆地丛钞》中抄录）。至 1985 年 9 月，出版了第 1 辑 10 册，含日记、纪行文等 36 种，达 600 万字以上。本章以该丛书所收的日本访问日记、见闻录为中心进行考察。要把握 19 世纪汉语的实际情况，了解近代汉语词汇如何受外语的影响，还有必要与他国的访问记录做对比研究。

- 罗森：《日本日记》（1854）
- 何如璋：《使东述略并杂咏》（1877）
- 张斯桂：《使东诗录》（1877，刊行于1893）
- 王韬：《扶桑游记》（1879）
- 李筱圃：《日本纪游》（1880）
- 傅云龙：《游历日本图经余记》（1887~1889，部分公开刊行于1893）
- 叶庆颐：《策鳌杂摭》（1889）
- 黄庆澄：《东游日记》（1894）
- 黄遵宪：《日本杂事诗》（初版1879，定本1890，公开刊行于1895）

中日是一衣带水、一苇可渡的邻国，有着悠久的文化交流的历史。在历史上中国一直是文化输出国，但是这种输出并不是主动的传播，而是被动的"索取"。隋唐以来数以千计的日本人不惜冒着生命危险来中国学习先进的文化制度和科学技术；与此相反，19世纪以前访问过日本的中国文人屈指可数，对日本的考察及文化吸收更是乏善可陈。[①] 双方所持的信息量也是不平衡的。黄遵宪在《日本杂事诗》初版的跋中写道：

> 《山海经》已述倭国事，而历代史志，于舆地风土，十不一真。专书惟有《筹海图编》，然所述萨摩事，亦影响耳。……唐人以下，送日本僧诗至多，曾不及风俗。日本旧已有史，因海禁严，中土不得着于录，惟朱竹垞收《吾妻镜》一部，故不能详。士大夫足迹不至其地，至者又不读其书，谬悠无足怪也。宋濂集有《日东曲》十首，昭代丛书有沙起云《日本杂咏》十六首，宋诗自言问之海东僧，僧不能答，亦可知矣。起云诗仅言长崎民风，文又甚陋。至尤西堂《外国竹枝词》，日本止二首。然述丰太阁事，已谬不可言。日本与我仅隔衣带水，彼述我事，积屋充栋；而我所记载彼，第以供一噱，余甚惜之。

---

① 钟叔河说："中国文人以前访日的就有鉴真和尚、朱舜水等，但是他们在日本永住，把日本的情报带回中国的人很少，这不能说是交流。"《走向世界：近代中国知识分子考察西方的历史》，中华书局，1985。

中国自古以来，关于日本的信息既少又不准确，且多为传闻。对于统治阶级和广大的士大夫来说，日本不过是"海外三仙山"而已。日本历史学家渡边三男指出：对于中华文化的吸收，日本人倾注了极大的努力，与此相反，中国人对日本的研究几乎没有，虽然通过阅读日本人用汉文写的书不费举手之劳就可以了解日本和日本文学的一些基本情况，但是一般士子对日本的语言、日本固有文字的关注和理解极少。从这一点上看不得不说中日间的文化交流是单方向的。[①]

中国最早记录日语的文献是宋代罗大经的《鹤林玉露》(1252)。其丙编卷四《日本国僧》中记录了日本僧人述说的日语词20条。明代以降，由于抵抗倭寇的需要，出现了一批研究日本的著作。[②]至19世纪上半叶，记录了日语词的著作有以下数种：

- 《华夷译语》的《日本馆译语》 566词
- 薛俊《日本考略》中的《寄语略》 350余词
- 郑若曾《筹海图编》中的《寄语杂类》 358词
- 侯继高《日本风土记》 1186词
- 郑舜功《日本一鉴》卷五的《寄语栏》 3404词
- 郑舜功《日本一鉴》卷一、卷四的《穷河话海》 2868词
- 翁海村《吾妻镜补》的《海外奇谈、国语解》 1223词

这些书所记录的日语词仅限于天文、地理、身体、器物、衣着、饮食、植物、数学等生活基本词汇和简单的寒喧、应答语。这种情况一直到19世纪下半叶还很普遍，如叶庆颐《策鳌杂摭》中的《事物异名》、傅云龙《游历日本图经》中的《方言》，以及作为日语学习书而编写的《东语简要》（玉燕，1884）、《东语入门》（陈天麟，1895）等。所收录的日语词主要有以下几个来源：

- 择自各种日本的辞典，如《节用集》《倭名抄》等；[③]
- 从与日本人有接触的中国商人、水手处收集而来；

---

① 大友信一等（编）『遊歴日本図経本文と索引・序』笠間書院、1975。

② 从这些文献中可以知道，明代关于日本的研究出现了一个小高潮。而进入清朝以后，由于采取闭关的政策，相关的书急速减少。

③ 对此渡边三男、大友信一、木村晟等有一系列研究成果。参见本书末参考文献。

- 明治维新以后与日本人的直接交往中获得；[①]
- 根据著者本人的日本生活经验获得。

在这种极为有限的语言接触的情况下，要想全面了解日语无疑是不可能的。词语的借用即使有也只限于少数表示日本独特的固有概念的词语。

不了解日本或不屑于了解日本的状态一直持续到 19 世纪末。然而中日甲午战争终于打破了这种停滞的局面。[②]西方文明如同怒涛一般冲击东方，在西学东渐、吸收西学的过程中，中国对日本的优势逐渐丧失，知识的流向终于发生了逆转。中日甲午之战是转折点，在此之前的 20 多年是由量向质转变的阶段。中日之间发生的与以前不同方向的词语移动，正是由文化文明以及国力消长引起的。

一　罗森的《日本日记》及其词语

西方文明的东渐缩小了世界各国的距离，中国人的目光也开始投向大海对面的日本。1854 年 "一唐人" 得到一个偶然的机会，乘美国海军提督佩理（Matthew Calbraith Perry，1794–1858）舰队的军舰访问日本，并将自己的见闻写成日记，登载在《遐迩贯珍》上。[③]他就是进入 19 世纪以后最早访问日本的中国文人罗森。

罗森字向乔，广东人，受在广东传教的美国传教士卫三畏之邀，作为汉文通事，于 1854 年 1 月某日前往日本（入江户湾为 1854 年 2 月 11 日，回返香港为 1854 年 8 月 7 日）。罗森属于那种与当时在中国沿海地区传教、从商的西洋人过从密切，对世界大势也较关心的知识分子。除了连载于《遐迩贯珍》的《日本日记》以外，罗森还著有记录太平天国始末的《南京纪事》，后者在日本以《满清纪事》的书名翻刻，广泛流传。

---

① 如玉燕《东语简要》的编纂与 19 世纪 80 年代上海繁盛一时的日本茶楼（妓院）有关。参见沈国威《近代东亚语境中的日语》，『或问』16 号、2009 年。

② 《日本杂事诗》刊行后出版的《日本国志·自序》以及卷头薛福成的序文都表述了这样的见解。

③ 《遐迩贯珍》（*Chinese Serial*）是香港英华书院（Anglo-Chinese College）出版的中文杂志，月刊。1853 年于香港创刊，1856 年停刊。《日本日记》连载在 1854 年 11 月至 1855 年 1 月的各号上。参见松浦章、内田庆市、沈国威编著《遐迩贯珍——附解题·索引》。

佩理舰队来日本叩关时，日本正处于闭关锁国的状态，外部信息的流入受到严格的限制。罗森的来访为日本提供了一个直接了解、证实有关中国的情况和传闻（如太平天国等）的好机会。罗森与日本幕府官员笔谈，与日本文人唱和诗歌，挥毫留念，广泛交接。在仅仅半年的时间里，罗森访问了横滨、箱馆（函馆）、下田等地，看到"自从葡萄牙滋事立法拒之，至今二百余年，未曾得见外方人面"的闭关锁国的日本，对江户的市井风情亦多有接触。在篇幅不大的《日本日记》中罗森对日本的风俗习惯、物产、器具等的特征，及其与中国的不同之处都做了细致观察，如书中有"妇女生育后染黑齿""此处之茶略带甘甜"的描写。在《日本日记》中如"大判""小判""参议""奉行"等表示日本固有的文物、器具、官制的词语随处可见。关于这些日本固有概念的记述，可以说与记录了日本地名、官名的明代以后的日本研究文献具有相同的性质。

但是，《日本日记》同时也对西洋传入的文物做了记录。例如罗森说为了庆祝谈判成功，佩理向幕府赠送了西洋最新的"奇物"。[1] 对此，他的描述如下：

> 以火轮车、浮浪艇、电理机、日影像、耕农具等物赠其大君，
> 即于横滨之郊筑圆路烧试火车，旋转极快，人多称奇。

接着，罗森对电理机、日影像、浮浪艇、耕农具的用途和用法等一一做了介绍。这里所说的火轮车、浮浪艇、电理机、日影像、耕农具等，分别为火车的模型、救生艇、电报机、照相机、农业机械等。从罗森的记述中可知，这些东西不仅日本人，就是对罗森本人来说也是颇为"新奇"的物品。[2]

---

[1] 罗森的记述在时间上可能不正确。礼品的馈赠是在通商谈判达成最终协议之前。

[2] 罗森和西洋人交往密切，对上述西方"奇物"或有耳闻，但是，实物可能也是第一次看到。另，汉文撰写的赠呈目录出自何人之手不明，所使用的名称也与罗森的《日本日记》相异。如目录上没有"日影像"，"电理机"被记为"雷电传信机"。关于"电理机"，罗森给出的说明是："以铜线通于远处，能以此之音信，立刻传达于彼，其应如响。"钟叔河认为是早期的电话机（《日本开国的见证》，《日本日记》，岳麓书社，1985，第26页），但是汉文赠呈物品目录的日文本为「エレトル、テレガラーフ」，可知不是电话机，应该是 electro telegraph，即"电报机"。

对这些新奇的东西必须命名。罗森使用的名称与现代汉语不同，是他在现场临时起的名字还是另有其他来源不得而知。佩理赠送礼物时附有一个用汉文撰写的赠呈目录，目录上有"小火轮车""雷电传信机""铜保命小艇"等的名称，[①]从这种不统一的现象看，除了"火轮车"以外，其他都是临时性的名称的可能性较大。

在汉文赠呈目录的日文翻译文本上，[②]上面的三个词被分别译成：

雛型　蒸氣車
エレトル、テレガラーフ　　但、雷電氣ニテ事を告ル器械
銅制之端船

如果新器物和概念经由中国传入，在命名、翻译时就不可避免地要受到汉语的影响（目录上的农业机械、植物日译名称反映了这一倾向），而上述三个名称与罗森用的名称之间没有共同之处，可认为日本独特的命名。

上述情形可以说是一种即物命名的行为。在脱离现实语境的情况下，如外语辞典编纂过程中，这些概念被词汇化的情形又如何？麦都思的《英华辞典》和罗存德的《英华字典》收录情况见表1。

表 1　麦都思《英华辞典》和罗存德《英华字典》收词对比

词条	麦都思《英华辞典》	罗存德《英华字典》
train	未收	未收（但是，train-road：铁车路）
lifeboat	未收	救命艇
electro telegraph	未收	电报
camera	未收	未收（但是，camera obscura：照物箱）

由此可知，比罗森早一些的麦都思的《英华辞典》自不待言，即使是罗森访日十几年后出版的《英华字典》，也没有完成概念的导入和译名的确立。[③]

---

① 『通航一覧続輯』卷4、清文堂出版、1972、609頁。
② 東京大学史料編纂所（編）『大日本古文書　幕末外国関係文書之5』東京大学出版会、1972、226頁。
③ 不仅仅是发明，与实际应用的时间也有关系。比如，照相机以现在的形状普及开来是19世纪下半叶以后。

在日本，罗森的《日本日记》里提到的佩理的谈判对手堀达之助，在佩理来日八年后出版了第一本初具规模的英日辞典《英和对译袖珍辞书》。在这本辞典里，上述词条的情况如下：

train　蒸気車ノ引テユク車

lifeboat　救ヒ船

electro telegraph　未收

telegraph　傳信機

camera　未收

在《英和对译袖珍辞书》之后，由美国传教士平文编纂出版的《和英语林集成》和柴田昌吉、子安峻的《附音插图英和字汇》中收录情况见表2。

表2　平文《和英语林集成》和柴田昌吉、子安峻
《附音插图英和字汇》收词对比

词条	平文《和英语林集成》	柴田昌吉、子安峻《附音插图英和字汇》
train	Dozei, giyo-retsu「同勢、行列」	列车「蒸気車ノ」
lifeboat	未收	救舩 タスケブ子
electro telegraph	未收	未收
telegraph	未收 *	电信机
camera	Nozoki「覗き」	照物筐

*1872年的第二版为telegraph, n. Denshinki［電信機］。

在19世纪中叶，对表达西方新事物、新概念的译词的创造这一近代化过程中必须实现的工作，中日两国都还没有完成。换言之，在这一时期，日语词除了少数表示固有文物、制度的词以外，流入中国的可能性还很小。汉语受日语的影响要远远小于它带给日语的影响。

把握19世纪中叶之前中日之间的新词、译词的大致走向，对确认日语借词的词源非常重要。例如《汉语外来词词典》把"影像"认定为来自日语的借词：

影像　yingxiang　影子；印象。源 日 影像 eizo【意译英语 image；shadow】

但是，在《日本日记》里有"日影像"一词，"日影像以镜向日绘照成像，毋庸笔描，历久不变"，在这里是表示用日光做出"影像"的装置的意思。这一词是不是由罗森造出来的，还有必要进行调查。但结论恐怕是否定的，因为如下所示在麦都思《英华辞典》里已经作为译词出现了：

effigy　　影像
portrait　　影像
resemblance　　影像

而在罗存德的《英华字典》中，"影像"是作为一般词语使用的：

Effigy，the likeness of a person，像、影像
Image，… to take an image，as a photographer，影相
Image，to，影像、影相、影出样子

就是说，在日本的词语传入中国的可能性出现之前，字符串"影像"已经在汉语中存在并作为译词使用了。

综上所述，到 19 世纪中叶，除了表示日本独特的文物、制度的词语以外，汉语有必要借用的日本词非常少。同时由于中国人对日本信息的淡漠，即使是表示日本独特的文物制度的词语，实际上也很少被借用。但是，明治维新后日本急速西化，来华传教士对日本显示了强烈的兴趣，日本一步一步地走进了中国的视野。

二　何如璋等的日本访问记录

在上一节中我们对罗森的《日本日记》及其使用的词语做了初步的考察。这一节我们将讨论何如璋的《使东述略并杂咏》、张斯桂的《使东诗

录》、王韬的《扶桑游记》、李筱圃的《日本纪游》、黄庆澄的《东游日记》等中国文人日本游记中的日语词汇问题。

明治维新之前，在接受西方文明上，中国和日本是站在同一起跑线的。或者可以说，鸦片战争之前的广州、五口开放以后的上海等沿海城市远远地走在了日本的前面。这一点从汉译西书、英华辞典的出版上也可以看得清清楚楚。[①] 但是明治维新以后，日本从政治制度到经济体制、工业生产技术等各方面积极向西方学习，在短时间内取得了巨大的成果。而中国在"中学为体，西学为用"的思想指导下，以江南制造总局的翻译馆为中心，对"实学"，即西方的制造业进行了部分的介绍和翻译。但在政治、经济等人文科学领域，则采取了视而不见的态度。这使中国在向近代国家转变的过程中原地踏步。[②]

引进西方文明的成果越多，日本对中国的影响也就越大。而且由于地理的或历史的原因，19世纪90年代以前访问日本的中国文人，比去西方的人要多得多。另外，进入19世纪70年代以后，由于两国在琉球、中国台湾、朝鲜半岛的利益冲突，日本的存在感大大增加，两国间的正式交涉也多了起来。1871年9月两国几经周折终于缔结了《中日修好条规》，1875年11月日本特命全权代表森有礼来华，1877年11月何如璋作为第一任驻日公使赴任东京。

晚罗森23年踏上日本土地的何如璋，展现在他眼前的已经不再是罗森所看到的景象了。何如璋从北京出发以后，"海陆之所经、耳目之所接、风土政俗……就所知大略，系日而记之。偶有所感，间纪之以诗"，这就是《使东述略并杂咏》（以下简称《使东述略》）。其中"述略"部分有14000余字，"杂咏"部分由汉诗67篇（七言绝句）和简单的注释组成，主要记录了抵达日本后的一个多月的见闻。

何如璋的副使张斯桂也留下了一本诗集——《使东诗录》，收录七言绝句等40首，在其去世后由《小方壶齐舆地丛钞》的编者王锡祺出版。[③]

---

① 关于中日近代化步伐的比较，参见实藤惠秀《中国人留学日本史》，谭汝谦、林启彦译，香港中文大学出版社，1982，第一章。

② 钟叔河：《走向世界：近代中国知识分子考察西方的历史》。关于近代前期江南制造总局翻译馆的译述活动，参见王扬宗《傅兰雅与近代中国的科学启蒙》等。

③ 关于词汇的借用和传播，对图书公开出版的时间也要加以考虑。

《使东述略》中有以下的记述：

> 山阳有赖子成襄者……曾见所著《日本政记》、《日本外史》
> 及《新策》诸书，识议宏博……

从这段文字中可以看出，何如璋曾阅读过一些关于日本的书。只是这时赖山阳已经死了60多年，日本在经过幕府末期和明治维新以后发生了巨大的变化，而作为驻日使团最高负责人的何如璋对明治维新以后的日本有多少正确的知识，实际上不得而知。例如在《使东述略》中可以看到如下的关于日本地理的记述：

> 其疆域　分四大岛……在西一大岛……在西南一大岛……中
> 央一大岛……又东北一大岛……

何如璋把以前中国文献上的"日本三岛"修正为"四岛"是一个进步，但是他说这是通过"海陆之所经"的观察（何如璋乘军舰"海安"号，从上海吴淞口出发，途经长崎、长门海峡、濑户内海、神户、大阪，由横滨入东京）和"闻自高丽乘舟来者"的信息。

尽管何如璋来日之前对日本了解不多，但他在接触实际的日本社会以后，从传统的生活方式，以及"明治以还，改革纷纭"，"近趋欧俗，上自官府，下及学校，凡制度器物语言文字，靡然以泰西为式"的现实中，敏锐地察觉到中日两国的差异和明治维新以后日本的变化，并记录了下来。何如璋在"杂咏"中，还有吟咏铁路、火车、电报、邮政、造纸的诗。

那么，何如璋一行是用什么样的词语来表达所看到的日本的诸般现象呢？从何如璋的《使东述略》和张斯桂的《使东诗录》中，可以选出以下的词语（带下记号的词在《汉语外来词词典》中被当作日语借词，还有一些词被其他学者认定为日语借词，在这里对具体词源认定的正确与否暂不涉及）：

甲）

大政院　大审院　元老院　外务省　大藏省　内务省　司法省　理事[下]

裁判所 议员ʟ 常备兵ʟ 警视厅 师范 电气 电信 铁道 经费ʟ
邮便 公园ʟ 少佐 陆军士官学校 师范学校 幼儿园 淡巴菰

乙）

出张所 随员ʟ 使者ʟ 市场ʟ 意匠ʟ 神社 神宫

丙）

濑户（濑户译言海峡）

以下是张斯桂《使东诗录》中诗的题目和题注：

钓道具	钓鱼钩铺子，犹言钓鱼一道之器也。
八百屋	蔬菜店，未详何义。
御料理	御者，大也；料理，犹言善治庖也。
仙台味噌	仙台，地名；味噌者，酱盐菜等类也。
荒物	荒物，草器也。
玉子场	玉子，鸡卵也；场，买处也。
古帐卖	古帐，破碎旧纸，用作还魂纸。其整张者分与各铺包什物。
御入齿	配牙齿，亦西法也。
发铗处	铗，剪也，剪发之匠也。
吾妻桥	吾妻，地名。
仕立处	成衣铺也。
大安卖	减价贱卖，谓买者可安于心也。
小间物	细碎小物件也。
大问屋	大铺子，不肯零星拆卖也。

以上词语可分成三类。

（甲）本类词表示从西洋传入的新事物、新概念和新制度。这些词语可以定位为明治维新的成果。字符串的特征为有较高的意义透明度。就是说，对于有汉字素养的人来说，很多词可以从字面上猜出意义。毫无疑问，意义的透明度是由汉语的字义及构词法所保证的，根据汉字原来的字义创制新的词语和译词是幕府末期、明治初期新词、译词形成上的一大特点。[①]但是，并不是所有的词都具有一样高的透明度，例如"邮便""出张所""淡巴菰"等词只能说是半透明或完全不透明。

（乙）本类词不一定具有西方的文化背景。在这一点上与甲类相区别，与丙类词则可相同看待，但是词义的透明度更接近甲类词。换句话说，在词的构成上与汉语有共同性。实际上在《汉语外来词词典》中被认定为日语借词的"随员""使者"，已经先于日语出现在英华辞典中了，在语源考证时需要做出慎重的判断。乙类词里，还有一些表示日本独特的风俗习惯、文物制度的词，例如"神社"等。这样的词语在不同语言的接触过程中为异民族所借用时，常常很难实现等价的翻译。

（丙）本类词词义透明度最低，因为这些词是通过日本特有的训读方式产生的，或者在日本经受了独自的意义演变。这些词与日本语言社会有着紧密的联系，在这种情况下，即使正确掌握了汉字的固有字义，也无法从字面上正确推测出字符串的意义。[②]丙类词的例子主要取自张斯桂的《使东诗录》，可以很容易地推测出这些词语都是在街上能够看到的广告招牌的内容。张斯桂来日后便把在街上看到的招牌上的词语原封不动地用在自己的诗中了。关于词义解释的类型，丙类词与甲、乙类词相比，具有很大的特殊性。详细的讨论将在下一节中进行。

如上所述，何如璋、张斯桂之所以能在自己的诗文著述中使用新的或不常见的汉字词语，是因为和日语有了实际的接触。在这一大前提下，语词的借贷不是通过声音，而是通过文字这一点，值得引起注意，正是书面语言的形式增加了语词借用的可能性。特别是甲类词的收集，是存在着"按其图籍访其政俗"这样一个过程的。由于文字媒体，即"汉字"的存在而实现的日语词汇的借用，自然与源于其他语言的借词有很多不同之处。

---

① 复合词的意义透明度除了词格以外，还受构词成分的难易程度的影响。张对"古帐卖""发铣处"等非汉语句法模式的词并没有做出特殊的反应。

② 当复合词具有"～桥""～物""～屋"等表示类别的成分存在时，可以有初步的概念形成过程。

这一事实，在考察日语借词时是非常重要的。① 在《使东述略》的最后，何如璋写道：

> 或察焉而未审，或问焉而不详，或考之而不能尽合。

何如璋来日时间虽然不长，但是对日本已经有了初步的知识。他还写道：

> 天时人事之消息盈虚，非参稽焉，博考焉，目击而身历焉，究难得其要领。宽之岁月，悉心以求，庶几穷原委，洞情伪，条别而详志之，或足资览者之考镜乎，是固使者之所有事也。

这种使命感与他作为驻日公使这一立场不无关系，他之所以能在自己的著作中大量使用日语词，是因为他对日本的各种情况有着强烈的好奇心和积极的态度。这一点与黄庆澄、傅云龙有相似之处，与王韬、李筱圃则大为不同。

王、李、黄是以私人身份访日的文化人士。王韬是著名的《普法战记》

---

① 其中"淡巴菰"是一个较特殊的词。从"客至席坐围小炉瀹茗，以纸卷淡巴菰相飨"的说明中可以知道，何如璋等在访问日本人家时，得到了抽烟的招待。可以认为接触香烟实物在先，了解"淡巴菰"的书写形式在后。何如璋是否在这种交往中知道了"淡巴菰"则不得而知。

关于"淡巴菰"，有中国词源说。《日本国语大辞典》（小学馆）引《日本释名》说"淡巴菰"是从中国传来的。新村出也说"支那自古使用淡把姑等名称"（『新村出全集』卷5）。但是中国明清以后好像就不使用"淡巴菰"了。高名凯、刘正埮的《现代汉语外来词研究》将"TOBACCO 淡巴菰"列为来自英语的外来词，刘正埮等编纂的《汉语外来词词典》又改为西班牙语外来词。他们关心的只是 TOBACCO 的词源，而不是"淡巴菰"这一音译词形式来自何处。19 世纪中叶的《英华字典》《英华辞典》等，都把"烟"用作 TOBACCO 的译词，不见"淡巴菰"。而且，对于日本的中国语源说，黄遵宪在《日本杂事诗》中写道："呼烟曰淡巴菰，鲇埼亭赋《芝峰类说》（朝鲜人著）皆谓出日本，日本人乃谓出中土，盖皆自吕宋来（庆长十年烟草始来日本），淡巴菰，西人言也。"但在《日本国志·礼俗志》中记述为"庆长十四年，烟草始来日本，名曰淡巴菰，言西人语也"。这里 TOBACCO 和"淡巴菰"的关系也不明确。

1916 年出版的《官话》中记为："TOBACCO 淡巴姑（菰）部定。""部定"是学部审定译词的意思，辞典的序文说，译词审定时参考了日本的译名。有关该辞典及所收译词的情况参见本书"词汇交流编"第四章。

的作者，他的访日记录《扶桑游记》曾被日本报纸连载。李筱圃是通过上海商界名人的介绍访日的。但是两人对明治维新以后日本社会的巨大变革没有表示出特别的关心。例如，在王韬的《扶桑游记》中，与日本文人（多为对明治维新不满的旧知识分子）酒宴应酬、诗歌唱和等交往内容占了绝大部分的篇幅；李筱圃则更是以冷漠的眼光看待明治维新。在王、李的纪行文里，表示新事物、新概念的词语只有以下数条：

　　化学　光学　人力车　电报　美术　博览院　博物院　见物①

与此相反，在稍后访日的黄庆澄的《东游日记》中，能看到很多新词和译词。

坪　间　町　禁锢　裁判所　诉院　司法省　邮便局　邮便箱　邮便收纳箱
电报局　总局　支局　劝工场　寻常师范学校　心得　应接所　会议所　养兵所
沐浴所　器具　物理器具　几何形体器具　干路　支路　文库　华族　高等女学校
士族　平民　内阁总理大臣　宫内省　枢密院　内务省　卫生　出版　外务省
大藏省　国债　货币　银行　文部省　陆军省　海军省　农商务省　递信省
知事　警视厅　警察署　独逸　官立　公立　私立　大学　中学　小学
寻常　高等　女学校　商务学校　医学校　聋哑学校　陆军学校　海军学校
帝国大学　法科（法律　政治）医科　工科（土木　机器　造船　造军器
造房屋　应用化学科）文科（哲学　本国文学　史学　博言学）
理科（数学　物理学　化学　动物学　植物学　地质学）哲学会　地学协会
学会　常备兵　预备兵　后备兵　国民兵　师团　旅团　大队　学年　警备队
伦理　国语　历史　博物　图画　唱歌　体操　油画　会议　坚持　人力车
总理　博物会　弁护士　哩　理事

叶庆颐的《策鳌杂摭》和上述的异国游记式的著述不同，是按传统的

---

① "见物"即"观光"，是日本外务省发行的国内旅游许可证文字的直接引用。直接引用在具有相似书写体系的语言之间是可能的，对于这种现象与词语借用的关系有必要加以考察。

舆地类的体裁撰写的。在下一节我们将对叶庆颐《策鳌杂摭》中的"事物异名"进行考察，讨论具有汉字知识和中国古典素养的人是怎样面对日语词汇的。

三　叶庆颐的《策鳌杂摭》"事物异名" 及其所用的词语

中国的知识分子真正遇到非母语者创制的汉字词是在近代以后。自古以来，版图广大的中国由于各地的风俗、习惯不同以及方言等原因，对事物、物产的说法名称各不相同，这对中国的文人来说是一个常识性的问题。所以在风土记、地方志、游记等文献中，关于方言的记录屡见不鲜。但是，这些方言通常只是在口语层面上存在着差异，在书面语上作者和读者都具有共同的汉民族文化背景，拥有共同的古典文献群。

明治以后访问日本的中国文人，第一次在中国以外的土地上遇到了汉字。尽管在此之前，中国文人的日本、口语的背景知识极端贫乏，但对日本与中国同文同种的传闻却深信不疑。[①] 当他们踏上日本的国土，看到街上写满汉字的广告、招牌时，与其说大吃一惊，毋宁说证实了他们事先的想象。那些无法理解的或不合乎汉语习惯的日本汉字词，使他们感到非常有趣的同时，也产生了困惑。上一节中提到的何如璋的副使张斯桂的《使东诗录》中使用的日语词就是这样的例子。只是《使东诗录》的日语词不多，注释也较简单。

甲午之前中国人撰写的书籍中，收录日语词最多、注释最详细的是叶庆颐的《策鳌杂摭》。叶庆颐字新侬，上海人，19 世纪 80 年代中期在日本居住过两年。叶庆颐在日本居留的时间比何如璋、张斯桂等稍晚一些，但是从中国人的对日知识上说，二者之间并不存在本质上的差别。《策鳌杂摭》是叶庆颐归国后写的日本见闻录，1889 年在上海出版。关于叶庆颐其人以及他的访日经过等，现在我们所知很少。该书卷首刊有曾经在日本公

---

① 何如璋的使团竟认为中日同文不需翻译，而没有带翻译人员，到东京后发现语言不通才急忙寻找译员。详见本编第二章。

使馆当过参事官的姚文栋（有名的日本研究者，著有《日本志稿》《日本地理兵要》等）从当时的任地柏林寄来的序文。据此可以推测叶庆颐与姚文栋有很深的交往。叶在卷末以诗抒怀，其中有"万里游踪汗慢行，征轺飞驾六鳌轻""破浪飙轮指日边，抽毫风土写蛮烟"的诗句。可以说叶的日本访问和居留是以 19 世纪中叶以后中国人对日本的关心急速增加为历史背景的。书名《策鳌杂摭》中的"鳌"是神话中的动物，背负着三座仙山在大海中漫游。书名表示了著者要周游世界、广记见闻的意愿，而实际上这本书始终是在介绍日本的情况，全书除卷首、卷末外共分八卷。

卷首	各地道图　地图 11 张	卷五	兵额军舰
卷一	国名原委　附朝贡考	卷六	山川关隘
卷二	世系纪年	卷七	岁时名胜 [①]　附栽参说
卷三	疆域徭赋	卷八	事物异名
卷四	官制俸糈	卷末	音注日本字母正草二体

　　如各卷题目所示，该书重点介绍了日本的基本国情，对明治维新后日本的变革涉及不多，与其他有关日本的书籍相比，在内容上没有特别引人注目的地方；在词语方面也与何如璋、傅云龙、黄遵宪等人不同，反映西方近代概念的新词较少，仅限于政府机构和职务名称。

　　但是题名为《事物异名》的第八卷极具特色。该卷共收录日语词（包括词组）130 条，并逐条对词义进行了解释。无论是收词规模还是释义详细程度，《策鳌杂摭》与同一时期出版的其他文献相比都是突出的。[②] 首先将第八卷中的词语全部抄录如下（按原书顺序）。

假皇居　坊主　大黑天　圭庵　两替屋　大问屋　八百问屋　御料理屋
诸见世物兴行　国立银行　佛师　时计师　龙吐水师　具师　屏风师

---

① 卷七《岁时名胜》对日本的传统习俗、民间活动和名胜古迹做了全面的介绍。"岁时"列举表达日本风俗习惯的词语，如"门松""雏游""祇园会"等 27 项；"名胜"列举"天满宫""后乐园""吾妻桥"等 51 项。
② 例如傅云龙的《游历日本图经》所记录的日语词数量远远超过了叶庆颐，但是其释义方法是："月，谓之都喜，语若知格。"即利用汉字近似音。

花火师　卖家　贷家　驿递局贮金预所　乘合马车溜所

诸路汽船乘客荷物取扱所　妇女待合所　奉公人口入所　雁皮纸卖捌所

邮便切手卖下所　御定宿所　羊肉卖捌所　酒类买下所（原文如此）　御休处

发铗处　男雇人受宿　女雇人请宿　御泊宿　安泊处　一新讲　波花讲　质家

殿　样　方　兴亚会　支那　男子服色　女子妆束　白鼠　待客礼节　贵下

大工　支配人　左官　涂师　车职　御贿料　贿室　钓鱼　令爱舍　御待合

于路之　大安卖　贷本　御齿黑　犊鼻裈　函冰馆　海苔　亚尔个保儿制造所

柔术运动稽古　佃煮　共同物扬场　西洋料理　大福帐　唐枥物　万种物

御德用　玉子　砂糖　金米糖　德利　安八饼　大福饼　荻乃饼　太太饼

红梅烧　公债证书　誂　喜世留　仙台味噌　奈良渍　万渍物　各国铭茶

白玉饴　本家无类　山川白酒　初梅　四海波　西施　昆布　寒天　生荞麦

天麸罗　本胡麻扬　烧芋　迭　山鲸　海鼠　海鼠肠　海老　平贝　海虎皮

鲣节　大黑鲐　鲩鱼　鳆鱼　艺者　贷座敷　鹈　雪隐　尘溜　登女床　卸

文理颠倒　御息所　熨斗　官许　万引　瓦斯灯　蒸气车　燧木　骸炭　硝子

贯目

上述 130 条词语中，"男子服色""女子妆束""待客礼节""文理颠倒"
等其实是对日本风土人情和语言等情况的简介。

至于卷八的撰写动机，叶庆颐在卷首的凡例和卷八的前言中写道：

> 事物之名，于异域固不必从同，第日本与我国有同文而殊解
> 者，仍摭入以为问俗之助。（凡例）
>
> 日本与中国地同洲，书同文，事物称名应莫不从同。讵知樽
> 鸥伏猎，每多似是而非，[①] 甚至令人索解不得。姑举所习知者类录
> 存之，俾问禁问俗者作权舆，或不无小助云。（卷八前言）

与何如璋、傅云龙等的"考察洋情"不同，卷八的目的是给那些"入
乡问俗"的人提供帮助，这一点从他所收录的词条内容中也可以看出。这

---

① 尊→樽、蹲；伏蜡→伏腊等均为由于缺乏词源知识，用俗字代替本字，以致讹误的例
　　子。但原文为"伏猎"，疑为误刻。

130 条词中，表达明治维新以后新概念的词仅有国立银行、驿递局贮金预所、乘合马车溜所、邮便切手卖下所、羊肉卖捌所、兴亚会、支那、西洋料理、金米糖、公债证书、瓦斯灯、蒸气车、硝子等十几个词，更多的是上一节所述的丙类，即与传统生活方式密切相关的词语。这些词不是从书籍中，而是从街头的广告、招牌上收集的，这一点与张斯桂的情况极为类似。

可是如果仅是介绍日本的风土人情，卷一至卷七的那种见闻录形式的体裁也就足够了，以外语词汇集形式编纂的卷八《事物异名》存在的理由在哪里？著者在《凡例》中说"事物之名，于异域固不必从同"，即在不同的国家，由于语言不同，事物的名称也就不同，因此"日本与我国有同文而殊解者"。但是，在卷八前言中著者又说日本与中国"事物称名应莫不从同"。这种前后矛盾的表述里，著者的真意是什么？问题的症结在于"地同洲书同文"。作为不同语言间的一般情况，"不必从同"的事物名称，因为中日两国都地处亚洲，又使用同一种文字，所以"应莫不从同"，正是两种语言中共同使用的"汉字"使著者陷入了混乱。而这种由于汉字产生的现象，可以分为两种不同的形态，即：

- 事物异名：事物虽相同，但是在中日语言中的表达各异（同义异形）；
- 同文殊解：字符串相同，但是在中日语言中的理解各异（同形异义）。

总而言之，对同一字符串中日两语往往有不同的解释，或指称不同的对象。在这种情况下就需要给以特殊的说明，不如此，就会产生"似是而非""令人索解不得"的结果。著者所收集的词语一方面比较容易引起中国人的兴趣，但同时根据中国固有的汉字知识又不易理解或容易产生误解。对这些词语，著者认为有必要对词义加以解释，以清除理解上的障碍。这就是卷八《事物异名》的撰写目的。

从卷八前言中的"姑举所习知者类"的陈述中可以推知，在对收录的词语的解释中有很多著者亲身体验的因素在内。不仅如此，卷八和其他卷，尤其是和卷七的《岁时名胜》不同，不但对收录词语的词义进行解释，还从词源上对收录词之所以如此的成词理据做了不厌其烦的说明。英语词汇学学者柴田省三指出："人在达到了一定文化水平以后，就开始对语言进行反思，并开始认为事物的命名中一定有着某些正当的理由，按希腊人的说法就是名称的正确性。"①柴田所说的对"名称正确性"的追求，和中国传统的语言意识也有着密切的关系。中国自古以来如孔子的"名正言顺"所代表的语言思想根深蒂固，人们认为事物和事物名称之间的关系（即语言的形式与内容）应该是"名实相符"，可以"由名及义"。这种思维方式在《策鳌杂摭》中也有明显的反映。

叶庆颐对那些中国人所不知道的异名，以及具有日本独特意义的字符串给出了解释，以便消除中国人可能产生的误解。考察叶庆颐词义解释的过程，不仅可以了解著者的词义习得过程，而且能够发现中国人在理解汉字词的意义以及进行词源解释（即柴田省三所说的名称的正确性）的机制上等普遍存在的问题。那么，中国人在遇到陌生的汉字词时将做出何种反应？在这里有必要先对中国人理解汉字词义的传统心态和机制等方面加以说明。

成语"望文生义"是指那些仅从字面推测整个字符串意义的理解行为。这种理解常常是不正确的，但又可以说是中国人对字符串的基本诠释方法。字符串，只要使用汉字，尽管有方言的差异，但只能是汉语的词汇，所以所有的汉字词都是根据"规则"，即传统的方法创制，并被"正确地"赋予意义。这种前提作为一种语言意识在中国人头脑中根深蒂固。对未知的汉字词，人们根据自己的知识（在传统的教育过程中习得的汉字素养，以及从中形成的诠释力）做出相应的解释。特别是知识分子会尽可能地从古典中寻求规范，来解释汉字字符串的意义。

上述极具传统的词义诠释方法在19世纪邂逅日本汉字词的中国士子身上也表现得淋漓尽致。例如叶庆颐，从《事物异名》这一卷卷名上就可以知道，他并没有把日语当作一种外语，而只将其视为用汉字书写的不同名称，是一种方言而已。叶的观点在当时具有普遍性：人们把中日两语的关系说成"书同文"，关于日本的著作也都将日语放在方言卷中来叙述。将日制汉字词当作汉语固有的词语去理解，对日制汉字词所包含的日本特有的风土人情、自然习俗等文化上的或来自语言本身的因素没有给予应有的注意。

上述种种情况在解释日制汉字词时，会产生一些什么问题呢？

---

① 柴田省三『語彙論』大修館書店、1975、38 頁。

首先，对未知的字符串的解释力在一定程度上取决于个人的汉字知识，但中日语言在汉字的使用上有很大的差距，即使"望文生义"，也并不总能畅通无阻。请看下面的具体例子：

> **硝子** 玻璃之名，日人有硝子制造会社，即造玻璃器物处也。
> **诸路汽船乘客荷物取扱所** 诸路，各路也；汽船，轮船也；乘客，趁客也；荷物，附装货物也；取扱，代客提取一切也。盖过载报税行之类。

在这里，短小的词被直接置换成等价词，冗长的复合词则先被分解成若干等价成分后再加以重新组合得到整体的词义。释义有详简之分，例如"硝子"还附带介绍了日本的情况。词义的解释方式与现在的外语辞典或百科辞典有相同之处。下列词语的释义也具有相同的倾向。

驿递局贮金预所 乘合马车溜所 妇女待合所 奉公人口入所 雁皮纸卖捌所
御定宿所 男雇人受宿 女雇人请宿 支那 亚尔个保儿制造所 尘溜 一新讲
波花讲 殿 样 方 御待合 于路之 御齿黑 犊鼻裈 函冰馆 共同物扬场
喜世留 仙台味噌 奈良渍 万渍物 天麸罗 贯目 鲣节 唐栉物

以下是其他资料中的语例：

> **荒物** 草器也。
> **玉子场** 鸡卵也，场；买处也。
> **吾妻桥** 吾妻，地名。
> **仕立处** 成衣铺也。
> **小问物** 细碎小物件也。
> （以上张斯桂）
> **御料理者** 即酒楼之名。（李筱圃）
> **料理** 日本谓授餐曰料理。（傅云龙）
> **大勉强** 云格外减价也。（黄庆澄）
> **御料理** 言为人办酒饭也。（黄庆澄）

但是，包括著者叶庆颐在内的中国文人对这种词义解释，显然感到不安。例如：

白鼠	日人称人之忠于其主者，谓之白鼠。不详其义。
裱具师	装裱书画工也。亦有称经师者，则未详其名命之义。
左官	称泥瓦匠为左官，不知其义何据。
雪隐	厕室也……不详其义。
熨斗	名曰熨斗，不详其义。
八百屋	蔬菜店，未详何义。（张斯桂）
贷座	妓坊也，其义未详。（黄庆澄）

词义解释的后面有"不详其义"的说明。这里的"不详其义"毫无疑问并不是对该词的词义不了解，而是不理解这一字符串为何具有这一词义，即对理据义（命名的理据）无所适从。这显示了著者们不仅对词义，对词源的正当性也表示出极大的关注。对他们来说，每个汉字作为构词成分参与复合词形成时的规则，即词源理据，不能加以明确的说明这一事实，是词义解释中的缺陷。换言之，对叶庆颐等来说，词源理据的令人信服的说明，是对这个词的存在所做的正当化的工作。这也是中国人代表性的词源意识。但是，要想知道日制汉字词的语源理据，即"命名的理由"，除了中国的汉字知识外，还需要有日本文化以及语言方面的知识，这一点是不言而喻的。

但是，在理解、释义方面存在更多问题的不是前面所讲的那一类词，而是字符串在某种程度上可以解释的词。在这些词的释义过程中可以观察到以下几种现象。

（1）例如从下列词语中可以看出，对构词成分的汉字的字义进行扩大解释，由此来接近原词的词义。

假皇居　坊主　两替屋　御料理屋　国立银行　佛师　时计师　龙吐水师
具师　屏风师　花火师　卖家　贷家　酒类买下所　御休处　男雇人受宿
女雇人请宿　御泊宿　质家　车职　共同物扬场　大福帐　砂糖　金米糖
安八饼　大福饼　太太饼　红梅烧　公债证书　本胡麻扬　叠　海鼠　海鼠肠
平贝　海虎皮　大黑鲔　艺者　贷座敷　鹑　御息所　官许　万引　瓦斯灯

蒸气车　燧木　骸炭

以下仅举数例说明。

> **假皇居**　明治初年日王始迁东京……乃暂徙于城西赤坂町之
> 太后离宫，故有是称。盖暂假之意也。

汉语不说"皇居"，而说"皇宫"，把"宫"换成"居"好像没有什么问题。另外，"假"为"仮"的本字，原有"虚假""暂假"等义。在中国，当时"虚假"是主要字义，因此对于"假皇居"中国人可以预测的解释是"假的皇居"。叶庆颐用"暂假之意"这种根据古典的字义来加以说明，解决了这一矛盾。

> **御料理屋**　御，尊称；料理者，烹饪之谓；屋犹店也。

叶庆颐将"御""料理""屋"等字、词，给出了汉语里所没有的意义，在其他词的释义中也有这种现象。著者试图利用这种方法来填补从字面所能汲取的意义与实际意义之间的断裂。下面是通过与古典挂钩来保证解释正当性的例子。

> **御贿料**　《尔雅·释言》贿，财也。《疏》曰财帛总名。又
> 《左传》注，贿，赠送也。兹于官俸称贿，似不雅驯，亦尚近理。

总之，他虽然对日本式的汉字使用法不满意，但还是能勉强根据中国古典进行解释。有时这种解释显得如此牵强附会，以至于著者本人都感到困惑。例如：

> **铭茶**　铭字不详其义。或曰取有名而价重兼金之谓。然太觉
> 牵合，姑存其说可耳。

著者甚至对某些词语的日本式命名意图表示了强烈的反感：

涂师 谓油漆匠也。岂为东涂西抹而名之耶?
海老 日人称虾曰海老,岂以其多髯而名之耶?

　　总而言之,对在某种程度上可以解释的词,著者更关心的是名称与指示物的对应关系,即这一日本命名在汉语里能否被正当化,而不是解释词语本身所具有的意义。

　　(2)然而如果一定坚持按照中国古典的用字法来解释日制汉字词,则必然要碰上无法解释的词语,例如:

誂 誂字,《说文》谓相呼诱也。胡所取而用之,殊觉莫名其妙。
卸 不知何所取义。
贿室 工人聚食之所谓之贿室,则无从索解……莫念其命名之意。
寒天 洋菜是也。但其命名之意,不得其详。
鲵鱼 鳆鱼。

　　"卸""寒天"在汉语里分别具有不同的意思,"不知何所取义"是说不知道为什么在日语中会有另外一种用法。"誂"字也和《说文解字》里的用法不同,令人"殊觉莫名其妙"。至于"贿室",即使像"御贿料"那样"浮想联翩",也得不出下层劳动者食堂的意思。尤其是"鲵鱼""鳆鱼",都是中国的古典《尔雅》《说文》《国语》《后汉书》里记载的有名的鱼,但在日本所指的是不同的生物。[①]

　　(3)对于日制汉字词,如果坚持以中国的传统文化背景为前提,用中国典籍的字义来诠释词义或追求词源的理据,那么理解的误差,甚至误解,就是不可避免的。以下是一些典型的例子:

---

　　① 关于"鲵鱼",叶庆颐说:"按《尔雅·释》鱼,《疏》鲵鱼,海中大鱼,有四足。其雄曰鲸,雌曰鲵。此鱼四足虽具,而身仅盈尺,或者鲸大而鲵小欤。"对日本的命名表示不解。

大问屋　言大宗买卖，可来问此屋中也。

八百问屋　或称八百屋，即蔬菜行也。八百者，乃言其行中有瓜瓠蔬果等，类有八百种之多耳。

诸见世物兴行　诸，众也；见，观览也。世物，则言凡飞潜动植以及家常日用一切所有之物也；兴行，列肆也。

邮便切手卖所　邮寄便捷谓之邮便，故日人称信局曰邮便局。

发铗处　日人以剪易剃故曰铗。

大工　工资亦较他业为昂。

荻乃饼　饼以米粉所作，中包豆为馅，外裹荻叶而蒸食之，故云。

支配人　谓支派分配之人，犹中国之称掌柜也。

大安卖　减价贱卖，谓买者可安于心也。

（以下张斯桂）

御料理　御者，大也；料理，犹言善治庖也。

仙台味噌　仙台，地名；味噌者，酱盐菜等类也。

钓道具　钓，鱼钩铺子。犹言钓鱼一道之器也。

仔细分析上面的词语，发现这里有两种情况，一种是像"诸见世物兴行""支配人"等，不仅词源理据无法理解，词义也无法正确把握；另一种是像"大问屋""大工"这样的词，词义大体上可以理解，但词源理据的说明是中国式的牵强附会，完全不着边际。在后一种情况下，对词义的某种理解是得益于著者在日本的实际生活体验。在日本生活了两年多的叶庆颐，无疑耳闻目睹了很多事情，但是直接经验只能帮助理解词义，却不能防止在词源理据方面"穿凿附会"。不仅如此，有限的直接经验还会带来负面影响，甚至出现简单的想当然的解释。例如：

御德用　日人称蜡烛之别名。

"御德用"是便宜货、贱卖的意思。这里显然是错误地理解为有时贱卖的蜡烛的别名。另外，在没有直接经验和关于实物的知识的情况下，仅仅依靠字面有时无法做出正确的判断。例如，在日本的市面上经常能看到"贷本"的招牌，按照汉语的理解，"本"有资本和书籍两种意义。这种歧义使叶庆颐"未详孰是"，不知道是"借钱"还是"借书"。而对于"柔道运动稽古"的解释，可能是因为"柔""揉"的字形相近，便被详细地介绍成针灸中的引导、按摩术。在同一词条里叶不解地说，"维新以来竞尚西法，乃所谓稽古者岂有慨乎言之耶?"误以为提倡柔术的人对维新以后事事热衷于模仿西方的日本社会现实感到愤怒，把自己的情绪寄托于"稽古"上了。就是说叶庆颐按照《书经》的解释，把"稽古"理解成"思索古昔之道"。其实日语中的"稽古"是练习某种技能的意思。

在《事物异名》的收录词表里，"登女床"作为普通词被列入，但是在日语中并不存在这个词。"床"是理发店的意思，叶庆颐的解释是"女人剪发的地方"，但叶的朋友说这是"依字面解说"，或是"名字为登女的理发店"之义。[①]

对某些日制汉字词的释义，著者甚至过度信任自己的汉字知识，而不屑听从日本人的说明，例如：

> **佃煮** （下层劳动者等）不自设庖厨者，咸寄膳于斯，名曰佃煮。殆犹俗称包饭欤。

叶庆颐把"佃煮"解释为为下层劳动者提供伙食，可能是从汉语里"佃"有"佃农"的意思中推测出来的。对于这一误解，有位叫"和歌氏"的日本人曾提醒他注意。但是叶仅把和歌氏的说明记录在夹注中"和歌氏云佃煮乃食物也"，并未订正自己的错误。"和歌氏云"这样的夹注在卷八中还有多处，如在"登女床"项下也有"和歌氏云此乃依字面解说耳"的夹注，指出叶庆颐释义是依据字面的理解。但是叶庆颐始终坚持了"姑存其说"的态度。

以上我们对卷八《事物异名》的收录词语、著者的释义以及其中反映出来的理解过程和问题点进行了分析。最后，重新回到日语借词的视角，对我们所涉及的问题做一下总结。那些表示某一语言文化独特的文

---

① 笔者的导师前田富祺先生的见解。

物、制度的词，是在跨语言接触中最具有被借用动机的一类词。但是如卷八收录词语所示，除了"国立银行""瓦斯灯"等少数词外，绝大多数未能为现代汉语所借用。[①] 这是为什么呢？通过对收录词的构词分析，可以知道，上一节中的丙类词，都是通过日本特有的训读法产生的词，字符串的意义透明度低。这样的词，例如"八百屋"要引入汉语时，必须把"八""百""屋"的原有字义除去，重新给予"蔬菜店"的意义。换言之，由于日制汉字词的进入，汉语中会产生异形同义词（synonym），即"事物异名"，和同形异义词（homonym），即"同文殊解"的问题。抑止异形同义词、同形异义词的增加是来自语言体系本身的需要，为了克服这种阻力，就有必要向旧词形中注入新义。这里所谓的新义就是来自西方的近代概念。因此，表示日本独特概念的词语，往往通过翻译的形式进入汉语。如"驿传"译为"接力马拉松"等就是典型的例子。直接以汉字的形式借入的词语仅限于"人力车""茶道""和服""和歌"等中国人能够理解的词。

　　本节我们讨论了在日制汉字词理解上汉字本身所造成的障碍。当然问题并不完全是消极的。源于古典素养的解释力，将未知的汉字词与古典语词等联系在一起进行解释，解释力在词义推测的过程中也发挥着积极的作用。就是说，解释力帮助我们理解、修复日制汉字词意义上的矛盾、缺陷和日本独特的用法造成的理解障碍。当然我们无法期望做到和日本人同样的理解，而只是大致地从日制汉字词中"读取"某种意义。这和人们在遇到陌生的词语和全新的表达时的情形相同。不管这些词语或表达是否合乎"常规"，接受者首先试图当作"正确"的语言产出物来理解。

　　由于这种解释力的存在，一部分日制汉字词的借用所受到的阻力较小。例如"市场"，何如璋解释为"互市之场""闹市之场"，这在当时是很一般的理解。[②] 根据这种解释，"市场"所持有的近代的意义虽然被舍弃了，但是缓和了"市""场"这一字串组合的非常规性，使汉语较为容易地接纳这个词。

---

①　"国立银行""瓦斯灯"不是表示日本固有概念的词语。王力曾说"我们不需要借用日本的固有词汇"（《汉语史稿》）。王力的观点尚有值得商榷之处，但是日语的固有词除了"取缔""引渡"等法律术语外，很少采取直接借用的形式却是事实。

②　《时务报》等文献中多见"互市之场""闹市场""闹市之场"等说法。严复也在自己的文章中较早地使用了"市场"。

在结束本节之前，我们来讨论一下当时书籍里经常使用的注释问题（一般采用行间夹注的形式）。

一般在把其他语言的因素导入自语言时，要经过意义概念的翻译或书写符号转写的过程。但是，同上所述，日制汉字词原封不动地移入汉语时，翻译和转写的努力都被放弃了。因此在最初阶段，原文所具有的意义的导入更多是依赖穿插在正文中的注释来完成的。注释既填补了意义的空白，又防止了误解，是帮助阅读的有效方法。当日制汉字词超出了中国人可能理解的范围，或需要重新定义时，就需要注释。例如"邮便"，有"东人公私文报，设局经理，名曰邮便"的注释。中国人能理解"邮"的意思，当时中国还没有邮政制度，也不能从"邮便"的"便"中理解日本式的意义"信函"（たより），因此就产生了注释的必要性。[1]

这一时期的书籍，注是以"释字"为中心的，即双音节以上的复合词不是整个吞下，而是分析解释每个字的意义，由此向复合词的词义靠近，理解所表达的事物概念。这种倾向与前面讲到的"由名及义"这一中国传统思维方式是相一致的。[2]

四　傅云龙的《游历各国图经并余记》及其词汇

傅云龙受清廷派遣于 1887~1889 年访问了日本、美国、加拿大、比利时、古巴、巴西等国，目的是视察各国国情。傅云龙将调查和视察的结果写成报告书《游历各国图经》（共 86 卷。其中日本 30 卷、美国 32 卷、加拿大 8 卷、比利时 4 卷、古巴 2 卷、巴西 10 卷），附以图表，对各国的历史、官制、政治、外交、经济、文物制度等基本情况向政府做了报告。同时他还把旅行的日程、见闻、感想等逐日做了记录，写成 15 卷的《游历各国图经并余记》。

---

① "邮便"一词在使用了一段时间后，现在已经被废弃。

② 进入 20 世纪以后，这种倾向在梁启超以及《译书汇编》等杂志的文章中发生了变化。实藤惠秀也曾指出："如果把日本翻译书的译注收集起来，可以考察日语词进入汉语的整个过程。"《中国人留学日本史》，第 341 页脚注。

　　傅云龙各国游历走的是太平洋航线，故前后两次在日本逗留，时间超过一年。他的报告书也是在日本撰写完成并印刷的。关于日本，傅云龙留下了《游历日本图经》（以下简称《图经》）30 卷和《游历日本图经余记》（以下简称《余记》）3 卷，是仅次于《游历美利加图经》的庞大资料集。与何如璋、张斯桂等职业外交官，王韬、李筱圃、黄庆澄等以观光目的来日的文人不同，肩负收集情报使命的傅云龙，是继黄遵宪以后细致地考察日本并做了系统介绍的人。《图经》由天文、地理、河渠志、国纪、风俗、食货、考工、兵制、职官、外交、政事、文学、艺文志、金石志、文征 15 个部分组成，涉及的内容有 169 项之多，全面涵盖了日本的国情。在介绍明治维新以后建立的制度等项目中，仅标题里就有以下的新词和译词：

　　银行表　商标表　铁道资本表　淡巴菰工商表　保险表　国债表

　　予备后备兵分数表　宪兵表　幼儿园表　书籍馆表

　　本节将对《余记》（共 6 万余字）中使用的语词与日语的关系进行考察，以期解明汉语词汇在向近代词语转化过程中受到日语的各种影响。《余记》与《图经》相比更具有自由使用的特点。

（一）傅云龙和日语

　　傅云龙在来日之前对日本有多少背景知识，尚不清楚。[①]但是他在结束第一次为期半年的日本逗留前往美国时，表达了这样的认识：唐代以来一千二百余年"事事以中国为宗"的日本，实施明治维新，"效西如不及，当变而变，不当变亦变"，在日本半年多的时间里对日本的历史和现状有了很多的了解。总之，傅云龙在获得有关日本知识的过程中接触了日语这一点是毫无疑问的。那么，日语对于傅云龙来说是一种什么样的存在？

　　首先他注意到日语使用汉字，但是发音与汉语不同。傅云龙说，日语

---

　　① 视察官员选拔试题共 4 道：海防边防论、通商口岸论、铁道论、记明代以来与西洋各国交涉大略。傅云龙选后 2 题，得第一。说明他对当时的国际情势以及中国的处境有一定的见识。

"皆文同中国，而读日本音也"，他把日语的发音称为"方音"。例如，"上轮船，曰横滨丸，方音语若犹戈哈麻麦鲁"。此外还有以地名等固有名词为主的用例，如：

东京丸（托角麦鲁）　丸山（马鲁鸦麻）　　大工町浴（福那台古马芝）

长崎（纳额沙客）　　樱马町（萨沽拉巴巴）浴堂（尤牙）

神户（克贝）　　　　上野（维诺）　　　　东台（土台）

东照宫（土少澳）[①]

在音转写上，例如傅云龙在这里所使用的音译汉字，以及《图经》卷20上《文学一》的"日本文表"中收录的平假名、片假名的音译汉字中，是否存在着某种传承和谱系？浙江德清出身的傅云龙，在音译汉字的选择上有何特色？这些都可以成为音韵史研究的课题。笔者在这里只想观察：傅云龙是否或在什么程度上把日语当作外语来看待。如上所述，傅云龙和其他的中国文人一样错误地认为日语是用汉字来表记的一种方言，而不是外语。从《图经》卷10《风俗》的"方言"里所收的421个日语词中也可以看出这种态度。毫无疑问这是汉字引起的错觉。日语和汉语之间的差距要远远大于方言。发音、语法姑且不论，相同的汉字所记录的语词的意义也有很大的不同。傅云龙曾游历过中国各地，接触过各种方言，但是这些方言在书写语言的层次上具有共同的文本，即汉语的古典。因此，当他在日本或在日本的书籍上看到与汉语不同的汉字词时，会感到不知所措。从他文章注释的部分，我们可以了解傅云龙对日本汉字词的理解过程。

未决者　犹言未定，亦曰未济。

裁判所支厅　支之言分也。

借贷　日本人称借用者曰借，称借与人者曰贷。

美术　言术美也。

取扱　有辨意，亦有管意。

吾妻　日本"吾妻"云者，有东意。

---

① 似有脱字、衍字。"大工町浴"应为"船大工町"；"樱马町"应为"樱马场町"。

组织学 组织云者，显极微物之谓。

东溜间 溜有暂溜意，有当进而不停意。

料理 日本谓授餐曰料理。

畠 与畑同，犹言旱田也。畠、畑字，中国并无。

惠比寿 日本语曰蛭子为惠比寿。

瓦斯 谓煤油曰瓦斯也。

化妆间 将见而整衣处也。

麦酒 即泰西人所谓碧儿酒。

投影 所谓投影者，临画法也。

关于这些词的解释，与上述的叶庆颐具有相同的倾向。例如，畑（畠）＝旱田、瓦斯＝煤油、吾妻＝东、麦酒＝碧儿酒、惠比寿＝蛭子等，用"犹言"或"谓……曰"的方式释义，将日语词作为中国汉字词的同义词（synonym）处理。而对于未决－未定，取扱－处理、管理，支（厅）－分，料理－授餐，贷－借等词语，由于字义在中日语言中有差异，因此要做出与日语相同的理解，就必须进行某种扩大解释。

"组织学""化妆间""投影"等，对于傅云龙来说是未知的新事物、新概念，词义把握难度大，直接的经验发挥了重要作用。例如傅云龙对"组织学"的理解是"显极微物"，对"化妆间"的理解是"将见而整衣"之处，这些都与他视察学校、参观皇居的体验有关。在这里我们也可以发现上一节所说的通过分析"名目"，把握整体概念的中国式的思辨方式。例如"东溜间"，"溜有暂溜意，有当进而不停意"的解释就是这种思辨的结果。从《图经》和《余记》中，我们可以看出傅云龙有较强的尊重原语言的倾向。如傅云龙写道："凡谓会社为公司，皆中国人译言，非本名，或从而为之说。曰洋商纠贸谓之公司，此皆臆说，今称会社，实录也。"傅云龙为了完整地再现原词的意义，采取了"实录"的态度，[①] 而作为"实录"的结果，很多在日本产生的表示西方文明的新词、译词被傅云龙写进了自己的报告中。

---

① 现代汉语中如"株式会社""本社""支店"等专有名词性的词语也多采用实录的方法。

（二）关于表示新概念的词语

傅云龙在使用新词和译词时并没有显示出过多的犹豫，这是因为他在编写《图经》的过程中不可避免地要接触大量日语文献，他本人对此也采取了较宽容的"实录"态度。这些新词、译词也很自然地反映在《余记》中，下面是《余记》中使用词语的一部分。其中有表示日本独特概念的词，如人力车、地藏、清酒等，但更多的是以西方的文物、制度等新概念为背景的词语（带 L 记号的词在《汉语外来词词典》里被当作日语借用语）。

暗室　医科　运动会　卫生 L　化学 L　学位记　学年　学科　学期　干事 L
议员 L　协会 L　教授 L　银行　公园　工业场　工科　（盲哑院）感觉练习场
光学　国债 L　解剖　金库 L　技师　建筑　军曹　课长　教头　教谕　警察 L（署）
宪兵 L　工兵　金牌　瓦斯　金属 L　苛性曹达　组织 L（学）　植物学
人力车 L　植物试验场　总长　总理　总裁　支局　支社　写真　清酒
裁判所　助教授　主任　商业 L　少佐　精米所　曹达 L　体操 L　淡巴菰
食物　动物学　动物试验场　大审院　图书馆 L　吨　统计 L　椭圆　中将
大尉　大佐　投影 L　电灯　电话机 L　定员　手洗所　土藏　反射　风琴 L
麦酒 L　保险 L　邮船　邮便　幼儿园　内阁 L　美术 L　美术品 L　非金属
物理 L　文科　文学 L　文学博士　法科　卷扬机　理科　理事 L

下面再举一些具体的使用例。

　　图书馆　游图书馆，图书馆有元本《汉书》。
　　教授　游大学，敕任者曰总长，奏任者曰学长，曰教授，曰助教授。访榎本武扬。同饮者大学教授中村正直。
　　卷扬机　览三菱会社石炭矿，掘煤者，卷扬机也，凡五。
　　体操　是日，视体操。体操为学校通例，适见体操铃、棍二法。
　　金牌　帝国大学运动会，观竞渡，胜者之金牌。
　　人力车　由火车而人力车，访神奈川知事。
　　解剖　游医学校，有解剖室，剖视恶根，目不忍视。

这样我们可以知道，早在甲午战争以前中国人的著述里就已经出现了大量的日制汉字新词、译词，而且这些词大部分至今仍在现代汉语中被继续使用着。

（三）关于"卫生"

将字符串分解成单独的汉字，再根据汉字本来的字义进行解释，以此接近整个复合词的意义，这一中国式的诠释法我们在上一章里已经做了详细的讨论。这样的方法不仅对于陌生的新构成的字符串有效，对于那些见于中国典籍的既有词的后附加新义的诠释也同样有效。即，古典词被用作表示西方新概念的译词时，旧义与新义之间会发生意义的非连续飞跃。即使在这种情况下，人们仍倾向于在旧的词义范围内解释新义的发生。一个典型的例子就是"卫生"。《余记》中收录了傅云龙于 1887 年 12 月 13 日访问内务省卫生局时所撰写的一篇文章《卫生论》。在这篇文章中，傅云龙和卫生局长长与专斋（1838~1902）就"卫生"作为译词适当与否进行了讨论。全文引用如下：

> 局长兼元老院议官从四位勋三等长与专斋导云龙游卫生试验所，执盏语云龙曰："卫生之目当否，愿论定之。"为作《卫生论》云：
>
> 卫与医，皆所以遂其生也；意将毋同，然而说异。医恒施于已疾，卫则在于未疾也。先是，明治八年设司药，医学一端耳。十六年，易名卫生试验所。表饮食之比较，图服用之损益，固合化学、算学、医学、物理学，而自成一卫生学矣。长与氏犹虑名实未符，问云龙至再。案《说文解字》：卫，宿卫也，从韦，从帀，从行。行，卫也；帀之言周，《史记》卫令曰周庐以此。然则卫生云者，有护中意，有捍外意，不使利生之理有时而出；不使害生之物乘间而入。秽者，洁之仇也，去秽即以卫洁。赝者，真之贼也，辨赝即以卫真。过而不及者，中之弊也，退过进不及，即以卫中。洁也，真也，中也，皆所以生也，独医云乎哉！或谓何不曰养？曰：养，难言也。以心以气曰养，有自然之道；以力以物曰卫，有勉然之功。今日之勉然，未始非自然基；然以学言，则不必高言养也。目以卫生，谁曰不宜？

从“执盏语云龙曰：‘卫生之目当否，愿论定之’”，“长与氏犹虑名实未符，问云龙至再”的表述中可知，傅云龙写《卫生论》的动机是为了回答长与专斋关于以古典词“卫生”充作 hygiene 的译词适当与否的疑念。

从江户中期兰学兴起到明治时期，日本在将西方的新概念、新事物转换成日语时，广泛采用的方法之一就是从中国的典籍中寻找正统的词语作为译词。[①]“卫生”就是其中一例。该词命名者是为日本近代卫生体制创建做出贡献的长与专斋。他在自传《松香私志》中回忆说：

> 明治 6 年（1873）三月文部省内设医务局，我被任命为局长，负责调查医疗制度，这是我国卫生制度的发轫。医务局所辖事务皆为新创，无旧例可依……医务局于明治 8 年 6 月归入内务省，改称卫生局负责全国医药行政……

> 在此需要对局名改称略加说明，原称“医务”二字于本局事务有不符之处，加之由文部省归入内务省时，将医学教育从医药制度中分离出去留在文部省内，“医务”就更无法表示本局所辖事务的内容了。以前起草《医制》时，曾经想直译原词使用“健康”“保健”等词语。但又觉过于直露，缺少情趣。在反复思考更合适的译名时，我想起了中国《庄子·庚桑楚篇》里有“卫生”一词。意义虽稍有不同，但字面高雅，且朗朗上口，遂用“卫生”表示医药保健事务，本局名称也改为“卫生局”。此后凡我局所辖事务多用“卫生”称之，时至今日，“卫生”已成日常用语，遍及寒村僻壤，甚至用于饮食器具，以招揽游客。“卫生”如此普及，深入人心，于命名者何啻喜出望外。[②]

---

① 从命名与新词创制的角度进行的研究有森冈健二、山口仲美『命名の言語学：ネーミングの諸相』東海大学出版会、1985；米川明彦『新語と流行語』南雲堂、1989 等。特别是森冈与山口的研究指出，明治时期人文科学领域利用中国古典词语做译词的情况较突出。

② 长与专斋『松香私志』1902，引自伴忠康『適塾と長与専斎：衛生学と松香私志』創元社、1987、151~157 頁。亦参见惣郷正明『辞書とことば』南雲堂、1982、73~76 頁；罗芙芸《卫生的现代性：中国通商口岸卫生与疾病的含义》，向磊译，江苏人民出版社，2007，第 143~167 页。

　　借用古典词做译词的方法常常会产生这样的问题，即新的意义和古典的意义发生冲突，或古典词不能完整准确地表达外语词所具有的意义。而且对日本的译者来说，这种非古典的新用法在汉字的祖国中国是否能得到认可，也使他们感到不安。

　　卫生局设立 12 年后的 1887 年，"卫生"一词已经从官厅名称变成日本社会广为人知的普通词语，并被收入各种外语辞典。尽管如此，该局的命名者长与专斋仍有"犹虑名实未符"的不安。正在此时，汉字国度的使臣傅云龙来访，使他得到了确认自己的命名是否正确的机会。长与再三地问"卫生之目当否"，傅云龙便应主人之请发了一通议论。在这里傅云龙必须做的是如何将按照西方的近代理念设立的"卫生局"和中国典籍中的名目"卫生"结合起来，使其"名实相符"。傅云龙引经据典对字义做了详细的解释，"目以卫生，谁曰不宜?"打了保票。与此同时，傅云龙自身也在接受"卫生"一词的过程中了解了西方关于公共卫生的新概念。[①] 那么，我们来看看傅云龙是怎么完成自己的任务的。

　　傅云龙首先指出"卫"和"医"在保全生命这一点上是相同的，但是"医"是"恒施于已疾"，即医治已患的疾病；而"卫""则在于未疾"，是预防疾病。他对"卫"和"医"的这种字义的解释或许和长与的背景说明有关。总之，这种解释帮助他完成了"卫生"从"保全生命"的古典意义向近代的"预防疾病"这一意义的转换。

　　另外，"厚生"和"卫生"在词义、词的结构上都很相似。在日本，"厚生"是管辖福祉和卫生行政的政府机关名称，在中国也曾使用过一个时期（20世纪 30 年代以前）。但是"厚生"一词没有古典的使用例，意义范围也不如卫生广，可以认为这是"厚生"一词在中国被淘汰的一个主要原因。

　　关于为什么用"卫生"而不用"养生"，傅云龙这样解释："养"是用心和气的自然之路，"卫"是使用力和物质的人为的努力。虽然傅的推论合理，但是关于"卫生"一词，在命名阶段与其说是考虑到"卫"与"养"

的字义差别，不如说是卫生"字面高雅，朗朗上口"这种词形的新奇占了优势。①

傅云龙虽然没有涉及首例书证庄子的《庚桑楚篇》，②但是他在《说文解字》和《史记》中寻找依据可以说是正统的训诂法。尽管如此，他对"卫生"做的保护中、洁、真的生命等推论和诠释未免让人有牵强附会之感。

可以说无论对于傅云龙，还是对于那个时代的人们，"卫生"还不是一个能分析理解的词。这从麦都思的《英华辞典》、罗存德的《英华字典》，以及20世纪初叶的梁启超那里可以得到证据。例：

> to protect one's life　卫生　　　　　　《英华辞典》
> life protecting pills　卫生丸　　　　　《英华字典》
> 日本……设卫生洁净诸局，以卫民生　《清议报》第41册

在上面的例子中"卫生"都是逐字译的译词。另外，在彭文祖的《盲人瞎马之新名词》中，"卫生"是占篇幅最多的条目之一，但通篇讨论的是中国的卫生情况和洗浴习惯等。关于词的意义，彭文祖仅指出："卫生者，保卫生存生活之意，名词字义皆通顺不谬。"

在现代汉语里，"很卫生""非常卫生"等形容词用法的发生，是对构词成分字义的分析意识变得薄弱的结果。

以上我们对《余记》中所记录的日语词进行了考察。作为19世纪下

---

① 关于"卫生"，半泽洋子在论文中指出：最早的书证见中国的典籍《庄子》，词义与"养生"相同，即保全生命；《庄子》在平安朝初期（8世纪）就已经传入日本，但日本的文献中一直不见"卫生"的用例；13世纪以后"卫生"作为性生活的委婉说法多用于书名；江户时代后期具有疾病预防意义的"卫生"开始出现，但是"养生"的使用范围更加广泛。明治8年成立卫生局，"卫生"在明治20年以后普及定型。（半澤洋子「卫生」佐藤喜代治（編）『講座日本語の語彙⑨』明治書院、1983）但是日本的研究均未涉及中国宋明以来的文献，如元代罗天益撰《卫生宝鉴》、明代胡莹莛撰《卫生易简方》等。这些书不但在中国，在日本也广泛刊刻流布。清代也有数种以"卫生"命名的医书，传教士的译书也有冠以"卫生"的，如傅兰雅有以下著译：《化学卫生论》（1881）、《居宅卫生论》（1890）、《孩童卫生编》（1893）、《幼童卫生编》（1894）、《初学卫生编》（1895）。亦参见余新忠《晚清"卫生"概念演变探略》，黄爱平、黄兴涛主编《西学与清代文化》，中华书局，2008。
② 长与在介绍卫生局命名时提到《庄子》应无疑问，傅云龙也许是为了避免重复。

半叶中日语言接触的一种资料,《余记》是值得注目的。但是，在考虑其与现代汉语中的日语借词的关系，也就是在日语词汇的借入和传播过程中《图经》《余记》所发挥的作用时，有必要指出以下两点。

第一,《图经》和《余记》是极重要的对日本情况介绍的文献，但是采用了传统的舆地文献的形式，内容也偏重实用。人文科学，如政治、哲学、法律等最新的学术领域较少涉及。因此无法期待这两个资料会对当时中国最需要的人文科学术语的形成做出贡献。

第二,《图经》和《余记》是在日本印刷制作的，傅云龙回国后（1889）作为视察报告书直接上交总理衙门。但是得到总理衙门称赞的这一报告书，在 1893 年才被《小方壶斋舆地丛抄》部分收录。实学斋刊行全文是在进入 20 世纪以后。就是说傅云龙的报告书在甲午战争之前，并未有效地向中国民众提供日本知识。

五　黄遵宪的日本考察及其词汇

了解日本的历史和现状，吸取必要的经验和教训，促进中国的近代转型，这就是第一任驻日公使何如璋的参事官黄遵宪介绍日本的动机。和与他同时代的人相比，黄遵宪的日本考察更有特殊的意义。黄遵宪关于日本的著述《日本国志》（全 40 卷）、《日本杂事诗》（初版 154 编，定本 200 编）是中国近代史、近代思想史、日中近代交流史等方面研究的重要史料，研究成果众多。但是对于两个文献中大量使用的日制汉字词，以及对于现代汉语词汇的影响等语言学研究，管见所及还很有限。在剩下的篇幅里我们不可能对《日本国志》《日本杂事诗》的全部词语进行考察，作为本章的总结，以下简单地观察一下黄遵宪使用日语词汇的情况。

《日本国志》系统而且广范围地考察、介绍了日本的历史和明治以后的社会变动，《日本杂事诗》则可以认为是《日本国志》的"诗歌版"。在这里我们从《日本杂事诗》的诗和注中（以下如无特别声明，均指 1890 年的定本），并酌情参照《日本国志》的有关部分，收集了以下词语（含非日制汉字词，带ㄴ记号的词在《汉语外来词词典》中被认定为日语借词）：

印刷局　印纸　卫生_L　共和_L　国会　国体_L　政党　议院_L　共和党　改进党
会计_L　干事_L　解放_L　艺术_L　银行_L　公园_L　汽船_L　议员_L　议长　会议
改选　会社_L　后备　国民军　宪法_L　刑法_L　公判　权限_L　警视　警部
警视厅　警察_L　交番　金属_L　建筑　经费_L　金额　规模　化学_L　课目
学科　公立_L　教员　训导　假名_L　国旗（半悬国旗）　记者_L　竞马　小说
士官学校　师范学校　社会_L　写真　宗教　消防_L　出张所　巡查　常备兵_L
消防局　私立_L　神道　政治学　生物学　生理学　石属（化学炼造之物）
证券_L　制造所　造币场　制造物　绵织物　中将_L　操练场　常备　选举_L
自由_L　自由党　总理_L　主义_L　参观　进步　裁判所　纸币　征兵令
总裁　市场　移民　体操_L　知识_L　定员　统计　统计表　投票　内阁_L
练化石　博物馆　麦酒_L　物件　物理学　蒲团　封建制　保释　纺绩所
法廷　法律_L　民主_L　民主党　民权　民法_L　邮便局　幼儿园　予算_L
予备　予审　洋服　立宪政体　立宪党　理事_L　扬弓店　稻荷祭　卖捌所
大安卖　雅乐_L　镜饼　贷座敷　加追澳　门松　祇园祭　小间物屋　昆布_L
权妻　猿乐_L　岛田髻　三味线　人力车_L　数奇屋　相扑　杂煮　大问屋
淡巴菰　叠（踏踏美）　旦那　无神髻　能　飞脚屋　广场_L　落语　两替屋
料理屋　和歌_L

这些词大部分是明治维新以后出现的表达西方近代概念的新词、译词，也有一小部分是表达日本固有概念的词。黄遵宪的用词范围非常广泛，有相当一部分词与《汉语外来词词典》中的日语借词一致，有必要从借用外来词的角度加以考察。① 总而言之，汉语借用日语词汇的过程，可以认为从黄遵宪一踏上日本的土地就开始了。

六　转瞬而逝的机会

现在广泛使用的日语借词，绝大部分不是通过本章所考察的资料借入

---

① 黄遵宪把"社会"解释为"集会结社"，把"总理"解释为"会长"，与日文原义有一定的误差。

现代汉语的。也就是说，19世纪七八十年代所撰写的有关日本的著述中使用的日本词汇和现代汉语中的日语借词之间存在着断层，两者是一个非连续性的事件。那么，傅云龙、黄遵宪等人的个人借用，为什么没有成为中国语言社会的一般现象呢？词语的借用是以语言的物理接触和文化动机为前提的。以下，围绕这两点对时至19世纪末的情况做一些讨论。

首先，语言的物理接触可以还原成词语流入的途径问题。一般可分为人员的交往和书籍的传入。但是直至甲午战争为止，中日之间人员的交往仅仅局限在很小的范围内进行。例如，中国最早向日本派遣留学生是在1896年3月，在此之前参与人员交往的主要是外交官和商人。本章所提到的何如璋、叶庆颐、傅云龙、黄遵宪等就是代表性的人物。在这里应该特别提及的是派驻欧洲各国的中国使节，向所结识的日本人努力了解有关日本的情况。如下一章所述，中国驻英国公使郭嵩焘在任所伦敦与日本驻英公使上野景范建立了良好的私人关系，从上野那里得到了很多有关日本的信息和知识。他在日记中详细抄录了明治政府的组织机构、官吏的官职名鉴、日本户籍表、驿递寮第五次年报、日本国内劝业博览会出品目录、驿递寮邮便规则、东京开成学校一览等资料；并以机关名称、官职名称为主，原样照搬了大量的日制汉字新词和译词。郭嵩焘的翻译张德明（德彝）的日记里也可以看到很多有关日语的记述和日制汉字词。

但是，即使将上述的人员交往考虑进去，直接交流仍然是小规模的。这意味着对那些没有机会实际接触日本人的人来说，只有依靠书籍等文字资料才能接触日语。而有关日本的图书和日本书的中文译本在甲午战争之前非常之少，[①]作为外语的日语教学也几乎不存在。上海同文馆开馆时，曾设东文馆（日语），后因报名者少而废馆；[②]北京同文馆开设日语课程则要迟至1896年。这些情况都限制了日语的借用。

明治维新以后，随着日本重要性的增加，中国国内对日本的关心也日益提高，有关的书逐渐多了起来。甲午战争以前，除本章中提到的数种以外，《小方壶斋舆地丛钞》（正编第10~12帙）中收录的有关日本的图书还

---

① 参见谭汝谦主编《中国译日本书综合目录》。

② 同治二年（1863）李鸿章上疏请设上海、广州同文馆，奏准，遂设。后曾开东文，因愿学者少，罢。

有以下十余种（日本人写的著作和译著除外）：

- 张学礼:《使琉球记》
- 李调元:《使琉球记》
- 钱□□:《琉球实录》
- 姚文柟:《琉球形势略》
- 王韬:《琉球向归日本辨》
- 陈伦炯:《东洋记》
- 龚柴:《日本考略》
- 陈其光:《日本近事记》
- 王韬:《日本通中国考》
- 汪鹏:《袖海编》
- 王之春:《东游日记》《东洋琐记》
- 姚文栋:《东槎杂著》
- 陈家麟:《东槎见闻录》
- 黎庶昌:《游日光山记》
- 李圭:《东行日记》
- 其他著者阙名五种

这些书，特别是介绍明治维新以后日本情况的书中，使用了很多日制汉字新词和译词，因此日语词的借用是有可能的。但是，由于语言社会的价值取向、印刷情况以及书籍本身的性质等原因，[①]没有被广泛阅读，通过书籍的语词借贷也就没有实现。

在语词的借用上，对对方语言所抱有的文化憧憬是重要的动机。但是直至甲午战败，中国国内对日本完全是一种盲目自大的态度。这是因为历史上中国文化对日本文化占据优越地位，以及日本不是西洋文明的正宗。加之中华思想作祟和封建闭锁，中国除少数先觉者外，都没有认识到日本明治维新以后的近代化发展和自己的落后。傅云龙在《余记》的开头说，"日本，岛国也"，"讵知地背以相反而鉴，日本正以相因而观"，遮遮掩掩地透露了应该以日本为学习对象的想法。傅云龙既感到学习日本的必要性

---

① 例如，相关文献多为向清政府提出的报告书，很难迅速向民间开放。以《日本国志》为例，全书完成于1887年，而正式出版则是8年后的1895年。

和紧迫性，同时又不得不对国内保守势力的责难心怀戒备。从这里也可以看出当时中国国内的气氛和对日本认识的不足。

这样，中国终于失去了仔细咀嚼、吸收消化西方文明的从容，错过了直接向西方学习的机会。1889 年在结束对美洲诸国的考察回国途中路经日本时，具有敏锐洞察力的傅云龙表示今后"不得不以日本为世界之枢纽"。傅云龙的这一观点，在甲午战争后总算被一般民众所接受。以近代国家建构为目标的中国，不得不以日本为榜样了。被阻挡在外的文明潮流以决堤之势涌入中国，同时引发了日制汉字新词、译词的借用问题。

第二章
近代新知识的容受与日本途径

一　新知识引介的"途径"问题

在本编第一章里我们讨论了 19 世纪 50~80 年代中日语言接触的一些历史事实，本章将聚焦 19 世纪末至 20 世纪初西方近代新知识经日本传入中国的问题。

19 世纪末 20 世纪初的 20 余年是近代中国的社会转型期。"这是中国思想文化由传统过渡到现代、承先启后的关键时代。"[1]时代的转型基于一整套新知识的获取，而新知识需要与之相适应的话语表述。就汉语而言，这一短暂时期内发生了有史以来最巨大的变化，这些变化主要表现在：民族共同语完成了由南京官话向北京官话的转变；建立了口语文体；获得了一套表述新知识的抽象词汇和科技术语。[2]词汇层面的变化是汉语这种孤立语发生变化的根本动因。汉语近代词汇体系建构的努力可以追溯到 16 世纪末来华耶稣会士们的翻译活动——宗教的及其他启蒙、科技图书的翻译，其后 19 世纪新教传教士的译书、辞典编纂，20 世纪初的日制新词、译词的吸收都是不可忽略的重要事件。尤其是日语词的大量吸收对汉语近代词汇体系重构的最终完成发挥了决定性的作用。

柯文（Paul A. Cohen, 1934–）在谈及进入 20 世纪后传教士对中国的政治、社会的影响急剧减弱的情况时说："第二个原因，肯定也是更有决定

---

[1]　张灏:《转型时代在中国近代思想史与文化史上的重要性》,《张灏自选集》,上海教育出版社, 2002, 第 109~125 页。而当时最流行说法则是"过渡时代"。

[2]　对于汉语词汇的演变, 王力指出:"佛教词汇的输入中国, 在历史上算是一件大事, 但是, 比起西洋词汇的输入, 那就要差千百倍。"王力:《汉语史稿》, 第 516 页。

性的原因，是出现了另一个可供选择的途径（也是大多数中国人更容易接受的途径）以获得关于非中国的外部世界的情报。"①

柯文所说的另一个可供选择的途径显然是指日本途径。19 世纪末西方传教士及其所掌握的媒体已不再是中国人获得外部世界知识的唯一渠道了。而任达（Douglas R. Reynolds）则力图在自己的著作中验证"'可供选择的途径'的开通和它的惊人后果"；任达认为这一途径"绝非只向中国提供'讯息'，随着讯息而来的，就是方针、具体实施和协助训练"。② 至于日本途径对中国造成的影响，任达甚至指出："中国在 1898 年至 1910 年间，思想和体制的转化都取得令人注目的成就。但在整个过程中，如果没有日本在每一步都作为中国的样本和积极参与者,这些成就便无从取得。"③

"日本途径"按照字面的理解是指经由日本传入中国的信息路径，但实际上这个术语指的是这样一个历史事实：19 世纪末 20 世纪初的一段时间里，成千上万的留学日本的中国人、在中国各类学校担任教师的日本人（即"日本教习"）和大量被译成中文的日本图书将近代西方新的知识体系带进了中国。

近代是西学东渐的时代，知识流向的总趋势是由西向东。我们可以简单地勾勒这段历史：中国先有 16 世纪末耶稣会士入华传教，后有 19 世纪初新教传教士来华传播福音。构成西学主要内容的天文、地理、几何等知识的介绍则是传教的副产品，或为了实现传教这一目的的敲门砖。鸦片战争以后，中国门户洞开，西方宗教的和其他的知识，在传播的层面不再有任何限制。传教士在香港、广州以及后来的宁波、上海等地的出版事业也得到了极大的发展。同时，江南制造总局翻译馆、京师同文馆等官方翻译机构也翻译出版了大量西方图书。日本在江户时代中期通过荷兰语的书籍吸收西方新知识的兰学兴起，其主要内容为医学、化学等。江户时代，来华耶稣会士的著述的流入受到了极严格的限制，然而传入日本的汉译西书

① 费正清、刘广京编《剑桥中国晚清史（1800~1911 年）》上卷，中国社会科学院历史研究所编译室译，中国社会科学出版社，1985，第 634 页。柯文列举的第一个原因是传教士本身逐渐与政治问题拉开距离。参见任达《新政革命与日本：中国，1898~1912》，李仲贤译，江苏人民出版社，1998，第 12 页。

② 任达:《新政革命与日本：中国，1898~1912》，第 12 页。

③ 任达:《新政革命与日本：中国，1898~1912》，第 7 页。

在流通上并没有受到太多的阻碍，如艾儒略的《职方外纪》有很多抄本在知识阶层流传，所以这些书仍然是兰学家最重要的知识源泉之一。1859年日本放弃闭关锁国的政策，中国出版的汉译西书、英华辞典等随即大量传入日本。截至明治初期，中国的汉译西书等是日本接受西方新知识的一个重要途径，可以称之为"中国途径"。明治中期（1880年代后期）以后，一方面，日本完成了独自接受西方新知识的历史转变；另一方面，停滞不前的中国社会已经无法继续向日本提供新的西方知识，"中国途径"遂告终止。中日甲午战争中，中国战败，日本第一次成为中国的榜样。这一事实应该包含以下两个层面的理解："日本模式"，即像日本的明治维新那样，进行由上至下的改革；"日本知识"，即明治维新所能提供的经验。毫无疑问，后者是以西方知识为背景的。事实上，这两方面都需要建立一条由日本至中国的知识通道。然而，甲午前后，在中国"日本途径"是不存在的，关于日本的知识几乎是空白的，也没有人注意到通过日本获得西方知识的可能性。

甲午之后的短短几年内，"日本途径"迅速建立。这毫无疑问得益于汉字的存在。汉字为传播新知识的书籍在东亚地区流通准备了条件，汉字使汉字文化圈内的知识共享成为可能。但是我们必须认识到，汉译西书对于日本人（或朝鲜半岛的读者）与日本书对于中国人，意义并不完全一样。日本的精英阶层具有深厚的汉学素养及吸收域外文化的好奇心；而中国的士子在甲午之前或甲午之后的一段时间里，对于日本书既没有阅读的愿望，也不具备阅读的能力。"日本途径"正是在克服了上述种种困难的情况下建立的。但是，迄今为止我们习惯于只把"日本途径"当作特定时间、空间下引进西方知识的一种特殊现象，强调经由日本传入的知识本源在于西方，而对"途径"的各个侧面——建立的时间、机制，社会之反应，通过"日本途径"传入的知识的具体情况以及途径对知识本身可能产生的各种影响，研究的力度尚显不足。

近年来关于东方如何容受西方近代文明的问题，语言领域的研究者更加注重以下两点：第一，汉字在接受西方新概念并实现词汇化的过程中，其机制与特点如何；第二，西方与东方以及汉字文化圈域内互动的视角。上述两点均包含着知识流动的途径问题。在这方面的研究上，日本的荒川清秀以地理学的术语为例，对自利玛窦开始的西方地理学知识、概念传入中国，再由中国进入日本，甲午之后又从日本回流中国并扩散到汉字文化圈其他国家、地区的史实进行了深入的探讨。① 内田庆市也以伊索寓言的东渐为例，对欧、中、日三方互动的实际情况进行了考察。②

所谓"途径"，在柯文和任达的原著中使用的是 channel，这个英语词的意思是信息流动时经由的路径。而汉语的"途径"还可以与 route，road 等相对应，由此可知其意义范围要更广泛一些，亦可以表示人员的交往和物品的流通。实际上，包括任达的研究在内，关于留学生、日本教习等已经有极为丰富的研究成果。而本章更侧重于从知识的流动和语言接触角度讨论"途径"问题，主要考察"日本途径"开通前后的一些情况及其在语言层面对中国社会近代转型的影响。这对于廓清中日两国在接受西方新知识上的特点具有重要意义。

二　来自日本的信息与知识

本章的"信息"是指那些零散的、新闻性的消息或情报，知识是指有系统的、完整的信息积累。中日一衣带水，自古以来交往频繁，但是在信息知识的交流上一直处于不平衡的状态。如本编第一章所述，黄遵宪以及日本历史学家渡边三男都曾指出过这一问题。

进入 19 世纪后，出于传教的目的，西人进入南洋后就开始注意收集有关日本的信息。麦都思利用日本漂流难民等提供的知识，编纂了 *English and Japanese and Japanese and English Vocabulary*（1830），为以后赴日本传教做准备。③ 卫三畏等也向日本漂流难民学习日语，了解日本的情况。在传教士们主办的杂志上来自日本的消息成为一个重要的项目。

近代第一种中文杂志《察世俗每月统记传》（1815~1821），以及《东西洋考每月统记传》（1833~1838）上已经出现了关于日本的简短消息；至《遐迩贯珍》、《六合丛谈》（1857~1858）开始对日本进行定期的报道。《遐迩贯珍》除了定期报道日本消息以外，还连载了罗森的《日本日记》，全

---

① 荒川清秀『近代日中学術用語の形成と伝播——地理学用語を中心に』。
② 内田慶市『近代における東西言語文化接触の研究』。
③ W.H. メドハースト著・加藤知己、倉島節尚（編著）『W.H. メドハースト英和・和英語彙：幕末の日本語研究：複製と研究・索引』三省堂、2000。

文翻译了《日美亲善条约》。《六合丛谈》开设了"日本近事"的专栏并全文翻译了《日美修好通商条约》，报道量大大增加。玛高温的《中外新报》（1854~1861）也是日本消息的提供者。[1] 上述杂志停刊后，《教会新报》（1868~1874）、《中西闻见录》（1872~1875）相继创刊，开始报道明治维新以后日本的消息。例如《教会新报》于1872年6月22日、29日两期连载长文《拟泰西人上日本国君书》，以"外臣某上书日本国君陛下"的方式向日本提建议。文中写道：

> 贵国之民无安陋泥古之习，有迁善改过之风，加以陛下宽仁御众，虚怀容物，寸善必取不论彼我，一长必收无分中外，文艺则彬彬日盛，智巧则骎骎日进……日本颇有欧罗巴之气象，东洋诸国莫能及也。

文中赞扬日本大布新政，开创议院，延请西士培育人才，发展工业、交通、通信，鼓励留学，向西方开放市场等改革措施。同时对日本仍在执行的禁止基督教政策提出了严厉批评，说：如不除西教之禁，日本"虽汲汲学欧洲之治化技艺而绝不能进于真正欧洲之治化技艺"。而一旦知上帝，则日本将为"亚细亚第一富强之国"，各国当"刮目相待"。文章表现出对维新后的日本现状有较深的了解，文中所使用的赞美之词"开化日新"更是当时日本最流行的词语。

韦廉臣的访日记录《东洋载笔》也是一篇值得注意的文章，[2] 文章对日本及其明治以后的变化做了较详细的介绍：

> 岛之大者有四，小者约有三千……人民三千万，性敏而勤勇而喜斗，中华同治六年日本……群臣乃迎其皇帝登位，野渡（即"江户"）改名东京以来至于今，日本国悉效西洋语言文字、格物、

---

[1] 但1858年以后由应思理（Elias B. Inslee）接任主编，出版遂不定期。在《遐迩贯珍》《六合丛谈》两刊停刊后的一段时间里，《中外新报》成了传教士唯一的媒体。玛高温曾于1859年访问日本，后述冯桂芬的不正确的日本消息应该来自玛高温。该杂志1858年以前的部分佚失，不见馆藏；1858年以后的部分有日本幕府出版的复刻本可以利用。

[2] 英文名为Progress in Japan，载于《教会新报》1874年8月第1、8、15、22期。

火轮舟车、铁路电报，以及诸凡便宜机器等，日精一日。

韦氏对日本的近代学制建设尤为关心，用较大的篇幅介绍了大学设立的经过及其课程设置内容的详细情况。

以上两篇是《教会新报》中篇幅较大的关于日本的文章，除此以外还有大量的新闻报道。例如，1873 年 11 月号曾报道日本聘请法国人贝士喇（Boissonad）协助制订刑法，聘期 5 年，年薪"万元银洋"云云。

丁韪良于 1872 年在北京创办了《中西闻见录》，4 年共出杂志 36 期，其中仅"日本"一词就出现 350 次以上，对日本，尤其是产业、教育方面做了较详细的介绍。可以说在甲午之前的一段时间里，日本信息的来源主要是传教士等西方人士的媒体。①

这些报道表现了传教士对日本的关心，也暗含着希望中国走日本的改革之路的期待。丁韪良于 1880 年经由日本回美国休假，回中国后著《西学考略》，他在该书卷上对日本，尤其是教育方面的情况做了热情的介绍。丁氏说，在打开国门与外国交往方面，日本曾经以中国为"先路之导"，而现在，"群岛莫不连以电线，其轮船邮政局等亦称繁庶，城邑郊野无不设立学校以振兴格致测算等艺，以强弱而论则较咸丰九年余初至之时，殆不可同日而语"。②

《西学考略》于 1883 年由总理衙门刊刻，然而，对于传教士媒体上的日本信息，包括那些提倡变革的人在内，国人给予的关注明显不够。如在当时影响颇大的郑观应的《易言》并没有较好地反映日本的情况。19 世纪60 年代以后，去日本休假、访问，或利用太平洋航线前往美国时停留日本的中国人增多。如李圭经由日本去美国参加万国博览会，归程取路欧洲，环地球一周，遂著《环游地球新录》。其中有李氏在日本的见闻，他一方面介绍说："窃谓日本一国，当咸丰初年，仍是大将军柄政，君位几同虚设，国势极不振。近年崇尚西学，效用西法有益之举，毅然而改者极多。故能

---

① 1872 年 4 月创刊的《申报》，其早期的日本信息来源也主要是西人的报纸、杂志。郑翔贵在分析了 1872~1894 年的关于日本的报道后指出："早期《申报》的对日认识，对维新变法思想的产生没有太大的影响。"郑翔贵：《晚清传媒视野中的日本》，上海古籍出版社，2003，第 109 页。

② 《西学考略》，同文馆聚珍版，第 5 页下 ~6 页上。

强本弱干，雄视东海，而大将军遂不专其国政。"但他同时又抱怨"惜乎变朔望、易冠服诸端，未免不思之甚也"。[①]李圭并没有按照旅行的时间顺序排列他的见闻，而是将日本部分放在下卷。这样，这部影响颇大的书似乎也没有引起国人对日本的注意。[②]

明治以后日本吞并琉球、侵扰台湾的扩张行为引起了清朝统治阶层中一部分人的戒备，对日情报收集工作有所加强。但清朝一直没有把日本作为一个潜在的知识提供者看待，对日本基本上如梁启超所说"寡知日本，不鉴不备，不患不悚"。但是这里我们也许应该提到两个例外：一个是冯桂芬，另一个是郭嵩焘。

冯桂芬在 1861 年之前完成的《校邠庐抗议·制洋器议》中说：

> 前年，西夷突入日本国都，求通市，许之。未几，日本亦驾火轮船十数，遍历西洋，报聘各国，多所要约，诸国知其意，亦许之。日本蕞尔国耳，尚知发愤为雄，独我大国将纳污含垢以终古哉。[③]

他的这段经常被引用的话被评价为"近代中国学习日本思想的先导"，[④]但无人指出，冯的议论是与史实有出入的。1858 年《日美修好通商条约》缔结之际，日本政府派遣代表团乘坐美军舰 Powhatan 号赴美进行条约换文，同时以护卫名义派遣"咸临丸"随行，福泽谕吉是该船乘员之一。"咸临丸"1860 年起航，同年绕好望角归航。其时，日本刚刚结束闭关政策，改革还没有起步，并无"驾火轮船十数，遍历西洋"的事实。当然，我们须为冯桂芬的敏锐感觉折服。1874 年去世的冯桂芬，似乎没有时间对明治维新发表意见。他的信息或来源于玛高温的《中外新报》。[⑤]

---

① 李圭：《环游地球新录》，岳麓书社，1985，第 323 页。

② 19 世纪 80 年代以后，清政府多次派遣官员考察外国，日本也在其中，但是反馈的信息并没有起到应有的作用。

③ 冯桂芬：《校邠庐抗议》，中州古籍出版社，1998，第 199 页。

④ 刘学照、方大伦：《清末民初中国人对日观的演变》，《近代史研究》1989 年第 6 期。

⑤ 毫无疑问，冯是在为故步自封的老大帝国的改革寻找说服力。恭亲王奕䜣等上奏的《奏请京师同文馆添设天文算学馆疏》(1866，张静庐辑注《中国近代出版史料初编》，第 5 页)有"若夫日本，蕞尔国耳，尚知发愤为雄。独中国狃于因循积习，不思振作，耻孰甚焉"的话，就是从冯桂芬的议论转化而来的。

　　另外，中国首任驻英公使郭嵩焘在伦敦任所与日本公使上野景范建立了良好的私人关系。郭氏积极了解日本，利用一切机会吸收新知识，他的努力从下述日记中可见一斑。①

光绪二年（1876）十二月十五日

　　　　各国公使聚会，结识日本公使上野景范（Ueno Kagenori）。（第 102 页）

光绪三年二月初八日

　　　　日本上野景范、西德二郎来见。西郎能汉文，兼通俄、法、英诸国文字。东西洋人才之盛，百倍中国，岂国运然耶？抑使人才各尽其用，而遂勃然以兴也？（第 136 页）

光绪三年二月十三日

　　　　日本公使上野景范邀酌……其户部派官至伦敦考求理财之政，勇于取效如此。吾甚愧之。（第 142 页）

光绪三年二月十五日

　　　　回过日本公使，询知户部官来伦敦考求出入经制之宜，以制国用，名曰恩娄叶欧姆（即井上馨），就与一谈，甚畅。询其所读洋书，一种曰阿达格斯密斯（亚当·斯密），一种曰长斯觉尔密罗（约翰·穆勒）。所言经国事宜，多可听者。中国人才相距何止万里，为愧为愧。（第 145~146 页）

光绪三年二月二十七日

　　　　日本恩娄叶欧姆一曰井上馨来谈，曾官户部尚书。（郭与其谈论经济，税制等问题。借刘锡鸿之口说）"'此法诚善，然非民主之国，则势有所不行。西洋所以享国长久，君民兼主国政故也。'此论至允。"（第 156 页）

———————————

　　①　以下引文均据郭嵩焘《伦敦与巴黎日记》，页码随文标出。另，（　）内为笔者附注。

光绪三年三月初一日

询问日本在英国者约二百余人，伦敦九十人，学律法者为多……凡日本二十余人，皆通英国语言，中国不如远矣。（第166页）

光绪三年六月初十日

日本乌叶公使来谈，因询其设官。（上野详细地向郭嵩焘介绍了明治维新以后日本的政府组成，包括立法、行政、司法三个方面，与西方体制的不同之处。郭的记录达数百字）（第260~261页）

光绪三年九月二十二日

上野公使见给其国搢绅一本，名《官员名鉴》。（对此郭嵩焘细加研读，对日本的官制多有了解。郭用了上千字记录相关内容）（第340~343页）

光绪三年十月初八日

日使上野景范偕其参赞金司欧、副领事葛摹机来谈。（谈论的内容涉及商业、国际贸易等）郭感慨道："日本仿行西法，尤务使商情与国家息息相通，君民上下，同心以求利益，此中国所不能及也。"（第364页）

光绪三年十一月初六日

（与日本来访者谈及日本货币问题，说）"国之富强岂有常哉？惟人才胜而诸事具举，日新月盛，不自知耳。"（第392页）

光绪三年十一月十九日

诣日本公使上野景范……上野景范见给《日本户籍表》《驿递寮第五次年报》《内国劝业博览会出品目录》凡三种。（郭听取了介绍）（第407页）

光绪三年十一月二十五日

（上野向郭介绍邮政情况。郭说）"日本勇于兴事赴功，略无

疑阻，其举动议论，亦妙能应弦赴节，以求利益。其勃然以兴，良有由也。"（第 412 页）

光绪四年正月初九日

（土耳其前宰相密尔得巴沙）其言云："日本晚出，锐意求进，在亚细亚最有名，甚喜其国日益昌大。中国为天下第一大国，出名最久，诸国皆仰望之，甚喜其有富强之业，能早自奋发为佳也。"余闻之甚惭。伯克什接言："中国宜早醒，莫再鼾睡，早醒一日有一日之益。"其言尤切至矣！（第 460~461 页）

光绪四年正月初十日

日本公使上野景范遣其随员长崎相就解讲所赠《驿递寮邮便规则》，大率日本国文兼汉文释之，文义尤难明晓。

（长崎还带去了一本《东京开成学校一览》，详细向郭介绍了 1878 年当时日本的学校制度。郭记录了以下的词语：学科、普通科、法学科、化学科、工学科、物理学、制作学、史学、理学、动物学、植物学、金石学科、地质学科、采矿学科、机械工学、土木工学、天体运动、引力、大气、光线现象、大气压力、普通化学、分析化学、制造化学。对于长崎的介绍郭感叹道）"及其所论学科本末，条理俱极分明。"（第 462~463 页）

但是郭嵩焘对日本的关注并没有引起中国朝野的重视，不久他本人也因受到保守派的攻击，不得不辞去职务黯然回国。

三　近代的译书：由西文转向东文

中国在进入 20 世纪之前，几乎不存在具有现代特征的学校教育体制，外语学习和国外留学也微不足道。国人懂外语的极少，直接阅读西方书籍的情况至少在 20 世纪之前是不多的，译成中文的书籍和用中文出版的报刊是传播西方知识的主要手段。西书的翻译可以追溯到 16 世纪末来华的耶稣会士，但是时至 19 世纪初，包括收入四库全书的数种在内，耶稣会士的著述几乎不再拥有读者。新教传教士来华后，掀起了第二轮西书汉译的高潮。与耶稣会士相比，出版中文杂志、编纂汉外辞典是新教传教士出版活动的一大特点。然而，在以世界概况为主要内容的新教传教士的出版物中，对西方的政治制度等虽有所涉及，但是从总体上看，宗教性书籍和科学启蒙读物是主要的部分。至于翻译方法，耶稣会士所确立的西人口述、中人笔录的方法，也为新教传教士所继承。这种口述、笔录分工的译书方法为各翻译机关沿用到 19 世纪末，中国的知识分子始终没有形成一个懂外语的翻译群体。这一点与日本兰学家的"面对横文""抗颜强译"的翻译态度大相径庭。[①] 如此，在翻译目的、内容选择、译词创造、语言表述上中国就不得不处于从属、被动的地位。马建忠在 1894 年批评这一时期的译书活动说：

> 近今上海制造局、福州船政局与京师译署……即有译成数种，或仅为一事一艺之用，未有将其政令治教之本原条贯，译为成书，使人人得以观其会通者。[②]

19 世纪 90 年代以后，中国的国际环境越发险恶，更多的人认识到"泰西之强，不在军兵炮械之末，而在其士人之学、新法之书"的道理。[③] 人们开始对西书的翻译方法、翻译内容进行反思。马建忠在上述文章中建议设置翻译书院，培养译才，大译西书。马提议的翻译内容有三。第一，各国的时政：议院的记录、外交公文、条约等。第二，国家治理方面的书籍：行政、军事、经济等。第三，国外大学的教科书类。从将外交事务方面的内容放在第一位看，马也还未能完全摆脱实用的考虑。将西方知识限制在"用"的层面，这种主张可以说是由来已久。例如林则徐使人翻译西

---

① 参照本书"新词创造编"第一章。
② 马建忠：《拟设翻译书院议》，张静庐辑注《中国近代出版史料初编》，第 29~34 页。当然，1894 年上海、北京的官方译书机关已经不能正常发挥作用，马的建议即在这种背景下提出。
③ 《日本书目志·自序》，《康有为全集》第 3 集，上海古籍出版社，1992，第 584 页。本版全集以下称"上海版"。

方的报纸、杂志；魏源、徐继畬等根据西人提供的材料编纂《海国图志》《瀛寰志略》。但是他们的出发点都是了解"夷情""师夷长技"，还不具备从文化、制度层面向西方学习的意识。提议在上海建立同文馆的冯桂芬亦是如此。① 马建忠同样是把建翻译书院培养人才放在译西书以通外情上考虑的，在他自己的建议书中甚至认为：西人之所以敢悍然不顾，胡作非为，乃是"欺我不知情伪，不知其虚实也"，译书是为了"知己知彼，百战百胜"。译书内容贫乏、偏颇的原因还在于中国没有及时培养足够的翻译人才，译事不得不依靠西人，故译文拙劣。马建忠对口述笔录的翻译方法提出了尖锐的批评：

> 转请西人之稍通华语者为之口述，而旁听者乃为仿佛摹写其词中所欲达之意，其未能达者，则又参以己意而武断其间。盖通洋文者不达汉文，通汉文者又不达洋文，亦何怪夫所译之书皆驳杂迂讹，为天下识者所鄙夷而讪笑也。②

为了培养译才，马建忠提议："选长于汉文，年近二十而天姿绝人者……果能工课不辍，用志不纷，而又得谆谆善诱者之指示，不过二年，洋文即可通晓，然后肆力于翻译，收效必速。"显然，他过于乐观了。后来主张译日本书的人，则说学好西文非五六年不可。

从时间上看，康有为应是率先对官办译书机构提出批评的第一人。在这里我们先来回顾一下康有为的西学历程。康有为在自己的自传中说二十二岁时（1879）：

> 既而得《西国近事汇编》、李圭《环游地球新录》，及西书数种览之。薄游香港，览西人宫室之琼丽，道路之整洁，巡捕之严密，乃始知西人治国有法度，不得以古旧之夷狄视之。乃复阅《海国图志》《瀛环志略》等书，购地球图，渐收西学之书，为讲

---

① 冯桂芬：《上海设立同文馆议》，张静庐辑注《中国出版史料补编》，中华书局，1957，第43~45 页。

② 张静庐辑注《中国近代出版史料初编》，第 29~34 页。

西学之基矣。①

　　这时，康有为第一次邂逅西学，并接触了殖民统治的实际情况。由"为讲西学之基"可知，这段经历对康西学观的确立影响极大。三年后，即康二十五岁时（1882），他北京科考失败，返乡时顺路访问了上海。他写道：

　　　　道经上海之繁盛，益知西人治术之有本。舟车行路，大购西书以归讲求焉。十一月还家，自是大讲西学，始尽释故见。②

　　耳闻目睹的亲身经历加之阅读汉译西书，使康有为放弃旧学，转向新学。然而，在这一转变的过程中，康有为都收集并阅读了哪些书？从中得到了哪些与传统旧学不同的西方新知识？其本人除了上述引文中所举的数种外并没有详加说明，③以往的研究亦似乎不足。从当时的出版情况看，康有为所能得到的书应为香港英华书院、上海墨海书馆、江南制造总局翻译馆、北京同文馆等处刊行的汉译西书，内容多为历史、地理及一些启蒙性的科学普及读物。④可以断言，康有为"大购"的这些书虽然可以提供初步的西学知识，撩起他探求新世界的好奇心，但是，最终难以满足其意欲在思想、制度层面改变中国的知识需要。

　　随着对西方的进一步了解，康有为愈加认识到西书的重要性，同时，对当时汉译西书的现状和内容也越来越不满意。康试图另辟蹊径，即不借助西人，而独自翻译西书。光绪十二年丙戌（1886），他请友人张延秋向张之洞转达他的建议，《康南海自编年谱》中这样写道：

---

① 《康南海自编年谱》，中华书局，1992，第9~10页。《西国近事汇编》为西文报章的摘译，自1873（同治癸酉）年开始编辑出版，每年一卷。

② 《康南海自编年谱》，第11页。

③ 康有为在《桂学答问》中提及江南制造总局翻译馆、同文馆等刊行的兵学书和地理、数学、法律等西学书。但《桂学答问》毋宁说反映了康有为所达到的西学境界并不深远。《康有为全集》第2集（上海版），第52~67页。

④ 关于19世纪80年代前中国出版的汉译西书的详细情况，可参见熊月之《西学东渐与晚清社会》；王扬宗《江南制造局翻译书目新考》，《中国科技史料》1995年第2期。

时张之洞督粤，春间令张延秋编修告之曰："中国西书太少，傅兰雅所译西书，皆兵医不切之学。其政书甚要，西书甚多新理，皆中国所无，益开局译之，为最要事。"[①]

译书极少，已经译出的又都是不重要的，亟须大译西政书，但对于康有为的建议，"张香涛然之，将开书局托吾与文艺阁任其事，既而不果。吾乃议以商力为之，事卒不成"。政治上当道者感觉不到必要性、迫切性，商业上又似乎无利可图，事情便不了了之。尽管如此，康有为仍是最早提出翻译西政书的中国人之一，他要比最早接触西方的其他人更具有洞察力。马建忠提议设翻译书院不过是"培养人才，译西书以通外情"而已，这样的西书翻译动机远远无法与康有为相比。甲午大败之后，康有为直接向朝廷建议设立译书局，其理由是：

同治时大学士曾国藩，先识远见，开制造局，首译西书，而奉行者不通原本，徒译兵学医学之书，而政治经济之本，乃不得一二。[②]

出于策略上的考虑，康有为把译书内容不当的责任推给了具体的执行者，其实对译书内容有绝对影响的不是别人，正是曾国藩本人。[③]康有为对此也是心知肚明的，所以他后来的指责要严厉得多：

昔者大学士曾国藩开制造局于上海以译书，于今四十年矣。其天津、福建、广州亦时有所译。然皆译欧美之书，其途至难，成书至少；既无通学以主持之，皆译农、工、兵至旧非要之书，

---

① 《康南海自编年谱》，第 14 页。
② 康有为：《代杨深秀奏片》（光绪二十四年四月十三日），国家档案局明清档案馆编《戊戌变法档案史料》，中华书局，1958，第 446 页。
③ 王扬宗：《江南制造局翻译书目新考》，《中国科技史料》1995 年第 2 期。

不足以发人士之通识也。徒费岁月、糜巨款而已。①

对于军事上的惨败，康有为认识到其主要原因是知识的落后，中国要想富强只有讲求西学，获取新知识。可是要吸取新知识，又不能指望数以万计的中国士子直接去读西书，于是只剩译书一途。1895年，康有为发起强学会，随即在上海设立分会。康在代张之洞拟的《上海强学分会序》（1895）中申明学会的任务之一就是译印图书：

> 尝考讲求西学之法，以译书为第一义……欲令天下士人皆通西学，莫若译成中文之书，俾中国百万学人人人能解，成才自众，然后可给国家之用。②

康有为指出：

> 夫中国今日不变法日新不可，稍变而不尽变不可，尽变而不兴农、工、商、矿之学不可，欲开农、工、商、矿之学，非令士人通物理不可。凡此诸学，中国皆无其书，必待人士之识泰西文字然后学之。泰西文字非七年不可通，人士安得尽人通其学？不待识泰西文字而通其学，非译书不可，译书非二十行省并兴不可。③

康有为的弟子梁启超也在1897年的《大同译书局叙例》中说：

> 译书真今日之急图哉！……举一国之才智，而学西文，读西籍，则其事又迂远，恐有所不能待……今不速译书，则所谓变法者，尽成空言，而国家将不能收一法之效。虽然，官译之书，若

---

① 康有为：《广译日本书设立京师译书局折》（光绪二十四年），《戊戌奏稿》，亦见张静庐辑注《中国出版史料补编》，第47~49页。该折疑为康有为流亡期间改写的，见姜义华、张荣华编校《康有为全集》第1集，中国人民大学出版社，2007，第67页。
② 张静庐辑注《中国近代出版史料初编》，第38页。
③ 《日本书目志·自序》，《康有为全集》第3集（上海版），第585页。

京师同文馆、天津水师学堂、上海制造局，始事迄今，垂三十年，而译成之书不过百种；近且悉辍业矣。然则以此事望之官局，再自今以往，越三十年，得书可二百种，一切所谓学书、农书、工书、商书、兵书、宪法书、章程书者，尤是万不备一，而大事之去，固已久矣。①

通过译书引进新知识是中国的急务，但是，西文难学，西书难译，短时间内难以见效。更何况，列强环伺，"吾国岌岌，安得此从容岁月？"（《日本书目志·自序》）客观形势已经不允许中国慢条斯理地译书了。康有为在《日本书目志·自序》中写道：

> 泰西百年来诸业之书万百亿千，吾中人识西文者寡，待吾数百万吏士识西文而后读之，是待百年而后可，则吾终无张灯之一日也。故今日欲自强，惟有译书而已。②

在这种不译书则无从富强，而译书一无人才、二无时间的极为尴尬的情况下，由日文转译西书，作为一种权宜之计，便被提了出来。首倡者即康有为。

其实在强学会成立的 1895 年前后，准备翻译的书还一边倒是西书，日本几乎不在中国人的视野之内。例如马建忠在自己的建议中完全没有提及日本书，尽管战争已经迫在眉睫，他也只在文中指出"今也倭气不静"而已。

海禁大开之后，海外知识通过各种渠道涌入中国，唯独日本信息较少。究其原因可以归纳为两点，主要原因无疑是对日本的轻视；同时，一个不可忽视的原因是，对日语认识不正确，没有及时培养译才。③

中国人一直没有把日语作为一种外语来看待，京师同文馆成立十余年

---

① 《饮冰室文集之二》，亦见张静庐辑注《中国出版史料补编》，第 52~53 页。

② 《日本书目志·自序》，《康有为全集》第 3 集（上海版），第 584 页。

③ 关于西方的信息，虽然也不是国人主动地去获取，但是有传教士代劳。而日本方面，自己不去获取就一切无从谈起了。

没有培养日语人才，以致首任驻日公使何如璋只得带了三名英语翻译赴任。到日本后才发现"日本文字颠倒，意义乖舛"，精熟日语的中国人极少，"东学翻译最难其选"，"只得暂觅通事二名"。①继任公使黎庶昌赴任后即以"使署理署需用东文翻译"为由，提出"招致学生设馆肄习"日文，②该馆遂于光绪八年九月开设。但是培养的情况似乎并不理想，翻译人才短缺的情况甚至到戊戌维新的前夕仍没有得到改善，例如《时务报》的"东文报译"栏只能请日本人古城贞吉担当翻译。③

　　不知日本，有不屑了解的一面，更有不易了解的一面。日本的或经由日本的知识之"不存在"，实际反映在日本书籍流入的情况上；"不读其书"的一个重要原因是没有书。包括《解体新书》等兰学译书在内，近代之前传入中国的日本书几乎没有，与日本人搜购中国图书的热情相比，④中国士子对日本书籍可以说毫无兴趣。日本明治以后有数种出自中国士子之手的日本访书记，主要记录在日本搜寻中国已经逸失古籍的活动，并无购买新学书的记录。⑤搜寻逸失古籍甚至成了驻外公使、视察官吏的一项重要工作，如傅云龙在《游历日本图经》中为此花费了大量笔墨，与时代的紧迫感形成巨大的反差。而这些受个人兴趣左右的"忙碌"与日本知识无涉。

---

① 《使日何如璋等奏分设驻日本各埠理事折》（光绪四年十一月十五日），《清季外交史料全书》（6），学苑出版社，1999，第1020~1021页。亦参见容应萸《戊戌维新与清末日本留学政策的成立》，王晓秋主编《戊戌维新与近代中国的改革——戊戌维新一百周年国际学术讨论会论文集》，社会科学文献出版社，2000，第311~327页。"通事"一般指口语翻译，书面语能力较差，所以有"只得"之说。

② 《总理各国事务衙门奏遵议在日所招东文学生毕业后应如何待遇片》（光绪十年七月初五日），《清光绪朝中日交涉史料》卷5。亦参见容应萸前引论文。

③ 参见本书"词汇交流编"第二章。

④ 柳原前光在上海购买图书等可参见陈力卫『和製漢語の形成とその展開』、285~304页。遣欧使团经过香港时前往英华书院购买《遐迩贯珍》《六合丛谈》等杂志，参见沈国威（编著）『「六合叢談」（1857-58）の学際的研究』白帝社、1999、38页。日本向中国订购进口汉译西书的情况，参见沈国威、内田慶市（编著）『近代啓蒙の足跡：東西文化交流と言語接触：「智環啓蒙塾課初歩」の研究』。

⑤ 编纂《日本国志》的黄遵宪，其故居的藏书中亦仅有日本汉籍数种，而没有新学内容的书。尽管不能完全排除逸散、丢失的可能性，但是黄购入的新学书不多恐怕是事实。上垣外憲一「黄遵憲記念館所蔵の日本漢籍について」国際日本文化研究センター（編）『中国に伝存の日本関係典籍と文化財』国際日本文化研究センター、2002。

那么，康有为是何时开始注意日本书的呢？康有为在《戊戌奏稿》的《进呈日本明治变政考序》中说：

> 昔在圣明御极之时，琉球被灭之际，臣有乡人商于日本，携示书目，臣托购求，且读且骇，知其变政之勇猛，而成效已著也。臣在民间，募开书局以译之，人皆不信，事不克成，及马江败后，臣告长吏，开局译日本书，亦不见信。①

文中的"琉球被灭"是指 1875 年琉球事实上并入日本，当时康有为仅 18 岁，托人购买日本书籍并阅读之说似不可信。②康有为的《康南海自编年谱》光绪二十二年丙申（1896）条下可见："自丙戌年（1886）编日本政变记，披罗事迹，至今十年。至是年所得日本书甚多。"（第 33 页）也就是说，康有为在 1886 年就已经开始关注日本的变法维新，收集图书情报，准备编纂《日本变政考》了。康有为在《日本书目志·自序》中又说：

> 日人之祸，吾自戊子（1888）上书言之，曲突徙薪，不达而归，欲结会以译日书久矣，而力薄不能成也。③

这里所说的"上书"，即 1888 年的《上清帝第一书》，其中有"日本崎岖小岛，近者君臣变法兴治，十余年间，百废具举，南灭琉球，北辟虾夷，欧洲大国，睊而不敢伺"的表述，④言及日本的明治维新及其变化，说明康对日本的情况是有所了解的。虽然目前没有可资佐证的更详细的史料，但是笔者认为康有为接触日本图书在 19 世纪 80 年代中期以后是一个较合

---

① 《戊戌奏稿》，《续修四库全书·史部》第 511 册，第 732 页。
② 黄彰健：《戊戌变法史研究》，上海书店出版社，2007，第 570~572 页。黄彰健指出，这个奏稿是康有为戊戌政变以后伪托的，多有与事实不符之处。但是我们也必须承认这些所谓的"伪"折反映了康早已形成的某些观点、主张。
③ 自序未署日期，但是梁启超在《时务报》第 45 册（光绪二十三年十月二十一日，公历 1897 年 11 月 15 日）上发表了《读〈日本书目志〉后》，其中引述了康有为的自序。据此可以判定康有为自序的完成早于上述日期。
④ 《康有为全集》第 1 集（上海版），第 360 页。

理的推断。康有为从传教士出版物和其他出自中国人之手的材料中了解到日本的变化，① 开始收集有关资料撰写《日本变政考》。然而康的"欲结会以译日书"的计划在甲午之前终于没有能够实现。康有为对此一直耿耿于怀，在《日本书目志》的自序中他叹惜道："呜呼！使吾会成，日书尽译，上之公卿，散之天下，岂有割台之事乎？"不过我们应该注意：康有为在19世纪80年代中期还不一定具有通过日本书学习西方的明确认识，也许很大程度上是为了了解这个"崎岖小岛"的国家在干什么，或者借助日本变法来说服清朝不要那么顽固地抱住祖宗之法不放。

但是甲午之后，康有为在上清帝第二书（公车上书）、第三书、第四书，以及成立强学会的有关文献中，② 都没有言及日本书和日本书的翻译问题。笔者认为这或是出于对国内反日舆论的考虑。实际上康有为在1895年底即已形成了以日本的明治维新为榜样推动中国改革的想法。③ 为此，获取日本的，或通过日本获取西方新知识的问题就提上了日程。

1896年10月康有为去广西，在桂林发起圣学会，1897年初连续致函梁启超，商议在广西设学、译（日本）书、办报、筑路等事。由此可知，康有为在1896年底之前已将译书的内容从西书转移至日本书，并开始为此做各种准备了。《日本书目志》的编纂就是一项具体的工作。

四　康有为的《日本书目志》

《日本书目志》就是这样一本推动日文书翻译的目录。甲午之后，向日本学习渐成风气，但是日本书流入中国还不多。康有为的《日本书目志》是我国第一本关于日本书的目录，意义不凡。这标志着中日文化流向逆转的事实已为时代的先觉者所把握。但是对这一重要的资料，在史学界的康

---

① 康有为在《桂学答问》中提及顾厚焜的《日本新政考》(1888)，表明他很注意日本的情况。

② 如《强学会序》(1895年11月)、《上海强学分会序》(1895年11月)，张静庐辑注《中国近代出版史料初编》，第34~44页。

③ 关于康有为由"托古改制"转变为"日本模式"的时间问题，可参阅郑海麟《黄遵宪与近代中国》，三联书店，1988，第269~275页。

有为研究中似重视不够。除坂出祥伸等人的著作对《日本书目志》有所涉及外，笔者管见，村田雄二郎的论文是从近代思想史的角度考察《日本书目志》的专文。①康根据什么材料编辑了《日本书目志》？当时日本书流入中国的情况如何？康及其周围的人日语文献利用能力如何？康本人对西方近代的新知识了解到什么程度？本节试图对这些问题加以探讨，并由此论及中日文化交流的若干细节。

《康南海自编年谱》光绪二十二年丙申（1896）条中见："又撰《日本书目志》。"又见光绪二十三年丁酉条下记载："（六月之前）撰《日本书目志》成……是冬，幼博（康广仁）在上海大同译书局刻《孔子改制考》《春秋董氏学》《日本书目志》成。"②《日本书目志》稿成后，最迟于1897年底由上海大同译书局刊刻。③

《日本书目志》按现在的眼光来看也是一个大型的图书目录，当时中国获得日本图书的商业性渠道尚未建立，只能通过个人关系购

---

① 坂出祥伸「戊戌変法期における康有為の明治維新論」『關西大學文學論集』41卷4号、1992年。该文后收入坂出祥伸『中国近代の思想と科学　改訂増補』朋友書店、2001、579~593页。另孔祥吉指出："《日本书目志》是研究康有为变法思想的重要著作之一，但往往不为人们所注意。"又说："《日本书目志》的按语中，包括了康有为许多重要的变法思想，无论是政治方面，还是经济、思想、文化方面，包含的内容至为丰富，有待进一步深入探究。"《康有为变法奏议研究》，辽宁教育出版社，1988，第371~374页。村田雄二郎「康有為と『東学』——『日本書目誌』をめぐって」『外国語科研究紀要』40卷5号、1992年。

② 《康南海自编年谱》，第33、36页。

③ 关于该书的刊行时间诸说纷纭。坂出祥伸将刊行时间考订为1898年秋（见前注坂出论文），但是据《康有为全集》第3集（上海版）的"编校说明"考证，光绪二十四年三月三十日《申报》的大同译书局新出各书的广告中，列有《日本书目志》，可知，春季既已刊行。张伯桢编《万木草堂丛书目录》见"《日本书目考》，丁酉印于上海，戊戌八月、庚子正月，两奉伪旨毁板"（翦伯赞等编《戊戌变法》第4册，上海人民出版社、上海书店出版社，2000，第41页）。孙家鼐在光绪二十四年七月初三日的奏折中说"查康有为编成……《日本书目志》，业已进呈御览。"（国家档案局明清档案馆编《戊戌变法档案史料》，第455页）该书的"自序"在1897年秋季前已经在《时务报》同人之间传阅［梁启超在《时务报》第45册（1897年11月5日）上发表《读〈日本书目志〉书后》，文中大段引用康有为自序中的话］。以上种种情况都说明《日本书目志》的刊行时间应在1897年末之前的一段时间里。本节使用《康有为全集》第3集（上海版），引用页码据此，并参校《康南海先生遗著汇刊》（宏业书局有限公司1987年影印版）。

买。① 《日本书目志》第一次使日本书籍得到全国性的注意。但是如前文所述，《日本书目志》由大同译书局出版后马上遭遇戊戌政变，主持书局的康广仁被杀，该书"戊戌八月、庚子正月，两奉伪旨毁板"，因此流传较少。坂出祥伸说："关于这本书，日本的学者以前认为日本国内不存，只有中国台湾中研院有收藏。其实，日本的东洋文库和千叶县成田图书馆两处有收藏。后者是与康有为关系密切的柏原文太郎议员赠送的。"②

康有为在《日本书目志》的自序中对编纂目的做了如下说明：

> 购求日本书至多，为撰提要，欲吾人共通之。因《汉志》之例，撮其精要，剪其无用，先著简明之目，以待忧国者求焉。（第586页）③

康提倡翻译日文书的理由有两个。其一是日本已经将西方的有用之书都翻译完毕；其二是中日同文，译日本书省时省力，可以事半功倍。康在《日本书目志·自序》中说：

> 日本之步武泰西至速也，姑自维新至今三十年而治艺已成……吾今取之至近之日本，察其变法之条理先后，则吾之治效可三年而成，尤为捷疾也。且日本文字犹吾文字也，但稍杂空海之伊吕波文十之三耳。泰西诸学之书其精者，日人已略译之矣，吾因其成功而用之，是吾以泰西为牛，日本为农夫，而吾坐而食

---

① 购买日本书的情况参见本书"词汇交流编"第二章。

② 坂出祥伸『中国近代の思想と科学　改訂増補』、588頁。

③ 但是怎样评价《日本书目志》所起的作用，我们还需要做谨慎的分析。康有为在《日本书目志》中的"提要"使我们不得不怀疑康有为是否真的购入了如他所说的大量的日本书，他是否阅读过这些书。因为提要的内容往往与所论的图书毫无关系，只不过是康有为对书名望文生义，借以发挥自己一系列关于变法、改革的主张而已。另外，《日本书目志》刊行后马上被毁版，流传不广，似乎影响有限。尽管如此，《日本书目志》第一次向中国介绍了日本图书的详细情况，尤其是按照日本书肆图书目录的分类方式编排的该书，为读者提供了一个崭新的知识分科体系。《日本书目志》无疑对翻译日本书起到了推动作用。

之。费不千万金，而要书毕集矣。（第 585 页）

此后康有为反复强调这两点，如在 1898 年的《广译日本书设立京师译书局折》中说：

> 其变法至今三十年，凡欧美政治、文学、武备新识之佳书，咸译矣。
>
> …………
>
> 臣愚颛颛思之，以为日本与我同文也……译日本之书，为我文字者十之八，其成事至少，其费日无多也。请在京师设译书局，妙选通人主之，听其延辟通学，专选日本政治之佳者，先分科程并译之。不岁月后，日本佳书，可大略皆译也。①

在《进呈日本明治变政考》中也可见：

> 若因日本译各书之成业，政法之成迹，而妙用之，彼与我同文，则转译辑其成书，比其译欧美之文，事一而功万矣。彼与我同俗，则考其变政之次第，鉴其行事之得失，去其弊误，取其精华，在一转移间……今我有日本为乡导之卒，为测水之竿，为探险之队，为尝药之神农，为识途之老马，我尽收其利而去其害，何乐如之。譬如作室，欧美绘型，日本为匠，而我居之也，譬如耕田，欧美觅种、灌溉，日本锄艾，而我食之也。②

就是说，要变法图强必须讲求西学；欲讲求西学，非译书不可。但是西文难通，时不我待，故可取之日本；中日同文，且西学精华之书已经译毕，较易利用。"中日同文"云云说明康有为对日语还没有实质性的认识。"以泰西为牛，日本为农夫""事一而功万"等说法，又给译日本书加上了浓重的实用主义色彩，为日后"日本途径"的边缘化留下了伏笔。但是尽

---

① 张静庐辑注《中国出版史料补编》，第 47~49 页。
② 该文公开是 1911 年，但应该认为所表达的意图在写作时业已形成。

管如此，在"鉴其行事之得失，去其弊误"的幌子下，学习日本的主张得到了正当化。

而在这前一年，康有为已经开始着手创办译书局，即"大同译书局"了。设立大同译书局的目的则如梁启超所说：

> 联合同志，创为此局。以东文为主，而辅以西文……至旧译希见之本，邦人新著之书，其有精言，悉在采纳。

这里值得注意的有两点：第一"以东文为主，而辅以西文"；第二"邦人新著之书，其有精言，悉在采纳"。"邦人"即日本人，这表明日本开始成为获取西方知识的新途径。

如此，我们可以说，到1896年上半年为止，还几乎没有人公开提出日本书的翻译问题，例如在孙家鼐的《官书局开设缘由》《官书局奏开办章程》中都没有提到日本。① 但是，同年秋，《时务报》创刊，第三册始开辟"东文报译"栏，中国的读者开始正式面对日本知识的接受问题。康有为在1896年底1897年初开始大力推进日本书的翻译。经过1897年的准备，在1898年，康的译日本书"事一而功万"成为中国社会的共识，甚至在总理衙门的奏章中也出现了如下的提案：

> 至日本明治以来，所译书极多，而由东译华，较译自西文尤为便捷，应请饬下出使大臣，饬查日本所译西书，全数购寄，以便译印。（光绪二十四年五月初十日）②

对于翻译日本书，有人反对说，日本的"各种学问未必遽及西人，其译出东文各书，亦不能尽西人之长"，所以"各种西学，则必以步趋泰西为要，盖取法乎上，仅得乎中。我学西人，遂未能遽过西人，然果能如西人，便可以胜东人。若学东人，非止不能胜西人，且将不能及东人乎。况

---

① 张静庐辑注《中国近代出版史料初编》，第44~49页。
② 《改译书局为译书官局折》，张静庐辑注《中国出版史料补编》，第51页。

东人所译各书，难保无错误脱略之处，我又将何法以正之耶"。^①东学取自西学是翻译日本书的正当性和必要性受到诘难的主要理由。^②但是，至1898年底，随着张之洞《劝学篇》的广泛流传，^③中国人接受来自日本的知识的心理障碍已基本清除，剩下的只是由谁来翻译的问题。对此，康有为提议：

> 士人能译日本书者，皆大赉之。若童生译日本书一种、五万字以上者，若试其学论通者，给附生。附生、增生译日本书三万字以上者，试论通皆给廪生。廪生则给贡生。凡诸生译日本书过十万字者，试其学论通者，给举人。举人给进士。进士给翰林。庶官皆晋一秩。应译之书，月由京师译书局，分科布告书目，以省重复。其译成之书，皆呈于译书局，译局验其文可，乃发给各省学政，试可而给第。举人以上至庶官，则译局每月汇奏，而请旨考试给之，若行此乎，以我国百万之童生，二十万之诸生，一万之举人，数千之散僚，必皆竭力从事于译日本书矣。若此，

---

① 《户部员外郎恩裕片》，国家档案局明清档案馆编《戊戌变法档案史料》，第458~459页。当然，反对向日本学习只是借口，恩裕所反对的是一切外来的知识。而严复则在《与〈外交报〉主人书》一文中指出："吾闻学术之事，必求之初地而后得其真……即日本之所勤苦而仅得者，亦非其所固有，此不必为吾邻讳也。彼之去故就新，为时仅三十年耳。今求泰西二三千年孳乳演迤之学术，于三十年勤苦仅得之日本，虽其盛有译著，其名义可决其未安也，其考订可卜其未密也。乃徒以近我之故，沛然率天下学者群而趋之，世有无志而不好学如此者乎？侏儒问径天高于修人，以其愈己而遂信之。今之所为，何以异此。"（《外交报》1902年第9~10期，王轼主编《严复集》第3册，第561页）。

② 梁启超在1899年的《论学日本文之益》中针对"日本之学从欧洲来耳，而欧学之最近而最精者，多未能流入日本。且既经重译，失真亦多"的责难，反驳说"日本于最新最精之学，虽不无欠缺，然其大端固已粗具矣"。但梁的反驳显得苍白无力。

③ 张之洞在《劝学篇·游学第二》中说："至游学之国，西洋不如东洋：一、路近省费，可多遣；一、去华近，易考察；一、东文近于中文，易通晓；一、西学甚繁，凡西学不切要者，东人已删节而酌改之。中东情势风俗相近，易仿行。事半功倍，无过于此。"（广西师范大学出版社，2008，第72~73页）又说："学西文者，效迟而用博，为少年未仕者计也。译西书者，功近而效速，为中年已仕者计也。若学东洋文，译东洋书，则速而又速者也。是故从洋师不如通洋文，译西书不如译东书。"（《劝学篇·广译第五》，第86页）

则不费国帑，而日本群书可二三年而毕译于中国。①

日语易学，故人人可译，只要有较好的鼓励政策即可。但这显然是康
有为对日语的误解，实际上翻译群体的形成还有待于留学生的成长。

（一）《日本书目志》的收录书与按语

《日本书目志》全书15卷，共收图书7725种（有重复）。台湾宏业书
局有限公司的影印版原书无封面，康有为的自序之后为总目、分卷目录。
第一卷中缝为"志一生理门"，以下各卷类推。第一页下署"南海康有为
长素辑"，卷末署"弟子赵秀伟、陈国镛初校，汤辅朝、欧渠甲复校"。
有边框，细线格，每页13行，每行30字。每卷分为若干小类，依次列
出书名、册数、著译者、定价。小类的后边，附有康有为的"提要"。
其实，这些文字如后文所述，极少涉及书籍的内容，多是康对该学科发
的一些议论。本节姑且将其称为"按语"。康有为加按语109条，具体
情况见表1。

表1　康有为《日本书目志》内容

卷次	分类	图书种数	按语条数	按语字数（约）
第一卷	生理门	366	4	1500
第二卷	理学门	397	17	3100
第三卷	宗教门	108	2	510
第四卷	图史门	901	9	2200
第五卷	政治门	424	14	3000
第六卷	法律门	450	3	1000
	（农工商总序）		1	2000
第七卷	农业门	404	17	6000
第八卷	工业门	187	10	3400
第九卷	商业门	157	7	1900
第十卷	教育门	740	8	2800

---

① 康有为:《广译日本书设立京师译书局折》，张静庐辑注《中国出版史料补编》，第
47~49页。

续表

卷次	分类	图书种数	按语条数	按语字数
第十一卷	文学门	903	2	510
第十二卷	文字语言门	860	3	510
第十三卷	美术门	720	7	690
第十四卷	小说门	1056	1	360
第十五卷	兵书门	52	4	360
总计		7725	109	29840

将图书分门别类的做法中国古已有之，但是康有为的分类法与以前的书目志大为不同。坂出祥伸指出这种分类与传统的图书分类法不符，具有革新性。[1] 又说恐怕是模仿了当时日本的图书分类法及分类名称。如后文所述，笔者认为康有为的书目志直接取材于日本书肆的图书目录。虽然未能最后确认康有为使用了何种图书目录，但是，经过翻检当时的图书目录，可以断定在分类排列上，康有为并没有做实质性的改动。下面，我们来详细看一下各卷的收录书和按语的情况。

第一卷生理门　该卷收录生理学、解剖学、病理学、诊断学、内科学等 22 类 366 种图书，康有为加按语 4 条约 1500 字。之所以将生理学放在诸卷之首，康有为解释说："太平尚仁，刑措不用，含哺歌嬉，极乐长寿，故医者生道，太平之极也。谒千圣之术，止乱安人以卫生而已……大治在于医，故以冠诸篇焉。"（第 620~621 页）自序中，康有为也援医学为例，主张治病国必须图新。医学之于康有为乃救国之学。这种观点，不禁令我们联想起了早年的鲁迅。在"生理门"的生理学入门书后，康有为加了第一条按语，在按语中，康氏先引《易》"天地之大德曰生"，然后称生理学为"物理学之源，心灵学之本，由此以入于哲学，则四通六辟，大小精粗，其运无乎不在矣"。又说，生理学，"吾《素问》少发其源，泰西近畅其流"，"日本尽译其书，施之学校"（第 594 页）。但是，通过这些议论我们发现康有为对生理学、哲学等并无实质性的了解（详下节）。[2]

---

[1]　坂出祥伸『中国近代の思想と科学　改訂増補』588 頁。

[2]　这一点从康的"若产婆学，尤关生理之本"（第 620 页）表述中亦可看出。

关于解剖学的书，康有为在按语中引孔子的话证明解剖"于死者无损而生者益"（第596页），并列举了《动物比较解剖图》（四轴，高岭秀夫摹写，六元）、《人体组织揽要》（三册，田口和美编，四元五角）、《须氏组织（新论）》（一册，石川清忠译，一元六角）三本书，称这些书为"精作"。可以推测，康有为购得了这些书。

关于卫生学的书籍，康有为同样在阐发了孔子的观点后说："日人好洁，近讲泰西卫生之学甚精，其饮水通风之法，防疫看护之方，亦綦详矣。呜呼！天子失官，学在四夷，此岂非圣人意哉。"（第600页）在该卷的末尾，康有为还总结道："日本之学，无不出吾庑下也。其医学亦然。"（第620页）这种"西学中源"式的议论自始至终贯穿康有为的全部按语。

但是，康在按语中还写道："泰西自康熙时日耳曼人哈芬创人体皆血脉皆血管……近显微镜既精，乃知微丝血管，又知人与微生物战法。"（第620页）由此可知，他对西医是有一定了解的。同时，从"血脉""微丝血管""微生物"等术语的使用，亦可知康有为的医学知识并非来源于日本的医书，而是傅兰雅的《格致汇编》等书。

该卷收录的书名中有很多日本近代的新词、译词，这些词后来都为汉语所接受。例如：

生理学　解剖学　卫生学　法医学　神经　动脉　组织　温室　饮料水
百科全书　防疫　药物学　药剂学　临床　便览　分析　病理　霉菌学
绷带　手术学　视力表　精神病学　兽医　狂犬病

同时，也有一些日语的表达方式最终没能进入汉语，例如：

局处（解剖学）　看病学　筋肉　虎列剌　独乙　化学的诊法　组织学附
傍训　子育卷

第二卷理学门　该卷收录理学、物理学、化学、天文学、气象学、地质学、矿学、地震学、博物学、生物学、人类学、动物学、植物学等自然科学 19 类，① 以及哲学、论理学（即逻辑学）、心理学、伦理学等人文科学 4 类的图书共 397 种，康有为加按语 17 条约 3100 字。为何把自然科学和人文科学的图书收入同一卷内？这种分类是康有为的创意吗？回答是否定的。这是"理学"一词的意义变化所致。"理学"原指宋代兴起的新儒学，又称"性理学"。江户后期，一些兰学家用这个词指称自然科学。明治初期，西周用"理学"来翻译 philosophy（如《百学连环》）。但是，西周的译名没有为一般人所接受。"理学"一词一般指称物理学，或作为自然科学的总称来使用。《日本书目志》编纂的 1897 年前后，尽管作为 philosophy 译词的"理学"已经衰退，但是在工具书上还保留着上述两种意义。康有为使用的原始材料可能有"理学＝哲学"的内容。那么，康有为对这些学科的理解又怎样呢？让我们来看看他所加的按语。

第一条按语加在学校理科教科书（相当于今天的自然常识）之后。康有为先对科学技术的进步发了一通感慨之后，说："尝考欧洲所以强者，为其开智学而穷物理也，穷物理而知化也。"（第 626 页）但同时又说："若犹但言军兵炮械而不兴物理之学，吾岂知所税驾哉。"（第 626 页）可知，康有为的"物理"乃形而上之学。而对于现代物理学，康氏引程子说："能通所以然，是天下第一等学人。"对于化学，康说："造化、神化、变化，道莫尊于化矣。凡百学皆由化学也；凡百器用制作之精，皆由化学为之也。化学能析之，能合之，能离之，能乱之，以一物为数物，以数物为一物，错综参合，代化工矣。吾制造局亦译化学书，但不如日本之详。"（第 634 页）对于分析学，康引韩信、朱子的例子后说："分析是为治之要道哉。"对于天文学，康氏则说欧美日本的历制都"不出孔子的三正"；对于气象学，康认为春秋以来的知识"日本犹存之"。在按语中，康有为并没有对上述近代科学书做内容上的实质介绍，所发议论也大都不得要领。

坂出祥伸认为康有为通过收集日本书接触了进化论。② 事实如何呢？让我们来看看康有为在进化论方面的图书 8 种之后加的按语：

天地之大德曰生，生生之谓易。能知天地生物之故，万物生

① 化学书中有汉译西书一册，即嘉约翰的《化学初阶》。
② 坂出祥伸『中国近代の思想と科学　改訂増補』596~603 頁。亦参照后文。

生之原，万物种分类别之故，则天地位，万物育矣。生物之学者，
化生之学也，读《万物退化新说》一书，盖技也，而进于道矣。
（第 644 页）

由这条按语，可以推测康购入了《万物退化新说》，但是并没有读懂。因
此，康对进化论是否有所了解还很值得怀疑。

当然不否认康有为对某些学科是有一定了解的。例如，地质学书的按
语中，康言及"积介层、虫层、大草大木层、大鸟大兽层、人层"；矿物
学的按语中，提到了"金类、非金类"，并列举了包括"锌、铋、钴、锰、
铝、钙"等在内的金属名称。这些都是江南制造总局的译书提供的知识。[①]
此外从按语的内容推测，康还读过合信的《全体新论》。

那么，康有为对于收入该卷的哲学、心理学等人文科学的了解又是一
种什么状况呢？他在哲学类图书后加了如下按语：

> 天欤？地欤？神明往欤？不可止沮，造化为庐，哲人同舆，
> 沉精极思，无所不徂，穷人入无。太古之圣，勇智权舆，执物徇
> 有，泥迹多粗。中古之圣，畜物而先入居，伦理是图。后圣玄妙，
> 舍实游虚，魂灵如如，其有怀疑，一切扫除，躔入空魔，婆罗辟
> 支，近世物理，冥冥入微，既实又虚，开天天而游其墟。凡圣三
> 统，轮转厥枢，额氏火教，实得理材，孔道阴阳，包尽无余，大
> 地作者，其亦可为心游大观欤！（第 653 页）

从"太古之圣""中古之圣"等词语判断，康有为似乎把西方的哲学
理解成了"贤哲之学"，按语与哲学的学科内容毫无关系。

对西方的心理学也是如此。康先说："心学固吾孔子旧学哉。"再举阳
明学的例子，总结说："泰西析条分理甚秩秩，其微妙玄通，去远内典矣。"
从这段按语中也很难看出康有为对心理学有什么实质性的了解。

对论理学（即逻辑学）康未置一词。但是在伦理学类图书的后面，康

[①] 地质学类书中有江南制造总局出版的《地学浅释》的日文训点本（乙骨太郎、久保田乙
成训点，一册，一元）。

有为加了一段按语。他说，中古之圣不谈鬼神怪物而谈人事，"故伦理尤尊"，中国的学问"始于尽伦，而终于尽制"，世界各国制度大异，君主、民主、一夫数妻、一夫一妻等差异都是不同制度的反映，都是合乎时宜的，是"先圣因时立制，条理灿然，黔首惟有率从而已"（第 659 页）。在这里已经完全是卫道士的面孔了。

该卷的书名中使用的日语词如下：

理科　教授法　科学　物理学　进步　理化学　应用化学　有机化学　无机化学
定量分析　定性分析　讲义录　生物学　进化论　退化　人类学　哲学　论理学
归纳法　心理学　伦理学

这些词均为现代汉语所吸收。

第三卷宗教门　该卷收录宗教总记、佛教、佛典、神道、杂教等 5 类 108 种图书，按语 2 条仅 510 余字。对于日文宗教方面的图书，康有为评论说："日人所译佛、婆罗门、耶、回之书，及《宗教进化论》《宗教新论》《未来世界论》《天地熔造化育论》，瑰伟连怖而淑诡可观也。日本神学乃儒、佛未东渡之前为东夷旧俗，无足观焉。"

该卷的书名中使用的日语词有"宗教""神学""演说"等。

第四卷图史门　图史门即地理、历史学科。该卷收录地理总论、世界地理、各国地理、地文学、日本地图、世界地图、世界史、日本史、传记、年表等 25 类图书 901 种，康有为加按语 9 条，约 2200 字。第一条按语附于地理总论、各国地理、小学地理教科书和地文学之后。康有为在按语中说"国朝学者亦喜言地理之学"，"然道路未通，图测未精，但以供考古而已"。康还哀叹包括当道大臣在内的中国人地理知识极端贫乏，疆土被割，岛屿被占还不知详细。"推原其由，皆学校仅课举业不讲地理之故。"康指出：日人效仿西方，小学、中等地理之书皆有。中国也必须改变现状。康有为提到两本书尤其重要，一本是《中等教育如氏地理教科书》（八册，富士谷孝雄讲述，三元三角），另一本是《西伯利地志》（参谋本部编纂，二元五角）。由书价可知是两本大部头的书，但很难说是地理学的重要著作，也许康有为恰好买到了这两本书，或者基于当时的形势，特意购买了这两本书。

康有为对地图类二百余种书加了第二条按语。康反复强调地图的重要性：无地图，国家就无以为治，"欲士民之智，非令学校课试地理、学童摹图诵题不可得也"。尤其提到日本的"暗射地图"（即没有写入地名的地图，为小学教学用）。

在世界史类 35 种图书之后，康有为加了第三条按语。康说过去的史书只记本国而已，"四裔"不过是附庸，而新的史学必言世界。在此康有为披露了他的世界发展史的知识，说：

> 然且地球之国，启自泰西，其政学、律例、风俗皆出于希腊、罗马，而法为罗马之宗邦，美开民主之新义。百余年来，为地球今古万岁转轴之枢，凡有三大端焉：一、自倍根创新学而民智大开，易守旧而日新；一、自哥伦布辟新地而地球尽辟，开草昧而文明；一、自巴力门倡民权而君民共治，拨乱世而升平。（第702页）

据此，康指出，"故近今万国史学关涉重大，尤非旧史可以哉"。但是中国"仅有《佐治刍言》一书而已"。① 日本所译盖多，而《历史哲学》、《欧罗巴文明史》、《泰西通鉴》及《挈要》、《纲记》诸书备哉灿烂，世界史有他山之石的功效。"历史"一词来自日本，康有为之前不见使用，康在按语部分也没有使用"历史"（时期相同的《时务报》上有用例）。但是，康有为将近代历史学的概念介绍给了中国。

该卷共收日本史的图书 204 种，包括《大镜》《保元物语》《平家物语》等十几种古典小说。不知是原材料如此，还是康有为另行放入的。在日本史类的图书后，康有为写道：

> 日本……正史体裁尤未备，本无可采焉。惟自维新以来，大变政俗，以成富强……日本与吾同在东方，同文，同俗，同政，同教，吾借日本为经途，为探路，而后安步从之，蚁封九曲，从

---

① 傅兰雅口译，应祖锡笔译，江南制造总局翻译馆 1885 年刊行。原本为 *Political Economy*（1852），因此不能算作历史书。

容驾驶，尽弃阻坂而驱坦途。（第 716~717 页）

从这段按语我们可以看出康具有向日本学习的明确意识。"西轩之使亦有求日本之书而谈其政者，然率皆陈其已然之迹，而未考其更变之由。"康有为对此深表不满，指出"今考日本之史，若《日本文明史》《开化起源史》《大政三迁史》《明治历史》《政史》《太平记》《近世史略》《近世太平记》《三十年史》，皆变政之迹存焉"。同时说，"吾既别为《日本改制考》以发明其故，而著其近世史之用，以告吾开新之士"。《日本改制考》即《日本变政考》，当时书名还没有最后确定。上列各书应是康有为已经购入的图书，也是《日本变政考》的主要参考书目。

对于传记、年表、纪行、名胜、类书等图书，康有为都只加了极短的按语。该卷书名中所见日本新词如下：

暗射图　帝国　案内图　名所绘入　历史哲学　历史读本　发明家　幼稚园
记者　探捡　文库　社会　文艺

第五卷政治门　该卷收录国家政治学、政体、行政学、财政学、社会学、经济学、统计学、家政学方面的图书 17 类 424 种，康有为共加按语 14 条约 3000 字。其中家政学是一门年轻的学科，在欧美教育体制的影响下，日本于 1890 年前后在女子学校开设家政学的课程，第一本教科书《家政学》（清水文之辅著，金星堂，1890）也随之出版。该卷"家政学"类下收入了烹饪法、缝纫法的书籍。

在给政治学书籍所加的按语中，康有为说，"政治之学最美者，莫如吾六经也。尝考泰西所以强者，皆暗合吾经义者也"。接下来，康论证了西方的学校、医院、议院、公园、监狱等制度早见于六经，下结论："中国所以弱者，皆与经义相反者也。"主张"礼失求野"，说"日本未足以语是。然译泰西之书而能保养其民以自强，其政治亦可借鉴矣"；并再一次提到"吾有《日本改制考》，庶以为鉴而自正焉"。这种西学中源的主张贯穿《日本书目志》的始终。

在社会学类图书的按语中，康有为写道：

> 大地上，一大会而已。会大群，谓之国；会小群，谓之公司，
> 谓之社会。（第 760 页）

康有为把"公司"与"社会"完全等同起来。又说，西方"天文、化、电、光、重、声、汽学，皆有会。制造、农业、商务，女工，皆有会……日人之骤强也，亦由听民开社会讲求之故"。社会又是社团、学会的等义词。与所列社会学图书的内容完全无涉。可以断言康并没有读过这些书。

对于经济学类图书，康有为说"凡六经，皆经济学书也"。这里的"经济"，是中国"经邦济国"的旧义。这一点从同一段按语的"泰西从政者，非从经济学出不得任官，理财富国，尤为经济之要"的表述中也可以得到证明。

但是，康有为对统计学、专卖特许（专利）表示了一定的理解。该卷 14 条按语中具体提到了 34 种书名，应是康有为已经购入的图书。其中多次提及《日本政治年鉴》，[①] 说："若夫日本之政治年鉴，于日本变政之故尤详焉。恨吾游日术者未有能留意及此也。"该书应该是《日本变政考》的参考书，康详细阅读的可能性较大。

该卷书名中所使用的日本新词如下：

社会制　宪法　政体　选举法　立宪　代议　请愿　预算　内阁　政党　裁判
主权　警察　取缔　财政学　会计法　社会　进化论　社会学　进步　退步
经济学　保险　统计学　特许　意匠　商标　信用组合　殖民论　家政学

第六卷法律门　该卷收录宪法、法理学、刑法、民法、商法、诉讼法、国际法等 24 类图书 450 种。康有为加按语 3 条约 1000 字。他在该卷末的按语中说：

> 春秋者，万身之法，万国之法也。尝以泰西公法考之，同者十八九焉……所谓宪法权力，即春秋所谓名分也，盖治也，而几于道矣。（第 812 页）

---

① 《日本政治年鉴》第二回，一册，荒井泰次编辑，一元五角。该书在其他卷亦有提及。

这种论调与之前各卷的按语并无两样。但是康有为又说，"今吾中国之法，非经义之旧矣"，提出"法至今日，亦不能不变通尽利者也"，"守旧则辱，变法则强"。如实在不愿意主动变法，可以把日本的拿来，为我所用，而且"力省而功溥，事切而弊少"。指出"其商法、学法、矿法、军法、会社法、银行法、商船法、保险法，皆新法，极详密，吾皆可取尔"。

按语中提到了《国宪泛论》（上中下合本一册，小野梓境，二元五角）、《美国宪法史》（岛田乘竹，二元三角）、《各国宪法》（一册，元老院藏版，一元二角）、《万国现行宪法比较》（一册，辰巳小二郎，四角二分）、《内外臣民公私权考》（一册，井上毅，一角六分）等 5 部书。说前 4 种最精美，又说后 1 种"人有自主之权，又有互制之法，泰西之良法哉"。

该卷书名中所见日本词如下：

宪法　刑法　帝国　公权　私权　人权　法理学　民法　动产法　相续法
债权　不动产　商法　会社法　手形　手续　宪兵　破产法　组合法　诉讼法
辩护士

第七卷农业门　第六卷和第七卷之间，有"农工商总序"一篇，约2000 字。在这篇总序里，康有为主要针对中国当时的经济情况、中西之间的差距发了一些议论，与所收图书的内容并无直接关系。在这篇总序的末尾，康有为写道：

> 日本蕞尔岛国……当咸、同时，频见逼于欧人，国内且乱。地宜国势，比吾近日不如远矣……今其农工商三业之书，泰西佳书，略以尽译。（第 817 页）

康有为又说："观日本之所以强者，吾中国可以反而求之矣。"反复强调了应该借鉴日本。

第七卷收录农学、农业经济、农政、农业化学、土壤、化肥、农具等19 类图书 404 种，加按语 17 条约 6000 字。该卷是康有为发议论最多的一卷。他的建议归纳起来，大约有以下几个方面：认识农业的重要性，推广农业保险，改良土壤，使用化肥，改良农具，改良品种，多种经营，多种甘蔗、蔬菜、烟草，植树造林，消灭害虫，推广新农业，发展畜牧业，养蚕，种茶，发展渔业。

该卷的按语中，共列举具体书名30种，并说"吾读日本所译《土壤篇》，何其暗与管子合也"。由此可以推断康有为已经购入部分图书，并阅读了其中的一部分。当时以罗振玉为主，正在组织农学会，康对农业也表示了极大的关心。

该卷书名中所见日本词如下：

农学　农业　教科书　农场　林业　害虫　水产学

第八卷工业门　该卷收录工学、土木学、机械学、电气学、建筑学、测量学等11类图书187种，按语10条约3400字。康有为在按语中反复强调道路、铁路的重要性，对西方近代工业的历史，如蒸汽机的发明、应用及纺织业的情况做了较详尽的介绍。[①]他哀叹中国工业的不发达，说：

> 劝工为九经之一，又为智民富国之本，而吾尚未之知也。（第864页）

又说：

> 日本之于工也，小学校有手工篇以教之，又有讲义录教科使用法解说，以条讲之。小学又有女工篇，以教女子。工务局又有月报，博物馆有制物志料百图，制造所有秘诀簿记教科……一名一物之制造，皆有专书……若泰西制造新书，则固已译之矣。（第881页）

该卷书名中所见日本词如下：

---

① 康有为称蒸汽机的发明家为"华式"，这是传教士的译法。由此可知这部分知识来自汉译西书。

工学　土木学　大工　建具　取扱　建筑学　共进会　出品　杂志

第九卷商业门　该卷收录商业、银行、贸易、交通等 9 类图书 157 种，按语 7 条约 1900 字。康有为认为中国的败落是由于不重视商业，他在按语中说：知日本所以胜而吾所以败者，即商可见矣。康在按语中阐述了银行的作用和贸易的必要性；同时提到了《商业学校问题答案》《商业读本》《商业指针》《商业之骨》《商卖秘诀》《商业博物志》《商业产业事迹》《工商技艺看报考》等书名。对《商业学校问题答案》，康有为说"商学之课试，如吾之课举业也"。这些书应该是康已经购入的图书。

该卷书名中所见日本词有：

商法　经济学　商品学　劝业　应用银行学　手形　国立　为替　取组所
邮便法　相场　簿记学

对于"手形""为替""相场"① 等江户时期的商业用语，词义分别为"支票""汇票""行情"。康有为似乎并不了解其真正的意义。例如对"相场"，康解释说："欲观国者，宜相国势。欲相货者，宜知物价。"（第 898 页）词源理据的解释可谓风马牛不相及。

第十卷教育门　该卷收录道德修身学、格言、敕语书、教育学、幼儿教育、教育史等 17 类图书 740 种，按语 8 条约 2800 字。关于教育，康有为似乎有很多话要说。康指出："泰西之强，吾中人皆谓其船械之精、军兵之炼也，不知其学校教育之详。""日人之变法也，先变学校，尽译泰西教育之书、学校之章程。""观日本小学读本之详、图画之切，其强岂无故哉。"对于日本出版的有关图书，康赞叹《教育学》《教育学新论》《原论》《普通学》"备哉灿烂，无微不入"，《学校概论》《日本德国各级小学校》《公私学校比较论》《学校通论》"兼备各国，精微详尽"（第 935 页）。

康有为指出，中国小学无书，"童学十年，而无所知识"。相比之下，日本明治以后大兴教育，"虑中文深奥，杂以伊吕波之片假名，以达其义。

---

① "相场"是"牙剑场"转讹以后的假借字。

不求古雅，但思逮下，于是举国皆识字知学"。为此，"建议中国多制小学书，多采俗字以便民"（第961页）。康还设计了十种由浅入深的蒙学书体例。然而主要取材于六经等中国的典籍，并无近代性。

该卷书名中所见日本词有：

德育　道德学　挂图　演习　教育学　体育学　胎内教育　教授法　教室
教具　幼稚园　特许　发明　明细书　图书馆　教员　士官　幻灯会　俱乐部
物语

第十一卷文学门　该卷收录文学史、新体诗、和歌、日本戏曲、脚本等18类图书903种，其中包括小学习字字贴和学习怎样写信的"往来物"。收书的范围大大溢出了自序中所说的变法自强的目的。该卷康有为只加按语2条，仅约510字。在文学史类图书后的按语中，康有为说，日本古无文学，德川之后崇尚孔学，儒家辈出。维新以来，学校遍于全国，无不读书识字，"观日本之变，可以鉴也。大学纪要，博物馆书目，日本之强，固在文学哉"。康有为在这里似乎把中国传统"文学"一词的概念与西方近代的文学混同起来了。在日本谣曲（即戏曲）类图书之后，康有为加了另一条按语。他从《诗》说起，然后说"日人自隋唐时来学乐，效吾诗章，其作者雅健有可采者"，但是"终不能抗衡大国。然日人之苦思好学，善师法人之长，故学中，学西，转圜捷疾"。议论越发不着边际，其后四卷，按语可观者已不多。

第十二卷文字语言门　该卷收录日本古典文学、中小学作文、应用文、语言学、修辞演说、辞典、速记法等14类图书共860种，按语3条约510字。

关于演说，康有为指出：言语是孔子四科之一，备受重视。春秋战国时纵横家活跃，百家争鸣。但是六朝以后"文辞既盛，言语道废"。只有西方"尤尚演说之风"，中国也应该恢复。康有为似乎对演说的形式、功效等多有了解。

康有为在卷末的按语中说，日本僻在荒岛，本无文学，但是现在各种书均有出版，对于启迪民智作用显著。而中国这类书皆无，导致"风俗坠坏，人心式微"。

第十三卷美术门　该卷收录美术、绘画、音乐、戏剧、体操、游戏、插花、茶道、占巫、棋类等 18 类图书 720 种，按语 7 条约 690 字。这里所收录的图书与中国的"变政"并无密切关系，而康在体操类图书后的按语中说："泰西男女皆有体操，故能强力任事。日人为体操之教，游戏之事附于舞末，有意哉！"议论已很勉强，而对占卜类的图书，康说："日本方技学皆吾所传也，无有录存之，以见日俗云尔。"完全是姑妄录之的态度了。

第十四卷小说门　该卷只收小说 1 类，共 1056 种，按语 1 条约 360 字。该卷是书目志收书最多的一卷，同时又是按语最短的两卷之一。所收小说包括日本古典小说、武士小说、近代小说及翻译的西方小说。康有为在唯一一条按语中说：

> 今日急务，其小说乎？仅识字之人，有不读经，无有不读小说者……今中国识字人寡，深通文学之人尤寡，经义史故亟宜译小说而讲通之。（第 1212 页）

利用小说达到启迪民智的作用，可以说与后来梁启超提倡翻译日本政治小说的着眼点一样（但是康在这里是说用小说讲授六经之义）。但若真是如此，所开列的小说书目可以大大删略一下。因为该卷除了明治后的翻译小说、政治小说外，还有大量的江户时期的市井小说，如《好色一代男》等混在其中。

第十五卷兵书门　该卷收录马术、航海、狩猎等 4 类 52 种图书，按语 4 条约 360 字，是十五卷中收书最少，同时又是按语最短的两卷之一。真正军事学方面的书籍并未收入。康有为指出："此兵书盖寡，盖日人之骤强，在变旧俗，开新学。"但是，这种把现代军事科学与其他学科对立起来的观点也是值得商榷的。

（二）关于《日本书目志》的素材

康有为的《日本书目志》是根据什么材料编纂的呢？他利用了日本出版社、书肆的数种图书目录，对此似不应有疑问。问题是康有为在利用日本的原始材料时是否做过某些改动，或者说进行了取舍。通过上文的分析，我们可以断定：在原始材料的利用上，康有为采取的是原封不动的拿来主义。这一点只要看一看书目志中存在的大量日语词语和表现方式就可以肯定。下面仅从第一卷生理门中列举数例：

- 解剖学组织学附：应为"解剖学　附组织学"；
- 夫妇互之务：应为"夫妇相互之义务"；
- 虎列剌预防法："虎列剌"是霍乱的日本式音译；
- 看病学：应为"护理学"；
- 傍训日本药局方："傍训"即在汉字旁边加注日语假名释义。"傍"是日语的使用方法，汉语应为"旁"；
- 独乙方汇："独乙"是德国的日语音译。

类似这样的原文照抄，尤其在文学门、小说门等日本固有概念较多的卷次中比比皆是。书名是专有名词，中日之间专有名词可以"同形借用"，因此，康有为的方法似乎无可厚非。但是，对原始材料做最低限度的处理，以消解利用者的阅读困难也是必要的，就像康有为在《日本变政考》中的夹注那样。当然，可以用时间紧迫来为康氏的不作为开脱，但是笔者认为更主要的原因是，大部分图书康有为无法看到实物，而他的日语的能力（甚至还应该包括他的西学知识）又使他不能仅通过书名就做出正确的理解。

关于所收图书的分类也是一个引起争论的问题。有一种观点认为，康有为使用了与传统完全不同的崭新的方法，比梁启超的《西学书目表》做得更彻底。康有为果真主动采用了新的图书分类方法吗？以 Melvil Demey 的十进分类法为基础的日本图书分类法 NDC（Nippon Decimal Classification）的确立是在第二次世界大战之后。明治 20 年代（1887~1896），东京大学的科系、附属图书馆的图书分类已经与现在大致相同。但是，出版社和书店的图书分类还没有统一。从当时的图书目录来看，一般是分成汉、和、译三大类。[①]"汉"即中国的典籍（汉籍），这是当时日本知识阶层的基本书籍；"和"是传统的日本书籍，包括日本的古典诗歌、文学作品；"译"即外文书的日译本，但在当时除了翻译书外，讲授西方近代知识的新书、教科书等也被放入译书一类。中国的典籍按传统的经史子集排列，

---

① 少数书店还有洋书，即外文书一类。另，承蒙神户松荫女子学院大学青木稔弥先生惠借明治末、大正、昭和初（1890~1930）书店图书目录数种，在此谨致衷心感谢。

而和书的分类常常因出版社而异。书肆的图书目录较常见的是以某某门进行分类，排列方式一般是竖排，依次为书名、册数、著译者、定价。例如，以法律书为主的博闻社明治 24 年（1891）的书目分类和版面如图 1 所示。可以说康有为的《日本书目志》与日本图书目录的版面形式完全相同。

综上所述，我们可以得出结论：康有为并未有意识地去改变所收图书的分类。①

图 1　日本博闻社 1891 年图书目录

图 2　《书籍总目录》扉页

图 3　分类目次

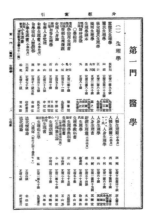

图 4　收书细目

① 王宝平最新的研究确认《日本书目志》是依据日本 1893 年 7 月出版的《书籍总目录》改编而成的。参见王宝平《康有为〈日本书目志〉出典考》，『汲古』57 号、2010 年。

（三）甲午以后的日本书及康有为的容受能力

编纂《日本书目志》的过程中，康有为实际购入了多少日本书？康有为大量接触日本书当在甲午之后，他在《日本变政考》序中说："乙未和议成，大搜日本群书。"又在自编年谱光绪二十二年（1896）项下记："至是年所得日本书甚多。"但从按语中提到的书名判断，总数不过数百册。当时的中国，日本书的流通渠道、销售机关均未建立，图书的购入主要依靠往来的人员。时务报社、农学会曾委托担当日文翻译的古城贞吉从日本采购大量的图书即是一例。[①]

那么，从已经购入的日本书里康有为得到了哪些新知识呢？康有为本人不懂日语，[②] 主要依靠其女康同薇的帮助。《日本变政考》序中有"臣女同薇，粗通东文"的表述，卷首又注"原本所译日文太奥，顷加润色，令文从字顺"，可见康同薇的日语能力亦非完全无问题。即使日语能力全无问题，康同薇也不可能把所收集到的日本书逐一翻译或口述给康有为。通过对康本人所加按语的分析，可以推断，至少在1897年5月《日本书目志》完成前后，康有为从日本书中得到的新知识是有限的，尤其是在人文领域。不能因为书目志上列有书名就断定康有为阅读了这些书，并受到了影响。例如，马洪林认为，康有为接受进化论，"特别是社会达尔文主义的另一重要途径是通过日本学人的著作"，[③]并"对这些书的内容有一定的了解和看法"。[④] 对此，汤志均提出了尖锐的质疑。[⑤]

在上面的章节中，我们列出了各卷所收图书的书名中的新词语。这些词语还不见于当时中国的出版物。然而，是不是可以像有些论文那样，认为康有为使用了这些新词，并把这些词导入了汉语呢？例如，吴国盛写道："当代汉语的'科学'一词译自英文或法文的 science。起初一直译为'格致'，后来受日本影响译为'科学'。1897年，康有为在其《日本书目志》

---

① 参见本书"词汇交流编"第二章。

② 康有为认为日语数月可通，梁启超亦有过类似的说法，是否受到了康的影响不得而知。当然这只是康的错觉。即使明治期的用"汉文调"写的文章，也不可能在短时期内准确无误地读懂。

③ 马洪林：《康有为大传》，辽宁人民出版社，1988，第155页。

④ 马洪林：《康有为大传》，第155页。

⑤ 汤志钧：《再论康有为与今文经学》，《历史研究》2000年第6期。

中引进了这个词。"①章启群说："1897 年，康有为编《日本书目志》，便使用了'美学'一词。"②但是，笔者对这样的观点持否定的态度。因为，这里的"科学""美学"只不过是作为书名的一部分加以引用而已。康有为在按语中既没有使用"科学"，也没有使用"美学"。书名里的"科学""美学"对康有为来说充其量只是一种符号，而不是"词"，他并不理解这些新词的意义。即使在按语中使用了新词，康有为也不一定准确把握了那些词的意义，大多数场合不过望文生义，聊加引申罢了。例如前面已经提到的"社会"等就是如此。关于"科学"一词，陶世龙指出：

> 维新运动的发动者康有为，首先在中国使用了"科学"一词。1897 年，康有为撰成《日本书目志》，在卷二理学门中列有普及社译的《科学入门》、木村骏吉著《科学之原理》；次年即戊戌变法之年，康有为在夏历四月上清帝的"请废八股试帖楷法试士改用策论折"中，痛斥用八股文取士使当时的知识分子"不知不识，无才无用，盲聋老死"，犹如被活埋。建议应让这些知识分子"从事科学，讲求政艺"，此处的"科学"与"政艺"相对排比；还有讲科学的书被归入理学门，都说明康有为首次在中国使用的科学一词系指自然科学。在此以前，惯用的译名是"格致"。③

就是说康有为有意识地使用"科学"最早是在 1898 年。这里的"科学"是否真正等于 science 尚待讨论，但这种综合考虑语境（即上下文）的方法是应该提倡的。

（四）结语

在《日本书目志》刊行之前，康有为已完成了《日本变政考》的初稿。

① 吴国盛：《科学与人文》，北大科技哲学网站，http://www.phil.pku.edu.cn/post/。末次登录 2009 年 10 月。
② 章启群：《中国美术研究的学术性问题》，北大哲学论坛，http://www.phil.pku.edu.cn/forum/。末次登录 2009 年 10 月。
③ 陶世龙：《科学：精神的武装——对科普创作的再认识》，《科普创作》1991 年第 1 期，http://sltao.home.sohu.com/slkj005.htm。末次登录 2007 年 1 月。

如上所述，在呈给光绪帝的版本卷首中，有"原本所译日文太奥，顷加润色，令文从字顺"等句。但是这些错误并没有完全改正过来，台湾宏文书局有限公司影印的《日本变政考》中，出版校订者做的订正不胜枚举。有一些是笔误，另有一些则是对日语的错误理解。这大致反映了康有为及其周围的人驾驭日语文献的能力。加之《日本书目志》刊行后马上被毁版，流传不广，对其所产生的影响亦不能做过高的估计。该书与其说在介绍日本书、导入日语语词方面发挥了作用，毋宁说书中的按语突出反映了康有为援用今文经学倡言变法的思想。

但是，最早提出利用日本书导入西学的正是康有为，此功不可没。而他的主张最终由留日学生具体付诸实践了。对于这位开拓者是怎样利用日本书的这一问题，笔者认为《日本变政考》是一部值得从翻译学角度详加探讨的文献。

五 梁启超与日本知识

梁启超是从什么时候开始注意到日本知识的？梁启超曾在康有为的万木草堂读过吉田松阴的《幽室文稿》，这似乎对他影响很大，以至于亡命日本后取名"吉田晋"。但这本书90%是用汉文撰写的，不会日语也能大致读懂。梁启超实际接触日本知识应在1896年参与《时务报》编辑以后。由于篇幅的关系以下我们仅按照时间顺序追溯梁启超认识日本知识的过程。

梁启超旺盛的执笔活动始于1896年。[1]该年6月（光绪二十二年丙申五月）梁启超代李端棻写《奏请推广学校设立译局报馆折》，其中关于译局梁启超写道：

> 三曰开译书局也。兵法曰"知己知彼，百战百胜"。今与西人交涉而不能尽知其情伪，此见弱之道也。欲求知彼，首在译书。近年以来，制造局、同文馆等处，译出刻成已百余种，可谓知所

---

① 李国俊编《梁启超著述系年》，复旦大学出版社，1986。

务也。然所择之书，详于术艺而略于政事，于彼中治国之本末，时局之变迁，言之未尽。至于学校、农政、商务、铁路、邮政诸事，今日所亟宜讲求者，一切章程条理，彼国咸有专书，详哉言之，今此等书悉无译本。又泰西格致新学，制造新法，月异岁殊，后来居上，今所已译出者率十年以前之书，且数亦少，未能尽其所长。今请于京师设大译书馆，广集西书之言政治者，论时局者，言学校、农、商、工、矿者，及新法新学近年所增者，分类译出，不厌详博，随时刻布，廉值发售，则可以增益见闻，开广才智矣。①

在阐述设立译局的必要性时，梁启超和马建忠一样都使用了"知己知彼，百战百胜"的陈腐套句。梁指出，要想知西人的"情伪"就需要译书，江南制造总局、同文馆已经翻译了 100 种以上，但是制造工艺方面的内容多，政治方面的少。教育、农业、商业、铁路、邮政以及法律、规章制度一类完全没有；而且西方的学术日新月异，前十年译出的书知识上已经落后。要改变现状就要设立大译书馆，收集西书，分类翻译，提供给中国社会。梁启超认为应该翻译的是政治、学校、农业、商业、工业、矿业以及近年出现的新学、新法方面的书。梁启超的主张基本上没有超出两年前马建忠的提议，但是他已经意识到从情报向知识转换的必要性。只不过和马建忠一样，梁启超也完全没有提到日本书。

正值此时，汪康年正在积极准备《时务报》的刊行，据《梁启超年谱长编》：

　　钱塘汪卿进士与任公议，谓非创一杂志，广译五洲近事，详录各省新政，博搜交涉要案，俾阅者周知全球大势，熟悉本国近状，不足以开民智而雪国耻。于是有《时务报》之设。②

包括日本在内的各国报刊都将成为《时务报》的信息源，为此，汪康

---

① 张静庐辑注《中国近代出版史料（二编）》，群联出版社，1953~1954，第3~8页。
② 丁文江、赵丰田编《梁启超年谱长编》，上海人民出版社，2009，第52页。

年给在东京公使馆任职的姻亲查双绥写信要求帮助物色日语翻译人选。查在回信中说"日本新出政治书甚夥，容略暇当详为探问，并史书各种价目，一齐开单奉览"。[①] 从回信的内容可知，汪康年在寻找日语翻译的同时，还委托查双绥调查日本新学书籍的情况。1896 年 8 月 29 日《时务报》第 3 册刊行，卷末登载《本馆办事诸君名氏》(括号内为夹注)：

> 日本东京古城贞吉 (日本近习西法，译西书甚多，以东文译华文较为简捷，今除译报外兼译各种章程并书籍)。

《时务报》已经明确树立了通过日本全面汲取新知识的方针。1896 年 12 月 5 日 (光绪二十二年十一月朔) 梁启超在黄遵宪的《日本国志》刊行之际撰写《日本国志序后》，文章开头说：

> 中国人寡知日本者也，黄子公度撰《日本国志》，梁启超读之，欣怿咏叹黄子。乃今知日本，乃今知日本之所以强，赖黄子也。又懑愤责黄子曰，乃今知中国，知中国之所以弱，在黄子。成书十年，久谦让不流通，令中国人寡知日本，不鉴不备，不患不悚，以至今日也……以吾所读《日本国志》者，其于日本之政事、人民、土地及维新变政之由，若入其闺闼而数米盐，别黑白而诵昭穆也。其言十年以前之言也，其与今日之事，若烛照而数计也。又宁惟今日之事而已。后之视今，犹今之视昔，顾犬补牢，未为迟矣。[②]

《日本国志》虽然记载的是"十年以前之言"，但"与今日之事，若烛照而数计也"，"顾犬补牢，未为迟矣"。梁启超基本上是把《日本国志》当作情报来看的，以至于被日本驻华公使矢野龙溪揶揄：据《日本国志》了解日本，"无异据《明史》以言今日中国之时局也"。[③] 至 1896 年底，

---

① 上海图书馆编《汪康年师友书札》(二)，上海古籍出版社，1986，第 1277 页。
② 刊载于《时务报》第 21 册，1897 年 3 月 23 日。
③ 梁启超:《新民说》第 11 节"论进步"，《新民丛报》第 10 号，1902 年，第 1 页。

《时务报》已经刊行 3 月余，大获成功，以《时务报》为平台，梁启超与古城贞吉密切交往，并从古城那里获取关于日本的知识。^①如梁在《变法通议》中详细介绍了日本的师范学校与女子学校：^②

> 日本寻常师范学校之制（日本凡学校皆分二种，一高等，二寻常），其所教者有十七事：一修身，二教育，三国语（谓倭文倭语），四汉文，五史志，六地理，七数学，八物理化学（兼声光热力等），九博物（指全体学动植物学），十习字，十一图画，十二音乐，十三体操，十四西文，十五农业，十六商业，十七工艺。今请略依其制而损益之。一须通习六经大义，二须讲求历朝掌故，三须通达文字源流，四须周知列国情状，五须分学格致专门，六须伣习诸国言语。以上诸事，皆以深知其意，能以授人为主义。至其所以为教之道，则微言妙义，略具于学记之篇，循而用之，殆庶几矣。^③

> 日本之女学，约分十三科：一修身，二教育（言教授及蒙养之法），三国语（谓日本文），四汉文，五历史（兼外国史），六地理，七数学，八理科（谓格致），九家事，十习字，十一图画，十二音乐，十三体操。其与男学相出入者，不过数事而已。^④

据《梁启超年谱长编》，光绪二十三年（1897）正月初十，康有为到桂林后，曾连函梁启超，商议在广西设学、译书、办报、筑路等事。三月

---

① 铃木修次说："在中国首次使用日本的进化论术语讲解进化论的，是光绪二十二年梁启超在《时务报》上连载的《变法通议》。"铃木所指的日本术语即"优胜劣败""自然淘汰""生存相竞"等。但是在《变法通议》中使用上述术语的《论变法必自平满汉之界始》《论变法后安置守旧大臣之法》两篇是梁启超亡命日本以后的作品，分别刊载于《清议报》第 1、2、4 册上，而不是在上海出版的《时务报》。
② 这些知识都是从古城那里得到的。吴品珩致汪康年函中见"东洋学堂今日最盛，并拟求古城氏开示大学、小学章程，以资采用"。上海图书馆编《汪康年师友书札》（一），第 342 页。《时务报》第 51 册（1898 年 2 月 21 日）的《时务报馆印售书报价目》中登载有古城译出的《日本学校章程三种》。
③ 《论师范》，《时务报》第 15 册，1896 年 12 月 25 日。
④ 《论女学》，《时务报》第 25 册，1897 年 5 月 2 日。

初三日（4月4日），梁启超复康有为一书：

> 一在桂拟办之四事，超惟于学堂一端以为然，其（它）三事皆有异议，请条陈之。
>
> 日本书同文几半，似易译于西文，然自顷中国通倭文者不过数人，皆有馆地领厚薪，安能就桂中之聘？然则其势必觅之于日本。日本维新三十年中，读中国书者几绝（华人疑倭人通汉文甚易者，非也。倭人正以汉文之难通故，创伊吕波等以代之。伊吕波行，通汉文者希矣），其有一二，则皆守旧之徒，视新学如仇敌，必不肯翻我欲译之书，此是古城所述情形。如此则觅之于日本亦不易也。即能得一二人，而每人月供薪水数十金，能翻几何？超以近日《时务报》、《知新报》、《农会报》（上海新丌者，超与闻其事）所请日本翻译艰难情形观之，而知日本书之不易译矣……超自顷常劝此数处报馆，谓不必鹜多备翻译之名，毋宁多聘一二通英文者，多译英文之为得也。故译日本书之事，超以不以为然也。

可知两人就日本书翻译问题进行了认真的讨论。对于康有为的提议，梁启超对后三事表示反对，认为"速聘日人到澳，会同门人学习（日语）为翻译书之用"的计划"必不能成"。但需要指出的是，梁启超反对的是在人力资源有限的广西桂林翻译，而不是翻译日本书本身。

1897年4月《农学报》创刊，梁启超在序文中说："月渤一编，布诸四海，近师日本，以考其通变之所由；远撽欧、墨，以得其立法之所自。"[1]日本与欧美一同成为中国师法的榜样。其后，梁启超于1897年5月开始分3次在《时务报》上连载长文《译书》。这篇文章是《变法通议》的一部分，文章本身不过是对马建忠文中提出的译书、译才、译法三个问题加以敷衍，并进行了更详细的探讨。但是在结束该文时梁启超写下了如下的一段文字：

> 日本与我为同文之国，自昔行用汉文。自和文肇兴，而平假

---

① 《时务报》第23册，1897年4月12日。

名、片假名等，始与汉文相杂厕，然汉文犹居十六七。<u>日本自维新以后，锐意西学，所翻彼中之书，要者略备，其本国新著之书，亦多可观。</u>今诚能习日文以译日书，用力甚鲜，而获益甚巨。计日文之易成，约有数端：音少，一也；音皆中之所有，无棘刺扞格之音，二也；文法疏阔，三也；名物象事，多与中土相同，四也；汉文居十六七，五也。故黄君公度谓可不学而能。苟能强记半岁。无不尽通者。以此视西文。抑又事半功倍也。[①]

如笔者所加下画线所示，梁启超指出不光那些译自西文的日本书，日本独自的新书中亦多有可观者。这段话从文章的结构上看难免有唐突之感，但这是第一段公开提倡翻译日本书的文字。不难想象康有为的言论以及其所收集的日本书对梁启超的文章起了决定性的作用。同时，古城贞吉、黄遵宪也向梁启超提供了必要的知识。

作为翻译日本书的机构，康有为曾设想在广西设立译局，但终无结果。1897 年 10 月，康有为的设想终于在上海以"大同译书局"的形式实现了。[②]如前所述梁启超将译书局的宗旨规定为"以东文为主，而辅以西文"，"至旧译希见之本，邦人新著之书，其有精言，悉在采纳"。

1897 年 11 月 15 日，梁启超在《时务报》第 45 册上发表《读〈日本书目志〉后》，他在文章开头写道："今日中国欲为自强第一策，当以译书为第一义矣。吾师南海先生，早旽旽忧之，大收日本之书，作书目志以待天下之译者。"紧接着梁启超几乎全文引用了康有为的《日本书目志·自序》，最后他以下面这段话结束了这篇文章：

> 启超既卒业，乃正告天下曰，译书之亟亟，南海先生言之既详矣。启超愿我农夫，考其农学书，精择试用，而肥我树艺。愿我工人读制造美术书，而精其器用。愿我商贾读商业学，而作新其货宝贸迁。愿我人士读生理、心理、伦理、理学、哲学、社会、

---

① 《时务报》第 33 册，1897 年 7 月 20 日。
② 康有为对译日本书极为重视，又有紧迫感。同时，他又把译日本书一事看得太简单，认为数年间可尽译之。但是大同译书局成立一年多，并没有日本书翻译出版。

神教诸书，博观而约取，深思而研精，以保我孔子之教。愿我公卿读政治、宪法、行政学之书，习三条氏之政议，掸究以返观，发愤以改政，以保我四万万神明之胄。愿我君后读明治维新之书，借观于寇仇，而悚厉其新政，以保我二万万里之疆土。纳任昧于太庙，以广鲁于天下，庶几南海先生之志，则启超愿鼓歌而道之，跪坐而进之，馨香而祝之。

大译日本书的结果是中国的读者面前将出现一幅理想的图画：农工商各界阅读与自己有关的书；士人读生理学、心理学、伦理学、理学、哲学、社会学、神学的书；执政者读政治、宪法、行政学的书；梁启超还特别向"君后"推荐了明治维新的书。

大同译书局成立后，1897年11月"先生托其友韩云台往日本调查采访应译之书，并请深通汉文之日人襄助译事。云台亦《时务报》社员也"。[①]

光绪二十四年（1898）二月，大同译书局出版《大东合邦新义》，梁启超写序文推介。原书《大东合邦论》是樽井藤吉（1850~1922）用汉文撰写的著作，[②]梁启超只不过"属门人陈生霞骞，因其义，正其文，据缟素而增彩绘"，故不能认为是严格意义上的翻译。

光绪二十四年三月，梁启超在大同译书局出版《中西学门径书七种》，所收图书以已经出版的为对象，故与日本有关的书只有《日本国志》一种。

1898年9月6日，《京报》登载梁启超写的《拟在上海设立编译学堂并请准予学生出身折》。奏折中梁启超提议：

译书一事，为育才之关键……查中国向来风气未开，中西兼通之人实不多观，故前者间有译出之书，大都一人口授一人笔述，展转删润，讹误滋多。故举人此次办理译务，拟先聘日人，先译东文。因日本人兼通汉文、西文之人尚多，收效较速。而中土译

---

① 丁文江、赵丰田编《梁启超年谱长编》，第71页。

② 初版署"森本藤吉"。1885年用日文写成，鼓吹大亚细亚主义。后为了方便朝鲜的读者改用汉文。

才甚少，计不得不出此也。①

当时翻译人才难以保证，故不得不暂时借助于日本的汉学家。其时，总理衙门上《奏请京师编译局归并举人梁启超主持片》，②被委以重任的梁启超跃跃欲试，准备大显身手了。然而 1898 年 9 月 21 日发生政变，百日维新宣告失败。康梁被迫亡命日本。离乡去国反而使梁启超有了实际接触日语的机会。以下引自《梁启超年谱长编》的材料记录了梁启超的日语学习经历：

> 戊戌八月，先生脱险赴日本，在彼国军舰中，一身以外无文物，舰长以《佳人之奇遇》一书俾先生遣闷。先生随阅随译，其后登诸《清议报》，翻译之始，即在舰中也。（第 153 页）
> 初到东京时，似系住牛込区马场下町，当时大隈左右如犬养毅、高田早苗、栢原文太郎时有来往，并力为讲解日本文法。（第 169 页）
> 己亥春，康南海先生赴加拿大后，任公约罗孝高普同往箱根读书……时任公欲读日本书，而患不谙假名，以孝高本深通中国文法者，而今又能日文，当可融会两者求得捷径，因相研索，订有若干通例，使初习日文径以中国文法颠倒读之，十可通其八九，因著有《和文汉读法》行世。虽未美备，然学者得此，亦可粗读日本书，其收获颇大。（第 175 页）

《和文汉读法》反映了国人对日语的错误想象。康有为的"文字与我同，但文法稍有颠倒"、梁启超的"日本文汉字居十之七八，其专用假名不用汉字者，惟脉络词及语助词等耳。其文法常以实字在句末，虚字在句末，通其例而颠倒读之，将其脉络词语助词之通行者，标而出之，习视之而熟记之，则可读书而无窒阂矣"都反映了这种错觉，即对于"同文"的日语，只需掌握"颠倒读之"的方法，再记住一些日本式的汉字词即"奇

---

① 汤志钧、汤仁泽编《梁启超全集》第 1 集，中国人民大学出版社，2018，第 448 页。
② 张静庐辑注《中国近代出版史料（二编）》，第 8~10 页。

字"，就可以读懂日文书了。[①]

梁启超去箱根读书是在1899年3月22日以后，[②]何时离开箱根不得而知，但4月1日梁启超已经充满自信地在《清议报》第10期上发表著名文章《论学习日本文之益》了。文中先介绍了自己学习日语的情况，接触新知识"读日本之书，畴昔所未见之籍"，"如幽室见日，枯腹得酒"；然后"乃大声疾呼，以告同志曰，我国人之有志新学者，盍亦学日本文哉"，因为"今者余日汲汲将译之以饷我同人，然待译而读之缓而少，不若学文而读之速而多也。此余所以普劝我国人之学日本文也"。学会了日文就可以不译而读，直接吸收新知识了。戊戌政变也未能减缓通过日语接受新知识的步伐。随着1898年秋张之洞《劝学篇》的流行，留学日本受到政府和民间的鼓励，成为热潮。《和文汉读法》受到了广泛的欢迎。日本也努力回应中国的要求，例如善邻译书馆1899年出版了《大日本维新史》《日本警察新法》《国家学》《战法学》等汉文书。西学从东方来的景象呈现在中国人面前。

梁启超在《三十自述》中回顾来日一年的情形时说：

> 戊戌九月至日本。十月与横滨商界诸同志谋设《清议报》，自此居日本东京者一年，稍能读东文，思想为之一变。[③]

"稍能"者或是谦虚，或是日语即使目治也难于"数月大成"的必然结果。不久梁启超启程去欧洲旅行，1902年再度返回日本时，日语教科书、语法书、辞典已大量出版，学习环境为之一变。初步掌握了日语的留学生们在日文书的翻译上倾注了无限热情，为国内读者提供了大量的翻译作品，翻译队伍也初具规模。而《和文汉读法》仍然保持着不间断的读者群。兹抄录1902年9月梁启超和读者的一段互动：

---

① 沈国威：《关于和文奇字解类资料》，『或問』14号、2008年。
② 因为康有为离开日本启程赴欧洲是在1898年3月22日。《康南海自编年谱》，第71页。
③ 丁文江、赵丰田编《梁启超年谱长编》，第171页。梁启超在《夏威夷游记》中也说"自居东以来，广搜日本书而读之，若行山阴道上，应接不暇，脑质为之改易。思想言论与前者若出两人"。《饮冰室合集·专集》第5册，中华书局，2015，第185页。

　　问：贵报第九号言读东书有简便之法，惠者一旬，鲁者两月，无不可手一卷而味津津矣。其法若何，乞赐还答。幸甚。（山阴孙邝斋）

　　答：真通东文，固非易易。至读东书能自索解，则殊不难。鄙人初徂东时，从同学罗君学读东籍。罗君为简法相指授，其后续有自故乡来者，复以此相质，则为草《和文汉读法》以语之。此己亥夏五六月间事也。其书仅以一日一夜之力成之，漏略草率殊多。且其时不解日本文法，伪谬可笑者尤不少。惟以示一二亲友，不敢问世也。后鄙人西游，学生诸君竟以灾梨枣，今重数版矣，而一复读，尚觉汗颜。顷乞罗君及一二同学重为增补改定，卷末复用此法译东籍十数章以为读例。既将脱稿矣，将与鄙著《东籍月旦》及罗君新著《和文奇字解》合印之，名曰"东学津逮三种"。窃谓苟依此法，不求能文而求能读，则惠者一旬，鲁者两月之语，绝非夸言。印成后更当乞教，今恕不具。（饮冰）①

　　"东学津逮三种"最终未能刊行。梁启超在前往日本的军舰上就开始阅读日本的政治小说《佳人之奇遇》，并尝试着译成中文。以下是这篇小说开头一段的原文与译文：

　　晚霞丘ハ慕士頓府東北一里外ニ在リ左ハ海灣ヲ控キ右ハ群丘ニ接シ形勢巍然實ニ咽喉ノ要地ナリ一千七百七十五年米國忠義ノ士夜竊ニ此要害ニ占據シ以テ英軍ノ進路ヲ遮ル明朝敵兵水陸合擊甚タ銳シ米人善ク拒キ再ヒ英軍ヲ破ル敵三タヒ兵ヲ增ス而シテ丘上ノ軍外援兵ナク内硝藥竭キ大將窩連戰歿シ力支フル能ハス卒ニ敵ノ陷ル所トナル後人碑ヲ此處ニ建テ以テ忠死者ノ節ヲ表ス

　　晚霞丘在慕士顿府东北一里外，左控海湾，右接群丘，形势巍然，实咽喉之要地。一千七百七十五年米国忠义之士，乘夜占

————————
①　《新民丛报》第15号，1902年，第94~95页。

据此要害，以遮英军进路明朝。敌兵水陆合击，势甚锐，米人善拒，再破英军。敌兵三增，而丘上之军，外则援兵断，内则硝药竭，大将窝连战殁，力不能支，卒为敌所陷。后人建碑此处，以表忠死者之节云。①

发挥丰富的想象力，把这样的"汉文调"日文译回汉语对汉文造诣深厚的梁启超来说也许并不太困难。但是能读解《佳人之奇遇》并不意味着能读懂其他用普通"和汉混淆文体"写的新学书。②20世纪初，日本的学术语言完成了由汉文体向和汉混淆文体的转变，只靠和文汉读法的人也只能在懂与不懂之间徘徊了。③

六 日本途径留给了我们什么？

1885年，福泽谕吉发表《脱亚论》，作为一个文化上的事件，这表明日本开始摆脱中华文化的窠臼，不再向中国吸取知识；从事情的反面看，中国也没有可以提供给日本的东西了。两年后，黄遵宪完成《日本国志》修改稿，这标志着中国人系统地导入日本知识之开始。中日之间知识的流向发生了逆转。

清政府与日本互换使节以后，访问日本的中国人增多，但是在文字层

---

① 《清议报》第1册，1898年12月23日。
② 郭嵩焘在听日本公使上野景范介绍日本邮政情况时说"大率日本国文兼汉文释之，文义尤难明晓"。（郭嵩焘：《伦敦与巴黎日记》，第462页）黄遵宪在《日本国志》序中说"（维新以后的日本职制章程、条教号令）概用和文／即日本文以汉字及日本字联缀而成者／"（／／中为夹注）。
③ 《盛京时报》光绪三十四年二月二十三日载《日本领事改用日文之原因》，全文如下："李柳溪星为商允日外务省阻止日领改用东文一事，电复外务部，称前奉函即商日外务省，顷始得复。据言，上年各日领会议，谓近来日人能作汉文者锐减，各领事馆不尽有能汉文之人，深形不便，因请改用日文。查甲午以后所订条约既无配送汉文之条，故即饬知照办。此系实情，并无他意。现中国官吏既以为不便，暂可通融办理。应由各地方官经商日领，所用公牍暂写配送汉文，以免有误会之处，并望中国多造译才。已通饬各日领等语。当由外务部备文照会日使，并转行各省督抚及各海关道一体遵照矣。"这从侧面透露了日本汉文教育日渐式微、和文日益普遍的情况。

面接触日本的人并不多。身至其地又读其书的第一人是黄遵宪。在黄遵宪之后，驻日使馆的姚文栋于 1883 年出版了《琉球地理志》。①该书由《琉球地理小志》（照日本明治 8 年官撰地书译出）、《琉球立国始末》、《琉球形势大略》、《冲绳岛总论》（以上三篇译日本人中根淑稿）、《琉球新志自序》（录日本人大槻文彦稿）、②《琉球志后序》（录日本人重野安绎稿）、《琉球小志补遗》（姚文栋自撰）、《琉球说略》（日本学校教科书）等部分组成，姚文栋对原始材料做了详细的说明，这表明他已经明确地树立了翻译意识。③

　　尽管黄遵宪早在 1881 年的翻译实践中就向我们展示了日本文献利用的可能性，但是，在此后很长一段时间内没有人去继续实现这一可能性。在日文中译的历史上，值得特别提起的是距此 15 年后的《时务报》"东文报译"栏。

　　汪康年 1896 年 8 月创办《时务报》，设"东文报译"栏，正式向中国社会提供来自日本媒体的信息，担任该栏翻译的是日本汉学家古城贞吉。日本人在汉语的语境中完成翻译工作是"东文报译"的一个重要特点。"东文报译"的意义还在于使来自日本的信息获得了与西方信息相等的地位。

　　1898 年秋，百日维新失败，康、梁亡命日本。但是这些政治上的重大挫折却没有减缓"日本途径"开通的速度。继使馆招募 13 名留日学生之后，大批的中国人东渡日本留学；大量的日本教习在中国的各类学校执教；译自日语的图书占据了出版市场的主要部分，尤其是教科书几乎是日本译本的独家天下。"日本途径"成为引入新知识的主要渠道。在知识的传播上，语言是主要载体，而词汇则是语言最基本的构成要素。与日常生活方面的知识不同，西方近代新知识主要是借助书面语传播的。留学生口头使用、日本教习的口授最终都需要还原为书面语言。所谓的书面语言，在当时主要有三种主要形式：（1）图书，包含报纸、杂志等；（2）在各类学校

---

① 哈佛燕京学社图书馆藏本。下文括号中的文字是姚的原文。

② 原文为汉文，故姚文栋曰"录"，下同。

③ 顾厚焜在《日本新政考·例言》中写道："日书半用汉文，半用本国文。其用汉文书又复文义倒置。日文错杂，骤阅颇难明晰。是编考订字义则赖同理王茂才、肇铭搿当其事，办正文法，则借翻译沈生忠铭金生城山之力居多。"首次给出了翻译人员的名字。

中使用的教科书;（3）辞典，包含各类专业术语辞典。伴随着日本途径的开通，大量的日语新词、译词流入汉语。由于日语借词的流入，汉语迅速完成了语言的近代化进程。1903~1904 年，中国人已经可以通过汉语接触各种所需要的西方新知识了。在一些新式学校里，采用日本教习和中国译员共同上课的方式，尽管这种传译的精度非常不平衡，但是汉语被用作教学语言是一个不容否认的事实。

日语借词是借形词，即原封不动地借用原词形。汉字的存在使借形成为可能。借形词不需要像音译词那样挑选汉字进行音转写，因此也就不会由于方言不同造成不同的词形；也不需要像义译词那样花费时间去建构新词。但是，这种便利性是以牺牲词义的准确转移为代价的。就是说，这些日语词原封不动地搬入汉语后，我们无法保证中国的读者也能按照日语中的意义去理解和使用这些词。但是，以汉字形式出现的日语借词使日文书的中译至少在外观形式上成为可能。[①]

可以说，当时很多日语借词还只是一些"值"尚未确定的符号而已。然而，正是这些符号提供了讨论问题的可能性，借助这套符号，新知识得以呈现在我们面前。符号的实际意义是在使用中逐渐代入的。

辛亥革命的胜利排除了"日本模式"的可能性，明治维新最终没能成为中国的榜样。五四以后，从留学、译书方面看，"日本途径"也渐渐失去了世纪初的兴盛；日本对中国的侵略更夺走了人们对日本乃至日本知识的好感。在相当长的时间里，"日本途径"淡出了人们的视野。不可否认"日本途径"一开始就具有某种功利性的因素，关于这一点连"日本途径"的首倡者们都直言不讳地予以承认。[②]

在短暂的兴盛期间，"日本途径"给我们留下了什么？这是一个需要从不同的学科领域进行探讨的问题。仅从语言的角度来说，通过"日本途径"，汉语得到了数以千计的新词、译词，或者说现代汉语词汇体系中有数以千计的语词，在生成过程中与日语发生过某种关系。这些词语无论在

[①] 黄遵宪的《日本国志·刑法志》就是一个例子。大量的法律名称、官职名等未经翻译直接使用。当然，我们也无法期待当时的读者能够真正理解其内容。参见本书"词汇交流编"第一章。

[②] 例如康有为的《日本书目志·自序》、梁启超的《论学日本文之益》《东籍月旦》等。

数量还是词义的重要性上，都是其他种类的外来词所无法比拟的。作为近代词汇史研究的课题，我们需要对现代汉语中的日语借词做出一个较全面的把握。关于具体词语的考证，刘正埮等编的《汉语外来词词典》为我们提供了一个良好的基础；马西尼以及笔者的著作中也有日语借词词源考证的部分。2002 年出版的《日本国语大辞典》（增订版）从日语的角度对五百余条汉字新词、译词做了初步的溯源工作。但是，日语借词的全貌还远远没有搞清楚。作为第一步，在《汉语外来词词典》的基础上编辑一本较全面的《日语借词词典》是必要的。

　　同时，除了词汇史的问题以外，我们还必须面对一个更深层的思考，即近代的新知识是以日语借词为载体引入的。直接利用日本译词，省却了译词制作的时间，但是，势必留下某些日语的影响。如何评价这种影响？任达说："虽然现在资料并不齐全，然而人们不妨大胆地认为，在一定程度上，词语本身塑造并规限了人或社会的思想世界，在这方面，日本对塑造现代中国的贡献，差不多是无法估量的。"①

　　王彬彬则问道："由于我们使用的西方概念，基本上是日本人替我们翻译的，在中国与西方之间，也就永远地隔着一个日本。不知这说法，是否能成立？"②

　　笔者无意在此深入讨论所谓"沃尔夫假说"的问题。从语言的本质上看，对于王彬彬的设问，我们的回答是否定的。就像尽管日本使用汉字记录自己的语言，描写世界，但是在日本和世界之间并不隔着中国一样，中国和西方之间也不必永远隔着一个日本。这是因为外来词语在融合进目的语的过程中要进行体系上的调整、重组，每一个词都必须成为词汇体系中的一员。在重组之后的词汇体系中，外来词在意义、用法、价值取向上都反映了本语言的特点。即如汉语中的"自由""民主""社会""个人"等词语所表达的内涵既不完全等于西方的相对概念，也与日本有异。通过检查这种不同之处，我们有可能从中发现在引介西方新概念的过程中中国语境中发生的异化现象及其原因。尤其对那些时代的关键词，这种考察是必不可少的。这也正是跨学科视角下近代词汇史日语借词研究的意义所在。

---

① 任达：《新政革命与日本：中国，1898~1912》，第 138 页。
② 王彬彬：《隔在中西之间的日本——现代汉语中的日语"外来语"问题》，《上海文学》随笔精品第二辑"守望灵魂"（网络版）。

第三章
新名词，来自日本的"丑怪字眼"

19、20世纪之交是中国社会发生重大变化的转型时期，时代的变化要求语言也随之变化。王国维指出："周秦之言语，至翻译佛经佛典之时代而苦其不足，近世之言语，至翻译西籍时而又苦其不足。""故我国学术而欲进步乎，则虽在闭关独立之时代，犹不得不造新名。况西洋之学术骎骎而入中国，则言语之不足用，固自然之势。"如王氏所述，新词急剧增加的主要原因是中外文化交流以及西方近代新知识的传入。首先，作为西学东渐的第一波，16世纪末来华的耶稣会士向中国介绍了西方的地理学、数学、天文学等新知识，并在引介的过程中创造了相当数量的新词、译词。但是耶稣会士引介的西学知识传播范围较小，其中的新词也没有引起中国社会一般民众的注意。继而，19世纪初新教传教士来华，是为西学东渐的第二波。传教士们在文书传教以及其他翻译出版过程中创造了大量的新词、译词。例如卢公明的《英华萃林韵府》就收入了传教士们编纂的19个术语集，展示了至19世纪中叶为止的阶段性成果。如前文所述，19世纪80年代以后科技术语的创制、统一问题日益重要，传教士及其有关团体为此付出了不懈的努力，[①] 其中医学术语的厘定工作持续到20世纪30年代。[②] 但是传教士们的努力并没有取得成功，他们创制的译词最终绝大部分被来自日本的词语所取代。

严复之前的翻译多采用西人口述、中士笔录的方式，对中国人来说还不存在严格意义上的译词创造问题。严复可以说是第一个认真思考新词、译词问题并付诸实践的以汉语为母语的译者。他于1895年至1896年直接

---

① 王树槐：《清末翻译名词的统一问题》，《中央研究院近代史研究所集刊》第1期，1969年；王扬宗：《清末益智书会统一科技术语工作述评》，《中国科技史料》1991年第2期。

② 沈国威「近代における漢字学術用語の生成と交流医学——用語編 (1) (2)」『文林』30、31号、1997年。

从英文翻译了《天演论》。"天演"是严复自造的译词，为了表达西方的新概念，严复在《天演论》中还使用了其他不见于中国典籍的词语做译词。①《天演论》于1898年刊行后，以其崭新的知识和古雅的文体风靡全国，②但严复的译词却没有引起过多的争论，"天演""物竞""群"等甚至成为一个时代的流行词语。与此同时，获得了广大读者的新媒体，如《时务报》《湘报》《清议报》《新民丛报》等，其刊载的文章中也充满了不见于典籍的新词和译词。只是这些被称为"新名词"的词语受到了与严复译词完全不同的对待：拥护者有之，但更多的是歇斯底里的反对。本章试图从社会语言学和词汇学（词源学、构词学）两个层面分析考察人们何时开始明确意识到新名词的存在，以及为何以如此不同的心态对待新名词。

一　来自日本的洪水猛兽：新名词

19世纪末20世纪初随着"日本途径"的开通，新名词强烈冲击中国社会传统的语言生活，而所谓"新名词"几乎无一例外是指来自日本的词语。柴萼（1893~1936）的《梵天庐丛录》卷二十七中有一篇名为《新名词》的文章，③从一个保守文人的视角对甲午战败至五四前后新名词进入汉语的过程做了较详细的回顾，为我们提供了不可多得的背景材料。④兹全文

---

① 严复在《天演论·译例言》中说"如物竞天择、储能效实诸名，皆由我始"。另卷末的"中西名表"中还可见"物种""生学""涅伏""计学家""人择""乌托邦""群性"等词。

② 王栻：《论严复与严译名著》，商务印书馆，1982，第5~8页。

③ 柴萼，字小梵，浙江慈溪人。他早年曾在家乡的学校任教，1917年东渡日本，在慈溪籍华侨吴锦堂创办的神户中华学校执教7年。1924年回国，先后在安徽省财政厅、广东筹饷处、黄埔军校等处任职，1930年起任河南省政府秘书。1936年3月17日在北京病逝，终年44岁。《梵天庐丛录》1926年由中华书局出版。

④ 关于该文，笔者管见所及，仅周光庆、刘玮在自己的著作《汉语与中国新文化启蒙》（东大图书股份有限公司，1996，第101页）中引用了"端方"以下三句。周光庆、刘玮的书是改革开放以后较早对新名词与中国近代社会互动关系进行探索的著作之一。周光庆其后又有一本新著问世：《汉语与中国早期现代化思潮》（黑龙江教育出版社，2001）。但是关于新名词问题两书的内容相同。

引用如下（[ ] 中为夹注。原文不分段，在此为方便讨论做了分段处理）。

1. 数十年来，吾国文章，承受倭风最甚。向者侯官严复译书，务为高古，图腾、宗法、拓都、幺匿，其词雅驯，几如读周秦古书。

2. 新会梁启超主上海《时务报》，著《变法通义》。初尚有意为文，其后遂昌言以太、脑筋、中心、起点。《湘报》继起，浏阳唐才常、谭嗣同和之。

3. 古文家相顾惶恐，观长沙王先谦与陈宝箴书可见矣。[见《虚受堂书札》中]

4. 及留日学生兴，游学译编，依文直译。而梁氏《新民丛报》，考生奉为秘册，务为新语，以动主司。

5. 吴士鉴典试江西，尤喜新词。解元熊生卷上士鉴批语，直奖其能摹梁文。

6. 梁益为《世界大势论》《饮冰室自由书》，以投时好。[梁自言为赚钱，益专为考生作也]

7. 湖南则自江标、徐仁铸号为开新，继以阳湖张鹤龄总理学务，好以新词形于官牍。其时督抚，亦招留学生入幕。

8. 西林岑春煊奏移广西省会于南宁。奏称，桂省现象，遍地皆匪，南宁为政事上要区，商业上中心。新词入奏疏，自岑始矣。

9. 宪政论起，法政学生多主自治。所拟章程，召绅士讲习。于是手续、目的、机关、规则、场合、但书、成立、取销、经济、社会、积极、消极、有机、无几种种新语，学官播绅，颇能言其意义。时或误会，亦足解颐。如樊樊山判牍所称引者是也。

10. 迄宣统纪元，颁行先朝宪典，则四万万人，见于上谕。闻秉笔者即东海徐世昌也。

11. 夫文字应时代而生，学术开海禁而变。日本译名，有出于吾书者，长沙杨树达考之最详。其定学名，有雅确于吾国者，海宁王国维称之最甚。

12. 即张文襄公深恶新词，至因此谴责幕僚。然其官牍，亦不能尽废。

13. 若端方批某生课卷，谓其文有思想而乏组织，惜用新名词太多，人传为笑。

14. 惟陈鼎忠作《财政浅释》《宪法精义》，则颇同严复，尽用国文。盖新学者不能读古书，而老生又不解西籍。二者交讥，而倭文乃流行于禹域。

15. 日本文学博士服部宇之吉谓日文势力，及于中华，颇讥吾人摹拟无识。吾人能不愧乎。

16. 及至梁启超长法部，乃改取销为撤销，手续为程序，目的为鹄的。然大势所趋，不可挽救。

17. 学者非用新词，几不能开口、动笔。不待妄人主张白话，而中国语文已大变矣。梁氏作俑，其罪讵可逭哉。

柴氏在文章的一开头就指出，甲午以来汉语受日语的影响最大。此前严复译西书极力追求文体、词语的古雅，受到了广泛的欢迎；梁启超主《时务报》笔政，其早期的文章，如《变法通议》还比较注重文采，但后来开始频繁使用新名词。[①] 其他提倡变法的人，如唐才常（1867~1900）、谭嗣同（1865~1898）等办《湘报》《湘学报》与之遥相呼应，引起了古文家的恐慌。柴萼在文章中提到了王先谦（1842~1917）于1898年夏秋致书时任湖南巡抚的陈宝箴，指责新名词，要求停止刊行《湘报》的事情。王先谦信的相关部分如下：

　　自时务馆开，遂至文不成体，如脑筋、起点、压、爱、热、涨、抵、阻诸力，及支那、黄种、四万万人等字，纷纶满纸，尘起污人。我公夙精古文之学，当不谓然。今奉旨改试策论，适当厘正文体，讲求义法之时，若报馆刊载之文，仍复泥沙眯目，人将以为我公好尚在兹，观听淆乱，于立教劝学之道，未免相妨……窃谓报馆有无，不关轻重。此事无论公私，皆难获利。《湘报》题尤枯窘，公费弃掷可惜……官评舆诵，莫不以停止为宜。[②]

---

① 其实梁启超大量使用新名词是在亡命日本以后，《时务报》中无"以太"的用例，"脑筋"等的例子也不突出。详后。

② 王先谦：《虚受堂书札》，文海出版社，1971，第1805~1806页；汤志钧：《戊戌变法人物传稿》增订本，中华书局，1982，第579~602页。

其实，从时间上看，叶德辉（1864~1927）以下的一段文字是最早对新名词发起攻击的：

> 自梁启超、徐勤、欧榘甲主持《时务报》《知新报》，而异学之诐词、西文之俚语，与夫支那、震旦、热力、压力、阻力、爱力、抵力、涨力等字，触目鳞比，而东南数省之文风，日趋于诡僻，不得谓之词章。①

两人提到的新名词相似，在当时是极有代表性的词语。但这些词语其实并不新，如表1所示，传教士们的译文中早有用例。

表 1 新名词使用频率一览

新名词	《中西闻见录》（1872~1875）	《格致汇编》（1876~1892）	《时务报》（1896~1898）	《湘报》（1898）
以太	0	0	0	15
脑筋	13	9	5	20
起点	0	1	11	50
压力	62	224	19	18
爱力	0	31	22	27
热力	4	0	2	66
涨力	1	70	6	9
抵力	10	25	0	10
阻力	8	60	13	17

改革派的刊物，如《时务报》《湘报》《湘学报》，以及梁启超流亡日本后创办的《清议报》《新民丛报》是新名词的推动者。戈公振说："清代文字，受桐城派与八股之影响，重法度而轻意义。自魏源、梁启超等出，介绍新知，滋为恣肆开阖之致。留东学子所编书报，尤力求浅近，且喜用新名词，文体为之大变。"②新名词迅速泛滥的另一个重要原因是科举

---

① 叶德辉:《长兴学记驳义》,《翼教丛编》,文海出版社,1971,第255页;汤志钧:《戊戌变法人物传稿》增订本,第602~608页。

② 戈公振:《中国报学史》,三联书店,1955,第131页。

制度的改革。戊戌年（1898）四月光绪"诏定国是。五月初五日，谕自下科为始，废八股为策论"。①湖南、江西等省闻风而动，在岁试中加入了新知识的内容。戊戌政变，维新诸政被叫停，但科举改革并未停止脚步。壬寅（1902）补行庚子、辛丑恩正两科乡试时新名词问题已经显现（详后）。1903 年夏第一次举行"经济特科"，同年举行的癸卯恩科乡试和翌年举行的甲辰恩科会试虽然未全废八股，但是加试第二场策论。如此，熟知新名词成了取得功名必不可少的手段。考生使用似懂非懂的新名词以投主考官所好，《新民丛报》成了应考的最佳参考书。意在改革的主考官更注重策论的成绩，柴萼提到的江西学政吴士鉴就是一个有代表性的例子。②吴士鉴在考生熊元锷的卷上加评语，夸奖其文章有梁启超的文风。熊元锷，字季廉，1900 年秋叩严复门，深得严复赏识。③他于 1901 年参加江西岁试，被吴士鉴取为第一（贡生），翌年参加江西乡试中举人（解元）。熊季廉所选的三道策论题是：

（1）西国学术，有形上形下之分，其已成科学者，凡几要旨若何，何者最为切用，宜审其先后缓急之序，以资采择而收实效策。

（2）保商之法，阻来货奖外输，务令出口之货常多于进口。

---

① 汤志钧：《戊戌变法人物传稿》增订本，第 598 页。

② 吴士鉴（1868~1934），浙江杭州人，1892 年（壬辰）进士，历任提督江西学政、署理湖南提学使等，曾往日本考察学务。吴氏作为古文字学家、文物收藏家也享有盛名。

③ 严复说："复之得交季廉也已，庚子……秋，季廉至海上，先以书自通，继而执贽造吾庐，愿得著籍为弟子……光绪廿八年，始罢帖括为策论，且令直省举经济才。江西学使者则以季廉应诏书，借什至都下，昕夕必造吾庐，则已融会通贯……罢归，应癸未（应为癸卯——引者注），主试者发问，多士夫所难言，季廉条列旧所闻以对，蔚为举首，里俗荣之。"《熊生季廉传》，政协南昌市文史资料研究委员会编《南昌文史资料选辑》第 1 辑，1983，第 104 页。亦参见王栻主编《严复集》第 2 册，第 273~275 页（文字略有出入）。陈三立撰写的《熊季廉墓志铭》："君始为学好桐城方氏、湘乡曾氏所为书，故其意志皎然，论议文辞，崒口不苟。其后尽揽近人撰著译述言新法者，独服膺侯官严复氏之说……于是君年二十一，过谋其友陈三立，孤身走上海，执贽严先生门下。严先生亦惊其英亮卓荦，深相爱重，君之学亦日邃而月变矣……既补县学生趋岁试，则为学政吴君士鉴大赏异之，屡拔冠其曹，食廪饩，复举应经济特科，是岁复举癸卯科乡试第一，赴会试河南不第，归。"《南昌文史资料选辑》第 1 辑，第 106~107 页。

乃征诸英吉利自行平税之政，而商务大兴，其进出之差为负，而商利自厚，其故何欤？然则塞漏卮之说果非计欤？权其利害以维商政策。

（3）西国兵制，视敌国之强弱为转移，论者谓近世政治亦因兵事而日进，其说然否？今各国多尚征兵，其编设之制与教育训练之方，以挥其要领以合兵民而保主权策。[1]

在"西国学术"中熊元锷对西方的学术体系做了较好的概括，主考官的批语赞曰"详悉源流""洞达中外"。除了吴士鉴以外，江标、徐仁铸、张鹤龄等改革派官僚也以喜用新名词闻名。[2]新名词甚至被用于奏折之中，始作者是岑春蓂。[3]

1905年清政府宣布预备立宪，其中一项重要的准备工作就是减少文盲、提高国民素质。为此编辑出版了一系列"国民必读"类图书。[4]在预备立宪等社会转型过程中，新名词频频出现在报端，包括士人在内的读者

---

[1] 《江西乡试录》，《江西乡试闱墨》，奎宿堂刊。另江西岁试的答卷未见，吴士鉴的评语不得其详。感谢复旦大学孙青、清华大学孙晓莹在相关资料收集、解读方面给予笔者的无私帮助。

[2] 江标（1860~1899），江苏元和人，1889年（己丑）进士。"甲午，视学湖南……下车之日，以舆地、掌故、算学试士，有能通地球形势及图算、物理者，虽制义不工，得置高等，又许即制义亦可言时事。"徐仁铸（1863~1900），江苏宜兴人，1889年（己丑）进士。视学湖南时指示士子订阅《湘学报》，戊戌政变后被革职。参见汤志钧《戊戌变法人物传稿》增订本，第426~438页。张鹤龄（1866~1908），江苏阳湖人，1892年（壬辰）进士。官至奉天提学使。张氏"贞敏通博，善属文。既治书通中外之故，穷极事理，言必可行。岁辛丑，朝廷立大学京师，张文达公奏公为总教习，学者倾服。前后奏学堂章程多公规划，天下言学者莫能先，出官湖南巡府，赵公、端公大兴学，惟公是倚"。参见《碑传集补》卷20。

[3] 应为其兄岑春煊。岑春煊（1861~1933），广西西林人，为云贵总督岑毓英之子，曾任两广总督。岑春煊先主张变法，后赞成立宪，民国后仍活跃在政治舞台上。参见清史编委会编《清代人物传稿》第7卷，辽宁人民出版社，1994，第242~252页。光绪三十二年（1906）闰四月二十四日时任两广总督的岑春煊和广西巡抚林绍年联名上《奏移置省会以资治理折》，提出将广东省会从桂林迁往南宁。岑春煊另有独奏《密陈南服筹边大计折》强调迁省的重要性。但这两个奏折并没有柴文所提到的新名词。

[4] 较著名的有高步瀛和陈宝泉编《国民必读》（1905）、孟昭常《公民必读初编》（预备立宪公会发行，1907）、《国民必读课本初稿》（学部图书局印行，1910）等。参见孙青、沈国威《新知识的普及与国民必读类课本》，日本关西大学《"东亚文化信息的发布与容受"国际研讨会论文集》（2009年6月28日）。

亦耳熟能详，但对词义的把握并不准确。樊增祥就曾对此加以揶揄。[①] 樊增祥共有判牍两种行世——《樊山判牍》和《樊山政书》。《樊山政书》中有两篇文章谈到新名词。一为卷六《批学律馆游令课卷》（详后），一为卷十《书王令景峨试卷后》。后者中有"新学家皆曰今日是过渡时代。夫所谓过渡者，由此岸达彼岸方及中流之时也。全国之人方半济于风涛之中，半立于崩沙之上，而欲学彼岸之人之坦行捷步，正坐危言"的调侃，[②] 即柴萼所说的"时或误会，亦足解颐"。其实这里隐藏着更加深刻的问题，即"盖新学者不能读古书，而老生又不解西籍"。新名词在短时间内大量出现，使语言的交际功能受到了损害。

然而社会在进步，新名词也是不可阻挡的，宣统即位后，连上谕里都充满了新名词。[③]

新名词造成了新旧知识的断绝，也引起了某些民族主义的情绪。柴萼说在证明日本名词"出于吾书"方面"长沙杨树达考之最详"。杨树达（1885~1956），语言学家，尤精训诂学，著有《中国语法纲要》（1920）、《词诠》（1928）等。杨氏曾留学日本，精通日语，但是其著作目录中并没有新名词词源考证方面的文章。[④] 关于对日语借词的词源考证问题将在下一节讨论。如本章开篇所述，对日本新名词持肯定态度的是王国维。

新名词是时代的趋势，个别人的厌恶与反对都无法阻止新名词的普及。柴萼文举了两个例子，一是张之洞，一是端方。柴萼写道："张文襄公深恶

① 樊楚才编《樊山判牍正编续编》，大达图书供应社，1933；《樊山政书》，文海出版社，1971。

② 《樊山政书》卷10，第863页。

③ 柴萼说"闻秉笔者即东海徐世昌也"。宣统三年九月十四日（1911年11月4日）的上谕中有"胥赖我军民宏济艰难，互相辅助，俾我四万万神明之胄，跻世界于大同"之句，但这并不是"四万万"在上谕中首次出现。宣统元年十二月二十日上谕（1910年1月30日）中已见："深冀议院早为成立，以固邦基。惟我国幅员辽阔，筹备既未完全，国民智识程度又未画一，如一时遽开议院，恐反致纷扰不安，适足为宪政前程之累。非特朕无以慰先朝在天之灵，试问尔请愿代表诸人其何以对我四万万国民之众乎。""四万万"不是日语，也不是英语的直译，来源颇为可疑。《时务报》曾有用例，王先谦在1898年就已经批评过，后经康有为多次使用成为一种"符号"。

④ 参见《中国现代学术经典·余嘉锡、杨树达卷》，河北教育出版社，1996。据说杨早年曾在山西的报纸上发表过考证"经济"一词的文章，笔者未见。

新词。至因此谴责幕僚。"张之洞抵制新名词是一件有名的公案。[①] 但是尽管如此,张之洞无法阻止新名词的"泛滥",甚至在自己的文章中也无法完全避免使用新名词。张百熙、荣庆、张之洞制定的《学务纲要》也是一个既反对新名词又不得不大量使用新名词的极有意思的例证。[②] 作者首先在纲要的"学堂不得废弃中国文辞,以便读古来经籍"一节中主张,古文、骈文、古今体诗辞赋等"中国各种文体,历代相承,实为五大洲文化之精华",是"保存国粹之一大端";在"不妨碍他项科学"的情况下,"各省学堂均不得抛荒此事"。进而,作者要求"凡教员科学讲义、学生科学问答,于文辞之间不得涉于鄙俚粗率"。[③] 紧接着这一条目之后的便是集中反映了作者们对中国语文以及新词语态度的"戒袭用外国无谓名词,以存国文端士风"一节。为了讨论方便兹全文引用如下:

> 古人云:文以载道。今日时势,更兼有文以载政之用。故外国论治论学,率以言语文字所行之远近,验权力教化所及之广狭。
>
> 除化学家、制造家及一切专门之学,考有新物新法,因创为新字,[④] 自应各从其本字外,凡通用名词自不宜剿袭掺杂。
>
> 日本各种名词,其古雅确当者固多,然其与中国为文辞不相宜者亦复不少。近日少年习气,每喜于文字间袭用外国名词谚语,如团体、国魂、膨胀、舞台、代表等字,固欠雅驯。即牺牲、社会、影响、机关、组织、冲突、运动等字,虽皆中国所习见,而取义与中国旧解迥然不同,迂曲难晓。又如报告、困难、配当、观念等字,意虽可解,然并非必需此字。而舍熟求生,徒令阅者解说参差,于办事亦多窒碍。此等字样,不胜枚举,可以类推。

---

① 雷颐:《从张之洞厌恶日本新词说起》,《光明日报》2002 年 12 月 3 日。

② 张百熙、荣庆、张之洞:《学务纲要》(1903 年 9 月),舒新城编《近代中国教育史料》,第 8~30 页。这个纲要相当于《奏定学堂章程》的前言,近两万字。舒新城说"清季新教育之设施少有出此范围者"(第 8 页),可见影响之大。另该文中的"科学"即"各科之学"义,是当时较普便的用法。

③ 舒新城编《近代中国教育史料》,第 13~14 页。所谓"不妨碍他项科学"云云已反映出张之洞等在新知识与旧语言之间的两难处境。

④ 这里的"创为新字"可以有两种理解,一是如傅兰雅等的化学元素名那样新造汉字;二是组字为新的复合词。但当时复合词意识不强,应该是指新造字。

其实，此类名词，在外国不过习俗沿用，并未尝自以为精理
要言。今日日本通人，所有著述文辞，凡用汉文者，皆极雅驯，仍
系取材于中国经史子集之内，从未阑入此等字样。可见外国文体，
界限本自分明，何得昧昧剿袭。大凡文字务求怪异之人，必系邪僻
之士。文体既坏，士风因之，夫叙事述理，中国自有通用名词，何
必拾人牙慧。又若外国文法，或虚实字义倒装，或叙说繁复曲折，
令人费解，亦所当戒。傥中外文法，参用杂糅，久之必渐将中国
文法字义尽行改变。恐中国之学术风教，亦将随之俱亡矣。

此后官私文牍一切著述，均宜留心检点，切勿任意效颦，有乖文体，
且徒贻外人姗笑，如课本日记考试文卷内有此等字样，定从摈斥。①

这段文字中作者们所表达的观点可以整理如下。(1)作者认为化学以及其
他制造之学方面需要研究新方法、新产品，因此可以创造新字并使用。人
文科学的术语则不宜新旧、中外（主要是日本）混用。文中言及的化学名
词即傅兰雅、徐建寅的化学元素命名实践。张之洞等将自然科学和人文科
学做了区分，表现了其体用有别的观点。(2)作者说一些年轻人喜欢在自
己的文章中掺杂与"中国文辞不相宜"的"外国名词谚语"，从所举例词
看，作者所说的"外国无谓名词"即指来自日本的词语。作者还说这种词
数量"不胜枚举"，这种判断反映了当时语言使用的真实情况。(3)关于
流行的日语词，作者的举例可以分为三种，即（甲）日本造的词，团体、
国魂、膨胀②、舞台、代表，这些词"欠雅驯";（乙）日本造的词，如报告、
困难、配当、观念等，词义可以理解，但是中国已经有表达这些意义的词，

---

① 舒新城编《近代中国教育史料》，第14~15页，笔者按照内容做了分段处理。周光庆
《汉语与中国早期现代化思潮》（第126~127页）、罗志田《国家与学术：清季民初关于
"国学"的思想论争》（三联书店，2003，第145~157页）也从新名词的角度对《学务纲
要》进行了分析。

② "膨胀"并不是日本造的词。据《汉语大词典》（第6册第1379页），晋张华《博物志》
卷2可见："箭长尺余，以焦铜为镝，涂毒药于镝锋，中人即死，不时敛藏，即膨胀沸
烂，须臾焦煎都尽，唯骨耳。"明清的文献中亦有"肚腹膨胀"的例子。直至清末"膨
胀"应为中医等用的俗语，不用于政治方面的语境。《辞源》正编："膨胀，容积之扩大
曰膨胀。此语向用之于有形之物，然无形者亦借用之。"可知"膨胀"的扩大、增长义
是后起的，其中有日本的影响应无疑义。

所以不必"舍熟求生，徒令阅者解说参差，于办事亦多窒碍"；（丙）汉语中已经存在的词，如牺牲、社会、影响、机关、组织、冲突、运动等，但是日语"取义与中国旧解迥然不同，迂曲难晓"。（4）日本学问家的汉文著述尚且"取材于中国经史子集之内，从未阑入此等字样"，中国人就更没有必要"拾人牙慧"了。语言文体是关系学术风教的大事。（5）主张从公私文章中摈弃上述的词语。

《学务纲要》对实际教学中的语言行为约束力似乎很大。当时在京师大学堂讲授心理学的服部宇之吉，在其《心理学讲义》的"凡例"中为自己使用日本译词做了辩解：

> 《奏定学堂章程纲要》有不许用新语之不雅驯者一条，然学术随时而进步，学者随事而创作，新语亦势所不能免也……盖传外国之学术、宗教者，自己国语苟无适当之语，则不得已而为此也。玄奘等所创作之新语，在当时未必皆雅驯，而今人则不复问其雅驯与否。由是观之，雅驯与否，毕竟不过惯与不惯而已。今中国正当广求知识于外国之时，而敢问语之雅驯或因此致阻碍学术之发达，则岂能免颠倒本末轻重之讥乎。本书所用学语，专据日本学界常用之语，其中或有所谓不雅驯者，然在日本则既已通行，而在中国又无可代用，毋宁仍用之，非敢蔑明章也。①

即并非公开唱反调，乃是不得已而为之。至于端方②，他的政治倾向并不算保守。但在壬寅补行庚子、辛丑恩正两科乡试之前，端方特意发布"简明章程七条"，指出"近日文体多歧"，"令阅者生厌"的词语，"如改良、基础、目的、问题、二十世纪、四万万人之类，不可枚举"。本届科考虽然"中西政艺发言为文不拘一格"，但"文字以雅正为宗"，尤其是"第一场、

---

① "凡例"作于明治37年（1904）12月1日。柴萼文中的"日本文学博士服部宇之吉谓日文势力，及于中华，颇讥吾人摹拟无识"之说不准确，服部并没有讥讽之意。

② 端方（1861~1911），满州正白旗人。甲午以后曾参加变法维新活动，政变后即被治罪。湖北巡抚任上积极向日本派送留学生，1903年湖北派往日本的官费留学生为81人，居全国之首。同年又聘日本保姆3人，创办湖北幼儿园于武昌，是中国第一家幼儿园。参见清史编委会编《清代人物传稿》第3卷，第67~76页。

第三场，所试史事经义，择言尤宜雅驯"。端方告诫应试士子"务宜检点，勿致自误前程"。有好事者将端方文告的部分内容投给《申报》，[①]以期引起他省士子警觉。翌日即 9 月 7 日《申报》又刊登某人作的长文《书鄂闱文告后》，演绎端方的主张。[②]作者批评"今日应试之士"，"平日束书不观，迨届场期，则广搜坊肆怀挟之书，满纸陈言，令人可厌；号为知新者，则又矜奇吊诡，刺取《新民丛报》及近人所译和文诸书中各字面，诩诩自得，号为新奇"。其实"迂腐颓废"，"嚣张谬戾，不特有乖于学术，抑且有害于人心"。作者期望"各省应试士子皆能服膺"端方的告诫。

对此，其他省份的学政大员自然也不甘落后。《申报》1903 年 2 月 18 日刊登了四川学使吴郁生（蔚若）的《蜀学文告》。吴亦算是较开明的官员，在文告中说"吾甚佩西学，甚喜览译本西书"，但是"中西文字繁简不同，译西书者，但求达彼之意，故所用文字时有别异，如曰组织，曰思想，曰国民，曰发达，曰脑力，曰代表，曰目的，曰剧烈。其譬喻之词，曰压力、抵力、涨力、热力、爱力、能力，曰风潮，曰膨胀，曰起点，曰正比例、反比例，此类不可枚举。其纪年之词，则曰十九世纪、二十世纪"，泛滥成灾，"浅陋之士，偶见译本西书，不达其事理，而徒学其字句，且以施之经义史论之中，连篇累牍，杂出不伦，举向时钞，袭八股文海之故智，而用以为西学，哀哉"。吴以学政的身份告诫考生"吾中国士夫不宜独忘其本，且此不经见之文字用之场屋……诸生学为文字，遍览周秦两汉魏晋唐宋之文，求其明于事，而达于理焉可矣，慎毋以译本报纸为口头禅文字障也"。[③]数日之后，照例有人随声附和，发文说中国以前对海外列国传来的"新理、新机、新艺、新政"，如果是"中国素所无是物，无是名者，始撰一新名名之"，以前的官绅士子"从未有合中国所固有，专务拾人牙慧，用以立异矫同者"。只是那些"自命为维新党中人"，"华文原未尽通，骤令和文是习，略识日本四十八字母，稍读数卷普通学校教科书，即侈言译书，日从事于舌人之业，因之国民、历史、代表、反对、团体、

---

① 《鄂闱文告》，《申报》1902 年 9 月 6 日。

② 《书鄂闱文告后》，《申报》1902 年 9 月 7 日。相关讨论亦参见张仲民《"文以载政"：清末民初的"新名词"论述》，《学术月刊》2018 年第 2 期，第 161、163 页。

③ 《蜀学文告》，《申报》1903 年 2 月 18 日。

改良、方针、目的、起点、极点、正比例、反比例之类，种种取憎于人之字面，填塞满纸，几不成文"。①

同样对考生大加训斥的还有樊增祥。他在《批学律馆游令课卷》中威胁说："今之少年，稍猎洋书，辄拾报章余啄生造字眼，取古今从不连属之字，阄合为文，实则西儒何曾有此，不过绎手陋妄造作而成。而新进无知，以为文中著此等新语即是识时务之俊杰。于是通场之中，人人如此，毕生所作篇篇如此，不惟阅者生厌，作者自视有何趣味乎？去年鄂闱端中丞详加戒谕，如改良、起点、反映（原文如此，应？——引者注）、特色之属，概不准阑入卷端，该令岂未之见？去腊大学堂季课卷，因榜首用文明、野蛮字，经本司严批痛斥；近南郑禀牍用起点字，又经抚宪切责，该令岂未之闻？而此文辄复自鸣得意，以起点二字示其学有本原，实属为吾辈之耻。中国文字自有申报馆而俗不可医，然犹不至于鹦鹉改言从鞑鞨，猕猴换舞学高骊也。迨戊戌以后，此等丑怪字眼始络绎堆积于报章之上，无知之物，承窍乞余，相沿相袭，本司在陕誓以天帚扫此垢污。法所不及，令所不行，则亦已矣。该令在陕服官，谊当入境问禁，而竟贸贸为此，亦云不智。以后凡有沿用此等不根字眼者，本司必奋笔详参，绝无宽贷。此卷幕友原取第一，特置榜末示儆。盖矫枉不嫌过直也。"②

柴萼在文中提到陈鼎忠的两种著作《财政浅释》和《宪法精义》，③说二书"尽用国文"，即古文，与严复相似。新内容和旧形式如何结合，这是严复也未能完美解决的问题。陈氏的文字自然令人感兴趣，只是两书各图书馆均不见收藏，甚为遗憾。

柴萼在文章结尾说进入民国以后，虽然梁启超等想对新名词做某些调整，但是已经"大势所趋，不可挽救"了。④现实情况已是"学者非用新

① 《读吴文宗诰诫蜀士文引申其义》，《申报》1903年2月26日。
② 《樊山政书》卷6，第481~483页。
③ 陈鼎忠（1879~1968），即陈天倪，著名经史学家。曾任中山大学文史研究所（其前身为语言历史学研究所）所长。
④ 光绪三十四年（1908）正月二十九日的《盛京时报》上有一条新闻《张中堂禁用新名词》，"闻张中堂以学部往来公文禀牍，其中参用新名词者居多，积久成习，殊失体制，已通饬各司，嗣后无论何项文牍，均宜通用纯粹中文，毋得抄袭沿用外人名词，以存国粹"云云。此时距离张之洞"谴责幕僚"已经四五年，新名词的势头仍无法遏制。

词，几不能开口、动笔。不待妄人主张白话，而中国语文已大变矣"。柴萼的结论尤其值得我们注意：新名词在词汇的层面为言文一致做了准备，五四以后的白话文体确立是以谈论新知识所必不可少的"新名词"的普及、定型为基础的。柴将"中国语文大变"的责任推给梁启超，说"梁氏作俑，其罪讵可逭哉"。关于在导入日本新名词上梁启超的历史作用，钱玄同说："梁任公实为创造新文学之一人，虽其政论诸作，因时变迁，不能得国人全体之赞同，即其文章，亦未能尽脱帖括蹊径，然输入日本新体文学，以新名词及俗语入文，视戏曲小说与论记之文平等，此皆其识力过人处。鄙意论现代文学之革新，必数梁君。"① 对此，刘半农反驳道："钱君以输入东洋派之新名词，归功于梁任公，推之为创造新文学之一人。愚以为世界事物日繁，旧有之字与名词既不敷用，则自造新名词及输入外国名词，诚属势不可免。"② 意即新名词的涌现乃是时代所请，非某人之功。而且"新名词未必尽通（如'手续''场合'之类），亦未必吾国竟无适当代用之字（如'目的''职工'之类）。若在文字范围中，取其行文便利，而又为人人所习见，固不妨酌量采用。若在文学范围，则用笔以漂亮雅洁为主，杂入累赘费解之新名词，其讨厌必与滥用古典相同（西洋文学中，亦鲜有采用学术名词者）。然亦未必尽不可用，倘用其意义通顺者，而又无害于文笔之漂亮雅洁，固不必绝对禁止也（此为暂时的。使将来文学界中，能自造适当之新字或新名词以代之，此条即可废除不用）"。③ 刘认为新名词可以用于应用之文，但不应用于文学之文。④ 对于刘的主张，钱玄同再度回应："我以为中国旧书上的名词，决非二十世纪时代所够用；如其从根本上解决，我则谓中国文字止有送进博物馆的价值；若为此数十年之内暂时应用计，则非将'东洋派之新名词'大掺特掺，掺到中国文里来不可。既然 Language 里采用了，则已成为口头常语，又何妨用到 Literature 里去呢？至于先生所谓'漂亮雅洁'，在我看来，'东洋派之新名词'，又何尝不'漂亮雅洁'？'手续''场合'原不必用，若'目的''职工'则意义很对，有

① 钱玄同：《文学改良与用典问题》，《新青年》第 3 卷第 1 号，1917 年。
② 刘半农：《我之文学改良观》，《新青年》第 3 卷第 3 号，1917 年。
③ 刘半农：《我之文学改良观》，《新青年》第 3 卷第 3 号，1917 年。
④ 刘半农在《我之文学改良观》中将文章分为两类——"文字"（language）、"文学"（literature）。一切科学的文章都属于"文字"。

何不可用呢？我觉得日本人造的新名词，比严复高明得多；像严氏所造的什么'拓都''幺匿''罔两'之类，才叫人费解哩。至于自造新字，或新名词，固无不可；然使造的不好，像'微生物'一名，某君造了个'百'字（和千百之百同形异字），某学校造了个'塍'字之类，这不是比日本的新名词差得远了吗？"①

二　报刊媒体对新名词的态度

新名词见诸报端、试卷甚至奏折后，受到各方面广泛的责难。②新名词使报刊处于既必须使用新名词以表达新内容、获得新读者，又不得不发表批评言论以维系传统的文章秩序这样一种尴尬的局面。

1903 年 9 月 9 日《申报》刊登《论近日学者喜用新名词之谬》一文，这是《申报》上出现的第一篇直接"点名"指责新名词的文章。文章说新名词"如造端则曰起点，根由则曰原因，职分则曰义务，注意则曰目的，变故则曰风潮，经营则曰组织，目礼教之国曰文明，指鄙陋之俗曰野蛮，明明叛乱而变其词曰暴动，明明世界而异其称曰舞台。此外若社会，若代表，若问题，若方针，若澎涨，触处皆然，不一而足。其语类皆庸恶浅近，拾东人之唾余，饮和文之余沥，而无一语为自出机杼"。作者一方面说"我中国自羲轩仓籀以后，文教之隆，无与伦比"，故不需要新名词，另一方面又说新名词"为当世攻击新学者授以口实"。作者亦知新名词对新学不可或缺。

1904 年 11 月 29 日《申报》刊登长文《说学》。该篇以讨论兴办学校为宗旨的文章，严厉批评了混迹于国内学堂的留日学生："及考其所学何如，则华文固一无所知，即年来所习之和文，亦只以国脑、国粹、起点、内容、个人、广告、视线、社会、影响、单简、进步、国民、目的、脑筋、学界、商界、舞台、惨剧诸词头，填砌满纸，不伦不类，似通非通，叩以

① 钱玄同：《新文学与今韵问题》，《新青年》第 4 卷第 1 号，1918 年。"塍"见于狄考文夫人编 New Terms for New Ideas。
② 沈国威：《清末民初申报载"新名词"史料（1）》，『或問』24 号、2013 年。承蒙复旦大学张仲民教授惠赐有关资料，谨致谢忱。

彼中之经史百家、兵刑礼乐、天文舆地、化电声光，下逮商贾农桑、百工杂技，不特专门学问无一擅长，即所谓普通者，亦大半茫然不知，瞠目无能对答。"

1906 年 6 月 30 日刊登在《申报》头版的《论文字之怪现象》，批评当时的文章"往往有一篇之中强半用极陈腐语"，杂以三五实难索解的新名词。同年 10 月 28 日《申报》又发表了《新名词输入与民德堕落之关系》①，文章指出"自新名词输入，中国学者不明其界说，仅据其名词外延，不复察其名词之内容，由是为恶为非者，均恃新名词为护身之具，用以护过饰非，而民德之坏遂有不可胜穷者矣"。文章列举了"家族革命""地方分权""抵力""压力""自由""平等""共产""运动""竞争""权利"等例子，严词斥责了那些"托高尚之名，以放弃己身之义务"的"盗名者"。文章最后高声疾呼"今也欲救其失，其惟定新名词之界说，而别创新宗教乎"。

《奏请章奏禁用新名词》（1907 年 3 月 2 日）则是一篇颇能反映时代脚步的文章。文章说某御史参告某督奏折中多用新名词，与古圣贤背道而驰；又有某部致某抚电文中有"禁锢"一词，而"大清律中并未载有此二字之罪状，致浙抚无从查考"，要求朝廷饬令嗣后章奏中一概不准擅用新名词，以重国粹。1907 年"新名词"早已不得不用了，连他自己的奏章中也使用了来自日语的新名词"国粹"。如此不识时务的奏章上去，也就只能落得一个"一笑置之"的下场。

在批评"新名词"方面，《大公报》也不甘落后。《大公报》1903 年 3 月 1 日、4 月 19 日连续发表了《国民文明野蛮之界说》《学魔》等文，批评"我中国今日有一种自诩文明者，不过多读几卷新译书籍，熟记许多日本名词，遂乃目空一切、下笔千言，袭西人之旧理论，作一己之新思想，以狡诈为知识之极点，以疏狂为行止之当然，以新学为口头禅，以大言为欺人术，自高其格曰吾文明也"；"剽窃一二新名词，居然以输入文明、主持教育为己任，思奏社会上震天动地之伟功。究其所得，大都秕糠糟粕败絮弃丝，于文化之实际精神，扞格而不相入，以如是之新机形式，

---

① 该文后转载于《东方杂志》的社说栏里（第 12 期，第 239~240 页），转载其他报纸的文章作自己的社说（即社论），说明问题极具代表性和普遍性。

不惟难增国民继长之程度，亦适以淆国民进化之方针，滥縻学费，虚掷光阴"。

《盛京时报》1906 年 12 月 19 日的论说《论报馆与国民之关系》写道："就怕那些假文明，学了几句新名词，什么合群拉、团体拉、运动拉，其实全为自私自利起见，那一头风硬，就往那一头跑。"《国民白话日报》于 1908 年 8 月 16 日发表天僇生的题为《中国人没有道德》的文章，说某些人"动不动便招出自由、平等些新名词，来做他的护身符、遮战牌，这种恶俗传染起来，比那瘟疫流行，还要快几十倍!"

另一篇较有影响的文章是刊登在《汇报》上的《新名词评议》。①作者大木斋主，即李问渔（名杕，1840~1911）。李在文章中指责滥用新名词的人是"甚矣东施效颦，不知其丑"。李说"故一国有一国之刑章，一国有一国之衣饰。他如俗习素风，语言文字，均有其所独。不与他国同，虽欲同之，必不可得"。在对当时的社会氛围、文化现状做了一番批评之后，李氏说：

> 蒙所欲议者，犹不在是。欲议者何，新名词也……物有新出，名不得不新。欧美西学盛行，日有进步……古无是物，自无是名，不得不撰新名以指新物。我华仿行西制，日益广传，于是有轮车、铁路、纱厂、电车、电话、气灯等名目，依义取名，大都切当。所谓新名者，我无间言也。惟新词不然。分为二种：一可解者，一不可解者。曰方针，曰组织，曰义务，曰内容，曰表面，曰代表，曰基础，曰团体，曰起点，曰缺点。词虽新，犹可解也。其不通者，如札面书"大至急"，人名下书"样"字、"殿"字，无论报章尺牍，以"的"字代"之"字，此类尚多，不胜缕述……问所从来，则曰日本式；问其义，则曰不知。不知其义，而徒作依样葫芦，非明理者所为也……法国素尚文学，数百年来，设有文学一院……将近人所撰新词新籍，详行考验。见有不文者斥之，违理者禁之，善则录之奖之，其文风至今不堕，彼院功也。比来我中国报馆林立，日出数万言，新词新书亦复不少，安得亦设文

---

① 《汇报》第 79 期，1908 年 11 月 7 日。

院，以名翰林充之，专以稽查文词为务。将近来不通之词，一扫
而空之，则士林幸甚。

李氏所指的来自日本的新名词有两种，一种是"词虽新，犹可解"者，另
一种是完全不可解者。前者即用于传播新知识的词语，这部分词后来成为
汉字文化圈的共同词汇；而后者尽管采用的是汉字形式，但意义用法都是
日语特有的，利用以中国典籍为基础的汉字知识也无法解读，这些词又被
称为"和文奇字"，是日语学习的难点。① 为了抵制新名词，李问渔甚至建
议像法国那样成立一个国家检阅机关。

　　接着《汇报》上刊登了一篇名为《书大木斋主新名词平议后》（作者
公之式）的文章，② 对李问渔的文章进行补充。文章的大意是，海禁大开
以后，贸易增加，各种外国的物产输入中国。例如，衣类有"哗叽、哆
呢、法兰绒、席法布"，食品有"布丁、咖啡、冰及林、弗立透（fritter，
一种油炸食品）"，大的有"来福枪、格林炮、阿姆士庄（Armstrong
gun）、爱乞基矢（Aegis gun）"，小的有"雪茄烟、香饼酒"，以及"德
律风、爱格司光"，等等，都是以前中国所没有的，就使用外国的名字，
几十年也未更改。不料戊戌以后，一些少年好事之徒，开始炫耀新名词。
其实所谓的新名词不过是日本报章、小说里的"俚俗字句"，并非新词，
都是日本古已有之的词语。留学日本的人一见有与中国不同的词语就沾
沾自喜，用来向不懂日语的人炫耀。其实，"日本名词与中国不同者，
正复无限"。如正门曰"玄开（关）"，后屋曰"奥间"，竹篱曰"生垣"，
玻璃曰"硝子"，凳曰"腰挂"，屏曰"冲立"，皮笥曰"鞄"，被窝曰
"夜着"，算斗曰"芥取"，酒卮曰"猪口"，尺曰"物指"，裤曰"股引"，
屦曰"下驮"，轿曰"驾笼"，海滨码头曰"波止场"，市中小巷曰"横
町"，绸缎肆曰"吴屋"，衣服铺曰"古着屋"，市杂物者曰"八百间"，为
人剃发者曰"女床"，倡家曰"贷座敷"，傲慢曰"横柄"，有趣曰"面白"，

―――――――――

① 　梁启超《和文汉读法》认为只要掌握了颠倒读之、断句、和文奇字这三点就算是学会了
　　日语。当时的留学生编辑了多种名为《和文奇字解》的学习书。参见沈国威《关于和文
　　奇字解类的资料》，『或问』14 号、2008 年。

② 　《汇报》第 91 期，1908 年 12 月 19 日。

事竣曰"仕舞",无误曰"左样",要事曰"肝要",致谢曰"有难",慰问曰"御见舞",伶人曰"役者",缝人曰"仕立",瓦工曰"左官",裱匠曰"经师",搬演戏法者曰"净瑠璃",轮船引港者曰"水先案内"。凡此种种,不可胜数。但日语终究不是汉语,如果知道这个道理,就不会对"方针、组织、义务、内容、表面、代表、基础、团体、双方、方面、起点、缺点、正动点、反动点、视线、目的"等日语词大惊小怪了。至于有人函面书"大至急",称名下曰"殿",曰"样"则完全是洋泾浜的用法。其实日语词有一些很雅驯,如谓战后行成曰「媾和」(见《史记·虞卿传》)、谓对众宣讲曰「演说」(见《北史》及《般若金刚经》)、谓学堂曰「学校」(取《孟子》校者教也之义)、谓抽水机曰「唧筒」(见《种树书》,凡木宜早,夜以唧筒唧水其上)等就是极好的例子。其他如官有名「纳言」者(义取《尚书》敷纳以言),兵有名「师团、旅团」者(义取《周官》二千五百人为师,五百人为旅),开花炮则曰「榴弹」,自火则曰「柳燧」,巡捕所吹号叫则曰「警笛」,厕所则曰「雪隐」,戏团则曰「芝居」,等等。这是因为日本有知识的人都精通中国的古典。

清末法律体系更新过程中也遇到了作为术语的"新名词"问题。据《清代续文献通考》:"刑法则聘用日本博士冈田举历代旧律、大清条例一概废除,全依日本法修订,名曰新刑法。不惟文义名词尽仿外洋,并举历代之服制名分礼教一扫而空,草案一出,举国哗然。内则九卿科道,外则各省督抚,群相诟病,纷纷奏参。"①

如两广总督张人骏复奏:

臣读刑律草案,参互考订,具见苦心。惟中外风俗异,宜文词各别,专事仿效,窒碍滋多,约举数端。一曰正文义。法律者所以范围天下,必须官民共喻,然后共知遵守。今草案悉仿东瀛,名辞新异,语复拗折,如所谓行为、结果、执行、身分、地位、着手之属,皆中国衢巷俚俗之谈;又如犹豫行刑、假出狱,与夫

---

① 刘锦藻:《清朝续文献通考》卷247《刑考六》,台湾商务印书馆,1987,第9859页。

精神疾病，暨视能、听能、语能、机能、阴骘之类，以特议一代
之宪章，乃全袭他人之文法，似非政体所宜。[①]

安徽巡抚冯煦奏：

> 至于名词文法似宜精益求精，不宜专采日本。日人以西书名
> 词翻我国汉字，有渊源，故书而确有考据者，有撷拾俗字而失其
> 真义者。我国修订法律，取舍之间，应有权衡。典雅之字，不妨
> 相仍，桀骜之词，概宜屏去。若条文词义与本国文学相背戾，解
> 释不易，奉行遂难……若似中非中，似西非西之日本文法，断不
> 可摹仿，使其侵入我国。倘更编诸法典，恐舞文弄法者又将利用
> 此等文法自便私图，流弊不可胜言。[②]

闽浙总督松寿奏：

> 又各新律名词，悉仿照日本，按其文义，拗折难通。凡所谓
> 精神病、视能、语能、听能、即能、阴阳等类，中国本有明白晓
> 畅字义，何必袭取外国俚俗之文，致多费解，此则文词尤宜更定
> 也。总之中外礼教不同，未可削足适履。[③]

那些批评或反对借日语新名词的人，其理由大致可以归纳为以下几点。
第一，日本词不雅驯。《学务纲要》认为新名词"文字怪异"，"鄙俚
粗率"，"固欠雅驯"；樊增祥斥新名词为"丑怪字眼"；此外《国粹学报》
的"东洋文体粗浅"，刘师培的"东籍之文，冗芜空衍，无文法可言"也

---

① 刘锦藻：《清朝续文献通考》卷 247《刑考六》，第 9924 页。亦参见罗志田《国家与学
术：清末民初关于国学的思想争论》，第 169 页。但是可以说，法律名词是一个较特殊
的现象。日本法律术语有一部分取自中国的"好书"，如《福惠全书》等。参见沈国威
『近代日中語彙交流史：新漢語の生成と受容』，222~245 页。
② 刘锦藻：《清朝续文献通考》卷 248《刑考七》，第 9924~9925 页。
③ 刘锦藻：《清朝续文献通考》卷 248《刑考七》，第 9943 页。

都是相同的意思。^①可知不雅驯成为新名词不被接受的致命伤。然而何谓雅驯，如何达到雅驯，或换言之，不雅驯是如何造成的，雅驯与否为何如此重要？

"雅驯"作为一个语词层面的问题时，是说文章中所使用的词语应该字字有来历，即可以在中国权威性的典籍中找到出处。使用不见于经典著作中的熟语是造成不雅驯的主要原因。《学务纲要》称赞日本的学问家"所有著述文辞，凡用汉文者，皆极雅驯"，是因为他们的词语"仍系取材于中国经史子集之内，从未阑入此等字样"，做到了字字有出处。吴蔚若告诫不宜以此不经见之文字用之文章；樊增祥则说新名词是"生造字眼，取古今从不连属之字，阑合为文"。^②"雅驯"同样也是日本兰学家翻译荷兰书时所遇到的大问题。大槻玄泽在《重订解体新书》中说耶稣会士译著中的"显微镜""余窃译曰廓象镜……虽不雅驯，恐是切原名"。但是他最后还是"袭用汉名"了，因为"显微镜"更雅驯。

可见尽管"字字有出处"极为重要。但是，兰学家们已经清醒地认识到西方的某些概念无法用既有的旧词来表达。既有词与旧语境紧密相连，影响新知识的准确表述。如果要用既有词表达新的意义，必须经过一个"去旧"的过程。这是一个漫长、艰难的过程。尤其是像汉语这样意义与书写元素紧密相连的语言。《学务纲要》的"牺牲、社会、影响、机关、组织、冲突、运动等字，虽皆中国所习见，而取义与中国旧解迥然不同，迂曲难晓"一段如实反映了这种新旧的斗争。而"生造字眼"，即字的新组合虽然可以赋予其崭新的意义，但是一则难免"杜撰"之讥，更重要的是，如上所述，汉语是意义与书写元素紧密结合的语言，旧的意义顽固地附着在"生造字眼"上，如"报告、困难、配当、观念、等字，意虽可解，然并非必需此字。而舍熟求生，徒令阅者解说参差，于办事亦多窒碍"。

雅驯的重要性在于只有雅驯才能传达高尚的内容。首倡"信、达、雅"

---

① 樊增祥：《樊山政书》卷6，第24~25页；《国粹学报》第1年第1期；《论近世文学之变迁》，《国粹学报》第3年第3期。

② 但是樊增祥把责任推给了辅助西人翻译的中国人，说"实则西儒何曾有此，不过绎手陋妄，造作而成"。

翻译三原则的严复说："文辞者，载理想之羽翼，而以达情感之音声也。是故理之精者不能载以粗犷之词，而情之正者不可达以鄙倍之气。"① 他说自己译的书是"学理邃赜之书也，非以饷学僮而望其受益也。吾译正待多读中国古书之人"。②

罗志田指出严复的"这一雅俗之间的选择可能受吴汝纶影响"。③ 确实如此，吴在《天演论》的序中就已经表达了这种意思，他说在严复之前"惜吾国之译言者，大抵弇陋不文，不足传载其义"；对于粗浅的文章，"有识者鄙夷而不知顾"。

新名词何以不雅驯？吴蔚若认为原因是"彼课西书者取达意而已，非求工于文也，非以供学士文人之采撷也"；《申报》也说"原夫新名词之初入文字也，在译东西书之学子一时翻译华文，无恰当之名词以易之，故仍而不改"。如果都像严复那样"一名之立，旬月踟蹰"当然没有问题，但大多数译者既没有时间，也没有能力这样精雕细琢。

第二，新旧、中外掺杂破坏了文体的统一性。《学务纲要》说："倘中外文法，参用杂糅，久之必渐将中国文法字义尽行改变。""文法"即作文之法，指韵律、对偶等各种形式上的特征。新名词的使用必将破坏"文法"，其后果是"中国之学术风教，亦将随之俱亡矣"。《学务纲要》反映了强烈的危机感。但是我们还须认识到，词语有无出处好像并不是问题的全部。例如，严复的译文使用了新词，但是没有人说其不雅驯。这里显然有一个与古雅的文体相得益彰的问题。严复之所以被认可就是因为他的译文古雅，得到了桐城派的肯定。④ 1915 年以后，人们的注意力转向以"言文一致"为代表的文体改革上去了，而新名词的普及是实现文体变革的基础。

第三，译词界说混乱，使用者无法正确理解词义。这个问题有两个方面，一是新名词字面义与原词概念义之间的冲突；二是某些译者、使用者别有用心，故意曲解。前者反映了新名词中日本式的理据义与中国读者之

---

① 王栻主编《严复集》第 3 册，第 516 页。

② 严复：《与〈新民丛报〉论所译〈原富〉书》，《新民丛报》第 7 号，1902 年。亦参照沈国威『「新爾雅」とその語彙：研究・索引・影印本付』白帝社、1995、18~21 頁。

③ 罗志田：《国家与学术：清季民初关于"国学"的思想论争》，第 152 页。

④ 严复的"信、达、雅"常被批评为"以雅害达"。"雅"一直是词汇更新的一个障碍。沈苏儒《论信达雅》，台湾商务印书馆，2000。

间的差异；而后者尽管有被新名词反对者夸张之嫌，也反映了一部分事实（王国维对日文翻译者的批评见后文）。张之洞对新名词的反感，固然有个人的好恶因素在内，更重要的则是认为很多人曲解滥用了新名词。《学务纲要》的作者们警告世人不能"不看全文，而但举其一二字样，一二名词，依托附会"。对当时出现的种种奇端异说，有人开始把原因归结为对新词意义理解的不准确。批评者指责对新名词的曲解给社会带来了负面影响，于是曲解滥用成了重点攻击对象。1904 年《东方杂志》第 11 期上的时评《今日新党之利用新名词》反映的就是这种观点：新名词是不错的，但是一知半解或心怀叵测之徒"利用"新名词兜售其奸。"利用"一词非常形象地道出了文章作者的用意。

其实，译词本身并没有准确与否的问题。economy 译为平准、计学、理财、经济，society 译为群、人群、社会，我们都不能说是错误的，问题是怎样去定义译词以及这种定义怎样被社会接受、理解。新名词在引入的那一刻起就存在一个"界说"，即意义界定的问题。梁启超文以及当时其他文章中的大量夹注，都具有界定词义的功能。《新尔雅》以及其后出版的一批辞典（大多数以日本的辞典为底本）的目的都在于此。[①] 一时间报刊上出现了很多为新名词做界说、讥讽滥用新名词的文章，如：

《新释名》	《新民丛报》1904 年第 1、2、3 号
《权利之别解》	《清稗类钞》第 4 册讥讽类 [②]
《妻专制妾共和》	《清稗类钞》第 4 册讥讽类
《新名词入诗》	《清稗类钞》第 4 册讥讽类
《均贫富主义之别解》	《清稗类钞》第 4 册讥讽类
《外交》	《清稗类钞》第 4 册讥讽类
《自由解》	《东方杂志》1905 年第 5 期 [③]

第四，民族主义的情绪。新名词问题的凸显是在甲午之后。对在此之

---

① 这批辞典主要译自日语。沈国威『「新爾雅」とその語彙：研究・索引・影印本付』。
② 徐珂编撰《清稗类钞》，商务印书馆，1917。
③ 该文转自《新民丛报》第 3 年第 6 号。

前的传教士们的新词创造，一般人士所知甚少，所以议论不多。及至甲午战败，情况就完全不同了，人们对日本词语持有一种天然的、强烈的民族主义情绪是不难想象的。考虑到严复等的译词创造并没有受到攻击，是否可以说，人们对母语造词者更加宽容？这是社会语言学需要认真探讨的内容，本章在此不做更多的涉及。

新名词受到了众多的指责。那么，在1903年时"此等字样，定从摈斥"的主张是否还有可能？看看这篇《学务纲要》就知道答案当然是否定的。在这篇近两万字的文章中新名词就比比皆是。例如"参考西国政治法律宜看全文"一节，作者在这里引用日本宪法的条文，对"民权""义务""自由""法律"等语的意义做了详细的说明。这段文字简直就是日本词语的大展示，谈论宪法等政治话题已经无法绕开日制的译词了。[1]

在当时各种批判新名词的文章中反复出现，具有较强烈的"新词意识"的词，有如下所示的例子：[2]

报告　共产　间接　平等　谈判　以太　惨剧　共和　进步　起点　同胞　影响
场合　观念　经济　取缔　团体　有机　成立　广告　精神　取销　唯一
预备科　冲突　规则　竞争　权利　维新　运动　崇拜　国粹　绝对　全体
问题　真理　大剧场　国魂　开化　人格　无机　政事　代表　国脑　困难
商界　舞台　支那　但书　过度　料理　社会　牺牲　直接　地方分权　过渡时代
民主　势力圈　现象　中心　方针　欢迎会　目的　视线　消极　中心点
腐败　机关　脑蒂　手段　性质　主义　改良　积极　脑筋　手腕　学界
自立　革命　基础　内容　手续　压力　自由　革命军　家族革命　配当
双方　要素　自治　个人　价值　膨胀　思想　野蛮　组织

---

[1]　日本宪法于1901年由沈纮等译成中文。张之洞的知识来源于此。《学务纲要》说抵制新名词是"保存国粹之一大端"，然而正如有人指出的那样，"国粹"这个词本身就是来自日本。如黄节在《国粹学社起发辞》中说："国粹，日本之名辞也。吾国言之，其名辞已非国粹也。名从主人，物从中国。吾有取于其义云尔。"（《政艺通报》第3年第1号，1904年2月，第39页，转引自范明礼《国粹学报》，丁守和主编《辛亥革命时期期刊介绍》第2集，人民出版社，1982，第327页）

[2]　但请注意，这里谈的是新词意识的问题。这些词并不都是来自日本的词语，如"以太"等。在此暂不对具体词语做词源考证。

只要你想谈论新的知识，不管你是张之洞还是其他人，都不可避免地要使用新名词，这是时代使然。像严复"一名之立，旬月踟蹰"那样一个字一个字地雕琢，"字字由戥子秤出"显然不行，当时环绕中国的国际形势已经不允许了。既然西学假道日本，日本书中所使用的西学所必需的一套词语也就无可选择地经由日本进入中国。在一片对新名词的声讨声中，拥护新名词的也不乏其人。例如凤侪在《汉口中西报》上发表文章，回应两广总督张人骏对《大清新刑律草案》的责难。凤侪说：

> 首列各种新名词，如行为、效果、执行、假出狱、提起公诉权、时效等，为不合于中国之向称，当援引故典，酌加改定大意云云，窃以为过矣。夫新编之刑律多出于中律之所无，新名词所以发明其原理也。刑律新则名词新，犹之人类初生必各有独立之名字，以便称谓。见人之名字以为创见，而随意干涉之，欲其舍所名以名我之所，案习天下古今，有是理耶。且名词一属于刑律之故，而仍于吾之故，吾之故又刑律之新也。刑律之所不受也，刑律不受而袭之以受，是刑律之原则。且蹂躏于名词，名词之光线生刑律之屈折也。谓名词不合于古义即不可用，然宋人之语录，些子、凭的，视行为、效果等之训义若何，何以无害于道学之编辑也。则些子云云者，一代人语也，行为云云者，亦一代人语也。谓新名词辞义艰涩，颇难讲解，酌依故典改之。则如经济学之改称计学，图观察之便也。抑思刑律之学，既于法政，法政之学今后定例大小，人员所应普习也。普习之则名词者，科学之建筑料。以数年之修习习于耳者，顺于心，不改之便，改之不便也。况如今世之所谓政治学者，其名词本自希腊语，由市府文字脱化而成。后世沿其旧称，即用为国家学之研究，不再更易其名目。则据于此而刑法上之新名词，虽有所误，亦可不易，仍惯称也。虽然上项之新名词咸定之于日本，日本人之定此名词也，合全国之心力，设为论理学之专科以相讨论，非猝定也。凡所创立之名词，必有特具之质性，其辞义无躲闪也，无游移也。骤视之以为不确，不难更易遽易之以他之名称，则转愈不合，转愈难更，而此之所难更者，转愈见其适合确定而不可更易。此固作者留学时代百征而

不妄者也。抑犹有言者，日本人对于西洋输入之学理与器物一切名词，罔不悉仍其故称，虽至繁难不避也。其不避者非喜于其烦也，非喜于其异也，喜于其渐得称述之习惯，为后日学习西语之所根据也。吾国之新译家多好为义理之移译。而人物之名则尤译为省音。以便国人之讲读。究之国人异日再习西文西语，而此项之译名反生记忆力之障害。嗟乎！此则吾国民知识锢蔽之一大原因，日本之所屡为言者也。不然且更证之于《书》，《书经》者，唐虞三代法政之丛编也。列圣之所相乘，以心法为授受，宜其规定之名词统无异也。然典谟训诰，其词各不相袭，则抑何故耶？盖时易则事易，事易则所典经略乎一世者，条例易而名词亦易。则谓不可易者，是新莽之制。辞粤若钦哉，徒增古拙之可厌也。然关如安帅者，其亦但期新刑律之实行，共图法律改良下国家收回治外法权之基础。一新名词之不合可无计也。①

汪康年也指出：

> 近年广译日本书籍，遇有日人所用名词，即一律承用，而新名词流入文字者，指不胜屈。甚至公牍用之，甚至诏旨亦用之。而稍涉新学者，尤满口皆是。至文明、运动、改良、特别等字面，闾巷妇竖，亦动辄齿及。论者大以为病。窃谓此须分别言之。有向本无是名词，而不得不沿用之者，有向来所定名词，不如彼之名词，而改用之者。但求其精确可矣。不必辨其为彼为此也。②

如柴萼文中所说"其定学名，有雅确于吾国者，海宁王国维称之最甚"。在术语厘定上多有建树的王国维对于新名词持极开放态度，③同时也是最早从学术的角度讨论新名词的人。他在写于1905年的《论新学语之

---

① 《论粤督之奏驳刑律引用新名词》，《汉口中西报》1908年7月30日。
② 《刍言报》1911年5月24日，收入汪诒年编《汪穰卿遗著》。
③ 王国维精通英语、日语，曾于1907年、1908年先后翻译出版《心理学概论》《辨学》，对逻辑学术语的确立多有贡献。1909年学部成立编定名词馆，严复任总纂，王国维任协修。

输入》中指出："近年文学上有一最著之现象，则新语之输入是已。"① 如本
章开头所引，王国维认识到新词语的出现是时代的要求，是"自然之势"。
王国维还指出："言语者，思想之代表也，故新思想之输入，即新言语输入
之意味也。十年以前，西洋学术之输入，限于形而下学之方面，故虽有新
字新语，于文学上尚未有显著之影响也。数年以来，形而上之学渐入于中
国，而又有一日本焉，为之中间之驿骑，于是日本所造译西语之汉文，以
混混之势，而侵入我国之文学界。"对于蜂拥而入的日本造的新词、译词，
"好奇者滥用之，泥古者唾弃之"；王国维则表明了自己的观点："两者皆
非也。夫普通之文字中，固无事于新奇之语也。至于讲一学、治一艺，则
非增新语不可。而日本之学者，既先我而定之矣，则沿而用之，何不可之
有。"接着，王国维对批评日制译词不精确的观点做了反驳，他指出"日
人之定名，亦非苟焉而已，经专门数十家之考究，数十年之改正，以有今
日者也"。② 王国维举了很受一部分国人推崇的严复的例子与日制译词比较，
评论说，evolution 严译"天演"，日译"进化"；sympathy 严译"善相感"，
日译"同情"，"孰得孰失，孰明孰昧，凡稍有外国语之知识者，宁俟终朝
而决哉"。王国维的结论是明确的，"处今日而讲学，已有不能不增新语之
势，而人既造之，我沿用之，其势无便于此者矣"。他认为直接借用日本
的译词有两个优点：（1）借用要比自己创造容易；（2）使用相同的术语有
利于中日间的学术交流。王国维也承认日本人创造的译词未必"皆精确"，
他在文章中对日制译词"观念""直观""概念"等进行细致的分析，指出
这些译词的不足之处。但是王国维问：我们一定能造得比日本人好吗？在
这里王国维对于"直观"的分析应该格外引起我们的注意，他说：

> Intuition 之为直观，其一例也。夫 Intuition 者，谓吾心直觉
> 五官之感觉。故听嗅尝触，苟于五官之作用外加以心之作用，谓
> 之 Intuition，不独目之所观而已。观念亦然。观念者，谓直观之
> 事物。其物既去，而其象留于心者。则但谓之观，亦有未妥，然

---

① 王国维：《论新学语之输入》，《教育世界》第 96 号，1905 年。
② 我们应该注意，王国维将日人造词和国人造词完全等同看待了。其实两者之间有较大的
分歧，这是需要我们认真分析的。

原语亦有此病，不独译语而已。Intuition 之语源出于拉丁之 In 及 tuition 二语，tuition 者，观之意味也。盖观之作用，于五官中为最要，故悉取由他官之知觉，而以其最要之名名之也。

这是最早对日本的译词进行语素层面分析的一段文字。[①] 如前文所述，要求新名词具有令人信服的理据义是汉语和汉语使用者的一个显著倾向。王国维的分析表明中国人已经尝试着把对日制译词理据的探索推进到原词的语素层面。"然原语亦有此病，不独译语而已"所显示的王国维丰富的外语知识使他在做这种分析时游刃有余。

对于社会上人们对日语词的反感，王国维认为有一部分原因是译者能力不足所致。他说"今之译者（指译日本书者——引者注），其有解日文之能力者，十无一二焉"。再加上汉语素养差，不通西文，为一时的利益所驱使，抢译、乱译，译出来的东西"皆粗漏庞杂，佶屈而不可读"。对于社会上根深蒂固的中国古语比日本词好懂的观点，王国维反驳道："如侯官严氏所译之名学，古则古矣，其如意义之不能了然何。"王对严译的《穆勒名学》似很不以为然，说"以吾辈稍知外国语者观之，毋宁手穆勒原书之为快也"。[②] 在文章最后，王国维指出了日中（实际上是严复译）译词创造上的重大不同之处，"日本人多用双字，其不能通者，则更用四字以表之。中国则习用单字，精密不精密之分，全在于此"，所以"创造之语之难解，其与日本已定之语相去又几何哉"。可以说，王国维准确地把握了

① 严复早在 1901 年《译斯氏计学例言》中对"计学"的词源做过分析。这表明严复已经开始追求译词与原语言的吻合问题了。梁启超也是较早讨论日本译词精确与否这一问题的人之一。梁在《释"革"》（《新民丛报》第 22 号，1902 年）中说"（revolution）日本人译之曰革命，革命二字非确译"，并对"非确译"的理由做了详细的阐述。但是梁的讨论并没有把原词分解到语素层面。

② 王国维 1902 年开始翻译 W. Stanley Jevons 的著作 *Elementary Lesson in Logic: Deductive and Inductive*，1908 年以《辨学》的书名出版。"这个译本，被推为'比较忠实地照原文直译'，'书中所用术语的译名，和现在通用的大致相同'，'在过去常被用为教材'。"参见陈鸿祥《王国维年谱》，齐鲁书社，1991，第 108 页。但陈书所说"初由严复节译，署名《名学》。王氏乃据原书重译"不确。严复译的是 W. Stanley Jevons 的另一本书 *Logic the Primer*，1909 年由商务印书馆出版，书名为《名学浅说》。王国维在这里说的是严复的第一本逻辑学译著《穆勒名学》。

汉语词汇近代化的演进方向。

三 词源学视角的考察

新词语只有被语言社会接受以后，才能普及、定型。就是说语言使用者的态度决定新词语的命运。日本启蒙思想家西周、中国的严复等所创造的译词大部分没有保留下来就是语言社会取舍选择的结果。参与这一选择过程的因素多种多样，结果亦难预测。上一节所观察的对新名词的种种态度，就是人们社会语言生活价值取向的反映。中国是汉字的宗主国，曾是日本之师，但同时又是甲午战争的战败国。这种历史与现实的落差，使人们对日语词具有更复杂的心情。作为抵制日语词的一种方式，一些人向词源学寻求帮助。试图通过词源考证以证明新名词并非日本所制，而是中国古代早已有之的古典词。① 很多人热衷于这种"西学中源"说在中日词汇交流上的翻版。周商夫编《新名词训纂》（上海扫叶山房石印，1918）和王云五编《王云五新词典》（商务印书馆，1943）就是有代表性的尝试。《新名词训纂》卷头唐咏裳"序"（1912）有云：

> 治外国语言文字学者起而名词以兴。名词也者，即我所谓名物训诂也。岁壬寅，余于役江右时，东西译籍挹注正盛，怨检所及，觉新义往往从古劓锇出，乃有说文解字新注之葺……今年得识仁和周子商夫，少年绩学士也。出所著新名词古注一篇示余，余受而籀之。凡新义之原出载籍者，条分缕析，灿朗耐观。间列按语，尤确凿。知编检弃取大非苟作，因劝以训纂易其名，怂恿问世。

该书44页，共收词615条，分4类：政之属第一216条，学之属第二97条，语之属第三247条，物之属第四55条。对每条词列出中国古籍

---

① 追求词源的一般性动机还在于人们相信，正确的词源知识帮助使用者更好地记忆，正确地理解、使用新词。

的出典，不加释义，但有的词条下有按语，对成词之理据进行说明。按语共 125 条，在这里对涉及日语的按语举例若干。

入金 按日语凡存入收入之金，皆曰入金。

在勤 按日语以在公为在勤。

徽章 按此言旗帜。今列国徽章准此。日本变言纹章。

出张 按日本以因公出外曰出张，供张之所曰出张所。

格式 按日本朝章多作式，有延喜式诸名。

商标 日语谓市招为看板，登录于官者为商标。

裁可 按制诏自秦称制曰可始，日本则曰裁可。主国者于议会议定之法律署名钤玺，公布施行。

律外 按谓条例以外也，日语以科条以外之事为例外。

大藏 按此释典之大藏，而日本以为官名，犹汉水衡。

心得 按今日本人以须知为心得。

亲等 按日本民法，有三亲等、四亲等、六亲等诸名。

切目 按日语谓切断之痕迹曰切目。

占有 按日语以不问其物之属己属人，得以随意使用其物之权利者，曰占有权。如借他人所质之物，用他人存寄之品皆是。

取缔 按日语取缔犹吾语具结。

取消 按日语又有抹消，谓涂抹而消灭之，则沿我古语之抹杀也。

区别 按区分也，日语以分途处谓之区间。

支店 按支店亦日语，谓分店也。

独占 按日语以专利为独占。

手续 按日语以办理之规则次第谓之手续。

庖丁 按今日语竟以厨刀为庖丁。

支柱 按日语以木支撑房屋垣墙防坍塌倒者，曰支柱。

《王云五新词典》是一本规模更大的词源辞典。王云五在自序中说：

近来我国流行的许多新名词，国人以为传自日本者，其实多已见诸我国的古籍。日人的文化本由我国东传，久而久之，我国随时代之变迁而不甚使用者，日人却继续使用，但亦因时代之变迁与国情之殊异，表面虽仍其旧，意义却多有变更。近数十年间又由日本回流于我国，国人觉此类名词之生疏，辄视为日本所固有。似此数典而忘祖，殊非尊重国粹之道……且不仅日本名词如此，即国内新流行的许多名词，在未尝多读古籍者视之，非认为初期传教士与译书者所创用，则视若著作家或政治家之杜撰，其实追溯来源，见于古籍者不在少数；但正如日本名词一般，其意义有与古籍相若者，有因转变而大相悬殊者；且古今应用不同，名同而实异者亦比比皆是。

王云五的目的是追溯新名词之来源，各举其所见之古籍篇名与词句，并做简单释义。与现在通行的意义不同的也标注出来。《王云五新词典》共收录了 3700 多个词条，该辞典的体例如下：

【市价】市面上通行的物价。(《孟子·滕文公》) 从许子之道，则市价不二。

【市长】古官名。(《史记·太史公自序》) 无泽为汉市长。

〔今〕市区的行政长官。

即，编者对古今词义相差悬殊的词，冠以〔今〕字，以示区别。标有〔今〕字的词有 1239 条，这些词大多如上例所示，古、今词义之间引申、派生上的关联并不显著，更多的是受日语影响的结果。

四 《盲人瞎马之新名词》

从用法上对新名词加以最激烈抨击的要属彭文祖的《盲人瞎马之新名词》。这本 1915 年由东京秀光舍出版的小册子现收藏于东京都立中央图书馆的实藤文库里。实藤氏最早从近代中日文化交流的视角对这本书做了深入的考察，^①使这本小册子的名声远远大于出版当时。同时由于实藤较详细的引用，使无缘披览原书的人也可以对该书的内容有所了解。该书是我们所知的 20 世纪初叶以批评新名词，即日语借词为主要内容的书。下面我们对这本书做一简要分析。

《盲人瞎马之新名词》共 188 页，封面署名"将来小律师彭文祖"。书中有批评"大律师"的章节（第 35 段），可知彭的署名是带有讥讽之意的。彭文祖传不详，版权页姓名前有"黔南"两字，可知其为贵州人。另根据"通例"和正文中的文字又可知彭文祖曾在北京的法政学堂学习法律，其后去日本留学。^②

该书卷首是一篇张步先［传不详，曾译有《选举法纲要》（1918），称彭文祖为"友人"］写于日本东京的序文。全书由"通例"和 60 段正文构成，各段小标题如下：

1	新名词	2	支那	3	取缔
4	取扱	5	取消	6	引渡
7	样	8	殿	9	〆
10	哀啼每吞书	11	引扬	12	手续
13	的	14	积极的／消极的	15	具体的／抽象的
16	目的	17	宗旨	18	权利／权力
19	义务	20	相手方	21	当事者
22	所为	23	意思表示	24	强制执行
25	差押	26	第三者	27	场合
28	又ハ	29	若クハ	30	打消
31	无某某之必要	32	动员令	33	手形
34	切手	35	大律师	36	律

---

① 实藤惠秀：《中国人留学日本史》，第 213~216 页。
② 京师法政学堂成立于 1907 年，是一所以培养政治、法律人才为目的的大学。彭文祖说大学的讲坛为留学日本的人和新式人物所占领。作为教材使用的中国法律条文，也是在日本顾问的指导下，参考日本法律制定的。彭在谈到该书执笔的动机时说，其在北京读书时，为那些难懂的新名词所困惑。对使用这些新名词的留学归来的教员甚至有一种敬畏的感觉。但是来日本以后，对这些所谓的新名词有了较多的了解，才察觉到那些教员不过是对外国知识囫囵吞枣，深感愤慨，遂利用暑假的时间，草成本书。

37	代价	38	让渡	39	亲属
40	继承	41	片务 / 双务	42	债权人 / 债务人
43	原素 / 要素 / 偶素 / 常素	44	取立	45	损害赔偿
46	各各 / 益益	47	法人	48	奸非罪
49	重婚罪	50	经济	51	条件付之契约
52	动	53	从而如何如何	54	支拂
55	独逸 / 瑞西	56	卫生	57	相场
58	文凭	59	盲从	60	同化

该书从第 2 段"支那"起，到第 58 段"文凭"止，共讨论了 57 项 65 条词。① 如著者在"通例"和第一段"新名词"中所述，该书的宗旨在于批评当时社会上新名词的泛滥和误用。彭文祖所谓的新名词就是当时的报刊和翻译书上频繁出现，学校教科书、法律文本也大量使用的新词语和新的表达方法。著者指出，"溯我国新名词之起源，于甲午大创以后，方渐涌于耳鼓。此留学生与所谓新人物〔如现之大文豪梁启超等〕者，共建之一大纪念物也"。著者说辛亥以后"新名词弥漫全国，小学蒙童皆以竞谈新名词为能事，留学生与新人物独占教坛第一峰"，"交谈者句句带以新名词〔如手续、取缔等名词〕，来往信札，十句有六句为新名词〔如目的、宗旨、绝对等名词〕"。可见新名词在中国社会语言生活中的地位。彭说新名词"为鬼为祟，害国殃民，启亡国亡种之兆"。彭意欲纠正这些错误，"以区区之意报效国家社会于万一"，于是就有了该书。

但是，如著者自己所言，全书"言词譬喻拉杂不伦，固知不成体统"，"以报效痛恨四字为主眼言词，不无过于激烈之处"，无法作为一本学术书来对待。著者在"新名词"这一名目下，收入了如"样""殿""〆""又ハ""若クハ""各各""益益"等翻译过程中临时性的词和符号，还有"意思表示""强制执行""无某某之必要""损害赔偿""条件付之契约""从而如何如何"等比"词"大的单位。词条的选择、收录似无严格的标准，

---

① 含日文书写符号。第 1 段"新名词"、第 59 段"盲从"、第 60 段"同化"相当于前言和结语，并没有讨论具体的词语。

较杂乱，叙述的角度也不统一。[①] 例如，对于以下的词语：

重婚罪 卫生 文凭 法人 原素 债权人 债务人 片务 双务
权利 权力

著者没有从词汇学的角度展开讨论，而是对当时的社会现象，以及对这些词语所代表的新事物的社会价值取向加以评论；或者从启蒙的角度对词语的意义进行说明。著者在书中还收入了以下的词：

样 殿 〆 动 独逸 瑞西 支拂

这些是留日学生等小范围内使用的符号性的成分，以及由于翻译能力不足造成的误译、误用的例子。著者在书中通常采用谩骂的手法表示自己的意见，试图通过自己的言论纠正社会上流行的崇洋媚外的风潮。但是，该书不能说完全没有词汇学上的讨论。以下，将这一部分词分为三类加以分析。

（一）哀啼每吞书 所为 律 继承 亲属 大律师 奸非罪
（二）意思表示 强制执行 无某某之必要 损害赔偿 条件付之契约
从而如何如何
（三）支那 取缔 取扱 取消 引渡 引扬 手续 的 相场
积极的／消极的 具体的／抽象的 目的 宗旨 相手方 差押 当事者
第三者 场合 打消 动员令 手形 切手 让渡 取立 经济

第一类是中国的古典词或中国人自创的新译词，与日语词无关，这一点与第二、第三类词有区别。其中，如"亲属（親族）"、"继承（相続）"、"奸非罪（姦淫罪·猥褻罪）"等是中国在制定法律时有意识地选用了与日语不同的词语（括号内为日语）。著者在这里批评的是词义的不正确性和中国人的误用。例如 ultimatum，中国译为"哀啼每吞书"，而日本

---

① 毫无疑问，关于"词"以上成分的借用也应该从语言接触的角度进行考察。例如，外来的表达方式、句式等都有必要加以调查整理。

译为"最后通牒"。著者认为根据原词的意义，应该译为"战书"，这是一个见于中国典籍的词。关于"所为"著者认为在有的场合下应该译为"所犯"。"律"和"继承"，著者说应该分别译为"法"和"承继"，并详细说明了之所以如此主张的理由。特别值得注意的是，对于"亲属""大律师""奸非罪"这三个词，著者主张应该采用日语的「親族」「弁護士」「姦淫罪·猥褻罪」，认为不如此就无法防止理解上的错误。

第二类并不是词，而是在翻译过程中产生的一些新的表达方式。著者认为这些说法违反了汉语的语法规则，因此给予了严厉的斥责。例如"意思表示"，彭说"民律草案照直翻译日本民法"，"用意思表示一语于文中"。"表示二字为动词，意思二字为名词。吾文法动词须在上，名词须在下，不可以头履地"。在这一条之后，彭还对"强制执行"进行了分析。彭指出"强制二字，系以动词作成之名词［如总统二字名］，故不可以足朝天也"。彭在这里实际讨论的是用名词性词组表示一个事件（event）的问题。对此本节不做深入讨论，只指出在外语的影响下，汉语最终获得了这一极重要的表达方式。

第三类是由日语流入汉语的新词。如《盲人瞎马之新名词》的书名所示，这部分是著者批评最激烈的部分。著者认为很多人不懂这些词在日语中的意义和用法，就乱用一气。彭文祖指出，一些来自日语的新名词，如「取締」「取扱」等是日语固有词语（即训读词），无法从每一个汉字的字义推测出与外语原词相对应的词义，构成复合词的各成分之间在字义上有时甚至陷入自相矛盾的状态。[①] 对这些词完全不应该接受，需要做以下的改动。从这里我们可以看到彭文祖所重视的是新词语在解释上的理据性。

取缔→禁止、管束……	取立→征取、征课……	取消→去销
引渡→交付、交出	手续→次序、程序	目的→主眼……
相手方→对手人	差押→查封……	第三者→他人
场合→时、事、处	打消→废止……	动员令→动兵令
让渡→承让……	手形→票据	相场→行市

彭文祖还提到了这样一种情况，即作为译词并无不可之处，但是实际

使用上存在着错误。"当事者""经济"是彭所举的例子。关于"经济"，彭指出，这是中国的古典词，用来做译词并无不可，但是如梁启超的"经济困难""不经济"等用法是错误的，不可接受。

由上面的叙述，我们可以知道，对于著者彭文祖来说，决定一个新词正当性的根本原则是词的构成要素，即每个汉字是否遵照中国传统的意义和用法来使用。按照这一标准，某些新名词虽然在中国典籍中寻找不到出处，但是如果遵守中国传统的意义和词法，新词、译词就可以从被排斥的对象中解脱出来。例如，彭文祖认为"义务"一词"义可通"。所谓的"义可通"，就是说能理解成"义不得辞而应尽之职务"。彭还说"代价"是"代其价值"，"其名词甚佳，余以为可取"。但是，"代""代金""××代"词则等完全脱离了中国传统的用法，所以不可盲从。彭文祖实质上说出了汉字解释上的中日之间的差异，正是这种差异造成了人们对新名词的困惑和反感。在整本书中，彭氏一直在重复一个观点：汉字是中国的固有文字，数典忘祖，盲从日本的用法而不觉奇怪，早晚要亡国的！

但同时，彭文祖在对中国自己的新词"大律师"提出严厉批评后，说"余以为日本辩护士之名甚佳，非取之不可"。其理由是，这个职业并不是法律的师傅，而是为当事者进行辩护的人。彭还提出，"亲属"的字义不正确，应该采用日语的"亲族"。

这种看上去对新名词极为矛盾的主张，其实是著者的一贯观点，即构成一个词的汉字，必须遵照中国古已有之的意义、用法，正确地使用。这样一看也就可以理解了。[1] 所以，与训读词相比，汉字词，特别是那些幕府末期、明治初期新造出来的汉字译词，对中国人来说能够进行语源解释，比较容易为汉语所吸收。[2]

彭文祖的这个小册子是 1915 年写成的，当时正值革命和复古两大势力剧烈对抗之时。不久五四新文化运动爆发，留学日本也由于政治、经济

---

[1] 但是彭文祖对日语借词并不是无条件赞成的。他甚至说"目的"是日语词，是"私生子"，"主眼"是中国典籍上的词，是"嫡出子"。没有"嫡出子"的情况下只好承认"私生子"。还说"义务"不可以看作从日语借用的词，因为根据原词的词义，中国人也可以原样造出来。

[2] 我们应该注意到现实并非彭文祖所想象的那样。有很多不可分析的日语固有词，如"手续""引渡"等最后都留在现代汉语里了。

上的原因走向低潮。而在此之前通过留学生、翻译书等介绍到中国来的新词、译词已经逐渐向全社会渗透。同时，人们对新词的泛滥、用法的错误也开始进行反思和整理。

一般社会是怎样看待被彭文祖激烈批评的新词的呢？与《盲人瞎马之新名词》同一年出版的《辞源》正编中，收录了彭提及的 65 条词中的 35 条。其中 5 条被标明为中国的古典词，10 条被标明为来自日语的词，其余的则没有给出词源方面的信息，具体情况如下：[①]

标明来自日语的词：取缔　手续　相手方　场合　打消　手形　切手片务　经济　相场

标明来自汉语典籍的词：支那　宗旨　权利　权力　卫生

词源不明的词：取消　哀啼每吞书　积极的　消极的　具体的　抽象的目的　义务　当事者　第三者　动员令　代价　让渡　亲属　双务　债权人债务人　要素　法人　文凭

其中"取消""积极的""抽象的"等被作为"词源不明"处理的词，在《辞源》（正编）出版的当时，可以认为已经在某种程度上普及、定型了。另外，1931 年的《辞源》续编又补入了"引渡""差押"二词。彭文祖一方面严厉批评社会上对新名词的盲从，同时如下所示，又在自己的著作中大量地使用来自日语的"新名词"。这本身就是一个极好的证明：如果没有这些新词，我们的语言生活要受到深刻的影响。

| 社会 | 主义 | 材料 | 缺点 | 否认 |
| 存在 | 承认 | 民主 | 债权 | 机关 |

---

① 《辞源》的语源标注共有以下四种类型：

　　a. 中国古典词：手书，谓手写之书也。苏轼诗……

　　b. 日语借用词：手续，日本语，犹言程序，谓办事之规则次序也；

　　c. 英语等的译词：风琴，Accordion，乐器名；

　　d. 词源无记述的词：手牌、武器。

　　d 类词没有明确示出书证，可以想象其中混有大量日语词。另外，在标记为日源词的 b 类词中，很多是暂时性的，后来并没有在汉语中存留下来。参见本书"词汇交流编"第三章。

美观	条件	系统	世纪	宪法
认知	干事	个人	人格	幻觉
心理	定义	议决	金额	记念物
事务所	（政治）舞台	人权宣言	自治团体	接头语 *
接尾语 *	不敬罪	税关 *	反对①	

（带 * 词没有成为现代汉语的一般词）

但是，尽管彭文祖发了这么多议论，除了"取扱""取立"等少数几个词以外，那些日语借词最终都在汉语中留了下来，而彭文祖提供的译词却没有通行开来。也就是说，对汉字理解的差异并不是决定日语词存活与否的决定性因素。然而，彭所指出的汉字理解上的差异是我们进行日语借词研究时需要经常意识到的一个问题。

五　胡以鲁对日语借词的态度

如"导论编"所述，1914 年语言学家胡以鲁在《庸言》杂志上发表论文《论译名》。这是一篇讨论译词和新词创制的文章，其中有很多精辟的论述。在这里让我们来看一下胡对日制译词持有何种态度。

为了讨论方便，我们先对胡文的基本情况做一些交代。胡文为文言体，竖排，使用了两种大小不同的字号，大字号部分不加标点，似为作者欲强调的内容，小字号为议论的具体展开。全文可分为三大部分，第一部分列举了当时社会上主张对外来概念应该音译的六种观点并加以批驳；第二部分是胡氏关于应该意译和怎样意译的具体主张，共 20 项；第三部分为专有名词等无法意译的词语，胡氏提示了十种情况并探讨了解决的方法。胡文共列举了 36 条，但每一部分重新计数，因此相同的号码所指并不相同，本节主要对其第二部分的 20 条进行探讨。以下如无特殊情况，文中的"第某条"均指第二部分的条目。胡以鲁反复强调由于汉语本身的特点，在吸收外来新概念时应该"译"，即创造译词，不用或少用借词（即音译词）。

---

① 该书中的"反对"，是相反方向的意思，与今义不同。

同时，如"导论编"所述，胡以鲁是把日制的译词和新词作为"译词"来看待的。那么，对待这些来自日语的、非汉语母语使用者所创制的译词，胡以鲁采取的是什么态度呢？具体可以分为以下三种情况。

1. 积极吸收

对于日语的意译词，胡氏认为符合汉语造词习惯的，应该尽量接受。他说：

> 吾国未尝著其名，日本人曾假汉字以为译，而其义于中文可通者从之。学术天下公器，汉字又为我固有，在义可通，尽不妨假手于人也。（第5条）

胡以鲁举例说："社会""淘汰"等词出于中国典籍；而"主观""客观"等，日本人这样译是与中国人"不谋而合"。中日是"书同文"，所以日本的译名"尽可通用"。对于那些不尽如人意的日本译词，胡氏说：

> 日人译名虽于义未尽允洽，而改善为难者，则但求国语之义可通者，因就之名词固难求全同一，挂漏不如仍旧也。（第6条）

也就是说，有一些译名不一定很恰当，但是，暂时还没有更合适的去替换，使用也无妨。在这一点上胡氏与王国维的观点相同。胡以鲁在这里举了"心理学"的例子，说"心理学以心之旧义为解，诚哉不可通"，但是，"欲取一允当之新名不可得，则因陋就简而已"。

2. 慎重从事

有一些译词，在日语中虽然为意译词，但是中日之间终有隔阂。对于以下两种情况胡以鲁主张应该用中国自制的译词替换日译词。第一种情况是："日人译名误用我故有名者，则名实混淆误会必多，亟宜改作。"（第7条）在此胡氏举了几个例子。对"经济"一词，他说"经济义涵甚广，不宜专指钱谷之会计，不若译生计之为愈"。对"场合"，他说"场合为吴人方言，由场许音转，其义为处，不能泛指境遇分际等义"。胡氏在这里所说的"名实混淆误会"在词汇学上称为"同形冲突"或"同形异义词"，即当一种形式具有（新旧）两种意义时会发生冲撞，影响意思交流。但是由于"同形冲突"的结果往往是旧词义的消失和新词义的确立，所以旧瓶装新酒，即给古典中的旧词赋予新义，是新词、译词创造常用的方法。例如，为罗存德的《英华字典》作序的张玉堂曾评价罗的译词创造是"重抽旧绪，别出新诠"。需要指出的是，对这种旧词新用的译词创造法，胡以鲁的态度似乎有些前后矛盾。例如在第 1~4 条中，胡氏对固有词的利用做了很多的阐述。他说"吾国故有其名，虽具体而微，仍以固有者为译名。本体自微而着名词之概念，亦自能由屈而伸也"，"概念由人，且有适应性原义，无妨其陋，形态更不可拘也"。即译名尽管在创制伊始存在缺陷，但是可以在使用中不断充实完善自身。胡氏还说"修废易于造作也"，即利用废弃不用的旧词比重新创造要简便。对那些"故有之名新陈代谢既成者则用新语"，即对那些新义已经取代旧义的词，应该积极使用。然而，当事情涉及外国人（含日本人）时，胡以鲁的态度则有变化。当然外国人对"旧绪"的执着自然不能与母语的知识分子相比。[1] 在第 8 条中，胡氏指出："汽"本来指水涸，用来翻译水蒸气不当，因为虽然现在是废弃的字，但是当"文物修明之后复见用"时会发生误解。胡氏是不赞成傅兰雅利用废弃字创造化学名词的主张的。

对于怎样利用旧词创建新词，历来有不同的意见，这里有一个适度的问题。"译"必须利用本语言的有意义的语言材料，所以先天性地存在着旧词新义的问题。即使是新的复合词，字义也会对词义产生一定的影响。有一种旧词利用的情况其实可以看作"借形"，只不过借的对象不是汉字文化圈其他的国家和地区，而是中国古代的典籍。如严复使用古僻字的译词，井上哲次郎的"演绎"等，所利用的不是字义而是字形。[2]

第二种是日本译词的造词法不合汉语的情况。胡以鲁在第 17 条中说：

---

[1] 组字造词或袭用旧词时，其所引起的联想、造成的歧义等，日本人远没有中国人那么敏感。梁启超在《释"革"》中的一段文字，很能说明问题的严重性：其所谓变革云者，即英语 Revolution 之义也。而倡此论者多习于日本，以日人之译此语为革命也，因相沿而顺呼之曰"革命、革命"。又见乎千七百八十九年法国之大变革，尝戕其王，刘其贵族，流血遍国内也，益以为所谓 Revo. 者必当如是，于是近今泰西文明思想上所谓以仁易暴之 Revolution，与中国前古野蛮争阋所谓以暴易暴之革命，遂变为同一之名词，深入人人之脑中而不可拔。然则朝贵忌之，流俗骇之，仁人君子之忧之也亦宜。

[2] 参见本书"新词创造编"第一章。

一词往往有名字、动字两用者。译义宁偏重于名字，所以尊严名词概念也，用为动词，则取其它动字以为助。

例如 Definition，日人译为定义。此译为界说。就吾国语句度言之，名字之上动字常为他动，其全体亦常为动词，定义有兼涉Define 动字之功。然非整然名词也。宁取界说。虽本强而辞正，欲用为动词则不妨加作为等字。

这里涉及一个中日造词法上的根本区别。日语向心结构的中心词位于右侧，即右侧的成分决定整个结构的词性。但是汉语则不然，含有及物动词的结构，中心词在左侧。因此"定义"可以有两种解释，即限定的意义（名词性结构）和限定意义（动词性结构）。胡氏认为"界说"更合适，因为"界说"是名词性的，如果需要动词性的用法，可以加上"作为"。

在第 7 条中胡以鲁也谈到了日语特点的问题，他说：

治外法权，就吾国语章法解之，常作代动字之治。下缀以外字者，宜为外国或外人之隐名。若欲以外为状词，其上非常用为名字者不可。[1]

就是说，"治"后面的"外"常常被理解成"外国"或"外人"的缩写，"治外法权"也就成了治理外国人的权力，与原词意义正好相反。如果"外"字要做"之外"理解，前面必须用名词。所以黄遵宪译作"领事裁判权，故其所也"，胡氏还提出了自己的建议：译作超治法权或超治外法权。

严格的向心结构中心词右侧原则不是中日造词法上唯一的显著差别。定中格［V+N］的造词能力，日语远远高于汉语，日语借词中亦不乏其例，如对象、绷带、触角、吸盘、动机、动脉、读本、读物、领土、采光、投影、投资等。[2] 但是同时我们还应该看到，对复合词的分析意识一般不会

---

[1] 例中的"代动字"恐为"他动字"之误，即及物动词。

[2] 沈国威「［V＋N］構造の二字漢語名詞について——動詞語基による装定の問題を中心に、言語交渉の観点から」『国語学』160 号、1991 年。

进入外来成分的内部，因此，这种结构上的差异并没有对我们接受日译词造成实质性的影响。

胡以鲁在第 18、19 条中还提到了日语前缀和后缀的问题。

> 名词作状词用者。日译常赘的字，原于英语之【的】-ty 或【的夫】-tive 语尾兼取音义也，国语乃之字音转。通俗用为名代者，屡杂不驯，似不如相机斟酌也。
>
> 日语名词有其国语前系，或日译而不合吾国语法者。义虽可通，不宜袭用，防淆乱也。

日语中的"的"是作为英语 -ty，-tive 对译成分而成立的，[①]虽然在发生上取材于汉语的"的"，但是应该看作音译词。胡以鲁认为不雅驯，建议根据不同的情况分别译出。[②]以下是胡以鲁的提议：

名学的	→	名理	形学的	→	形理
国家的	→	国家性	社会的	→	社会性
人的关系	→	属人关系	物的关系	→	属物关系
道德的制裁	→	道德上制裁	法律的制裁	→	法律上制裁

有一些日语的前缀，如"相手""取缔"的"相""取"与汉语意义不同，自然不该使用；另有一些前缀，如"打击""排斥""御用""入用"等的"打""排""御""入"前缀性成分，虽然不是完全不可通，但是为了维护汉语的纯洁性，也不应使用（在彭文祖的书中也有相同的论述）。

3. 拒绝抵制

对于日语中的非意译词（即不是用汉字新构成的复合词），胡以鲁指出不可采用，他说：

---

① 広田栄太郎『近代訳語考』東京堂出版、1969、283~303 頁。

② 王国维《论新学语之输入》中有"抑我国人之特质，实际的也，通俗的也；西洋人之特质，思辨的也，科学的也"的日语式用法。而对于"的"彭文祖的意见和胡以鲁相同。

既取译义，不得用日人之假借语（日人所谓宛字也）。既非借
用，又不成义，非驴非马，徒足以混淆国语也。

例如手形、手续等，乃日人固有语，不过假同训之汉字拉掇
以成者。读如国语而实质仍日语也。徒有国语读音之形式，而不
能通国语之义，则仍非国语。读音之形式既非，实质失其依据，
则亦非复日本语。名实相淆，莫此为甚。（第 15 条）

"手形"即票据一类的证券，是日本江户时期以来的固有词，"手续"
一说见于佛教密法抄本，[①] 但是不为一般人所知。当时的中国读者在词意理
解上均有困难。胡以鲁认为这类词意义与形式（名实）严重脱离，应该加
以拒绝。联系到彭文祖的议论，可知中日两种语言对汉字理解的差异是一
个极具代表性的问题。

胡以鲁把自己关于译词创制的主张归结为以下三点，即：

第一，在不发生旧词新词同形冲突的情况下，应尽量利用固有语词
（固有其名者，举而措之，荀子所谓散名之在万物者，从诸夏之成俗曲
期也）；[②]

第二，没有可以利用的固有语词时，以多音节复合词的形式创造译词
（荀子所谓累而成文，名之丽也）；

第三，如果纯粹的意译确有困难，可以利用外语原词的一二音节创造
混合型译词（无缘相拟，然后仿五不翻之例，假外语一二音作之，荀子所
谓有循于旧名，有作于新名也）。

可以说前两条都为接受日语词打开了大门。

清末民初，对于汹涌而来的日制新名词，人们在担心由此引起的新旧
断绝的同时，还强烈地表现出一种"邯郸学步、东施效颦"的情结。即新
学没有掌握，旧学又完全丢弃了。可以说，任何一个时代、任何一个国家
都有这种对新事物的不安感。

1915 年以后，关于日语借词的议论逐渐减少，人们关注的热点转向

---

① 中国佛教文化研究所编《俗语佛源》，上海人民出版社，1993，第 59 页。
② 这样实际上日本创制的，或利用中国古典词改造的译词也可以照此办理。

以"言文一致"为目标的文体改革上去了。文体问题常常就是词汇的问题，对于日常生活，乃至文学层面的言文一致，宋明以来的白话小说已经为此做了一定的准备；而科学话语层面言文一致的实现则有待于一整套新术语的获得。日语帮助汉语在短短的 20 年间完成了这一过程。

词汇交流编

第一章
黄遵宪《日本国志》与日语借词

　　黄遵宪著《日本国志》，首次对日本的历史与明治维新以后日本的现状做了详细、全面的介绍。《日本国志》初稿成于1882年3月，修订稿于1887年夏完成，而刊行则拖至中国甲午战败后的1895年底以后。[①] 对于《日本国志》刊行的迟延和国人关于日本知识之贫乏，有人惋惜地说："此书早流布，直可省岁币。"[②] 梁启超也不无遗憾地写道：

> 中国人寡知日本者也。黄子公度撰《日本国志》，梁启超读之，欣怿咏叹黄子。乃今知日本，乃今知日本之所以强，赖黄子也。又懑愤责黄子曰，乃今知中国，乃今知中国之所以弱，在黄子。成书十年，久谦让不流通，令中国人寡知日本，不鉴不备，不患不悚，以至今日也。[③]

　　两者都在叹惜国人没能及时读到《日本国志》，不然可以知明治维新以后的日本之强，因循守旧的中国之弱，促进中国奋起革新，避免甲午之耻，等等。某一种"知识"能为某一社会带来何种影响，或者说某一社会

---

① 某些版本作1890年刊，但这似乎只是书肆开始刊刻的时间，真正刊行则在1895年冬。参见刘雨珍《日本国志・前言》，黄遵宪《日本国志》，上海古籍出版社，2001。

② 黄遵宪借袁昶之口发如是感慨。见《三哀诗　袁爽秋京卿》，吴振清、徐勇、王家祥编校整理《黄遵宪集》上卷，天津人民出版社，2003，第274页。

③ 梁启超：《〈日本国志〉后序》，《时务报》第21册。但是，梁在《新民说・第11节论进步》（1902年6月20日）中写道："吾昔读黄公度《日本国志》，好之，以为据此可以尽知东瀛新国之情状矣。入都见日使矢野龙溪，偶论及之，龙溪曰，是无异据《明史》以言今日中国之时局也。余怫然，叩其说。龙溪曰，黄书成于明治十四年，我国自维新以来每十年间之进步，虽前此百年不如也。然二十年前之书，非《明史》之类如何？吾当时犹疑其言，东游以来，证以所见，良信。"

从何处、怎样接受新的"知识",是一个由多方面因素决定的系统工程。一本书究竟能起到何种作用,需要做细致、具体的分析。但是,让我们来做一个大胆的假设:如果《日本国志》在修订完成后立即刊行,国人对日本以及日本社会,包括1887年当时的政治、经济、法律、军事以及其他诸项明治维新以来的新变化,能有一个什么程度的理解?退一步说,即使在公开刊行的1895年底,包括梁启超等先觉者在内的朝野人士,能从《日本国志》中得到何种该书意欲传递的或所能传递的信息?

要回答上述问题,我们首先需要把《日本国志》这一文本放回其所处的历史时代(19世纪80年代),从中国当时的而不是现今的知识体系、既有概念、话语、词汇等角度对其进行分析。作为文本的《日本国志》是超越1895年当时中国的历史语境的作品。这种超前性并非完全由于著者黄遵宪的超时代性,而是因为文本素材中相当一部分反映了明治维新以后日本的欧化进程,中国还不具备必需的读解环境。本章是以《日本国志》为语言材料的文本分析,属于语言层面的考察。笔者希望这种对文本的生成以及历史语境的解读分析,能为近代西方新概念的导入和容受史研究提供一个词汇史的视角。

一 文本及文本的编码与解码

文本是在特定的历史时空坐标轴上生成的语言制品,作为信息承载体的文本的实现必须包括创制和解读两个方面——作者和读者。观察文本创制并被解读的过程可知,作者使用历史语境所提供的词汇、话语、文体、样式(genre)等语言素材,在特定的知识体系中创制文本,传达自己所试图表达的内容。这一过程可以称为编码,作者即编码者。读者依靠自身持有的语言和其他相关知识,通过对文本的解读,还原作者所试图表达的内容,这一过程可以称为解码,读者即解码者。读者只有在与作者相同的知识背景下,使用相同的语言知识,才能忠实地完成解码——文本解读。作者在创作时一般要意识到同一时代的读者和社会环境,而读者也总是力图接近作者。这种相互的指向性可以弥补两者之间某些知识上的不一致(gap)。但是必须指出的是:仅靠语言层面的知识还不能保证我们准确无误地解读文本，我们常常对很多专业性图书似懂非懂，这是缺乏专业知识的缘故。

编码与解码的过程都受到特定时间和空间的限制，就是说，作者和读者都具有时代性和地域性。当编码和解码在不同的历史时空中或不同的知识背景下进行时，文本的忠实还原就会发生困难。读者与作者时间和空间上的距离越大，还原工作就越困难。关于解码，大致有以下两种类型。

（1）跨时间型文本解读。这种事例屡见不鲜，可以说所有从事历史研究的人都在进行某种回溯型的解码工作。尽管所遇困难及其克服方法，各个研究领域有所不同，但基本是通过专业的学习掌握历史的和话语的知识，进行文本解读。虽然人类知识的延续性，尤其是民族、地域上的文化、语言的同一性可以在某种程度上抵消时间造成的困难，但是从理论上讲，我们无法百分之百地接近作者，无法百分之百地还原作者的意图。日本的历史文本《古事记》（712）就是一个绝好的例子。作者太安万侣在当时的语境下用汉字完成了这一文本。那时汉字初传日本，正处于容受的摸索期。《古事记》中的每个汉字都被认为体现了古日语的意义体系（古训）。但是时过境迁，后人只能按照自己所处时代的字义（今训）来理解《古事记》。江户时代的国学家本居宣长试图通过对《古事记》这一历史文本的解读重建古日语的意义体系，进而忠实地再现作者的写作意图。而现代国语学家龟井孝则问:《古事记》能读懂吗？

（2）跨语言型文本解读。由于文化的交流及语言的接触产生了跨语言解读文本的需要，这种需要的重要性在近代以后更加凸显出来。从内容上看，跨语言文本的内容可以大致分为两类：一是各自的语言文化所特有的，包括风俗习惯、宗教信仰、思维方式等；二是超越个别语言、特定文化，为人类所共有的知识。前者很难在词的层次上实行一对一的置换，只能求助于"借（借音与借形）"①或短语说明的手段。后者以科学技术等内容为主。但是随着强势文化的确立，特定的意识形态、统治体制等富于民族性的东西也都被赋予了绝对的价值。跨语言文本解读的困难主要有两个方面：第一，必须通过"翻译"这一手段完成文本转换，而这种转换常常被认为

---

① 沈国威:《译词与借词——重读胡以鲁〈论译名〉》,『或問』9 号、2005 年。

是一面"虚假"的镜子；第二，那些导入域外文明媒介的跨语言文本，对于解码者来说常常具有某种超时代的"先进性"，解码者对其所依据的知识体系是陌生的。

众所周知，跨语言的文本解读在东方近代知识体系建构的过程中发挥了极大的作用。但是，这里有一个饶有兴味的现象：当时的读者无法准确还原的文本，今天的读者则很容易做到。如果我们用现在的知识去解读历史上的文本，这时我们常常在做某种"扩大性解释"。这样的文本解读同样也是不真实的。

二　作为文本的《日本国志》

《日本国志》是一种什么性质的文本？这是一个同时具有跨时间、跨语言双重性质的近代文本。作者黄遵宪运用日本古今的素材完成了《日本国志》的编码，而作为文本的《日本国志》，在生成的编码上至少应该包括以下三种方式：

A. 征引，即作者直接利用日本的用汉语写成的文献；

B. 翻译，即作者将日语文献翻译成汉语；

C. 译述，即作者对日语的文献加以综合整理，进行重新表述。

黄遵宪一共在日本任职四年余（1877 年 11 月至 1882 年 3 月），这期间并没有系统地学习日语的记录。黄遵宪与日本人的交往多借助于笔谈，不具备直接利用和文体或和汉混淆文体的日语文献的能力，这一点似毋庸置疑。但是一些用汉语写成的日本文献黄遵宪则有可能直接利用。这些来自日本汉文体文献的内容构成了《日本国志》中的征引部分。《日本国志》的哪些部分是征引，来自何种文献？关于这一问题，王宝平的考证可以说是迄今为止较为详尽的一种。① 王宝平指出：黄遵宪从《艺苑日涉》《国史纪事本末》两书中征引了部分内容。但是经王宝平查明的征引部分不及《日本国志》全书的十分之一，是不是征引的全貌尚有待进一步调查。全

---

① 王宝平：《黄遵宪〈日本国志〉征引书目考释》，《浙江大学学报》（人文社会科学版）2003 年第 5 期。

书大量使用的表格似也应视作征引。

在谈到黄遵宪的征引时，王宝平指出：

> 黄遵宪在征引时，对于如此繁多的数据，没有囫囵吞枣，简
> 单地将材料加以堆砌，而是在充分理解的基础上，将它们有机地
> 采纳到《日本国志》中。他或全文引用，或适度裁剪，或舍去不
> 用，体现出以我为主、为我所用的主体意识，以及高度的驾驭和
> 处理数据的能力。

但是，这种所谓"以我为主，为我所用的主体意识"难免有今人读古
人之嫌。我们需要考虑黄遵宪征引时的素材"加工"是修辞性的还是选择
性的。前者指个别字句的改动、叙述视角的统一（如原书中人称等指示词
系统的重组）；后者指黄遵宪按照自己的价值观对征引内容进行筛选和取
舍（如删除那些对中国读者来说完全自明或无用的叙述等）。从王宝平的
举例和《日本国志》的实际情况来看，该书的素材"加工"以修辞性的
为主。

《日本国志》中有大量的翻译部分，但是以前我们对这个问题似乎注
意不够。例如在王宝平的论文中，他同样用"征引"这一术语谈论《日本
地志提要》。① 而该书是用日语撰写的，其内容是经过翻译后汇入《日本国
志》的。从编码的角度讲，征引和翻译是两个完全不同的文本生成过程。
最早明确指出《日本国志》翻译问题的是法学史学者李贵连。李贵连说
《刑法志》是明治13年（1880）公布的《治罪法》《刑法》的中文翻译。②
除了《刑法志》以外，《日本国志》中共有多少翻译的部分？对此我们目

---

① 王宝平指出：经考证，黄遵宪在《日本国志》卷10《地理志一》、卷11《地理志二》以
及卷39《物产志二》中大量引用了《日本地志提要》的疆域、形势、沿革、郡数、田
圃、山岳、河渠和物产部分。王宝平同时指出：关于北海道的内容，对照原文，可知黄
遵宪完全译自《日本地志提要》卷76《北海道·形势》。王宝平是知道黄的引用是以翻
译的形式实现的，但是他对翻译问题似没有给予特别的注意。

② 李贵连：《近代初期中国法律的变革与日本的影响》，《近代中国法制与法学》，北京大学出
版社，2002，第71页。在另一篇论文中李贵连指出，从严格意义上说，《刑法志》是一部
译作而不是著作。黄氏是中国日本近代法的第一个翻译者和研究者，也是第一个输入日本
法的中国人。见李贵连《20世纪初期的中国法学》，《近代中国法制与法学》，第190页。

前尚没有一个较全面的把握。

黄遵宪在凡例中说：

> 维新以来，礼仪典章颇彬彬矣。然各官省之职制章程，条教
> 号令，虽颇足征引，而概用和文［即日本文以汉字及日本字联缀
> 而成者也。日本每自称为和国］，不可胜译……
>
> 以他国之人寓居日浅，语言不达，应对为烦，则询访难。以
> 外国之地，襄助乏人，浏览所及，缮录为劳。

从这段叙述中我们可以知道，可以直接利用的日本汉语文献并不多，特别是那些反映明治以后日本变化的书多用"和文"。① 要利用这些"和文"书必须借助翻译人员，而帮助黄遵宪编写《日本国志》的翻译人员的具体情况我们所知甚少（详后）。将日语文献译成汉语，除了需要高度的语言能力外，还必须对翻译内容——就《日本国志》而言主要是明治以来的新知识、新制度——有深刻了解。这对黄遵宪及其周围人物米说都是极其艰巨的。

以往的研究之所以对翻译重视不够，主要原因是黄遵宪没有明确标出《日本国志》哪一部分是翻译的，翻自哪些日本书。另外，由于使用汉字，日语作为一种外语的感觉不是很强烈。② 当时的人们常常错以为日语文献只要去掉其中的日语假名，适当调整词序就可以读解；康有为、梁启超等也都认为日语可以在短时期内达到"目治"的水平。然而事实并非如此。当然作为翻译，原文有难译、易译之分。例如王宝平认为《日本地志提要》的"最大特点在于简洁易懂"，这其实是在说翻译上要容易一些。该书为"汉文调"文体，大量使用了汉语词，对懂汉语的人来说，解读的障碍相对少一点。

但是，即使对这一类文章，不经过相当一段时间的学习也不可能完全

---

① 黄遵宪是近代较早明确认识到日语为一种不同于汉语的外语的人物之一。关于黄遵宪的日语知识等参见沈国威《黄遵宪的日语、梁启超的日语》，『或問』11 号、2006 年。

② 类似的情况也可见于日本。日本直至兰学的兴起才认识到，把汉语的文献转换成日语的各种文体，实际上是翻译。参见本书"新词创造编"。

把握文意。黄遵宪是怎样把日语译成汉语的，在这一过程中他碰到了哪些问题？尤其是从受众的角度看黄的努力是否取得了成功？这些问题我们将在下一节讨论《刑法志》时涉及。

译述是在充分理解原文的基础上进行的内容整理，其间加入了译述者的选择取舍甚至意见。译述不同于征引时的简单的项目、语词的调整。由于我们对征引、翻译的情况尚缺少全面的了解，对于《日本国志》的译述情况所知不多，是否存在类似于明末清初以及 19 世纪中西合作译书那样外人口述（在此为日本人）、中人笔录的过程也不得而知。笔者认为大量的夹注中有译述的部分。

征引→翻译→译述，这是一个对原文献依赖度递减、编码者理解度渐增的次序。

以上，我们就文本的编码过程做了简要的分析。在文本的生成上，编码素材更显重要。作为跨语言的文本，《日本国志》的编码素材应该包括以下三个部分：

第一类，对日本固有情况的介绍；

第二类，对日本明治维新后所发生的变化的介绍；

第三类，作者的意见、评论，即"外史氏曰"的部分。

日本的历史、风俗习惯、物产等都属于第一类，是《日本国志》对日本这一国家、大和这一民族固有情况的介绍。由于使用汉字、受到汉文化影响等历史上的原因，中日之间存在着很多可以通用的语词和概念，一些叙述可以直接征引。尽管如此，用中国的背景知识和语词去套用日语是危险的。要规避这种危险需要大量解释性的文字（在《日本国志》中这种注释是以夹注的形式出现的）。

第三类的表现形式为"外史氏曰"，全书共有 31 条。这是黄遵宪对自己所涉及的各种素材所加的评语。但是，如果我们把"外史氏曰"看作黄氏对日本各种情况的理解，则有两点需要注意。第一，黄氏的理解是否正确。黄遵宪在作为编码者之前，首先是一个解码者。在很多情况下，他不得不用自己传统的知识体系去理解日本的新知识。第二，黄在做评论的同时毫无疑问考虑了当时中国社会的可接受性，这种考虑会影响他的真实表述。由于以上两点原因，对"外史氏曰"部分下结论之前，需要做具体的分析。从语词的角度看，"外史氏曰"部分虽然不可避免地要受到日语素材的影响，但是，还应该将"外史氏曰"与其他部分加以区别。黄在这里使用的词语有可能已经超越了"理解词汇"，达到了"表达词汇"的程度。这种情况下引起我们注意的是"外史氏曰"中使用的新词偏少，黄遵宪使用了较传统的叙述方式。"外史氏曰"条目数与新词使用的大致情况如表1（表中的号码为"外史氏曰"部分的序号）。

表1 《日本国志》"外史氏曰"部分条目数和新词使用大致情况

篇目	卷次	条目数	新　词
国统志	卷 1~3	2 条 7 页	1. 民主、民权、自由、国会；2. 征兵、血税、国体、共和
邻交志	卷 4~8	2 条 3 页半	3. 进步；4. 领事官、治外法权、自主
天文志	卷 9	1 条 1 页半	
地理志	卷 10~12	1 条 1 页半	6. 电线、宗教、帝国
职官志	卷 13~14	2 条 2 页	7. 政体；8. 民选议院、国会
食货志	卷 15~20	7 条 15 页半	9. 血税、国债、理财；12. 豫算、决算；13. 国债、经济；14. 公立、银行、公债、纸币；15. 理财
兵志	卷 21~26	3 条 5 页	16. 兵制、陆军、海军；17. 征兵、常备之兵；18. 战舰、国会、上院
刑法志	卷 27~31	1 条 1 页半	19. 刑法、权利、公判、审院、判事、豫审、保释、权限
学术志	卷 32~33	4 条 8 页	20. 自主权力、国会、医院、法律；22. 化学、重学、光学、艺术
礼俗志	卷 34~37	6 条 7 页半	28. 宗教；29. 营业、行政、守旧党、改进党、合众党、民主党、政体
物产志	卷 38~39	1 条 1 页半	
工艺志	卷 40	1 条 1 页	31. 光学、气学、化学、力学、工艺、铁道、电信

在这里我们有必要特别谈一下夹注的问题。近代文献中的夹注，其目的是帮助读者理解文本的内容。也就是说如果没有夹注，读者对《日本国志》的阅读就要发生困难。《日本国志》夹注部分的情况比较复杂，可以分为背景介绍和语词诠释两种类型。在以往的研究中夹注被理解为黄遵宪的理解和意见。但是，问题是我们还无法确定哪些夹注是出自黄遵宪之手，哪些不是。因为当时日本的各类图书也广泛地使用了夹注形

式。① 如果事实如此，那么《日本国志》中的某些夹注只不过是原文的翻译或译述而已。

第二类即日本明治以后吸收西方近代新概念、新事物的内容。可以说这一部分是黄遵宪最热心要介绍给国人的内容，也是 20 世纪以后中国大力吸收的部分。对这一部分我们根据表 2 做一些细致的分析。

表 2　《日本国志》中第二类内容一览

篇目	卷次	内　容
中东年表	卷首	中日纪年对照表
国统志	卷 1~3	日本的王朝史，卷 3 幕府末期和明治维新，13 页
邻交志	卷 4~8	卷 6 明治以后中日邦交的情况，10 页；卷 7 江户时代以后日本与西方各国的交往，明治以后尤详，21 页；卷 8 日本开国的经过，明治以后的外交情况，19 页
天文志	卷 9	有明治改历、内务省地理局气象测量的内容，3 页
地理志	卷 10~12	卷 12 府县沿革的叙述中有明治以后废藩置县的内容，9 页
职官志	卷 13~14	卷 13，主要内容为明治维新后的政府机构简介，18 页，其中表 8 页；卷 14 明治政府各省厅的情况、职掌等，37 页，其中表 9 页
食货志	卷 15~20	卷 16 明治以后的各种新税制、税种、税额，18 页，其中表 5 页半；卷 17 国家财政预算、税收等，14 页，其中表 9 页；卷 18 国债，7 页半，其中表 2 页半；卷 19 货币，介绍了大阪造币局，10 页，其中表 3 页；卷 20 明治以后国内外贸易的情况，27 页，其中表 2 页
兵志	卷 21~26	卷 21 明治以后的征兵制度，16 页，其中各种征兵图表 8 页半；卷 22 陆军的基本情况，16 页，其中表 6 页；卷 23 陆军的编制，13 页半，其中表 5 页；卷 24 陆军的军费，15 页半，其中表 7 页；卷 25 海军的基本情况，11 页，其中表 5 页半；卷 26 海军省与海军学校，6 页，其中表 1 页半

① 黄遵宪在给严复的信中谈到了如何使译文易懂的问题。黄说："一切新选之字，初定之名，于初见时能包综其义，作为界说，系于小注，则人人共喻矣。"黄还说："第二为变文体。一曰跳行，一曰括弧，一曰最数 [一、二、三、四是也]，一曰夹注，一曰倒装语，一曰自问自答，一曰附图附表，此皆公之所已知已能也。公以为文界无革命，弟以为无革命而有维新。"可知其对夹注的作用极为重视。王栻主编《严复集》第 5 册，第 1573 页。

续表

篇目	卷次	内　　容
刑法志	卷27~31	该5卷的底本为《治罪法讲义》《刑法释义》之类的图书，条款正文部分是严格的翻译，夹注的绝大部分也是翻译，黄遵宪本人的理解和说明较少
学术志	卷32~33	卷32介绍了江户时期的西学（兰学），明治以后的教育改革、学校设置，5页；卷33明治以后的学制、学区情况，6页，其中表3页
礼俗志	卷34~37	卷35有西服内容，半页；卷37社会项下有学会、社团的介绍，2页
物产志	卷38~39	卷38丝、茶、棉、糖、米谷、海产、煤炭、金属等明治以后的生产情况；卷39日本特产、物产
工艺志	卷40	该卷医项下有兰医学的内容数百字，农事项下有西方农业技术的叙述，1页

　　上述三类内容在《日本国志》中所占比例如何，可以通过表3得出大致的结论。全书共814页，第一至第三类的比例如下。

表3　三类内容在《日本国志》中所占比例

单位：页，%

篇目	卷次	页数	第一类	第二类	第三类
中东年表	卷首	34	34（100）	0（0）	0（0）
国统志	卷1~3	49	34（69.4）	13（26.5）	2（4.1）
邻交志	卷4~8	93.5	41（43.9）	50（53.5）	2.5（2.7）
天文志	卷9	9	4.5（50）	3（33.3）	1.5（16.7）
地理志	卷10~12	86.5	76（87.9）	9（10.4）	1.5（1.7）
职官志	卷13~14	61	4（6.6）	55（90.2）	2（3.3）
食货志	卷15~20	102.5	10.5（10.2）	76.5（74.6）	15.5（15.1）
兵志	卷21~26	85	2（2.4）	78（91.8）	5（5.9）
刑法志	卷27~31	100	0（0）	98.5（98.5）	1.5（1.5）
学术志	卷32~33	34	15（44.1）	11（32.4）	8（23.5）
礼俗志	卷34~37	87	77（88.5）	2.5（2.9）	7.5（8.6）

续表

篇目	卷次	页数	第一类	第二类	第三类
物产志	卷 38~39	56	46.5（83.0）	8（14.3）	1.5（2.7）
工艺志	卷 40	16.5	14.5（87.9）	1（6.1）	1（6.1）
合计		814	359（44.1）	405.5（49.8）	49.5（6.1）

注：这里展示的只是一个大概的结论。由于夹注的存在，每页的字数并不完全相等。

由表 3 可知，《邻交志》《职官志》《食货志》《兵志》《刑法志》新内容超过 50%，尤其是《职官志》《兵志》《刑法志》超过 90%，显示了黄遵宪所关注的问题。社会转型与新知识引介的研究也应该以这些部分的内容为主。

三　关于《刑法志》的编码

《刑法志》作为一个文本是怎样形成的？其素材、编码方式、编码态度如何？

如前所述，《刑法志》是日本明治 13 年颁布的《治罪法》和《刑法》的翻译。① 同《日本国志》的其他卷一样，《刑法志》由大字的正文和小字的双行夹注组成。大字的正文即《治罪法》和《刑法》的条文，小字夹注部分是对正文内容和语词所做的解释。从字数上讲，有的条目夹注甚至超过了正文。在迄今为止的研究中，这些夹注被当作黄遵宪对上述"两法"的解读和意见。例如，李贵连指出：

---

① 《治罪法》即今之《刑事诉讼法》。日本古代相当于《治罪法》的法律有由中国传入的唐律《大宝律令》。（原告）检察官与（被告）犯罪嫌疑人法庭对峙，法官审判的形式源于古罗马法，后又吸收了日耳曼法的习惯，形成了西方近代的刑事诉讼手续体系。明治以后，延请法国人 Gustave Emile Boissonad 主持制定《治罪法》。该法于明治 13 年 7 月作为太政官布告 37 号公布，15 年 1 月 1 日起正式实施。关于刑法，明治以前古代的《大宝律令》等"律"和幕府的"触书"等起了刑法的作用。明治元年（1868）日本制定《假律》，三年推出《新律纲领》，6 年又有《改订律令》。但是，这些尚不能称为近代法。明治以后，日本政府延请法国人 Gustave Emile Boissonad，以《拿破仑法典》为范，制定刑法。明治 13 年 7 月《刑法》作为太政官布告 36 号公布，15 年 1 月 1 日起正式实施。

《刑法志》乃是黄氏翻译和研究日本近代法之作。在《刑法志》中，黄氏不仅将日本明治十三年（1880）公布施行之《治罪法》（480 条）和《刑法》（430 条）全部译成中文载入，而且对疑难不易理解之条款，逐条做注，阐发其义。①

在另一篇文章中，李贵连又说：

黄氏……将其逐条译成汉文，并加上自己的注释，以《刑法志》名之，列入《日本国志》。②

但是，我们将在下面看到，把夹注部分当作黄遵宪对"两法"的阐释这种观点是值得商榷的。在做出结论之前，我们先从翻译的角度对《刑法志》（正文、夹注）做一些分析。限于篇幅，我们只从两个法律中挑选一些存在问题的部分进行讨论。③

《治罪法》第一条

公诉ハ犯罪ヲ証明シ刑ヲ適用スルコトヲ目的トスル者ニシテ、法律ノ定メタル区別ニ従ヒ、検察官之ヲ行ウ	公诉以证明罪犯依律处刑为主，检察官按律分别行之（）	第一条谓犯罪者亏损公益扰乱治道，则检察官自为公众原告人，以护公益保治道，故曰公诉，公诉者自告发裁判所而言

本条如果逐字直译应该是："公诉以证明犯罪，依法量刑为目的；根据法律规定的不同情况由检察官实行之。"当时汉语里尚没有"目的"一词，"为目的"被译成"为主"可以肯定，而"按律分别行之"的"分别"成了副词成分，原文中的"区别"是受动词修饰的名词。在下面我们将会看到动词修饰名词这一定语结构给译者带来了极大的麻烦。夹注对公诉的概念和命名的理据做了解释，但是没有对"检察官""裁判所"做出应有的界定，"公

---

① 李贵连：《近代初期中国法律的变革与日本的影响》，《近代中国法制与法学》，第 71 页。
② 李贵连：《20 世纪初期的中国法学》，《近代中国法制与法学》，第 190 页。
③ 以下各部分自左至右分别为《治罪法》原文、《日本国志》译文、《日本国志》夹注。原文的ㄱ改写为コト，译文中的（）是夹注的位置。夹注超过一条时加序号以示区别。

诉者自告发裁判所而言"亦是日本当时法律普及图书的语气（详后）。

第二条

私诉ハ犯罪ニ因リ生シタル損害ノ賠償贓物ノ返還ヲ目的トスル者ニシテ、民法ニ從ヒ被害者ニ属ス	私诉以赔偿损害归还赃物为主，为照依民法听被害者自便（　）	第二条谓罪质有止害公益扰治道不系私益者。若谋反谋叛伪造宝货是已有公私俱害者。若斗杀伤强窃盗是已至私诉，原系民事，要偿与不要偿应听被害者自主，故与公诉求刑者有殊。赔偿、归还谓欠债者须赔偿，失物者须归还也

本条译文有漏译之处，应为"私诉以赔偿因犯罪造成的损害，归还赃物为目的，根据民法，私诉权属于被害人"。"目的"仍被译为"为主"，与原文意图有较大的出入。同时原文中由动词充当定语的修饰部分再一次被省略。在夹注中，作者解释了公诉、私诉的区别，并对"赔偿""归还"两词分别做了术语定义上的说明。但是这两个词的说明似乎不仅仅针对汉语读者，日本当时的一般读者也需要这种说明。

第三条

公訴ハ被害者ノ告訴ヲ待テ起ル者ニ非ス、又告訴私訴ノ棄権ニ因テ消滅スル者ニ非ス、但法律ニ於テ特ニ定メタル場合ハ此限在ラス	公诉非待被害者之告诉而起，又不能因被害者之不诉而止（1），但法律有专条者（2）不在此限	（1）谓检察官惟认犯罪不得阻止。 （2）谓如犯奸诽谤须亲告乃坐之类

本条译文没有直接借用"私诉"，夹注（2）的内容对当时日本的读者也是需要的，当时出版的许多普法书都举例说明公诉、私诉的区别。

第四条

私訴ハ其金額ノ多寡ニ拘ハラス公訴ニ附帯シテ刑事裁判所ニ之ヲ為スコトヲ得。但法律ニ於テ其裁判所ニ私訴ヲ為スコトヲ許サレヘル場合ハ此限ニ在ラス 又私訴ハ別ニ民事裁判所ニ之ヲ為スコトヲ得	私诉无论金额多寡得附带于公诉之刑事裁判所（　），但法律不许者不在此限。又私诉得别起于民事裁判所	得附带公诉起私诉者谓刑事裁判所，或因私诉并得罪证，又因要偿可助公诉于公务有便益，而被告人于民刑二事可并用一辩护人，亦有便宜

本条译文开始使用"私诉",对于中国不存在的概念,我们常常会发现这种由短语解释到语词借用的过程。表示假定条件的"场合"译作"者";日语的"得"在汉语中意为"可以、能",原样照搬未能完全表达日语的意义。夹注对私诉可附带于公诉的理由和好处做了解释,其中"辩护人"即律师,显然不是译者的表达词汇,可知夹注是有所依据的。

第五条

公訴私訴ノ裁判ハ管轄裁判所ニ於テ現ニ施行スル法律ニ定メタル訴訟手続ニ從ヒ之ヲ為ス可シ	公诉私诉裁判要依亲管裁判所现行法律所定诉讼次序为之（ ）	第五条谓如违警罪轻罪重罪于该管裁判所,又如一人犯重罪及轻罪,即于重罪裁判所。或犯轻罪及违警罪即于轻罪裁判所。又如犯情重大事系皇室国家外患,或犯者贵显并于高等法院裁判之类

本条译文可改为"公诉私诉裁判要在亲管裁判所依照现行法律所定诉讼次序为之"。修饰成分造成译文错误。"手续"这一极为重要的词第一次出现,被译为"次序"。夹注对各级裁判所管辖的刑事案件做了分类,这种详细的背景知识应该来自普法类书籍。

第六条

刑事裁判所又ハ刑事裁判所ト民事裁判所トニ於テ、公訴私訴並起ル時ハ、公訴ノ裁判ヲ先テ私訴ノ裁判ヲ為ス可カラス。若シ賠償返還ノ言渡アリタル後刑ノ言渡アリタル時ハ共ニ其効ナカル可シ	公诉私诉并发于刑事裁判所,或并发于刑事民事两裁判所,不得将私诉先于公诉裁判,违者不成为宣告（ ）	第六条此为回护被告者而发,谓先宣告赔偿还赃,势有不免连及公诉裁判之累。宣告者谓案经判决对众宣读。宣告犹曰堂判云

本条原文中表示假设的"时"未译。"若赔偿归还的宣判之后,宣告刑罚,则两者均无效"简译为"违者不成为宣告"。"宣告"是"言渡"的汉字词,夹注对这个词所表示的话语行为做了法律意义上的解释,应该是日本法律普及图书上的知识。而"宣告犹曰堂判"无疑是译者为中国的读者做的说明,训读词"言渡"没有被采用。

第七条

民事裁判所ニ私訴ヲ為シタル時ハ検察官ノ起訴アルニ非サレハ、願下ヲ為シ更ニ刑事裁判所ニ其訴ヲ為スコトヲ得ス刑事裁判所ニ私訴ヲ為シタル時ハ被告人ノ承諾ヲ得テ、願下ヲ為シ更ニ民事裁判所ニ其訴ヲ為スコトヲ得	已在民事裁判所起私诉，若非检察官有所起诉，不得更于刑事裁判所（1）。于刑事裁判所为私诉者，得通同被告人请降其诉起于民事裁判所（2）	（1）谓检察官起诉得移转于刑事裁判所，既令原告人得公诉附带之便，又令被告人得兼民刑两事辩护之益，故检察官得为之。惟刑事重于民事，理不得先轻后重，故民事原告人不能擅便。 （2）第七条要通同者所以防原告人擅图自便，亦为回护被告者而发

本条规定了更改审理法院时的程序。译文中将"承诺"译为"通同"，该词较一般的意思是"串通"。夹注对本条规定的立法主旨和理由做了说明。正文并没有提供这种详细的知识，应该是普法书籍中的内容。

第八条

被告人免訴又ハ無罪ノ言渡ヲ受ケタリト雖モ、民法ニ従ヒ被害者ヨリ賠償返還ヲ要ムルノ妨礙ト為ルコトナカル可シ	被告人虽得免诉或无罪宣告（1），依从民法不得令被害者所要之偿还有所妨碍（2）	（1）免诉谓初开预审，事涉疑似犯证不白，或被告事件不成罪。如亲属相盗，或公诉期满，或确定裁判，或大赦，或法律例合原免之类。 （2）第八条如被告窃盗证明系误认人，虽无罪，其财不得不交还之类

本条规定了免于起诉或无罪时的民事责任。夹注首先对"免诉"的概念做了详尽的解释，又说明了本条规定的理由。这些内容均来自正文以外的法律知识。

第九条

公訴ヲ為スノ権ハ左ノ条件ニ因テ消滅ス 一被告人ノ死去 二告訴ヲ待テ受理ス可キ事件ニ付テハ被害者ノ棄権又ハ私和 三確定裁判 四犯罪ノ後頒布シタル法律ニ因リ其刑ノ廃止 五大赦 六期満免除	公诉之权（1）有消灭者，一被告人身死，二律须告诉乃坐者被害人弃权或私和，三确定裁判（2），四既犯罪后颁行法律废停其刑者，五大赦，六期满免除（3）	（1）权字为泰西通语，谓分所当为，力所能为，出于自主莫能遏抑者也。 （2）谓判定后已过上诉限期及案经上诉业已判定不可复动者。 （3）第九条期满免除，由时日弥久，证佐不白，或公众遗忽其罪，不复介意，无再犯之患而起。犯有轻重，期有长短，若下条所云

如本条译文所示，短句的翻译比长句准确。译文中直接使用了原文中的"弃权"。在夹注中首先对"权"的概念做了解释，但是这是对"权利"（right）的说明，而不是"权力"（power）。"权"从被选作译词的那一刻（丁韪良：《万国公法》，1864）起，就存在着这种同时表达 right 和 power 两种相对立概念的矛盾。对当时的日本（19世纪80年代）或中国（19世纪90年代），"权"的意义阐释都是必需的。但是这里的说明显然是黄遵宪的理解，与原文的"公诉之权"不尽一致。黄在《刑法志》卷首的"外史氏曰"中说："泰西论者，专重刑法。谓民智日开，各思所以保其权利，则讼狱不得不滋，法令不得不密。"该条的夹注可以作为这里"权利"的解释。接着夹注对"确定裁判"的定义做了说明（即一事不再理的原则）；最后对"期满免除"的含义做了解释。期满免除即时效，为当时日本、中国均不存在的概念。[1] 后两条夹注的内容应来自日本普法书籍。

第十条

私訴ヲ為スノ権ハ左ノ条件ニ因テ消滅ス 一被害者ノ棄権又ハ私和 二確定裁判 三期満免許	私诉之权有消灭者（　）， 一被害者弃权或私和， 二确定裁判，三期满免除	废刑大赦虽杀公诉之权，不得消私诉之权，赔偿之责系于财产者居多，本犯虽身死，受遗产者不得不任其责，是私诉所以异于公诉也

本条原文的"条件"未译，译者没有在汉语里找到适当的名词。夹注对公、私诉之权的异同做了说明，从所使用的"杀""消""本犯"等词语可以认为夹注反映了黄遵宪对这两个概念的理解。

第二十五条

官吏ノ作ルベキ書類ハ其所属官署ノ印ヲ用ヒ、年月日及ヒ場所ヲ記載シテ、署名捺印シ、毎葉ニ契印スベシ。若シ官署ノ印ヲ用フルコト能ハサル場合ニ於テハ、其事由ヲ記載スベシ。此規則ニ背キタル時ハ其書類ノ効ナカルベシ。官吏ニ非サル者ノ作ルベキ書類ニハ本人自ラ署名捺印スベシ。若シ署名捺印スルコト能ハサル時ハ官吏ノ面前ニ於テ作リタル場合ヲ除クノ外、立會人代署シ其事由ヲ記載スベシ	官吏文书要使用本属官印，记载年月及处所，署名捺印，又每叶钤印。其不得用官印者须附记事由，违者不成为文书。其非官吏文书要本人亲自署名捺印，不能署名捺印者，除官吏对面所造外，要令对同人（　）代署附记事由（第二十五条）	凡律中所谓对同者，犹俗云在场在见人，下仿此

---

[1]　松井利彦「近代日本語における『時』の獲得」『或問』9 号、2005 年。

　　第二十五条的原文使用"场合"等来表示假设的条件，译文未能充分表达原文的意思。"除官吏对面所造外，要令对同人代署附记事由"应为"除了当着官吏的面制作的情况外，文书应由其他在场的人代署并记录原因"。"立会人"译为"在场在见人"，训读词的翻译总是伴随一些困难。夹注是译者为方便中国的读者而加的说明。

第二十七条

此法律ニ於テ定メタル豫審又ハ公判ニ付テノ規則ハ頒布以前ニ係ル犯罪ニモ亦之ヲ適用ス 頒布以前ニ爲シタル訴訟手續當時ノ法律ニ背カサル時ハ其效アリトス	凡预审及公判规则，其犯罪在本律颁布以前者，仍得引用诉讼次序；在本律颁布以前者，不违现律亦得用之（第二十七条）

　　本条所述是本法，即《治罪法》规定的预审、公判规则具有溯及力，但是译文较难懂。其原因是（1）原文使用了较复杂的修饰结构；（2）汉语还没有法律文本应该具备的文体形式，如原文的「此法律ニ於テ」等还没有相对应的形式（现在则译为"本法"）；（3）"诉讼手续"译成"诉讼次序"，对这一概念还没有形成较完整的理解。本条没有夹注详细的说明。

第二十八条

此法律ハ将來頒布ス可キ別段ノ法律ニ於テ豫審又ハ公判ノ手續ヲ定メタル犯罪ニモ亦之ヲ適用ス、但其法律ニ牴觸スル規則ハ此限ニ有ラス。從前頒布シタル別段ノ法律ニ於テ豫審又ハ公判ノ手續ヲ定メタル犯罪ニ付テハ前項ノ例ニ在ラス	将来有颁行新法，改定预审，及公判次序，其犯罪在改定新法颁布以前，仍得引用本律，但有所抵触者不在此限。若犯罪在改定新法颁布以后者，亦不在此限（第二十八条）

　　本条正确的逐字翻译为："本法同样适用于将来颁布的其他法律中对预审或公判程序有所规定的犯罪，但是与其他法律规则有抵触者不在此列。以前颁布的其他法律中对预审或公判程序有所规定的犯罪，不在前项规定之列。"对于法律文本中的某些为保持意义严谨的特殊表达方式、冗长的修饰部分，译者都没有较准确地置换成简明易懂的汉语。本条亦无夹注。

第三十五条

検察官一名ハ公廷ニ立會フ可シ	检察官要一名对同于公廷（ ）	第三十五条谓检察官于关系事件不容不陈白意见，若不对同为不成裁判。然检察官只司检察公廷，审断之权不得干预，故只令对同，不能竟称为会同、皆同

"立会"译为"对同"，但词义仍不明确（旧《辞源》等未收）。夹注对检察官参加审判程序的必要性、权限做了说明，这种背景知识应来自普法书籍。另，当时的汉语还没有夹注中"关系"的用法。[1]

第一百条

現行犯罪トハ現ニ行ヒ、又ハ現ニ行ヒ終リタル際ニ發覺シタル罪ヲ謂フ	现行犯罪谓现方犯罪及现既犯讫即发觉者（ ）	第百条犯罪有现行非现行之分，现行犯显证明白无有冤枉之恐，若缓之则事情稍晦，又有逃亡之虞，故不分何人得直行逮捕。若非现行之犯，必须检事及民事原告人之请，始为审查

本条是对现行犯的说明，为东方所不存在的新概念。夹注对现行犯逮捕的必要性做了说明，从"检事""民事原告人"等词语可知有关内容来自日本的普法书籍。

第一百七十六条

豫審判事ハ前二條ニ定メタル差支ノ場合ヲ除クノ外、證人呼出ニ應セサル時ハ、撿事ノ意見ヲ聽キ二圓以上十圓以下ノ罰金ヲ言渡ス可シ。但其言渡ニ對シテハ故障及ヒ控訴ヲ許サス　豫審判事ハ其證人ニ對シ罰金ノ言渡書ト共ニ再度ノ呼出状ヲ送致シ、又ハ直チニ勾引状ヲ發スルコトヲ得。但其費用ハ證人ヲシテ之ヲ擔當セシム　若シ證人再度ノ呼出ニ應セサル時ハ二倍ノ罰金ヲ言渡シ、且勾引状ヲ發スルコトアル可シ	证人除前二条事故外，有不服传唤者，预审判事商之检事，宣告二圆以上十圆以下罚金。受罚者不得有违更为控诉（ ）。预审判事得向证人再发传唤状并附罚金宣告状或直发拘引状，所须诸费令该证人负担。若证人再不服传唤，应加倍罚金且发拘引状（第百七十六条）	为证人者辩白事情不令犯人漏法网与无罪者陷冤枉，不啻为民生公权，亦为众庶义务，故不行义务者得罚之

---

[1]　参见沈国威『近代日中語彙交流史：新漢語の生成と受容』222~245 頁。

本条述传唤证人事，夹注从权利、义务的角度说明不得不到庭作证的理由。"义务"一词及其概念应来自日本的普法书籍。

第一百八十一条

左ニ記載シタル者ハ證人ト爲ルコトヲ許サス。但事實參考ノ爲メ其陳述ヲ聽クコトヲ得 　一民事原告人 　二民事原告人及ヒ被告人ノ親屬 　三民事原告人及ヒ被告人ノ後見人又ハ是等ノ者ノ後見ヲ受クル者 　四民事原告人及ヒ被告人ノ雇人	有不许为证人者，但有所陈述可采其言以备参考。一民事原告人，二民事原告及被告之亲属，三民事原告及被告之后见人及受其后见者（），四民事原告及被告之雇人（第百八十一条）	后见犹曰摄也，谓人故后摄理其家政者。家主系幼痴发疾则例置之，日本方言也

译文直接采用了原文中的"后见人"，夹注对这个词做了说明。"日本方言也"显然是译者所加的。

第一百九十条

證人ハ即時ニ出廷ニ付テノ旅費日當ヲ要ムルコトヲ得 　若シ日稼ヲ以テ生業トスル者ナル時ハ旅費日當ノ外日稼高ニ等シキ償金ヲ要ムルコトヲ得 　本條ノ場合ニ於テハ豫審判事其金額ヲ定メ之ヲ言渡ス可シ	证人得随即要求投案路费与日给费用（1），若证人以逐日所得为生计者，得除路费日给外更要求其每日所应得金额（2），如本条预审判事要算定其金额而宣告之（第百九十条）	（1）谓为人证佐罪属民生义务，若其费用非可自负，故得要求。 （2）本条二项费用先自裁判所给与，刑事由官给，民事待裁判案结之后令理屈者办偿之

本条的夹注再次出现"义务"一词。夹注中的具体细节规定应来自普法书籍。

第三百十七条

書記ハ各事件ニ付キ各別ニ公判始末書ヲ作リ左ノ条件其他一切ノ訴訟手續ヲ記載ス可シ。 一裁判ヲ公行シタルコト又ハ傍聽ヲ禁スルノ言渡アリタルコト及ヒ其事由 二被告人ノ訊問及ヒ其陳述 三證人鑑定人ノ陳述及ヒ裁判ヲ公行シタルコト若シ宣誓ヲ爲ササル時ハ其事由 　四原被告證據物件 　五辯論中異議ノ申立アリタルコト後日ヲ期シテ申立ツ可キ事件ヲ申立タルコト是等ノ事件ニ付キ撿察官其他訴訟關係人ノ意見及ヒ裁判所ノ判決 　六辯論ノ順序及ヒ被告人ヲシテ最終ニ發言セシメタルコト	书记要逐件分别开造公判始末文案，登载左项条件及其余一切诉讼次序。一公行裁判及禁止傍听宣告并其事由，二推问被告人及其所陈述，三证人、鉴定人所述及其宣誓或不肯誓事由，四原被告证据对象，五辩论中异议以后所陈告事件，及检察官与其余诉讼关系人前件意见与裁判所判决，六辩论次序及令被告人最后发言（第三百十七条）

原文不难理解，译者也把握了文意。但是对照原文可知，汉语还没有把动作（裁判ヲ公行シタルコト、異議ノ申立アリタルコト）作为事件来记述的形式，这深刻地影响了译文的准确性和可理解性。

以下对刑法的译文进行分析。

《刑法》第一条

凡法律ニ於テ罰ス可キ罪別テ三種ト為ス 一重罪　二軽罪　三违警罪	凡罪名分为三，一重罪，二轻罪，三违警罪（　）	第一条以刑轻重定罪轻重，违警罪即其最轻者

本条译文省略了"依法处罚"的修饰成分。正文和夹注都没有对罪名如"违警罪"做解释。

第二条

法律ニ正条ナキ者ハ何等ノ所為ト雖モ、之ヲ罰スルコトヲ得ス	法律无正条，虽所为有不合者，不得遽行其罚（　）	第二条刑法为一国公法官民所共守，未有正条而遽罚之，似为非理，然而旧法条例未备，不得不别设不应为一律，以备临时拟议，新法既删此条并明示此语，所以防滥纵也

本条译文译者擅自加入"遽"一字。如逐字直译应为"法律无正条时，不论何种行为均不得处罚之"。"遽"严重损害了译文的正确性。那么是黄遵宪没能理解"罪刑法定"这一近代法的基本原则吗？[1] 夹注似乎提供了某种答案。夹注提及的"旧法条例"即《新律纲领》（1870）和《改定律例》（1873），有关条例内容如下：

断罪無正条（新律綱領）

凡律令ニ、該載シ盡リヽル事理、若クハ罪ヲ断スルニ、正条ナキ者ハ、他律ヲ援引比附シテ、加フ可キハ加ヘ、減ス可キハ減シ、罪名ヲ定擬シテ、上司ニ申シ、議定ツテ奏聞ス、若シ

---

① 李贵连：《20世纪初期的中国法学》，《近代中国法制与法学》，第196页。

輒ク罪ヲ断シ、出入アルコトヲ致ス者ハ、故失ヲ以テ論ス、
断罪無正条條例（改定律例）

　　第九九條　凡律例ニ罪名ナク、令ニ制禁アリ、及ビ制禁ナ
キ者、各所犯ノ軽重ヲ量リ、不應為違令違式ヲ以テ論シ、情罪
重キ者ハ違制ニ問擬ス、

　　对于法律无正条的情况，《新律纲领》规定援引比附其他法律，应加
则加，应减则减，拟定罪名，申报上司议定。尽管有"不可轻易断罪"，造成
后果者"以过失论"的规定，但随意性还是很大的。其后颁行的《改定律例》
稍有进步，衡量所犯罪行之轻重，轻者以不应为违令违式论，重者以违制定
罪。"违制"即违反国家的制度，是严重的事情。总之，两个旧法都是以处罚
为前提的。夹注说旧法不完备，另设有"不应为"一律，并通过"临时拟议"
来决定罚与不罚。新法删除了这一条，并明示"法律无正条时，不论何种行
为均不得处罚之"的条文，防止官吏随意处罚。即此处的"滥纵"是指官吏
的行为。[1]旧法到新法不过十年，日本法律界接受"罪刑法定"这一近代法的
基本原则亦有困难，很多普法书对这一条详加解释。黄遵宪无疑对这一原则
也是陌生的，他一方面对旧法、新法的变迁及其原因有所了解，另一方面
又在译文中加入了自己的理解"不得遽行其罚"。特别是夹注的翻译表述
逻辑混乱。尽管如此，可以认为黄基本上把握了这一条文的意义。[2]

第四条

此刑法ハ陸海軍ニ関スル法律ヲ以テ論ス可キ者ニ適用スルコトヲ得ス	凡应以海陆军军律处断者，不得引用此法（　）	第四条军律有正条者据军律，军律无正条而常律有正条者，据此法拟断

　　本条译文正确，夹注提供背景材料，"军律无正条而常律有正条者，

---

[1]　黄遵宪在《刑法志》开头"外史氏曰"中说："今读西人法律诸书，见其反复推阐，亦不
　　外所谓权限者，人无论尊卑，事无论大小，悉予之权以使之无抑复，立之限以使之无纵
　　胥，全国上下，同受治于法律之中。""纵胥"是法律所要抑制的对象。

[2]　如下引第七十七条夹注所示，根据东方的朴素感觉，法律可以无罪名，但是人应该分善
　　恶。既做恶事，不得无罪。

据此法拟断"的解释并非出自正文，应该是其他附则上的规定。

第五条

此刑法ニ正条ナクシテ他ノ法律規則ニ刑名アル者ハ各其法律規則ニ従フ、若シ他ノ法律規則ニ於テ別ニ総則ヲ掲サル者ハ此刑法ノ総則ニ従フ	刑法无正条而别设规则有刑名者从其规则（），若于别法无专条者从此总则	谓如税关、邮便、卖药等诸规则

本条夹注所提供的背景知识与其说是黄遵宪的理解，毋宁说来自其所参考的普法书籍。

第七条

左ニ記載シタル者ハ以テ重罪ノ主刑ト為ス 一死刑 二无期徒役 三有期徒役 四无期流役 五有期流役 六重惩役 七軽惩役 八重禁狱 九軽禁狱	重罪之主刑，一死刑，二无期徒刑，三有期徒刑，四无期流刑，五有期流刑，六重惩役，七轻惩役，八重禁狱，九轻禁狱（）	第七条无期者终身也，有期谓岁月有期，因罪轻重以定期之长短。禁狱即入狱徒刑，惩役以待常事犯，流刑、禁狱以待国事犯

本条的刑罚名称均为汉字词，似不存在翻译上的问题。但是这些字符串所具有的法律意义对当时中国的甚至日本的读者都不是自明的。夹注对术语"无期""有期"进行了解释，并对各种刑罚所适用的罪行种类做了说明。这种详细的技术性的说明显然来自法律文本的附则。

第八条

左ニ記載シタル者ヲ以テ軽罪ノ主刑ト為ス 一重禁锢 二軽禁锢 三罚金	轻罪之主刑，一重禁锢，二轻禁锢，三罚金（）	第八条禁锢拘置于内地禁锢场也，轻重以服役不服役定之，不以岁月长短。故有轻禁锢而长于重禁锢者，重禁锢而短于轻禁锢者。罚金谓收金二圆以上者

本条对附加刑做了说明。大部分附加刑对东方的法律体系都是新事物。夹注对轻重禁锢、罚金等术语做了界定性说明。信息来源应与第七条同。

第十条

左ニ記載シタル者ヲ以テ附加刑トナス 一剥夺公権　二停止公権 三禁治産　四監視 五罰金　六没収	附刑，一剥夺公权（1），二停止公权（2），三禁治産（3），四監视（4），五罰金（5），六没收（6）	（1）凡国民固有权力曰公权，剥夺之最为损声名、丧品行者。 （2）停止谓限时日停止之。 （3）其人所有财产不许自治，别设管理者，摄治之。 （4）谓其人主刑期满后，犹监督视察其行止作为。 （5）同主刑罚金。但行此附刑必要宣告。 （6）第十条谓没收其犯法之物，非谓没收其家产，故轻于罚金

本条译文正确，夹注对公权、公权剥夺的意义、停止、禁治产、监视、罚金及没收等术语做了定义性说明。"剥夺公权"是"最为损声名、丧品行"的观点对当时的日本国民也是有意义的。以下各条详细界定附加刑的内容及实施方法，应为法律附则或普法参考书的内容。

第十五条

死刑ノ宣告ヲ受ケタル婦女懷胎ナル時ハ其執行ヲ停メ分娩後一百日ヲ經ルニ非サレハ刑ヲ行ハス	孕妇定死罪，待产后一百日决行（第十五条）

本条为意译。译文在处理条件句、较长的修饰成分时总是有一些困难。

第七十七条

罪ヲ犯ス意ナキノ所爲ハ其罪ヲ論セス。但法律規則ニ於テ別ニ罪ヲ定メタル者ハ此限ニ在ラス。罪ト爲ル可キ事實ヲ知ラスシテ犯シタル者ハ其罪ヲ論セス 　罪本重カル可クシテ犯ス時知ラサル者ハ其重キニ從テ論スルコトヲ得ス 　法律規則ヲ知ラサルヲ以テ犯スノ意ナシト爲スコトヲ得ス	无意犯罪而误犯者，不论其罪，但法律别有专条者不在此限（1）。不知为有罪之事而犯者，不论其罪，罪本应重而犯时不知其重者，不得从重论（2），亦不得以不知犯律为无犯罪意（3）	（1）谓如第三百十七条以下及他则例所定过失杀伤者。 （2）例如不知为官吏或祖父母、父母而殴打杀伤之者，仍以凡论。 （3）第七十七条国民之于法律虽不能悉知，然亦为不可不知者。且法律所罪皆不善事也，今虽不知法律，必知其事之为善不善，而居然犯之，故不得为无罪

　　本条夹注指示读者参照其他条文，解释也极具东方特色，如所举的殴打长辈的例子等。可以推测夹注的内容来自日本的普法类书籍。

第二百九条

爲替手形其他裏書ヲ以テ賣買ス可キ證書、若クハ金額ト交換ス可キ約定手形ヲ僞造シ、又ハ增減變換シテ、行使シタル者ハ輕懲役ニ處ス 　其手形證書ニ詐僞ノ裏書ヲ爲シテ、行使シタル者亦同シ	伪造交引（1）或署名背面可以卖买文书（2）及可以交换金银契证或增减变换者，处轻惩役；其伪署文契关书背面以行使者罪亦同（第二百九条）	（1）交引，犹古言交子，今言汇票。 （2）甲欲卖文券于乙，记其卖与之事于券之背面，而乙亦记其自甲买得如此，则其券可以迁转附人

　　本条涉及商业证券等方面的内容。"为替手形"译作"交引""汇票"。但是其行为、词语都是译者所不熟悉的，译文也不好懂。夹注对"里书"做了说明。本条的夹注出自翻译者之手。

第二百五十八条

公然猥褻ノ所行ヲ爲シタル者ハ三圓以上三十圓以下ノ罰金ニ處ス	败风俗罪（1）公为猥亵之行（2）者，处三圆以上三十圆以下罚金（3）	（1）败坏民间风俗，其流弊甚大，故设刑防之。 （2）如奸淫及露体等。 （3）第二百五十八条于公众所共居或于公众所共视者，而后名为公行，其他不问

第二百五十九条

風俗ヲ害スル冊子圖書其他猥褻ノ物品ヲ公然陳列シ、又ハ販賣シタル者ハ四圓以上四十圓以下ノ罰金ニ處ス	公然陈列败俗图书及猥亵器具（1）或贩卖者，处四圆以上四十圆以下罚金（2）	（1）图书如摹写淫状及春画等器具，如模拟阴具等。 （2）第二百五十九条如陈私室之中及秘藏者，非此条所问

　　以上两条都是当时中国不存在的概念，夹注中的原则应来自普法书籍，而绝非来自黄遵宪。

第三百五十九条

死者ヲ誹毀シタル者ハ誣罔ニ出タルニ非サレハ、前條ノ例ニ照シテ處斷スルコトヲ得ス	诽毁已死者，若非出于诬罔不得照前条之例处断（　）	第三百五十九条前条所载即事实非诬，亦依律论罪。盖名誉荣辱关人大节，且暧昧之事非人所应知，乃公然对众诽毁，且以书册图画杂剧偶像形容其状，不加禁遏，将造言飞语见事风生，即毛卵钩须乌有之事，亦不难抉摘装点，以快己私，其事伊于胡底。中国通例有造匿名揭帖以诽谤人者，除其事立按不问外，犯者审实拟绞。所犯之罪虽与此有殊，而律重诛心用意则一也

　　本条夹注中有中外法律对比的内容，可以确认出自黄遵宪之手。夹注中出现"中国"一词的只有本条和第三百八十八条。

第三百八十一条

強盗婦女ヲ強姦シタル者ハ無期徒刑ニ處ス	强盗强奸妇女者处无期徒刑（　）	第三百八十一条常人犯强奸罪处轻惩役，犯强盗罪亦处轻惩役，今以强盗犯强奸，其情节尤可恨恶，故不用二罪俱发从一科断之律，直处以无期徒刑。考日本旧律，强奸强盗各处死刑，此律虽较旧法为轻，而在本律中则从其最重者矣

　　这一条的夹注前半部分可以说是普法书籍中的内容，但是"考"以下的部分是关于日本旧律的讨论，显示了译者对旧法、新法的沿革具有丰富的知识。

第三百八十八条

家資分散ノ際其財産ヲ藏匿脱漏シ、又ハ虛偽ノ負債ヲ増加シタル者ハ二月以上四年以下ノ重禁錮ニ處ス 情ヲ知テ虛偽ノ契約ヲ承諾シ、若クハ其媒介ヲ為シタル者ハ一等ヲ減ス	第四节关家资分散之罪（），家资分散之际有藏匿脱漏，其财产又增加虚伪负债者，处四月以上四年以下重禁锢，知其情而承诺虚伪契约或为其媒介者，减一等（第三百八十八条）	分散者，破产歇业不能偿债，倾家所有分之与人，故曰分散。此律为中律所无，而西律所重。泰西通例，凡营业耗折，身负重债，力不能偿，则请之于官，倾家资所有，分与偿人。官为立一经理人，先检点其货财，搜集其契约，并悬示限期。凡负某人债者，悉数缴官。其某人所欠之债各呈凭据以待分给，然后悉索所有按数计成，一一分派，产尽而后已。其人已报破产者，不许再营生业，此通例也。中国以追债告官，每日钱债细故，实因沿用旧律，而古来贸易未盛，借贷较少，即有负债，多出于亲属之情不容已，朋友之义不容辞，势难以负债之故没人家产。自商务大兴，有无相通，如银行商会之类，乃有以日积月累所得寄而取息者，亦有举盈千累万之数借以谋生者，一人破产，万众嗷嗷，若无法以维制之，则隐匿逃逋，窃人脂膏而自润，与白昼大都杀人而夺之金何异，而受害者糊口无资，茹辛含苦又不待言也。日本近年商会若小野岛田之倒产歇业，官亦负累及百万，故依仿西律创立此条，迩来中国亦有此事，恐亦不能不设此律矣

本条的夹注是书中最长的一条。黄遵宪对破产以及佯装破产隐匿财产的情况发表了自己的意见。黄认为随着商业活动规模的扩大，中国将来"恐亦不能不设此律"。李贵连似乎根据这一条做出了黄氏不仅将"两法""全部译成中文载入，而且对疑难不易理解之条款，逐条做注，阐发其义"的结论。[①]

以上在篇幅允许的范围内，我们对原文、译文做了对比分析。通过上述的分析，关于《刑法志》，我们大致可以做如下结论。

---

① 李贵连:《近代初期中国法律的变革与日本的影响》,《近代中国法制与法学》,第71页。

第一，《刑法志》为严格意义上的翻译。所谓"严格"是相对传教士口述、中国士子笔录的汉译西书方式和严复《天演论》式的译述而言的。

第二，译者在翻译较短的单句时几乎达到得心应手的境地，但是在翻译长句时还显得有一些困难。造成这种结果的原因主要是：（1）当时的汉语不善于表达较复杂的修饰部分，尤其是定语性的修饰成分，整篇译文中甚至没有出现结构助词"的"；（2）当时的汉语还没有与法律文本相适应的文体形式；（3）当时的汉语还没有一套专用的、经过严格界定的法律术语。

第三，译者对汉语、日语都有较深的造诣。一直到清末民初还有很多人认为，将日文中的假名去掉，变动一下词序就可以大致了解日语文章的意思。这显然是一种误解。《治罪法》《刑法》的原文是意义严密的法律文体，这种文体深受西方语言的影响，有异于日本传统的汉文体，与中国的文章更是大相径庭。因此常常有这样一种情况，译者已经把握了原文意义，但是无法把它译成简明、易懂的汉语。

第四，译者对音读词多采用原样照搬的方法，而对"立会""手续"等训读词则采取拒绝的态度。

第五，完全属于误译的情况极少。作为最初的日语中译的尝试，《刑法志》所达到的高度是令人惊讶的。但可以指出的是《刑法》的翻译比《治罪法》的翻译更准确。原因可能在于，《治罪法》以规定诉讼程序为主，句式复杂；《刑法》主要是刑罚名称，多是分条列出的短句。另外《治罪法》在前，《刑法》在后，译者逐渐获得了某种翻译经验。

在这里我们不禁要问：是谁在1881年前后，就能几乎完美无瑕地翻译日语的法律文本？对于译者的情况，黄遵宪没有做任何交代。估计有三种人可以供黄选择。一是当时中国驻日使馆的翻译人员。对于中方翻译人员我们现在还没有更详细的资料。① 二是日本的汉学家。他们与黄遵宪过从甚密，在各方面给了黄很大的帮助。但是这些人中懂汉籍但不懂汉语口语的居多，黄遵宪与他们只能以笔谈的方式进行沟通，要完成这样的翻译

---

① 根据王宝平的考证，1880年在东京使馆任职的翻译官有冯昭炜、沈鼎钟、张宗良、梁殿勋、杨枢、蔡国昭等人。参见王宝平『清代中日学術交流の研究』汲古書院、2005、150~152页。但是王宝平没有给出1881年的情况。使馆翻译官在执行日常公务的同时完成这样大量的翻译似有困难。

对日本汉学家来说似困难较大。① 三是那些生活在日本的华裔。他们在明治之前作为"唐通事"为幕府工作,明治维新以后为日本政府工作,送往中国使馆的公文等应该出自他们之手,他们是翻译的专家。需要指出的是黄遵宪始终参与了《刑法志》的翻译过程,并在背景知识上为此做了大量的准备。他在《刑法志》卷头的"外史氏曰"中写道:

> 近年王政维新,复设刑部省,明治三年十二月乃采用明律,颁行《新律纲领》一书。诏曰:朕敕刑部改撰律书,乃以《新律纲领》六卷奏进,朕与在廷诸臣议,宜令颁布内外,有司其遵守之。六年五月又颁改定律例一书,诏曰:朕曩敕司法省,本国家之成宪,酌各国之定律,修撰改定律例一书,今编纂告成,朕乃与内阁诸臣辩论裁定,命之颁行,尔臣僚其遵守之。比《新律纲领》颇有斟酌损益,然大致仍同明律。八年五月改设大审院,诸裁判所其职务事务章程及颁发控诉规则、上告规则,乃稍稍参用西律。十年二月又有更改,自外交条约称泰西流寓商民均归领事官管辖,日本欲依通例改归地方官,而泰西各国咸谓日本法律不完不备,其笞杖斩杀之刑不足以治外人,于是日本政府遂一意改用西律,敕元老院依拟佛律,略参国制以纂定诸律,至十四年二月遂告成颁行,曰《治罪法》,曰《刑法》。

从这段文字,我们可以了解黄遵宪对于日本明治以后法律制定的动机和新旧法律的沿革是了如指掌的。② 总之,《刑法志》的翻译过程、方法的廓清是一个有待解决的问题。③ 在现阶段,我们可以说的是,黄能在如此短时间里,如此准确地完成《刑法志》的翻译,与汉字同形词的大量存在

---

① 在笔谈资料中出现的日人主要有宫岛诚一郎、青山延寿、石川鸿斋、龟谷省轩、重野安绎、冈千仞等。参见刘雨珍《日本国志·前言》。

② "诏曰"以下是附在《新律纲领》《改定律例》卷头的《上谕》,原文为日本汉文。

③ 我们甚至可以问黄遵宪为什么要翻译这两个法律文本。不可否认黄自身的兴趣起了很大作用,但是缺乏决定性的说服力。如果要介绍日本的司法体系,应该是像《兵法志》等那样,从日本的法院、法官数量及构成,检察官、律师的职责,刑罚现状等总体情况入手,而不一定非要花大力气翻译法律文本不可。其中是否存在某些外部因素,是一个值得探索的问题。

是分不开的。我们先来分别看一下以下两个文本中对英国、日本的行政职掌的介绍。

《海国图志·职官》（五十卷本，卷三十三）：

> 律好司衙门，管理各衙门事务，审理大讼。额设罗压尔录司四人、厄治弥索司二人、爱厄伦厄治弥索司一人、录司二十一人、马诡色司十九人、耳弥司百有九人、委尔高文司十八人、弥索司二十四人、爱伦弥索司三人、马伦司百八十一人、斯葛兰比阿司十六人，即在斯葛兰部属选充三年更易，爱伦比阿司二十八人，即在爱伦部属选充，统计四百二十六人。有事离任，许荐一人自代。凡律好司家人犯法，若非死罪，概免收禁。

《日本国志·职官志·大审院》（卷十四）：

> 院长一人，以一等判事充，主平反重案，裁决异议指挥。判官判事，皆以敕任官充，掌审阅死罪，鞫问犯官，及裁决不服之案、内外交涉之事。检事长一人，以敕任官充。检事、检事补主检弹非违告发公诉，属官掌勘录簿书，分办庶务。凡各裁判所有违法偭规及拟律差误、越权处分者，民人以不服上诉，则受理之，或由本院自行审判，或令他裁判所审判。

《海国图志》的文字是原《四州志》的一部分，译自英语，其词汇化的工作，即创造译词，非常艰难。文中的"律好司""罗压尔录司"等标有下画线的部分只是外语词的音转写，即借音，还不能说完成了意义转移的过程，从字面上我们无从知道其意义。而《日本国志》的文本转换至少在形式上要容易得多，"判事""检事长""检事""检事补"等标有下画线的日语词通过汉字转写，即借形，轻而易举地出现在汉语的文本中并与之融为一体。但是，我们必须清醒地认识到，借形并不意味着完成了意义转移的过程。中国的读者从字面上所理解的是这些字符串在汉语中的意义，我们无法保证这就是日语中的意义。中日之间可能存在的差异只不过被汉字的外形遮掩了而已。①

下面让我们看一看《刑法志》中同形词和非同形词的大致情况，见表 4 至表 7。

表 4　前引《治罪法》译文中同形词一览

1	公诉　证明　检察官
2	私诉　赔偿　赃物　民法　被害者
3	告诉　法律　此限（？）
4	金额　多寡　附带　刑事裁判所　民事裁判所
5	公诉　私诉　裁判　法律　诉讼　裁判所
6	刑事裁判所　民事裁判所　公诉　私诉　裁判
7	民事裁判所　私诉　检察官　起诉　刑事裁判所　被告人
8	被告人　免诉　无罪　民法　被害者　妨碍
9	公诉　消灭　被告人　告诉　被害人　弃权　私和　确定裁判　犯罪　法律　大赦　期满免除
10	私诉　消灭　被害者　弃权　私和　确定裁判　期满免许
25	官吏　记载　署名　捺印　代署
27	预审　公判　规则　犯罪　颁布　诉讼
28	预审　公判　颁布　抵触
35	检察官　公廷
100	现行犯罪　发觉
176	证人　预审　判事　检事　控诉　罚金
181	证人　参考　民事原告人　亲属　后见人　雇人
190	证人　金额　预审　判事
317	书记　公判始末　条件　诉讼　公行　裁判　禁止　傍听　事由　被告人　陈述　证人　鉴定人　证据　对象　异议　宣誓　事件　检察官　关系人　意见　裁判所　判决　发言

注：阿拉伯数字为法律条文序号。

表 5　前引《治罪法》译文中非同形词一览

1	犯罪（罪犯）　适用（处）　目的（主）　法律（律）　区别（分别）
2	返还（归还）

---

① 沈国威《译词与借词——重读胡以鲁〈论译名〉》，『或问』9 号、2005 年。

续表

3	弃权（不诉）　消灭（止）　场合（者）
4	场合（者）
5	管辖（亲管）　施行（为之）　手续（次序）
6	返还（×）　言渡（宣告）
7	承诺（通同）
8	赔偿返还（偿还）
9	条件（×）　死去（身死）　受理（乃坐）　被害者（被害人）　颁布（颁行） 废止（废停）
10	条件（×）
25	书类（文书）　场所（×）　场合（×）　立会人（对同人）
27	适用（引用）　手续（次序）
28	手续（次序）　适用（引用）
35	立会（对同）
100	×
176	呼出状（传唤状）　言渡书（宣告状）　勾引状（拘引状）
181	×
190	旅费（路费）　日当（日给费用）　生业（生计）　场合（×）　言渡（宣告）
317	手续（次序）　申立（×）　顺序（次序）

注：阿拉伯数字为法律条文序号，括号中为译词，×表示没有相对应的译词。

表6　前引《刑法》译文中同形词一览

1	重罪　轻罪　违警罪
2	法律　正条
4	海陆军
5	刑法　刑名　规则　总则
7	重罪　主刑　死刑　无期徒刑（役）　有期徒刑　无期流刑　有期流刑 重惩役　轻惩役　重禁狱　轻禁狱
8	轻罪　主刑　重禁锢　轻禁锢　罚金
10	剥夺公权　停止公权　禁治产　监视　罚金　没收
15	×
77	犯罪　法律

续表

209	伪造　增减变换　交换　轻惩役　行使
258	猥亵　罚金
259	公然　陈列　图书　猥亵　贩卖　罚金
359	诽毁　死者　诬罔　前条　处断
381	强盗　强奸　妇女　无期徒刑
388	家资分散　藏匿　脱漏　财产　增加　虚伪　负债　重禁锢　承诺　契约　媒介　一等

注：阿拉伯数字为法律条文序号，× 表示没有相对应的译词。

表 7　前引《刑法》译文中非同形词一览

1	×
2	×
4	适用（引用）
5	×
7	×
8	×
10	×
15	死刑（死罪）
77	事实（×）
209	为替手形（交引）　里书（署名背面）　证书（卖买文书）　约定手形（契证）　手形证书（文契关书）
258	×
259	×
359	×
381	×
388	×

注：阿拉伯数字为法律条文序号，括号中为译词，× 表示没有相对应的译词。

最后我们来讨论一下夹注的问题。《刑法志》的"治罪法"部分（卷27~29）共 4 万字，其中夹注 262 条（正文 480 条），1 万余字。"刑法"部分（卷 30~31）共 3.2 万余字，夹注 243 条（正文 480 条），1 万余字。夹注有以下几种类型：

一是对语词意义或定义进行解释；

二是对法律的细则、具体实施的办法等进行说明；

三是对立法的宗旨、目的等进行阐释；

四是译者（包括黄遵宪）就日本法律所做的中外对比、语词解释。

第一类，如"宣告者谓案经判决对众宣读""配偶者兼称男女"等，日本当时的读者也需要这种词语的解释。第二类涉及法律上的技术细节，也包括术语解释的部分。如《治罪法》第三条夹注关于公诉、私诉的解释。大部分夹注是这一类型的。第三类主要向公众说明为什么要设立这样的条文，在夹注中也占很大比例。可以说《刑法志》的夹注是对法律原文从法理、定义、术语的角度进行说明的部分。第四类是出自译者（包括黄遵宪）之手的文字。《刑法志》中可以确凿无疑地认定为第四种的夹注是《治罪法》第6、9、10、25、181条，《刑法》第209、359、381、388条。① 如前所述，李贵连似乎认为所有夹注都出自黄遵宪之手。但是从夹注中大量的法理说明的部分判断，仅仅根据两个法律的正文，黄要完成第一至第三类夹注是有困难的。那么这些夹注的内容来自何处？

日本于明治13年颁布了《治罪法》和《刑法》，正式实施是在15年1月。为了推动新法律的普及，法律专家们为上自法官、检察官、律师，下至一般平民百姓准备了各种各样的启蒙读物。短短的几年内出版了大量诸如《治罪法讲义》《刑法释义》等参考书。这些读物的形式一般为逐条列出法律条文，然后加以解释（关于这些参考书在新知识普及过程中的作用我们将在下一节讨论）。笔者认为黄遵宪使用了某种参考书，书中的解释部分被译作夹注。那么黄遵宪究竟利用了哪一种参考书？黄遵宪明治15年初离开日本，所能利用的参考书应该在此之前出版。经过初步核对，下一节所列专门类参考书中村田保著的《刑法注释》《治罪法注释》，可能性较大。② 或者黄遵宪不止利用了

① 两个法律的夹注中，只有《刑法》里有两条三处，即第359、388条出现了"中国"字样。这是译者针对中国情况所发的议论，殆无疑义。

② 日本学者德田武也指出：《刑法志一》的《治罪法》正文与注，是根据村田保的《治罪法注释》译出的。参见德田武『近世日中文人交流史の研究』研文出版、2004、11章。笔者初稿（「黄遵憲《日本國志》の編碼與解碼——以"刑法志"爲中心」『関西大学東西学術研究所紀要』40号、2007年）执笔时未及见德田武文。

一种参考书。与法律正文的严格翻译相比，夹注部分有了较大的改动。这是因为参考书中解说部分的篇幅远远大于正文。夹注可以称为"意译"或"译述"。有一些条文没有夹注，从夹注的取舍选择上可以分析出黄遵宪的兴趣所在。通过夹注部分，可知黄遵宪积极参与了翻译的全过程，仔细研究了日本的新旧法律并颇有心得。限于篇幅，在此暂不展开。

四　关于《刑法志》的解码

影响文本解读的因素很多，现代语言学的知识告诉我们，语言是由数十个音位构成数万条词语（音位与词语的关系是任意的），再由词语按照句法规则形成句子，句子的数量是无限的。句子按照文章、话语的规则构成文本。文本解读需要词语的和句法的知识。对于母语使用者，句法问题通常发生在回溯性的文本解读中，如对甲骨文、上古文章的解读等。同时，古文与白话文之间的语法上的差异也必须加以注意。但是《日本国志》为古文文体，故不存在语法问题。而词汇问题则会自始全终困扰着解码者。这是因为词义的变化快，新词源源不断地涌现。关键词是词汇网络中的结点（node），与其他词语之间的可预见的搭配、组合，形成了一个特殊的语境。这种语境就是我们所说的话语知识，它超越了词语和语法的知识。同时，关键词是以其所从属的专业知识体系为支撑的，具有专业性的界定。

影响文本解码的要素是在某一知识体系内定位的词语，没有这一套词语我们也就无法谈论某些"知识"。对于中国 19 世纪末的解码者来说，在重新界定上述同形词表中的词义之前，无法对《治罪法》《刑法》有一个正确的理解。

在评估《刑法志》解读的可能性之前，了解一下日本当时的情况是有益的。明治初期，日本也处于一个从西方导入全新知识的过程中，与中国有很多相近之处。《治罪法》《刑法》两个法律的颁布时间是 1880 年 7 月，正式实施是在 1882 年 1 月 1 日，其间有将近 20 个月的准备时间。在这段时间里日本的法律专家做了什么？

法律文本在短短的一年多的时间里，有 60 多种版本问世，一般书肆可以自由印行（明治之前幕府禁止民间私印法律书）。与法律文本配套，出版了大量的法律学习、普及的参考书。截至 1881 年底，共有近 90 种普法书面市（包括再版）。这不能不说是一个惊人的数字。这些书可分为以下三类。

（1）训解型。由于法律原文为准汉文文体，并使用了大量汉字术语，一般读者在阅读时会发生理解上的问题。这类书将原文的词语发音标注在汉字旁边，即加注发音假名。有一些训解书在标出汉字字音的同时，还标出日语的固有词语，即表达意义的振假名。读者通过标注的字音、字义，建立以汉字词为中心字形、字音、字义的对应关系。这类书有如下等：

- 林茂雄:《训解刑法》
- 饭岛有年［他］:《刑法训解》
- 内藤传右卫门:《改定刑法训解》《治罪法训解》
- 斋藤萃:《袖珍刑法傍训》
- 内田安兵卫:《刑法中违警罪假名读》

（2）用语用字辞典。即对法律文本中的字、词进行解释。这种解释有涉及法律术语的部分，但是，总的说来是以一般的字、词为主的。真正的专业术语辞典还需要一些时日。这类书有下列几种：

- 熊谷鹤松:《刑法治罪法字解》
- 都筑法弼:《治罪法刑法字引》
- 中组源太郎:《刑法治罪法改正假名字引》《刑法中仮名読いろは字引》

（3）法律知识参考书。这类书从法律的原理、实践上进行说明，帮助读者，更多的是法律工作者掌握新的法律。这些书所要解决的不仅仅是一个文本的解读问题，更重要的是文本背后的知识体系。解读文本常常就是专业学习的过程。这类书还可以分为两种，一是普及性的，一是专业性的。前者的对象为一般的读者，说明简要通俗；后者的对象是法律工作者，内容丰富，理论性强，动辄数百页。执笔者常常是参与"两法"制定的当时的法律界要人。黄遵宪参考了其中的一种或数种。

通俗类

- 清水嘉兵卫:《刑法早わかり》
- 丰岛启三:《违警罪图解》
- 今江五郎:《违警罪图解》

- 浅贺寅吉:《刑法中违警罪早合点》
- 幸村正直:《刑法谚解》
- 越山益三:《治罪法俗解》
- 石原卫沼:《刑法问答》
- 吉本强［他］:《治罪法问答》

专门类

- 小笠原美治:《刑法注释》《治罪法注释》
- 村田保:《治罪法注释》《刑法注释》
- 岛田亥十郎:《刑法解释》《治罪法解释》
- 井田钟次郎:《刑法治罪法释要》
- 小野彦太郎:《大日本刑法》《大日本治罪法》
- 三轮鉴藏:《刑法解释》《治罪法解释》
- 小笠原美治:《治罪法注释》《刑法注释》
- 立野胤政:《刑法注释》《治罪法注解》
- 长井正海:《刑法注释》《治罪法注释》
- 安井乙熊:《〈新律纲领〉〈改定律例〉〈刑法〉法律对比批注》

即便如此，日本的普法工作还是充满了困难。人们称"两法"为早产的法律，即社会还没有做好迎接的准备。与日本相比，1895 年的中国更缺乏法律文本解读环境。首先，近代的法律知识体系仅具雏形。国际法从 1864 年的《万国公法》起，已经有所介绍，但是对国内法很少有人涉及，更没有人详细介绍西方的诉讼审判制度。近代的法律体系的建构进入 20 世纪以后才被提上日程。其次，专业术语尚未建立，术语辞典也未出现。再次，教育体制、专业人员的培养几乎不存在。同文馆有法律专业的课程，但是无论从师资方面还是课程设置方面都还不具备进行近代法律专家培养的环境。最后，为叙述近代科学所必需的话语、文体等周边条件正在摸索中。以上种种都决定了《日本国志·刑法志》很难成为一个可以利用的资源。

黄遵宪的《日本国志》，尤其是《刑法志》是日文中译的第一次实质性的挑战，其中有几多甘苦，黄本人并未细说。其翻译的质量远远超过了甲午战败以后大量涌现的某些翻译作品。但是我们需要注意，今天我们能在某种程度上读懂《刑法志》，是因为其中为数众多的术语已经成为现代汉语词，同时我们还具有当时的读者所没有的大量周边知识。戊戌以后，法律的制定主要借助了日本的资源得以完成，这不仅是一个近代法学史的课题，还是一个需要从概念、语词的层面加以验证的过程。

第二章
古城贞吉与《时务报》"东文报译"*

　　20 世纪的头十年，是中国社会急剧变革的十年。当进入第二个十年时，中国持续了几千年的封建帝王统治宣告结束，一个新纪元开始了。从旧到新，在这个被称为"过渡时代"的时期里，政治、经济、教育、社会生活的所有方面都发生了巨大变化，汉语这一古老的语言也不例外。促成这些变化的是新知识的获得，而日本在这一过程中扮演了重要的角色。

　　史学界用"西学东渐"来描述 16 世纪以后新知识的流向。对于日本，中国曾是西方知识的中转站，来华传教士们的中文著述译书是向日本传送新知识的主要途径之一。但是，随着日本明治维新成果的显现，传教士们开始热衷于向中国介绍日本的新变化，他们希望中国也能从中学到有益的东西，而中国朝野认真看待日本则是在甲午战败（1895）之后。在亡国亡种的危机意识下，统治阶层和知识界把目光转向了日本，试图通过日本在短时期内输入西方的新知识，振兴图强。首先，康有为编纂《日本书目志》，鼓吹翻译日本书；继而张之洞著《劝学篇》，掀起留学日本的热潮。在这些得风气之先的人的推动下，中日之间的知识流向发生了逆转，"蕞尔岛国"的日本成为中国师法的榜样。笔者在本书"语言接触编"中将这一近代知识获取的新渠道称为"日本途径"。

---

　　*　本章根据提交给社团法人松下国际财团研究赞助成果报告书『欧化国家を目指せ：情報発信基地としての 19 世紀日本——日本新聞の中国語訳を通して見る近代日中語彙交流』（1998，笔者执笔部分）改写，并吸收了研究小组其他成员的部分研究成果。研究小组成员为：沈国威、内田庆市、熊月之、王扬宗。改写过程中，得到了关西大学松浦章教授、陶德民教授，复旦大学邹振环教授多方指教，谨致谢忱。日本永青文库、庆应义塾大学斯道文库为笔者的资料调查提供方便，并允许刊载相关资料书影，在此一并致谢。

　　所谓"日本途径"，在人员交往①、数字传媒均欠发达的当时，主要指纸质媒体，即翻译成汉语的日本书籍。而要通过日本吸收新知识就必须掌握日语知识，译书更是以一大批中日双语人才为前提的。那么，日语教育和翻译人才的培养进行得如何？中国人何时开始具有日语能力，又是何时开始读日本书，并着手翻译日本书的？日语不是商业的语言，也不被当作文化的语言；加之对日语的错误认识，中国开始日语教育远远落后于其他外语。②康有为的《日本书目志》中收入了日本各种图书7000余种，但是《日本书目志》所根据的是日本书肆的图书目录，康有为实际购入并阅读过的日本书数量不多。尽管先觉者已经认识到日文图书的价值，但是由于图书购买困难和日语人才不足等原因，拟议中的翻译计划迟迟无法实现。可以说，在中日甲午战争以后相当长的一段时间里（4~5年），中国还不具备通过日语汲取新知识的能力。然而，时代已经把"东文"紧紧地与近代新知识、与"文明"联系在一起了。"学习日语"被赋予远远超出单纯的外语学习的社会意义。1896年3月总理衙门遴选了13名青年去日本。当然，此时还只是为了培养外交活动所需的人才，并没有明确的向日本学习的愿望。另外，1897年3月京师同文馆设东文馆，正式开始日语教育；③续之1898年2月农学会开设东文学社，延日人教授日语，是为第一所民办日语学校。同文馆的日语学习效果不得而知，农学会东文学社的学员樊炳清则于1899年译出《东洋史要》，④同为东文学社学员的王国维亦开始在《农学报》上发表译文，东文学社的日语教育可以说取得了初步的成果。百日维新失败后，亡命日本的梁启超向万木草堂的同学罗普学日语，罗普传授的"秘诀"被整理成《和文汉读法》，在当时的日语学习者中广为流传。从这个小册子中可以看出，在1899年罗普对日文已有了极深入的了

---

① "人员"是指留学生和日本教习，日本教习大量来华和留学生回国开始发挥作用是在进入20世纪以后。这里毫无疑问存在着"口授"的方式，但是与书面语所造成的影响仍无法相比。

② 驻东京公使馆附设的东文学堂在日语人才培养方面似乎并不成功。另外个别在日本居留的人，如写作《策鳌杂摭》的叶庆颐、《东语入门》的陈天麒等具有一定的日语能力，应无疑问。

③ 刘建云『中国人の日本語学習史——清末の東文学堂』学术出版、2005；许海华：《近代中国日语教育之发端——同文馆东文馆》，《日语学习与研究》2008年第1期。

④ 实藤惠秀：《中国人留学日本史》，第216页。

解。① 同样是在 1899 年，首批留学生中的唐宝锷、戢翼翚编写出版了有别于《东语入门》（1895）等前近代日语教材的《东语正规》。该书的上卷详细介绍了日语的语法体系，甚至相当准确地反映了当时日本国内语法研究的水准。进入 20 世纪，日语学习书大量出版，以刊载日文中译为主的杂志、译自日语的其他各种书也大量发行，中国人的日语水平达到了实用的程度。短短数年，中国有一大批人掌握了日语，逐渐形成一个庞大的翻译群体。借途日本学习西方的主张遂成为可能。

但是我们应该注意到这样一个事实：在中国人获得日语知识之前，有过一个日本汉学家"越俎代庖"的短暂时期。② 如冈本监辅用汉文撰写的《万国史记》（1880）向中国的读者提供了关于世界历史的知识。③《时务报》的古城贞吉、《农学报》的藤田丰八、《译书公会报》的安藤虎雄等都是在中国的日语翻译人才出现之前解燃眉之急的人物。尤其是古城贞吉，其负责翻译的《时务报》"东文报译"是大规模日文中译的开始。

一　日本媒体与《时务报》

中国的近代报刊始于西人，在南洋和广州刊行的《察世俗每月统记传》《东西洋考每月统记传》使中国人第一次接触到 magazine 这一西方的传媒形式；鸦片战争以后，《遐迩贯珍》《六合丛谈》《中西闻见录》《万国公报》等在中国本土公开发行，强烈影响了中国的舆论界。日本人进入中国开展商业活动是在 19 世纪 70 年代以后，晚西人几十年；受日本控制的报刊也是在甲午之后才开始出现，19 世纪内计有以下数种。④

•《佛门日报》：1894 年 1 月创刊，被称为日本人创办的第一份中文报纸。

---

① 沈国威：《黄遵宪的日语、梁启超的日语》，『或問』11 号、2006 年。

② 所谓"短暂"是与西方传教士的翻译活动相比，两者有着极大的差异。除了宗教热情以外，后者对实际使用的口语好像兴趣也不大。

③ 日本政府派往北京留学的中田敬义也用中文翻译了伊索寓言《北京官话 伊苏普喻言》（无尽藏书房，1878），但其目的是向日本国内学习汉语的人提供教材。

④ 中下正治『新聞に見る日中関係史』研文出版、1996、左起 2~1 页。据中下正治的统计，至辛亥革命的 1911 年为止，在中国国内发行的日资报刊共有 19 种。

•《汉报》：1896 年 2 月 12 日创刊，报社经理是日本肥后宇地藩人宗方小太郎，主笔之一为肥后平户人冈幸七郎，自学汉文。该报于 1900 年 9 月 30 日转让给张之洞。

•《国闻报》：1897 年 10 月 26 日在天津创刊，1899 年 4 月 29 日转让给日本外务省，京都伏见人西村博出任报社经理。

•《上海新报》（第二期）：1897 年创刊，旋即停刊。

•《同文沪报》：1900 年 2 月 3 日创刊，主笔井手三郎，日本熊本县人，曾在温故斋、济济黉学汉文，1887 年来华。

•《闽报》：1897 年 12 月在福州创刊，周刊，后改为 3 日刊。

•《东亚时报》：1898 年 6 月 25 日创刊，主笔为山根虎之助（立庵），1900 年 4 月 28 日停刊。

这些杂志的出版时间短暂，阅读范围亦似乎有限，作为后来者，时代留给日本媒体的空间并不多。同时由于侵华战争等方面的原因，中国读者对日感情恶化，日本媒体始终未能在中国全面展开，其对中国社会、知识界的影响，以及在中国近代化进程中的存在感，远远无法与西方媒体相比。[1]

中国近代定期出版物的日本报道可以追溯到《察世俗每月统记传》的"日本近事"，这时的日本被当作一个潜在的传教地。《遐迩贯珍》《六合丛谈》中的日本信息在量和质的方面都发生了变化。罗森的《日本日记》（连载于《遐迩贯珍》）以及由英语译成汉语的《日美亲善条约》《日美修好通商条约》等都使读者对日本有了更全面的了解。明治维新以后日本的巨变更加促进了媒体对日本的关注，试图推动中国变革的《万国公报》等对日本进行了即时、详细的报道。[2] 不过需要特别指出的是，上述媒体中日本

---

① 周佳荣：《近代日人在华报业活动》，三联书店（香港）有限公司，2007。但是，如果将编者为留日学生、出版地为日本、杂志内容源于日本的书刊等与日本有关的因素统统考虑进去，日本影响则是不容忽视的。进入 20 世纪以后，初步掌握了日语的留学生们以极强烈的社会责任感和启蒙热情迫不及待地向国内读者介绍在日本获得的新知识。杂志这一媒体形式成了他们的最佳选择。因为与图书的出版相比，杂志出版速度快，内容丰富多彩，可以满足更广泛读者层的需要。事实上，很多重要的日本新书都是先在杂志上连载之后再出单行本的。

② 郑翔贵：《晚清传媒视野中的日本》，第 173~208 页。

报道的"信息源"是日本的西文报刊，而不是日语的媒体。

二 《时务报》及其"东文报译"

甲午战争结束之后，日本以迅猛的态势进入中国朝野的视野。这一时期创办的《时务报》《知新报》《农学报》《译书公会报》等刊物试图利用日本的信息推动中国的改革。

《时务报》是 1896 年 8 月 9 日（光绪二十二年七月初一日）在上海创刊的旬刊。发起人有在中国近代史上留下了足迹的黄遵宪、汪康年、梁启超等。创刊后，汪康年、梁启超还作为主笔写了大量的文章。《时务报》与《申报》（日刊）、《万国公报》（周刊）等当时的媒体不同，是由中国人主持的，在经济上、报道内容上独立于国内外的各种势力；其读者层是遍及全国各地的"官吏、士子、乡绅"等被称为统治阶层或候补统治阶层的人。《时务报》鼓吹维新改革，在戊戌维新期间发挥了巨大的影响。创刊后短短的几个月时间里风靡全国，发行量突破了一万份，"为中国有报以来所未有"。1889 年复刊的《万国公报》发行量为 3000 份，[①]可知读者数量之多。百日维新期间，清政府命汪康年等交出刊物，改组为官报，汪不服，将《时务报》改名为《昌言报》。《时务报》遂于 1898 年 8 月 8 日（光绪二十四年六月二十一日）第 69 册停刊，前后共发行两年整。

《时务报》的内容包括：论说、谕旨恭录、奏折录要、西文报译、路透电音、东文报译、翻译连载等。尤其在国外报刊的翻译、国际新闻的报道方面着力较大。总经理汪康年 1896 年春筹备期间就明确规定编辑方针是积极地传递世界最新消息，打破中国的闭塞现状。为了使国人"知全地大局，与其强盛弱亡之故，而不甸至夜郎自大，坐井以议天地"，汪康年认为"非广译东西文各报，无以通彼已之邮"；"广译五洲近事"成为《时务报》的主要内容之一。在"广译东西文各报"的办报方针下，日本报刊的信息被提高到与西方各报等同的重要地位。其实日本信息的重要性到甲午前后已被广为认知，只是苦于没有日语人才，无法利用。《时务报》从

---

① 闾小波：《中国早期现代化中的传播媒介》，上海三联书店，1995，第 16 页。

第 1 册就开始刊登译自日本英文报纸的文章，两年间译自日本英文报纸的文章达 80 篇之多。

《时务报》的"东文报译"是通过翻译日本报刊向中国社会提供信息的开始。《时务报》从第 3 册（1896 年 8 月 29 日）起开辟"东文报译"专栏，第 57 册（1898 年 4 月 11 日）起改称"东文译编"，至 1898 年 8 月 8 日第 69 册停刊为止，共刊载了 56 次。其中第 51、52、55、56、59、61、63、65、67、68、69 册没有登载。每一册为 8~10 页，按每页 32 字 × 15 行 =480 字计算，约 4000 字，译者两年间的总翻译量超过 40 万字，向中国社会提供了大量的信息。[①] 从目前了解的情况看，"东文报译"的译者一直由古城贞吉担任，没有变动。

关于《时务报》及其相关人员，史学界有着丰富的研究成果。如闾小波的《中国早期现代化中的传播媒介》、廖梅的《汪康年：从民权论到文化保守主义》（上海古籍出版社，2001）等。但是，《时务报》与日本的关系、所受的影响等方面的考察仍嫌不足。例如闾小波的著作共 260 页，谈到日本的内容仅两三页。甲午之后，中国对西洋文明的容受已经不再直接从西方直接获取知识，而是经过日本，考虑到这一点，廓清《时务报》与日本的关系就显得格外重要。

从中日文化交流的视角对《时务报》"东文报译"进行考察的意义在于：第一，定期刊出的"东文报译"无论在信息的数量还是质量上都使日本信息获得了与西方信息平等的地位；第二，为中国的社会变革提供了思想资源，梁启超的一系列言论如果没有来自日本的思想资源是不可想象的；第三，"东文报译"在文体、所使用的词语上与中国传统的《京报》和传教士主办的《万国公报》都不相同，其给予汉语的影响也不容忽视。

三　翻译者的选任

如前所述，翻译国外媒体的报道文章加以刊载是《时务报》的既定方针，"东文报译"在筹备阶段就开始寻找翻译者了。《时务报》共有翻译 9

---

① 古城贞吉另在《农学报》《昌言报》登有译文数十篇。

名，其中英语 5 名，法语 2 名，俄语、日语各 1 名。任职时间最长的是英语翻译张坤德和日语翻译古城贞吉。闾小波指出这两人都是黄遵宪通过朋友物色的，[①] 但是就古城贞吉而论，似乎不完全如此。在《时务报》的筹备阶段汪即委托姻亲、驻日公使馆馆员查双绥在日本物色日文翻译人员，经人推荐，最后选定日本熊本人汉学家古城贞吉（字坦堂）担当译事。这一情况可以从查双绥给汪康年的回信中了解到。有关内容如下：

> 嘱代物色翻译一节，我国通中西文者，尚不乏人（上海一区，不难物色），通中东文者，实不易觅（署内东文翻译已不敷用）。刻下略通东文诸君，或在总署，或办交涉事宜，在中国者无论矣。此间能通东语者尚夥，精者亦不过四五人，而能通东文者无人焉（东文较西文既难，若翻译法律诸则尤难）。搜访再四，只有一日本人通中文者，如请其翻译史部及政法各书，颇可以胜此任。但此人不肯外出，只能在此译妥，遥寄我国……
>
> 此人中、东文之兼精，决不致有舛误，弟可一力担保也。日本新出政治书甚夥，容略暇当详为探问，并史书各种价目，一齐开单奉览……四月四日 [②]

从查双绥的信中我们可以知道，第一，汪康年亲自要求查双绥在日本代为物色翻译人员。第二，不仅中国国内，即使在日本的中国公使馆所了解的范围内，精通日语的人也非常有限。公使馆一直为日语人才的短缺所困扰。[③] 英法两语的人才很早就开始培养了，北京的同文馆、上海的广方言馆即这种翻译人员的培养机构，而东文馆即日文馆的设置，北京和上海均在甲午之后。第三，查双绥根据本人的亲身经历指出口语翻译人员翻译处理日语书面语的能力较弱。他特别强调了日本法律书的难认、难懂。这

---

① 闾小波：《中国早期现代化中的传播媒介》，第 52、60~61 页。
② 上海图书馆编《汪康年师友书札》（二），第 1277 页。
③ 甲午前夜访问日本的黄庆澄对驻日公使馆的日语人才的现状等做了如下的记述："初，中国与日本立约时，以中东本同文之国，使署中无须另立译官。嗣以彼此文字往来仍多隔阂，因设东文学堂，旋废之，前李伯星使来始复兴焉。内有监督官一人，中、东教习各一人，学徒五六人。"（黄庆澄：《东游日记》，第 345 页）

与康有为、梁启超等所说的短时间内可以掌握日语（主要指文章语）是完全相反的意见。第四，在这种情况下，可供选择的办法只有寻找那些精通汉文的日本人。经多方查找，找到了一个合适的人选。从事后的发展情况看，查双绥提到的这个日本人就是熊本出身的古城贞吉。第五，查双绥对该人的能力给予了极高的评价，但是他拒绝去中国，只能在日本翻译，然后将译稿寄至上海。

四 关于古城贞吉

关于古城贞吉，其门生平田武彦所著的《坦堂古城贞吉先生》是现在唯一的一种古城贞吉传记。[①] 根据该书卷末附录的"先生年谱"，[②] 古城贞吉及其与中国有关的事项可以简略整理如下。

古城贞吉，姓古城，名贞吉，号坦堂（见图1）。

1865（庆应元年） 5月10日，熊本县士族古城贞的三男，生于熊本市京町一丁目一六三番地，母亲是熊本县饱托郡川尻町桥本家之女千鹤。

1871（明治四年） 6岁 开始在寺原濑户坂竹添井井（进一郎）先生的私塾学习汉学。

1881 16岁 入佐佐木克堂先生的同心学舍（即后来的济济黉）学习，后毕业于熊本高等中学校（即后来的第五高等学校，当时成绩优秀者经过考试可以跳级编入相应的学年）。

1883 18岁 不经父母允许私自去东京，后被找回。

1884 19岁 经父母允许再次去东京，进入第一高等学校学习。

1885 20岁 因故从第一高等学校退学，11月从济济黉毕业，以后自学中国文学及经学。

1897 32岁 与熊本县士族盐津信义次女竹结婚，5月著《支那文学史》，12月去中国上海游学。

1900 35岁 游学中遭遇义和团事件，作为日报社（即后来的东京

---

① 平田武彦『坦堂古城貞吉先生』西海時論社、1954。

② 这个年谱是根据古城贞吉提交给东洋大学的简历编纂的，并得到了古城的四女儿古贺经子（夫姓）的帮助。

日日新闻社）的从军记者，与狩野直喜、服部宇之吉等在日本驻北京大使馆坚守二月余。熊本老家长女富士子诞生。

1901　36岁　结束在中国的游学，回国。辞去日报社的职务，任东洋协会殖民专门学校（后来的拓殖大学）讲师。

1906　41岁　哲学馆大学改称东洋大学，转任该大学教授。

1907　42岁　第二次去中国游学，短期。

1929（大正4年）　64岁　再度访问中国，不足一年即回国。

1949（昭和24年）　84岁　2月15日清晨，于东京都文京区关口台町二十六号的家中去世。

图1　日本汉学家古城贞吉小像

1986年初的《东方学》上刊登了一篇文章《讲述先学古城贞吉先生》，[①]这是缅怀先学的系列座谈会的笔录，参加者有古城的四女儿古贺经子、女婿古贺玄二郎、外孙古城启郎（过继给古城做嗣子，故改姓为古城）、东洋大学的晚辈同事佐久间兼次郎、门生平田武彦及夫人英子，主持人为宇野精一（日本汉学家，曾受教于古城）。文章后面附录的"古城贞吉先生年谱"基本上与平田的"先生年谱"相同，只1897年条改为：

> 与熊本县士族盐津信义次女竹结婚，5月著《支那文学史》，

---

① 「先学を語る——古城貞吉先生」『東方学』71 輯、1986 年。

12 月入大阪每日新闻社，游学中国上海。

宇野还在《亚洲历史百科》(『アジア歴史事典』，平凡社)、《日本人名事典》上撰写了古城贞吉的条目，内容大致相同。但是关于 1897 年的内容均与事实有出入，即到目前为止没有任何一种材料谈及古城与《时务报》的关系，也没有人提到古城翻译"东文报译"！作为汉学家的古城贞吉在近代学术史研究上似乎并不是一个引人注目的人物，例如，若干种明治、大正人名辞典中多没有关于他的条目。但是，1996 年古城贞吉的一部未刊稿被整理出版，即《古城贞吉稿井上毅先生传》(木铎社)，也可以说，由于传主的原因古城贞吉再次出现在公众面前。该书的解题(梧阴文库研究会，木野主计执笔)对古城贞吉成为东洋大学教授以后的情况以及一生的学术成果做了介绍。据此可知，昭和 8 年 (1933)，古城为东方文化学院研究所的成立做了很多工作，并成为该研究所的评议员，指导年轻学者。古城与研究所的所员一起读中国的古籍，他自己在该研究所的主要研究内容是《楚辞》。昭和 13 年 10 月 25 日，东洋大学 16 位著名教授不满校长大仓邦彦的人事决定方式，集体辞职。同时离开大学的还有岛津久基、宇野哲人、藤村作等。到这时为止，古城在东洋大学任汉文教授达 30 余年之久。

古城贞吉在故乡熊本县，与狩野直喜、野田宽、宇野哲人等一样被当作汉学界的权威。为此，熊本县教育委员会于昭和 53 年第 31 届"文化功劳者表彰"中将古城贞吉作为汉学部的功劳者加以表彰。

古城贞吉首先在故里竹添进一郎主持的私塾学程朱之学，程朱学是熊本藩的官学所崇尚的正统的学问；其后毕业于紫溟会设立的同心学舍，即后来的济济黉。这是熊本藩实学党领袖人物克堂佐佐友房开办的学校，所以在熊本有名的两大学派学校党和实学党中，古城应该属于实学党。但是古城又与熊本藩正统学阀，学校党的重要人物竹添进一郎、井上毅等关系密切。

古城在后来提交给东洋大学的简历中说，甲午战争以后，曾向中国人吴清秋学程朱学，并在上海、北京学习中国的考据学。令古城在学术史上占有一席之地的是他在东京京桥的经济杂志社出版的《支那文学史》。古城自明治 24 年 (1891) 开始写作，经过 5 年的刻苦研究，于明治 30 年 5

月出版了这本长达 734 页的巨著。① 当时按照近代西方文学理论撰写的中国文学史还没有问世，如胡适的《白话文学史》、盐谷温的《支那文学史》、鲁迅的《中国小说史略》等都是 20 世纪 20 年代以后的著作。

位于小石川关口台町的古城宅中，有细川家族（古城家乡九州岛的豪族，日本前首相细川护熙即该家族后裔）出资援建的 20 坪（66 平方米）的书库。6 个大书架分两排设置，架上有四部丛刊、正续《皇清经解》、《太平御览》、《汉魏丛书》、明版《十三经注疏》以及《十三经索引》等引得类、国学基本丛书等洋装类书，共 5 万余册。藏书上盖有"古城文库"的藏书印。古城的藏书在其去世后被收入细川家族的永青文库，现置于庆应义塾大学图书馆的斯道文库中。据说古城曾致力于收集明治维新后逸散民间的熊本藩藩校时习馆的藏书。

身为东洋大学教授的古城贞吉，除了大部头的《支那文学史》以外，还与武藤严男等一同编纂了"肥后文献丛书"。论文有《李太白集版本源流考》（收入《支那哲文学一》）、《书谚解校注古文〈西厢记〉后》（收入《支那哲文学二》）、《说〈新尔雅〉释丘、京义》（收入《支那哲文学三》）等。此外还有《细川公事略》（细川家家政所，昭和 9 年）、《肥后江户时代之文教》（《斯文》25 编 9 号，昭和 18 年；26 编 5 号，昭和 19 年）等。《肥后先哲伟绩》正续合卷中有《耕读余记》一篇，这是大村庄助的小传。古城还和东京、京都的汉文爱好者安井小太郎、牧野谦次郎、松平康国等一起创办了文集《回澜集》，每期都有文章登载。

在长泽规矩也的随笔集《昔之先生今之先生》中，他写道：

> 年轻时就撰写了《支那文学史》著作的东洋大学古城贞吉先生，中年以后不再有著述。请求他出文学史的改订版，他也推说还不成熟，不肯答应。但是他学识深厚，我常去听他的课，有很多在东大听不到的内容。声音洪亮、年轻。研究方法近乎考据学，获益极多。只是嘴较尖刻。②

---

① 该书于 1902 年由劝学会出版了改订版。
② 長沢規矩也『昔の先生今の先生』愛育出版、1979、78 頁。

五　"东文报译"的翻译地

如前所述,《时务报》从第 3 册开始登载"东文报译"栏,至 1898 年 8 月 8 日第 69 册止,共刊登 56 回,为中国社会提供了大量的信息。从目前的情况看,"东文报译"栏均为古城所译。

那么,古城是在哪里翻译的"东文报译"呢?关于这段历史,迄今为止较一般的说法是:时务报馆为古城订购了数种报纸,古城在东京从这些报纸中选择合适的报道文章译成汉语。翻译稿通过定期的邮轮寄至上海,登载于《时务报》。就是说"东文报译"的翻译地是日本的东京。例如,闾小波指出:"译报大多由报馆所雇的译员从订阅的外报上译出,其中日文部分由古城贞吉译好寄来。"[①]

研究者或采用此说,或对"东文报译"的翻译地点未加特别注意。但是从文化交流、语言翻译的角度看,在何地翻译是一个不可等闲视之的问题。因为,若是在上海翻译,《时务报》方面可以对翻译内容、使用词语等提出具体的、及时的要求。翻译地关乎译文的选择取舍、译词的选定等问题,因此是必须搞清楚的。

日本方面现存的资料几乎没有提及古城贞吉与中国的关系,特别是没有任何关于古城与《时务报》交往的记录。非但如此,在《时务报》刊行的 1896~1898 年这段时间里,古城的行踪完全是一个谜,让人感到古城是在有意识地加以隐瞒。例如,在这期间他何时、一共去了几次中国或上海,他都讳莫如深;提交给东洋大学的简历也有与事实不符之处。但是我们能从《支那文学史》卷头古城贞吉自己写的"凡例"(1896 年 6 月)、井上哲次郎为其写的"序文"(1896 年 9 月 11 日),以及订正再版的"再版例言"(1902 年 9 月)中看出一些蛛丝马迹。

在《支那文学史》的"凡例"中,古城贞吉写道:

> 余本无学,此书于明治二十四年秋起稿,尔来荏苒,岁月易流,贫病交加,无法专心此业。客岁征清师出,又追边警,试浪迹大陆,废业年余,今稿始成。

---

① 闾小波:《中国早期现代化中的传播媒介》,第 68 页。

　　凡例的落款时间是明治29年6月，即1896年6月。可知《支那文学史》于1891年秋开始动笔，其间1895年逐边警浪迹大陆中断了一年有余。所谓"浪迹大陆"，根据井上哲次郎为古城写的序文，可知地点为朝鲜的京城（汉城）和中国的辽东半岛。但是，"试浪迹大陆"，有一个"试"字，故是否真正成行仍有不确定的因素。即使真的"浪迹"了，也存在着短时期即结束的可能性。例如古城本人在自己后来的简历中就只字不提这段颇可引为自豪的朝鲜、中国经历。不管怎样，由"废业年余"可知，1895~1896年这段时间古城没有专心写作。但是从《支那文学史》完成于1896年6月这一点推断，古城前往朝鲜之前应该已经完成了这本超过700页著作的大部分。关于古城大陆浪迹和《支那文学史》的出版，井上哲次郎在该书卷头的序文中写道：

　　　　熊本人古城贞吉君夙欲著《支那文学史》，屡屡就其方法等相商与余，其后经数年，携部分草稿来示余，余颇赞其举，并劝其他日完成之。日清战争起，君挥袂蹶起，赴朝鲜之京城，书寄友人某曰，今乃男儿作为之时，请寄日本刀，将随军赴辽东。后音信暂绝，不知君之情况如何。顷间偶从上海寄书予余，曰草稿将成，今欲付印，请为作序。旋几君之友人某携其草稿至……

　　序文的落款时间为1896年9月11日。从序文可知古城在执笔当初就不断向井上请教。但中日开战，古城便"挥袂蹶起，赴朝鲜之京城……将从军赴辽东"，跳出了书斋。不过正如井上本人在序文中所说，"音信暂绝，不知君之情况如何"，井上也无法确认古城是否真的随军去了辽东。但是"顷间偶从上海寄书予余，曰草稿将成，今欲付印，请为作序。旋几君之友人某携其草稿至"则是井上的亲身经历，不会有错。可以断定，井上为古城作序的1896年9月11日之前的一段时期，古城贞吉在中国上海居留。其时《支那文学史》刚刚脱稿，而《时务报》则刚刚创刊。那么，古城是什么时候去上海的呢？

　　如前文所述，积极筹备《时务报》的汪康年委托驻日公使馆的查双绥介绍日语翻译人员是在1896年春季。查双绥在1896年5月16日（光绪二十二年四月初四日）回信向汪康年介绍了古城贞吉，认为古城"颇可以胜此任",问题是古城拒绝前往上海,"只能在此译妥,遥寄我国"。由此可知:古城在5月还没有去中国的打算。可以想象的理由之一应该是正在撰写的《支那文学史》尚未完成。然而,古城最终同意前往上海了。是否由于汪康年再三邀请打动了古城不得而知,《时务报》的报酬(50元)对他也是有吸引力的。更重要的是《支那文学史》已经于6月杀青,古城有了进行新的尝试的可能。笔者推测古城前往上海的时期大约在7月中下旬。①《时务报》于1896年8月9日创刊,8月19日出版了第2册。对汪康年来说,毫无疑问希望从创刊号就开始刊登"东文报译",然而由于翻译上的问题未能如愿。至第3册"东文报译"才与读者见面。译文4篇:《美国共和党宣论新政》(译自东京经济杂志)②、《日相伊藤论台湾》(译自东京日日新闻)、《日本领事论驻在外国渔民》(译自日本新报)、《来往欧亚两洲轮船情形》(译自东京日日新闻),字数超过5000字,署名为"日本东京古城贞吉"。《时务报》在第3册卷末首次刊登"本馆办事诸君名氏",日文翻译及拟议中的工作内容为:

> 日本东京古城贞吉[日本近习西法,译西书甚多,以东文译华文较为简捷。今除译报外,兼译各种章程并书籍]

就是说,除了新闻报道以外,各种法律条文、书籍的翻译也将成为古城工作的一部分。到达上海的古城给井上哲次郎写信,请他为自己即将完成的著作写序,同时委托友人即鸟居素川将《支那文学史》的书稿带给了井上。

汪康年请求古城来华或是有着面试、品评人物的意图,而古城贞吉也需要亲自了解一下工作内容和生活环境,最初他可能并没有长期居留的打

---

① 《支那文学史》的再版例言中说,稿成后不及再读,即托付给友人鸟居素川,自己赴上海。书稿经鸟居通读、整理以后被带给了井上,时间是在9月11日之前(即井上序文的落款日期)。另,鸟居小传如下。鸟居赫雄,字素川,日本熊本县人,1867年生,1926年卒。德国专门学校毕业,早年任职上海日清贸易研究所。甲午战争时充日本随军记者。后入大阪朝日新闻社,任编辑。参见上海图书馆编《汪康年师友书札》(四),第4135页。古城入大阪每日新闻社亦为鸟居引荐。

② 这篇文章原题为「米国大統領の改選」,刊载于1896年7月25日的《东京经济杂志》第835号,可知古城的翻译工作始于7月25日以后。

算。但是古城贞吉和汪康年两人似乎意气相投,《时务报》也取得了远远超过预期的反响和成功。古城贞吉一直在上海待到该年年底,元旦前后才决定回日本处理一些个人事情,然后返回上海安下心来做"东文报译"的翻译工作。在上海逗留的三四月间,古城与汪康年及其周围的人交游结下了友情。从下面的信函中可以看到汪氏的友人等向古城请教关于日本的情况,请他帮助购买日本的书籍等。

并拟欲取各处章程加以斟酌。东洋学堂今日最盛,并拟求古城氏开示大学、小学章程,以资采用……九月二十八日[①]

闻日本厂屋制俭价省,友人沈敬夫训导、高立卿上舍、刘一山理问往沪探考,不知贵馆古城贞吉君能言其大略否?十月廿日[②]

《汪康年师友书札》中收有古城给汪康年的信函16通,古城信函的投寄,或汪康年收到的时间如下所示:

第 1 函	1897.1.24	第 9 函	1898.8.25(到)
第 2 函	1898.2.17(到)	第 10 函	1898.10.2
第 3 函	1898.4.9	第 11 函	1898.10.12
第 4 函	1898.4.27	第 12 函	1898.8.29
第 5 函	1898.5.16	第 13 函	1898.12.12
第 6 函	1898.6.4	第 14 函	1899.1.24
第 7 函	1898.6.27	第 15 函	1899.8.21
第 8 函	1898.8.15	第 16 函	1899.12.9

通过分析古城贞吉给汪康年的信函内容,我们可以比较准确地把握1896年末到1899年之间古城的行踪。

古城贞吉函一

辱芳书,拜展三复,感厚意,万谢万谢。弟沪上分袖后,布

① 上海图书馆编《汪康年师友书札》(一),第342页。
② 上海图书馆编《汪康年师友书札》(二),第1803页。

帆安稳抵长崎埠。一入故乡熊本，居两日欲上东京，途至神户客
舍，获寒热，淹留者数日矣。会有京友来访者，乃托办事而复旋
故乡……数日后必启行上途，意者贵历元日抵沪上也。若不能，
然则八日必抵沪也。代购各种书籍亦携至，若不能悉携，则应为
邮送至沪之计，伏请勿费神。敝国近时有丧，皇太后朝望颇静肃，
东京政情亦为此无可观焉。弟所以欲抵京而不遂抵，盖亦为此也，
不啻为获疾也。书余万端，言短意长，伏惟严寒珍重。弟贞吉顿
首。日历一月廿四日①

　　发信的日期只写"日历一月廿四日"，但日本的英照太皇后去世是在
1897 年 1 月 11 日，由此可知，这封信是 1897 年写的，是对汪康年来信
的回复。②从信的内容可知古城刚刚从上海返回长崎，便接到了汪康年催
他尽快回上海的信。回到故里的古城，席不暇暖，便前往东京。但是途中
古城在神户病倒了，友人来他养病的住处看望他，并告诉他东京由于英照
太皇后的葬礼，政治活动都处于停顿状态。③古城将事情托付给友人，自
己回到了熊本。他在信中告诉了汪康年，下一班船，即中国的春节初一
（1898 年 2 月 2 日）返回上海；或者"八日"一定抵达。古城返回上海的
目的是不言而喻的，即担当《时务报》"东文报译"的翻译。古城还在信
中说将把已经购买的各种书籍也一同带去。古城如约携带购买的书籍回到
了上海，这一事实可以从叶瀚给汪康年的信中了解到：

---

①　古城贞吉致汪康年的 16 通信函收在《汪康年师友书札》（四），第 3306~3315 页，以下
　　不一一注出。
②　关于本函的年份，村田雄二郎在其论文的脚注 19 中指出："根据 1897 年 1 月 24 日古城
　　贞吉发给汪康年的信，当时暂时回日本的古城为《时务报》馆购买了各种书籍，订购
　　了报刊。"但是在脚注 17 中，村田却又说："1897 年进入日报社（后来的东京日日新闻
　　社），12 月到上海赴任。在该地得到了《时务报》汪康年的知遇，因此担任该报的'东
　　文报译'栏翻译，顺便去了北京，不过，偶然遇到义和团事件，与服部宇之吉和狩野直
　　喜等在东交民巷日本公使馆被困坚守。1901 年回国。"参见村田雄二郎「康有為と『東
　　学』——『日本書目誌』をめぐって」『外国語科研究紀要』40 巻 5 号、1992 年。
③　古城去东京的目的不得而知，因为购买书籍、报刊并不需要专门前往。从以后古城给汪
　　的信中也可以看出他似乎对政治活动很感兴趣。

闻古城带到农学书甚多，乞示细目，想是农学会所置译者，
此盛业也。正月十七日①

　　1897 年初再次来到上海的古城，在上海逗留了多长时间目前还没有确
切的证据。汪康年和古城之间的信函往来，1897 年 1 月 24 日至 1898 年 2
月上旬是一个空白。作为常识，古城本人在上海就没有必要给汪康年写
信，所以这段时间古城应该都在上海。古城提交给东洋大学的履历材料
上写明"日清战争后，在上海师从清国人吴清秋学习汉学"；而更可靠的
证据是古城亲笔撰写的《沪上销夏录》（详后），这些资料都证明 1897 年
的绝大部分时间古城是在上海度过的。古城的履历材料中又有中国游学
至 12 月止的内容，结婚也是在 1897 年。但是其他材料里则有"1897 年
12 月入大阪每日新闻社，游学上海"的记录。②笔者认为 1897 年一年里古
城有可能数次往返于日本与中国上海之间，而最后回到日本的时间应该是
在 1898 年 1 月底或 2 月初（见古城函十五）。例如，吴德潚曾给汪康年去
信，委托汪把图书寄给古城，信中有"祈寄"的字样，也许这前后古城不
在上海。

　　　藤阴两上本，交棨带上，祈寄古城。古城惠复及食物领到，
并代致谢。廿日③

　　在这里我们来看一下古城贞吉 1897 年的工作内容。《时务报》每 10
天出一期，"东文报译"一般 5 个对开页，4000 字左右。1897 年一年，"东
文报译"均按期刊出，没有延误的现象。同时，古城为时务报馆另外翻
译了《中国工商业考》、《日本学校章程三种》［其中的二种，见第 51 册
（1898 年 2 月 21 日）的时务报馆印售书报价目］；除了《时务报》的工作
以外，古城还为《农学报》《蒙学报》翻译了文章。这样古城平均每月的
翻译量就在两万字以上。尽管他有很深的汉学修养，但用非母语从事翻译

①　上海图书馆编《汪康年师友书札》（四），第 2587 页。
②　「先学を語る——古城貞吉先生」『東方学』71 辑、1986 年。
③　上海图书馆编《汪康年师友书札》（一），第 443 页。

工作仍然是一件极艰难的事。尤其是当时的汉语在文体、词汇上都还刚刚向现代汉语进化。从翻译的量上我们也可以断定，考虑到当时的通信、交通情况，译者如不在出版地上海，很难按时完成这些翻译工作。而这一猜测不幸为1898年以后"东文报译"的翻译文稿脱期的事实所证明。古城贞吉在担当翻译工作的同时还为那些立志改革的人士提供相关的知识，协助购买图书。黄遵宪、叶瀚、吴德潇等人在给汪康年的信函中记录了这些事实。

综上所述我们可以得出结论：1896~1897年的《时务报》"东文报译"主要由古城在上海译出。① 然而，古城贞吉于1898年初踏上了归途。《时务报》第50册（1898年1月3日）卷末刊登了如下的一则通知：

> 本馆告白　本馆之东文译编，今年系请古城坦堂贞吉在家译寄。此次因译稿未寄到，故暂行停印。其俄文译编，系承上海李兰舟先生家鳌，由海参崴寄来，故即列入报内，合并声明。

但实际上，"东文报译"第一次脱期不是第50册，而是第51册（李兰舟的"俄文报译"也是从第51册开始脱期的）；接着第52册也没有刊载"东文报译"。第50册的"东文报译"篇幅为6个对开页，比以前的其他各期都多，可见古城是为离开上海做了准备的。上述告白中的"本馆之东文译编，今年系请古城坦堂贞吉在家译寄"一句里的"今年"（1898），笔者认为具有与"去年"（1897）相比较的语气，可知古城已经没有再回上海的打算了。在第53册（3月3日）再次刊登"东文报译"之后，第55（3月22日）、56（4月12日）、59（5月1日）、61（5月20日）、63（6月9日）、65（6月29日）、67~69册（7月19日、29日，8月8日）等都没有刊登"东文报译"，而这时《时务报》似乎也走到了尽头。如上所述，在上海居留了一年多的古城于1898年初回到了日本，1898年2月分处两地的古城和汪康年又开始了信函往来。

---

① 第3册到第14册（1896年12月15日）的"东文报译"署名为"日本东京古城贞吉"，第15册（1896年12月25日）以后署名中删除了"东京"，仅为"日本古城贞吉"。

古城贞吉函二

　　农、蒙两馆各位先生万福，请传语两馆，译稿之件，亦必不
遗忘也。为事多，故迟迟至今，顷日俗事稍就简，当专心于译著，
次期轮船开行之便，必奉上数页无误也。仲阁先生大人阁下。弟
贞吉又白。（元月廿七到）

　　这是汪康年于 1898 年 2 月 17 日收到的古城的信。古城回日本后因
"事多"，为《农学报》《蒙学报》的译稿都有迟延。不过古城向汪康年保
证，不久杂务琐事就会减少，那时一定专心从事翻译，译稿将由下一班船
寄去。然而古城并没有实现自己的承诺，《时务报》的"东文报译"脱期
情况已如上所述，《农学报》上的译文连载也开始中断，从第 21 号（1898
年 2 月）起均无译稿，直到第 45 号（1898 年 10 月）才重新刊载。

古城贞吉函三

　　辱赐华书，敬读数次，鸟居素川译书薪水，确接拜手，素川
来信详言此事，前便弟送上素川字据，想今已到贵地。此次译章
较寡，然轮船开行已有期逼，乃送上数千字，如闻贵馆顷别聘日
人，则弟不须送寄译报稿，亦为可乎？请问可否？唯译书仍旧续
送，亦或可也。弊国顷多弊事，百不忍言，志士本多慷慨，可痛
息也。临风寄呈，此颂大安。日历四月九日，弟贞吉顿首。（三
月廿三到。三月廿九复）

　　这是汪康年 1898 年 4 月 13 日收到的信，汪的回信于 6 天后的 4 月 19
日发出。从这封信中可以看出古城的翻译速度减慢，很长一段时间只能寄
上几千字。当时日本正在进行第五次众议院选举，古城似难于安下心来从
事翻译。古城在信中询问汪康年，听说《时务报》开始物色其他日本人担
任翻译，如此是否还需要自己继续翻译。此时为了保证日文译稿来源，汪
康年开始寻找新的翻译人员。这一事实可以从查双绥以下的信中得到确认：

　　呈询东文翻译一节，昨由宫岛栗香诚一郎（乃郎为宫岛大八，
曾与冈鹿门同学于武昌张濂亭先生）推荐片山浩然敏彦者，与古

城同乡，人极正派，中语汉文皆为宫岛所深许，向在海军署译中报，月给薪水五十番，若请其到华，则少微加增，多则百番，少则八十番，亦无不可。鄙意以为寄件至东翻译，往返似觉不便，不若径聘其到馆，诸事皆可就近商办，但未识古城仍否蝉联，现在是否须添请翻译？弟莫悉底蕴，只向前途略说大概，渠甚愿往（如古城仍联，伊必可到馆，伊与古城皆熊本人，其意盖恐得罪同乡也）。至前谓可寄翻之东人为郑君永宁，曾在使馆东文学堂充教习，伊自永邦，前到中国充领事官。郑君汉文极好，但前与商酌寄翻，亦须束脩八十圆左右，则不如请片山（此人甚靠得住）到华之为得也。①

从查双绥的信中可以知道，对于汪康年寻找其他译员的委托，查氏回复有一人可用，并对有关情况做了详细的介绍。查在信中说，以前信中提到过的郑永宁曾在中国驻日公使馆内担当日语教习，但他只答应在日本翻译好后寄到上海，且报酬要 80 元，所以又寻找了其他人。这个人叫片山敏彦（浩然），是海军署的翻译官，和古城一样也是熊本人。人物出色，汉语水平亦高。此人在海军的工资是每月 50 元，如肯答应去中国可以给 80~100 元。查说由于不知汪氏的具体要求和意图，还没有和片山敏彦谈细节问题，但是已经确认了他愿意去中国的心情。查分析道，古城是否继续担当翻译情况不明，如果古城继续做，片山肯定会去上海的时务报馆任职，因为片山怕得罪同乡前辈古城，不可能像做第二职业那样在日本翻译报纸拿高额稿费。从这封信上可以知道，汪康年对于是否要更换古城还有一些举棋不定。当时正值百日维新的前夜，《时务报》销路极好，想继续扩大杂志影响的汪康年首先要做的就是加强翻译阵容，保证稳定的译稿来源。

经过数次交涉，片山敏彦遂于夏天前往上海接受汪康年的面试。回日本后，片山给汪康年写信，表示感谢：

前日到申，多多领教，并承欢饮，惠谢奚如，旋即回苏。每当月明星夜，独酌举杯，思故之诚，胡然而释，乃忆自秋凉以后，

---

① 上海图书馆编《汪康年师友书札》（二），第 1280 页。

会许共话吴江，不禁计日以待……弟片山敏彦顿首。九月三日
（七月廿六到）①

从这封信可以知道片山敏彦于是年夏秋与汪在上海见面。汪注明的
"七月廿六到"是接到片山信的日期，根据这个日期我们知道这封信是
1898 年的 9 月 3 日发出的。因为 1897 年的农历七月二十六日是公历 8
月 7 日，接到信的日期比发信的时间还早是不合理的。而 1898 年由于是
闰三月，比常年晚一个月，所以公历 9 月 3 日的信才有可能在阴历七月
二十六日（公历 9 月 11 日）到达。但是《时务报》已于 8 月 8 日停刊，9
月 21 日又发生了戊戌政变，光绪皇帝的改革宣告失败。片山敏彦"不禁
计日以待"的上海之行也因此作罢。

古城贞吉函四

即接受手书，捧读如亲接声容，译章之件，敬知大示，愚意
固非出于仄微劳之故，如贵馆另聘人干其事，则恐涉重复，故请
问情事耳，当源源寄送如教也。近时古巴之事决裂，美西交争亦
为西洋之局变也。思干戈已动，阻碍贸易通商之利，必非鲜少。
法、英之视此争，当不坐视焉，高见以为如何？大函云国民报馆
报贽已届满期，思上年夏送银，故当届期更送银为妙尔。余日报、
月报、七日报等数种，亦当届满期，续送贽银为妙，打算数目并
报贽及邮费约日币二十六元多，便时送交弟处为好，弟当更送交
各馆，均一署弟名。又国民馆所送到之报，请送到弟处，恐该馆
所送到弟处之报，与所送到贵馆之报重复同一报，故欲查其真也。
又别作一函送上，请签贵馆印章，附之于邮政局，而送到国民报
馆，然则日后该馆无或误差之是也。译章于两三天后托邮局送上，
下次礼拜三必届贵处也。此颂台安。弟贞吉顿首。日历四月念七
（又月十三到）

这是汪康年于 1898 年 5 月 3 日收到的古城贞吉的信，发出的日期是

① 上海图书馆编《汪康年师友书札》（四），第 3305 页。

1898 年 4 月 27 日。信中古城答应汪康年的请求，继续翻译"东文报译"，同时请汪汇来报刊续订的款项。但是这以后的第 61、63、65、67~69 册的"东文报译"均告脱期，古城没有按时寄来稿子，这正应了查双绥"鄙意以为寄件至东翻译，往返似觉不便，不若径聘其到馆，诸事皆可就近商办"的担心。片山去上海接受面试正是在这种情况下进行的。

古城贞吉函五

兼葭苍茫，遥望天一方，晨夕不已。报赀之件，录写另单奉上，或为报馆诛求于弟，故既付赀，又或前年订购约之后，止送银一次，前交银，后交银，其例不一，又弟将已赀购报二三种，犹译出好章奉上，唯在此种则不须要交银，即如东邦学会录《早稻田学报》之类是也。别单所录写并系敝国弊目，即不以墨银算也。请垂察焉。前数日送寄译章数页，思既收到，今日属礼拜一，迨礼拜四又奉送数页，源源寄送，必如教示。弟近时稍多事，未能多译政书，及月底应奉送数十页也。敝国近时稍见新雕好撰著，待政书译完，拟译外交书、国会书等。素川鸟居顷卧病，现在须摩病院，《新政史》续稿亦未完，思译成数页，则当作终结，书余意长言短，此颂大安。弟贞吉顿首。日历五月十六日（四月初六到。已复）

古城仍旧杂事繁多，政治书的翻译全无进展，但是对于"东文报译"古城答应将按照汪的要求及时寄上。另外古城告诉汪，最近日本出版了数种好书，在完成政治书的翻译以后，还准备翻译一些有关外交、国会的书。古城还说，友人鸟居赫雄（素川）正在翻译《新政史》，只是因病住院尚未完成。

古城贞吉函六

穰卿先生所录写扇面大作敬收到。穰卿蒿目于时事，蹇蹇之情，横溢于楮墨之外，真可敬服也。敬致拜谢。又先生所寄送报赀亦确到，敢报告之于左右，译稿数页，赖便奉送，亦源源送上，临作函千里多怀，不能尽所欲言，此颂大安。日本古城贞吉顿首。

东历六月四日（四月晦到）

在第六封信中，古城感谢汪康年为其书写扇面，并报告收到了报刊订阅费，但是"东文报译"只译了数页。

古城贞吉函七

《欧美政书》续译稿三十余页，此奉寄，请查收。自此后每月一二次，必源源寄送，亟完译也（要原书既译完）。鸟居《日本政史》，渠亦将起《欧洲政史》之译稿也。弟尝在报馆时译史学丛书，第一卷既为《万国通商史》。此书亦当续译乎？敢请问大意，该书第二卷以下为欧洲古史，即非尼西亚、犹太及所既亡之古史要概也。伏望指示大意，此颂大安。弟贞吉顿首。日历六月廿七日（六月十四到）

第七函中古城说寄去《欧美政书》的翻译稿30余页，并保证以后每月寄一二次，一切尽快完成，但是在《时务报》的新书广告中找不到有关的消息。古城还向汪康年报告，鸟居已经译完了《日本政史》，不久将着手翻译《欧洲政史》。古城自己在时务报馆时已经开始翻译史学丛书，第一卷为《万国通商史》，请示汪康年，其后各卷是否继续翻译下去。《时务报》的出版图书目录中没有史学丛书的信息，而《日本政史》《欧洲政史》分别以《日本新政史》《泰西新政史》的书名出现在《时务报》第51册的已译未成各书的栏目中。这个目录里还有《万国通商史》《美国政书》《英国律义》《法国律义》等，后三种可能即为《欧美政书》。这封信是从东京寄出的。

古城贞吉函八

辱惠手书，如亲接高姿，不堪神往。译报源源送上，思于手数发申之后，译报亦既届到贵处也。译书亦源源送寄，每月一二次，必致此也。交银之件，弟尝在申之时具面议，今不复更变也，即弟使代办者，携持贵馆所交弟之账记，以到贵馆，即以为信勿疑。弟虽现在敝国，犹驻在贵国，如闻贵国国家派有为先生为报馆督办，果有此事耶？且夫苟如此，则贵馆已变为国家官报乎？
阁下及诸同人列位去馆或更创一馆乎？抑为国家所设之报馆中之
人乎？此里消息定如何？弟于阁下及诸同人列位有旧，视犹如己
事，又与有为先生尝相知，故不存芥蒂于胸臆间。此奉此函，敬
请问情形，如见教则幸甚。时方盛暑，此颂台安。弟古城贞吉顿
首。敝历八月十五日

在第八函中，古城再次向汪康年表示要按时交送译稿，并询问汪，有
传闻说《时务报》将变成官办新闻，汪等已经开始筹办新的报纸，消息是
否确实。百日维新中各种信息、情报错综复杂。对于古城来说官办报纸是
一个很难想象的事情，他感到很困惑、沮丧。这封信写于 1898 年 8 月 15
日，《时务报》已更名为《昌言报》，古城这一时期的翻译稿最终刊登在
《昌言报》上。以后古城致汪康年的信函还有 8 通，但已无催促译稿的内
容了。

汪康年于 1898 年 8 月 25 日收到古城第 9 函，信中古城询问法国在宁
波挑起事端的详情。古城的第 10 函写于 10 月 2 日，对戊戌变法失败深感
失望，将中国与明治初年的日本相比，发出了"真志士苦心焦虑之秋矣"
的感叹。古城对汪康年的处境极为担心，在第 12 函中劝汪躲避日本。由
于没有得到汪的回信，古城托人从熊本寄出第 13 函，落款时间为 12 月 12
日。信中古城向汪康年询问《昌言报》停刊的消息是否准确，同时再次提
议汪暂时东渡避难。汪于年后的 1 月 18 日回信，指示古城停止继续为《昌
言报》翻译"东文报译"。古城在 1 月 24 日发出的第 14 函中告诉汪康年，
政治书的第 6 次译稿已经寄出，请汪决定是否还要继续翻译；并通知汪康
年 2 月中旬以后将去东京小住。此后，两人的联系中断了半年，1899 年
夏，古城作为东京日日新闻报社的记者赴北京，在北京给汪去信致意。第
15 函全文如下：

沪上一别，已经年有半，而时事之变，如急潮疾雨，莫甚于
此间。每忆旧游，杳似隔世。弟以今夏初来此观光，所笔登在
《东京日日报》，固不过是伧父游大都，观名剧一样耳。阁下清闲
之日赐教，则为幸甚。沪上近情有何奇，如闻刚中堂所到之处，

有雷过风行之城矣，果真乎？抑不真乎？此地无他奇，唯近时有
意国要索之事，以商务起见，其目为四条，未知贵国政府能准否？临
风寄此，敬请问近安。弟贞吉顿首。阳历八月念一日（己七月廿三收）
　　颂谷先生现在贵馆乎？或向钱塘已回去乎？伏冀传语颂大安。

　　古城信中的"沪上一别，已经年有半"一句，如果所言无误，那么古
城离开上海是在1898年1月底2月初。作为记者来到北京的古城将自己
的见闻登载在《东京日日新闻》上，信中古城向汪询问上海的情况。当时，
刚毅在江南、广州以筹饷练兵、清理财政的名目，为清廷大肆搜刮，并散
布"宁赠友邦，毋与家奴"的卖国论调。[①] 古城向汪康年了解传闻是否确
实，还表达了对当时报馆同人的思念之情。
　　第16函是现存古城贞吉给汪康年的最后一封信，落款时间为1899年
12月9日，汪于12月17收到。全文如下：

　　接奉教函，如亲謦咳，回思昔年聚首欢娱，宛如昨日，溯洄
之下，不禁神驰。承问《万国通商史》一书，书原系所摘译《经
济杂志》（报名也，明治三十年九、十月之交所刊）而成。《日本
新政史》系鸟居素川所译，底本《明治政史》，闻素川纂译他书
二三种以成此书，至详细之事，请问之素川必得确实也。京地无
他新闻，惟李中堂查办各埠口之事，出于盛京卿奏议，云闻京卿
所条陈者凡九，而朝廷仅采用二条，于时盛京卿与袁侍郎之声名
籍甚，荣中堂虽综揽大政，而每寡断，往往为守旧者所阻，弟所
闻于人者如是耳。时渐寒冷，此颂大安。弟贞吉顿首。十二月初
九日（己冬月十五到）

　　古城回答汪的提问说，所译《万国通商史》摘译自《东京经济杂志》，
《日本新政史》则是鸟居据《明治政史》及其他数种图书译出。古城还在
信中向汪介绍了李鸿章、盛宣怀、袁世凯、荣禄等人的动静。
　　以上16通信函反映了古城贞吉、汪康年两人从《时务报》"东文报译"

---

① 陈旭麓、方诗铭、魏建猷主编《中国近代史词典》，上海辞书出版社，1982，第209页。

以来交往的某些侧面，为我们了解古城贞吉在上海等地的活动提供了第一手资料。通过对这些信函的考察，我们可以得出这样的结论："东文报译"的翻译地 1896~1897 年是在上海，1898 年以后在日本熊本。关于《时务报》的翻译，汪康年的弟弟汪诒年编的《汪穰卿先生传记》中可见：

> 英文报译为桐乡张少堂坤德……此外则尝延宛平郭秋坪君家骥任法文报译事，大兴刘荔生君崇惠、上海李兰舟君家鳌任俄文报译事，三君皆为馆外译员，不能常有译稿，最后乃延上海潘士裘君彦专任译法文报焉。东文译事，则自始即延日本古城坦堂君贞吉专任。盖馆中诸人，始终其事者，特古城一人而已。①

即称郭家骥等翻译人员为"馆外人"，称古城贞吉为"馆中人"。这种称呼上的区别或有意而为之。

六　古城贞吉的《沪上销夏录》

通过对古城与汪康年的信函往来以及汪康年与其他人的信函的分析，我们可以确定 1896~1897 年的"东文报译"是在上海翻译的。然而，这些信或许只是间接的证据，有没有能够证明古城滞留上海的直接材料呢？

古城生前收集了中国典籍 5 万余册，去世后，这些藏图书收入了细川家的永青文库，现在，寄存于庆应大学的斯道文库内。该文库内有一件名为《沪上销夏录》的手稿，②记录了古城贞吉在上海的生活情况，是极其珍贵的第一手材料。

《沪上销夏录》的图书卡上有"写〈明治〉自笔"，即明治时期亲笔稿本的意思。索书号为 292–20–1，实测尺寸 12.7cm×22.8cm，浅黄色封面，封面题签为"泥桥对秋漫录／沪上销夏录"（／为改行）。内页为对折薄道林纸，印有粉色方格，9 行 ×25 格，共 40 页，其中第 21 页为空页。中缝

---

① 《近代稗海》第 12 辑，四川人民出版社，1988，第 208~209 页。

② 关于《沪上销夏录》的存在，蒙同人关西大学陶德民教授赐教，谨致谢意。

下端印有"陈一鹗"3字。

古城手稿的第一页第一行书"沪上销夏录",改行退两字是介绍《沪上销夏录》写作的原因:

> 余到沪之明年,与人分僦屋于虹口北端,暑热如炖,想昨夏初来之时,犹似未及焉。况俗气满目,无好友与谈心,又不见有佳山水足探幽,俯仰一室之间,一片耿耿之气。不可抑遏焉,乃呼笔信手书所欲言,一时兴到之言,固不足存,然情触景乃发,意真于言外,则犹优与俗客对谈俗事,万万矣,作沪上销夏录。

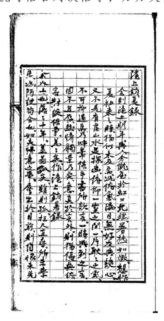

图2 《沪上销夏录》第1页上

这份手稿无署名,也没有日期。从"余到沪之明年""昨夏初来"等文字,我们知道古城是连续两年在上海过夏天。这在时间上只有1896年、1897年才有可能。因为1895年古城自述在朝鲜及中国的辽东半岛"浪迹",而1898年夏秋发生了戊戌政变,其时古城在日本,并来信询问汪康年的安危。另外,井上哲次郎证实1896年夏天古城从上海来信,请他为古城的著作《支那文学史》作序,可见1896年的夏天古城是在上海了。而稿中一些叙述也旁证了《沪上销夏录》的"夏"是1897年之夏。例如,古城哀

叹"吴铁樵相见后数旬去世"。吴铁樵即吴樵，1897年"应湘抚陈宝箴招，赴
湖南协办矿务，至武昌时染瘟疫，遽卒"。[①]两人相见是1897年的事。

在《沪上销夏录》中，古城还记录了与文廷式的交往：

> 翰林院侍读学士文廷式归故山，途出沪上，余相见于酒间，
> 笔谈如山，赠以所撰文学史，廷式有诗云："沧海横流剩此身，头
> 衔私喜署天民。岂知零落栖迟地，忽遇嵚崎磊砢人。定论文章
> 千古在，放怀世界一花新。停云自此长相忆，何处桃源欲问秦。"
> 其人磊砢不与时令，颇有不可一世之气，故姑及此。

文氏路过上海是1897年，回乡之后给汪康年来信说："沪上淹留至五十
日，为平生三十一次到沪最久之一次……别有寄古城坦堂诗笺一，示乞转交
为盼。"[②]古城把这首诗放在订正版的《支那文学史》卷首，并在"再版例言"
中写道："卷首七律系翰林院侍读学士文廷式所赠。溢美之词实不敢当，为
永记其厚谊，故录于卷首。"这也是古城贞吉1897年夏在上海的证据。

《沪上销夏录》的内容，如古城本人所说，"乃呼笔信手书所欲言，一
时兴到之言"，行文消沉，不时做激愤之语。他还在《沪上销夏录》中用
了很多笔墨追悼在朝鲜半岛阵亡的挚友有次满象和胞弟古城佑之。古城也
提到了与黄遵宪、蒋伯斧、吴德潇、吴铁樵、罗叔温等中国官员和士子的
交往，只是记录极为简单。而下面一段则没有涉及个人交往的情景。

> 郑苏龛孝胥，尝为驻日本领事，名声籍甚。张让三英翊，亦
> 尝出洋，熟舆地。叶浩吾翰，叶清漪，皆熟西学书，又有志办事。
> 张经甫焕纶、何梅孙（？）气并名士也，此等为在此地之名士也。
> 李一琴维格在《时务报》干事，英文译章，徐勤字君勉，为
> 《知新报》主笔，马良相伯尝为领事在神户，并在此地。
> 许静山常州无锡之人，前在美英二国数年，其人儒雅老实，
> 亦此土名士矣。

---

① 上海图书馆编《汪康年师友书札》（四），第4043页。
② 上海图书馆编《汪康年师友书札》（一），第20页。

这些人都是汪周围或与《时务报》关系较深的人。手稿中还有一些对中国书画文物的品评。但是古城对他在炎热的上海居留的目的只字不谈。尤其令人不解的是，对《时务报》的工作、报馆的同人几不置一词，[①] 具体原因不得而知。《沪上销夏录》中有一段文字或应引起我们的注意：

> 北京矢野公使发电音至上海领事馆，使弟月赀薪水若干，领事唯唯传命于余。甚哉，人无理也。古者问禄于士，士所耻焉，今也问者优势，使人不得不答，噫亦甚矣。

矢野公使即矢野龙溪，政治家、小说家，汉学造诣极深。1897 年 3 月 11 日被任命为日本驻华公使，同年 6 月 12 日到北京，1899 年 10 月 11 日离任。矢野指示上海领事馆给古城每月送薪水若干。《时务报》方面的报酬为每月不应低于 100 元，远远高出日本当时的工资收入，应该说是不错的。[②] 所以，矢野的"月赀薪水"不是单纯救济性质的钱，而是对古城工作的报酬。无功不受禄，古城或者负有某种使命。这也许是古城对上海一段经历三缄其口的真正原因。

从他自述的文字看，古城在上海的生活较寂寞、孤单。古城多次提到与某人"笔谈如山"，可见他还不能进行口语交流。

《沪上销夏录》之后，是《对秋漫录》。卷头题名为"泥桥对秋漫录"。可以看作《沪上销夏录》的续篇。仅两页余，主要是就书法作品与中国文人的笔谈。

七 "东文报译"的译稿源与内容

《时务报》的报道文章中有一部分译自日本的报刊，这些报刊可以分为西文（即英文）和日文两种。译自日本西文报刊的文章情况如表 1。

---

① 古城子女提供的传记资料中都没有关于《时务报》的记载。古城本人提交给大学的简历中只说曾于甲午战争后在上海从吴清秋学汉学。吴清秋传不详，疑是在上海过从甚密的吴德潇（字季清）。

② 如上所述，《沪上销夏录》中古城称之为好友的片山敏彦（字浩然），当时在日本海军任翻译官，月薪 50 元。

表 1　《时务报》"东文报译"日本西文报刊译出一览

横滨日日报	70 篇
日本西字捷报	29 篇
日本每日报	27 篇
日本报	23 篇
东京日日报	10 篇
日本邮报	1 篇
神户报	1 篇

　　西文的翻译主要由张坤德（少塘）担任。张曾在日本使馆任西文翻译，对日本较为了解，对日本西文报刊的关注应该与他的这段经历有关，同时也说明了《时务报》对日本信息的关注以及日本信息的重要性。[①] 另外，关于成为"东文报译"翻译来源的日本报刊情况如表 2。

表 2　《时务报》"东文报译"日本报刊信息来源

东京日日新闻	153 篇	国民杂志	11 篇
国民新闻	132 篇	反省杂志	7 篇
日本新报	86 篇	世界杂志	6 篇
国民新报	83 篇	地球杂志	6 篇
大阪朝日新闻	73 篇	太阳杂志	5 篇
时事新报	46 篇	国家学会杂志	4 篇
读卖新闻	25 篇	月刊日本杂志	2 篇
东邦协会会报	17 篇	其他	17 篇
东京经济杂志	16 篇		

①　关于张坤德，梁启超说："其后聘请英文翻译张少塘，系公度托郑瀚生司马代请者。"[《创办〈时务报〉源委》（1898 年 8 月 11 日），《知新报》第 66 册] 但是查双绥在给汪康年的信中则说："此间西翻译有张其姓名坤德，号少塘者，行为卑鄙，荒谬已极，今番撤差回国，如有人为其汲引，万不可用。至要至要。"[《汪康年师友书札》（二），第 1278 页] 但是，汪康年并没有为其姻亲的谗言所左右，任用张为英文翻译。从后来的情况看，张坤德是做了很多工作的。

从表 2 可知，《东京日日新闻》以下数种是《时务报》译文的主要来源。这些报纸杂志由古城在东京订阅，邮寄至上海，选择适当文章译出。古城 1898 年初回日本后还向汪康年汇报报刊订阅及付款的情况，报刊的订阅一直持续到该年年底。日本报刊上的消息、文章译成汉语登在《时务报》上存在着一定的时间差，其最短的时间为 17 天，平均为三至四周。

《时务报》的"英文报译"将报道文章按内容分为"中国时务"（即国内新闻）、"外国时务"（即国际新闻）、"杂录"三类，而"东文报译"则不分类。但是在 1991 年中华书局的影印版卷末"编目分类索引"中，"东文报译"也被仿照"英文报译"分为"中国时务""外国时务""杂录"三类。从数量上看，"东文报译"总计 572 篇（连载计为 1 篇），"中国时务"122 篇，"外国时务"426 篇，"杂录"24 篇，而"杂录"中的文章从内容上看有很多可以编入"外国时务"。

"中国时务"的文章译自日本的 23 种报刊。按数量多少排列分别为《东京日日新闻》27 篇，《国民新报》20 篇，《日本新报》17 篇，《大阪朝日新闻》12 篇，《国民新闻》9 篇，《读卖新闻》7 篇。另外，还从《时事新报》《东邦协会会报》《国家学会杂志》《太阳杂志》《文明日本新闻》《世界杂志》等报刊翻译了文章。报道内容以中国的经济贸易、中外关系（特别是列强对中国的侵略）、辽东半岛形势、华侨等为主；而关于中国内政、社会形势的内容较少。从中可以看出日本媒体对中国的关注点。在中国经济贸易的报道文章中，进出口商品相关的内容占了绝大部分，特别是关于蚕丝业的报道较多。蚕丝是中国传统的重要出口商品，但是 19 世纪末日本蚕丝业迅速发展，形成中日竞争的局面。《时务报》翻译刊登了日本领事关于蚕丝业的报告书和业内人员的中国视察报告。

在中外关系方面，台湾和中俄关系的文章较多。甲午战败后，台湾被割让给日本，割让后的台湾形势、日本对台湾统治方面的报道较多，而中俄关系文章数量的突出，反映了在甲午之后的国际格局中，俄国的南下战略引起了各国的警惕。《时务报》的有关人员中很多对俄国有很强烈的反感和警觉。黄遵宪还特别雇用俄语翻译，"专译东西毗连界内事及俄国东方政略"。古城在翻译素材的选择上，可以说忠实地反映了这种意图。

　　值得一提的是"东文报译"专门报道了孙文被绑架的事件。在伦敦逗留的孙文被扣留在中国驻英公使馆中，此事成为中英之间的外交问题，最后孙文被解救出来。这一事件首先由康德黎（James Cantlie）写成英文报道登在英国的报刊上，日本的《国家学会杂志》将该文译成日文刊载，古城又从日文转译成中文。"东文报译"不仅报道了事件的经过，还介绍了孙文的政治主张。①

　　"外国时务"的文章是从日本 30 余种报刊中选择的。按照篇数多少排序为《东京日日新闻》95 篇，《国民新报》56 篇，《大阪朝日新闻》52 篇，《日本新报》45 篇，《国民新闻》38 篇，《时事新报》25 篇，《读卖新闻》16 篇，《东京经济杂志》11 篇。文章内容大致可以分为两类：（1）国际关系上的重大事件；（2）对世界各国政治、经济、贸易、外交、教育等情况的介绍。前者主要有西方各国的外交活动、国际争端等。关于俄国动向的报道和评论数量最多。列强势力范围的争夺及殖民地统治方面的新闻也有计划地译出。具体说有美国合并夏威夷、古巴的独立战争、菲律宾的独立战争以及关于土耳其的争端。在第 2 类报道中，西方各国的政治制度、经济、产业、军事等方面的情况都有详细的介绍。1896 年是美国的大选年，"东文报译"的第一篇即为《美国共和党的新政策》（第 3 册）。在这以后继续对共和党的选举纲领、该党总统候选人"威而麦根地"（今译威廉·麦金莱，William Mckinley）的货币改革的主张进行介绍。"威而麦根地"当选之后，又刊登了他的传记、新政府成员情况的介绍、总统就职演说的译文等。关于教育，报道了日本大学的增设、欧洲大学图书馆藏书数等。尤其值得指出的是《时务报》"东文报译"率先将新的政治理论和关于国家体制、政治制度、共产主义运动的知识介绍给中国。

　　除了以上内容外，"东文报译"还对工业生产、科学技术发明等做了适当的介绍。如第 7 册的《磁石变动与地震有关》、第 12 册的《德创风船》、第 26 册的《论黑死病症》、第 60 册的《奥国大学教官查出胎孕新法》等。其中特别对意大利青年马可尼（Gugliemo Marconi）发明的无

---

① 闾小波：《中国早期现代化中的传播媒介》，第 165 页。

线电报做了即时的介绍，称赞其为"近百年特出之艺术"（即技术——引者注）。

在翻译文章的选择上，汪康年等时务报馆人士发挥了多大的影响，"东文报译"给当时中国社会带来了多大的影响等问题，还需要我们做进一步的细致考察。

八　古城贞吉的翻译环境与实践：译词与译文

直至 19 世纪末，清政府控制的翻译机关或传教士所进行的所谓西学引介主要被限定在"西艺"这一以工业制造业为代表的自然科学的范围内，关于人文科学的知识可以说完全不存在。在《时务报》创刊时，知名的公共媒体有《万国公报》《申报》《中西教会报》《西国近事汇编》等。与其他为外国人所控制或受其影响的报纸，如传教士办的《万国公报》等不同，《时务报》把对"西政"的引介作为重点，意义极为重大。新的知识体系的导入需要新的话语。古汉语无论是文体还是语词都无法成为传达新知识的载体。不难想象《时务报》的撰稿人和翻译在文体和语词上都遇到了极大的困难。《时务报》的文体新颖，被称为"时务文体"，可见对当时人们的影响之大。[1]"时务文体"的鼓吹者和最主要的执行者是梁启超，人们对梁启超《清议报》《新民丛报》时期的文章评论说"不避日本输入的新名词"。《时务报》时期，梁启超直接受日语的影响还不显著，但"东文报译"则不同，一方面古城在翻译时直接使用了日语的新词、译词，一方面将这些词语提供给中国社会，并构成了"时务文体"这一崭新的文章体裁的基础。"东文报译"的新闻来源是日本的各种报刊，译者是日本的汉学家，翻译地点是中国的上海，这三点在新名词的导入和使用上可以说起到了一种开拓性的作用。"东文报译"中不仅有日本的新词、译词，还有中国古已有之的传统词和本族人新造的词。从中可以看到两种词汇的冲撞、融合。某些中国传统词本来

---

① 闾小波：《中国早期现代化中的传播媒介》，第 106 页。

已经失去了活力，经过"东文报译"的使用再次被激活，成为现代汉语词汇体系的一员。

那么，"东文报译"具体使用了哪些新词、译词？ 1896 年 8 月至 1898 年 8 月的两年间，是中国社会准备变法图强的时期，在社会进步、国家体制变革、殖民地化的危机以及军事、经济等方面社会上议论百出。"东文报译"在提供信息的同时为了新概念的表述，引入了一批或者说是一套新词语（如下）。这些词语从语源上看并不都是日制词，但广泛用于当时日本的学术著作中。而在中国的其他媒体上，如西方传教士把持的报刊，使用的是另一套术语。

（1）社会进步发展相关词语

进化　退化　进步　社会　社会主义　保守　保守党　革新　革命　革命党　革命党员　虚无主义　虚无党　虚无党人　急进　急激党　义务　权利　权力　权益　治外法权　人权　文明　文化　开化　开发　野蛮　卫生　参政　参政权　公理　公例　宗教　宪法　立宪　自由　平等　演说　哲学　伦理　心理

（2）国家体制、殖民政策相关词语

殖民　殖民地　殖民政策　移民　归化　特权　霸权　国家　国会　国旗　国语　国民　国际　国土　世纪　帝国　警察　民主国　共和　共和国　民权　民族　关系　议案　议员　议院　议会　议决　议席　主权

（3）军事、经济相关词语

陆军　海军　常备兵　军备　基地　演习　舰队　经济　理财　资本　财政　预算　决算　银行　市场　保险

几乎在同一时期，严复翻译《天演论》，使用了如"自由""平等""进化""天演"等术语。此时严复是否受到日本术语影响，还需要做细致的分析，但有一点是可以断言的：在进化论、经济学、逻辑学的引介上，日文译书的实际作用远远大于一系列"严译名著"。

而实际的翻译情况如何？限于篇幅这里只举一例，见表 3。

表 3 《时务报》"东文报译"《论社会》与原文对比

日本古城贞吉译《论社会》,《时务报》第 17 册（1897 年 2 月 12 日）	社説「社会の容量」『大阪朝日新聞』、明治 29 年（1896）12 月 10 日
野蛮之地，无社会者焉。及文明渐开，微露萌蘖，久之遂成一社会。然则所谓社会，盖以渐积成者也。抑社会二字，本非我国古来惯用之熟语，而社会之实形，自古已有。我邦建国，本自有一种俗尚，及通交于朝鲜、中国，或为儒道薰陶，或为佛教铸冶，而浸润其风气，盖亦不鲜也。至近古与欧美相交，又大有变化。盖变化者，进化于善也。闻学人之言曰，生物之成育，本非有进境，惟有变境耳。然进境实在变境之中，则社会之进化于善，亦当求之于变化之中也。变化愈多，而进境亦必多，吾人于社会众事物之上，所以最多变化，盖为此也。虽然变化未必悉进化于善也。有退化于不善者，亦或胚胎于变化之中，则一律论定，盖为难也。抑国家所以消长兴亡之故，若在隆兴之运，则其第一变化，必有一进化之力。然在亡国之运者，则每一变化，又未尝不一退化于不善也。如彼朝鲜，惜亦在此否运之中，于是乎汉城之变化，每变必退化于不善。如土耳其国，稍知其理，但君主所以为深忧者在变化，而其所最忌者在改革也。然则日后我社会果为如何变化乎，则又不可不讲求变化之方也。以吾人观之，当推广社会之容量，而包含异种样之事物耳。今夫学人社会，不容俗客，俗客社会，不容文艺美术［西人称诗歌、音乐、雕刻、绘画曰美术］，文艺美术之社会，不容宗教道德等之理论，宗教道德之社会，不容股分市情之谈话，股分市情之社会，不容格致博物之学术，格致博物之社会，亦不容政治家。此等不啻不相容，而或相排击，而或相丑诋诟骂，吾人不甚咎焉。何则？固知其未可骤改也。虽然，局促一局一部之小利害，而不顾大势所趋向，岂通人之事哉？呜呼！偏固狭隘，本不能望其变化，若无变化，焉能复进化于善哉。抑社会之上，本无主宰	野蛮の地には社会なし、人文の開明に赴くに従ひて自然に社会の形体を生じ、又国家の組織を成す。社会てふ熟語は始めより我日本行われたるに非ざれども、社会の実形は既に古昔よりして存在し、不完全の域より漸次に進んで完全の境に近づき、以て今日の現状を為せしは、歴史に徴して約略その大要を知るを得べし。さて我社会の要素の重もなるものは、建国以来の習俗を本として、朝鮮支那の交通を始めたる後に、或ひは儒道の哲理に薰陶せられ或は仏教の宗旨に鋳冶せられたるのみならず、朝鮮支那固有の礼俗風気に浸潤せられたる痕跡も亦甚少からず、幾多の盛衰汚隆を経て徳川氏の末に至り、欧米と相交通するに至りて亦復た一大変化を為せり。蓋し変化は進化なり。学者の言を聞くに曰く、「凡て生物の成育上には進境なくして只変境あるのみ、而して進境は変境の中に在り。」然らば則ち生物的なる社会の進化もまた常に之を変化の中に求めざる可からず、変化の多ければ多きだけそれだけ進化も多かる可ければ、吾人は社会万般の事物に付きて、成る可く変化の多きことを喜ぶものなり。

勿論総ての変化が盡く進化と為るにはあらず、退化も亦変化の中に胚胎するものなれば、決して心を許して油断す可きにはあらざれども、更に一歩を進めて国運の消長上より概論すれば、興国の隆運中在るものは総ての変化を取りて進化と為すの□あり、亡国の否運中に在るものは之に反して変化在る毎に退化せざる無し。支那の事は暫く之を擱き、朝鮮の如きは気の毒ながら漸くに亡国の否運中に陥りつつあるものと謂はざる可からず此を以て京城に於ける万般の変化は毎度その退化を徴証するに足る |

者焉，若使有之，则人人皆是主宰。凡动社会之力，人人皆有焉。则使社会进化善境之力，人人所有也。然则增广社会容量之力，谓非人人共有，而谁有哉。往时有痴愚政治家，妄谓欲改我社会之风俗，使摹仿欧美，而恐社会未易动，盖误之甚也。何则？非磨以岁月，则安能收其效哉。吾本希冀社会日进化于美境，故姑言及之。	なり。欧陸に於ける土耳其国の如きも其主権者が最も恐るる所は変化にして最も忌ひ所は改革なり、是その変化の必ず退化と為ることを知ればなり。然るに我日本の国運は或る部局に於いては甚だ気遣はしき点も之有るべけれど、農工商業共に発運の機運に向ひ、外国貿易の増額は誣ふ可かざる統計表の保証あり、戦勝後は更に戦後経営と唱へて海陸の軍備を拡大の計画を立てて既に漸くに実行の緒に就けり。諸外国に於いては日本が・噬主義の悪方針を取れりとの評判さへ起りて、台湾付近に領地を有せる西班牙の如き阿蘭陀の如きは之が為めに警戒を加へたる程なれば、我日本の国勢は我々日本人の眼を以て視るよりも幾層倍も洪大らしく諸外国人の眼中に映出せるやに思はるるなり。吾人は最も浮華誇大の陋習を厭ふが故に、此等の趣向を喜んで前後不覚に欣□雀躍するものに非ざれども、世上の論者が或は膨張的な日本と称して日本の稍くに盛運に赴くを形容し、或は少壮的日本と号してその青年発育期に似たるを説くを聞く毎に、其の道理ある立言なるを認めずんばあらざるなり。要するに我日本は今方に興国の隆運中に入りつつあるものと視ざる可からず、又たとひ或は非替の運に傾くの勢ひあるものも必ず之を挽回して之を興隆の盛運中に振り向けざる可からず。之を為すには則ち亦変化を取るの必要あり、之吾人が変化を喜ぶ所以なり。憲法既に立ちて国家の形体は大に備へ、此の局面に向かつては更に変化を容れずと雖も、憲法の範囲内に於ける政治的変化は月々に起こり日々に現はる是れ皆吾人の喜ぶ所なり。然るに政治的変化の迅速なるに比すれば、社会的変化は実に遅鈍を極めたり。東京の社会は依然たる三五年前の東京的にして大阪の社会は亦相替わらずの旧来の大阪的なるを見る。概して日本の全体を推すに我社会観は猶往時の面目多し、此方面に関しては戦争の影響割合に少なし。（未完）

日本古城贞吉译《论社会》,《时务报》第 18 册（1897 年 2 月 22 日，续前）	社説「社会の容量」『大阪朝日新聞』、明治 29 年（1896）12 月 11 日（承前）
我日本国运，虽未必无可忧虑，而农工商业，有逐日益盛之观。且外国贸易，尤有增多焉。证诸事实，必无有误缪也。近时又有增扩军备议，且略就实行之绪，于是外国猜疑揣摩，谓日本包藏祸心，将行吞噬之策。西班牙和兰等诸国，有属土与台湾接邻，惶恐仓皇，相为警戒。然则日本国势之隆，日本不自知，而外人知之，殆在意料之外。吾人本恶浮华夸大之陋习，闻外人称赞，而沾沾自喜，是庸人之事耳。然亦见世论，或为膨胀，或为少壮，以相比喻，未必无理也。要之我日本，似方进兴国之隆运者矣，若其不然，亦必当转而向隆运也。为之道如何，亦曰，变化云尔。或曰，宪法既立，而国家之形体大备，岂容复变化乎？曰，不然。虽有宪法，宪法之下，犹涉日逾月，始有变化于政局。而以社会之变化，比政局变化之快疾，则有霄壤之别。东京客岁之政局，非复昨年之观，而其社会则依然也。推之于大阪，亦依然也。推之于日本全国，亦依然犹留旧时之面目。岂变化之未至乎？抑由于何理乎	さて今後の我社会はいかに変化を取る可き乎、又いかに変化せざる可からざる乎、之に対する吾人の希望の数多き中に先づ第一に説かんと欲するは我社会がその容量を大にして成る可く多く異種異様の事物を容れんこと是れなり。学者の社会には俗人を容れず、俗人の社会には文芸美術を容れず、文芸美術の社会には宗教道徳の理論を容れず、宗教道徳の社会には株式相場の談話を容れず、株式相場の社会には物理物化の学術を容れず、物理物化の学術社会には政治家を容れず、政治家の社会には実業家を容れず、実業家の社会には壮士を容れず、彼等は啻に相容れざるのみならずして或は互に相排撃す、啻に互に相排撃するのみならずして、或は互に相醜詆詬罵するものあり。その甚きに至りては犬と猿との如く水と油との如く酒と餅との如きものあり。吾人は必しも之を尤めず、たとひ之を尤めたりとて急に其の性行を改む可きにあらず、只傍観して袖手するの外なけれども、翻つて日本の社会全体より観察すれば、彼等はいづれかその一部局一要素たらざるものぞ。我日本の社会は実に能く彼等の総てを包容せり。更に翻つて此の世界全体を一大社会視すれば、我日本の社会も亦他の支那、朝鮮、露西亜・彼斯、土耳其等の各社会並びに欧米諸国の各社会と共にいづれかその一部局一要素たらざるものぞ。部局は常に全体よりも小なり。部局の小利害小得失に齷齪して全体の大趨勢大傾向を願みざるは、誠に淺墓なる次第と云ふ可し。偏固狭隘の心にはいかに変化を望むも得べからず、変化なければ焉ぞ進化あるべけんや。（以下略）

　　如表 3 所示，这是一篇提倡社会宽容性的文章。日本社会取得了日新月异的进步，这种进步是社会进化的反映，应该受到欢迎。但是日本社会

还存在着极大的封闭性，不同阶层的交流还不畅通。文章作者呼吁去除狭隘的心胸，融于全世界之中。古城选择这篇文章的动机不得而知，他对译文做了较大的删节，即使是今天的读者也难从译文中体会原文的主旨。通过原文译文的对比，可知要想传达原文的意思，除了读者的背景知识、新的表达方式以外，更重要的是古城必须解决的译词的问题。例如在译文中，古城几乎原样照搬了日语词，如"社会""进化""退化""历史""美术""宪法"等。对于这些第一次出现在汉语语境中的词语，古城有时加以注释，如"文艺美术"，而更多的情况没有加以解释。这些词被正确理解的可能性是一个未知数。对于"东文报译"新语词的理解与容受，是一个值得深入研究的课题。

以上我们对《时务报》"东文报译"的译者和译词进行了初步的考察。所谓"初步"是因为我们深深感到问题具有相当的广度和深度，还有很多疑点需要解明。

以梁启超戊戌变法期间的东学背景为例，郑匡民指出其来源有三：其一来自他的老师康有为；其二来自他的朋友黄遵宪和其他日本朋友；其三则靠自己的努力自修而成。① 梁启超于 1896 年 12 月 5 日（光绪二十二年十一月朔）作《〈日本国志〉后序》；于 1897 年 11 月 15 日（光绪二十三年十月二十一日）作《读〈日本书目志〉后》。其受教于黄、康的时期、内容均可厘清；而更正确、更具有即时性的古城贞吉的影响如何？梁启超在光绪二十三年三月初三日（1897 年 4 月 4 日）就物色日语翻译人员事给康有为的信中说：

> 日本维新三十年中，读中国书者几绝……其有一二，皆守旧之徒，视新学如仇敌，必不肯翻我欲翻之书。此是古城所述情形，如此则觅之日本亦不易也。②

黄遵宪《日本国志·学术志·西学》中"杉田玄白"作"杉田元白"，

---

①　郑匡民：《梁启超启蒙思想的东学背景》，上海书店出版社，2003，第 13 页。

②　丁文江、赵丰田编《梁启超年谱长编》，第 78 页。

梁启超则在《变法通议·论学校·译书》中订正为"杉田翼";①《变法通议》中还有其他关于日本的信息，这些都显示了梁启超有直接获取日本知识的可能。古城贞吉应该是扮演了重要的角色。此外还有一些问题，都应该查清。尤其是古城翻译的实际情况及其影响，如（1）古城贞吉在上海活动的具体情况，除《时务报》以外，与其他组织、人物的关系，如罗振玉、农学会、蒙学会等；古城翻译的影响及其在翻译过程中本人所受的影响等。这种影响应该包括政治社会的和词汇的两个方面。（2）《时务报》具体受到了何种来自日本媒体的影响。（3）"东文报译"的译文和原文的对比研究。（4）"东文报译"的词语和其他文章词语的比较，两者的互相影响关系等。总之，日本知识第一次占据重要地位的《时务报》对 1896~1898 年新知识的传播以及给中国社会造成的冲击，都将成为今后研究的内容。

---

① 《时务报》第 27 册，1897 年 5 月 22 日。"翼"是杉田的名，"玄白"是通称。梁的原文是："日本自杉田翼等，始以和文译荷兰书。泊尼虚曼子身逃美，归而大畅斯旨。至今日本书会，凡西人致用之籍，靡不有译本，故其变法灼见本原，一发即中，遂成雄国。岂非其明效大验耶？""尼虚曼"即新岛襄（Joseph Hardy Neesima，1843–1890），1864 年偷渡去美国，1875 年作为传教士回到日本，创建同志社大学。但"始以和文译荷兰书"，不确。兰学书主要用"汉文"译出。

第三章
《辞源》与日语借词

  1915 年 10 月上海商务印书馆隆重推出中国第一本近代国语辞典《辞源》。商务印书馆为编纂这本辞典花费了 8 年时间。[①] 大型辞典的编纂费时费力，成功与否甚至关系出版社的存亡，然而《辞源》取得了巨大的成功。《辞源》出版以后不断再版，出续编、正续编合订本，至 1949 年销售量达 400 万册，对现代汉语词汇体系的形成影响极大。

  《辞源》出版的 1915 年，正值中国社会在思想、文化上发生剧变的前夜。正如 4 年后发生的五四运动所象征的那样，新旧文化处于冲撞、搏斗、交替的旋涡之中，是极不安定的过渡期。考虑到另外一本国语辞典《辞海》的出版还须等待 20 年之久，我们就可以知道《辞源》在现代汉语词汇体系形成过程中举足轻重的作用。如下所述，《辞源》一方面上溯古语，另一方面下接新词，扮演了承前启后的重要角色。《辞源》出版后，有很多学者指出其古典词语部分的缺点和错误，其中如主要针对改订版的田忠侠的一系列研究是较有影响的。[②] 但是，关于《辞源》的新词部分，尤其是从近代词汇的发生、流传、借用以及与现代词汇的关系方面，尚未见有详细的考察。《辞源》编纂的主要动机是要解决清末民初出现的新词问题。《辞源》中收入了大量人文、自然科学的新词、术语（尤其是后者，如此大规模地收录科技术语，即使今天的大型语文辞典也几乎不可想象），忠实地反映了当时新旧文化在语词上的冲突和竞争；《辞

[①] 《辞源说略》说："戊申之春遂决意编纂此书，其初同志五六人，旋增至数十人……历八年而始竣事。"其实"迨民国初元全稿略具"，而校订等花费了更多的时间。

[②] 田忠侠在他的两本著作《辞源考订》（东北师范大学出版社，1988）、《辞源续考》（黑龙江人民出版社，1992）中主要针对改订版的书证、释义等方面的问题做了深入的探讨。

源》作为近代词汇史上极为重要的资料之一，其所包含的新词问题是不容忽视的。①

本章主要对《辞源》的新词，尤其对科技术语的一些基本情况进行讨论，着眼点在于《辞源》的新词、科技术语的来龙去脉以及现代汉语从日语借用词汇的若干问题。

一 《辞源》的版本

《辞源》1915 年 10 月由上海商务印书馆出版。正文 2974 页，先后有 5 种版本。具体情况如表 1。

表 1 《辞源》正编五种版本

版式	卷数	定价（圆）	纸质	装帧
甲大本	12	20	上等连纸	绸函丝订
乙大本	2	20	上等洋纸	布面皮脊
丙大本	2	14	上等洋纸	布面皮脊
丁中本	2	7	上等洋纸	布面皮脊
戊小本	2	5	上等洋纸	布面皮脊

除了上述 5 种版式以外，后来又有普及本刊行。本书使用的是甲大本。

《辞源》出版后随即着手进行修订工作，但是改不胜改。这倒不是因为初版的误植，而是需要增补的新词太多。编辑部遂决定以续编的形式补充新内容。《辞源》续编于 1931 年 12 月出版，正文 1568 页，续编的篇幅反映了新词增加之迅猛。续编出版后初版《辞源》便被称为正编，正续编及附录等合计超过 4000 页，600 余万字，收单字 12000 余，复合词逾 10

---

① 《辞源》改订版的主持人刘叶秋认为，初版《辞源》中有关政治、经济和自然科学的新名词，大都已经陈旧过时，或者说不免于错误、片面，值得参考的只是字、词、文、史和百科常识等方面的条目（刘叶秋：《中国字典史略》，中华书局，1992，第 239 页）。将《辞源》作为一种实用工具书来看，刘氏的结论似无不可，而今天旧《辞源》的价值更多的是作为词汇史的资料。

万条。

1939 年 6 月，《辞源》出正续编合订本。词条经过合并整理，计收单字 12000 余，复合词约 89000 条；1949 年出《辞源》简编本，词条减至 4 万，20 世纪 50 年代以后有关部门组织人员对《辞源》进行了大规模的修订，修订版《辞源》的定位是阅读古代典籍的专用辞典。修订版出版说明说：“这次修订……根据本书的性质、任务，删去旧《辞源》中的现代自然科学、社会科学和应用技术的词语，收词一般止于鸦片战争（公元 1840年）。”《辞源》修订本于 1979~1983 年出版，收单字 12890 个，复合词 84134 条。

二 《辞源》的缘起和编纂方针

主编陆尔奎在《辞源说略》中对《辞源》编纂的缘起做了如下说明：

> 癸卯甲辰之际，海上译籍初行，社会口语骤变。报纸鼓吹文明，法学哲理名辞稠迭盈幅。然行之内地，则积极、消极、内籀、外籀皆不知为何语。由是缙绅先生摒绝勿观，率以新学相诟病。及游学少年续续返国，欲知国家之掌故、乡土之旧闻，典籍志乘浩如烟海，征文考献，反不如寄居异国，其国之政教礼俗可以展卷即得。由是欲毁弃一切，以言革新，又竟以旧学为迂阔，新旧扦格文化弗进……

由《辞源说略》可知，《辞源》的编纂目的首先是满足广大读者学习新知识的需要，同时也保证传统旧学的存续。至 19 世纪末，每逢科举之年，《康熙字典》销路极好。但是 1905 年科举制废除，改为“新学取士”；加之翻译书的大量出版（主要译自日语），使社会生活中的语词发生了巨大的变化。因此，能涵盖新知识的大型工具书成为全社会的急切需求。当时有数种从日本移植的法律、经济方面的新词辞典、术语辞典，[1]但是还没有真正的国语辞典。商务印书馆抓住了这个机会。同时，该馆汉外辞典类的出版及其商业上的成功，对其做出编纂《辞源》的决定亦有良性的作用。[2]

编纂者有意识地要把《辞源》编成一本全新的辞典，《辞源说略》特地指出了《辞源》与传统的字书、类书等的不同之处：

> 其旨一以应用……凡读书而有疑问，其所指者字也，其所问者皆辞也……故有字书不可无辞书，有单辞不可无复辞。此书仍以《新字典》之单字提纲，下列复辞。虽与《新字典》同一意响，而于应用上或为较备至，与字书之性质，则迥乎不侔也。

> （类书等）重在出处，不重在诠释……辞书以补助知识为职志，凡成一名辞，为知识所应有，文字所能达者，皆辞书所当载也。举其出处，释其意义，辨其异同，订其讹谬；凡为检查者所欲知，皆辞书所当详也。供一般社会之用，非徒为文人学士之用。故其性质适与类书相反。

《辞源》第一次明确地认识到"字"与"辞"，尤其是与复合词的不同，认识"字"和知道"辞"的意义是两个不同层面的问题。因此在编纂上《辞源》更加注重词义的诠释，特别是对那些新词和译词，定义详细，自负提供了读者想知道的全方位的知识。《辞源》将编纂、收词方针定为：语词为主，兼收百科。收词范围由成语、典故、典章制度、天文、地理、医卜、星相、人名至算学、物理、化学、数学等近代新学，极为广泛。对此，《辞源》修订版的出版说明（1979）做了如下的回顾：

> 《辞源》以旧有的字书、韵书、类书为基础，吸收了现代词书的特点；以语词为主，兼收百科；以常见为主，强调实用；结合

---

① 实藤惠秀：《中国人留学日本史》，第203~213页。
② 如谢洪赍编《华英音韵字典集成》、颜惠庆编《英华大辞典》等。

书证，重在溯源。

《辞源》续编编纂时，对正续编的侧重点做了明确的界定。续编主编方毅在《辞源续编说例》中说：

> 将正续两编性质比较，一则注重古言，一则广收新名。正书为研究旧学之渊薮，此编为融贯新旧之津梁，正可互救其偏。

其实方毅的这段话只不过反映了续编以新词为主的侧重点而已，正编本身就已经具有了"融贯新旧之津梁"的性质了。1979 年以后出版的《辞源》修订版删除了新词，成为阅读古典文献的工具书，或许可以说，这并不是正续编编纂者的初衷。

三 《辞源》与科技术语的制定

进入 20 世纪以后，中国废科举，讲新学，报刊、翻译图书大量出版，由此引发了为数众多的日语词汇流入汉语，对汉语造成了巨大的冲击。变化最明显的莫如文体和词汇，其中新词和各种科技术语的增加是最重要的部分。新语词的急剧增加给社会的口语和书面语言都带来了严重的混乱，引起了语言使用者的不安和反感。例如在京师大学堂接受近代法律教育后留学日本的彭文祖，1915 年在东京出版了《盲人瞎马之新名词》，对国内译词、术语的混乱和误用给予了严厉的批评。在词语混乱现象始见端倪时，清政府就开始着手术语的厘定工作。1903 年并入京师大学堂的同文馆改称译学馆，译学馆内设有文典处，负责术语选定的工作。但是由于缺乏人才，成效甚微。"专科学术名词，非精其学者不能翻译，俟学术大兴，专家奋起，始能议及。"[1]1905 年清政府成立学部，1909 年学部下设"编订名词馆"，聘严复任总纂。至 1912 年，该馆

---

[1]　王冰:《中外物理交流史》，湖南教育出版社，2001，第 157 页。

厘定了标准科技术语约 30000 条，供中国的教育机关使用。但是这些被称为"部定"的术语由于政治的和经济的原因，并没有公之于众，而是为德国人赫美玲所编纂的《官话》所吸收。[1]《辞源》在时间上是可以分享教育部编订名词馆的成果的，但是，从下文的分析可知，其词条更多的是直接取自日语。商务印书馆毫无疑问认识到了术语的特殊性和重要性，只是基于"吾国编纂辞书，普通必急于专门"（《辞源说略》）的考虑，才以《辞源》为先。"当《辞源》出版时，公司当局，拟即着手编纂专门辞典二十种，相辅而行。嗣后陆续出版或将近出版者，有人名、地名、动物、植物、哲学、医学、教育、数学、矿物等大辞典"（《辞源续编说例》）。其中一部分词语汇入了《辞源续编》。中国大规模编辑出版术语集是在民国 20 年以后。[2]

四 《辞源》的新词

《辞源》的一个极为特殊的现象是标榜"穷源竟委"。"举其出处，释其意义"的《辞源》事实上有大量的词（包括义项）没有标明出典，没有给出书证。造成这种现象的原因并非完全由于考证不精。《辞源》的书证采集工作主要使用了中国的传统典籍，而不包括 16 世纪末来华的耶稣会士们的汉译西书，甚至那些被收入四库全书中的书也没有被利用。[3] 如地理学上的"热带""温带"等五带名词，以及数学、几何学上

---

① 参见本编第四章。赫美玲（Karl E. G. Hemeling），1898 年进中国海关，后任税务司。参见沈国威『近代日中語彙交流史：新漢語の生成と受容』203 页。

② 如物理学的情况大致如下："吾国物理学名词之编译，创于前清光绪三十四年，至民国九年，科学名词审查会议决增加物理组……十六年大学院组织译名统一委员会，略有集。翌年大学院改组，译名事业归教育部编审处办理。曾根据科学名词审查会物理组审查本，酌加订正，于二十年分发国内物理学者征求意见。时中华文化教育基金董事会适有编译委员会之组织，复根据前二种审查本，稍加损益，印成小册。二十一年夏，本馆成立。"（陈可忠：《物理学名词·序》，国立编译馆，1934）

③ 但是这些书已经进入了某些编写人员的视野。如，"乾"字项下有：《乾坤体义》，书名。明西洋人利玛窦著，凡二卷。西法历算之入中国，自此书始。"

的一些基本术语等都没有列出书证。至于 19 世纪以后来华的新教传教士的大量著作、译籍就更不在利用之列了。这不能不说是一个严重的缺陷。但是，我们退一步想，即使这些文献得以利用也无法从根本上改变无"源"之词（以下简称无源词）的存在。因为造成无源词的主要原因是新词和术语，在这方面来华传教士的贡献是有限的。《辞源》中的无源词大致有以下几种情形：

A. 西洋的人名、地名、机关名、事件名等专有名词；

B. 外语的音译词；

C. 科技词、术语，在《辞源》中标明"化学名词""物理名词"等，但是词的学科分类标注并不十分严格，随意性似乎较大；

D. 其他新词，从词义上看应为近代以后产生的新词、译词，这些词当然在古典文献中找不到出处；

E. 日语词，包括日本的人名、地名、机关名等专有名词，日本的文物制度方面的传统词语和一些新词、译词。这部分词在《辞源》的释义中以"日本语""日本译名""日本所制字"等形式标明了与日语词的渊源关系。[①]

上述 C，D，E 三类词《辞源》正编为 4659 条，续编为 5436 条。[②] 本章以这些词（10195 条）为重点考察对象。

五　关于 C 类词

在汉外辞典中给词条加学科分类的注词始于颜惠庆 1908 年的《英华大辞典》，而第一本加学科分类注词的国语辞典自然是《辞源》。正编、续编共标注词类 51 种，每项下的词条数量等具体情况如表 2。

---

① 还有一些俗语词、常用词，如"贡生"等科举上的常用词也未明示出典。这些词不在本书的讨论范围之内。

② 《辞源》正编 2974 页，续编 1568 页，平均到每一页上，后者的无源词比例要大大超过前者。这反映了新词增长的迅猛。

表2 《辞源》正编、续编所收科技词、术语分类

单位：条

学科	正编	续编	学科	正编	续编
算学名词*	303	470	物、化名词	1	3
化学名词*	286	157	化、哲	1	0
生理学名词*	258	84	生、植	1	0
法律学名词*	203	116	声、光	1	0
植物学名词*	179	199	哲、教	1	0
动物学名词*	99	183	哲、法	1	0
矿物学名词*	70	134	法、伦	1	0
物理名词*	46	171	机械学名词	0	11
地质学名词	45	114	警政名词	0	3
心理学名词	37	34	艺术名词	0	5
教育学名词	20	18	运动名词	0	1
医学名词	20	0	建筑名词	0	2
力学名词	19	19	学校名词	0	1
光学名词	17	30	岩石名词	0	3
电学名词	17	54	修辞学名词	0	3
军用语*	17	199	美学名词	0	4
哲学名词	16	8	农业名词	0	4
热学名词	15	1	病理学名词	0	10
天文学名词	14	14	工厂管理名词	0	2
地文学名词	13	19	电机名词	0	2
论理学名词	10	51	电化名词	0	4
经济名词	7	8	医药名词	0	4
声学名词	7	10	社会学名词	0	5
音乐名词	3	61	工业名词	0	1
商业名词	2	74	文学名词	0	2
生物学名词	2	9	光、机、物	0	1
几何学名词	2	0	算、电	0	1
伦理名词	2	7	算、矿	0	1
星学名词	1	0	宗、哲	0	1
医化名词	1	0	物、矿	0	3
政治名词	1	0	矿、算	0	2
药学名词	1	0	论、化	0	1
美术名词	1	0	论、算	0	1

* 为正续编合计超过200条的学科。

从表 2 中我们可以看出，《辞源》的学科术语分类较混乱，随意性大。例如，物理，力学，物、化；医学，医药；艺术，美术；地质学，地文学；天文学，星学等的分类是否有必要？学科之间术语的数量也有很大差距。表 4-12 的顺序是按照正编中词条的多寡进行排列的。算学居首，其次是化学，超过其他学科很多。正续编合计超过 200 条词的学科为：算学、化学、生理学、法律学、植物学、动物学、矿物学、物理学、军用语等。而天文学、哲学等不足 100 条；至于经济学以下正编均只有个位数，已经失去了立项的意义。收录词条数量有这么大的差异，其理由是显而易见的。算学、化学两个学科是最早被引入中国的西方知识。16 世纪末来华的耶稣会士们的著作中，数学（包括几何、与天文学计算有关的图书）是一个主要的内容；19 世纪以后，墨海书馆的伟烈亚力等又继承了耶稣会士的工作，与中国的数学家合作翻译出版了很多数学方面的译书。化学则是另一个译书较多的学科。江南制造总局的化学书翻译成果是众所周知的。所以数学术语、化学术语中有很多是中国独自准备的。尤其是数学术语对日本的影响极大。而法律、物理、生理等学科是近代西方科学知识的基础部分，19 世纪末 20 世纪初国人以极大的热情和紧迫感从事引入、介绍的工作，因此出现了较多的译书，书中的术语又被《辞源》收录。与上述学科相反，地质学与西士引介的舆地学不同，是新出现的学科，矿物学亦如此，音乐则是全新的领域，在 1915 年前后术语制定的成果还不能令人满意。我们可以发现，哲学、论理学、政治学等人文科学的术语普遍较少。[1] 对此可以有两种解释：这些领域的术语厘定落后于其他学科，或者专业术语的非专业化显著，大量术语并入了无源的一般词汇中。但是至少就正编而言，厘定滞后是主要的原因。正续编相隔 15 年之久，其间术语有了很大的增加。《辞源续编说例》指出："此十余年中，世界之演进，政局之变革，在科学上名物上自有不少之新名辞发生。"续编真实地反映了这种情况，其中增加最多的是军用语。可以认为这是当时的世界形势，尤其是中日之间紧张状态的具体表现。

所收词语的多寡还与专业术语辞典的编纂进展有着密切的关系。从当

---

[1]　天文学词语数量不多是一个疑点。因为西方天文学的引介早在 17 世纪初就已经开始，并在术语上有较多的积累。

时中国学科建设和术语词典的编纂情况来看，自然科学是领先人文科学的。关于术语辞典的详细情况在此从略，表 3 仅列出了 1915~1932 年专业术语辞典在数量上的增长（计 119 种，据笔者调查 1858~1949 年共刊行术语集 417 种）。[①]

表 3　专业术语辞典出版种类

1915 年	3 种	1921 年	2 种	1927 年	7 种
1916 年	4 种	1922 年	5 种	1928 年	9 种
1917 年	3 种	1923 年	6 种	1929 年	12 种
1918 年	2 种	1924 年	7 种	1930 年	16 种
1919 年	4 种	1925 年	5 种	1931 年	14 种
1920 年	7 种	1926 年	3 种	1932 年	10 种

同时由于大量的术语辞典是和续编同步编纂的，编纂者似有取之不尽的资源。对此《辞源续编说例》再次确认了收词方针："故《辞源》所取材料，均以普通应用为原则……不涉专门范围。今所增补，仍用此例。"在实际执行中，会有一些出入，但是可以说续编出版后，术语审定已经初具规模。

《辞源》正续编中大量的无源词究竟来自何方？下面我们分科学术语与一般新词来讨论一下这个问题。[②]

算学　正编收 303 词，续编收 470 词，是收词数量最多的学科（不计兼类，下同）。算学即现在的数学（包括代数、几何等），在未标明学科的词里也有一些明显属于算学术语的词。《辞源》的算学术语释义详细，常附以图示，可以推测是另行编纂的专业术语辞典的素材。中国导入西方的数学开始于耶稣会士，利玛窦和徐光启合译《几何原本》前六卷是一个代

---

① 沈国威《中国近代的科技术语辞典（1858~1949）》，『或問』13 号、2007 年。

② 兹统一列出本节以下的参考文献，不再一一随文注出：傅兰雅《江南制造总局翻译西书事略》，张静庐辑注《中国近代出版史料初编》，第 9~28 页；王树槐:《清末翻译名词的统一问题》,《中央研究院近代史研究所集刊》第 1 期，1969 年；王扬宗《清末益智书会统一科技术语工作述评》,《中国科技史料》1991 年第 2 期；沈国威（编著）『「新爾雅」とその語彙：研究・索引・影印本付』；沈国威（编著）『植学啓原と植物学の語彙：近代日中植物学用語の形成と交流：研究論文・影印翻訳資料・総語彙索引』。

表性的事件。19 世纪新教传教士来华后继承了耶稣会士的工作，墨海书馆的伟烈亚力等在中国士子的帮助下，相隔二百年，完成了《几何原本》后九卷的翻译。墨海书馆还出版了其他数种数学译著。数学术语是最早得以确立的术语，很多传入日本，故两国数学（算术、几何）用语相同者居多。以下仅举前 50 例。

> 一元方程式 一次方程式 三角形 三面角 三角函数 三角方程式
> 不等式 中线 中点 中性级数 九点圆 二面角 二项定理 二等分线
> 二次方程式 二等边三角形 代数式 系数 假数 偏程 旁切圆
> 优角 优弧 内角 内切形 内接形 内二等分线 全等形 八线
> 八线真数 公约数 公倍数 六线 六十分法 共幻数 共轭角 共轭弧
> 再乘 函数 分数 分指数 分数方程式 分离系数法 切面 切圆
> 切线 割线 十进法 半径 反比例

化学 正编收 286 词，续编收 157 词。如前所述，未标明学科的 D 类词中亦混有大量的化学术语。伟烈亚力最先在《六合丛谈》的小引中介绍了西方的化学，1860 年以后江南制造总局翻译馆开始系统翻译西方的化学书，并做了很多厘定化学术语的工作。《辞源》的化学术语释义详细，从来源上看，可分为两类，即化学元素、物质的名称取自江南制造总局，表达基本概念的词则多来自日语，如"原子"等。以下仅举前 50 例。

> 一养化碳 一养化铅 一养化锡 一盐基性酸 三硫化砷 三硫化锑
> 三绿化砷 三绿化铋 三绿化锑 三绿化磷 三养化砷 三养化硫
> 三养化铋 三养化磷 中和 中和热 中性盐 中性反应 干馏
> 二硫化炭 二养化硅 二养化炭 二养化硫 二养化锰 五硫化锑
> 五养化砷 五绿化锑 五绿化磷 亚磷酸 亚硫酸钠 以脱尔根 克分子
> 分析 分子量 加波格昔尔根 化分 化合 原子 原质 原子量
> 原子价 可逆反应 同质体 单体 土金属 安息酸 安特拉生
> 定性分析 定量分析 引火点

生理学 正编收 258 词，续编收 84 词。所谓生理学术语，主要是解剖学的内容。西方医学的介绍开始于合信。合信在其医书五种中试图用已有的中医术语表达西方医学的概念。合信又著《医学英华字释》，对自己的术语做了初步的整理。其后医学术语的厘定成为在中国行医传道的传教士的一项重要工作。但是，传教士们的术语创制、厘定工作并没有成功。《辞源》中的生理学词汇主要来自日本。以下仅举前50例。

> 三尖瓣　上肢　上肢骨　上肢筋　下肢　下膊　下肢筋　不动关节
> 不随意筋　中耳　乳腺　乳糖　二头股筋　二头臂筋　克氏小体
> 内皮　内耳　内脏　内转筋　前踞筋　前头叶　动脉　动眼筋　动关节
> 十二指肠　半月瓣　半规管　协同筋　受精　味觉　味神经　味觉器
> 呼吸音　呼吸器　呼吸运动　咽头　唾腺　喇叭管　嗅觉　嗅神经
> 嗅觉器　喷门　坐骨　外耳　外斜筋　外听道　人脑　大动脉　大循环
> 大腿骨

法律学　正编收203词，续编收116词。中国法律体制的近代化受日本的影响极大，术语也多取自日语。《辞源》所收法律术语中，中日同形的比例高达90%，即可说明这一点。以下仅举中日同形词50例。

> 一般法　一院制　一分判决　不成文法　中断　中间判决　人权　代表
> 代理　保存行为　假释　假执行　停止公权　债务　债权　先占
> 先取特权　内乱罪　两院制　公判　公诉　公开　公权　公示催告
> 共犯罪　判决　副署　加重　助法　占有　参加人　参政权　反坐
> 反诉　合议制　商行为　单行犯　单独制　单独行为　地上权　天然果实
> 失踪　嫌疑犯　子法　对审　对质　对人权　对世权　居所　居间

植物学　正编收179词，续编收199词。西方植物学知识的引介开始于韦廉臣、艾约瑟、李善兰合译的《植物学》（8卷，1858）。包括"植物学"这一学科的名称在内，该书创制了外皮、细胞、子房、种子、内皮、胚珠、胚乳等大量新术语。这些术语传入日本，对日本植物学术语的形成极有贡献。但是，其后中国引介西方植物学的工作陷于停顿，《辞源》所收的植物学术语有很多是日本学者在李善兰等的术语基础上制定的。以下仅举前 50 例。

> 不定芽　不定根　不整齐花　中肋　二强雄蕊　互生叶　亚麻科　亚乔木
> 假果　内长茎　两性花　两体雄蕊　冠毛　匍匐茎　十字花科　卷须
> 向日性　向地性　呼吸根　单果　单叶　单性花　单被花　单项花序
> 单体雄蕊　单子叶植物　圆柱根　圆锥根　圆锥花序　地上茎　地下茎
> 地衣类　坚果　块根　块茎　外长茎　多肉果　多年根　多子叶植物
> 多年生植物　子房　子囊　完全花　完全叶　定芽　定根　宿萼　寄生根
> 寄生植物　密束花序

动物学　正编收 99 词，续编收 183 词。西方动物学知识的引介开始于合信的《博物新编》。在此之前，《遐迩贯珍》中连载了有关动物学的文章。但是西方动物学的正式介绍是在进入 20 世纪以后，术语主要借自日语。以下仅举前 50 例。

> 一穴类　世代交番　保护色　侧线　两栖类　共栖　刺细胞　原生动物
> 单眼　单孔类　单性生殖　单细胞动物　圆口类　圆虫类　外套膜
> 多足类　害虫　宿主　寄生动物　平均棍　幼虫　弹尾类　成虫　成长线
> 扁虫类　拟态　拟脉翅类　攀禽类　昆虫类　有尾类　有吻类　有袋类
> 有蹄类　有性生殖　有胎盘类　步脚　步行虫　毒腺　水母类　水禽类
> 海牛类　海星类　海胆类　涉禽类　无尾类　无性生殖　无胎盘类
> 猛禽类　珊瑚类　环虫类

物理学　正编收 46 词，续编收 171 词。关于物理学术语的厘定，王冰《中外物理交流史》中有较详细的论述，在此仅列出《辞源》正编所收入的全部物理学术语 46 条。

> 三态　不可入性　凝固　凝聚力　分子力　可分性　可溶性　可燃性
> 吸收　吸湿性　填充性　弹性　微管现象　惰性　惯性　折光　抵抗
> 振动　摩阻力　扩散　有效距离　比重　比热　液体　湿度　渗透
> 磷光　真空　磁气　磁场　磁极　磁力线　等速运动　绝对单位

能力不灭　胀率　临界压力　良导体　蒸腾作用　质量　质点　辐射热
周期　静电　松性　黏力

军用语　正编收 17 词，续编收 199 词。军用语是增长幅度最大的一类，应该是当时国际形势的反映。但是"番号""工事"等词语尚未收入《辞源》，这些词的传入是在中日战争爆发以后。以下分正编、续编各举军用语数例。

正编军用语

兵站线　动员　围攻线　密集队　射击　复员　收容队　攻势防御
梯队　火线　策线　策应总区　纵队　警戒线　近战　非战员　马术

续编军用语

上陆点　不规攻法　中央阵　交通沟　占领地　作战　作战地　作战线
作战地区　作战命令　侦察　储积场　先遣部队　内卫兵　内线作战
共同命令　兵站　兵站地　兵站主地　兵战末地　兵站基地　兵站管区
兵站医院　兵站总司令部　准尉　刺突兵器　前哨线　前遣队　前卫阵地
动哨　动员令　勤务　包围　友军　反攻　单料炮　团区　团本部
在乡兵　地障

哲学　《辞源》中明确标明为哲学术语的词不多，正编 16 条，续编 8 条，另有论理学术语正编 10 条，续编 51 条。共计 85 条，兹全数列出。

正编哲学

主我　宿命说　实在　实感　惟心论　惟我论　惟物论　怀疑论　时间
物竞天择　理性　神秘说　范畴　纯理论　醇化　魔术

正编论理学

不容间位律　内函　前提　命题　外延　推理　断案　归纳　演绎
矛盾律

续编哲学

一神论　不可知论　天赋观念　惟神论　本体　第一性质　第二性质

自因

续编论理学

不含蓄名词　不规则推测式　二分法　交错分类　假言命题　假言推测式
共性　具体名辞　分类　判别的定义　势力论　同一律　含蓄名辞
周延　唯名定义　单称名辞　因果的定义　大语　定言命题　实质定义
对当　对定理　小语　形式论　循环论证　戾换法　抽象名辞　排中律
换位法　换质位　换质法　普通名辞　本质的定义　消极名辞　演绎推理
发生的定义　直接推理　相对名辞　积极名辞　窃取论点　绝对名辞
缺性名辞　联锁体　自用语　论证　连辞　选言命题　间接推理　附性法
类同法　模拟推理

哲学术语起步慢的原因可能在于哲学的地域性。德国哲学有德国哲学的术语，中国诸子百家、宋明理学也有其自己的术语。哲学的基本术语又与普通的词语难以区别，如存在、意识等。而与哲学相关联的逻辑学的引介及其术语的确立则有一点曲折。中国最早翻译逻辑学书籍的是严复，1900 年严复开始翻译 *A System of Logic Ratiocinative and Inductive*（J. S. Mill，1843），1902 年以《穆勒名学》的书名刊行前 2 章（前 8 章的全部出版是在 1905 年，原书的后半部未译）。严复 1909 年又翻译了 *Logic the Primer*（W. Stanley Jevons），以《名学浅说》的书名出版。在翻译过程中，严复为逻辑学准备了一套术语。而在 1902 年，留学日本的汪荣宝翻译了日本高山林次郎著《论理学》的前 6 章，刊登在留学生创办的杂志《译书汇编》（第 2 年第 7 期，1902 年）上，术语大部分取自高山。但是，汪氏稍后著《新尔雅》（1903），其中的"释名"即逻辑学的部分，术语主要遵循严复的《穆勒名学》。上文词表中混杂存在着严复的术语和来自日本的译词。

在结束本节之前让我们来看一下《辞源》的释义情况。关于所收词条的词义诠释，编纂者说"就学术一方面而论，谓之百科辞书，亦无不可。惟其程度皆以普通为限"，但是实际情况是大量的术语释义过于专门化、冗长、晦涩，非专业人员既无必要也不可能理解。化学、图画、制造等方面的词几乎就是把专业辞典的条目原封不动地搬过来。例如：

一养化炭 Carbon monoxide，CO 化学名词，亦称养化炭。由薪炭燃烧于空气不甚流通之处而生。以草酸与硫酸同热，亦可制之。为无色无味之气体，略有臭气，性甚毒。空气中稍杂之，即觉头痛眩晕。炭炽时，常见淡青色焰，即此气遇养气而燃也。

同时又有一些术语的释义过于简单，人文学术语此倾向较强。续编的百科全书性倾向得到了加强，很多词条的释义动辄数百字。

六 关于 D 类词

除了标注为学术用语的词以外，《辞源》还有很多无词类标注的无源词。作为共同的特征，这些词通常具有较新的词义，绝大部分应是近代以后产生的新词。这种词《辞源》正编有 2920 条，占全部无源词的62.7%；续编有 3110 条，比例为 57.2%。兹分举正编、续编中的 D 类词若干。

正编的 D 类词

一角 一音 一周 一元论 一神教 一览表 一览拂 一夫一妻
一夫多妻 一妻多夫 一年生植物 一部主权国 丁度 丁字尺 丁香油
丁形定规 七色 七成 七色板 七面鸟 七曜日 七宝烧 三色
三色版 三合星 三角板 三角法 三角表 三角州 三棱镜
三角测量 三位一体 三段教授 三段论法 三头政治 三头臂筋
三权分立 上士 上告 上帝 上流 上校 上控 上将 上尉 上诉
上水鱼 上行星 上议院 下士 下女 下手 下流 下疳 下驮
下水道 下行星 下议院 下剂 下关 下等动物 下等植物 不客
不行犯 不动产 不等号 不都合 不尽根 不可抗力 不正行为
不良导体 不完全花 不完全叶 不法行为 不定级数 不透明体
不干性油 不换纸币

续编中的 D 类词

一品红 一硫硫酸 一般消费税 一般经济学 七艺 三一律 三角铁

三叶虫 三鳍龙 三民主义 三绿甲烷 三养化铬 三叉神经痛

三角形接法 三段教授法 上层浮游动物 下野 下半旗 下投弹

下疳菌 下层浮游动物 不合作 不沉船 不透明 不彻底 不反刍类

不动资本 不平等条约 不合作运动 不同居继父 不快意的戏剧

世界科 并结 中线 中生代 中央体 中耳炎 中耕器 中距离

中心思想 中立义务 中古教育 中江藤树 中间宿主 中枢神经

中心统合法 中层浮游动物 丹毒菌 主教 主裁 主谋 主点 主射线

主要成本 主音音乐 主管官署 乙女 乙炔 乙烷 乙烯 乙酸

乙醇 乙醛 九一四 乳脂 乳业 乳化体 乳脂酸 乳腺炎 乳酸菌

乳酸钙 乳酸铁 干腐 干燥器 二元教 二相制 二等国 二迭纪

从词义特征上讲，D 类词中的很大一部分完全可以编入各学科术语之中，可知《辞源》中术语的学科标注并不是很严格的，或者可以说，当时即已经有了术语与一般词语界线模糊的现象。如《辞源续编说例》所说"惟现在科学时代，杂志中各科论文日多，虽专门之学，多为学生应知之普通常识"。而更直接的原因可能在于《辞源》的编纂方式："此书编辑之时，皆分类选辞，至脱稿以后，始分字排比。"（《辞源说略》）。负责术语的人和负责一般词语的人似乎沟通不够。

D 类词来自哪里？从逻辑上讲有三个源头。一是中国的古典词。由于考证方面的原因未能标明出处。二是耶稣会士以来中国自造的新词、译词。由于没有从这些文献中采集书证所以未能标明出处。三是借自日语的词。第一种情况数量不会太多，第二种情况是中西之间语言接触的问题。这种接触可以上溯至明末清初，而大规模的创造则自 19 世纪初新教传教士来华始。他们的贡献集中表现在算学术语和化学术语上。而化学术语主要集中在元素、化学物质的名称上，化学学科的基本术语并非来自传教士。至于传教士下了大功夫的机械、物理、舆地，尤其是医学方面的术语，其努力基本上可以说没有成功。地质学术语几乎全盘接受自日本，而在医学上发生了解剖术语全面更替的现象，传教士多年努力的结果几乎在一个早上就为日本术语所取代。同时，严复主持审定的约 30000 条术语也没有汇入

《辞源》。这些都显示：算学、化学物质名称以外，来华传教士的术语和中国自定的术语至少在《辞源》中并不重要。我们不得不承认大部分《辞源》无源词的源头在日语。我们先看这样一个事实:《辞源》正编无源词4659条，其中与日语的同形词为3435条，比例高达74%，而续编的中日同形词的比例几高达80%。[①]毫无疑问这些同形词是中日双方利用汉字接受西方文明共创共享的产物；所谓"共享"就是汉字文化圈域内词汇交流的结果。详细的词源考证有待于中日近代同形词辞典来完成。在此我们所能指出的是：从下面的分析中我们也可以看出《辞源》编纂的本身就是在日语的强烈影响下（现实的使用，各种译书、工具书的出版）进行的，编纂过程中大量的日语新词、译词被吸收进来。

七 关于 E 类词

E类词即来自日语的词，这部分词条在释义中以某种方式显示了与日语的关系。一种是直接标明"日本语""日本名词""日本译词""日本法律名词"，或在释义中写明"日本谓之……"等词源上的信息。这一部分词以下称为"日源词"，具体词例如下：

并等 日本语。对于上等而言，谓寻常之等第也。
乘客 舟车之搭客，日本谓之乘客。
切手 日本语。券也，票也。如邮票曰邮便切手。
手续 日本语。犹言程序，谓办事之规则次序也。

另一种是在释义中涉及日本的知识，即日语中的等义词作为一个参照点引入释义的文字中，这一部分词以下称为"日本参照词"。具体词例如下：

刑律 日本谓之刑法。
加斯 日本译作瓦斯，瓦读如加。

---

① 异形词1220条是中国的自造词，其中化学名词176条，算学名词95条。

大总统 日本谓之大统领。

东洋车 日本称人力车，以其昉于日本，故有此称。

即在释义时将日语的等义或近义词作为参照比较的对象加以引用。日本参照词不是日语的词，日语中没有相同的形式。上面的"刑律"现称"刑法"，"加斯"现在一般写作"瓦斯"，日语参照词有一部分后来为日语借词所统一。

日源词正编收 278 条，续编收 58 条；日本参照词正编收 19 条，续编收 14 条，两类相加共 369 条（参见本书附录）。所谓日源词，即词形或词义（某一义项）来源于日语的词，我们先对这部分词做一些讨论。日源词大致有以下几种类型。

（1）百科全书性质的词条。包括日本的人名、地名、文物制度等，如：

下关 吾妻 埴轮 士族 华族 大正 宽永 宽和 大阪 江户 冲绳
内省 山阴道 山阳道 东京湾 东海道 伊藤博文 福泽谕吉 政友会
水平运动 西原借款

（2）日本制造的汉字：

働 匆 呫 呕 啮 硵 乫 硾 腺 膵

（3）日语的音译词（包括混合词）：

俱乐部 倭麻质斯 寒武利亚系 封度 志留利亚系 曹达 沃度 沃素
沃度加里 炭酸加里 瓦斯 规尼涅 护谟 越几斯 重曹 露西亚 护谟树

（4）其他日语词：

览拂 丁度 下女 七宝烧 海老 下驮 割引 勉强 味噌 吾妻 吾妻镜
富士山 不都合 一分判决 乘客 公证人 人力车 入夫 代料 代用教员
代用学校 中间判决 仲买人 仲裁 免许 免除 剥夺 商法 失踪
意匠

（4）类词可以根据词形分为训读词、嵌字词（即利用汉字表示日语音节的假借词）和音读词；从意义特征上看，前者所表达的多是既有概念，后者则多为新概念。除了百科性质的词条以外，（4）类词占了日源词的大部分。但是需要注意的是，有一些江户时代以来的旧词被赋予了新的意义。

这样的词在法律术语中较多，如引渡、但书、出庭、取缔等。

《辞源》的无源词中来自日语的词不在少数，为什么只有这 300 余例标注为日源词？刘凡夫较早地注意到了这一问题，他对大量的日源词没有明确标注做了如下的解释：

> 日本制的汉字词与汉语自制的新词很难区别，加之编纂者自
> 身的日语水平，有很多词未能确认为日语词便被收进了《辞源》，
> 如积极、消极这两个词。[①]

就是说刘凡夫把原因归结为日源词的辨别困难和编纂人员日语能力的不足。不可否认这里面有刘氏提到的因素，但是这些显然不是问题的关键所在。[②] 下面让我们从日源词的释义特点对其中的原因做一些探讨。

首先（1）类词是介绍日本的百科性词条，诠释词义时自然地要言及这些事物来自日本。《辞源》对这些词的日源标注，一般并不具有词源考证的性质。（2）类词是日本造的字。字形和发音在中国传统的工具书里无法找到，《辞源》既然要收录就需要加以字源上的说明。（3）类词为在日本产生的音译词。由于中日语言的音韵系统不同，日本的音译词用汉语读时与原词的发音差距较大，对这一部分词也需要加以特殊的说明。以上三类标注为日源词是有其必然性的。那么（4）类词标出词源的原因是什么？《辞源》中的日源词常常有比较显著的日语特征，这种被称为"和臭"的特征是由日本独特的汉字意义和用法造成的。《辞源》对这些词的释义很有特点。请先看例词：

> **一览拂** 日本称期票之见票即付者为一览拂。即收票者一览
> 其票，即付款之谓。
>
> **但书** 日本语。法律条文中含例外之意者。其句端恒冠以但
> 字，故名。

---

① 劉凡夫「中国語辞書『辞源』初版に収録された日本語語彙の性格」『国語学研究』32
号、1993 年。

② 沈国威「中国の国語辞書『辞源』の新語について——日本語との関わりを中心とし
て」国語語彙史 45 屆研究會、1993 年 12 月。

和文 谓日本文也。日本国亦谓之和国，故谓其文字为和文。

法医学 由医学药物学等之学识技能。研究法律上各种问题。以鉴定创伤、受毒、判定生死等之医学也。英语之 medical jurisprudence 译称医法学。日本人以所重为医学，故译为法医学。今从之。

就上述例词而论，前半部分是对词义做解释（或称为外语辞典中常见的翻译，其表达相当于"英语把书称为 book"）。如果是一般的外语辞典，词义的解释就可以到此为止了，但是《辞源》并不是这样，编纂者总是在释义的后半部分试图对词的理据做出某种说明：一看即付款，所以称"一览拂"。《辞源》的理据说明有时是牵强附会的，或者加入了编纂者想当然的成分，如上面的"法医学"；有时则提供了某些可以被认可的理据知识，如下面的"妃色"：

妃色 颜色名。日本或译为英文之 Vermilion。按 Vermilion 谓朱色，日人读妃色为绯色，因而至讹。古绯色本有深浅之别，妃色或与浅绯色相近，绝非朱色。我国亦曰杨贵妃色，概指淡红色而言。（《辞源》续编）

即，汉语中绯色为朱色，即深红色；妃色为粉色。日语中绯、妃同音（其实汉语中也是同音字，也有至讹的可能性），用"妃色"去翻译英文的 Vermilion，这种译法又传到了中国。

为了给人以信服的理据说明，《辞源》在释义时常常使用复合词中的构词成分。如下面的"住所""作物"：

住所 日本语。谓平日所住之处。

作物 日本名词。耕作所得之物也。

尽管汉语和日语都使用汉字，但毕竟是完全不同的两种语言；对汉字字义的理解、用法中日之间也有很大的差异。汉语母语使用者的汉字知识并不能保证对所有日源词做出正确的理据说明，这时《辞源》也就不得不放弃做理据说明的努力了。例如：

丁度	日本语谓恰好为丁度。
海老	日本称虾曰海老。
不都合	日本通用语。犹言适不便当也。
化妆品	日本语。女子所用物品，如香皂脂粉之类皆是。
取缔	日本语。管理监督之意也。

《辞源》不再去解释为什么"海老"是虾，"不都合""取缔"何以有"适不便当""管理监督"的意思，只是简单地列出了对应的译词，没有对应的译词时则用短语形式进行说明。值得我们注意的是释义中经常使用"日本语谓甲为乙""日本称甲曰乙""犹言"等形式。这一记述方式是传统的对汉语方言进行记述的方式，所不同的是汉语方言可以使用相同的文字系统进行记录。

在谈到《辞源》日源词的特征时，刘凡夫说：

> 训读词是日语的固有词汇……训读词所使用的汉字表意性弱，难为一般中国人接受。而《辞源》所收录的日语词汇中训读词和外语音译词占 40% 以上。这在中日词汇交流史上可以说是一个反常的现象。[1]

揣测刘文的意图，所谓"表意性弱"即日语固有词语中的汉字，作为构词成分时理据性弱，中国人不易理解。而笔者曾对中国人容受来自日语的新词、译词时的某些特点做了探讨。[2] 由于汉字的存在，说汉语的人常常不能明确、清醒地认识到汉语和日语是两种完全不同的语言。明治中期访问日本的中国文人叶庆颐，在他的《策鳌杂摭》中把对日语词的困惑表达为"事物异名""同文殊解"。即相同的事物使用不同的（用汉字书写的）名称；相同的汉字名称却又表示不同的意义。包括叶庆颐在内，清末访问日本的官吏、文人的著述中对日本词常有"不知何意"的评语，所"不知"

---

① 劉凡夫「中国語辞書『辞源』初版に収録された日本語語彙の性格」『国語学研究』32 号、1993 年。

② 参照本书"语言接触编"第一章。

者应为"得名之所由"。因此对"得名之所由",即词之所以成立的理据进行说明就成了理解乃至容受日语汉字词的极重要的条件。上述的著述中都有大量关于理据的叙述,19 世纪末 20 世纪初刊行的多种《和文奇字解》也是以对日语词的理据说明为目的的。[①]《辞源》中的日源词大多数是一些"和臭"较强的日常用语,中国的读者无法从字面上正确地推导出词义(其实,词义不是字义的简单算数和,汉语的复合词也是如此)。《辞源》实际上在起"和文奇字解"作用。而对于更多的抽象词汇和学术用语,这些明治以后由日本人创造或赋予新义的词,甚至有一种中国人造也可以得到相同结果的意见,可知"和臭"的问题相对要弱一些。《辞源》对这些词是以严格界定意义的方法解决理据问题的。至 1931 年底出版的《辞源》续编,其中所收录的日源词,日常用语几销声匿迹,绝大多数是百科性词条,这似乎表明大规模地借用日本语词已经告一段落。

需要指出的是(4)类词中有很多法律术语这一事实。如一分判决、中间判决、仲裁、假释、公证人、出庭、分限、判事等。笔者认为这应该作为一个例外的情况来处理。中国的法律术语大部分由日语引进,在当时,赞成或反对这两种意见已经形成对立。负责这一部分的编者对日本的法律术语显示了特殊的敏感性和良好的法学知识,这可能是一些法律术语被标注为日源词的原因。编者已经注意到了中日法律术语之间同义不同形(例如在"刑律"等词条中指出日本用"~ 法",而中国使用"~ 律"),以及同形不同义的问题(如下面的"亲族"条)。遗憾的是描述得如此精致的词不多。

> **亲族** 谓同宗族者。按日本亲族律中之亲族,不专指同宗之血族,即异姓之配偶者及姻族,均包在内。我国法律,亲族二字,专指同宗族之亲而言。其宗族姻亲之全体,称曰亲属。

八 日源词在汉语近代词汇史上之地位

如本书附录所示,《辞源》中的日源词 300 余条,除了百科性的词条

---

① 沈国威:《黄遵宪的日语、梁启超的日语》,『或問』11 号、2006 年。

以外，保留到现在的不多（加下画线者）。① 对于其中一些较特殊的词语，如"丁度""不都合""切手""切符""泽山"等，刘凡夫说这种日语的固有词很难为汉语所接受。笔者认为从结果上看确实如此。但是我们更应该认识到日源词收入《辞源》实际上反映了当时汉语在语词使用上的某些真实情况：这些词曾反复出现在翻译书籍或报刊等媒体上，所以读者需要用工具书查检词义；中日同义词两形并存则是这一时期新旧、中外词汇竞争、抗衡的表现。还有这样一种情况：一些被当作日语的词实际上是汉语固有的词语。如"㶫肿"本是一个中医术语，19 世纪中叶以后逐渐为合信创制的译名"炎症"所取代。可见在当时人们的词源感觉就已经出现了偏差。

从《辞源》日源词的释义中，我们可以看到编纂者对"得名之所由"的追求和挫折。同时，日语借词进入汉语后，旧有的词汇体系需要进行重组、整合，在这一过程中，词形、意义、用法上发生了变化，《辞源》记录了这种变化。如"探险""探检"，《辞源》的释义分别如下：

> **探险** 言冒险而探察也。
>
> **探检** 探索寻检也。如南极探检、北极探检，言查察南北极地方之状况也。探检二字，本于英文之 Exploration，日本译为探检，我国改为探险。其义较狭，不如探检所包者广。

《辞源》不是外语辞典，在下面的例子中作为辞典的释义，英语和日语部分都不是必需的。但是 1/3 以上的无源词附有英语原词，在某种情况下，日语也同英语一样成为汉语新词、译词的一个参照点。

> **押汇** Bill of exchange 商业名词……此法盛行于欧美各国。日本谓之荷送为替。

汉语开始与其他语言建立语词上的对译关系，这种关系对于一种近代的、学术的语言，在其词汇体系的建构上是必不可少的。日语参与了这一过程则是不争的事实。

---

① 《辞源》中的日源词其实并没有经过严格的词源考证，其中混有一些汉语词。

第四章
English-Chinese Dictionary
(《官话》) 与其译词

严复说:"字典者,群书之总汇,而亦治语言文字者之权舆也。"[1]外语学习离不开汉外辞典。16 世纪末来华的耶稣会士为此做过可贵的努力,[2]如金尼阁的《西儒耳目资》即一种音韵工具书,但是汉外辞典没能正式刊行。西人在中国编纂出版汉外辞典可以说始自马礼逊的一系列辞典,其后近百年的时间里各种汉外辞典大量出版。汉外辞典的发行量以及对中国的外语教育,乃至汉语本体研究的影响,都是值得深入研究的课题。

进入 20 世纪以后为了满足国人英语学习的需要,上海商务印书馆开始着手编纂英汉辞典。谢洪赉编纂的《华英音韵字典集成》、颜惠庆的《英华大辞典》相继问世。这标志着中国人开始自主编纂汉外辞典并取得了成功。[3]在这种情况下,1916 年任职中国海关的德国人赫美玲出版了一本英华辞典 *English-Chinese Dictionary of the Standard Chinese Spoken Language*(官话)*and Handbook for Translation, including Scientific, Technical, Modern, and Documentary Terms*(详见图 1)。从书名可知这是一本为翻译工作者准备的术语手册。

赫美玲之后,除了 R. H. Mathews(1877~1970)的 *Chinese-English*

---

① 《华英音韵字典集成·序》。
② 相关研究请参见马西尼「早期の宣教師による言語政策:17 世紀までの外国人の漢語学習における概況——音声、語彙、文法」内田慶市、沈国威(編)『19 世紀中国語の諸相:周縁資料(欧米·日本·琉球·朝鮮)からのアプローチ』17~30 頁;姚小平《早期的汉外字典——梵蒂冈馆藏西士语文手稿十四种略述》,《当代语言学》2007 年第 2 期。
③ 中国人编纂的英汉辞典可以追溯到邝其照的《字典集成》;19 世纪末冯镜如等又分别在横滨和香港出版了英汉辞典。

Dictionary（1931）较有影响外，西人的外语辞典逐渐退居次要地位。《官话》可以说是西人汉外辞典编纂一个世纪努力的尾声，这本辞典反映了汉语近代词汇尤其是以学术用语为中心的抽象词汇的形成进程，具有重要的研究及资料价值。本章对《官话》的一些基本情况进行考察，特别着眼于严复的术语厘定以及汉语从日语输入词汇等若干问题。

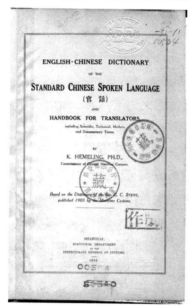

图 1 《官话》书影

一 《官话》的概况：版本和编者

《官话》1916 年由 The Presbyterian Mission Press, Shanghai 印刷出版，24.8cm×16cm，扉页背面印有 "Copyrighted 1917" 的字样，可知正式版权的取得是在 1917 年。该辞典的构成为：序言 4 页、说明 2 页、正文 1726 页（含卷后附录 65 页）。编纂人赫美玲，德国人，1898 年进入中国海关，先后在汕头、南京、汉口、上海等地任帮办、副税务司、税务司；1905 年任盛宣怀秘书。[①] 除了该辞典以外，赫美玲还编有《南京官话》（*The Nanking*

———————————

① 中国社会科学院近代史研究所翻译室编《近代来华外国人名辞典》，第 201 页。

Kuan Hua，1903）等。《官话》的印数不明，现在古旧书店偶尔仍能购得，似应有一定的发行量。1973 年该辞典作为 Dictionaries of the World, Reprint and Micropublication Series 的 一 种 由 Books for Libraries Press, Freeport, New York 出版了影印本。

下面让我们通过辞典卷头的长篇序言来看一下《官话》编纂的具体情况。赫美玲在英文序言中首先交代了辞典的概况和编纂目的，他说：

> 如书名所示，这本辞典基本上是标准汉语口语或官话的辞典，但是同时也包含新词和术语。这些术语用于所有的科学领域：工业技术、陆军、海军、基督教传教、宗教、商业、政治、法律、政府公文、书籍、报纸等；本辞典还收录了翻译人员需要的其他术语和短语等。这本辞典的主要目的是提供正确、实用的译词，以满足阅读商业的和科学书籍时的需要，初学者和程度较好的学者、政府人员、商人、科技人员、传教士及教师均可受益。尽管编纂方针主要着眼于外国人将英语译成汉语时的需要，但也可以为阅读英文书的中国人提供帮助。

接着赫氏写道：

> 这本辞典的编纂花费了编者在中国海关任上 5 年以上的时间，10 名中国学者（他们来自南北各官话地区）参加了编辑工作，并对每一个词做了检证。
>
> 为了进一步帮助读者，辞典为汉字加注了罗马拼音。拼音采用了威妥玛系统、G.C.M.G 系统和 K.C.B 的系统。这些拼音系统为驻华的若干外国政府机构所采用；也为中国海关、邮政、盐业当局所采用，是最标准的标音体系。由于方言等方面的原因，辞典正文中的汉字注音省略了声调。

在序言中赫美玲用了较大篇幅介绍了译词的形成和借鉴问题。他指出：

> 《官话》参考了 *Webster's International Dictionary* 和 *Fowler's*

Concise Oxford Dictionary of Current English。

　　辞典所收入的全部工业技术、科学、专门领域等的术语，都由相关领域的中外专家提供或经过他们验证。极个别的情况下，汉语没有与英语对应的译词，这种情况大多发生在科技领域，这时需要进行定义或说明。新的译词等如果不自然将会被更好的译词所取代。

　　关于译词的借鉴传承问题，辞典的扉页上标明：Based on the Dictionary of the late G. C. Stent，published 1905 by the Maritime Customs。司登得（George Carter Stent, 1833–1884），英国人，1869 年来华，在英国驻华使馆任卫队队员。后来进入中国海关，在烟台、上海、温州、汕头等口岸任职，1883 年任台南代理税务司，旋去世。司登得对汉语特别是北京口语有较深的研究，著有《汉英合璧相连字典》（*A Chinese and English Vocabulary in the Pekinese Dialect*，1871）、《英汉袖珍字典》（*A Chinese and English Pocket Dictionary*，1874）及《中国的宦官：起源、特性、习惯、职责及手术准备》（*Chinesische Eunuchen: Oder, Der Ursprung, Charakter, Habitus, Obliegenheiten und Zurichtung der Hammlinge Chinas*，1879？）。①《官话》所参照的即司氏的《汉英合璧相连字典》。赫美玲在序言中还说明，司登得的辞典经他改订、增补后曾于 1905 年在上海出版。②

　　除了司登得的辞典以外，《官话》的参考书目录上列有辞典等 19 种，其中 15 种为此前由来华传教士编纂出版的辞典，另外 3 种的编者则为中国学者（第 7 种《康熙字典》除外）。

　　《官话》所参考的辞典及其概要如下。

　　（1）*English-Chinese Standard Dictionary,* Commercial Press. 似乎是上海

---

① 中国社会科学院近代史研究所翻译室编《近代来华外国人名辞典》，第 456 页。

② 《汉英合璧相连字典》1871 年出版后，1877 年出了改订版；司氏去世后传教士季理斐（Donald MacGillivray, 1862–1931）对该辞典再次做了增订，于 1905 年出版（季理斐的增订版之后再版了多次）。1911 年的第 3 版卷末附有一个 Modern Literary and other Combinations，收录了第 1 版以后流行的新词 700 余条）。就是说这本辞典在 1905 年后曾被不同的传教士同时改订出版，可见司氏以及他的辞典对当时汉学界的影响。参见那须雅之「G. C. Stent とその著書について」『中国語学』240 期、1993 年。

商务印书馆 1908 年出版的《英华大辞典》，编者颜惠庆。该辞典是继《华英音韵字典集成》之后的又一本大型英汉辞典，对当时人的英语学习有较大的影响。该辞典明确地写明利用了日本的英和辞典。

（2）*An English-Chinese Lexicon of Medical Terms*, 1908，Philip B. Cousland，即高似兰的医学辞典。来华医学传教士的组织"博医会"一直在进行医学术语的遴选审订工作，该辞典可以说是博医会术语工作的集大成者。

（3）*Deutsch-Chinesisches Handworterbuch*, 1906，Jentschoufu，未见。

（4）*English-Chinese Handbook of Business Expressions*, L. de Gieter，未见。

（5）*A Chinese-English Dictionary*，H. A. Giles，即翟理斯的《华英字典》。初版为 1892 年，1912 年再版。该辞典是数千页的大型工具书，是名副其实的鸿篇巨制，是近代外国人编纂汉英辞典的最高峰。

（6）*English-Chinese Pocket Dictionary of Peking Colloquial*, 1910，《袖珍英汉辞典》，编者 Sir Walter Hillier，中文名禧在明（1849~1927）。这是一本小型的北京口语词典。

（7）*K'anghsi Dictionary*，即《康熙字典》。

（8）*English-German-Japanese Vocabulary of Mineralogical Terms*，B. Koto，该辞典即日本出版的《矿物字汇》（1890，小藤文次郎等编）。《官话》中地质、年代名称等地质学词汇多取自该辞典。

（9）*English-Chinese Dictionary of Philosophical Terms*，D. MacGillivray，该辞典出版于 1913 年，是根据日本的《哲学大辞书》编纂的。编者中文名季理斐，是著名汉学家，曾改订司登得的辞典。

（10）*New Terms for New Ideas*: *A Study of the Chinese Newspaper*，A. H. Mateer. 赫美玲没有给出出版日期，但所参照的应为 1913 年的初版。编者为著名传教士狄考文的夫人。

（11）*Chinese New Terms and Expressions with English Translation*，Evan Morgan. 赫美玲同样没有标明出版日期，但所参照的也应为 1913 年的初版。编者中文名莫安仁（1860~1941）。

（12）*Manuel de la Langue Mandarine, with English Text,* A. T. Piry and C. H. Oliver，未见。

（13）*Recueil de Nouvelles Expressions Chinoises*, Zikawei，未见。

（14）*English and Chinese Names of Locomotive and Car Parts*, Tientsin, W. A. S.，出版日期不明，出版地为天津，未见。

（15）*English-Chinese Technical Terms*, Geo. A. Stuart, 师图尔（1859~1911）。该辞典应该是狄考文1904年的《术语辞典》的增订本，出版于1910年。

（16）*German-English-Chinese Dictionary of Technical Terms*, Richard Wilhelm，即《德英华文科学字典》，编者中文名卫礼贤（1877~1950）。该辞典于1911年出版，576页，是一本较重要的术语辞典。收录汉语词1万余条，主要是学术用语。

（17）*Dictionary of 3000 Common and Customs Expressions*, C. A. S. Williams，即《海关语言必须》，编者文林士，该辞典由上海商务印书馆1908年出版。

（18）*Translations of Dixon's Dictionary of Idiomatic English Phrases*, Dr. W. W. Yen and Chan Chi Lan. Dr. W. W. Yen 即颜惠庆，Chan Chi Lan 是陈芷兰。[①] 该书即商务印书馆出版的《英汉成语辞林》，原书是在日本东京大学任教的 James Main Dixon 为日本人编写的辞典，由陈芷兰等译成中文。主要收习语、惯用语，例句较多，出版后很受欢迎，多次再版。

（19）《辞源》。1915年出版的《辞源》是第一本近代意义上的国语辞典，对汉语现代词汇的形成发挥了极重要的作用。但是从出版时间上看，实质性的借鉴可能不多。

上述辞典中《英华大辞典》、《英汉成语辞林》和《辞源》出自中国学者之手。除此以外，鸣谢名单上还有张煜全、赵锡龄、赵世忠、韩学琦、冯世勋、谢福荫等中国学者的名字，但详细情况均不明。

赫美玲为这本辞典做了大量的准备工作，但是他也认识到该辞典还有很多缺点。他说这主要是因为汉外辞典编纂工作（辞典学等）还处于襁褓阶段；汉语正处在一个发展的过渡时期，编纂工作不得不由一个外国人单独承担。赫美玲谦虚地说，如果编辑汉外辞典还为时尚早，他希望《官话》能成为向理想的汉外辞典编纂方向迈出的第一步。

---

① 陈阴明，号芷兰，曾与颜惠庆一同编写《英华大辞典》，名列编辑人员名单第一位，供职于香港皇仁书院。

　　最后赫美玲告诉读者，对于初学者来说，不能期待这本辞典中的每一个官话词语都可以为所有方言地区的人或受任何程度教育的人所理解。同时也不能轻信所有受过教育的中国人都能够理解大量的新词、术语等具有的真正意义。因为理解这些词需要对西方的思维方式、现代科学有较多的知识储备。必须认识到，能够正确理解词义的中国人还不多，而这种知识对于所有科学著作的阅读是必不可少的。

二　《官话》译词概况

　　《官话》译词的最大特点是将译词分为四类，即俗、文、新、部定，并在辞典中译词的右上角加以标注（并非全部标出。赫美玲说"所有未特殊标注的译词都可以用来同受过教育的人交流"）。赫美玲在序言中对四类词做了如下说明。

　　A. 俗语或俚语的词用"俗"标出。

　　B. 书籍、公文及报刊使用的词语，不用于口语，用"文"标出。

　　C. 现代词语（modern terms）主要来自古典汉语和日语，用"新"标出。需要注意的是，这些新词的大部分现在被普遍用于一般的口语。

　　D. 标准科技语（standard scientific terms），这些词被选作中国大学和学者们使用的词。这些词使用"部定"标明，涵盖了代数、解剖、建筑、哲学、心理学等51个学科。

　　"俗""文"是传统词语在文体上的区别，《官话》收录的"俗""文"两类词例词如下：

> 【俗】　冷孤丁的、发呆、弄合式、颏啦脿……
> 【文】　经始、伊始、自暴自弃、放恣、致仕、归隐……

　　"俗"类词较少，前20页仅上举4例。但是这并不意味着辞典收录的口语词少，大量的口语词没有用"俗"标出。可以断定口语词的主要来源是司登得的辞典。与"俗"类词相比，"文"类词的数量要大得多，经抽样统计，总数在6000~8000条。编纂者明确认识到"文"类词不用于口头语言。文俗之别对于注重口头宣讲的传教士来说始终是一个大问题，而言文一致的实现只有在词汇层面做好准备后才有可能。

"新"是当时刚刚出现的尚未定型的词，"部定"是教育部名词委员会选定的标准科技术语。关于新词的数量，编纂者并没有交代，而关于部定词序言中则说严复等审定了"约 30000 条"。但是据笔者统计，《官话》中两类词实际收录数量如下。

新词	部定词	总词数
12059	16041	28100

新词、部定词是最能反映 19、20 世纪之交汉语词汇激烈变化的部分。《辞源》的"无出典词"总数在 10000 条左右，由此可知《官话》的新词、部定词所占比例之大。在以下的章节里，我们将对新词和部定词进行详细考察。

三 关于"新词"

新词是表达新概念的词语，作为语体上的特征这些词既可以用于报刊、书籍等书面语，也可以用于口头表达。以下是 A 词条下部分新词举例（标有 * 者为借自日语的词条）：

珠算　宰牲厂　屠兽场　男修道院　约分　简字　略号　肚部　光行差　共犯
安然受判断　顺受后果　夺格　非正式 *　奇式　医使小产　胎死不坠　游学
留学 *　君权无限的政体　脱脂棉 *　吸收　电食　理论的 *　虚想的 *
理论的化学 *　抽象的意思 *　抽象思索 *　科学会 *　实业学堂　大青科
棘鳍科　偻腺虫　疥虫　重音号　卫生队 *　附属品 *　产科士　接生妇
记簿　第四变格　止词　无色差　强水　酸表　酸质本　最高点　病极点
声学　尽义务　化学线 *　白刃战 *　常备军 *　现役军官　联管　演说 *
腺炎 *　势字　形容字　静字　指实字　暂延国会　认可 *　许可 *　入场券 *
议决 *　进击 *　跃进 *　降临节　疏状字　状字　顾问　顾问官　状师　辩护士 *

辩护　鼓吹 *　飞行盘　双叶飞行盘　单叶飞行盘　艳丽学　美术学 *

牵合力　亲合力　爱力　养老金 *　反对 *　否决某议案 *　表决反对某议案

上古黄金时代　竞争时代 *　用石器的时代　主动力 *　议事日表

非现象不认之学派　间遏热 *　目的 *　新鲜空气　国乐　警报机　营养料 *

联邦 *　体学士　解剖士

新词以复合词为主（单汉字词极少），也有一定数量的短语。

《官话》的新词来自何处？赫美玲说"主要来自古典汉语和日语"，从造词的角度看，主要贡献者应该是来华传教士和日本人。传教士在翻译过程中大量利用了古典汉语词，也新造了很多译词；同样的造词活动在日本也大规模地展开，这些词在19、20世纪之交大量传入汉语。关于"新"类词当然不能排除赫美玲独自收集、积累的可能性，但是更直接的来源应该是上述（2）、（15）、（16）、（17）和（1）、（8）、（9）、（10）、（11）各辞典。前4种（高似兰、师图尔、卫礼贤、文林士）主要反映了来华传教士的译词、新词创造的成果；后5种（颜惠庆、小藤文次郎、季理斐、狄考文夫人、莫安仁）则更多地受到了日语的影响，或接受了日本的译词。从学科分类上看，宗教、军事、政治、经济、法律、医学、天文、数学、化学、机械制造等的术语为大宗，还有大量的一般人文科学词语。

从造词者的角度看，宗教、机械制造、医学、数学、化学、天文等的术语主要出自传教士之手，而军事、政治经济、一般人文科学的术语则更多来自日语。这些日语来源的词甚至可以在所有的学科领域中找到，而且大部分作为现代汉语词保留了下来。以下是新词中当时日语意识较强的词：

演说　入场券　辩护士　目的　否决　表决　议案　会社　武士道　武士气质

社会主义　共产主义　俱乐部　支点　组合　取缔　贷方　借方　动产　不动产

取替　株式取引所　引渡　手续　茶话会　法人　支配　觉书　看护妇　积极

邮便　抽象　常备军　现役　兵站　动员

传教士系统的词在造词法上的一个重要特征是新造字词或使用已经废弃的古僻字（尤其是医学术语中有利用部首"疒""肉""血""骨"等创造的大量新字词），或使用从《康熙字典》等字书中收集来的古僻字、异体字（由于印刷上的原因我们在这里不便具体举例）。这些"千奇百怪"的字严重影响了传教士系统译词的普及和定型。与之相比，日本系统的译词更多地利用已有的语言成分造词，因此能逐渐为中国社会所接受，成为现代汉语词汇体系的一员。在一些词条下传教士的造词和日语词同时并举，反映了当时术语不统一的情况。

四 严复与学部编订名词馆

《官话》译词的另一个重要组成部分是部定词。关于部定词赫美玲在序言中做了如下的说明：

> （d）标准科学术语（约3万条）是中国教育部的一个委员会在1912年为中国的大学制定的。这个委员会由著名的英语学者严复博士领导，所制定的术语在本辞典中用"部定"标出。这些术语涵盖了以下的学科：算数、代数、几何、三角法、逻辑学、心理学、伦理学、经济学、国内法、国际法、宪法、历史学、动物学、植物学、有机化学、无机化学、生理学、动植物生理学、地质学、物理学（力学、光学、声学、电学、磁力学、热学）、卫生学、医学。所标出的学科术语只是所制定术语的一小部分，因为全部收录这些术语将超过本辞典的范围。这些部定术语由于其中政治、经济上的困难，在收入本辞典之前没有由政府正式公布。

> (d) the standard scientific terms (some 30,000) selected for the use of Chinese universities and schools by a commission of the Chinese Ministry of Education (教育部) in 1912 under the renowned Anglo-Chinese scholar, Dr. Yen Fu (嚴復) with the characters 鏊 (pu ting). These terms cover the following sciences: Arithmetic, Algebra, Geometry, Trigonometry, Logic, Psychology, Ethics, Economics, Civil, International, and Constitutional Law, History, Zoology, Botany, Organic and Inorganic Chemistry, Animal, Human and Botanical Physiology, Geology, Physics (Dynamics, Optics, Acoustics, Electricity, Magnetism, Thermotics), Hygiene, and Medicine. Of the names of places fixed on, only a small selection has been made, as complete inclusion was considered to be beyond the scope of this dictionary. Owing to the intervening political and financial difficulties, these terms have at the time of printing not been officially promulgated by the Government.

图2 《官话》书影，赫美玲的说明

赫美玲在 Chinese Ministry of Education 后面加上了中文名"教育部"，但是笔者认为所说的是清学部设立的编订名词馆。在具体讨论部定词之前，我们先对严复及学部内设立的编订名词馆的一些情况进行梳理。

科学术语一方面需要严格定义，另一方面需要对不同译者创制的译名加以统一。卢公明编纂的《英华萃林韵府》是传教士试图统一译名的一种努力。但实际上直至 19 世纪末，无论是术语的制定还是译名的统一，都极大地落后于科学书籍翻译的需要。关于清末以传教士为中心的术语统一问题，王树槐、王扬宗的研究廓清了主要事实，[①] 但清政府这一部分还有不少谜团。1905 年，清政府设置学部（即民国以后的教育部），其工作之一就是着手解决传教士没有做到的术语创制与统一的问题。1909 年初，学部奏设编订名词馆，拟派严复为总纂。据严复之子严璩的《侯官严先生年谱》：

> 戊申（1908）学部新设，荣尚书庆聘府君为审定名词馆总纂。（系在 1909 年——原编者注）。自此供职三年，直至国体改革，始不视事。遗稿甚多，尚存教育部。[②]

"供职三年"是著者的笔误，严复在名词馆实际供职时间只有两年。关于编订名词馆的详细情况，如人员、组织和具体工作成果等，尚有很多不为人知的细节。清末设学部，学部下设五司：总务司、专门司、普通司、实业司、会计司；总务司下设审定科，"掌审查教科图书，凡编译局之已经编辑者，详加审核颁行"；同时"拟设编译图书局，即以学务处原设之编书局改办。其局长由学部奏派，其局员均由局长酌量聘用，无庸别设实官。并于局中附设研究所，专研究编纂各种课本"。[③] 编订名词馆是编译图书局的下属机构。

1909 年 6 月 28 日的《申报》上首次登出了"名词馆"的消息：

---

① 王树槐：《清末翻译名词的统一问题》，《中央研究院近代史研究所集刊》第 1 期，1969 年；王扬宗：《清末益智书会统一科技术语工作述评》，《中国科技史料》1991 年第 2 期。
② 王栻主编《严复集》第 5 册，第 1550 页。
③ 《学部奏酌拟学部官制并归并国子监事宜改定额缺折》（光绪三十二年闰四月二十日），舒新城编《中国近代教育史资料》，人民教育出版社，1961，第 280 页。

严几道近曾在学部上一条陈，请设审定名词馆。其办法拟设
总纂一员、副纂一员、分纂五六员、汇辑一员、司务一员，取定
名词，分翻音、译义两科，并闻有调英国留学生伍君光建充当总
纂之请。

两天以后的《申报》报道后续消息："学部奏派缪荃孙办图书局，严复
办审定学科名词馆。"而严复在先前写给夫人朱明丽的信中则说：

学部又央我审定各科名词，此乃极大工程之事，因来意勤恳，
不可推辞，刻已许之。但我近来精力不及从前甚远，若做不好，
岂不为笑？学部叫我自寻帮手，而我又想不出谁来，欲调之人，
又恐调不动也。①

这是严复第一次提及审定名词事，建馆尚在拟议中。应该是学部游说严复，
在得到严复允诺后，以严复名义上奏朝廷的。②严复在另一封信中告诉朱
明丽：

学部设立正辞馆，已定九月十六日出奏，该馆即在学部街考
棚内，离我们京寓却甚近。③

① 《严复集》第 3 册，第 747 页。该信写于 1909 年 6 月 2 日。
② 《申报》（1910 年 3 月 21 日）传递北京的消息《严几道已允充名词馆总纂》："学部设立
名词馆，业已草创开办，所调外务部各员，亦经陆续到馆，按照各国文字分纂一门。惟
总纂一席，不易得人，客岁曾经各堂公举严君几道充任此职，未经允诺，盖严君以大著
作家自命，其所担任教育上之责成，较诸他人独重，故无暇担任此职。但各堂屡次磋
商，意中竟无他人，近日荣相复又面恳再四，嘱托以为吾国审订名词一事，洵为信今传
后之举，若非严君总其大成，势难尽美尽善。严君得此赞美勉励之词，无可再辞，已当
面认可矣。该馆自开办后所有应用缮写人员，拟于举贡生监或有中学程度……""以大
著作家自命"应是坊间传闻，但学部大臣荣庆"面恳再四"与严复信中的"来意勤恳"
可互参。亦可知伍光建终于没有答应出任总纂。
③ 《严复集》第 3 册，第 749 页。该信写于 1909 年 10 月 27 日，此时严复还没有使用正式
的名称。

这个奏折即《学部开办编订名馆折》，该折半个月后由《申报》刊出：

> 学部奏云，本年闰二月二十八日（4 月 18 日——引者注，下同），臣部具奏分年筹备事宜单开，编订各种学科中外名词对照表，择要先编以后，按年接续。又五月初六日（6 月 23 日），臣部奏请以候选道严复在臣部丞参上行走，令其编订学科名词、各种辞典。均经奉旨允准，自应钦遵办理。查各种名词不外文实两科，大致可区六门。一曰算学，凡笔算、几何、代数、三角、割锥、微积、簿记之属从之；二曰博物，凡草木、鸟兽、虫鱼、生理、卫生之属从之；三曰理化，凡物理、化学、地文、地质、气候之属从之；四曰舆史，凡历史、舆地、转音、译义之属从之；五曰教育，凡论辩、伦理、心灵、教育之属从之；六曰法政，凡宪政、法律、理财之属从之。惟各种名词繁赜，或辨义而识其指归，或因音而通其假借。将欲统一文典，昭示来兹，自应设立专局，遴选通才，以期集事。拟暂借臣部东偏考院作为办公之地，名曰编订名词馆。即派严复为该馆总纂，并添派分纂各员分任其事，由该总纂督率，分门编辑，按日程功。其一切名词将来奏定颁行之后，所有教科及参考各书，无论官编民辑，其中所用名词有与所颁对照表歧异者，均应一律遵改，以昭画一。九月十六日奉旨：知道了。
>
> 又片奏云，再，编订名词分纂需人，查有准补江苏六合县知县孙筠，文章雅赡，邃于西学，堪以调充分纂。如蒙俞允，即由臣部咨行江苏巡抚，饬令该员迅速到差。同日奉旨：知道了。[①]

可知编订名词馆的主要目的是术语的制定和统一。其实，此前《申报》已经报道了申请设立编订名词馆获批的消息，[②] 并引起了议论。有人在"清谈栏"发文批评编订名词馆可能会耗资"太巨"：

---

① 《申报》1909 年 11 月 13 日。笔者认为这个奏折是由严复执笔的。
② 《申报》1909 年 11 月 2 日传北京专电："学部奏设编订名词馆。奉旨知道。"

　　编订名词馆之价值　学部近奉添设编订名词馆之旨，从学部愿问官某道之请也。某道固长于订名词者，数日定一字，数月译一文，其技固不恶劣也。抑知一馆之设，有重译，有审定，有提调，有总裁，不知又容许多之官吏，容许多之官吏，不知又将费许多之银钱，而每年不知能得几何划一之名词。今当财政困穷之际，而特设此编订名词馆，将以助长教育也。但恐所订名词少而所委人员多，则此种名词之价值，不免太巨耳。①

教科书所用术语的"审定""划一"是张之洞以来的既定方针。数日后，《申报》再次介绍了编订名词馆成立的背景：

　　学部开办审定名词馆　张文襄管学部时，曾拟将学堂教科书内中外名词详加审定，以归划一。现张相已经逝世，该部荣尚书拟继文襄未竟之志，实行办理。现于新筑考棚内开办名词馆一处，遴派司员分任审定，并派严复、常福元二员总理一切，其分纂人员闻已调刘大猷、王国维、王用舟、周述咸、曾宗巩诸人。②

严复继续给夫人写信告知编订名词馆开始运作：

　　学部编订名词馆，已于廿开办，月薪馆中及丞参堂两处共京足三百两，略够京中敷衍耳……本日所以作此信者，因明日起便须常日到馆督率编辑，每日须有六点钟左右，恐怕没有工夫作信。③

月薪似乎不及严复的期望，而且须每日到馆工作 6 小时，严复抱怨恐怕连写信的时间都不能保证。1909 年 11 月初到 1911 年 10 月武昌起事，严复

---

①《申报》1909 年 11 月 3 日。

②《申报》1909 年 11 月 11 日。

③《严复集》第 3 册，第 750 页。该信写于 1909 年 11 月 4 日。

统辖编订名词馆近两年，那么编订的具体成果如何？[①]

　　严复等在编订名词馆审定的术语没有公之于众，不为人知。但是后来有人提到了这批术语。王栻在《严复传》中写道：

　　　　1908 年（光绪 34 年），清政府新添设学部（教育部），学部尚书荣庆聘严复为审定名词馆总纂。自此以至辛亥革命发生，三年时间，严复一直在此供职。[②]但他对这项工作仅是应付而已。据章士钊说："（民国）七年（1918 年），愚任北大教授，蔡校长（元培）曾将先生（严复）名词馆遗稿之一部，交愚董理，其草率敷衍，亦弥可惊，计先生借馆觅食，未抛心力为之也。"[③]

即亲自看过"名词馆遗稿"的章士钊认为，严复在编订名词馆审定科学名词不过是"借馆觅食"，"草率敷衍"，"未抛心力为之也"。[④]从多次给当

---

① 关晓红说："编译图书局专门设置编订名词馆，至 1910 年已编成几何、代数、笔算、生物、物理、化学、地理、心理、宪法等项，并编辑公布了各学科的中外名词对照表。"（《晚清学部研究》，广东教育出版社，2000，第 379 页）但事实似乎有一些出入。《学部奏陈第二年下届筹办预备立宪成绩折》说："编订名词馆，自上年奏设以来，于算学一门，已编笔算及几何、代数三项；博物一门，已编生理及草木等项；理化、史学、地学、教育、法政各门，已编物理、化学、历史、舆地及心理、宪法等项。凡已编者，预计本年四月可成；未编者，仍当挨次续办。"（《教育杂志》第 2 年第 5 期，1910 年，"章程文牍"，第 31~32 页）这只是"预计本年四月可成"，"编辑"姑且不论，实际上并没有"公布了各学科的中外名词对照表"。有案可查的成果仅有《物理学语汇》（学部审定科编，1908）和《辩学名词对照表　附心理学及论理学名词对照表》（编订名词馆，1909？）。前者公开发行，后者只是印出来而已。参见沈国威《中国近代的科技术语辞典（1858~1949）》，『或问』13 号、2007 年。

② 王栻：《严复传》，上海人民出版社，1957，第 65 页的脚注说，严复实际在名词馆供职仅两年。

③ 王栻：《严复传》，第 65 页。

④ 但是王栻并没有说明这段引文出自何处。应该是首见于《青鹤》杂志第 4 卷第 12 期上的《孤桐杂记》（第 4 页）。王遽常《严几道年谱》中见："据严谱。案积稿今尚存教育部。《现代中国文学史》云其后章士钊董理其稿，草率敷衍，亦弥可叹。复借馆觅食，未抛心力为之也。"（第 79 页）另据《东方杂志》，1918 年北大开始设立各种研究所以推动研究。研究所简章第十一条为：教育部移交之名词馆稿，依学科性质，分送各研究所，为研究之一部。章士钊为论理学（即逻辑学）研究所主任教员，他在《逻辑指要》"定名章"中写道："侯官严氏译《穆勒名学》，谓名字所函，奥衍精博，与逻辑差相若……

道权贵写信寻觅官职，① 可推测严复那时需要更多的钱维持一家的生活。②
章士钊就是从这个角度来看严复审定名词的。对于章士钊的责难，汪晖在
表示赞同的同时还从科技教育体制上着眼，指出："晚清审定名词馆的设定
无疑是和西学的传入和教育体制的改革有关，但是，由于没有专门的科学
家群体的工作，这项工作仍然具有深刻的官僚和文人性质，严复担任这项
工作的上述状况，大致说明了这一点。"③

　　然而，在接触了大量新发现的关于严复的第一手资料后，王栻在《严
复传》1976 年改订版中说："关于严复的生活，自 1900 年（光绪二十六年）
以后，因为保留了较多的朋友书札及家书，并且保留了一部分清末民初的
日记，我们所知较多。"④ 正是根据这些资料，王栻改变了自己的观点，将
初版中"但他对这项工作仅是应付而已"一句删去，并对章士钊的"借馆
觅食""未抛心力为之"的说法加以反驳："据严复晚年的日记及家书，严
复对于馆中某些工作，并不'草率敷衍'。"（第 96 页）但是在那本小册子
里限于篇幅，王栻说"此处不能细述"（第 97 页）。

　　在这里让我们沿着王栻的提示，通过翻检严复给亲友的书信和

前清教育部设名词馆，王静安氏国维欲定逻辑为辩学。时严氏已不自缚奥衍精博之说，
谓：'此科所包至广，吾国先秦所有，虽不足以抵其全，然实此科之首事；若云广狭不
称，则辩与论理俱不称也。'（此数语，吾从名辞馆草稿得之，今不知藏何处）……"
（三联书店，1961，第 2 页）北京师范大学图书馆藏清学部编订名词馆编《中外名词对
照表》的《辨学中英名词对照表》中并没有这段话。对于 Logic 的译名，严复写道："旧
译辨学，新译名学。考此字源与此学实际似译"名学"为尤合。但奏定学堂章程沿用旧
译，相仍已久，今从之。"对一个译名加了几十个字的评语，也可见严复绝非草率。
① 《与毓朗书》中有"前在京，南北洋皆有津贴，略足敷衍，比者因计部裁减一切经费，
皆已坐撤，仅剩学部月三百金，一家三十余口，遂有纳屦决踵之忧"之句，《与那桐书》
中也有类似的表述（《严复集》第 3 册，第 596～598 页）。严复为了维持一家三十余口的
生活，希望得到外务部游美留学公所的差事。这两封信写于 1910 年秋冬，此时严复在
编订名词馆工作已经一年多了，但生活仍很拮据。
② 但王栻指出："严复当时任译局总办、名词馆总纂、资政院议员，总的来说，这一时期，
他的生活已逐渐在相当大的一部分上依靠他的稿费，但基本上还是依靠清政府及其达官
巨吏们的'借重'与豢养。"（《严复传》，上海人民出版社，1976，第 97 页）
③ 汪晖：《现代中国思想的兴起》第二部下卷《科学话语共同体》，三联书店，2004，第
1135 页脚注 48。
④ 王栻：《严复传》（1976 年版），第 97 页。

1908~1912 年的日记等，[①]来了解一下他在编订名词馆审定术语的情况。除了前引 3 封信以外，严复提到编订名词馆的信还有以下数通，兹按照时间顺序排列如下：

> 馆事极繁重，刻须日日到部到馆，即受责任，不能不认真做去耳。（与夫人朱明丽书三十一）[②]
>
> 吾于年假甚想回申一行，但不知学部公事走得开否？名词编订，堂官甚盼早日成功也。（与夫人朱明丽书三十二）[③]
>
> 吾体气尚佳，但部中事忙，日日须行到馆，所好住宅离部不远，中午一点钟可以回寓吃饭，饭后乃再去也。（与夫人朱明丽书三十三）[④]
>
> 我实在气苦，今日晨起头痛发烧，自家暗想，真天下第一可怜人也。馆中公事又急，故不能不勉强到部，此信即在名词馆所写。（与夫人朱明丽书四十一）[⑤]

私信中"若做不好，岂不为笑""即受责任，不能不认真做去"等语都表明了严复对审定名词一事的态度。除了夫人朱明丽以外，严复在给其他亲属的信中也多次提到编订名词馆：

> 吾自到京之后，身力尚可支撑。编订名词，业已开馆；分纂有八九人，伯琦、幼固皆在内，周庶咸仍充庶务，事体颇称顺手。现年内欲令对照表先成，不知做得到否。（与侄严伯鋆书二）[⑥]
>
> 名词馆开办后，尚为得手，分纂调聘亦无滥竽；惟部中诸老

---

① 严复 1908~1912 年日记，《严复集》第 5 册，第 1477~1513 页。但是宣统二年（1910 年 2 月 10 日至 1911 年 1 月 29 日）的日记逸失。

② 《严复集》第 3 册，第 755 页。该信写于 1909 年 12 月 9 日。

③ 《严复集》第 3 册，第 755 页。该信写于 1909 年 12 月 15 日。

④ 《严复集》第 3 册，第 756 页。该信写于 1909 年 12 月 22 日。

⑤ 《严复集》第 3 册，第 762 页。该信写于 1910 年 5 月 11 日。

⑥ 《严复集》第 3 册，第 827 页。该信写于 1909 年 12 月 13 日至 1910 年 1 月 10 日之间。

颇欲早观成效，不得不日夜催趱耳。(与甥女何纫兰书十九)^①

　　舅在京，身体尚健朗，但部中公事极忙，不仅编订名词一宗而已。(与甥女何纫兰书二十)^②

　　信到。舅原拟本月廿二日由京汉铁路回申，乃因事为学部挽留，嗣又病颈风，痛楚异常，夜不合眼，经请英使馆医生诊治，但至今尚未大愈……部事极琐碎，但既来开局，成效未见，故不愿告退；至于升官，吾视若浮云久矣。严范孙侍郎与舅甚要好，近请修墓假，恐未必再来。京中事阴阳怪气，中国人办事，随汝如何，不过如是，似是而非，外方人那里知道。(与甥女何纫兰书二十一)^③

　　从严复的这些信中我们可以知道，学部请求严复负责术语的审定工作，而且高层"甚盼早日成功"。尽管严复健康情况并不理想，但是"来意勤恳"，便当即答应了下来；既然答应了就要认真做好。所幸名词馆距离严复在北京的寓所不远，中午可以回家吃饭。从事术语审定工作的人员主要由严复自己物色，名词审定的工作工程极大，严复须每天到馆，工作 6 小时以上，哪怕生病、身体不适，也"不得不勉强到部"。在严复及馆内同人的努力下，编订名词馆的工作进展顺利，1910 年内有可能完成一部分术语对照表。

　　另外，严复日记中最早出现编订名词馆的记载是 1909 年 10 月 13 日："在京师，具正辞馆节略与学部。"^④ 接着，在 11 月 2 日的日记中记录了开馆的消息。

　　由此至 1910 年 2 月 9 日的两个多月里，严复日记中有"到馆"记录的，达 55 次之多。可见严复的"日日到馆"并非虚言。宣统二年的日记逸失，无法了解严复的行踪。宣统三年的 87 天日记中，"到馆"记录仅有 4 次。其中一次，闰六月十八日（8 月 12 日）写道："到名词馆。见赫

----

① 《严复集》第 3 册，第 841 页。该信写于 1909 年 11 月 29 日。

② 《严复集》第 3 册，第 841 页。该信写于 1910 年 1 月 12 日。

③ 《严复集》第 3 册，第 841~842 页。该信写于 1910 年 2 月 3 日。

④ 对此，王栻注释："正辞馆，即审定名词馆，为学部下属机关。严复受聘为总纂，进行筹备工作，提出报告书。"《严复集》第 5 册，第 1494 页。

美玲。"1911 年 10 月 10 日武昌起义爆发，严复"到馆"的最后一次记载是 10 月 21 日："到名词馆。"严复于 11 月 9 日由京赴津避难，以后日记中也再无编订名词馆的记录。严复在 1911 年 8 月 12 日在编订名词馆与赫美玲见面的目的不得而知，从工作性质上看两人并没有共同点，如果说有，就是正在编纂《官话》的赫美玲对严复主持审定的术语发生了兴趣，或眼见无望公开审定成果的严复想借助于赫美玲将编订名词馆审定的术语公之于众。

从书信和日记所反映的情况来看，建馆前严复制订计划、聘请馆员，建馆后几乎每天到馆，事无巨细，亲自过问，[①] 对术语审定工作是极其认真负责的。1911 年以后，严复到馆的记录减少，其原因可能是审定工作已经告一段落。加之政情不稳，人心惶惶，审定完毕的术语无法公布，严复只好将草稿交给赫美玲，由他自便了。

从 1909 年 10 月 13 日编订名词馆正式开馆到 1911 年 8 月 12 日赫美玲来访，在不到两年的这段时间里，严复组织人完成了约 30000 条术语的审定，这不能不说是一个了不起的工作成果。严复曾就译词创制的问题多次发表自己的意见。《原富》出版后，梁启超在《新民丛报》上撰文介绍严复的新译，同时希望严复能"将所译之各名词，列一华英对照表，使读者可因以参照原书，而后之踵译者，亦得按图索骥，率而遵之，免参差以混耳目也"。严复在给梁启超的回信中说："台教所见要之两事，其本书对照表，友人嘉兴张氏既任其劳。"[②] 他已经认识到译词的统一、普及与创制一样重要。1903 年严复为京师大学堂译书局草拟章程，对译词（意译词、音译词）的厘定、统一提出了更具体的设想：

> （局章）九、所有翻译名义，应分译、不译两种：译者谓译其义，不译者则但传其音；然二者均须一律。法于开译一书时，分译之人另具一册，将一切专名按西国字母次序开列，先行自拟译

---

① "我这几日部事极忙，总而言之，凡他人不能做之事，皆须我做。"（《严复集》第 3 册，第 757 页）所谓"借馆觅食"也不确，严复说"我学部编订名词馆，仅二百金，仅敷寓用"（《严复集》第 3 册，第 752 页），可见条件并不是很优越。

② 《严复集》第 3 册，第 517 页。

名，或沿用前人已译名目［国名、地名凡外务部文书及《瀛寰志略》所旧用者从之］，俟呈总译裁定后，列入《新学名义表》及《人地专名表》等书，备他日汇总呈请奏准颁行，以期划一。①

（章程条说）一、译书遇有专名要义，无论译传其意，如议院、航路、金准等语，抑但写其音，如伯理玺天德、哀的美敦等语，既设译局，理宜订定一律，以免纷纭。法于所译各书之后附对照表，以备学者检阅，庶新学风行之后沿用同文，不生歧异。②

严复1906年著《政治讲义》，其中也多次谈到术语与科学的关系：

诸公应知科学入手，第一层工夫便是正名……所恨中国文字，经词章家遣用败坏，多含混闪烁之词，此乃学问发达之大阻力。③

既云科学，则其中所用字义，必须界线分明，不准丝毫含混。④

科学之一名词，只涵一义，若其二义，则当问此二者果相合否……然此正是科学要紧事业，不如此者，无科学也。孔子曰："必也正名乎。"⑤

编订名词馆成立前后，严复邀请伍光建参与术语审定，被伍婉拒。严复致书伍光建力陈术语审定的重要性，其言殷殷，可以看出严复对术语问题的真实心情：

前者议以名词馆一席相辱，台端谦抑，未即惠然。弟愚见以为，名词一宗虽费心力，然究与译著差殊；况阁下所认诸科，大抵皆所前译，及今编订，事与综录相同，何至惮烦若此？方今欧说东渐，上自政法，下逮虫鱼，言教育者皆以必用国文为不刊之

---

① 《严复集》第1册，第128页。
② 《严复集》第1册，第131页。
③ 《严复集》第5册，第1247页。
④ 《严复集》第5册，第1280页。
⑤ 《严复集》第5册，第1285页。

宗旨。而用国文矣，则统一名词最亟，此必然之数也。向者学部
以此事相諈诿，使复计难易而较丰啬，则辇毂之下何事不可问津？
而必以此席自累，质以云乎？夫亦有所牺牲而已。获通门下日久，
余人即不我知，岂执事而不信此说耶？至于贤者受事必计始终，
此说固也；然而量而后入者，亦云力所能为已耳……如今人所谓
消极主义者，未始非其人之病也。为此，敬再劝驾。[①]

在翻译的实践中严复认识到"今夫名词者，译事之权舆也，而亦为之
归宿"，[②]没有译名就没有译事。如此对于译词创制既有自己的理论，又有
自己的方法，很难想象有机会实现自己主张的严复会"草率敷衍"。事实
上，严复对自己创造的译词非常认真。通过下一节中对部定词的分析，可
知在部定词制定过程中，严复坚持了自己的译词原则，把自己的译词悉数
收入。我们可以说，严复绝非"草率敷衍"；而汪晖的"没有专门的科学
家群体的工作"似乎也不准确。如严复自己所说"分纂调聘亦无滥竽"。
例如曾留学英国的王莪孙在名词馆任分纂，对哲学、逻辑学等人文科学造
诣深厚的王国维亦在编订名词馆任协修。

五 关于"部定词"

如上所述，赫美玲最终从严复那里得到了约 3 万条审定词，但是《官
话》只标注了 16041 条。排除标注上的遗漏，更主要的原因应该是赫美玲
的删减。赫氏所说的"所标出的学科术语只是所制定术语的一小部分，因
为全部收录这些术语将超过本辞典的范围"，应该是事实。

与"新"类词相比，部定词专业术语的色彩更浓，更具有统一的厘定
标准。因为，"新"类词的来源是不同的报刊、辞典；而部定词则是在一
定的原则下审定——尽管我们对审定原则一无所知——最后还要经过包括
严复在内的编订名词馆决策层的认可，随意性相对减少。部定词可以说是

---

① 《严复集》第 3 册，第 586 页。该信写于宣统元年腊月十四日（1910 年 1 月 24 日）。
② 《〈普通百科新大词典〉序》（1911），《严复集》第 2 册，第 277 页。

把编纂各科专业辞典的素材汇于一处的结果。部定词中最多的是化学术语，其他数量较大的领域有：数学、几何、植物学、经济学、医学、物理学、逻辑学等。部定词的来源有三，即（1）传教士系统的译词；（2）严复的译词；（3）日本译词。下面分别在 A 词条下举例若干。

（1）传教士系统译词

亚西炭尼利　醋酸一碳完基　醋酸　淡醋酸　冰醋酸　班蝥醋　吐根醋　海葱醋
醋酸基　醋酸基化氯　亚赢质　二碳亚赢质　酸苟　灭色的　针形叶酸
仙蔻那酸浸水　玫瑰花酸浸水　酸根　酸性反应　一碱性酸　二碱性酸
多碱酸　有机酸　安息酸　硼酸　溴酸　酪酸　氯酸　亚氯酸　铬酸　枸橼酸
拧酸　脂肪酸　蚁酸　没石子酸　锗酸　甘胆酸　氢氯酸　淡氢氯酸
次亚溴酸　乳酸　苹果酸　色差　圆面收光差　并生叶托　偶生　禽收　无茎
磨损　纬距　平加速动　加紧速率　锐三角形　按值　按值税　等加定理
粘合力　不传力线　咨议委员会　入气穴　小气胞　蛋白质

（2）严复的译词

后事　先事　悬（爻）想的　悬（爻）念　悬（爻）数　不名数　独立之名
悬（爻）名　关于读法之怨辞　承受　以举动承受　视待承受　无意之承受
无效之承受　心受　酌易承受　承受者　完全承受　寓　寓德之转对怨辞
原定之不变　臆定之不变　灵动活字　力行动字　完足　完足之知识　自动觉力
自动意识　自动想像

（3）日本译词

领土之弃让　外传神经　能力　购物能力　异常国际法　心之非常态　绝对值
绝对温度　专制　专制政体　附属契约　不测保险　承认　音学　默认
领土之取得　行为　陆军制　恶感之行为　第三方行为　动作　原动　脂肪
行政机关　行政法　海事裁判所　广告　航空学　美情　美学上之想像　感受
家属爱情　内传神经　物质爱力　后像　记忆后像　消极后像　积极后像
代理　商业理事人　外交官　地质力　还元剂　阿烈细曲线　同意　协约
殖产契约　符合法　空气　气流　营养　有机碱类

从上面的例词中可知，传教士的造词活动主要集中在化学、医学、制造等领域。部定词中数量最多的是化学术语，这一点与前述《辞源》的情况大致相同。化学是江南制造总局翻译馆译书的主要内容，以化学元素名为主的术语创制开展得早，积累丰富。很多在今天来说非常专业的化学术语通过部定词被收入《官话》中。

严复的译词主要是逻辑学、社会学等人文科学领域的术语。部定词是严复负责审定的，他理所当然地把自己创造的译词收录了进去。例如逻辑学的术语，可以说是严复的专长，他所使用的术语，如"内籀""外籀""连珠""辨学""㨗辞"以及大量的复合词都作为部定词被收入《官话》。主要使用日本译词，且对严译颇有微词的王国维作为协修也参与了术语的审定工作。但是逻辑学，甚至包括哲学的术语方面几乎找不到明显的日语痕迹。这一方面反映了严复对自己译词的自信和执着，另一方面证明，他对于部定词的审定并没有放任自流。

日本的译词是部定词的另一个主要来源。尽管部定词里的日语借词要远远少于"新"类词里所收的日语借词，但是在编订名词馆审定术语的1909~1911年，很多日语词已经成为报刊上常用的词或者谈论某一话题时不可缺少的关键词了。部定词中收录了以下的日语词：赤外线、动产、主观、客观、义务、时效、前提、取消、常备军、淀粉、括号、括弧、表决、引合、洗剂、赤小豆、特派员、辩护士、电子、预算、伦理学、邮便等。

下面让我们通过医学术语的例子来看一下传教士译词、严复译词、日本译词之间的冲突。

众所周知，医学术语的创制是传教士开始最早、付出努力最大的工作，《官话》的新词部分收录了大量传教士创制的医学术语。传教士系统医学术语的一个特征是新造字（包括利用已经废弃的古僻字）。但是严复主持审定的部定词中并没有收录这些新造字的医学术语。唯一的例外是 lymph 的译词，其实际情况如图 3 所示，即作为"新词"采用了"瀄"或"盡"作 lymph 的译词。这种译法最早出现于传教士编的术语集 *First Report of the Committee on Medical Terminology Appointed by the China Medical Missionary Association. Terms in Anatomy, Histology, Physiology, Pharmacology, Pharmacy*，时间是 1901 年。编纂者是博医会的名词委员会。编纂者对这条译词做了如下的说明：

Lymph. – The character 盡 *Chin* was taken from Kang Hsi and adopted because of its seeming appropriateness in its make up. The meaning is so indefinite it was thought it would not be hard to fix it to mean in our medical books the lymph.

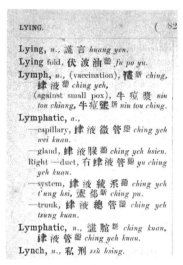

图 3　传教士编纂术语集中 lymph 的译词

由此可知，编纂者认为《康熙字典》里"盡"（或其异体字"盡"，字义为"津液"）可以用来表示西医中 lymph 的概念。其后，lymph＝"盡"或"盡"被收入高似兰的医学术语辞典，成为传教士系统的正式译词。

严复的部定词将"津"简化为"聿"，另外加"血"字旁，构成了新字"蝅"。这是《官话》中部定词使用的唯一新造字。可见严复对新造字是有所保留的，但是他也没有使用日本已经存在的音译词"淋巴"。部定词的医学术语中有很多传统的中医术语，如"胰""胰管""胰液"，也有一些来自日语的术语，如"腺"以及包括"腺"的复合词 30 余条、"神经"以及包括"神经"的复合词 25 条。李善兰创制但是在中国未能普及的"细胞"及其复合词也收录了几十条。①此外"内耳""乳糜""结膜""结膜炎""盲肠""十二指肠"等日本的医学术语亦被收入。

---

① 笔者曾对"细胞"由日本回流中国以后逐渐普及的过程进行过考证。沈国威『植学啓原と植物学の語彙：近代日中植物学用語の形成と交流：研究論文・影印翻訳資料・総語彙索引』、68~77 頁。

六 "新"译词与"部定"译词的命运

如上所示，作为英语的译词，赫美玲提供了新词和部定词这两种选择。经过了那个"优胜劣败、物竞天择"的时代，两套译词留下了什么结果？如上所述，严复将自己的译词悉数收入了部定词，但是这些词几乎"全军覆没"，并没有保留下来。那么，是否可以说"新词"战胜了"部定词"？先请看表1。

表1 "新词""部定词"比较举例

原词	《官话》的译词（B= 部定词；N= 新词）	今译
art	手艺、艺术＊ 本词条下复合词中还有以下译词：术（B）、美术（B）；雅艺（N）、工艺法术（N）、工业艺术（N）、科学（N）、力学艺术（N）、重学艺术（N）、军术（N）	艺术
barbarous	野蛮	野蛮
biology	活物学（N）、生物学（N）	生物学
botany	植物学（B）；草物学（N）	植物学
chemistry	化学（B）；质学（N）	化学
civilization	教化、文明；文明程度（B）	文明
common sense	常识（N）	常识
concept	意想；概念（B）	概念
culture	教化、文化、教育	文化
democracy	民主政体（N）、平民政治（N）；民政（B）	民主
duty	勤务（N）；义务（B）、职务（B）	义务
liability	责任；负债（B）、契约之责任（B）、从戎义务（N）	义务
economics	富国策；经济学（N）、理财学（N）；计学（B）	经济
enlighten	给……开蒙、给……启蒙、开化	启蒙
environment	外围；时势（B）	环境
evolution	天演（N）、进化（N）	进化
feudalism	封建治制	封建
freedom	自繇（由）（B）；地方自治之权（N）、宪法自繇（N）	自由
liberty	自由（繇）（B）;法律自由（繇）（N）、道德自由（繇）（N）、自由（繇）行动；民身自繇（B）	自由

原词	《官话》的译词（B=部定词；N=新词）	今译
history	历史	历史
ideal	理想（B）	理想
individual	个人（B）、个体（B）	个人
logic	名学（N）；辨学（B）；思理学（N）	逻辑
mathematics	算学；数学（B）、几何学（N）	数学
philosophy	哲学*　本词条下还有新词：演绎哲学、自然哲学、思辨哲学	哲学
physics	格致学；物理学（B）	物理学
physiology	生理学（B）；体功学（N）	生物学
principle	原本；起点（N）；原理、主义、宗旨	原则、主义
progress	进益；进步（B）*　本词条下还有部定词：政治之进步、社会进步	进步
religion	宗教、教派、教门	宗教
revolution	大变；变革（B）；革命	革命
right	直；是（B）；权；权利（B）、民直（B）*　本词条下有新词：公权、名誉权、法权……	权利
science	学（B）；科学（N）	科学
society	社会（B）；人群；会社（N）	社会

　　表1中所收的都是19、20世纪之交转型时代有代表性的关键词。表中的词可以分为三种情况。（1）既没有标"新词"，也没有标"部定词"，如野蛮、文明、文化、历史、哲学等。可以说这些词作为译词已经相当稳定了。（2）标为"新词"的译词，如常识、经济学、质学等。在《官话》出版的1916年，这些词还有较强的新词意识。（3）标为"部定词"的译词，如概念、理想、个人等。部定词反映了严复的取舍倾向。应该引起我们注意的是那些同一原词条下新词、部定词不一致的情况。如botany有部定词"植物学"，新词"草物学"；science有部定词"学"，新词"科学"；等等。这种情况反映了当时不同来源的词语之间的冲撞。作为现代汉语词汇演变、定型的结果，我们知道不能简单地根据"新词"或"部定词"的分类来推断一个译词的命运，有时是新词消亡，有时是部定词被淘汰。但

是我们可以说，那些保留至今的词大部分是中日同形词。这里暗含了这样一个事实：这些词语的形成是中日词汇交流、互动的结果。

以外国人学汉语为目的编纂的《官话》记录了 19、20 世纪之交汉语词汇激烈变化的真实情况。《官话》的译词保留下来了吗？对于传教士系统的译词和严复的译词来说，结论常常是否定的；而相当大一部分日语借词——不管是被收入了"新词"还是"部定词"——现在仍然在使用。在谈到名词馆术语审定工作时，罗志田指出：

> 1909 年秋，清学部设立编定名词馆，严复为总纂，而王国维任协修。王任此职大约多恃罗振玉的援引，固非因此文之作，然其与严复同在馆中如何"编定"名词，当必有趣。其实若从新名词的社会使用看，到名词馆成立时，严总纂所代表的"造语"取向已基本大败于王协修所倾向的模仿日本派了。名词馆没能留下多少实际的成绩，亦良有以也。[1]

名词馆仅维持了两年，审定了约 30000 条术语，其中 16000 余条被赫美玲收入《官话》。借助于此，我们可以追思严复的苦心孤诣。当然，大败于日本的不仅仅是严复，还包括传教士们。新词创造——从马礼逊到严复，《官话》为我们展示了一条失败之路的终结。

---

[1] 罗志田：《国家与学术：清季民初关于"国学"的思想论争》，第 166 页脚注 1。

词源考证编

第一章
"热带"
——从耶稣会士到新教传教士

一   耶稣会士的译词遗产

明末清初来华的耶稣会士们，为了有效地推进在中国的传教，在出版宗教书籍的同时，还翻译出版了大量关于世界地理、天文、数学以及其他自然科学知识的读物，[①] 这是西学东渐的第一次冲击波。在译书过程中，传教士们和他们的中国合作者创造了为数众多的译名和新词。

18 世纪初起，清王朝开始施行严厉的禁教和锁国政策，直至 1807 年新教传教士马礼逊进入广东时止，西学的传播断绝近百年。在马礼逊来华以后，新教传教士相继进入中国南部，但是由于严厉的禁教政策，传教士只能以文书传教的方式进行活动。出于传教的目的，传教士们印刷出版了大量的宗教宣传品，与此同时，为了破除中国民众的迷信，纠正其蔑视外国人的陋习，还出版了许多介绍西方历史、地理、文物制度以及近代以来的科学知识的图书，[②] 掀起了西学东渐的第二次高潮。

西书翻译重开之后，对于包括译名、新词在内的耶稣会士的文化遗产，在布道方法上与耶稣会士有着众多共同之处的新教传教士们，是否或怎样加以继承？这种继承对 19 世纪西学在中国的传播和容受有何影响？

译名问题之所以重要，是因为译名的继承反映了知识传播的路径，追

[①]　如本书"导论编"所述，笔者将 16 世纪末来华的耶稣会士等的著述称为"前期汉译西书"，19 世纪以后来华的新教传教士的著述称为"后期汉译西书"。

[②]　例如马礼逊、米怜等写的知识性读物以及中国益智会的一系列出版活动。参见顾长声《从马礼逊到司徒雷登——来华新教传教士评传》，第 31~34 页。

寻译名的来龙去脉可以解明外来文化的导入、传播和普及的整个过程。例如，"望远镜"是明末伴随着望远镜实物的传来而出现的新译名，其后又与实物一起传入日本。进入清代以后，在明末改历的过程中发挥了极大作用的望远镜，虽然仍在主持天文观测的钦天监继续使用，但是由于西学传入的停止，与一般社会的关系逐渐减弱。到了晚清，这一曾在相当范围内使用过的译名已经从当时的文献——如《镜镜詅痴》（郑复光，1846）等中消失，取而代之的是"远镜""窥筒"等更专业的名称。[①] 所以，现代汉语中的"望远镜"并非来自耶稣会士的著作，而是 20 世纪初由日本再次输入的译名。与"望远镜"相似的例子还有"细胞"。"细胞"这一词形最早见于日本兰学家宇田川榕庵的《植学启原》，但并不是 cell 的译词。1857 年李善兰辅助新教传教士翻译《植物学》，并创制了译名"细胞"。"细胞"随《植物学》于 1859 年传入日本，成为现代日语中的术语。然而在中国，李善兰的"细胞"却没有直接沿用下来，《植物学》以后的翻译书中更常见的译名是"微胞""胅"。现代汉语中的"细胞"同样是 20 世纪初通过日文书的中文翻译再次从日本引入的。[②] 仅仅几十年，译名的传承就发生了断裂，遑论近百年的时空间隔以及天主教、新教之间宗派的隔阂了。这种隔阂对译名会产生何种影响，在思考近代东西语言、文化交流的问题上将是极有启示意义的。

　　西学东渐第一波的主角耶稣会士们留下了丰富的著述译作。从内容上看，当然宗教类的图书最多，但也涉及天文、地理、数学、医学和逻辑学等学科。其后，由于清政府的禁教政策，包括耶稣会士在内的大部分传教士被驱逐出境，他们的著述活动在 18 世纪中叶以前基本结束。耶稣会士们的著述由李之藻（1565~1630）编入《天学初函》，当时就在士大夫和信众之间广泛流传。乾隆以后，天文、地理、数学等方面的书籍又被收进四库全书，就是说被编入了正统的学问体系之中。收入四库全书的耶稣会士的著述有相当的数量。[③]

---

① 谷口知子「望遠鏡の語誌について」『或問』1 号、2000 年。

② 沈国威（編著）『植学啓原と植物学の語彙：近代日中植物学用語の形成と交流：研究論文・影印翻訳資料・総語彙索引』68~78 頁。

③ 四库全书史部地理类中收《职方外纪》，子部农家类中收《泰西水法》，子部天文算法类中收《乾坤体义》《表度说》《简平仪说》《天文略》《几何原本》，子部谱录类中收《奇器图说》。还有一些实际为西洋人撰写的书，以中国人的名字加以刊行的，在此均予排除。

　　但是，此后直至鸦片战争之前，耶稣会士的著述译作，不论是中国的士子还是新教传教士，都不再给予注意。究其原因，前者受中国科举的影响，即由学术的价值取向所定，后者则是由于严厉的禁教政策。传教士在学习汉语、开展传教活动方面受到了极大的限制。鸦片战争战败后，中国士大夫之间出现了"开眼看世界"的新气象，耶稣会士们的地理书再一次成为了解世界的知识源泉。同时，进入上海的伦敦会传教士麦都思创建墨海书馆，着手翻译和出版活动。传教士们结识了一批优秀的中国士子，并在翻译过程中得到了他们的帮助。例如放弃举业、以研究数学为人生目标的李善兰和伟烈亚力合作译出了《几何原本》的后半部分《续几何原本》（1858），使这部经典著作以完整的姿态呈现在中国人面前。李善兰还与韦廉臣、艾约瑟合作翻译了《植物学》和《重学》（1859）。伟烈亚力翻译《重学浅说》（1858）时也得到了王韬的帮助。在与中国士子的交往中，传教士们有机会了解到耶稣会士的文化遗产，并从中学到了有益的知识。例如，《续几何原本》全面继承了利玛窦、徐光启合译的《几何原本》前六卷的术语;《重学浅说》《重学》的术语也与《奇器图说》（1627）有大量的相同之处。但是，从某种意义上来说，耶稣会士最下力气并大大改变了中国人世界观的天文和地理方面的书籍，却没有得到新教传教士应有的注意。耶稣会士们所使用的地名和地理学术语，在新教传教士的著作中找不到踪影。然而，《智环启蒙塾课初步》（1857，以下简称《智环启蒙》）可以说是一个例外。该书是在远离上海的香港传教的伦敦会传教士理雅各（James Legge，1815–1897）为英华书院编写的教科书，书中出现了"热带""温带""寒带"等耶稣会士们曾使用过的术语。理雅各似乎接受了耶稣会士的遗产。而事实究竟如何？本章将通过对《智环启蒙》中的地理学译词"热带""温带""寒带"的考察，讨论前期和后期汉译西书之间的传承关系，及西方新知识的传播给近代汉语词汇形成带来的影响。

二　关于《智环启蒙》

　　《智环启蒙》是最迟于1857年初由香港英华书院出版的初级英语教科

书。① 第一版出版后至 1895 年止，改订再版了数次。该书同时传入明治维新前的日本，是江户末期、明治初期在日本被广泛阅读的汉译西书之一。② 包括福泽谕吉在内的许多明治时期的思想家、启蒙家都曾以该书为学习英语的入门书，该书的内容和词汇对日本产生了重大的影响。鉴于该书在近代东西文化交流史上的重要地位，日本学界历来对其较为重视，对其版本及在日本的翻刻、翻译等情况均有深入的研究。③ 与日本的研究相比，中文原刊本在国内的图书馆均未见收藏，先贤研究中叙述也比较笼统。④ 这里先就笔者所见的《智环启蒙》中文原刊本做一些简单介绍。

该书初版为铜活字印刷，线装，书名等如图 1 所示。⑤ 第一页上是英语前言，署名 J.L.（理雅各），第一页下是空白。其后是英文与中文的目次（第 2~4 页）、正文（第 1~51 页上）、汉语的跋（第 51 页下）。正文采取上段英文（横排）、下段中文（竖排）的对译形式，全书共 24 篇（subject），200 课（lesson），每课 60~100 个汉字。在《智环启蒙》之前，采取英语、汉语并列对译形式的书尚有《意拾谕言》（R. Thom= 罗伯聃，1840），*Chinese Chrestomathy in the Canton Dialect*（E. C. Bridgman= 裨治

---

① 关于《智环启蒙》的详细情况，请参见沈国威、内田慶市（编著）『近代啓蒙の足迹——東西文化交流と言語接触：「智環啓蒙塾課初步」の研究』。

② 《智环启蒙》的日本翻刻本、翻译本、改编本有十余种之多。作为英语教科书或启蒙书，其被用于包括军事学校在内的各级学校。*The Dictionary of National Biography* 指出，"该书初阶已经翻译成中文，并在中国和日本的学校使用。许多年前，出版商报告说已经售出 40 万册"。

③ 较重要的有：中村久四郎「六論衍義と智環啓蒙」『東亚之光』11 卷 10 号、1916 年；武藤長蔵「再ビ銀行ナル名辞ノ由来ニ就テ」『国民経濟』26 卷 6 号、27 卷 1、2、4、6 号、28 卷 1、2 号、1918~1920 年；古田東朔「『智环启蒙』と『启蒙智慧之环』」『近代語研究 第二集』武蔵野書院、1968、551~578 頁；小沢三郎「『智環啓蒙』と耶蘇教」『幕末明治耶蘇教史研究』日本基督教団出版局、1973、123~139 頁；佐藤亨『幕末・明治初期語彙の研究』26~68 頁。

④ 熊月之：《西学东渐与晚清社会》，第 147 页；邹振环：《晚清西方地理学在中国——以 1815 至 1911 西方地理学译著的传播与影响为中心》，第 357 页。

⑤ 咸丰七年为 1857 年。武藤長蔵早已指出书名页上 1856 年与咸丰七年不符的问题（「再ビ銀行ナル名辞ノ由来ニ就テ（其二）」『国民経濟』27 号、1919 年）。咸丰六年起讫为 1856 年 2 月 6 日至 1857 年 1 月 25 日，咸丰七年起讫为 1857 年 1 月 26 日至 1858 年 2 月 13 日。考虑到英文序的日期 1856 年 12 月 1 日和中国的印刷工人不太可能刻错年号，《智环启蒙》应于 1856 年冬完成，1857 年早春刻版。

文，1841 ），*Beginner's First Book*（ T. T. Devan= 地凡，1847 ）等。可以说
《智环启蒙》在版面形式上继承了这些书的特点，不同之处是《智环启蒙》
上段的英文部分一些词用斜体字印刷。这些用斜体字印刷的词（组）是文
章中重点说明的部分，可以看作关键词。① 关键词与汉语翻译部分有较明
确的对应关系，是考察译名的好材料。

图 1 《智环启蒙》两种扉页（右为福泽谕吉藏本）

继初版刊行后，《智环启蒙》有 1864 年及 1868 年香港改订版、1873
年上海墨海书馆英文删节版、1895 年香港文裕堂活字版等版次。特别是上
海墨海书馆的删节版正文部分删除了对译的英文，汉语课文中直接引用英
语的部分也做了相应的删除和改动。这样，《智环启蒙》的性质也就发生
了变化，从英语教科书变成了介绍西方新知识的纯粹启蒙读物，甚至被称
为 "小百科全书"。这个英文删节版曾经用于何种教育机关目前还不清楚，
但无疑在近代教育史研究中是不可多得的珍贵资料。②

《智环启蒙》的原著如书名页所示，是 *Graduated Reading: Comprising
a Circle of Knowledge, in 200 Lessons. Gradation* Ⅰ。该书作为为不同年龄的

---

① 英文原著中也有斜体字关键词，理雅各对原著的关键词有所调整。

② 《智环启蒙》在国内的使用情况还不明了，光绪八年李兆堂致张树声函中说："西学馆之
设，所以储备将材，如广方言馆之专习诗赋策论固非，即专习算学亦未为得也。查闽省
驾驶学堂所读曰《智环启蒙》，曰《文法谱》，曰第一书至第五书，皆言语文字及讲习文
义至学也。"朱有瓛、高时良主编《中国近代学制史料》第一辑上册，华东师范大学出
版社，1983，第 442~443 页。

儿童编写的新教科书系列中的一册，1848 年由伦敦 Thomas Varty 社出版，著者为查尔斯·贝克（Charles Baker，1803-1874）。根据 *The Dictionary of National Biography* 的记述，[①]贝克是伯明翰的汤姆斯·贝克家的次子，生于 1803 年 7 月 31 日，年轻时曾短期做过聋哑学校的助手，这段经历使贝克把自己的一生献给了聋哑儿童的教育事业。

原著 1848 年出版后多次再版，仅笔者确认的版次就有 1855 年、1857 年、1860 年、1877 年版等。理雅各没有说他翻译的底本是哪一种，从时间上看应该是 1848 年的初版。

《智环启蒙》的编译者理雅各是英国伦敦会的传教士，1840 年被该会派往马六甲，年仅 25 岁便出任英华书院第五任校长。1843 年经伦敦会批准，理雅各将英华书院迁往香港。

理雅各在《智环启蒙》的序文中说，贝克的书是他迄今为止看到的英语教科书中与自己的目的最为一致的一种，这也是理雅各选择将贝克的书翻译成中文的主要理由。然而，理雅各没有仅仅停留在翻译的层次上，正如他在《智环启蒙》的序文中所说，为了适应中国的读者，他在翻译时做了大量的改写和订正。改写的范围几乎涉及所有的课文，而其中最大的改动是，用 Of the Mechanical Powers 替换了原书的 Of the Mind，即追加了有关"力学器械"的内容。[②]这种改动与墨海书馆一系列科技书的出版动态遥相呼应，反映了理雅各要向中国学生介绍"实用"的知识的愿望。

三 《智环启蒙》的地理学译名

《智环启蒙》中介绍地理学知识的是第 12 篇"地论 Of the Earth"和第

---

① 该辞典的材料来源注明为 *American Annals of the Deaf and Dumb*。现在美国加劳德特大学（Gallaudet University）图书馆内有贝克文库。根据该校网页的介绍，贝克从事聋哑人教育五十余年，直至去世；他生前收集的关于聋哑教育的图书 528 册收入该文库。贝克文库的藏书上有 Library of Gallaudet College 和 Columbia Institution for the Deaf and Dumb, The Charles Baker Collection 的藏书印。可以想见贝克晚年和身后在美国受到了高度评价。另，英文原版《智环启蒙》书末广告页上有贝克著述 14 种，贝克文库中收贝克著述的各种版本 123 种。

② 采用了该教科书系列中阶 Gradation Ⅱ 的第 22 章。

16篇"地球分域等论 Of Climates，etc."，分别包括地形、矿产、五带、气候、物产等内容。第16篇共有12课，题目如下：

121 课 四方 　 122 课 赤道及五带 　 123 课 热带 　 124 课 二寒带

125 课 二温带 　 126 课 诸带土人 　 127 课 寒暑道 　 128~132 课 诸寒暑道土产

由标题可知，课文的知识内容偏于种族与地域物产，第16篇中斜体的地理学关键词只有下列五个[①]：

equator 赤道 　 torrid zone 热带 　 temperate zones 温带

frigid zones 寒带 　 climates 寒暑道

关键词的数量不多，但是其中的五带名称经理雅各使用后为其他西学书所接受，成为中国正式的译名，并东传日本等国家地区。"热带"等五带名称已见于耶稣会士的地理学著作，但是19世纪的汉译西书，即后期汉译西书中，理雅各之前不见"热带""温带""寒带"等五带名称的使用。正如荒川清秀所指出，《智环启蒙》是使用"热带"等系统五带名称的第一本后期汉译西书。[②] 那么，理雅各究竟是从哪里知道"热带"等词，并用于自己著作中的呢？

荒川清秀在其著作中从近代新词、译词的发生和交流的角度对"热带"等五带译名词源做了详尽的考证，荒川的结论可以简单归纳如下。

（1）利玛窦在其世界地图中第一次向中国的读者介绍了五带知识。但他并没有完成译名的创造，而是使用了短语描述的方法："甚热，带近日轮故也"；"正带"；"甚冷，带远日轮故也"。[③]

（2）艾儒略在《职方外纪》（1623）中将利玛窦的描述凝缩为词组，

---

① 英文原著中尚有 cardinal points，理雅各译作"四方"。

② 荒川清秀『近代日中学術用語の形成と伝播——地理学用語を中心に』53~54 頁。

③ 尽管利玛窦在他的另一本著作《乾坤体义》（1605）中使用了"热带""正带""寒带"等术语形式的译名，但此书被收入《天学初函》之前流传不广，影响也远不如他的世界地图及艾儒略的《职方外纪》大。荒川认为，艾儒略在执笔《职方外纪》时，可能没有机会阅读《乾坤体义》。

是为"热带""温带""冷带"。

（3）在理雅各的《智环启蒙》出版之前，新教传教士的著作中没有"热带"的用例。

（4）理雅各继承了耶稣会士的五带译名，他使用的是"热带""温带""寒带"。

（5）理雅各之后，"热带"系列译名为上海墨海书馆所采用，并传入日本，最终成为中国、日本等地的标准译名。

荒川的研究从新词生成机制的层面否定了"热带"为日本译词的结论。[①]荒川的研究不仅仅解答了个别译词的词源问题，更主要的是阐释了西学流入与译词产生的关系以及译词传播过程中的若干重要问题。但是荒川的研究虽然廓清了"热带"等词词源上的来龙去脉，却并没有完全解明"热带"等词是怎样由耶稣会士的译名变为新教传教士的译名这一文化遗产的传承问题。

荒川认为理雅各有可能直接或间接地从耶稣会士们的著作中吸收了"热带"等五带译名。但是如上所述，《智环启蒙》是后期汉译西书中第一本使用"热带"系列五带名称的著作，为何独独理雅各得以继承耶稣会士的译名，他是怎样了解到前期汉译西书的存在的？理雅各的译名与利玛窦或艾儒略的《职方外纪》都不完全相同，理雅各的译名是取自不同文献还是对某一文献的译名做了修改？为何要做这样的改正？对于这些问题荒川在著作中都没有做出令人信服的说明。

四 理雅各之前的地理书及五带知识

在这里我们对理雅各之前的后期汉译西书中的五带知识情况做一个简单的梳理。众所周知，马礼逊等新教传教士对于世界历史、地理知识的介绍极为热心，翻译出版了数种关于世界历史和地理的小册子，如《古时如氏国历代略传》（马礼逊，1814）、《西游地球闻见略传》（马礼逊，1819）、

---

① 如《汉语外来词词典》认为"热带"是日本借词。但是荒川指出，如果是日本人造词，应该是"暑带"而不是"热带"，因为日语一直保持着"暑"与"热"的区别性义素。

《地理便童略传》（麦都思，1819）、《大英国统志》（郭实猎，1834）、《古今万国纲鉴》（郭实猎，1838）、《万国地理全集》（郭实猎，1838）等。[①]马礼逊等同时还在编纂的杂志上刊登有关世界历史、地理和天文学的文章。那么，在这些启蒙书和杂志中关于五带知识是怎样介绍的呢？

鸦片战争之前的文献中，最先涉及五带知识的是米怜创办的杂志《察世俗每月统记传》。该志第六卷起连载的《全地万国纪略》对非洲的地形做了如下的描述：

> 亚非利加地有一半在中带之北，又有一半在中带之南，又其地十分中有八九分在北带、南带之间，所以其气甚热。[②]

米怜用"中带"指称赤道，用"北带""南带"分别指称北回归线、南回归线。"中带"这一词形，或称字串，在耶稣会士的著作中已有所见。例如，南怀仁（Ferdinand Verbiest，1623–1688）用"中带"表示热带。但是，米怜的"中带"与南怀仁似无关系，而是 equator 的直译。也可以说，两者的命名着眼点不同：南怀仁的"中带"是指地带，而米怜的"带"是指中央线，字义为 line。

继米怜之后提及五带的是郭实猎主编的《东西洋考每月统记传》，一共检出以下两处。[③]

（1）新考出在南方大洲
　　观地球面上，考各地之内，惟是近中带者甚为温热。离中带偏南北两边，皆有夏冬之别，致觉热寒不等。且又远离中带两边，更加寒冻之极，则常有永不消之冰雪也。（1833 年 8 月）

---

① 参阅苏精《马礼逊与中文印刷出版》，第 35~53 页。另，关于《西游地球闻见略传》《地理便童略传》，请参见沈国威《1819 年的两本西方地理书》，『或问』8 号、2004 年。
② 《全地万国纪略·论亚非利加列国》，嘉庆二十五年（庚辰，1820）刊本，第 56 页上。又见英华书院 1822 年出版的单行本。
③ 黄时鉴整理《东西洋考每月统记传》，中华书局，1997，第 29 页上、90 页下 ~91 页上。

（2）地理、地球全图之总论

> 天之正中一圈为赤道，地之正中一圈躔赤道均分之，两半球
> 每分九十度，有带，南北各离二十三度半，为顺眼见太阳所到之
> 限，人称之暑气。南北各有四十三度三分之际，有两中和之气候。
> 此外南北极之际，二十三度二分，有寒气候。从中线往上数至北
> 极，为北方；从中线往下数至南极，为南方。（1834 年 2 月）

第（1）例的"中带"既可以理解为赤道，也可以理解为热带；而在第（2）
例中直接使用了"赤道"。文章又说"两半球每分九十度，有带，南北各离
二十三度半，为顺眼见太阳所到之限"。这里的"带"与米怜的"北带""南
带"一样是指北回归线、南回归线。文中还分别用"暑气""中和之气候""寒
气候"来指称热带、温带和寒带，或者严格地说指称各个地带的气候。

米怜和郭实猎都不是地理学家，他们刊物的内容也远远没有达到前期
汉译西书的水平，包括国名、地名在内的术语也都是独自创造的，而非借
鉴耶稣会士。可以推测他们对耶稣会士在地理学方面的工作缺乏了解。

鸦片战争之后，为了满足中国士大夫了解世界地理知识的愿望，数种内
容翔实的大部头地理学著作相继问世：玛吉士（Jose Martins-Marquez，1810–
1867）的《新释地理备考全书》（1847，以下简称《地理备考》）、慕维廉（W.
Muirhead，1822–1900）的《地理全志》（1853~1854）、祎理哲（R. Q. Way，
1819–1895）的《地球图说》（1848）和《地球说略》（1856）等。其中玛吉士
的《地理备考》最为重要，无论在内容还是译名方面都给予其后的著作以极
大的影响。尽管如此，我们对《地理备考》及其著者的情况尚未掌握足够
的材料，有关研究专著亦语焉不详。我们现在只知道，玛吉士为澳门土生
葡萄牙人，少时就读圣若瑟修院，是公沙威神父的学生。[①] 后来担任澳门

---

① 承周振鹤教授示教。又据中国社会科学院近代史研究所翻译室编《近代来华外国人名辞
典》："公神甫（Joachim Alphonse Goncalves，1781–1841），葡萄牙遣使会教士。1813
年到澳门传教，并在该地圣约瑟书院任教。他研究官话和广州方言，编有《汉葡字
典》（Diccionario China-Portuquez，1833）、《拉丁汉文》（Vocabularium Latino-Sinicum，
1836）等辞书多种。"（第 172 页）"玛吉士（Jose Martins-Marquez），葡萄牙人。初在澳
门任葡萄牙当局的翻译，1847~1866 年为法国驻华公使馆翻译。1858 年曾随法国特使葛
罗赴天津谈判。1861 年普鲁士使节艾林波来华，玛氏亦曾随之充翻译。"（第 314 页）

当局的翻译，1847~1866 年任法国驻中国公使馆的翻译。由于《地理备考》只有海山仙馆丛书本，不见单行本行世，周振鹤认为此书系受海山仙馆丛书出版者之托而作。玛吉士执笔之际参考了西方当时地理学方面的文献，该书反映了 19 世纪上半叶西方地理研究的水平。

玛吉士在该书卷一的《寒温热道论》中做了如下的表述：

> 察地理者又观其四小圈，必横分地球为五段，而各段中之处或在南，或在北，或在中，势必有寒温热三者之别，各自不同，故以每段而名之曰道。其一乃热道也，在南北二带之间者，宽四十六度五十六分……其二乃温道也，有二道焉，一在北带北极圈线之间者，一在南带南极圈线之间者，每宽四十三度四分……其三乃寒道也，亦有二道焉，一在北极圈线之内者，一在南极圈线之内者，每宽二十三度二十三分。①

就是说地球被四个小圈（即南北二带＝南北回归线，南北极圈线＝南北极圈）分割为五段，玛吉士分别称之为"热道""温道""寒道"。这是与耶稣会士完全不同的术语。"热道""温道""寒道"等译名现在可以追溯到卫三畏的《英华韵府历阶》，收在该辞典的 zone 项下。这些译名是不是卫三畏的创造尚不清楚，但有一点是可以肯定的，卫三畏得益于马礼逊的辞典（见下文）。

该书的"璇玑圈线论""地球圈线论""寒温热道论""地球时刻道论"等章节中可以检索出以下与地球表面区划有关的译名：

天轴大圈　赤道　昼夜平线　北带（北回归线）　南带（南回归线）　黄道中线
圈线　北极圈线　南极圈线　春秋分线　夏冬至线　午线　天边圈　时刻道
第一道　第二道

虽然"南带""北带"可以在米怜的《全地万国纪略》中寻到踪迹，

---

① 玛吉士：《新释地理备考全书》，中华书局，1991，第 96 页。

但是大部分的译名和术语可以看作玛吉士独自创造的。[1] 在译名上玛吉士没有参考耶稣会士们的地理译著是显而易见的。

《地理备考》出版后极受各方面重视。魏源在《海国图志》一百卷本中共征引此书 12 万字 (《地理备考》计 20 余万字)，其中也包括五带的内容。慕维廉在其新著《地理全志》的序中写道:

> 究地理者，近著二书，一名《新释地理备考》，海山仙馆西洋玛吉士所辑，一名《瀛环志略》，五台徐继畬所辑，详明博证，言地理者，得所指归，辑是书者，多本其意，以发明之耳。

实际上也正如慕维廉在序中所言，《地理全志》在体例和术语上都是以《地理备考》为范的，当然也有一些改动。例如该书下篇卷九《地文总论》中说:

> 大小圜线共有十类: 大者有六，名曰赤道、地平、午线、黄道、春秋二分、冬夏二至; 小者有四，名曰南带、北带、南寒线、北寒线。

这与《地理备考》的划分完全一样，只是个别术语稍有变动，如"南北极圜线"被改为"南北寒线"。《地理全志》中没有直接论及五带的章节，只在介绍南北回归线和南北极圈时有如下的叙述:

> (南带、北带) 二带者，与赤道相平，各离赤道二十三度二十八分，在气候为热道之界，北曰北带，南曰南带。
>
> 寒道二线，与二带相平，各离其带四十三度四分。在气候为二温道之界，南曰南寒线，北曰北寒线。再各二十三度二十八分，在气候为二寒道之界，即南北二极。[2]

---

① 尤其是音译地名均加口字旁，完全是一个独特的体系。
② 《地理全志》下编卷 9《地球圜线论》，日本关西大学增田涉文库藏墨海书馆本，第 18 页下。

《地理全志》中还有"暑寒道论"一章，但是这里的"暑寒道"与《地理备考》的"时刻道"同义（见下文）。

在《地理全志》刊行前后，袆理哲（《地球图说》《地球说略》）、合信（《博物新编》）也开始在自己的著作中使用"热道"系列的译名。这样，19世纪上半叶至慕维廉为止的地理学著述中，耶稣会士的"热带"系列译名完全被"热道"系列译名所取代。

我们对玛吉士的宗教背景所知不多，而就其他新教传教士而言，他们对其前辈耶稣会士的文化遗产似乎不甚了解。例如，郭实猎编辑的杂志《东西洋考每月统记传》中没有关于耶稣会士著述的内容；在广州从事传教活动的裨治文的著作《美理哥合省国志略》（1838）、*Chinese Chrestomathy in the Canton Dialect*（1841）[①]中也没有利用耶稣会士天文地理译著的痕迹。

然而耶稣会士的著作并没有被遗忘，这些收入四库全书——从某种意义上说被编入了传统的学术体系——的前期汉译西书，事隔约二百年仍然是要开眼看世界的中国士子了解外国的主要文献。以"西洋人谭西洋"自榜的《海国图志》详细征引了耶稣会士们的地理学著述，其中关于五带知识有如下的部分。

卷七十五引利玛窦《万国地图》：五带、热带、冷带、正带

卷七十五引艾儒略《职方外纪》：五带、热带、温带、冷带

卷七十六引南怀仁《坤舆图说》：五带、中带、冷带、正带

不但征引，在按语和说明性的段落中魏源也使用了与艾儒略相同的五带译名，如下例：

（1）案：两极下皆太阳行度所不到，皆冷带也。距热带、温带甚远。是冰阻无人物之说甚确，而南极下温暖之说全无此理。

（2）惟印度正当热带，地过炎燠，人多裸袒。而震旦则正当

---

① 裨治文在该书地理项下的注解中说："没有外国人帮助，中国人在地理研究方面做得很少。或者，正如他们所说的，在地球原理的记录方面做得很少。在这个问题上，他们从国外带来的知识也没有多大用处。"但是，马礼逊在其一系列辞典中对四库全书所收的耶稣会士著作有征引。

温带，四序和平……西洋温带之地，则为地中海所占；而欧罗巴亦偏于冷带，利未亚亦偏于热带。

（3）其海跨越赤道南北周八万余里，且多在温带寒暑均平之区，尚胜地球北极下冷带有人之地，岂冷带有人而温带反无人乎？赤道以南，空地亦周七万余里，其地在南极冷带者半，在温带者亦半，温带以下，亦必有国土居民。[①]

由此可见，**魏源**已经掌握了五带的知识。《海国图志》五十卷本、六十卷本已有"热带""温带""冷带"的用例，而玛吉士的"热道"系列译名迟至一百卷本才出现；同时从使用频率上看也可以说"热带""温带""冷带"在《海国图志》中是优势译名。

如上所述，耶稣会士的地理学遗产不是由新教传教士，而是由魏源等中国的士大夫所继承。那么，耶稣会士所创制的、魏源在《海国图志》中使用的"热带"系列译词，与理雅各的"热带"之间存在着何种关联呢？

五 知识传播的路径

通过以上的考察，我们对19世纪50年代的情况有了一个大致的了解：五带名称有两个译名系列，即新教传教士的"热道"系列与魏源的"热带"系列。那么，理雅各的"热带"等译名是从哪里来的呢？他读过《海国图志》吗（慕维廉没有提到《海国图志》）？有一点可以肯定，即使读过，《海国图志》也不可能是理雅各译名的直接来源，因为该书中只有"冷带"而没有"寒带"。

理雅各有无可能直接阅读或参考前期汉译西书呢？上文说过，早期在中国南方活动的新教传教士们对耶稣会士的著作不甚了解，但是这种情况到了19世纪50年代发生了变化。正如荒川清秀所指出的那样，在上海出版的英文报纸《北华捷报》有可能是理雅各关于耶稣会士情况的一个信息

---

① 《海国图志》卷70《外大西洋》、卷74《国地总论上》，岳麓书社，1998，第1810、1850、1852页。

来源。① 那么，理雅各的"热带"是来自魏源的《海国图志》还是《北华捷报》?

理雅各的"热带"看上去好像与《海国图志》是同一系列，但是至少从地名、外国名的使用上，找不到前者参考了后者的痕迹。而且，《海国图志》使用的是"冷带"，而不是理雅各所使用的"寒带"。这些都表明理雅各的译词与《海国图志》无关。

另外，《北华捷报》的路径如何? 该报从 1852 年 10 月起连续四期（第 115~118 号）刊载了一篇题为《北京耶稣会士们所介绍的欧洲天文学》(On the Introduction of European Astronomy by the Jesuits，at Peking）的文章，专门介绍耶稣会士们对中国天文学的贡献。② 该文中列举了以下的人物和著作（带 * 者为四库全书所收录书）:

- 利玛窦:《乾坤体说（义）》*《测量法义》*③《测量异同》*《勾股义》*
- 庞迪我、龙华民、艾儒略:《职方外纪》*
- 阳玛诺:《天文（问）略》*
- 熊三拔:《表图（度）说》*
- 邓玉函:《奇器图说》*
- 罗雅谷、汤若望、南怀仁、戴进贤、徐懋德、蒋友仁:《地球说略》

但是，这篇文章的作者是否真的看到了这些书仍有疑问。因为有三本书的书名有错误。从误用了发音相近的字这一点上看，关于耶稣会士著述的情况可能是通过口耳相传的方式从中国士子那里得到的。

《北华捷报》所刊文章的标题虽然为"天文学"，其实还包括了地理、测量、机械等学科的内容。以文章中的书目为线索，读者就有可能全面了解耶稣会士在西学导入方面所做的工作。理雅各是否这样做了? 以下的两个事实否定了这种可能性。

第一，《乾坤体义》中使用了"热带""正带""寒带";《职方外纪》中使用了"热带""温带""冷带"。理雅各的译名是否来自这两本书呢? 理雅各的译名为"热带""温带""寒带"，与《乾坤体义》和《职方外纪》

---

① 荒川清秀『近代日中学術用語の形成と伝播——地理学用語を中心に』55 頁。

② 这是一篇无署名的文章。但是该报在此之前刊登过一篇伟烈亚力所写的关于中国数学的文章。怀疑本篇亦出自伟烈亚力之手。

③ 《测量法义》以下三种在四库全书中作"徐光启撰"。

都不完全相同。因此，理雅各的译名来自前期汉译西书的推断，是建立在理雅各对《乾坤体义》《职方外纪》的译名进行了取舍这一前提之上的。理雅各真的进行了这种选择吗？选取的标准又是什么？①

第二，《北华捷报》的文章中，作为 mechanics 的书，对《奇器图说》亦做了介绍。理雅各在编译《智环启蒙》时，为了介绍力学的知识，对原书的内容做了调整。可见理雅各对力学有着特殊的兴趣。如果有可能，他是不会对《奇器图说》弃之不看的。该书被收入四库全书，并非罕见的书，理雅各或许有条件找到这本书。但是各种迹象表明，理雅各的力学部分并没有参考《奇器图说》。这一点可以从两者的术语比较中看出来。

《智环启蒙》中，第二十一篇"物质及移动等论 Of Matter，Motion. &c"、第二十二篇"借力匠器论 Of the Mechanical Powers"是关于物理学、力学的内容。第二十一篇介绍了物质可分（原子论）、物质不灭等19世纪物理学的新知识，而第二十二篇则是力学基本器械的概要和用途。上文已经说过第二十二篇为原书中所没有的内容，是理雅各自行调换的。这是理雅各鉴于中国"惟于有用之艺，多所未达"的半开化的状况，极欲介绍给中国的实用知识。在此一年前，合信刊行了《博物新编》，但是其中没有包含力学的内容。该两篇中一共有以下的 9 个关键词。

表 1　理雅各《智环启蒙》第 21、22 篇中的关键词

课别	原文	理雅各译名	标准译名
175	lever	举物器	杆、杠杆
176	power	势	力
177	wheel	轮	轮
177	axle	轴	轴，但 wheel and axle 为差动滑车
177	capstan	绞盘	绞盘
178	inclined plane	斜面	斜面
178	wedge	尖口	劈
179	screw	螺丝	螺旋
179	pulley	辘轳	滑车

---

① 艾儒略在其《西方答问》中将《职方外纪》中的"冷带"改为"寒带"，但该书流传不广，理雅各亦无参阅该书的痕迹。此点承关西大学内田庆市教授示教。

理雅各把力学的基本器械统称为"借力匠器",把杠杆称为"举物器",给人一种非术语性的感觉。

在我国关于西洋力学知识的介绍以《奇器图说》为嚆矢,而几乎在《智环启蒙》出版的同时,艾约瑟和李善兰合作译完了《重学》,伟烈亚力则开始着手翻译《重学浅说》。这三本书在内容与字数上与《智环启蒙》的第二十二篇有许多不同之处,不能做单纯的比较。这里只把主要术语列示如下。

《奇器图说》的术语

杠杆　滑车　螺丝　力　重心　重学　比例　斜面　运动　凝体　辘轳

《重学》的术语(前17卷)

直杆　曲杆　定点　重点　平面　滑车　地心力　面阻力　阻滞力　摄力
渐加力　引力　杆　轮轴　齿轮　斜面　劈　螺旋　阻力　抵力　动滑车
静滑车　助力合力　质点

《重学浅说》的术语

重学　力　简器　繁器　杠　他力　本力　滑车　斜面　原器　轮轴
劈　螺旋　次器　力点　重点　倚点

"滑车""斜面"这两个名称,《重学》、《重学浅说》与《奇器图说》相同,其他术语三本书之间也有相近之处。理雅各则完全使用了独自的译名。

六　寻求更精确的译词

通过以上的分析,我们大致掌握了截至19世纪50年代的情况,即五带名称在米怜和郭实猎的杂志中没有译词,但是在卫三畏的英汉辞典里以"热道""温道""寒道"的形式出现。玛吉士、慕维廉都使用了和卫三畏一样的译词。同时,魏源从耶稣会士的著作中采用了"热带"系列的译词。

两组译词的区别在于"道"和"带"。那么这两个汉字作为构词词素有什么不同，传教士们又是如何把握这种区别的呢？

根据《辞源》等工具书，这两个字的意义分别如下：

> 道　道路；方法；规律、事理、思想、学说；古代的行政区划名（汉代在少数民族居住区设道，唐代将全国分为十道，清代则在省和州府之间设立了道）。
>
> 带　衣服带、带状物；环绕。

"道"作为古代行政区划的名称使用，但是包含"道"的复合词中没有指地域的例子，更多的是表示道路、街道。而"带"则可以构成"一带""地带"等表示地域的复合词。在表示地理区域时，"道"一般指称比"带"窄小的地方。

耶稣会士把 equator 译为"赤道"是照顾了中国传统天文学的习惯。equator 的原意为将地球平分为南北两个部分，也就是说，线的感觉要更强烈一些。实际上耶稣会士将 equator 译为"昼夜平分线"是有理据的。南北回归线、南北极圈的边界线也都包含"线"。被两条线所夹持的带状地域则用"～带"来命名，并创制了"热带""温带""冷带""寒带"等一系列译词。

但是 19 世纪初来华的新教传教士们并没有继承耶稣会士对"带"的理解。如前所述，米怜用"中道"称呼赤道，将南北回归线叫作"南带""北带"。米怜的词语反映在马礼逊的《英华字典》中：

> EQUATOR，赤道；中带
>
> TROPIC of Cancer，北带；of Capricorn，南带；in place of the word tae，道 taou is also used
>
> ZONE，a girdle，带子；围带

在该辞典中"道"已经被用作"带"的同义字这一点，是值得我们注意的。

玛吉士也采用了"热道"系列的译词。这种把"道""带"当作同义语素的做法，给《地理备考》的术语造成了很大的混乱。例如，在《地理

备考》中"圜线论"一章的"地球圜线论""寒温热道论""地球时刻道论"
等小节，对划分地球表面的界线和被这些界线所划分出来的地域，使用了
以下的术语：

天轴大圈 赤道 昼夜平线 北带（北回归线） 南带（南回归线） 黄道
中线 圜线 热道 温道 寒道 北极圜线 南极圜线 春秋分线 夏冬至线
午线 天边圈 时刻道 第一道 第二道

从上面的术语中可以看出，指称相同的一条（界）线，使用了不同的
字：圈、道、线、带。同时"道"还出现在表示地域的复合词中。尤其是
"时刻道"的概念更加剧了这种混乱。例如，玛吉士在《地理备考·地球
时刻道论》中说：

古之察地理者，除以地球分为五道，乃热道一段，寒道、温道
各二段外，又以六十道分之，而宽狭不一，南北二方各三十段，名
之曰时刻道……后世之察地理者未尝多用其法，以指示各处所在，
今因此法可以指明各地昼夜长短之别，实有补助，古仍论之。[1]

这里的"时刻道"应该是 climate，现在被译为"气候，或（具有某种特定
气候的）土地，地方"［其语源来自希腊语"倾斜，（纬度上的）地域"］，
是指比 the torrid zone，the temperate zone，the frigid zone 中的 zone 更狭小
的地域。但是在《地理备考》中，"热道"、"温道"、"寒道"和"时刻道"，
不管地域的大小都使用了相同的造词语素"道"。

慕维廉则在《地理全志·暑寒道论》中将"时刻道"改为"暑寒道"，
做如下的定义：

以地面诸处，较于太阳，分地球为细道，名曰暑寒道，与赤
道相平，皆以天文方位，分别气候，以昼之至长论之。[2]

---

① 玛吉士：《新释地理备考全书》，第 111 页。
② 《地理全志》卷 9，第 16 页下。

但是这样一改，"热道""温道""寒道"之中又多了一个名为"暑寒道"的"细道"，不得不说包含"道"的术语更加混乱了。

这样在两本书中，"道"字既表示线条 line，如"赤道"；也表示将地球表面分割为六十份的较狭小地区 climates，如玛吉士的"时刻道"、慕维廉的"暑寒道"。不仅如此，"道"字还表示更宽广的地域，如"热道""温道""寒道"。以"道"字为构成语素的译名不可避免地要受到这种意义混乱的影响，这对于要求定义严密的术语不能不说是一种严重的缺陷。同时，如"南北带＝南北回归线"，用"带"字表示 line 的意思也与汉语的语感有差距。

基于原著的内容，不得不在《智环启蒙》中介绍 climate 这一概念的理雅各发现了术语上的混乱，对术语进行梳理也就顺理成章。理雅各把作为五带中具有特定气候的地域 climate 译成"寒暑道"，而将五带分别译为"热带""温带""寒带"。就是说，理雅各的理解是："道"是比"带"狭窄的地域，所以他将寒暑道配置于五带之中。理雅各在《智环启蒙》第123课"热带"中写道："于地球形象，以阔带一条，自东而西，包裹其中，致盖球面三分之一，斯可比拟热带。"把热带形容成阔带。笔者认为这里隐藏着"热道"系列转变为"热带"系列的语言上的动机。

理雅各这种对字义的"挑剔"态度，来源于他做英华书院教师十余年的经验和为翻译中国典籍所进行的学习。

但是，笔者同时认为，与其说理雅各将玛吉士等后期汉译西书中的"热道"系列译名改造为"热带"系列译名，毋宁说理雅各是把《遐迩贯珍》中的"热道带""温道带""寒道带"删去了"道"而得到了"热带""温带""寒带"（见下）。因为从译名创制的观点来看，将"热道带"改成"热带"要更容易一些。

七 《智环启蒙》与《遐迩贯珍》

理雅各是19世纪50年代以后伦敦会中仍在广东传教的为数不多的资深传教士之一。他与上海的伦敦会传教士之间有着密切的关系，其中《遐迩贯珍》在两地传教士的知识共享上起了重要的作用。[①]众所周知，《遐迩

---

① 松浦章、内田庆市、沈国威编著《遐迩贯珍——附解题·索引》。

贯珍》是香港马礼逊教育会出资、伦敦会上海传教站负责人麦都思任第一任主编的中文杂志。在此之前，如《东西洋考每月统记传》等中文杂志均在远离中国的南洋（新加坡、马六甲）出版，而《遐迩贯珍》则是在香港出版的中文杂志。杂志的文章也比以前有了很大的改进，通俗俚语的使用大大减少，精练的书面语修辞增多。《遐迩贯珍》虽然在香港印刷出版，但是杂志的许多文章是在上海准备的。从内容上看，布道的文章数量大减，有关格致，即自然科学的知识及各种新闻成为主要内容。

　　理雅各 1855 年继奚礼尔（C. B. Hillier，1820–1856）之后，成为《遐迩贯珍》第三任主编，一年后又亲手将该刊停掉。不难想象，理雅各从《遐迩贯珍》中得到了各种有用的信息和知识。这一点只要比较一下《遐迩贯珍》创刊号卷头登载的《英华年月历组并诀》和《智环启蒙》第 119 课的诗所存在的相似之处就一目了然。[①]

《遐迩贯珍》（1853 年 8 月 1 日）

　　　　英年十二月　　其数同中原　　四六九十一　　卅日皆圆全
　　　　余月三十一　　此数亦易言　　惟逢春二月　　廿八日常年
　　　　四岁遇一闰　　廿九日无忿

《智环启蒙》第 30 页下

　　　　四六九十一　　卅日皆圆全　　余月增一日　　此数亦易言
　　　　惟逢第二月　　二十八日焉　　四岁二月闰　　廿九日回还

　　《遐迩贯珍》1855 年第 6 号（6 月）、第 7 号（7 月）、第 9 号（9 月）的 3 期连载了一篇题为《地理撮要》的介绍地理学知识的文章。文章的体裁是用大号字的句子做出定义式的叙述，小号字的句子对此加以详细说明。该篇文章没有作者的署名，但是从文章"甲寅岁，上海有大英慕维廉先生，著有《地理全志》，分为文、质、政三统，斯诚无微不搜，无义不穷者矣"的表述来看，该文执笔者应为慕维廉周围的人，如伟烈亚力或艾约瑟，尤

---

① 1855 年以降，《英华年月历组并诀》登载在每号的卷头。

其是前者的可能性大一些。^①

在第一部分的"数"（Mathematical Geography）中，作者对五带做了如下的说明：

> 此四线之隙，在地球分为五道带：一曰热道带，二、三曰温道带，四、五曰寒道带。热道带所盖之处，在夏冬二至纬线之间……寒道带分南北，在南北二极圜线之外……温道带亦分南北，于二极二至圜线之间。

上面已经说过，后期汉译西书中只使用了"热道"系列的译名，而《遐迩贯珍》中的这种"道""带"相结合的形式是如何发生的呢？慕维廉的《地理全志》受玛吉士的影响，the equator，the torrid zone（the tropics），climate 的译名分别选用了"赤道""热道""寒暑道"等以"道"为造词成分的合成词。而《地理撮要》的执笔者为了消除"道"的字义造成的意义混乱，改用了"热道带"这种全新的形式。由于 God 的译名之争，传教士们对译名的选词用字更加敏感。《地理全志》卷一设《地理名解》（仅八行），慕维廉似乎有意对地理学译名进行整理。《地理撮要》界定整理译名的倾向更加明显，有关内容占一半以上。"热道带"就是在这种情况下产生的。

《地理撮要》和《智环启蒙》都使用了"亚麦里加"这一独特音译形式，后者参考了前者应无疑义。^②但是理雅各把《遐迩贯珍》的"热道带"改成了"热带"。其后理雅各的"热带"系列译名又为上海墨海书馆所接受。慕维廉在其刊登在《六合丛谈》上的《地理》一文中停止使用"热道"系列译名而采用了"热带"系列译名。^③就这样，玛吉士、慕维廉的"热

---

① 原无署名，故执笔者不明。伟烈亚力同年 8 月在《北华捷报》上发表了介绍中国数学成就的文章 Jottings on the Science of the Chinese，Arithmetic，该文署名为 O。《遐迩贯珍》的文章也都不署名，只有一处例外，1854 年第 10 号登载的《大食大秦国考》署名"大英艾约瑟"。

② 《职方外纪》《海国图志》《地理备考》《地理全志》等书中都不见"亚麦里加"，理雅各在 1864 年改订版中改为"亚墨利加"。

③ 松浦章、内田庆市、沈国威编著《遐迩贯珍——附解题·索引》。

道"被修改为《遐迩贯珍》的"热道带",再缩略成理雅各的"热带",并通过《六合丛谈》普及开来,传到了日本。在这一过程中理雅各起了承前启后的重要作用。五带译名在前、后期汉译西书之间的关系可以简单表示如图 2。

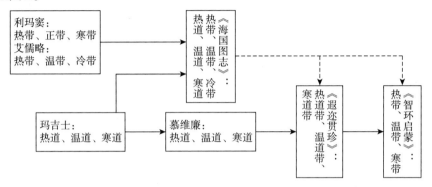

图 2 五带译名在汉译西书中的演变过程

说明:虚线表示不确定的影响。

《智环启蒙》之后,"热带"系列的译词为《六合丛谈》《谈天》(1859)、《大美联邦志略》(1861)等采用,并随这些书传至日本。但是,这并不意味着"热带"的最后胜利。例如罗存德《英华字典》就是"热带""热道"两个系列并举。这种情况一直持续到狄考文的 *Technical Terms*,以及赫美玲的《官话》。荒川清秀认为两个系列的译名最终统一为"~带"是日书中译强烈影响的结果。

《遐迩贯珍》创刊号的卷头,有如下的一首题诗:

秉笔风存古,斯言直道行。

精详期实用,褒贬总公平。

一气联中外,同文睹治平。

坤舆夸绝异,空负著书名。

(按:西洋南怀仁有《坤舆外纪》入四库全书。保定章东耘题)

四库全书中并没有收《坤舆外纪》,而是收了南怀仁另一本书《坤舆图说》。在《四库全书总目提要》地理类存目中有《坤舆外纪》的一个"摘录其文，并删其图说"的节本《别本坤舆外纪》。此处应是题诗者的误记。但是值得注意的是，题诗者提到了四库全书中收有耶稣会士著作这一事实。鸦片战争以后，随着上海等口岸的开放，在南洋和广东传教的传教士们大举北上，将传教的据点移至上海，以伦敦会上海传教士为中心形成了上海群体。伦敦会在布道方法上重视文书传教与医疗传教，注重传播近代的西洋科学知识。为了有效地推进翻译出版工作，麦都思邀请王韬、李善兰等优秀的中国士子来墨海书馆工作。由于王韬等人的加盟，译书和介绍西学的事业迎来了新的局面。更重要的是，优秀知识分子的加入使耶稣会士留下的文化遗产得以继承。《续几何原本》的翻译就是一个象征性的事件。如果没有中国士子的帮助，这种继承是不可能实现的。马礼逊在华三十余年，但是他的七位中文老师除一人是老秀才外，其余都是下层民众，[1] 这无疑影响了他对中国典籍涉猎的广度和深度。而理雅各本人也正是由于得到了王韬的鼎力协作才完成了"四书"的英译工作，在中西文化交流史的丰碑上刻上了自己的名字。

---

[1] 苏精：《马礼逊与中文印刷出版》，第 55~78 页。

第二章
"陪审"
——近代西方新概念的词汇化

19 世纪上半叶，来华传教士将旨在维持司法公正的西方陪审制度介绍给中国，并创制了译词"陪审"。其后，一方面"陪审"一词经由上海向全国扩散，其制度本身也于香港、上海等地在治外法权的框架下被付诸实施，用以保护西人在中国的司法特权；另一方面，中国的先觉者们对这一制度表现了不应有的冷淡，在他们的著作中对陪审制的介绍迟至 19 世纪末才出现。

陪审制的内容在幕府末期（19 世纪五六十年代）就已经通过汉译西书传入日本，日本的法律界最终采用"陪审"一词作为这一制度的名称。日本在 1928 年开始实施陪审制，第二次世界大战期间由于战况激化，无法编制陪审员名簿，遂于 1943 年停止实施，战后也未予以恢复。2009 年 4 月 1 日起实施新的"裁判员制度"。陪审制作为一种来自西方的法律制度，时至今日尚未在日本的法律体制中完全扎根。这比起其他政治、经济上的制度，极具特殊性。人们把陪审制作为追求司法公正的唯一有效的手段，而"陪审"作为某种文化符号满足了人们的这种理想需求。本章以"陪审"为例，着重探讨近代西方新概念如何传入中国及东方，并以汉字的形式实现词汇化进而为汉字文化圈所共享的历程。本章还试图对这一过程中的某些特点加以考察。

一 概念史视角的探讨

汉字文化圈的近代新词、译词的产生，绝大部分并不是本族语言自然发展的结果，而是以西方外来新概念的导入为动因的。对于这些词语的研究，既有概念史的一面也有词汇史的一面。前者的着眼点在于回答新概念是怎样传入并被容受的：何人，何时，通过何种途径、手段（媒体）加以引介，引介的动机（包括导入者在内）如何，容受者是怎样理解的，外来新概念在汇入已有知识体系时发生了什么，在接受的过程中是否发生了概念上的异变，等等。

近代西方新概念的引介，在19世纪初叶，主要由传教士扮演主角。当时中外人士的直接接触交流受到严格的限制，传教士们不得不采取书籍布道等间接的宣传方式。因此，传教士们的各类出版物在引介西方新概念上起到了极大的作用。传教士们对西方概念的介绍，毫无疑问是其传教工作的一部分。传教士们认为，为了改变中国民众的信仰，需要向其展示西方文化的优越性；同时，身临其境的现实生活也使他们深深体会到中西两种文化、制度上的巨大差异。尤其对那些令传教士们深恶痛绝的中国特有的制度和现实，他们不厌其烦地从不同的角度反复涉及，希望中国也按照西方的办法行事。他们认为西化才是由野蛮向文明过渡的唯一途径。陪审就是这样一个概念。下面我们通过传教士的出版物来看一看作为制度的陪审是怎样引介到中国来的。

（一）陪审制的引介

现代的陪审制脱胎于英国的审判制度，其目的是防止法官滥用职权，实现公正的审判。具体做法是，按一定方法从民间遴选陪审员（jury），在宣誓之后，于法庭内旁听诉讼。在听取原告和被告的指控、辩护之后，退出法庭，在其他房间对案件进行评议。全体陪审员须得出一致的评议结果——有罪或无罪。得出评议结果后，陪审员重新进入法庭，将评议结果通知法官。评议结果为无罪时被告当庭释放，有罪则由法官按照法律量刑。在整个审理过程中，律师发挥重要作用。律师除了进行法庭辩论外，还可以对陪审员的选任行使否决权。当事人的亲属，与被告、原告有利害关系的人均不能担任陪审员。

美国独立后，承袭英国的陪审制度，又加以发展，形成了自己独特的陪审制度，与英国有许多不同之处。

那么，西洋传教士向中国介绍的陪审制是什么样的内容呢？下面按照出版物刊行的时间顺序做一简要梳理。

（1）《察世俗每月统记传》

《察世俗每月统记传》由英国传教士米怜编纂，1815~1821 年出版于马六甲。该杂志现存的合订本于 1821 年开始连载"全地万国纪略"，对世界各国的地理、国情进行介绍。其中有"论亚默利加之朝政"一节，对美国的议会等政治体制做了介绍，但是没有涉及审判制度。（参见下一节）

（2）《地理便童略传》

据伟烈亚力的记述，该书为麦都思撰写的童蒙地理读物，曾在《察世俗每月统记传》第五卷（1819）上连载。[①] 但是，现在只能看到后来出版的单行本。该书为问答体，"第五回 论英吉利国"在解答了"英吉利国在何方，其人数多少，其国之朝政如何"等问题之后，专设一节介绍英国的审判制度，其内容如下：

> 四十五问，其国内如何审事。答曰，在其国有人犯罪，必须处治他，但不得乱拿，有证据就可以拿解到官府问罪。要审之时，则必先招几个<u>有名声的百姓</u>，来衙门听候，官府选出六个，又犯罪者选六个。此十二人必坐下，听作证者之言，又听犯罪者之言，彼此比较、查察、深问、商议其事。既合意，则十二人之首，可说其被告之人有罪否。若有罪，则审司可宣刑罚；若该人无罪，则审司可放释他也。（卷 5，第 10 页上）

这是现有文字材料中最早涉及陪审制的记述。[②] 该书使用了相当口语

---

① 伟烈亚力将该书列为麦都思的第一本著作（Alexander Wylie, *Memorials of Protestant Missionaries to the Chinese*, Shanghae: American Presbyterian Mission Press, 1867, 成文出版社 1967 年影印本，第 27 页）。大英图书馆藏《地理便童略传》未署著者名及出版地。藏书卡上的书志信息如下：*A Short Catechism on Geography*. [By W. H. Medhurst.] Reprinted from The Cha She Suh, or Examiner. [Malacca, 1819？]。该书版式等与《察世俗每月统记传》相同。版心刻有"一 卷五 察世俗"，共八回，七十问，18 页，另附卷头地图四幅。但是，大英图书馆现存的 1819 年合订本《察世俗每月统记传》第 5 卷中未收该书的内容。亦参见苏精《马礼逊与中文印刷出版》，第 167 页脚注。

② 马礼逊曾著《西游地球闻见略传》（1919），其中"朝廷"一节有如下文字："友罗巴近来除了刑问罪人，因诚恐难为无辜之人，国内民人举的乡绅成一部，议国政，又有大爵分的贵人另成一部，议国政，是两部议拟之后，才奏闻，倘国君依，事则定矣。"

化的文体，读者是南洋的华人。

（3）《大英国统志》

该书署名"爱汉者"，据考应为郭实猎的著作，1834年刊于新加坡。[①]
郭氏在该书中继麦都思之后再次向中国读者介绍了英国的陪审制度。其有
关部分如下：

> 按察使将审判之时，明日青天，察究定案，与百姓知其来历
> 缘由。犯死罪者，按察使不能断死刑，却招其州之缙绅数位，令
> 之发誓。刚柔不偏，细斟密酌，就引征考证定拟矣。（卷2，第4
> 页下~5页上）

即，死刑不能由法官判处，须招集"缙绅数位"，在宣誓之后，参与
案件审理。"缙绅"必须公正不偏地调查证据，然后定案。"缙绅"者，"当
地的头面人也"，而非一般平民。陪审所适用的范围被限于涉及死刑的案
件。郭实猎在这里没有说明所谓"定拟"（即定案）是法官的独自行为还
是与缙绅们的共同行为。

（4）《东西洋考每月统记传》

该杂志的编者亦为郭实猎，1833年在广州创刊，后移至新加坡，出版
至1838年。[②] 需要注意的是，鸦片战争之前，西方传教士的出版物无法在
中国境内自由流传，故影响有限。郭实猎在该刊中先后两次介绍了陪审制
度。第一篇《自由之理》是关于英国政治制度等方面的文章。郭实猎在文
中写道：

> 其审问案必众人属目之地，不可徇私情焉。臬司细加诘讯，
> 搜根寻衅，不擅自定案，而将所犯之例，委曲详明昭示，解送与

（第19页上）这里对陪审制和议院制的叙述混杂，不知是笔录者漏记，还是刻工漏刻。
我们暂不将该书作为介绍陪审制度的文献处理，但可知马礼逊已有介绍陪审制度之意。

① Alexander Wylie, *Memorials of Protestant Missionaries to the Chinese*，影印版第56页；
熊月之：《西学东渐与晚清社会》，第117页。

② 卓南生『中国近代新聞成立史』ぺりかん社、1990、64~84頁；《东西洋考每月统记传》，
第3~35页。

副审良民。此人即退和厢，商量妥议，明示所行之事有罪无罪，按此议定批判。遂将案之节恃著撰，敷于天下，令庶民自主细辨定拟之义不义否。（1838 年 3 月，影印本第 339~340 页）

即，审判公开进行，案件详情送予"副审良民"评议有罪无罪，按此定罪量刑。并将案情、审判结果公之于天下，由国民监督。

第二篇文章题为《批判士》，这是一篇介绍陪审制的专文。郭实猎在上一篇文章中使用了"议定批判"的语句，该篇中则用"批判士"来指称参与审判的民间人士。文中对陪审制的目的、具体执行方法都详加说明。原文共 450 余字，现全文抄录于下。

桌司独一人操权，或擅自恃势，援引断狱，得以意为轻重，任情固执，或偏憎偏爱，瞻顾情面，屡次累无辜者。故必从复位拟，认真查办。惜哉小人间居为不善，无所不至。见君子而后厌然，掩其不善而著其善。有所忿愤，则不得其正；有所恐惧，则不得其正；有所好乐，则不得其正；有所忧患，则不得其正。故鉴空平、折中衡难矣。然党听则朋，偏听则暗焉。桌司无偏无党，止知执法从事，鲜矣。故欲除冤屈之弊，而立公道之理，只容按察使按例缘由汇款通详察核，细加诘讯，搜根寻衅，推穷义类。究其精微完就，将情节明说一遍，招众者细聆其言焉。然自不定罪，却招笃实之士数位，称谓批判士发誓云，谓真而不出假言焉。此等人侍台前闻了案情，避厢会议，其罪犯有罪无罪否，议定了就出来，明说其判决之案焉。据所定拟者，亦罚罪人，终不宽贷。设使批判士斟酌票拟不同，再回厢商量、察夺，未定又未容之出也。英吉利、亚墨理加比合邦各国，操自主之理，亦选等批判士致定案。由是观之，宪不定罪而民定拟之。倘数字酌核妥议，不可厚于此而薄于彼，虽各有其意见，然公平审判乃宜矣。况十目所视、十手所指其严乎？批判士不俸禄，并无供职，亦不趋炎附势，指望做官。是以不畏人而宜恭敬上帝，暗室屋漏，周览天下矣。如此民畏法而悦然服矣。（1838 年 8 月，影印本第406~407 页）

在导入西方新概念方面，郭实猎是最为热心的传教士之一，他的这两篇文章几乎涉及陪审制的所有因素，但是唯独没有说明陪审员的遴选标准和人数。

（5）《美理哥合省国志略》

该书为美国浸礼会传教士裨治文的著作，1838 年出版于新加坡。这是中国第一部关于美国历史概况的书，其中大部分内容被《海国图志》引用，也是《合省国说》（1844）的重要参考文献。其卷十六"国政四 审察罪名之制"对美国的司法制度做了如下介绍：

> 人犯既齐，察院则在本犯地方，择袷耆以助审，袷耆则以十二人至二十四人为额，多则二十五人，少亦十一人。如是犯之亲戚、兄弟、朋友，固不能为，即先知有此事者，亦不能为。审时袷耆听原告、被告之词，照察院之例，出而会议，遂定曲直。众袷耆将情由写明，交于察院，各散回家。察院观何是何非，即照例定罪。（卷 16，第 45 页下 ~46 页上）

按照裨治文的介绍，选出的民间人士"袷耆"的作用是"助审"，而不是监督、保证审判的公正。"袷耆"的人数为"十二人至二十四人为额，多则二十五人，少亦十一人"。该书后来有 1844 年香港藏版，关于陪审的叙述（如人数等）无变化。1861 年，裨治文在上海对该书进行了大幅度的修改，具体情况详后。

（6）《遐迩贯珍》

《遐迩贯珍》是第一本可以在中国大陆自由传阅的传教士出版的中文定期刊物，由伦敦会上海传教站的麦都思创刊，而实际的编辑工作主要在香港完成。继麦氏之后，他的女婿奚礼尔接任第二任主编，最后由第三任主编理雅各停刊。《遐迩贯珍》自 1853 年起至 1856 年止，共刊行 4 年，计 32 号。[①] 其中有两篇文章提到了陪审的情况，其一是《香港纪略》，刊登在《遐迩贯珍》创刊号上，对香港岛割让给英国的前因后果、香港受殖

---

① 关于《遐迩贯珍》可参考卓南生『中国近代新聞成立史』89~115 頁；松浦章、内田庆市、沈国威编著《遐迩贯珍——附解题·索引》。

民统治 12 年后发生的变化，以及香港的商业、宗教、医疗，特别是行政、立法、司法等情况做了较详细的介绍。文章未署名，但文中有"凡更欲深知事之详细者，付信到本馆（英华书院——引者注），自能更加布悉也"等词句，由此可推测是英华书院传教士的文章，也许就出自理雅各本人之手。如下所示，文章中有无论何种案件"俱归刑讼司，协同抚民绅士一二员[①]讯断"之语，可见香港当时已经让"抚民绅士"参与审判，虽然只有一二人。

> 其次有臬宪，审断重要案件。至细故小案，俱归刑讼司，协同<u>抚民绅士</u>一二员讯断。（1853 年第 1 号，第 9 页上）[②]

第二篇提及陪审制的是《花旗国政治制度》。该文发表在 1854 年第 2 号上。[③]文中对美国的陪审制介绍如下：

> 国人有被控者，官宪不能遽定罪罚，听其自行呈诉，或延请状师代为剖论，无刑求抑勒之事。此则与英国律例相符，审鞫案件时，签掣拣选十二人，为襄理佐审官，同堂听讯。十二人同议其罪，则加以究办，若同议其无辜，即行省释无淹留矣。（1854 年第 2 号，第 4 页上）

将陪审人员的遴选方式描述为"签掣拣选"，即抽签。这似乎是香港独特的方法。"同议"应是一致做出裁决的意思。

（7）《智环启蒙塾课初步》

该书是理雅各为英华书院准备的初级英语教科书，于 1857 年出版。其第 146 课的英文原文及中文翻译如下：

---

① 文中的"一二员"亦有可能是"一十二员"或"十二员"之误。
② 松浦章、内田庆市、沈国威编著《遐迩贯珍——附解题·索引》，第 711 页。
③ 松浦章、内田庆市、沈国威编著《遐迩贯珍——附解题·索引》，第 666 页。

Lesson 146. Trial by Jury

Trial by jury is an excellent institution of Britain. According to it, twelve of the people attend at the court with the judge, to determine whether prisoners are or are not guilty of crime. It is their business to hear the accusation, to listen to the witnesses, to attend to the defence, and to bring in the verdict, upon which the judge passes sentence according to the law.

第一百四十六课　陪审听讼论　陪审听讼一例，乃不列颠之良法也。其例乃于审司坐堂判事时，则有民间十二人，陪坐听审，以断被告之人有罪与否。其十二人，宜听讼辞，辨证据，察诉供，然后定拟其罪之有无，上告审司，于是审司照法定案。（第37页下）

英文原文的读者为英国的低年级儿童，尤其是聋哑儿童，所以叙述简明。中文译文按照传教士们的分类则应属于浅显的文言文，但是有很多广东方言的口语成分。《智环启蒙塾课初步》是第一种使用"陪审"一词的出版物。

（8）《大英国志》

该书为英国传教士慕维廉的著作，由墨海书馆于1856年出版，在写作过程中得到了中国士子蒋剑人的帮助。该书是当时最详细的英国历史书，卷八刑法部分对英国的审判制度介绍如下：

英之律法最善者，仇家诬陷，有<u>如力</u>以证之，英伦十二人，阿尔兰亦十二人，苏格兰十五人，听两造之辞而证其是非，有司从其众者，以为劝惩，俾无冤滥。此如力，必誓不左袒而后入，既证而两造不服，则有司申送上院，成定谳焉。（卷8，第4页上）

《大英国志》没有意译 jury，而是使用了一个音译词。慕维廉著作中的音译词要多于同时代的其他人，这可以说是他的一个特点，也可以看作他翻译观的体现。

（9）《大美联邦志略》

该书是《美理哥合省国志略》的改订版，1861年由墨海书馆出版，为金属活字版。裨治文当时已经迁居上海，整个印刷过程在他的监督下进行，可以说改订版完全反映了他的写作意图。该书不论在文字上还是在内容上，都比初版有较大的改动。其中有关陪审制的部分，比初版的内容增加了一倍以上。兹全文抄录如下：

> 按审案之制，除审官外，别有法师、议长、公民等。法师者，深通律法，主理民之状词，暨代官诘问者也。至于议长与公民，乃系民间正直之人，平日民众特选，以备审案者也。当选定时，共若干人，比即分为上下两班。上班者曰议长，主议事之行止。下班者曰公民，主听讼词、判曲直之事。每班各有定额，至少皆不得过十二人之制。今如讼者白起事于法师，法师听其曲直，为之书状，于是出传单，以拘被告者至。则有议长等，来议其案可审否，然后上之于官。官中坐，公民陪听。设告者有与公民不合之人，许即指名更易。迨两造陈词，法师诘问毕，被告者果属情实又得证者为据，官遂语公民曰，律书犯某法者如此，今日之案，尔等咸听，合秉公以定之。公民遂退，各就所见，书罪上拟。若其一意皆同，则照所拟以为断，否则不能妄定，或结案，或再审焉。（卷上"理刑规制"，第33页下~34页上）

这段叙述是对美国陪审制度最完整的说明。参与整个审判程序的有审官、法师（检察官——引者注）、议长、公民。文中的"议长""公民"似分别指大小陪审团的成员。对于充任陪审团成员的民间人，初版称为"衿耆"。改订版的"公民"是裨治文首创的译词，在《大美联邦志略》中指称小陪审团的民间人士。

就这样，传教士在前后约40年的时间里，通过不同书刊，不断向中国读者介绍西方的陪审制。如果我们把各种书刊所涉及的陪审制度的诸项因素列成一张表，大概如表1所示。

表 1　传教士汉译西书中对陪审制的描述比较

	地理便童略传	大英国统志	东西洋考每月统记传Ⅰ	东西洋考每月统记传Ⅱ	美理哥合省国志略	遐迩贯珍	大英国志	智环启蒙塾课初步	大美联邦志略
制度目的	×	×	×	○	×	×	×	○	×
限制法官权力	×	○	○	○	×	○	×	×	×
民间人	○	○	○	○	○	×	×	○	○
详细人选	○	×	×	○	×	×	×	×	×
宣誓	×	○	×	○	×	×	×	×	×
选任基准	×	×	×	×	×	×	×	×	×
律师辩护	×	×	×	×	×	×	×	×	×
旁听	○	×	×	×	×	×	×	×	×
别室评议	×	×	○	○	×	×	×	×	×
意见一致	○	×	○	○	×	×	×	×	×
做出评议	○	○	○	×	×	×	×	○	○
传达评议结果	×	×	×	×	×	○	×	×	×
法官按律量刑	○	×	×	×	×	×	○	×	×
共计13项	6	4	5	9	8	5	3	7	8

注：○表示有说明，×表示没有说明。

　　从麦都思的《地理便童略传》起，至裨治文的《大美联邦志略》止，有关陪审制的信息就这样断断续续地被介绍到中国。上述的每一本书都有局限性和侧重点，但是总体上来说，传教士们的介绍涵盖了陪审制的各个方面。那么，假设某一中国读者有可能纵览当时所有的西学书，他是否会对西方的陪审制有一个比较全面的了解呢？这一问题似乎涉及两方面的因素，即引介者的文章是否明确无误地传递了有关的信息，容受者是否能够正确地理解文章所包含的信息。前者是话语层面上中外语言之间的转换问题，后者是知识体系层面上中外概念对应的问题。引介者是西方传教士，在构建某一新概念的关键词尚未建立的情况下，要正确地完整传递信息内容会遇到很多问题。以陪审制为例，原告、被告等概念已经存在，但是，法官、市民充任的陪审员、担当辩护的律师等身份与概念汉语中尚不存在；而"宣誓"这一语言行为的意义在中国和西方也不完全相同。传教士们使用汉语词汇体系中的既有词来说明汉语中不存在的西方概念，这样做本身就必然会使信息的传递发生变异。

从容受者的角度来说，既有词语所描绘出的新制度与他们已有的知识体系之间存在着较大的错位，而且这种错位并不为他们所察觉。下面我们从容受的角度来看看这一问题。

（二）中国士子对陪审制度的理解与容受

对于传教士们介绍的西方陪审制度，当时的中国知识界是怎样理解和容受的呢？让我们来看一看当时的文献。

（1）《合省国说》（1844）

该书是梁廷枏根据裨治文的《美理哥合省国志略》撰写的介绍美国情况的书，书中首次提及了美国的陪审制。梁的记述如下：

> 每届审期，必择其地衿耆先未知有此事者二十四人，或半之 /
> 多不越二十五人，少亦必得十一人 /，就所见以例权其曲直，所
> 见合则笔于爱书，呈察院，令先散出，而后察院采以定断焉。事
> 小未控理者，则别设若干人使预为随事处息，如中国之保甲然。
> （卷2，第11页）

梁廷枏的理解是，选择当地的"衿耆"，针对事实按照法律判定是非，统一意见后报告法官，法官再据此断案。"其地衿耆"即当地的长老、头面人物，裨治文的书里使用的也是这个词。梁廷枏基本上再现了裨治文《美理哥合省国志略》中的内容，但是，对于"衿耆"的选任条件则加入了自己的理解。裨治文主要提示了两个条件，即"亲戚、兄弟、朋友"和"先知有此事者"，"不能为"。前者无须赘言，而将后者摈于"衿耆"之外是为了防止陪审员受舆论和媒体的影响，有先入为主的成见。在媒体高度发达的今天，要做到这一点似乎已无可能。然而，当时法庭常常拒绝那些

事先通过报纸等媒体对事件有所了解的人担任陪审员。但是，"必择其地衿耆先未知有此事者"只是一种诉讼技巧，远远不具备"是犯之亲戚、兄弟、朋友，固不能为"那样的约束力。梁廷枏在自己的文章里只采用了这一次要的条件。陪审员的遴选是保证陪审制度发挥作用的关键，梁的不同于裨治文的记述说明了他对西方这一陌生制度的运作方法较为关心。

（2）《海国图志》（1844）与《瀛寰志略》（1848）

《海国图志》五十卷本完成于 1844 年之前，该书亦参照并大量引用了裨治文的《美理哥合省国志略》。《海国图志》后来又有六十卷本、一百卷本刊行，但是关于陪审制的叙述无文字上的变动。该小段文字如下：

> 人犯既齐，察院兼择本地衿耆以助审，衿耆少则十二人，多则二十四人。除本犯之亲友兄弟外，即先知有此事者，亦不能预。既审后，出而会议，遂定曲直。众衿耆将情由写明，送呈察院而退。察院观其是非，照例定罪。（50 卷本卷 38，第 28 页）

通过对比我们知道，魏源同梁廷枏一样也并非原封不动地照抄裨治文的原文，而是做了一些改动。有一些改动是修辞性的，即为使文章更加精练；而有一些则是诠释性的，即对裨治文的叙述加以解释、评论，对内容加以取舍，只把那些自己认为适当的知识传递给中国的读者。关于陪审员人数的记述即属于后者，例如，裨治文和梁廷枏都有多则 25 人，少亦 11人的说法。对此魏源不取，只说"少则十二人，多则二十四人"。可见魏源对人数是给予了注意的。

《海国图志》的另一个重要意义是：该书的读者人数多，范围广，不仅在中国，而且在日本也广为传播。1860 年之前，将陪审制介绍给日本的不是传教士的著述，而是魏源的《海国图志》（见下）。

《海国图志》之后，于 1848 年出版的《瀛寰志略》在卷七"欧罗巴英吉利国"中对英国的陪审制度做了如下的介绍：

> 又英国听讼之制，有证据则拿解到官。将讯，先于齐民中选派有声望者六人，又令犯罪者，自选六人。此十二人会同讯问，辨其曲直，然后闻之于官，官乃审讯而行法焉。（卷 7，第 39

页上）

书中没有提到美国的陪审制（尽管徐继畬在书中介绍了令中国人耳目一新的美国总统选举的制度）。而关于英国陪审制度中陪审员的遴选方法，徐的这段内容显然参考了麦都思的《地理便童略传》。

（3）《香港略论》

该文为王韬所作，应该是他 1862 年亡命香港以后的文章，后收入其《弢园文录外编》（香港印务总局，1883）。王韬在文中写道：

> 臬宪之外，有提刑官、僚佐官，更立陪审之人十有二员，以习法之律正充其事，而民间所举公正之绅士，亦得与焉，专在持法严明，定案鞫狱，欺无妄滥。①

"臬宪""提刑官""僚佐官"等名称都反复见于《遐迩贯珍》中介绍香港行政、法律制度的文章。②可以说王韬的文章反映了香港当时司法制度的实际情况。王韬在这里介绍的是香港式的陪审制，陪审员的选任方法为"以习法之律正充其事"，但是民间所选的公正绅士也可以参与。总之，充任陪审员的已经不是一般的市民了（详后）。

（4）郑观应的容受

就这样，陪审制度经过魏源等人的"咀嚼"，被介绍给中国。他们的主要知识来源是裨治文，而不是郭实猎。因此许多重要问题，如宣誓、采用陪审制的社会动机等都没有涉及。《海国图志》以后，详细介绍陪审制的书仅裨治文的《大美联邦志略》一种。中国士子和传教士似乎都不再对陪审制感兴趣了，甚至主张社会改革的知识分子对陪审制也没有涉及。例如，冯桂芬的《校邠庐抗议》中完全没有司法制度方面的介绍。③而另一个对中国西学知识传播产生过重要影响的人物郑观应又如何？郑氏从 19

---

① 王韬:《弢园文录外编》，中州古籍出版社，1998，第 276 页。

② 可参见松浦章、内田庆市、沈国威编著《遐迩贯珍——附解题·索引》总词汇索引。

③ 中国第一个对陪审制产生兴趣的官吏是郭嵩焘，他在日记中写道："当元之中叶，始令听讼者由如力代证枉直。如力者，地方良民也，为今律师代质所始也。"郭嵩焘:《伦敦与巴黎日记》，第 404 页。

世纪 60 年代起就不断发表关于西学的议论，但是在他的《救时揭要》、《易言》（三十六卷本、二十卷本）中均没有司法制度方面的讨论。[①]《易言》的"论吏治"（二十卷本无）所讨论的实质是国家的行政管理问题；"论犯人"（二十卷本改为"狱囚"）讨论的是罪犯的自新及出狱后的社会接受问题。郑观应首次提及陪审制是在《盛世危言》（五卷本，1894）中。该书将《易言》中的"论吏治"扩展成"吏治上、下"。在"吏治上"中，郑写道：

> 听讼之事，派以陪审，而肆威作福之弊祛，列以见证，而妄指诬陷之弊绝。[②]

此时郑氏的议论还是极为空洞的，似乎对这一制度并不了解。然而，一年以后出版的《盛世危言》十四卷本中关于陪审的内容突然增多。郑氏在十四卷本"吏治上"篇后面加了一个长长的附言，其中记录了"王爵棠星使"介绍的法国情况：

> 许被控者自选秉公耆老十有二人，届时质证剖理，惟毋得徇私偏袒。然后听鞫者听两造之辞，以辨直枉，舍寡从众，期无诬屈，以为惩劝。[③]

同时，在十四卷本中，郑氏新增加了"刑法"一章，对"酷打成招"的野蛮司法现实，提出了以导入陪审制为主要内容的改革建议。郑氏指出，"外国不信问官而设陪审，秉正人员佐官判案"，提议：

> （中国）今宜令各省、府、县选立秉公人员，或数十人，或数

---

① 据夏东元考证，收入《救时揭要》的文章于 1873 年前完成，收入《易言》的文章最迟于 1882 年完成。参见夏东元编《郑观应集》上册，上海人民出版社，1982，编辑说明第 1~2 页。

② 夏东元编《郑观应集》，第 354 页。

③ 夏东元编《郑观应集》，第 356 页。王爵棠即王之春，曾出使俄、法，游历日、英、德，以熟悉洋务自诩。

百人，每遇重案，轮班赴署。少者数人，多者十余人，与审官听讯两造之供词，以及律师之辩驳。审毕，审官以其案之情节申论明白，令陪员判其是非曲直，视陪员可否之人数多寡，以定从违。

十四卷本刊行于 1895 年，距五卷本刊行仅有一年时间。在这一年时间里郑观应迅速补充了新的知识，尽管他的表述并不正确，如有罪无罪的裁定采用多数决定的方法等。除了王之春的介绍外，郑观应是否还从其他渠道获得了新知识？尤其令人不解的是为何在此时陪审制突然又引起了国人的注意，其理由何在？

（5）陪审制与治外法权

如上文所述，传教士们向中国介绍陪审制的主要动机是对中国司法制度的批判。然而，西方列强通过鸦片战争之后缔结的不平等条约，在中国确立了治外法权。在这种情况下关于陪审制的介绍已经失去原有的目的，陪审成了干涉中国司法独立的一个手段。西方外交官常常以陪审的形式介入审判过程。例如，同治七年（1868）公布的《上海洋泾浜设官会审章程十条》中有如下的规定：

> 一、华洋互控案件审断必须两得其平，按约办理，不得各怀意见。如系有领事管束之洋人，仍须按约办理。倘系无领事管束之洋人，则由委员自行审断。仍邀一外国官员陪审，一面详报上海道查核。倘两造有不服委员所断者，准赴上海道及领事官处控告复审。[①]

即使无领事管束的外国游民也须有外国官员陪审才能审判，其他情况就可想而知了。赫德于 1876 年给总理衙门的一个条陈中也建议：

> 应在每一条约口岸设立一个法庭，以执行共同法典：此项法庭应由巡抚派一候补道员主持，并由支领中国薪俸之洋员一人会同任审判官，审讯重要案件应有陪审员两位，一由原告提名，一

---

① 《皇朝经世文续编》卷 86，文海出版社，1972，第 2198 页。

由被告提名……

在所有牵涉外国人和本国人一道的案件中，领事和地方官以审判官与陪审官的身份会同开庭审讯……

设牵涉到的财产价值在若干圆以上，或起诉的原因由于人命的丧失，则陪审官应有权对审判官的判决向北京高级官员提起上诉。①

赫德的这个条陈似乎当时没有正式的译本，但是被译成汉语供总理衙门讨论是不容置疑的，陪审的概念也应该为中国的官员们所熟悉。

1892 年，英国外交官哲美森（Sir George Jamieson）就中英之间法律制度的异同撰写了一篇文章，②该文由传教士李提摩太（Timothy Richard, 1845–1919）译成中文，以《华英谳案定章考》的题目发表。这篇文章后来被收入《皇朝经世文续编》，影响较大。文中对英国的陪审制度做了详细的介绍：

由官请定著名公正之十二人作为陪审官（按陪审之法创之于英，历年已久，今欧洲诸国大半仿照办理），示期复审。至日问官与陪审官会同升堂，细听口供毕，十二人退至他室，彼此只知口供，不知情面，该被告有罪不能为之营救，无罪亦不能使之故坐。于是去其偏私之意，参以见证之言，并细考各证人有无疑窦，是否符合，一一斟酌尽善，然后以有罪无罪二语分别申复问官。假使以为无罪，问官即将该被告立予省释，以免拖累；以为有罪，问官乃定其罪名。

英律，陪审人定被告之有罪，无论该被告承认与否，即使被告不承，亦必治以应得之罪。

英律，陪审人员若断定被告为无罪，此案即行注销，断不准

---

① 马士：《中华帝国对外关系史》第 2 卷，张汇文等译，上海书店出版社，2000，第 519~520 页。

② 李贵连指出这 "是迄今所能看到的第一篇详细比较研究中国（清朝）与英国司法审判制度异同之作"。见《二十世纪初期的中国法学》，《中外法学》1997 年第 2 期。另参见王健编《西法东渐——外国人与中国法的近代变革》，中国法政大学出版社，2001。

问官再行提鞫。纵使有新见证人重行投案，亦不能再问。又被告所犯之罪，不论是何案情，但使业已由<u>陪审人员</u>审结者，万万不准翻异。

英国以保护良民为重，其设立<u>陪审人员</u>之初意，因恐原问官一人以爱憎为是非，徇情则故出人罪，报怨则故入人罪也。故视<u>陪审</u>一事为决狱之第一关头。

英国有永远不准更改之两律……一曰无权定谳。凡被告之有罪与否，俱须由本国之公正人作为<u>陪审人员</u>商量定夺，本官概不准独断。[①]

哲美森的文章对陪审员的遴选涉及不多，但是对陪审员及其裁决在讼诉过程中的作用做了明确的说明。在此之后，该文的翻译者李提摩太又翻译出版了《泰西新史揽要》，其中也有简单的陪审制度的介绍。[②]

陪审制度的缺失被当作列强要求治外法权的依据，以至于为了取消这种特权，郑观应甚至提出要全面采用西法，"至于通商交涉之件，则宜全依西例。今海禁大开，外国之人无处不至，凡属口岸无不通商，交涉之案无日无之。若仍执中国律例，则中外异法，必致龃龉。不如改用外国刑律，俾外国人亦归我管辖，一视同仁，无分畛域"。[③]郑氏同时指出法律的全盘西化亚洲已经有先例，"日本东瀛一小国耳，改用西法，西人亦归其审理"。郑观应通过某种渠道得到了日本的知识，但是所了解的情况并不完全正确。如此，西人在殖民地用陪审制保护本国国民，中国提倡改革的人在这样一个曲折的情况下终于认识到，此乃限制法官滥用权力的好方法。

二 词汇史视角的探讨

如本书"导论编"所述，用一个词来指称一个概念叫"词化"或"词汇

---

① 《皇朝经世文续编》卷 43，第 1721 页。
② 李提摩太在哲美森的译文中只使用了"陪审（人员）"，但在自己的译著中"陪审""陪讯"两见。参见《泰西新史揽要》，上海书店出版社，2002，第 91~93 页。
③ 夏东元编《郑观应集》，第 502 页。

化"。下面我们就来看一下西方陪审制这一概念在汉语中是怎样词汇化的。

英语 jury 今译为"陪审，陪审员团"。这个词说的是一个制度，或在这一制度下履行职责的一群人。[①] 汉语词汇化的着眼点是这个人群。麦都思首先将 JURY 称为"有名声的百姓"，[②] 这个称呼是符合《地理便童略传》一书的读者层的，但是麦都思并没有试图建立一个译名。郭实猎是谈及陪审制最多的外国人。他首先在《大英国统志》中用"缙绅"表示 JURY 的意思，其后在《自由之理》中又改称"副审良民"，即不一定是"缙绅"的"民众"。因为郭氏知道"缙绅"这个词在中国是具有特殊含义的。中国的士子属于统治阶层，是官吏的后备军，郭实猎试图用"良民"来修正这种误差。因为不是正式的法官，另加修饰成分"副审"。最后，郭实猎在《批判士》中又把"副审良民"改为"批判士"，即批评、判定的人。郭实猎对"批判士"性质的规定是：不俸禄、无供职、不趋炎附势、不指望做官。作为 JURY 的译词"批判士"虽然没有为一般人所接受，但可以说是一个杰作。

几乎与郭实猎同时，裨治文在《美理哥合省国志略》中称 JURY 为"衿耆"。这个词的字面意义是老年的绅士、儒生中的长老。他的命名理据与郭实猎的"缙绅"一样。但是在 1861 年的改订版《大美联邦志略》中，裨治文改用了"公民"一词。可以推断，裨治文想用"公民"表示 CITIZEN，即普通市民的概念。但是，当 CITIZEN 担当 JURY 时似乎应该有一个专门的称呼，对此裨治文却没有提出自己的建议。

《智环启蒙塾课初步》是首次使用"陪审"一词的文献，或者应该说是理雅各首次在文献中使用了"陪审"这个词。理雅各把原文的 trial by jury 译成"陪审听讼论"。文章中还有"陪坐听审"的说法。因此，标题中的"陪审"似可以看作"陪坐听审"的缩略形式。但是，这里有两点需要注意，一是在《智环启蒙塾课初步》中，"陪审"还不是一个结合得很紧的词；二是《智环启蒙塾课初步》中的"陪审"并不指人（juryman），而是作为动词性词组指称一连串动作。

---

① 作为一个集合体时为单数，考虑到组成的每个人，则作为复数对待。具体指称陪审员时用 juror（juryman，jurywoman）。

② 这里我们用大写的 JURY 表示原语言，即概念。下同。

当我们仔细品味"陪审"这个词时，可能会发现作为译词这并不是一个最好的选择。首先作为法律名词，"陪审"不够雅驯，过于口语化。[①] 其次，意义不严谨，理据不明确。汉语中包含"陪"的复合词有陪绑、陪衬、陪都、陪侍、陪同、陪葬等，字义可分析为"同时、附属"，即"伴随"。[②] 那么"陪审"是陪同受审，还是辅佐法官审理？陪审制的目的，监督大于辅佐，其根本是对法官所代表的统治权力的不信任，而不是协助。"陪审"一词所欠缺的正是这种"监督"义。

然而，当我们用历史的眼光看问题时，一个译名的成立并不与其命名的合理性直接相关。广州时期的译名，如"银行""保险"等既不雅驯，又不严谨。而严复的许多"旬月踟蹰"的译名虽然雅驯，但是最终却被理据不明（对中国人来说）的日本译词所代替。可见，一个译名的普及和容受，除了语言上的原因以外，还有社会文化上的因素。

汉外辞典是引入域外新概念的另一条途径。辞典的编纂者同时也常是翻译者。他们熟悉当时使用的译词，并将社会上使用的新词和译词吸收到自己的辞典中。辞典里的译词尽管有编纂时期相对滞后的可能性，但是所反映的是该时代词语使用的一个横断面，这一点是不容怀疑的。下面我们将通过英华辞典的情况来探索"陪审"的普及，以及其中社会方面的因素。

● 马礼逊:《英华字典》（1822）

JURY. The Chinese have none: the sitting magistrate decides as he pleases；it is said that sometimes the 乡绅 or country gentlemen are called in to advise.

马礼逊的《英华字典》是近代第一本英汉辞典，在 jury 项下，马礼逊首先指出 "The Chinese have none"，接着用英语做了词义说明。但是他并没有给出相应的译词，只说这些被招集来以备咨询的人有时被称为"乡

---

① 当然《智环启蒙塾课初步》是童蒙课本，不能也没有必要太雅驯。但是需要指出的是理雅各各种译文均包含大量的方言口语词汇化。

② 《现代汉语词典》对"陪"的释义为（1）陪伴，（2）从旁协助。义项（2）仅见于"陪审"，属于由词训字，不当。

绅",即 country gentlemen。

- 卫三畏:《英华韵府历阶》(1844)
该辞典未收有关词条。

- 麦都思:《英华辞典》(1847~1848)

   JURY,发誓审真之人;a jury of one's peers,同伴之审司。

麦都思提及了"宣誓"这一 jury 辞源上的意义,但是在他的辞典里
jury 仍然没有实现词汇化,继续采取用短语说明的方式。

- 罗存德:《英华字典》(1866~1869)

   JURY,陪审官;a special jury,特简陪审官。

这是最早收录"陪审"的辞典。我们应该注意,第一,罗存德没有对
制度本身做出解释;第二,罗存德在这里使用的不是"陪审",而是"陪
审官"。《英华字典》里没有"陪审"单独出现的例子。现代汉语中无"陪
审官"一词。因为 JURY 是民间人士参与审判,是"民"而不是"官"。
这一点早在郭实猎时就已经说得很清楚了。而罗存德使用的"特简"一词,
在汉语里是皇帝任命的意思,与西方的陪审制度更是风马牛不相及。

那么,罗存德从哪里知道译词"陪审"的呢?罗存德的"陪审"是否来
自理雅各的《智环启蒙塾课初步》?理雅各和罗存德同是香港殖民政府任命
的视学官,其工作任务之一是在香港建立和普及西方的初等义务教育体系。
为此他们编写了数种教科书。《智环启蒙塾课初步》就是其中的一种。罗曾经
指出,早在 1859 年,该书就被推荐作为香港政府学校的标准教科书,[①] 可见

---

① W. Lobscheid, *A Few Notices on the Extent of Chinese Education*, The Appendix,转引自 Wong
Man Kong, *James Legge: A Pioneer at Crossroads of East and West*, Hong Kong:Hong
Kong Educational Pub. Co., 1996, p.61。

该书流行之广。同为视学官的罗存德无疑对这本书是熟悉的。

下面我们来看一下译词"陪审"成立之社会因素。除了《智环启蒙塾课初步》以外，现实生活也是罗存德知晓"陪审"的一个途径。香港岛割让后不久，英国殖民政府将陪审制引入了香港的司法体系，例如有关图书介绍：

> 早期香港法院……开庭传讯时，如被告以无罪抗辩，即由陪审团开始进行审理。陪审团由平民组成，年收入 1000 元以上的男子可担任普通陪审员（一八四五年改为年收入 500 元），绅士、银行家和富商可担任特别陪审员。由于这一规定，收入微薄的普通劳动者和妇女均被剥夺了担任陪审员的资格。此外，又规定陪审员必须掌握英语，能够理解法官和律师的发言，这一限制使当时华人不论贫富实际上都被排斥在陪审团之外，只有英国人才有充当陪审员的资格。①

关于香港法律制度的变迁，应该由法律史专家做出说明，在这里我们仅根据当时杂志所反映的情况来做一些补充。香港岛割让后，港英当局将英国本土的审判制度搬进香港，但是马上发现实际操作起来有问题。随着战乱加剧，大量内地居民迁入香港，中国人之间的诉讼也日益增多。外国律师语言不通，且收费昂贵，尤其是一些民事诉讼，涉及中国的风俗习惯等，鉴于这种情况，港英当局制定了一个经过变通的办法。《遐迩贯珍》第 4 号（1853 年 11 月 1 日）上刊登了一篇关于香港立法的文章。② 文中说，考虑中国居民的传统习惯以及不懂英文等情况，在审判制度上做出五点特殊的规定，其有关部分原文如下：

---

① 余绳武、刘存宽主编《十九世纪的香港》，中华书局，1994，第 208 页。该书在脚注中指出"直到 1858 年，陪审团中才首次出现一个华人的名字——黄胜"。黄胜是跟随传教士布朗留学美国的四名少年之一，回国后在英华书院任职。参见沈国威、内田庆市（编著）『近代啓蒙の足跡：東西文化交流と言語接触：「智環啓蒙塾課初歩」の研究』。

② "本港议创新例 Ordinance extending the duties of Chinese Tepos in Hongkong and providing for the amicable settlement of Civil Suits among the Chinese"（松浦章、内田庆市、沈国威编著《遐迩贯珍——附解题·索引》，第 685~684 页）。

其一曰，分本港地为若干图，每地保辖一图，如某图众人，欲举行此例者，必统计图内人数，居其大半，签名联禀总宪，始准其举行，然亦只行于本图内地方而已，图外不得逾越。其二曰，禀准后，该图民人，即于图内居住者，选择二十四人为襄办，即于二十四人内，推举一人为地保，襄办及地保，俱逾一年则更换之。其三曰，地保之薪水，每月若干，由襄办人公议，其项所从出，计图内民人，按户分摊，视所居之屋，该租几何，核其数而递抽之。其四曰，设有两造涉讼，即许其声请地保，会同襄办人秉公剖断，两造俱愿听其断处者，应先赴刑讼司署禀报，由该司署饬令地保邀集襄办人公同议断，断后仍由该司署责成两造，画具遵依无违。其五曰，公同会集之际，至少必得襄办五人同座为率，不满此数，地保不得遽行断理。凡此例之设，惟属一切词讼控诉，交涉事件，听地保等办理。至于命盗奸拐，一切干犯例禁之案，仍归司署究办，概与地保等无涉。

即将中国居民居住的地区分为若干部分，每一部分推选二十四个"襄办"，并从中选出一"地保"，地保是有"薪水"的。在原告、被告同意的情况下，经法院批准，诉讼由地保和襄办共同审理，审理时襄办不得少于五人。此方法只适用于民事案件，刑事案件仍由港英当局的法院审理。可以推断，当时由于语言上的障碍，法院的陪审制度实际上是无法对中国居民实行的。罗存德的"陪审官"应该与地保、襄办等有关，是有着社会生活的实际背景的。

三 "陪审"传入日本及普及

日本在幕府末期、明治初期致力于欧美政法制度的介绍，陪审制也作为一个主要内容被介绍进来。关于陪审制导入日本的历史，日本法律史学家尾佐竹猛著有专著《作为明治文化史的日本陪审史》加以论述。[①]该书

---

① 尾佐竹猛『明治文化史としての日本陪審史』邦光堂、1926。

分为四章：第一章，陪审思想之导入；第二章，陪审之视察；第三章，陪审之尝试；第四章，陪审法之成立。书末附《陪审法》。在第一章里，著者对陪审制度被介绍到日本的历史、译词的定型做了详细的考证。此后，渡部万藏出版了自己的著作《现行法律语史的考察》。[①] 该书以大词条辞典的形式对明治以后的法律词汇做了语源梳理的工作。关于"陪审"，渡部万藏在尾佐竹猛的研究成果基础上又补充了自己的新考证。兹综合两者简介要点如下。

第一，陪审制度最早是通过 1854 年（嘉永七年，安政元年）出版的《美理哥国总记和解》介绍给日本的。该书是美国人裨治文著的世界地理书的汉译本《海国图志》。[②] 相当于陪审员的"衿耆"被加注了训义假名「わかいしゅとしより」，即某一社团中较活跃、有影响的人物。

第二，1861 年（文久元年）箕作阮甫训点出版了《大美联邦志略》，这是裨治文前著的改订版，1860 年于上海刊行。其中陪审员作"公民"，陪审的过程作"公民陪听"。同年，箕作阮甫还训点刊刻了徐继畬的《瀛寰志略》，该书介绍了英国的陪审制度，但是没有使用专门的词指称陪审员。

第三，1861 年，长门的温知社翻刻出版了《英国志》，该书为 Thomas Mill 著的英国史，由英国人 William 译成了汉语。[③] 书中陪审音译为"如力"。

第四，1862 年，堀达之助出版了《英和对译袖珍辞书》，其中 jury 译为「事の吟味の為に誓詞したる役人」（即为了断定是非曲直而宣誓的官吏——笔者注，下同）。

第五，1866 年出版的《智环启蒙塾课初步》[原书为理雅各咸丰六年（1856）于香港出版的英语教科书，由柳河春二[④]加训点翻刻出版]中使用了译词"陪审"。但是，明治以后出版的该书日文译本中"陪审"被译作「立合役吟味」（即在场作证、断定是非曲直之意）。

第六，1866 年福泽谕吉出版《西洋事情》，其中将陪审员译作「立合」

---

① 渡部万藏『現行法律語の史的考察』万里閣書房、1930、34~35 頁。
② 《海国图志》并不是裨治文书的汉译本，"美理哥国总记"是《海国图志》的一章，引自裨治文的《美理哥合省国志略》（原书为汉语）。
③ 《英国志》是《大英国志》的日语训点本，译者为英国伦敦会传教士慕维廉。
④ "柳河春二"应为"柳河春三"。

（即在场作证、监督之意）。

第七，1867 年，津田真一郎（真道）在自己的著作《泰西国法论》中使用了译词"断士"或"誓士"来表示陪审员的意思。

第八，1868 年，铃木唯一在其译著《英政如何》（原著是英国 Albany de Fonblanque 的 *How we are governed*, 1862）中将 jury 译为「吟味方」（即断定是非曲直的官吏之意）[1]。

第九，1871 年，加藤弘之在其著作《国法泛论》中，使用译词"誓士"。

第十，1871 年，中村正直翻译出版了《自由之理》（原著为英国 John Stuart Mill 的 *On Liberty*），书中使用了"陪审官"，在词旁边加注了训义的假名「タチアヒノギンミヤク」（即在场断定是非曲直的官吏）[2]。两年后，中村在他的另一本译著《共和政治》中，也使用了"陪审"，并加旁训「タチアヒ」（即在场作证、监督之意）。

第十一，1873 年 9 月 15 日，司法省送呈太政官的公文中有「各国に於ても裁判所に陪審を備へ裁判所の公なるを証し候」（各国法院备置陪审，以证明审判之公平）之语。从公文中的使用情况推断，译词"陪审"在此时已渐为人知。[3]

尾佐竹猛在著作中指出，导入陪审制的过程中先后使用了"参座""参座会议""观审""会同审问"等术语。明治 13 年（1880）审定"治罪法"草案，删除了有关陪审的条文，改为"陪席裁判官"；后经过若干次大规模的论战，遂于大正 12 年制定公布了《陪审法》，"陪审"一词也最终定型。

尾佐竹猛等人的研究大体上廓清了译词"陪审"传入日本并普及的过程。由此我们可以知道：（1）由《海国图志》征引的《美理哥合省国志略》首先向日本介绍了（美国的）陪审制；（2）《美理哥合省国志略》的改订版《大美联邦志略》及慕维廉的《大英国志》对日本了解陪审制均有极大的帮助；（3）理雅各的《智环启蒙塾课初步》首次将译词"陪审"传入日本；（4）堀达之助、福泽谕吉等人亦曾尝试新造译词来表达 jury 的意思，但是均未能普及；（5）中村正直于 1871 年前后开始使用"陪审"，"陪审"最终

---

① 此部分为渡部万藏补充。

② 此部分为渡部万藏补充。

③ 此部分为渡部万藏补充。

取代了此前的其他译词。

在这里我们需要考虑的是：第一，中村是从何处得知译词"陪审"的；第二，"陪审"为何有可能取代其他译词。中村作为明治时期的启蒙家、翻译家，他和福泽谕吉等人一样，是由兰学转向英学的。在这一转变过程中，中国的汉译西书和英华辞典是他们的主要知识来源。

中村正直曾使用《智环启蒙塾课初步》学习英语，同时他还将罗存德的《英华字典》翻译成日语出版。由此可知，中村对中国的一些译词是非常熟悉的。就是说，中村知道译词"陪审"的途径有两个，一个是《智环启蒙塾课初步》，一个是罗存德的《英华字典》。笔者认为，从时间上看《英华字典》起的作用可能会更大一些。

那么为什么"陪审"有可能取代此前的其他译词？词汇学角度上译词的优劣肯定不是决定性的因素。我们上文已经说过，"陪审"并不是一个理想的译词。从造词的理据上看，"吟味役""立会人""断士""誓士"等都可以表示 jury 意义的某一个侧面，[①] 甚至可以说，这些译词创造都是在深入了解制度本身的基础上进行的。但是，舍弃自己创造的"吟味役"等译词，接受来自中国的"陪审"，这一事件反映了幕府末期、明治初期日本知识界对待汉译西书所使用的译词的态度。"化学"取代日本独自创造的"舍密"，"阳极""阴极"取代"积极""消极"，"电气"取代"越列机"等都是相同的事例。

福泽谕吉的《西洋事情》、津田真道的《泰西国法论》、铃木唯一的《英政如何》、加藤弘之的《国法泛论》等著述对欧美法律制度的介绍，其深度和准确度都远非《大美联邦志略》等可以比拟。《附音插图英和字汇》的译词多参考罗存德的《英华字典》，但是如下所示，关于 jury 的一组词，《附音插图英和字汇》在收词之多、释义之准确等方面都超过了所参考的《英华字典》。

Juror　陪审［タチアヒ］者（詞訟糺明等ノ［クジギンミナド］）

Jury　陪審官［タチアヒシウ］（詞訟糺明ノ為ニ誓詞シタル人々ニテ法例ニ依テ之ヲ撰挙ス）

---

① Jury 原义为"宣誓"，日语的「タチアヒ」有在场监视之意。

Juries of inquest　検屍ノ陪審官
Jury-box　陪審官ノ座位
Juryman　陪審官、陪審者

四　陪审制在中日的命运

使用汉字对传入东方的西方新概念进行词汇化是汉字文化圈的整体事件，不可孤立对待。"陪审"一词首先由理雅各用于翻译，其后借助于罗存德的《英华字典》得以流传并输入日本，最终成为汉字文化圈的共同词。在近代译词普及的过程中，罗存德所起的作用应该如何评价，还没有形成一个广泛认同的结论。但是我们至少可以说"陪审""银行""保险"等早期广州译词的成立与罗氏的《英华字典》是分不开的。但是，与"陪审"不同，"银行""保险"是支撑资本主义经济制度的基础机构，无此，资本主义的经济活动无法进行，其概念词汇化的压力要远远大于陪审。尤其是在西方列强将治外法权强加于中国之后，陪审的词汇化完全失去了紧迫性。

而日本则不同，在日本近代法律体系的建立过程中，如何实现司法的独立及公正的审判至关重要，陪审制所提供的监督功能因此受到极大的关注。1873 年的槙村事件、1875 年的广泽参议暗杀事件等一系列事件的审判，都对日本人对陪审制认识的深化发生了积极的作用，催化了日本陪审制的诞生。[1]经过长时间的辩论、准备，1923 年日本公布《陪审法》，1928年起实施，1943 年停止施行。陪审这一制度本身在日本并没有成功，但是一般国民监督审判的理念得以普及，遂有 2005 年《参审法》的制订（在该法中称为"裁判员"）。

在中国，裨治文的《大美联邦志略》之后，除了西方外交官为保护本国国民而参与中国的审判这一语境外，几乎无人再提及"陪审"。甲午战败以后，梁启超在《变法通义》的《论不变法之害》中就中国的法律制度有下面的一段议论：

---

[1]　尾佐竹猛『明治文化史としての日本陪審史』第 3 章。

流宥五刑，疑狱众共，轻刑之法，陪审之员，非西律也；三老
啬夫，由民自推，辟署功曹，不用他郡，乡亭之官，非西秩也。①

梁启超是在告诉我们：类似西方陪审的制度，中国上古早已有之，并
不是西方的创造。尽管采用的是"西学中源"说的手法，但是结合前述郑
观应的著述，我们可以断定中国的精英阶层已经开始从本质上认识陪审制
了，司法体制的近代化改革已经提上日程。1906 年的"大清刑事民事诉讼
法草案"中有关于陪审团制度的内容，并具体规定了陪审员的资格、责任、
产生方法以及陪审制度。但是，该法未能实际施行。

纵观西方陪审制的引介以及译词"陪审"的发生、交流、容受、定型
的全过程，其历史脉络可做如下的梳理。

（1）"陪审"原为表示香港新制度的一个口语词。既不雅驯，又无法
律的色彩。

（2）"陪审"的词义理据不严密，无法判断是陪同法官一起进行审判，
还是陪伴被告一起接受审判。"陪"无法表达参与、监督等含义。

（3）造词者非法律界人士，根据现象临摹造词的可能性较大。

（4）理雅各将"陪审"用于幼童教科书。这也说明"陪审"并非很正
式的法律用语。

（5）罗存德将"陪审"收进《英华字典》，其来源是理雅各和香港的
现实生活。

（6）"陪审"通过《智环启蒙塾课初步》《英华字典》传入日本，而
这两本书在明治维新前后，对日语近代词汇的形成起了极重要的作用。

（7）"陪审"在日语中经过一段时间的旁训加注，成为近代的新词。

（8）"陪审"一词在中国的普及极缓慢，究其原因除了维护西人特权
的治外法权以外，中国的法律体系对陪审制毫无诉求。19 世纪 90 年代以
后用例渐增，这与近代司法体系的建立有关。在近代司法体系构建过程中，
"日本知识"起了极大的作用，现代汉语中"陪审"一词的普及、定型均
与日本知识有着较深的关系。

---

① 《时务报》第 2 册，1896 年 8 月 19 日。梁在书中提到了李提摩太的《泰西新史揽要》，
关于陪审的知识也来自李氏的译著。

第三章
"化学"
——新译名的诞生

关于译名"化学"的成立，迄今为止科学史研究领域曾有过多次考察，并得出了"化学"系中国制的译词，于幕府末年（1850~1860）传入日本的结论。[①] 但是，在近代词汇史研究中（无论中日），还没有专门讨论"化学"得以成立、普及、定型的文章。本章以已有的科学史研究成果为出发点，将译词"化学"放在以上海墨海书馆、《六合丛谈》为舞台展开的 19 世纪西学东渐的历史背景下，从译词创制、语言接触、词汇交流的角度，对译名"化学"诞生的历程加以梳理。

对于外来的文物，使用汉字进行命名，常常会给该文物的接受、普及带来重大的影响，"化学"就是一个典型的例子。关于"化学"一词的词汇史描述，将对汉字文化圈近代汉字学术用语的产生、交流及汉字文化圈域内共享等方面的研究提供有益的启示。这也是本章选择"化学"加以考察的原因。

一　中国的"化学"

（一）"化学"诞生之前

关于 16 世纪末来华耶稣会士们是否带来了西方近代的化学知识这一

---

①　关于日本的研究成果，可参考以下文献：田中実「日中学術用語交流史の一問題」『科学史研究』9 卷 93 期、1970 年；坂出祥伸『『六合叢談』に見える化学記事」『科学史研究』9 卷 93 期、1970 年；宗田一「わが国における"化学"の呼弥」『科学史研究』10 卷 98 期、1971 年；菅原国香『化学』という用語の本邦での出現・使用に関する一考察」『化学史研究』38 号、1987 年；島尾永康「紹介『化学』の初出についての新説」『化学史研究』45 号、1988 年；八耳俊文『『重学浅説』の書誌学的および化学史的研究」『青山学院女子短期大学紀要』50 期、1996 年。

问题，化学史家袁翰青曾指出：

> 曾经有些历史学家这样说，近代的科学是在明朝末年传来我国的。就天文、数学等等来说当然是正确的，可是就化学来说，就不是那样了。……在十六世纪和十七世纪以及十八世纪前期，化学可还没有建立成为一门近代科学。所以近代化学的传入我国，不可能归之于明末清初的天主教士。[①]

耶稣会士在他们的著述中介绍了四元素学说，以及阿拉伯的金属、水银、硫黄学说等近代之前的化学知识，但是对中国知识界的影响远不如天文学、数学那样强烈。当时在欧洲，chemistry 也还没有成为学科的名称，所以也不存在将其译成中文的问题。近代化学知识的传来尚须等待新教传教士的东来。

19 世纪初来华的新教传教士们，通过实践认识到，要在中国传播基督教，必须破除人们的迷信观念。为此他们计划出版一批有关世界地理、历史和其他自然科学的通俗读物。但是，直到 19 世纪 50 年代初，拟议中的科学启蒙图书实际出版的只有伦敦会传教医生合信的《全体新论》等极少的几种。合信的《全体新论》是把欧洲 17 世纪以后的近代解剖学、生理学知识介绍给中国的第一本书，在当时受到极大的欢迎。但是该书里没有关于化学的记述。另一本作为英语教材编写的《智环启蒙塾课初步》，包含了丰富的科学常识的内容，然而关于化学，只有第 166 课 "物质可以细分"，该书里也没有使用 "化学" 一词。这一时期的著述特别值得一提的是合信在广州完成，并先后在广州和上海出版的《博物新编》。该书里尽管没有使用 "化学" 或类似的词语，但是介绍了 "养气" "淡气" "轻气" "炭气" 等的性质和制造方法，还涉及了 "磺强水" "硝强水" 等无机酸类。[②] 日本化学史家岛尾永康指出：

> 在此之前明清两代的关于强水的记述，都没有涉及其种类。

---

① 袁翰青:《中国化学史论文集》，三联书店，1956，第 262 页。
② 袁翰青:《中国化学史论文集》，第 265~266 页。

《博物新编》首次提示了"硝强水"（或称火硝油，现称硝酸）、"磺强水"（或称火黄油，现称硫酸）、"盐强水"（现称盐酸）等无机酸的命名法。"硝强水""磺强水""盐强水"等名称还为1870年以后的化学译籍所采用。①

袁翰青则指出：磺强水等是广东一带的名称，外国商人等为了自用或商用带进中国后，和外国人交往的中国商人、水手、仆人等有机会接触到这些化学物质。而关于这些化学物质的命名，袁翰青进一步说：

> 我们可以这样推测……工人和商人开始认识一些化学物质并且替它们取了中文名称……为什么这样推测呢？我们可以从早期的译名上看出一点线索。明末清初传教士的科学译名是靠知识分子帮助的，所以一般译名都"文雅"，如像"天步""坤舆""格致"等等。至于初期的化学译名却相当通俗，如像磺强水、硝强水、盐强水以及养气（或生气）之类，都不像是知识分子想出来的。这些名词极可能是从群众中产生出来的。②

如果袁翰青所说的"群众"是"非专门家"意思的话，那么，"化学"的命名与此有着极其相似之处。

下面让我们来看一看，与一般民众无涉的19世纪中叶外语辞典中的情况。

Chemist 丹家（马礼逊:《英华字典》, 1822）

Chemist 丹家（卫三畏:《英华韵府历阶》, 1844）

Chemist 烧炼的, 炼用的, 炼药的, 丹家, 制炼家（麦都思:《英华字典》, 1847~1848）

Chemistry 丹灶之事, 炼用法（麦都思:《英华字典》, 1847~1848）

---

① 島尾永康『中国化学史』朝倉書店、1995、315 頁。島尾在这里所指的似在广州刊行的《化学初阶》, 江南制造总局的译书中没有使用"~强水"系列的译名。

② 袁翰青:《中国化学史论文集》, 第 266~267 页。

马礼逊和卫三畏的辞典没有收录 chemistry，而 chemist 则被译作"丹家"，西方的化学被与中国道教的炼丹术联系在一起。可以推断，辞典的编纂者对近代化学并没有较多的知识。而麦都思的辞典，尽管收录了 chemistry，但同样是从炼丹术的角度来解释词义的。译词中"炼"字是麦都思独特的译法，应该给予注意。在这些辞典之后，同样在广东编纂的辞典还有罗存德的《英华字典》（1866~1869）。该辞典的情况如下：

> Chemica, pertaining to chemistry　炼法的，炼的，制炼的，物质理的
>
> Chemist, a person versed in chemistry　炼法者，炼物者，炼法师，制炼法者

Chemistry 被用于语义的解释，但是没有单独作为词条列出来。像《英华字典》这样的大部头辞典，不收 chemistry 实在让人难以理解。[①] 与麦都思的辞典相比，罗存德的《英华字典》从译词中删去了"丹家，丹灶之事"，而"炼"字则成为所有译词的构成语素。从"物质理的"这一新译法中可以看出，罗存德似乎想以此来表达自己对 chemistry 独特的理解。其实，罗存德在这部辞典中显示了对化学的特殊关心。关于罗存德对化学元素的命名，我们在本书"新词创造编"第二章中已经做了专门的讨论，此不赘述。这与其说反映了罗氏的化学观，毋宁说是他对不同文化的接触、融合所持的基本态度，这与罗氏在中国布道的立场也是一致的。[②] 但是，我们不得不说罗存德过多地迁就了中国的传统。关于罗氏的化学观，我们将在下面再讨论。

（二）"化学"的首见书证

日本学者坂出祥伸最先指出"化学"一词首见于上海出版的综合杂志

---

① 但《英华字典》卷末的"补遗"中增收了"Chemistry 炼法，炼物之学，炼物之理"。

② 那須雅之「ロブシャイト略伝」『しにか』卷 9、1998 年 10、11 期。

《六合丛谈》。① 坂出从京都大学人文研究所藏的和刻版《官版六合丛谈删定本》中检出三处五例"化学"。此后,日本的学术界一般将《六合丛谈》上的例子认作"化学"一词的首见书证。

而在中国,直至 20 世纪 80 年代,人们对"化学"一词的来龙去脉还没有给予应有的注意。②1981 年,潘吉星发表论文《谈"化学"一词在中国和日本的由来》。③ 这是第一篇涉及"化学"词源以及该词在中日间交流的汉语论文。潘吉星根据日本的研究成果,指出《六合丛谈》使用了"化学",同时提出了自己的新发现:《格物探原》(韦廉臣)卷三第一章第一页中有"化学"的使用例。潘氏使用的是《格物探原》1880 年的刊本,但认定该书刊于 1856 年。据此,潘吉星得出了如下的结论:"化学"一词《格物探原》首出,《六合丛谈》亦见,并被冯桂芬用于《校邠庐抗议》(1861年成书),其后在中国普及,同时传入日本。与潘吉星的论文时间相同,袁翰青也发表了类似的意见。④

此后,潘吉星又于 1984 年写了一篇英语论文"Some New Materials about the Early Use of the Words 化学 and 植物",投给日本的《科学史研究》,并于第二年译成日语刊登在该杂志上。⑤ 这篇论文的内容和前一篇大致相同,只是对《格物探原》的刊年有了进一步讨论。因为在前稿中,潘氏对《格物探原》刊年没有进行论证。关于这一点袁翰青的论文也是一样。潘吉星在后一篇论文中说,《格物探原》初版虽然没有标明刊年,但是,

① 京都市立西京商業高等学校図書館『京都市立西京商業高等学校所蔵洋学関係資料解題Ⅱ』京都市立西京商業高等学校、1967、156~158 頁。注 1 所引坂出祥伸的论文。但是,京都人文研究所藏的《官版六合丛谈删定本》只有卷 1 的第 1~13 号,未收卷 2 的第 1、2 号。
② 袁翰青的《中国化学史论文集》、张子高编著的《中国化学史稿·古代之部》(科学出版社,1964)、曹元宇编著的《中国化学史话》(江苏科学技术出版社,1979),均未涉及"化学"的名称问题。
③ 潘吉星:《谈"化学"一词在中国和日本的由来》,《情报学刊》1981 年第 1 期,后收入赵匡华编《中国古代化学史研究》,北京大学出版社,1985。
④ 袁翰青:《化学教育 1》,杨根主编《徐寿和中国近代化学史》,科学技术文献出版社,1986。该文摘要曾刊载于 1987 年《人民日报》海外版。
⑤ 石山洋「『潘吉星教授:用語〈化学〉および〈植物学〉の初期使用に関する新資料』に接して」『科学史研究Ⅱ』153 号、1985 年。由于潘不是会员,论文以读者来信的形式介绍,并附有日本学者的评论。

韦廉臣投给《六合丛谈》的《真道实证》内容与《格物探原》完全相同，可以认为后者是前者的改订增补版。尽管韦廉臣在《真道实证》中没有使用"化学"一词，但是，他在1857年底回英国养病之前，完成了《格物探原》，并付诸出版。该书最迟于1858年问世。潘吉星似乎认为《真道实证》在增补改订为《格物探原》时加入了"化学"。对于韦廉臣1857年或1858年完成《格物探原》的说法，潘吉星仍然没有给出证据。但他是第一个把《格物探原》和《真道实证》联系到一起的学者。然而，《真道实证》和《格物探原》并不像潘吉星所说的那样内容完全一样，不能简单地看作增补改订的关系。① 《真道实证》是在《六合丛谈》第二号至第十一号上连载的传教文章（第六号未刊登），每一期有类似于"上帝必有""上帝非太极"等的宗教性小标题。在第二号的"上帝必有"和第五号的"上帝惟一不能有二"中，著者分别介绍了化学和动物学的知识。而《格物探原》的刊行不是在1857年或1858年，而是在1876年。② 该书的初版就已经是三卷一百八十一张对开页的大部头了。《六合丛谈》卷一第二号"真道实证 上帝必有"的化学部分被编入《格物探原》首卷"论物质"第一章中，但是《真道实证》的四页四行以下被删除。③ 该部分是关于水、硫黄酸、钙化合物合成的说明。在《格物探原》中使用了"化学"的是《真道实证》中所没有的"论元质"第一章，韦廉臣在这里把原子译成"微渺"。他在举例说明了原子的"配合"之后，做了如下的总结性说明：

> 读化学一书，可悉其事，故此微渺，有类于砖石，能建屋宇。④

所谓的"化学一书"显然不是指外文原著，而是指江南制造局翻译馆

---

① 松浦章、内田庆市、沈国威编著《遐迩贯珍——附解题·索引》，第25~26页。
② 刘广定：《〈格物探原〉与韦廉臣的中文著作》，杨翠华、黄一农主编《近代中国科技史论集》，中研院近代史研究所，1991，第195~213页。
③ 《格物探原》卷首，关西大学综合图书馆藏光绪二年越庄丙子活字版，第3页上。我们还必须指出，即使1857年底《格物探原》完成一事属实，其中"化学"的使用也在《六合丛谈》的"小引"之后。
④ 《格物探原》卷3，第3页下。

等处出版的数种冠以"化学"书名的中文译著之类（详后）。其证据是《真道实证》中的金属性元素并没有都加上金字旁，而《格物探原》的元素名与江南制造总局翻译馆的《化学鉴原》一致，使用了新造的带金字旁的字。

就"化学"的首例书证提出新见解的是台湾大学化学系教授刘广定。[①] 刘广定指出：汉语的"化学"一词是1854年由李善兰与英人艾约瑟创制，并用于两人合译的《重学》第十九卷中；《重学》一书译稿完成于1854年，但是刊行一再拖延，所以最先公开使用"化学"的是《六合丛谈》。

其后，刘广定在王韬咸丰五年二月十四日（1855年3月31日）的日记中找到了更早使用"化学"的例子。这一发现使刘广定于1992年再次发表论文《中文"化学"源起再考》，对前论文的结论做了如下的修正：1854年译完的《重学》仅十七卷，行世的二十卷本，包括使用了"化学"的卷十九在内的后三卷的完成时期无法确定。但是，根据王韬日记中的例子，"'化学'一词最晚乃在清文宗咸丰四年（1854）由上海墨海书馆中之华洋学者所制定，不一定只是李善兰与艾约瑟两人"。[②] 刘广定发现的王韬日记中的例子，是现在我们能确认的最早的"化学"用例。[③]

另外，丁韪良在其《格物入门》的重订增补版卷头序言中说：

> 至化学一卷，当是编之初创也，中国唯有丹家之论，尚无化学之名，其名创于是编，流传至今。（《重增格物入门·自序》，1900）

"初创"云云并非事实，但是关于"化学"一词早期的使用情况是值得注

---

① 刘广定：《中文"化学"考源》，台湾"中国化学会"《化学》第46卷第1期，1988年。

② 刘广定：《中文"化学"源起再考》，台湾"中国化学会"《化学》第50卷第1期，1992年。刘广定论文中王韬日记的日期作"正月十四日"，应为"咸丰五年二月十四日"之误。

③ 张秉伦、胡化凯在其论文《中国古代"物理"一词的由来与词义演变》（《自然科学史研究》1998年第1期）中说，中国至迟在17世纪下半叶对西方"物理""化学"两个科学名词，已有了准确的译法。出示的书证是1915年刊行的王夫之（1619~1692）的遗文《搔首问》中的夹注："按近传泰西物理，化学正是此理。"（见《船山全集》第12集，岳麓书社，1992，第637页）但是，这条夹注是王氏遗文公开时由其后人加上去的，不能作为书证。参见沈国威《王夫之使用过"物理""化学"吗?》，香港中国语文学会《词库建设通讯》第19期，1999年。

意的。

（三）具体用例的探讨

包含"化学"用例的王韬日记，现存台湾中研院历史研究所，尚未公开。根据刘广定论文中所附的影印件，当天日记的全文如下：

> 十有四日丁未
>
> 是晨郁泰峰来，同诣各园游玩，戴君特出奇器，盛水于杯，交相注易，顿复变色，名曰化学，想系磺强水所制。又出显微镜相视，一发之细几粗如拇指，皎白有光，呈巧献能，各臻其妙，洵奇观也。
>
> 巳刻，麦公往龙华，予得赋闲，同星垣、芷卿舍弟诣城中游览。往城西顾舍啜茗。薄暮往潞斋旅室访雨耕，适值他出，静坐俟之。雨耕、星垣、潞斋自黄垆归，已更余矣。予闲话片晷，即刻别出，月色甚佳，步之而返。①

是日一早，友人郁泰峰来看王韬，王韬带领他在墨海书馆周围参观，②顺便来到了"戴君"的住处。戴君特意拿出奇特的容器，为来访的王韬等人做液体变色的表演，并告知这是"化学"。王韬猜测这在"化学"的名义下发生的变色现象，乃是磺强水所为。从"想系磺强水所制"的文字中可知，王韬对硫酸的性质等有一定的知识。③

笔者检索了王韬1854年至1855年的日记，"化学"仅此一例。日记的读者极有限。从词语推广、普及的角度看，《六合丛谈》的例子无疑具有更重要的意义。《六合丛谈》共刊行15期，其中使用了"化学"11例，"化学力"1例。下面我们分别来探讨一下这些例子（1–1b–4 意为杂志的

---

① 汤志钧、陈正青校订《王韬日记》增订本（中华书局，2015）第141~142页收录了这篇日记。

② 郁泰峰是在上海从事沙船运输的船主，有关情况参见松浦章「上海沙船船主郁松年の蔵書」『或問』2号、2001年。

③ 合信的《博物新编》中有制造法的说明，但是并未涉及可能引起的化学反应。该书1854年在广州刊刻后，次年由上海的墨海书馆重印。王韬有可能从合信那里得到了有关的知识。

第 1 卷第 1 号第 1 页下第 4 行。第 2 卷第 1、2 号表示为 14、15）。

（1）请略举其纲，一为化学，言物各有质，自能变化。精识之士，条分缕析，知有六十四元，此物未成之质也。（"小引"，1-1b-4，咸丰七年正月）

（2）（波斯遣公使）参赞正副二员、译官大小二员、博士正副二员、缮写大小二员、习医者二员、明化学者一员，其余更有二十六人。（《泰西近事述略》，4-13a-3，咸丰七年四月）

（3）法兰西有博学之士三人……在法之海滨，取水十五升，以二法试之，一用化学恒法试验，即见有银。（《物中有银质说》，9-10b-3，咸丰七年八月）

（4）案化学，言天地万物中，莫不有银，此之谓银世界。（《物中有银质说》，9-11a-5，咸丰七年八月）

（5）天地万物一切力，大率相联属，如重学之力，令诸点相挤相摩，又电气遇阻，及光蚀尽。化学中之变化，俱能生热，世间诸力，如此相生者恐尚多。（《英格致大公会会议》，11-12a-2，咸丰七年十月）

（6）一，论化学，言近新得一物，其宝贵如金刚石，金刚石有二物同质，而皆寻常物也。此物亦有二物同质，而皆为寻常物。（《英格致大公会会议》，11-12a-12，咸丰七年十月）

（7）按化学之力，与重学之力不同，盖万物之质，能自然变化者，谓化学之力，能强加于他物者，谓重学之力，两者以是别之。（《英格致大公会会议》，11-12b-8，咸丰七年十月）

（8）凡物用力与动推其理，名曰重学。重学中之力，与化学中之力异。重学之力加于质体，不能令本质变化，化学之力，则能变化本质也。如青石或用硾击，或用水冲，可令碎为粉，然本质不变，此重学之力也；若用磺强水令化为粉，则本质尽变，此化学之力也。（《重学浅说》，14-10a-2、3、5，咸丰八年正月）

（9）凡重学力，不能变化诸质，与化学力之功效异。重学力之功效，能令体质移动，能变体之形状及方位。（《重学浅说》，15-20b-10，咸丰八年五月）

第 1 号的"小引"（创刊词）中的例子是杂志主笔伟烈亚力对近代"化学"做的简单介绍：物各自有不同的质，能自行变化，博学之士经过分析，知道这些质可以分为 64 种不同的元（即元素），这是构成物的质（"此物未成之质也"）。[①]同时，伟氏对地质学做了如下介绍："一为察地之学。地中泥沙与石，各有层累，积无数年岁而成，细为推究，皆分先后，人类未生之际，鸿蒙甫辟之时，观此朗如明鉴，此物已成之质也。""此物已成之质也"与上文相对应，伟氏明显意识到两种性质不同的"变化"。当然，为伦敦会工作的伟烈亚力并非要向中国的读者介绍进化论的新学说，而是要阐明"凡此地球中生成之庶汇，由于上帝所造，而考察之名理，亦由于上帝所畀，故当敬事上帝，知其聪明权力，无限无量，盖明其末，必探其本，穷其流，必溯其源也"的道理。除了上述两学外，在"小引"中伟氏还简明扼要地介绍了其他学科：鸟兽草木之学、测天之学、电气之学、重学、视听诸学。[②]在这里有两点应引起注意，第一，化学列于诸学之首；第二，具有单词形式的学科名称只有"化学"和"重学"。刘广定说"至迟在咸丰四年（1854）墨海书馆之中外学者已拟定各学科名称之中文翻译名词"，恐非事实。

第二例是伊朗（波斯）代表团访问法国的报道。随员中有"明化学者一员"。除了精通化学的随员以外，还有博士两人、习医者两人，估计一行是去法国进行科学考察。

第三、四例是《物中有银质说》一文中的例子。这是一篇科普性的文章，向中国读者介绍法国的科学家先用"化学恒法"证明了海水中有银，然后蒸发海水，用铅将海水盐中的银分离、提取出来。这里的"化学恒法"

---

① 八耳俊文认为："64 元素的发现是 1879 年，因此这里的 64 元素是错误的。中国以五行为基本要素，也许是伟烈亚力为了强调西方化学的进步而加以夸大的。"其实，元素周期表发现之前，元素的数量是有出入的。例如，第 2 号刊载的慕维廉的文章《地理》中有"亦知世间元质共六十二，其中四十九为金类，十三非金类"的内容。对此伟烈亚力在文章末尾按语解释说："案前号引中言六十四元，今慕氏言六十二元者，其中有二元未定是元质是合质，故说有不同也。"参见八耳俊文「『重学浅説』の書誌学的および化学史の研究」『青山学院女子短期大学紀要』50 期、1996 年。

② 明代王徵译绘的《远西奇器图说》中介绍了西方的重学、穷理格物之学、度学、数学、视学、吕律学等。但是地质学、动植物学、电学以及化学是伟烈亚力在"小引"中首次介绍给中国的读者。

相当于化学分析法。执笔者在文章的末尾说,根据化学的观点,天地万物之中都存在着银。这用今天的科学常识来看已属夸大,对当时的读者来说,更无异于西洋的炼金术。

第五、六、七例见于英国科学促进会（BAAS）第27届大会的报道。[①]在这里作者谈到了各种力之间的相互关系,特别是"重学之力"和"化学之力"被称为相对立的两个概念。也许是作者感到词不达意,又在文章末尾加按语,对重学之力和化学之力的不同之处加以进一步阐明（例7）。能自然变化的力为化学之力,能施于他物的力为重学之力,这种试图对两者差异给予明确说明的努力,还是首次。关于重学之力的说明倒也能令人肯定,但是,将化学之力解释为自然变化之力,却有一点不得要领。第六例是对化学新发现做的介绍。

第八、九例取自1858年第2卷第1、2号连载的《重学浅说》。作者在这里用具体的例子来说明重学之力和化学之力的不同之处,能否给物质造成质的变化是两者最根本的不同点。八耳俊文指出,《重学浅说》是《詹布鲁斯百科全书》第3版Mechanics-Machinery条的翻译。在原著中,引征chemistry只不过是为了更加准确地界定mechanics的意义。但是,由于在中国"化学"的概念尚不为人知,所以伟烈亚力只好以更明确的形式,同时界定、说明了"重学"和"化学"这两个概念。[②]至此,"化学"一词在出现于第1号"小引"中一年以后,词义的解释日臻完善。

（四）"化学"的创造者

那么,谁是"化学"的创造者呢?《六合丛谈》中使用"化学"一词的文章,包括后来出了单行本的《重学浅说》,都没有署名。事隔十年,伟烈亚力将单行本的《重学浅说》归入自己的著作。在坂出祥伸论文以后,《六合丛谈》中其他未署名的文章,均出于杂志主笔伟烈亚力之手似乎已成定论。因此,在八耳俊文1994年的一个学术报告之前,"化学"一词顺

---

① 参见潘吉星《谈"化学"一词在中国和日本的由来》,《情报学刊》1981年第1期;八耳俊文『重学浅説』の書誌学的および化学史的研究」『青山学院女子短期大学紀要』50期、1996年。

② 参见八耳俊文『重学浅説』の書誌学的および化学史的研究」『青山学院女子短期大学紀要』50期、1996年。

理成章地被看作伟烈亚力的创作。在该学术报告中，八耳俊文指出:《六合丛谈》的创刊号不加说明地使用了"化学"，而香港的英华书院 1853 年 8 月至 1856 年 5 月发行的《遐迩贯珍》杂志中却找不见"化学"的踪迹。[①]据此可推断，新词"化学"是由在上海进行科学启蒙活动的传教士们（上海群体）于 19 世纪 50 年代后半期创制的。

八耳俊文在得知岛尾永康发现了王韬日记中的"化学"用例之后，又进一步指出：可以推断王韬与《六合丛谈》文章中的"化学"有密切的关系。[②]

同时，如前述，刘广定最初认为"化学"由李善兰和艾约瑟共同创制，但是公开刊行《六合丛谈》在先。在 1992 年的论文中，刘广定对自己先前的结论做了修正，即"化学"最迟于 1854 年由墨海书馆的中西人士创制，具体造词者不明。

如此，一般认为"化学"一词创制于墨海书馆，其中心人物是伟烈亚力和王韬。但是，仔细分析一下王韬的日记，我们对王韬在墨海书馆创制"化学"一说不得不表示怀疑。下面让我们再来看一看王韬日记中关于"化学"的那段文字：

> 是晨郁泰峰来，同诣各园游玩，戴君特出奇器，盛水于杯，交相注易，顿复变色，名曰化学，想系磺强水所制。

用"化学"来指称液体的变色现象，与今天的语感颇不相符。而且从"名曰化学"以下的文字，我们可以知道，王韬看出了液体变色是硫酸在起作用，但对探索这种现象的学问的名称却是第一次言及。据此看来，"化学"一词，或者为王韬根据日记中的人物"戴君"的说明当场想出来的，

---

① 参见八耳俊文「19 世紀後半の中国と化学」，第 10 次化学史研究春季研习班（东京大学先端科学技术中心）的学习资料，1994 年。八耳氏的"不加说明"似应理解为对"化学"的命名理由不加说明。因为在这里，伟氏对化学的内容做了简要的解释。

② 八耳俊文「『重学浅説』の書誌学的および化学史的研究」『青山学院女子短期大学紀要』50 期、1996 年。但是岛尾永康没有引用王韬日记的原文，八耳俊文论文亦未见。

或者是"戴君"告诉他的,两者必居其一。然而如果是前者,王韬似乎应该说"名之曰化学",或加以详细的说明;判定为后者是更自然的解释。[①]然而如果不是王韬事先已经知道的词,那么,很大程度上也不可能是墨海书馆其他传教士造的词。因为众所周知,王韬是墨海书馆中帮助传教士润色文章的核心人物,对"化学"这样重要的译名没有耳闻是不可想象的。

我们可以断定,日记中的"戴君"是"化学"一词诞生的关键人物。那么这个"戴君"究竟是谁?除了"化学"一例外,1854~1855年的日记中,"戴"姓人物还出现过两次,均为1854年秋季。我们有理由断定三处的"戴"应为同一人物。

> 潘氏旧宅近于北城,是日有红巾四五十辈,至其宅取物,其仆奔告予,特同英人戴君驱逐之,暮往潘氏室。(咸丰四年八月十二日戊申)
>
> 至牧师戴雅各布斋中,午后研耕来舍,特沾数簋留伊小啜,薄暮造其斋中,亦留夜饭,归已更余。(咸丰四年九月二十日丙戌)

日记告诉我们,咸丰四年八月十二日(1854年10月3日),位于北城附近的潘氏旧宅来了四五十个小刀会(红巾)的人抢掠财物,接到仆人的报告后,王韬和英国人"戴君"跑去将这些人赶走。抢掠事件后月余,即同年九月二十日(11月10日),王韬登门拜访了牧师戴雅各布。由此可知"戴君"即戴德生(James Hudson Taylor,1832–1905,哈佛大学的抄本误为"戴雅谷")。关于戴德生,其儿子、儿媳(Dr. and Mrs. Howard)留下了一部厚厚的传记 *Hudson Taylor in Early Years: The Growth of a Soul*。该书笔者附近的图书馆不藏,在此仅根据日语简译本[②]以及顾长

---

① 王扬宗惠赠的刘广定1992年的论文影印件上有王氏的如下评语:审其语气,似非墨海同人所译,或墨海之前,已有人译为化学矣。刘广定在该篇论文中将其1988年论文的具体人名省去,估计也是基于日记的文意。

② 参见『ハドソン・テーラー(戴德生)の伝記』圣书图书刊行会、1956;舟喜信(訳)『ハドソン・テーラーの生涯とその秘訣』いのちのことば社、1966。

声的研究，^① 来描绘一下戴德生初到上海的日子，从中搜寻"化学"诞生的线索。

戴德生是中国内地会（China Inland Mission）的创始人，在中国近代基督教传教史上颇具影响。戴德生 1832 年 5 月 21 日生于英国约克郡，父亲是药房的老板，具有深厚的化学和药学知识。他读了麦都思的中国传教图书后，了解到开设医院、为民众治病是在中国开拓传教事业的有效方法，于是一边帮助父亲经营药房，一边自学医学、药学，还曾去医院做医疗助手。他虽然没有经过专门的学习，但是具有化学、医学、药学的基本知识。受中国福音传教协会的派遣，他于 1854 年 3 月 1 日到达上海。其时正值小刀会占领了上海县城，在混乱中戴德生没能和中国福音会的人联系上，只好求助于伦敦传教会，在麦都思、艾约瑟、雒魏林等人的帮助下，开始传教活动。戴德生在找到房子前寄居在雒魏林家，估计在这段时间与王韬等结识。后来，他在北门附近找到了房子，于 8 月 30 日搬了进去。传记中没有说明明确地点，估计是王韬的朋友潘研耕的旧宅。王韬日记中也提到的潘氏旧宅位于北门附近，是小刀会与清军的战斗地区，非常危险。戴德生给中国福音会的信函中说：

> 最近两个晚上，接连枪弹从我住的屋顶飞过，打穿了屋顶。如果命中，我可能已经死于非命了。^②

为了安全，戴德生于 11 月 25 日迁回墨海书馆附近避难。就是说，戴德生 8 月 30 日至 11 月 25 日（农历闰七月至九月）的近三个月里在北门附近生活，咸丰四年八月十二日（10 月 3 日）王韬日记中记录的事件，发生于戴德生写报告书的第二天。在潘氏旧宅的近三个月里，戴德生招集了几十名孩子开设日间学校，先生是一位姓许的基督徒。^③不难想象为了引起包括学生在内的中国人的兴趣，戴德生为他们做了类似给王韬等人观看

---

① 顾长声：《从马礼逊到司徒雷登——来华新教传教士评传》；《传教士与近代中国》第 2 版，上海人民出版社，1991。
② 『ハドソン・テーラー（戴德生）の伝記』127~128 頁。
③ 『ハドソン・テーラー（戴德生）の伝記』127~128 頁。

的化学实验，其中极有可能包括照相术。①"化学"就是在这样的过程中产生的译名。这里有一个事实应格外引起注意，即从王韬日记的"想系磺强水所制"中可知，戴德生并没有告诉王韬实验所使用的药品名称。王韬猜测造成液体变色的药品是"磺强水"。"磺强水"是广东的名称，而刚到上海一年多的戴德生，显然还不知道这种药品的中国名，他周围的人也没有告诉他。

在这里我们来思考一下，为什么到1855年墨海书馆还没有为chemistry准备好译名。墨海书馆是麦都思创立的伦敦传教会的出版机关，该馆从1844年开始出版基督教传教方面的书籍，但是科学启蒙性的书则要等到近十年后的《数学启蒙》（1853）面世。熊月之指出：

> 从1844年到1860年，墨海书馆共出版各种书刊171种，属于基督教义、教史、教诗、教礼等宗教内容的138种，占总数80.7%；属于数学、物理、天文、地理、历史等科学知识方面的33种，占总数19.3%。从时间上看，从1851年以后，才陆续有些科学知识书刊出版。这时，正是麦都思、施敦力约翰、美魏茶等人翻译《圣经》告一段落以后。②

作为教会的出版机构，优先出版传教书籍本不足怪。需要指出的是麦都思并非没有认识到科学启蒙书籍的重要性，他本人亦在自己主持的月刊杂志《遐迩贯珍》上积极转载合信的《全体新论》，刊登其他科普性文章。关于墨海书馆为什么在其近二十年的活动期间内，没能有系统地出版科学书籍，本章无法深入展开讨论，在这里只想指出两点：一是中国人助手力量不足，虽然有王韬、李善兰等人，终是少数；二是由于小刀会动乱和太平天国军进攻上海的威胁，墨海书馆没有一个安定的译书环境。特别是1860年以后，中国文人、西方教士相继离馆而去，墨海书馆便名存实

---

① Broomhall 的著作 *Hudson Taylor & China's Open Century*（Vol.2, 1986, pp.156, 174）有相关的记述。
② 熊月之：《西学东渐与晚清社会》，第188页。熊月之将科技图书的出版定为1851年。事实上，该年出版的只有仅10页的《格物穷理问答》（慕维廉）和一册中西对照历书。

亡了。

麦都思回国后的 1856~1860 年短暂的安定时期，墨海书馆相继翻译并出版了一批科学启蒙书。同时在编辑《六合丛谈》的过程中，亦需要制定西方近代诸学科的中文名词。这时伟烈亚力通过王韬了解到并采用了在戴德生那里诞生的"化学"，同时给予了新的解释。这就是笔者拟构的译名"化学"的成立过程。

（五）译名"化学"的理据

现代语言学告诉我们，语言的形式与意义的关系是任意的。但是在思考近代创制的新译名时，其命名的方式、译名成立之理据，并不是可以完全忽略不计的。尽管今天人们已经习以为常，没有人再去追索其命名的理据了。但是，例如"电气"一词毫无疑问反映了 19 世纪中国人对自然界的认知方法。"化学"也是一样。那么，造词者是怎样把 chemistry 的意义反映到"化学"这一词形中去的呢？至 19 世纪中叶止，人们对 chemistry 有两种理解方式：

第一，作为中世纪的炼金术的遗产，将 chemistry 理解成"变换（化）之学"；

第二，随着分子、原子理论的建立，将 chemistry 理解成分离、化合之学。

无疑，后者更符合近代化学的内涵，但是，"化学"是根据前者来命名的。究其原因大致有以下几点：戴德生的液体变色或照片显像等均为可以目视的变化，围观的中国人很容易想到"变化之学"；戴德生本人粗通医学、药学，但他不是化学专家，他的中文水平也不允许他做更多的挑剔。从"分离""化合"的角度来说，仅从变化着眼的"化学"确实没能切中chemistry 的本质，但在考虑"进化""退化"等一系列包含"化"字的术语时，我们不得不说"化学"是一个成功的译名。

与戴德生不同，伟烈亚力在《六合丛谈》创刊号的"小引"中写道："精识之士，条分缕析，知有六十四元，此物未成之质也。"由此可知，"分离""合成"是伟烈氏理解化学的重要着眼点。在其后的文章或《重学浅说》中，伟烈氏反复强调质变的有无是化学和力学的根本不同之处。①《六合丛谈》以后，通过分析而得到元素，再用元素来合成各种物质，这种认识成了对"化学"最一般的理解。② 例如丁韪良的《格物入门》在谈及"化学"的命名时，说明如下：

> 问，化学大旨安在？答，究察万物之体质，调和交感，分之而得其精一之原行，合之而化成庶类，察万物之变化而研究其理，以调摄其微质，故名化学。（卷6《化学一》上）

"调和交感"即化合，"原行"即元素。"化学"就是要探索万物分化、合成、变化的道理，所以叫"化学"。丁韪良后来回忆说，"化学"是他在《格物入门》中初创的译名。《格物入门》的"化学"在《六合丛谈》之后是毫无疑问的，"初创"之说当系丁氏的记忆错误（当然丁氏有特意抬高同文馆的意图）。这里应该注意的是，丁韪良用与《六合丛谈》相同的思路来为"化学"命名的理据做说明。该书进一步对物质变化的原理做了如下的说明。

> 问，万物之变化何谓也？答，物分生死动静，时变靡常，皆为原行之质，运行不息，合之而成形，分之而归原。人苟究其的确而详推之，则不第略知变化之端绪，且能分之合之，而法造化之原机也。（卷6《化学二》上）
>
> 问，物之变化何以故？答，万物之变化，虽谓自然，仍系力为之。如力学所论静则非力不动，动则非力不静，化学亦然。物

---

① 八耳俊文指出，从伟烈亚力在《六合丛谈》用的化学例子看，他是把化学作为"使物的质发生变化之学"来看待的，而不是"分离和合成之学"。参见八耳俊文「『重学浅説』の書誌学的および化学史の研究」『青山学院女子短期大学紀要』50期、1996年。伟烈亚力似乎不擅长化学，墨海书馆也没有出版化学书籍。考虑到19世纪科学发展的历史，这是一个很特殊的例子。

② 元素、分子、原子等知识何时传入中国，与对于化学的理解有着密切的关系。王扬宗指出，首先提及元素理论的中文书是慕维廉的《地理全志》下编卷一的《地质论》（参见松浦章、内田庆市、沈国威编著《遐迩贯珍——附解题·索引》，第139~158页）。另外《智环启蒙塾课初步》第166课"物质可以细分"简单地介绍了原子的知识，在该书中，原子被译为"纤尘"。

之改易莫不由力使然，第非同一力也，盖其微质交感分合而化，
非力使然，其谁与归。力学所论者，力自外施也，化学所论力者，
力由内生也，力学论物之浑圆，化学论物之微质。（卷6《化学
二》下）

  在这里"分"和"合"也是作为关键词来使用的，化学被界定为探讨
微质（即分子层次）变化的学问。几乎同一时期，在广东出版的《化学初
阶》（嘉约翰、何暸然，1871）指出："原质化化合合，布为吾人日用之万
物。"并解释说在物质合成之际，"化炼配合之力，即名曰化力"起关键作
用。可以认为这些翻译或译述反映了19世纪西方对化学的理解。
  但是，对"化学"这个译名，并不是所有人都赞成的。如上所述，罗
存德在自己的《英华字典》中没有收入chemistry，也没有使用译名"化
学"。罗氏在稍后出版的《汉英字典》（1871）中，仍然不收"化学"，而
只有"炼学=chemistry"。此时距《六合丛谈》首例"化学"的出现已经有
14年之久，"化学"在当时的著作、译著中已经普遍使用了。那么，罗存
德为什么要如此排斥"化学"？罗氏在《汉英字典》的序言（1869年7月）
中这样写道：

  像另一些术语，如作为chemistry的译名使用的"化学"，由
于下述单纯的理由，没有被收入。即chemistry并不是探索物质变
换（transformation）的学说，而我们对现代科学的理解也不允许
我们使用这一黑暗时代炼金术士的术语。①

就是说，由于"化学"是黑暗的中世纪炼金术士们的术语，所以在被排斥
之列。但是，中国的丹家当然不知道，且不可能使用过"化学"。那么，
为什么新造的译名"化学"会与中世纪活跃在欧洲的炼金术士们的术语连
在一起？答案可以在罗氏的《英华字典》中找到。在《英华字典》中：

  Transform，变，化

_____

① 亦请参见马西尼《现代汉语词汇的形成——十九世纪汉语外来词研究》，第59页。

Transformation，变化，化，化成，变成，神化

Transform, transformation 都是用"化"来翻译的。罗存德声明 chemistry 的本质不是 transformation。因为 transform 一词在中世纪的炼金术中具有较强的专指将没有价值的物质变为有价值的物质，即"点石成金"的那种变化的含义。[①]对于罗存德来说，transform 的这种含义与近代 chemistry 的内容是格格不入、背道而驰的。所以与 transform 紧紧连在一起、成为其等价物的"化"，以及具有语素"化"的"化学"都不能用于 chemistry 的译词。

但是，英语的 transformation 自 19 世纪以后，被广泛用于物理学、电学、生物学、数学等众多领域。由此可知，这是一个具有可以不断获得新意义可能性的词。汉语中的"化"也是一样，"化"具有教化、化育、造化、变化等多种意义。明清以后，方以智、王夫之等人自不待言，耶稣会士和新教传教士的著作中，"化"以及包括"化"字的词组化工、造化、化醇、变化、化成、化为、化生、化民、化导等也被广泛用于形而上学或宗教的语境，甚至还有用于类似下面的介绍化学知识的文章中的例子：

> 且天地间，万物之化生消长，皆资热气，五曰能炼化物，炼化者如铁渐成为锈，米渐酿为酒。[《遐迩贯珍·论热气迹象之理》（1855 年 8 月）]

由此可见，"化"是一个具有意义可塑性的造词成分，能不断地适应客观世界的意义变动，而绝不会影响对 chemistry 本质的正确理解。我们不得不说罗存德对"化"的理解是带有成见的。在《英华字典》中，alchymy 被译成"炼金法术、炼金之法"。在麦都思的《英华辞典》中，alchymy 被译为"丹灶之事、炼金法术"。两者相通的"炼"才是更容易引起人们对中世纪黑暗时代炼金术联想的字。

当然，对"化"的狭隘的理解，并不只是罗存德一个人的问题。马礼逊、卫三畏、麦都思等的辞典中，chemistry 系列的词条，都没有使用

---

① 此点承王扬宗教授提示。

"化"字。

（六）"化学"之后

首次使用了"化学"的《六合丛谈》，出版了咸丰八年（1858）五月号以后，宣布停刊。其后，其主要执笔者也纷纷离沪他往，墨海书馆逐渐停止了活动。墨海书馆终于没能出版化学方面的译籍，该馆的其他出版物上也没有使用"化学"一词。但是，《六合丛谈》在沿海城市的传教士和中国士子间被广泛阅读，杂志上介绍的西学之一的化学也为中国士大夫所理解。冯桂芬在其《校邠庐抗议》的《采西学议》中向当政者建议引入包括化学在内的西方科学：

> 其述耶苏教者，率猥鄙无足道。此外如算学、重学、视学、光学、化学等，皆得格物至理。舆地书备列百国山川阨塞风土物产，多中人所不及。[1]

1862年北京成立了外语教学机关京师同文馆。该馆1866年以后开始追加讲授天文、算学、化学、格致等内容。前述的《格物入门》即同文馆的教科书之一。后来，作为化学教材又刊行了《化学指南》（1873）、《化学阐原》（1882）等书。与此同时，1886年江南制造总局内设置了翻译馆，在洋务派官僚的主持下开始翻译出版实学、制造方面的书籍。在《化学鉴原》之后，江南制造总局翻译馆翻译出版了以下大部头的化学书：《化学分原》（1871）、《化学鉴原续编》（1875）、《化学鉴原补编》（1882）、《化学启蒙》（1880）、《化学考质》（1883）、《化学求数》（1883）、《化学材料中西名目表》（1885）。[2]

19世纪末，张丰年作《化学当学论》，说"化学者，化分化合之谓"，是诸实学的根本，可以富国。[3]但是在中国长期不存在正式的化学教育和化学工业。化学元素和化学物质的命名问题在传教士之间曾有过议论，傅

---

① 冯桂芬：《校邠庐抗议》，文海出版社，1971。
② 王扬宗：《江南制造局翻译书目新考》，《中国科技史料》1995年第2期。
③ 《皇朝蓄艾文编》卷72，台湾学生书局，1965，第5503页。

兰雅提议的命名原则为一般人所接受，对其后的命名工作产生了极大的影响。[①]20 世纪初，有的出版物将"化学"称为"质学"，但是没能推广开来。

二　日本的"化学"

（一）"舍密（舍密加）"

西方的近代化学作为"兰学"的一部分与医学同时传入日本。日本先意译作"制炼"，之后最迟在 19 世纪 20 年代，将荷兰语的 Chemie 音译成"舍密（舍密加）"。[②]而使"舍密（舍密加）"一词家喻户晓的则是宇田川榕庵的《植学启原》和《舍密开宗》（1837~1847）。《植学启原》卷一的《学原》中，宇田川榕庵在介绍了"动学"（动物学）、"植学"（植物学）、"山物之学"（矿物学）、"辨物之学"（博物学）、"穷理之学"（生理学）[③]之后，用"舍密加"的名称对"化学"做了如下的说明：

> 三曰舍密加。知万物资以始生，聚以成体之元素/出《名物考补遗》/，盖离合之学也。辨物启穷理之端，穷理为舍密之基。辨物者，学之门墙；舍密者，理之堂奥。

榕庵准确地理解了化学的本质，称之为"离合之学"。尽管这个短语也具有像"穷理之学→穷理学"那样短缩为"离合学"而作为学科名称使用的可能性，但是在榕庵其后的著述中，一直使用音译词"舍密"。兰学中的学科名均为意译的汉字名词，音译词"舍密"可以说是绝无仅有的例外。在《植学启原》中"舍密"共出现十例，"舍密加"二例，"舍密名"

---

① 王树槐：《清末翻译名词的统一问题》，《中央研究院近代史研究所集刊》第 1 期，1969 年；王扬宗：《关于〈化学鉴原〉和〈化学初阶〉》，《中国科技史料》1990 年第 1 期。

② 菅原国香「宇田川榕菴の造語『舍密加』と『舍密』の典拠とその使用例について」『化学史研究』82 号、1998 年、80 頁。

③ 原文为"费西加 physica"，但根据文意应指生理学。

一例。① 到了幕府末期（19 世纪五六十年代）"舍密"又具备了"舍密学"的形式，在整个日本社会普及。

（二）"化学"是怎样传入日本的

在上海出版的《六合丛谈》几乎即时传入日本。在删除了宗教方面的内容并加训点后，由官方刊刻出版，即《官版六合丛谈删定本》。关于官版删定本的出版时间，八耳俊文推定应在安政末年（1859）。伟烈亚力也说，即使不是全部，杂志大部分也在（停刊的）接下来的一年就由日本官方出版了。据此，安政末年出版之说可作为定论。"化学"一词亦随杂志传入，时值兰学家川本幸民（1810~1871）正在寻找能代替"舍密"的新译名之际。因为川本感到"舍密"没有反映出 chemistry 分离化合的本质。川本幸民本人参与了《官版六合丛谈删定本》的出版工作，所以有可能较早地知晓了"化学"一词，并用于自己的著述中。日本学者的研究表明，川本在《裕轩随笔二》中同时使用了"舍密"和"化学"，② 但是到了 1860 年完成的稿本《化学新书》中则停止使用"舍密"，将术语统一为"化学"。这本书以后，川本幸民再也没有使用过"舍密"。但是《化学新书》没有公开刊行，1860 年同年提出申请的《万有化学》也没有获得出版许可，所以川本幸民的"化学"对日本社会的影响并不大。其后，《七新药》（司马凌海，1862）亦有"化学"的用例，但是在"化学"一词的导入、普及、定型上，以下三点至为重要：（1）和刻本《重学浅说》的刊行；（2）"开成所制炼方"改称为"化学所"；（3）学校教育中使用了"化学"。

《六合丛谈》最后两期（卷 2 第 1、2 号）连载的《重学浅说》，几乎同时以单行本的形式问世。③ 在日本，《官版六合丛谈删定本》最初不收《重学浅说》也是因为单行本的复制出版在计划之中。和刻本的《重学浅

---

① 沈国威（编著）『植学啓原と植物学の語彙：近代日中植物学用語の形成と交流：研究論文・影印翻訳資料・総語彙索引』。

② 参见菅原国香「『化学』という用語の本邦での出現・使用に関する一考察」『化学史研究』38 号、1987 年。另外关于《裕轩随笔二》的执笔时期，菅原考证为安政年间（1854~1859）。

③ 参见八耳俊文「『重学浅説』の書誌学的および化学史的研究」『青山学院女子短期大学紀要』50 期、1996 年。

说》一共有两种：一种是《官版重学浅说》（万延元年四月，1860），另一种是民间出版的《翻刻重学浅说》（文久年间）。尤其是后者，其读者对象不仅是对西学感兴趣的知识分子，而且包括广大从事土木工程建筑的人。①就这样，前述的《重学浅说》中的"化学"（例8、例9）简明扼要、正确地说明了化学这一学科的内容和本质，在日本获得了广泛的赞同。

（三）从"舍密"到"化学"

开成所制炼方改称化学所，对"化学"一词的普及起了决定性的作用。该所教授宇都宫三郎（1834~1902）在《宇都宫氏经历谈》中，对改换名称的详情披露如下：

> 那时（文久二年，1862——引者注），古贺谨一郎是负责人（头取），古贺卸任后，林大学头接任。在那之前不久，《化学入门》从中国传入日本。这是一本中文书，但是好像是个英国人写的。我想日本也应该使用"化学"。就向林大学头提议，既然洋书调所改称开成所，精炼所也应该改为化学所。林大学头却说，"化学"是什么，这个名字听起来很古怪。我回答说，是有一点古怪，但是在中国是这样叫的，而且还有一本叫《化学入门》的书传到日本来。那本书上说：重学之力不改变物性，而化学之力常常改变物性，所以叫化学。这个名称绝没有什么可笑的地方，所以想改称化学所。就这样最终把精炼所改称化学所了。这以后，人们开始使用"化学"这个词了。②

由此可知，开成所负责人林大学头最初对"化学"一词并不满意，但是终于被宇都宫三郎说服了。林大学头于元治元年（1864）四月向政府提出了更改名称的建议书。建议书中这样写道：支那有用"化学"来译舍密学的例子，窃以为字义适当，今后，欲将精炼的名称改为"化学"，职务

---

① 参见八耳俊文「『重学浅说』の書誌学的および化学史的研究」『青山学院女子短期大学紀要』50期、1996年。《六合丛谈》卷2第2号迟至咸丰八年五月朔日（1858年6月11日）才出版，《重学浅说》于咸丰八年四月（1858年5月）刊行。

② 交詢社（編）『宇都宮氏経歴談 補』汲古会増補版、1932、61~62頁。

名称亦改为"化学教授"。[1] 迄今为止的研究认为，宇都宫三郎所说的《化学入门》应为《重学浅说》的误记。[2] 但是，对林大学头起初对"化学"一词表示不满，继而又接受了来自汉译西书的"化学"这一事实，我们应该从日本近代接受西学的大背景上给予说明。

日语中，"化"训做 BAKERU，是狐鬼幻化的意思。兰学家前野良泽的号——"兰化"，即荷兰的妖怪（着魔者）的意思。因此可以说，林大学头感到不满的是"化"字所具有的这种俗语的语义和语感。但是他的固有语感被宇都宫三郎用中国的事例说服了。中国"化学"的命名言之有据，即重学之力不改变物性（物体的性质），化学之力常常改变物性，造成物体性质上的变化。"化学"来自中国是林大学头同意改称的最重要因素。如上所述，类似这样的兰学译词与中国译名的交替，在幕府末期、明治初期并非绝无仅有的现象。下面是一些有代表性的例子：积极、消极→阳极、阴极；健全学→卫生学；植学→植物学；越历→电气。[3] 中国的译名，从西学和汉学两个方面获得了神圣的"光环"，这也是造成这一时期汉语流行的重要原因。

明治二年（1869），刚刚成立一年多的大阪舍密局向政府提出了更改校名的申请，其中有这样一段文字：

> 原来舍密两字具有万物离合化成之义，近来中国将之意译为化学，日本使用的舍密，究其源泉，乃当年宇田川榛斋首次由荷兰语之 chemie 音译而成，其后沿用至今，遂成僻语。[4]

由此可知，到明治二年，"舍密"一词已经成了僻语。就是说，日常生活中或许还有人使用，但在专门性的领域，"化学"已经成为普通的名

---

① 倉沢剛『幕末教育史の研究 1（直轄学校政策）』吉川弘文館、1983、306 頁。

② 菅原国香「『化学』という用語の本邦での出現・使用に関する一考察」『化学史研究』38 号、1987 年。

③ 沈国威「漢語の育てた近代日本語——西学東漸と新漢語」『國文學：解釈と教材の研究』41 巻 1 期、1996 年。

④ 尾形裕康『学制成立史の研究』校倉書房、1973、788 頁。"宇田川榛斋"是宇田川榕庵的·父，或为笔误。

称。这种情况可以从江户后期到明治中期的各类辞典中得到佐证：

> chemistry，炼金术（《译键》，1810）
>
> chemie → scheikonst，分离术（《和兰字汇》，1855）
>
> chemistry，分离术（《英和对译袖珍辞书》，1862）
>
> chemistry，《和英语林集成》初版，1867，未收；化学（再版，1872）
>
> chemistry，化学（《附音插图英和字汇》，1873）
>
> chemistry，化学（《独和字典》，1873）
>
> chemistry，化学（《哲学字汇》，1881）
>
> chemistry，理学之一部，探究物之元素，及其化合之分量法则之学；舍密学（《言海》，1891）

化学是 19 世纪进步最大、最令人瞩目的学科。其科学的方法、成果都是对旧时代的、迷信的事物最有力的批判，促进了人们意识的大革命。所以，化学书的翻译比起物理、数学等书数量要大得多。这不仅仅是因为化学的实用性因素，还有很多社会思想上的因素。在日本，江户末期、明治初期的先进思想家、启蒙家，如福泽谕吉等引用化学的概念来说明社会问题的例子不胜枚举。[1] 在《西洋事情》《西洋杂志》《西国立志编》《明六杂志》《文明论之概略》等明治初期影响极大的启蒙书中，"化学"都频频登场。这对"化学"一词的普及、定型起了决定性的作用。

明治 18 年（1885），日本化学会上有人提出将"化学"改回旧名称"舍密"，由于赞成人数未能达到 2/3（竟超过了半数！）遂罢议。但是，这一反动在化学术语集、辞典类中则有反映，"舍密"有了一瞬间的回光返照。[2] 当然，这些都与罗存德的《汉英字典》（1871）毫无关系。

---

① 丸山真男、加藤周一『翻訳と日本の近代』岩波書店、1998、152 頁。

② 広田鋼蔵「明治期の日本国民の化学観——桜井錠二を巡る東京化学会の諸事件」『化学史研究』37 号、1986 年；『明治の化学者：その抗争と苦渋』東京化学同人、1988、36~42 頁；菅原国香「『化学』という用語の本邦での出現・使用に関する一考察」『化学史研究』38 号、1987 年。

这样，在戴德生周围创制的"化学"，通过王韬传至伟烈亚力，而被用于《六合丛谈》，成为 chemistry 的正式译名。"化学"又通过该杂志传入日本，取代了兰学译名"舍密"。最后，"化学"成了汉字文化圈的同形词。

对江南制造总局化学书翻译者徐寿，后人曾这样写道：

> 遂在局翻译汽机化学等书，成数百卷。日本闻之，派柳原前光等赴局考访，购载寿译本以归。今日本所译化学名词大率仍袭寿本者为多，人以此服其精审云。①

化学基本词语，如固体、气体、液体、中和、化和、原子（量）、分子（量、式）、元素、金属元素、非金属元素、周期率、质量、饱和、溶解、沸点、绝对温度、反应、电解、电离、还原、透析等，中日一致的词确实很多。但是，这些词在徐寿等的译著中几乎无处寻觅。《汉语外来词词典》把其中的一部分认定为借自日语的外来词，而实际情况如何还有待于今后的深入研究。

---

① 《碑传集补》卷43，文海出版社，1973，第16页下。

结　语
日语与汉语词汇体系的近代重构

　　进入 20 世纪以后的十余年间，汉语的词汇系统发生了巨大的变化。这种巨变具体表现在短时期内新的语词单位，即"新词语"的大量增加。王力"现在在一篇政治论文里，新词往往达到百分之七十以上"①的主张是某种统计学的结果，还是直接感受？是仅限于政治话题的特例，还是现代语言生活中的普遍现象？在下结论之前，我们先来看一下新增词语的具体内容。

　　• 名词：哲学、神经、背景、赤字；法规、法律、规律、系列；（以下为王力《汉语史稿》中的例词，下同：体操、命题、政党、原则、警察、历史、物质、目的、定义）

　　• 动词：促进、分泌、表决、打消；考虑、思考、出勤、延伸；（改良、改善、解放、批评、批判、概括、制约、调整）

　　• 形容词：单调、冷酷、正常、敏感；优秀、正确、简单、快速、健康；（绝对、抽象、肯定、否定、积极、消极、主观、客观、直接、间接）

　　• 新词缀、类词缀，以及以此为构词成分的三字、四字词（组）：~性、~化；~式、~力、~界、~品、~手、~型、~感、~观、~线、~主义

　　所示例词并不都是日语借词（在此暂不涉及具体的词源考证），但在19、20 世纪之交被认为是"新名词"而备受攻击。世纪更替之际为什么产生了如此数量巨大的新词语？当时的西人普遍认为，西方最近科学技术发展迅速，"门类甚多，名目尤繁，而中国并无其学与其名，焉能译妥？诚属不能越之难也"。②严复也说"新理踵出，名目纷繁，索之中文，渺不可

---

①　王力：《汉语史稿》，第 516 页。

②　傅兰雅：《江南制造总局翻译西书事略》，张静庐辑注《中国近代出版史料初编》，第 15 页。

得"。^①一句话，新的文物制度，特别是新的近代知识体系需要新的词语。但是仔细观察上述例词，我们会发现有必要对习以为常的结论做出某种修正。名词组中有表达新概念的，如"哲学""神经"等都是汉语中原来所不存在的概念，但也有表示既有概念的，如"法规""法律""目的"等，这部分是旧概念新说法。动词是对动态过程的命名，新动词有的表示新的动态过程，如"分泌""表决"等，也有的是对既有动态过程的再命名，或者细分化，如"考虑""思考""延伸""批评""批判"等。形容词的情况与动词相似，有表示新状态、新感觉的，但更多的是提供新说法或细分化的手段，如"优秀""正确""简单""快速""健康"等。可以说新动词、形容词（与"新名词"相对，本书称之为"新谓词"）的功能之一是提供新的形式或者区分以前并不区分的动态过程、状态和情感。时代所需的新词语，既有意义上的新词，又有形式上的新词。作为总体倾向，与名词类相比，大量的新谓词常常只是提供新词形，而并不表示任何新概念。从词汇史的角度上看，这或是 19、20 世纪之交这一特殊时期的特殊现象。而无论何种新词，对当时的汉语而言都是巨大的补充。章太炎正是通过翻译斯宾塞意识到了汉语词汇体系整体性的缺陷，说"（汉语）暖暖以二千名与夫（英语）六万言者相角，其寙便既相万，及缘傅以译，而其道大穷"。^②那么如何解消词语不敷的窘境？章太炎引用荀子之言说："后王起，必将有循于旧名，有作于新名。"即可以使用"旧名"，也可以创造"新名"。关于新词语获得的路径，傅兰雅提出了利用古僻字或造新字为译词的建议；^③严复认为"用汉以前字法、句法，则为达易；用近世利俗文字，则求达难"；^④章太炎则主张发掘古训或造新字。^⑤凡此种种，论者的注意力都集中在古典词汇资源的再利用上。但沿用旧名的问题是，不同语言的词汇体系不可能完全对应，用汉籍古典词翻译外语必然出现意义上的偏差，即如严复所说"即有牵合，终嫌参差"；^⑥至于创造新名，更是一件费时费力的

---

① 严复:《天演论·译例言》，商务印书馆，1981，第 xii 页。

② 《章太炎全集·〈訄书〉初刻本、〈訄书〉重订本、检论》，第 46 页。

③ 参见本书"新词创造编"第二章。

④ 严复:《天演论·译例言》，第 xi 页。

⑤ 《章太炎全集·〈訄书〉初刻本、〈訄书〉重订本、检论》，第 44~50、208~233、498~522 页。

⑥ 严复《天演论·译例言》，第 xii 页。

事，严复本人自云"一名之立，旬月踟蹰"。而且时间不允许，康有为百日维新前后提出的取径日本的主张就反映了这种紧迫感。尤其是科举废止后，新学制仓皇出台，教科书迫于应付，不可能精雕细琢。其实当时可想象的新词、译词的获得路径除了"循于旧名""作于新名"以外，尚有"借用日本译词"一途，而且这具有极为现实的可能性。王国维说："讲一学，治一艺，则非增新语不可。而日本之学者，既先我而定之矣，则沿而用之，何不可之有？"[①] 胡以鲁也展示了与其师章太炎不同的观点："新事物之名称及表彰新思想之语词，勉用复合语词为之，不须作新字，日人义译语词于汉文可通用者用之。"[②] 王力事后总结说，19、20 世纪之交新词语的特点之一是"尽量利用日本译名"。[③] 借用日本词语虽然能事半功倍，但需要克服心理上的强烈抵触情绪。如本书"语言接触编"第三章所述，来自日本的词语当时遭到了汉语语言社会广泛的、激烈的反对。尽管如此，日语词还是潮水般地涌进来了。

日语词的大规模"侵入"深刻地影响了汉语，借入的路径大抵有以下 4 种：

（1）人员：主要是留日学生，由于废除科举的影响，1904~1906 年形成高潮；

（2）书籍：学校用各类教科书，这一时期的译书也多是日本书的重译；

（3）媒体：各类报刊，特别是杂志类，或在日人控制下，或由有留日经验者主笔；

（4）辞典：语文辞典、英华辞典及各类术语辞典基本上以日本的同类出版物为蓝本。

而从受影响的方式上看，笔者主张将日语借词分为"借形词""借义词""激活词"三类。

"借形词"就是词形借自日语的词，如"哲学""义务""神经"等。笔者使用的"和制汉语"专指此类词。

"借义词"在词源上是汉语的固有词语，可以在汉语的典籍以及佛教

---

① 王国维：《论新学语之输入》，《教育世界》第 96 号，1905 年。

② 胡以鲁：《国语学草创》，第 124 页。

③ 王力：《汉语史稿》，第 516 页。

经典、禅宗语录、白话小说、善书中找到书证。但是近代以后被日本的译者用来翻译西方书籍，在与外语形成对译关系的过程中，原有的词义发生了变化，被赋予了新的意义，如"革命""经济""共和""民主""社会"等。古典词的词义更新常常被戏称为"旧瓶装新酒"。借义词的词义更新是在日语影响下完成的，只是"借义"与否或借到什么程度等，和汉语新的意义体系的重构有关，认定比较复杂。

"激活词"或称"日语激活词"是笔者提出的一个新概念，是指那些直至 19 世纪末为止的漫长时间里使用频率不高、处于休眠状态的一部分古典词，或结合得并不十分紧密的文字串等，在 20 世纪初叶的日本书汉译过程中，受到日语高频率使用的影响，突然被唤醒，同样以较高的使用频率活跃于汉语书面语言中，并最终成为现代汉语词汇体系的成员。也就是说，激活词作为词或文字串，在中国的典籍或汉译西书中可以找到用例，在词义上，古今也有一贯性，即词源上并非"和制汉语"。但是，这些词在汉语中再度活跃起来则是在 20 世纪第一个十年及以后。

日语借形词和借义词被认作日语借词的主要部分，也是迄今为止中日词汇交流研究的主要对象。这些词的意义特征为新事物的名称、学术用语、抽象词汇，即主要为西方的文物制度的名称、近代科学技术的术语及相关抽象词汇等。相比之下，激活词更多的是二字动词、形容词。这一部分词由于并不表示新的意义，在此前的研究中常常被忽略，或呈个案研究的状态。激活词伴随着术语进入当时的书面语，词义亦不存在理解上的障碍，这也是其长期以来被忽视的原因之一。

本书至此，对 16 世纪末至 20 世纪初叶汉字文化圈的汉字新词的产生与交流，以新词的创制、容受及共享为主线做了论述。所论涉及以下问题。

（1）新词发生史，中日新词创制上的成功与失败，为何日本新词能后来居上充当主角。

（2）中日的近代语言接触史，主要讨论了汉语遭遇日语及由此引发的一系列问题。历史上如此大规模的语言接触只有佛经翻译能与之相提并论。两者有相异之处，也有相同之处。佛经汉译多采用口语文体，是为了念诵；日书汉译为书面语，以阅读为主，其中的教科书用于在课堂上对学童的教学。佛经翻译是长时段的，日书汉译及其影响则集中在短短的十余年间。共同点是均须应对一个庞大的异文化的知识体系。

（3）对中日语言接触引发的词汇转移，撷取了若干典型事件加以考察，包括文本翻译、辞典编纂等具体实例。

（4）词源考证，从方法论、资料群等角度进行了阐述，同时证明了新词语在中日之间往还流动现象的存在。

本书的主要关切点是东亚汉字文化圈如何共同获得了表述西方文明的词汇手段，讨论了这一过程中若干重要问题。以下 3 个问题将成为笔者今后继续努力的方向：

（1）激活词的细致描写；

（2）新词缀、新词根研究；

（3）中日近代新词词源辞典的编纂。

关于激活词研究的记述，笔者想指出，借形词的考察，首见书证的发现是至关重要的，而借义词则需要仔细地辨别旧词在译书及同时代其他文献中的词义变化；唯独激活词，传统的研究法，即发现书证、甄别词义变化等都不足以捕捉词语嬗变的真实历史。所幸近年迅速发展的语料库以及大数据研究法提供了新的可能性。语料库使研究者获得了观察一定时间段内词语使用频率变化的手段。关于词语使用频率的变化，《科学革命的结构》第四版"导读"作者伊安·哈金指出：G. C. Lichtenberg "提醒我们比较一下'在 1781~1789 年的八年间和 1789~1797 年的八年间，"革命"一词在欧洲被使用和印刷的频率分别是多少?'……而我在此也大胆猜测，'范式'一词在 1962 年的使用次数，与《科学革命的结构》出版 50 周年后的今天的使用频率之比也可能达到 1：1000000 "。[①] 某些特定词语使用频率的增加反映了语言社会对特定概念的关注。现在的大型语料库还有很多局限性，但随着语料库的逐步完善，尤其是日语历时语料库的建构，我们可以得到更精确的词频统计结果，并从中了解到中日相关词语词频增加的时间差，考察两者之间可能存在的互动关系。

关于词缀研究，新词缀及其派生成分的大量发生是汉语词汇体系的另一个重要变化。胡以鲁早在《国语学草创》中就已经对词缀问题进行了讨论。他指出，旧词缀早已失去了活力，新词缀则日益重要，"言其时世，

---

① 托马斯·库恩：《科学革命的结构》第 4 版，金吾伦、胡新和译，北京大学出版社，2012，伊安·哈金"导读"，第 6 页。译文有调整。

惟形式附属不过晚近事"，并强调"汉语有二字向三字发展的倾向"。胡以鲁敏锐地捕捉到汉语发展的新动向。他说汉语"形式部分附属语所以少，而复合语所以特多也"。按照西方语言研究中关于复合词、派生词的定义，汉语在二字词范围内，几乎不存在定位语素，这一特点，抑制了汉语使用者的词缀意识。[①] 王立达最早指出了新词缀的发生是受日语影响的问题。[②] 笔者认为新词缀的发生是汉语近代化的一个显著标志，其中一方面有外来因素的影响，另一方面也源于汉语本身的特质，只不过这一特质在相当长的一段时间里没有被激活而已。[③] 近代以后，三字词的增加，促进了词缀化的进展。关于新词缀的流入和定型尚有很多问题需要解明。

关于辞典编纂，大型语文辞典要提供词语来龙去脉的信息，*OED* 即被奉为圭臬。我们有必要对词汇体系新增加成员的意义及功能上的特征做出准确的记述。《汉语大词典》（汉语大词典出版社，1986~1993）的成就是巨大的，但尚有改善的余地。因为《汉语大词典》几乎没有涉及近代以降的域外文献，特别是日语对汉语的种种影响完全不在编纂者的视野中。中日近代新词词源辞典的编纂已经提上日程，笔者数年前开始着手准备相关

---

① 马真在《先秦复音词初探（续）》中指出然、如、若、焉、尔在先秦已经有词缀的用法，但仅限于动词和形容词。郭锡良则列举了殷商卜辞中的元示、二示、三示、大示、小示，丘商、丘雷、丘绍，妇周、妇喜、妇多、妇康等例。参见郭锡良《先秦汉语构词法的发展》，高思曼、何乐士主编《第一届国际先秦汉语语法研讨会论文集》，岳麓书社，1994。

② 王立达：《现代汉语中从日语借来的词汇》，《中国语文》1958 年第 2 期。

③ 在形态变化不发达的汉语中，单音节是非分析性的语音单位，无缘分类。但汉语的词在获得记录形式，即汉字创造的过程中，被加入民俗分类上的考虑。例如汉字中的偏旁木、鱼、虫、氵、讠、钅、石、足、口等已经对概念做了类别化的处理。固然偏旁是造字部件，属于视觉映象，与有声语言无关，但是反映了初民对自然界，尤其是对植物界、动物界的民俗性理解和分类。在后来的汉语词汇发展过程中（二字化），封入汉字中的类别标记又被释放出来，获得了语音形式，如：A. 松树、柳树、榆树、鲫鱼、鲤鱼、鲸鱼、蝗虫、骏马；B. 树根、树叶（葉）、树枝、鱼鳞、鱼鳍、鱼鳃、车轮、车轴、车辕、马驹。A 类是包含型，后部成分以词缀的方式表示上位的"类"；B 类是分节型，复合词的前部是整体，后部是部分。B 组里将类别成分置于复合词前部，起限定作用，从而保证了后部成分的比喻、引申用法的明晰性。例如"根"除了树根以外，还可以指称草根、墙根等。上面 A、B 类的下画线部分，在词义上是羡余成分，但是具有口语层面上的事物分类或修饰区别的功能。

事宜。拟议中的辞典将收录中日近代同形词 7700 余条，记述内容包括中日近代同形词首见书证、词义变迁、词频变化及词源考证。为了最终完成东亚汉字文化圈近代新词、译词的词源记述，我们建构了研究网站——"全球史视角的概念史研究：东亚近代新词译词研究平台"，并已经开始上线试运行，全部信息的录入预计 2020 年底前可以完成。

　　跨语言的词语借贷自古有之，现在也无时无刻不在发生。佛经译词以及全球化时代的外来词规模和影响不可谓不大，为什么 19、20 世纪之交的日语借词独具特殊性？笔者一贯主张需要把日语借词的现象乃至东亚汉字文化圈域内的词语移动放在东方用汉字接受西方近代知识体系的大背景下来观察，其实质是汉语及其词汇体系如何实现近代的转型。大航海时代人员、文物东来所引发的史称"西学东渐"的知识大迁移，极大地推动了跨文化的交流和异语言的接触，东亚各国也随之遭遇了前所未有的大变局。新词语的源头可追溯至 16 世纪末来华的耶稣会传教士的汉译西书，19 世纪初来华的新教传教士除了翻译书籍以外，还积极出版报刊、编纂英华辞典。在这些活动中，一方面不断有新词语被创造出来，另一方面既有词语和英语确立了对译关系。只是传教士的新词以宗教、制造、化学、天文、地理、数学等为主，人文科学几乎是空白。直至 19 世纪末，尽管有洋务运动的推动，各类术语的整备还是举步维艰，未能最后完成，有待于 20 世纪以后，大量日本创造的术语的汇入。王力说"从鸦片战争到戊戌政变，新词的产生是有限的。从戊戌政变到五四运动，新词增加的比较快"，[①] 是为正论。

　　那么汉语的近代化进程应该如何定义？语言的近代化包括内容与形式两个方面。内容即近代社会必不可少的自然科学、人文科学的知识，当时被称为"常识"；形式即与内容相适应的语言表述形式，而词汇是二者的基础。内容决定形式，形式又反过来制约内容表述的可能性。梁启超说："今日非使其民具有世界之常识，诚不足以图存。而今世界之学术，什九非前代所有，其表示思想之术语则并此思想亦为前代人所未尝梦见者，比比然也。"[②] 指陈了当时"常识"和相应术语的缺位。《辞源说略》说："癸卯、

---

① 王力：《汉语史稿》，第 516 页。
② 梁启超为章士钊《论〈翻译名义〉》作的序，见《国风报》1910 年 11 月 22 日。

甲辰之际，海上译籍初行，社会口语骤变。报纸鼓吹文明，法学哲理名辞
稠迭盈幅。然行之内地，则积极、消极、内籀、外籀，皆不知为何语。"
编者意识到"缙绅先生"与"游学少年"新旧世代之间在语言上存在着巨
大的隔阂。亲历其境的王国维事后惊恐道"泰西通商以后，西学西政之书
输入中国……光绪中叶新说渐胜，逮辛亥之变，而中国之政治学术几全为
新说所统一矣"。①尘埃落定之后，整个语言系统从内容到形式都发生了巨
变。柴萼说"数十年来，吾国文章承受倭风最甚"，又说"学者非用新词，
几不能开口动笔。不待妄人主张白话，而中国语文已大变矣"。②点出了词
语对于文体的决定性作用。

　　由一方之言，成为一国之语，这是包括汉语、日语在内的东亚诸语言
近代以降最大的变化。近代民族国家赖以成立的基础是民众参与国家的政
治、经济、文化等活动。为此，"国语"必须为全体国民所掌握，国家亦
必须为国民提供接受知识的平等机会。实现这一目的的语言上的"装置"
是"言文一致"，这是打破语言造成的民众阶层隔阂的重要手段。笔者认
为五四新文化运动所倡导的"言文一致"有两种含义，一种是言 = 当时
一般民众用于口头交流的语言（即白话），文 = 古典中的文辞。胡适将后
者称为"死语言"，认为其已经丧失了表情功能。胡适在《文学改良刍议》
中讨论的对象是文学之文，为了消弭古今隔阂，表达真实的情感，胡适大
力提倡白话文（学）。这是旧文辞与时代白话的不一致。"言文一致"另一
种理解中的"言""文"与旧文辞和旧白话最根本的不同之处在于所表达
的内容主要是新的知识。如此，其最典型的话语活动又可以表述为：言 =
教室里的话语，文 = 教科书上的语言；或者，"言"者说讲述科学的口语，
"文"者写看得懂的科学文章。这一话语行为笔者称之为"科学叙事"。作
为话语行为的"科学叙事"应该有以下要素：

　　空间：教室等学校设施内；

　　内容：自然科学和人文科学的知识（构成现代人知识背景的常识）；

　　对象：学生，不确定的多数，其背景知识由教学大纲等规定；

---

① 《论政学疏稿》（1924 年），《王国维全集》第 14 卷，浙江教育出版社、广东教育出版社，
　　2009，第 212 页。
② 柴萼：《新名词》，《梵天庐丛录》卷 27，第 33 页下 ~35 页上。

媒介：教科书、教师的课堂讲述。

科学叙事的基本要求是，于讲者能说出，于听者能听懂。授课、讲演等都是以前不普遍的话语活动形式。五四时期"言文一致"所要解决的根本问题与其说是文学的形式，毋宁说是如何使汉语成为新知识传播的工具，以保证全体国民在语言能力上的平等权利。参观过北京国子监的人都会惊讶于中国的最高学府竟然没有教室！中国一向缺乏在特定的公众空间进行知识传授的传统。"教室""讲堂""礼堂"乃至"广场"都是外来的概念和词语。即使是现在，能够在课堂上使用的语言，也只有普通话（包括各种官话区方言）和粤语。1910 年，京师大学堂开办分科大学，其中法政科的政治、法学，商科的银行保险，格致科（理科）的地质、化学，工科的土木、矿冶，农科的农学等用什么语言上课一直是笔者深感兴趣的问题。1916 年，蔡元培出任校长，主张"循思想自由原则，取兼容并包之义"，这种教育理念的实行对语言也有极高的要求。此时此刻汉语的变化正是为了承担这样的重任。

迄今为止的日语借词研究为汉语近代词汇考源做出了重要的贡献，廓清了词源上的众多事实，取得了可喜的成果。但个别词语溯源研究的积累能否阐明词汇体系的质的变化？正如德国语言学家魏恩里希（Uriel Weinreich，1926–1967）所指出："词语的增加，不能过于简单地仅仅看作词语的借用，或者词汇项目的追加。如 Hans K. Vogt（1903~1986）所言，向一个系统里加进，或者删除一些要素，都伴随着这一系统中的所有已有的互相区别的对立项的重构。如果认为一个新成分对接受系统的整体不产生任何影响，就是不承认系统本身的存在。"[①] 词语任何微小的增减都足以引起词汇体系的变动，而在近代（本书指 19 世纪至 20 世纪初），这种变动是根本性的，故笔者称之为"汉语词汇体系的近代重构"。"重构"意味着两个异质的、断绝过程的转换与过渡。1894 年的甲午之役及 19、20 世纪之交的义和团运动引发了深刻的民族危机，一些被称为"改革"的补救措施也就不可避免。进入 20 世纪后，中国社会发生了巨大的变化，废除科举、创建新学制与预备立宪是最为显著者。社会的变动要求语言也随之

---

① U. ワインライヒ（著）・神鳥武彦（訳）『言語間の接触：その事態と問題点』岩波書店、1976、1~2 頁。

变动，这种变化绝非在既有词汇知识的基础上添加若干新词那样简单。

如此，词汇体系的近代重构包括意义与形式两个方面。前者是指科学用语的获得，反映了崭新的、近代知识的概念架构；后者是指为完成科学叙事所必需的词语形式，具体地说就是言文一致赖以成立的词语上的支撑——二字词。①

现代汉语是从 19 世纪以前的近代汉语发展而来的，在 19、20 世纪之交的完成过程中，其基本结构词汇体系最明显的变化莫过于词语的二字化。汉语为什么会发生词汇的二字化现象？如何描述整个变化过程，诠释引发变化的种种动因？迄今为止的研究中"进化"是一个关键词。所谓"进化"意味着二字词化是汉语发展的必然方向，源于汉语自身的性质，是汉语自身的特质所致。即由一字词到二字词的变化是汉语"进化"的必然结果。胡适说"单音字变成复音字，乃是中国语言的一大进化"。②王力也说："汉语构词法的发展是循着单音词到复音词的道路前进的。"③傅斯年则触及问题的核心："中国文字，一字一音，一音一义，而同音之字又多，同音多者，几达百数。因同音字多之故，口说出来，每不易领会，更加一字以助之，听者易解矣。"一字词扩展成二字词才能做到"手写出来而人能解，口说出来而人能会。如此，则单词必求其少，复词必求其多，方能于诵说之时，使人分晓"④。"诵说"能不能听懂，除了内容上的要素以外，还有语言形式上的必要条件。

笔者曾指出，汉语词汇体系的近代重构在形式上需要满足两个条件：

---

① 日语称「二字語」。汉语史研究中多称"复音词"，词汇研究的专书、论文也称"双音词"或"双音节词"。笔者除了引用外，一般使用"二字词"这一术语。这主要是基于以下两点考虑：第一，"音节"一词作为语音学的术语使用是在 20 世纪之后，直至五四期间，而讨论此问题只用"字"，不用"音节"；第二，与汉语不同，在日语、朝鲜语里，汉字和音节并不存在一一对应的关系，而这里所讨论的二字词化问题同时也是东亚汉字文化圈其他语言所存在的现象。

② 胡适：《国语的进化》，《新青年》第 7 卷第 3 号，1920 年，第 7 页。

③ 王力：《汉语史稿》，第 340 页。董秀芳说："从以单音词为主过渡到以双音词为主，这是汉语内部的一个发展趋势（这一点已被高本汉、王力以来很多研究古汉语的学者注意到，并已成为汉语语言学界的共识）。"参见董秀芳《词汇化：汉语双音词的衍生和发展》修订本，商务印书馆，2011，第 10 页。

④ 傅斯年：《文言合一草议》，《新青年》第 4 卷第 2 号，1918 年。

（1）新的概念用二字词表示，如果新概念是通过翻译导入的，就可以说译词必须采用二字词形式；（2）对于表示旧有概念的一字词需要为之另行准备一个（更多的情况下是一组）同义或近义的二字形式的词。

笔者将上述条件称为汉语词汇近代化的"单双相通的二字词原则"。[①]这一原则意味着词汇体系的近代重构，首先是术语的获得，但仅有术语还不足以完成科学叙事，还需要二字动词、形容词及区别词，即"新谓词"与之相配合。汉语词汇体系的近代重构，不仅仅是学术用语的获得，必然包括科学叙事不可或缺的新谓词。"单双相通"实质上是针对既有一字动词、形容词及副词等提出的要求。科学叙事要求词汇系统为同一概念准备单双不同的词形。"单双相通"或被解释成汉语韵律上的特点，笔者认为问题的实质是科学的内容需要有与之相适应的语言形式。

20世纪初至1919年五四新文化运动，短短的十余年，二字词经历了从无到有、由隐至显的过程。在这一过程中，日语发挥了重要的作用。借用日语词除了省时省力外，还因为与"单双相通的二字词原则"类似，日语的近代词汇遵循的是"和汉相通的二字词原则"，即（1）新的概念主要用汉字二字词表示，这就意味着新加入的成分，如译词必须以汉字二字词形式为主；（2）日本的固有词汇「和語」，必须获得与之意义相同或相近的汉字二字词形式。

日本的新词、译词创制起步于18世纪中叶兴起的兰学，进入明治20年代以后，日本术语辞典的出版告一段落，术语体系的建构初步完成并开始向汉字文化圈的其他国家提供新词语。此后，以二字动词、形容词为主的谓词整备工作被提上日程。而这些现象背后的根本性原理是"和汉相通"。"和汉相通"所引发的二字词获得（自造或借自中国典籍、汉译西书、英华辞典）的过程一直持续到明治与大正的更替时期（1911年前后）。1891年日本第一本近代国语辞典《言海》四卷出齐，至明治时期结束（1912），十余种国语辞典刊行。这些辞典从时间序列上反映了二字汉字动词、形容词的发生、形成。

[①] 沈国威「中国語語彙体系の近代化問題—二字語化現象と日本語の影響作用を中心として」内田慶市（編著）『周縁アプローチによる東西言語文化接触の研究とアーカイヴスの構築』関西大学東西学術研究所、2017。

反观汉语，新的词汇体系同样既需要新名词，也需要新谓词。后者在言文一致的环境中（如各种课堂）尤为重要。那么，短时期内从哪里获得数量庞大的二字词？胡适、傅斯年都将目光投向了汉语典籍。古典是二字词的宝库，但并非可以信手拈来。实际上，借力日语成了完成这一艰巨任务的终南捷径。《辞源》大致反映了这一事实。学术用语的大量收录无疑是《辞源》对现代汉语最重要的贡献，但是《辞源》对新词缀现象几乎没有加以反映；《辞源》另一个严重缺陷是，数以千计的二字动词、形容词未被收录。这种情况在《辞源》续编中也没有得到根本性的改善。大量二字谓词的缺失，说明当时的汉语还没有为社会对语言的新要求——"科学叙事"做好最后的准备，词汇体系的近代重构距离完成尚有一步之遥。但事实上，数以千计未被收录的二字词中既有古典词，又有新词，其中大部分已经在《申报》《大公报》《东方杂志》等国内媒体上频繁使用了。这些词为何没有进入《辞源》编纂者的视野？即使考虑到工具书的词条采录具有一定的滞后性这一因素，也很难解释其中的缘由。如何解释辞典与媒体上实际使用的差距？这是一个被我们长期忽视而实际上极为重要的问题。笔者认为症结在于"一词意识"的确立，即大量的二字组合还没有或不需要被认定为一个词汇单位。

休眠的古典词在日语的刺激下复活，意味着我们需要重新审视现代汉语二字词形成的原因、机制。除此以外，二字动词、形容词（包括区别词，即非谓形容词）的增加以及既有词语的意义更新和使用频率（以下略为"词频"）所显示的词语"基本度"的变动也是词汇体系近代重构的主要内容。[①] 与上述新名词和新词缀相比，动词、形容词等似乎还没有清晰地进入研究者的视野。迄今为止，动词、形容词作为新词语的考察多限于个案，还没有显示出应有的体系性。名词提供概念，谓词担任叙述的框架，没有谓词无以成句。谓词的增加与更新是词汇体系重构的重要部分，五四时期的言文一致运动也与此有密不可分的关系。

晚于日语约 1/4 世纪，1919 年五四新文化运动以后，汉语词汇体系的近代重构初步完成。重构的结果是，学术用语和抽象词汇得以编入现代汉

---

① 19、20 世纪之交的媒体上有大量对"新名词"的批评。此处的"新名词"也包括动词、形容词，但主要是术语类。

语的词汇体系，这是表达新的概念体系不可或缺的成分；新谓词则形成了大量的同义词群，这使对新的概念体系进行区别性叙述成为可能；新词缀及其派生成分的功能是对日益复杂的概念体系进行分类和体系化。新词语各司其职，内容和形式两方面都使科学叙事成为可能。今日之汉语已非昨日之汉语。傅斯年在谈及怎样作白话文时，反复强调"直用西洋词法"。[1]诚如斯言，欧化是汉语近代演化的强力推手，故应成为近代汉语研究最根本的视角。但我们需要注意，欧化是通过日语实现的。1904 年废除科举后，东渡留学和随之而来的东文中译盛行，名为翻译，实为重写的情况比比皆是。1917 年胡适等留美学生回国之后，直接译自西文的图书才逐渐增多，即便如此，社会思想、文学艺术等方面的翻译大多也同时参考了或重译自日本的译本。翻译书中日制译词的大量存在就暗示了这一点。中国的古典词、近世·近代词语，尤其是汉译西书的译词是日语词汇由前近代向近代转型的宝贵资源，[2]日语正是在这样的基础上再反过来影响汉语乃至朝鲜语和越南语的。笔者将这一过程称为"汉字文化圈内的词语环流"。词汇史的研究要清楚地把握考察对象在环流过程中所处的位置，唯有如此，才能解明词语的来龙去脉。

汉语的词汇体系需要大量新的词汇单位，需要获得名–动–形之间词性转换的手段，需要对概念加以体系化和分类的新词缀。汉语词汇有哪些功能性的变化，也是我们的关注点。新名词不仅是近代词汇史的研究对象，也是所有冠以"近代"的学术史研究的必然对象。例如科技用语的形成史往往是近代学科史研究的出发点，而西方的文物制度的名称也是中外文化交流史、思想史等诸研究领域无法忽视的内容。

内容引起了形式的变化，这种变化是非连续性的。针对 19 世纪以后的新词、译词的研究，自有不同于其他研究的视角。从造词者、首见书证、意义、传播、普及、定型及变异等内容上记述词语的来龙去脉无疑是重要的，这也是大型语文辞典编纂的主要内容。但同时需要新的视角和新的研究方法。近代以降的新词语引发了语言形式的变化，促成了语言的转型。

---

[1] 傅斯年:《怎样做白话文?》,《新潮》第 1 卷第 2 号，1919 年。

[2] 沈国威「漢語の育てた近代日本語——西学東漸と新漢語」『國文學：解釈と教材の研究』41 巻 11 号、1996 年。

　　新知识本身需要新的语言形式，包括学科体系的建构在内，语言的近代化与社会的近代化有着密不可分的关系，这是东亚各国共同的课题。汉语典籍和 19 世纪的英华辞典为日语提供了丰富的语词资源，率先完成近代词汇体系建构的日语又帮助东亚其他语言迅速完成了近代转型。如王国维所说，中国西方之间"又有一日本焉，为之中间之驿骑"。廓清这段历史是近代词汇研究的重要内容。

参考文献

专著类

【中文】

北京师范学院中文系汉语教研组编著《五四以来汉语书面语言的变迁和发展》，商务印书馆，1959。

本杰明·李·沃尔夫著，约翰·B.卡罗尔编《论语言、思维和现实——沃尔夫文集》，高一虹等译，商务印书馆，2012。

本尼迪克特·安德森：《想象的共同体——民族主义的起源与散布》，吴叡人译，上海人民出版社，2005。

曹炜：《汉语精讲》，北京大学出版社，2001。

曹炜：《现代汉语词汇研究》，北京大学出版社，2004。

曹元宇编著《中国化学史话》，江苏科学技术出版社，1979。

陈福康：《中国译学理论史稿》修订本，上海外语教育出版社，2000。

费正清、刘广京编《剑桥中国晚清史（1800~1911年）》，中国社会科学院历史研究所编译室译，中国社会科学出版社，1985。

冯天瑜：《新语探源——中西日文化互动与近代汉字术语生成》，中华书局，2004。

弗里德里希·温格瑞尔、汉斯－尤格·施密特：《认知语言学导论》第二版，彭利贞、许国萍、赵微译，复旦大学出版社，2009。

高名凯、刘正埮:《现代汉语外来词研究》,文字改革出版社,1958。

戈公振:《中国报学史》,三联书店,1955。

顾长声:《传教士与近代中国》第2版,上海人民出版社,1991。

顾长声:《从马礼逊到司徒雷登——来华新教传教士评传》,上海人民出版社,1985。

关晓红:《晚清学部研究》,广东教育出版社,2000。

郭伏良:《新中国成立以来汉语词汇发展变化研究》,河北大学出版社,2001。

韩江洪:《严复话语系统与近代中国文化转型》,上海译文出版社,2006。

贺国伟:《前卫词话》,南京大学出版社,2001。

胡以鲁:《国语学草创》,山西人民出版社,2014。

黄克武:《自由的所以然:严复对约翰弥尔自由思想的认识与批判》,上海书店出版社,2000。

黄彰健:《戊戌变法史研究》,上海书店出版社,2007。

蒋英豪:《黄遵宪师友记》,上海书店出版社,2002。

金观涛、刘青峰:《观念史研究:中国现代重要政治术语的形成》,香港中文大学当代中国文化研究中心,2008。

孔祥吉:《康有为变法奏议研究》,辽宁教育出版社,1988。

孔祥吉编著《康有为变法奏章辑考》,北京图书馆出版社,2008。

李博:《汉语中的马克思主义术语的起源与作用——从词汇-概念角度看日本和中国对马克思主义的接受》,赵倩等译,中国社会科学出版社,2003。

李建平主编《严复与中国近代思想》,海风出版社,2007。

李仁渊:《晚清的新式传播媒体与知识份子——以报刊出版为中心的讨论》,稻乡出版社,2013。

刘坚编著《近代汉语读本》,上海教育出版社,1985。

刘进才:《语言运动与中国现代文学》,中华书局,2007。

刘叶秋:《中国字典史略》,中华书局,1992。

闾小波:《中国早期现代化中的传播媒介》,上海三联书店,1995。

罗芙芸:《卫生的现代性:中国通商口岸卫生与疾病的含义》,向磊译,江苏人民出版社,2007。

罗新璋编《翻译论集》，商务印书馆，1984。

罗志田：《二十世纪的中国思想与学术掠影》，广东教育出版社，2001。

罗志田：《国家与学术：清季民初关于"国学"的思想论争》，三联书店，2003。

罗志田：《激变时代的文化与政治——从新文化运动到北伐》，北京大学出版社，2006。

马洪林：《康有为大传》，辽宁人民出版社，1988。

马士：《中华帝国对外关系史》，张汇文等译，上海书店出版社，2000。

马西尼：《现代汉语词汇的形成——十九世纪汉语外来词研究》，黄河清译，汉语大辞典出版社，1997。

潘文国、叶步青、韩洋：《汉语的构词法研究》，台湾学生书局，1993。

彭文祖：《盲人瞎马之新名词》，秀光舍，1915。

戚学本：《严复〈政治讲义〉研究》，人民出版社，2014。

任达：《新政革命与日本：中国，1898~1912》，李仲贤译，江苏人民出版社，1998。

萨丕尔：《语言论——言语研究导论》，陆卓元译，商务印书馆，1964。

沈国威编著《六合丛谈——附解题·索引》，上海辞书出版社，2006。

沈国威编著《新尔雅——附解题·索引》，上海辞书出版社，2011。

沈国威编《近代英华华英辞典解题》，关西大学出版部，2011。

沈国威、内田庆市编《邝其照字典集成 影印与解题》，商务印书馆，2016。

沈国威：《严复与科学》，凤凰出版社，2017。

沈国威：《一名之立 旬月踟蹰——严复译词研究》，社会科学文献出版社，2019。

沈国威：《汉语近代二字词研究——语言接触与汉语的近代演化》，华东师范大学出版社，2019。

沈苏儒：《论信达雅：严复翻译理论研究》，商务印书馆，1998。

盛邦和：《黄遵宪史学研究》，江苏古籍出版社，1987。

实藤惠秀：《中国人留学日本史》，谭汝谦、林启彦译，香港中文大学出版部，1982。

市川勘、小松岚：《百年华语》，上海教育出版社，2008。

史有为：《汉语外来词》，商务印书馆，2000。

松浦章、内田庆市、沈国威编著《遐迩贯珍——附解题·索引》，上海辞书出版社，2005。

苏精：《马礼逊与中文印刷出版》，台湾学生书局，2000。

苏精：《中国，开门！——马礼逊及相关人物研究》，香港基督教中国宗教文化研究社，2005。

苏精：《铸以代刻》，台大出版中心，2014。

孙常叙：《汉语词汇》，吉林人民出版社，1956。

谭树林：《马礼逊与中西文化交流》，中国美术学院出版社，2004。

汤志钧：《戊戌变法人物传稿》增订本，中华书局，1982。

汤志祥：《当代汉语词语的共时状况及其嬗变——90 年代中国大陆、香港、台湾汉语词语现状研究》，复旦大学出版社，2001。

田忠侠：《辞源考订》，东北师范大学出版社，1988。

田忠侠：《辞源续考》，黑龙江人民出版社，1992。

王宝平主编《中日文化交流史研究》，上海辞书出版社，2008。

王冰：《中外物理交流史》，湖南教育出版社，2001。

王宏志：《重释"信、达、雅"——20 世纪中国翻译研究》，清华大学出版社，2007。

王健编《西法东渐——外国人与中国法的近代变革》，中国法政大学出版社，2001。

王力：《汉语史稿》，中华书局，初版 1958，重印 1980。

王天根：《〈天演论〉传播与清末民初的社会动员》，合肥工业大学出版社，2006。

王宪明：《语言、翻译与政治——严复译〈社会通诠〉研究》，北京大学出版社，2005。

王扬宗：《傅兰雅与近代中国的科学启蒙》，科学出版社，2000。

汪晖：《现代中国思想的兴起》第二部下卷《科学话语共同体》，三联书店，2004。

吴义雄：《在宗教与世俗之间——基督教新教传教士在华南沿海的早期活动研究》，广东教育出版社，2000。

熊月之：《西学东渐与晚清社会》，上海人民出版社，1994。

杨华：《汉语新词语研究》，黑龙江教育出版社，2002。

叶龙:《桐城派文学史》,香港龙门书店,1975。

余绳武、刘存宽主编《十九世纪的香港》,中华书局,1994。

袁翰青:《中国化学史论文集》,三联书店,1956。

张灏:《时代的探索》,联经出版事业股份有限公司、中研院,2004。

张小平:《当代汉语词汇发展变化研究》,齐鲁书社,2008。

张志建:《严复学术思想研究》,商务印书馆国际有限公司,1995。

张子高编著《中国化学史稿·古代之部》,科学出版社,1964。

章太炎:《国学概论·国学论衡》,中华书局,2015。

郑海麟:《黄遵宪与近代中国》,三联书店,1988。

郑匡民:《梁启超启蒙思想的东学背景》,上海书店出版社,2003。

郑翔贵:《晚清传媒视野中的日本》,上海古籍出版社,2003。

中国佛教文化研究所编《俗语佛源》,上海人民出版社,1993。

周光庆:《汉语与中国早期现代化思潮》,黑龙江教育出版社,2001。

周光庆、刘玮:《汉语与中国新文化启蒙》,东大图书股份有限公司,1996。

周佳荣:《近代日人在华报业活动》,三联书店(香港)有限公司,2007。

周振鹤:《逸言殊语》增订版,上海人民出版社,2008。

卓南生:《中国近代报业发展史(1815~1874)》增订版,中国社会科学出版社,2002。

邹振环:《晚清西方地理学在中国——以 1815 至 1911 年西方地理学译著的传播与影响为中心》,上海古籍出版社,2000。

邹振环:《西方传教士与晚清西史东渐——以 1815 至 1900 年西方历史译著的传播与影响为中心》,上海古籍出版社,2007。

【日文】

安田敏朗『植民地の中の「国語学」』三元社、1997。

安田敏朗『帝国日本の言語編制』世織書房、1997。

坂出祥伸『中国近代の思想と科学 改訂増補』朋友書店、2001。

伴忠康『適塾と長与専斎: 衛生学と松香私志』創元社、1987。

倉沢剛『幕末教育史研究』吉川弘文館、1983~1986。

柴田省三『語彙論 英語学大系 7』大修館書店、1975。

長澤規矩也『昔の先生今の先生』愛育出版、1979。

陳力衛『和製漢語の形成とその展・』汲古書院、2001。

池上禎造『漢語研究の構想』岩波書店、1984。

川口由彦『日本近代法制史』新世社、1998。

大庭脩『漢籍輸入の文化史：聖徳太子から吉宗へ』研文出版、1997。

島尾永康『中国化学史』朝倉書店、1995。

徳田武『近世日中文人交流史の研究』研文出版、2004。

飛田良文『明治生まれの日本語』淡交社、2002。

福島邦道『日本館訳語攷』笠間書院、1993。

渡部万蔵『現行法律語の史的考察』万里閣書房、1930。

豊田実『日本英学史の研究』岩波書店、1939。

広田栄太郎『近代訳語考』東京堂出版、1969。

ハワード・テーラー（著）・舟喜信（訳）『ハドソン・テーラーの生涯と
　　その秘訣』いのちのことば社、1966。

黒住真『近世日本社会と儒教』ぺりかん社、2003。

荒川清秀『近代日中学術用語の形成と伝播：地理学用語を中心に』白
　　帝社、1997。

荒木伊兵衛『日本英語学書志』創元社、1931。

吉田寅『中国プロテスタント伝道史研究』汲古書院、1997。

イ・ヨンスク『「国語」という思想：近代日本の言語認識』岩波書店、
　　1996。

鈴木修次『漢語と日本人』みすず書房、1978。

鈴木修次『文明のことば』文化評論出版社、1981。

鈴木修次『日本漢語と中国：漢字文化圏の近代化』中央公論社、1981。

劉建雲『中国人の日本語学習史：清末の東文学堂』学術出版会、2005。

柳父章『翻訳とはなにか：日本語と翻訳文化』法政大学出版局、1976。

柳父章『ゴッドと上帝：歴史の中の翻訳者』筑摩書房、1986。

柳父章『一語の辞典——文化』三省堂、1995。

柳父章『近代日本語の思想：翻訳文体成立事情』法政大学出版局，
　　2004。

米川明彦『新語と流行語』南雲堂、1989。

内田慶市『近代における東西言語文化接触の研究』関西大学出版部、

2001。

内田慶市、沈国威（編著）『言語接触とピジン：19世紀の東アジア』白
　　帝社、2009。

平田武彦『坦堂古城貞吉先生』西海時論社、1954。

森岡健二（編著）『近代語の成立　明治期語彙編』明治書院、初版1969、
　　改訂版1991。

森岡健二、山口仲美『命名の言語学：ネーミングの諸相』東海大学出
　　版会、1985。

山室信一『思想課題としてのアジア：基軸・連鎖・投企』岩波書店、
　　2001。

山田孝雄『国語の中に於ける漢語の研究』寶文館、1940。

杉本つとむ『近代日本語の成立：コトバと生活』桜楓社、1960。

杉本つとむ『江戸時代蘭語学の成立とその展開　第2部（蘭学者による
　　蘭語の学習とその研究）』早稲田大学出版部、1977。

杉本つとむ（編）『江戸時代翻訳日本語辞典』早稲田大学出版部、1981。

杉本つとむ、呉美慧（編）『英華学芸詞林の研究：本文影印・研究・索
　　引』早稲田大学出版部、1989。

杉本つとむ『国語学と蘭語学』武蔵野書院、1991。

杉本つとむ『近代日本語の成立と発展』八坂書房、1998。

杉田玄白『蘭学事始』講談社、2000。

沈国威『近代日中語彙交流史：新漢語の生成と受容』笠間書院、1994。

沈国威（編著）『「新爾雅」とその語彙：研究・索引・影印本付』白帝社、
　　1995。

沈国威（編著）『「六合叢談」（1857–58）の学際的研究』白帝社、1999。

沈国威（編著）『植学啓原と植物学の語彙：近代日中植物学用語の形成
　　と交流：研究論文・影印翻訳資料・総語彙索引』関西大学出版部、
　　2000。

沈国威、内田慶市（編著）『近代啓蒙の足迹：東西文化交流と言語接触：
　　「智環啓蒙塾課初歩」の研究』関西大学出版部、2002。

沈国威（編著）『漢字文化圏諸言語の近代語彙の形成：創出と共有』関
　　西大学出版部、2008。

沈国威、内田慶市（編著）『近代東アジアにおける文体の変遷：形式と内容の相克を超えて』白帝社、2010。

聖書図書刊行会編集部『ハドソン・テーラー（戴徳生）の伝記』聖書図書刊行会、1956。

石井研堂『明治事物起原』日本評論社、初版1908、改訂版1944。

実藤恵秀『中国人日本留学史』くろしお出版、初版1960、増補版1970。

矢部一郎『植学啓原＝宇田川榕菴：復刻と訳・注』講談社、1980。

笹原宏之『日本の漢字』岩波新書、2006。

松井利彦『近代漢語辞書の成立と展開』笠間書院、1990。

丸山真男、加藤周一『翻訳と日本の近代』岩波書店、1998。

王宝平『清代中日学術交流の研究』汲古書院、2005。

尾形裕康『学制成立史の研究』校倉書房、1973。

尾佐竹猛『維新前後に於ける立憲思想』文化生活研究会、1925。

尾佐竹猛『明治文化史としての日本陪審史』東京邦光堂、1926。

梧陰文庫研究会（編）『古城貞吉稿井上毅先生伝』木鐸社、1995。

狭間直樹（編）『西洋近代文明と中華世界：京都大学人文科学研究所70周年記念シンポジウム論集』京都大学学術出版会、2001。

小川鼎三『解体新書』中央公論社、1968。

小森陽一『日本語の近代』岩波書店、2000。

小沢三郎『幕末明治耶蘇教史研究』亜細亜書房、1944。

閻立『清末中国の対日政策と日本語認識：朝貢と条約のはざまで』東方書店、2009。

伊原沢周『日本と中国における西洋文化摂取論』汲古書院、1999。

永嶋大典『蘭和・英和辞書発達史』講談社、1970。

増田・『西学東漸と中国事情：「雑書」札記』岩波書店、1979。

斎藤静『日本語に及ぼしたオランダ語の影響』篠崎書林、1967。

斎藤毅『明治のことば：東から西への架け橋』講談社、1977。

浙江大学日本文化研究所（編）『江戸・明治期の日中文化交流』農山漁村文化協会、2000。

中下正治『新聞に見る日中関係史』研文出版、1996。

朱鳳『モリソンの「華英・英華字典」と東西文化交流』白帝社、2009。

朱京偉『近代日中新語の創出と交流：人文科学と自然科学の専門語を中心に』白帝社、2003。

竹村覚『日本英学発達史』研究社、1933。

卓南生『中国近代新聞成立史』ぺりかん社、1990。

子安宣邦『漢字論：不可避の他者』岩波書店、2004。

惣郷正明『辞書とことば』南雲堂、1982。

佐伯好郎『支那基督教の研究3』春秋社、1944。

佐伯好郎『清朝基督教の研究』春秋社、1949。

佐藤亨『近世語彙の歴史的研究』桜楓社、1980。

佐藤亨『近世語彙の研究』桜楓社、1983。

佐藤亨『幕末・明治初期語彙の研究』桜楓社、1986。

佐藤喜代治『国語語彙の歴史的研究』明治書院、1971。

佐藤喜代治『日本の漢語：その源流と変遷』角川書店、1979。

【英文】

F. Masini, *The Formation of Modern Chinese Lexicon and Its Evolution toward a National Language: The Period from 1840 to 1898*（Journal of Chinese Linguistics），1993.

论文类

【中文】

陈力卫：《早期英华字典与日本的"洋学"》，《原学》第 1 辑，1994 年。

方维规：《论近现代中国"文明"、"文化"观的嬗变》，《史林》1999 年第 4 期。

冯桂芬：《上海设立同文馆议》，张静庐辑注《中国出版史料补编》，中华书局，1957。

冯锦荣：《陈荩谟（1600？～1692？）之生平及西学研究——兼论其著作与马礼逊华英字典之中西学缘》，《明清史集刊》第 9 卷，2007 年。

傅兰雅：《江南制造总局翻译西书事略》，《格致汇编》，南京古旧书店，1991 年影印本。

高凤谦:《论保存国粹》,《教育杂志》第 7 期,1910 年。

胡以鲁:《论译名》,《庸言》,1915 年。

黄克武:《新名词之战:清末严复译语与和制汉语的竞赛》,《中央研究院近代史研究所集刊》第 62 期,2008 年。

黄兴涛:《日本人与和制汉字新词在晚清中国的传播》,《寻根》2006 年第 4 期。

康有为:《日本书目志·自序》,《康有为全集》第三集,上海古籍出版社,1992。

李贵连:《近代初期中国法律的变革与日本的影响》,《比较法研究》1994 年第 1 期。

李贵连:《二十世纪初期的中国法学》,《中外法学》1997 年第 2、5 期。

刘广定:《〈格物探原〉与韦廉臣的中文著作》,杨翠华、黄一农主编《近代中国科技史论集》,中研院近代史研究所,1991。

刘广定:《中文"化学"考源》,台湾"中国化学会"《化学》第 46 卷第 1 期,1988 年。

刘广定:《中文"化学"源起再考》,台湾"中国化学会"《化学》第 50 卷第 1 期,1992 年。

刘学照、方大伦:《清末民初中国人对日观的演变》,《近代史研究》1989 年第 6 期。

鲁军:《清末西学输入及其历史教训》,《中国文化研究辑刊》第 2 辑,1985 年。

马建忠:《拟设翻译书院议》,张静庐辑注《中国近代出版史料初编》,上杂出版社,1953。

潘吉星:《谈"化学"一词在中国和日本的由来》,《情报学刊》1981 年第 1 期。

秋桐(章士钊):《译名》,《甲寅》,1914 年。

全香兰:《汉韩同形词偏误分析》,《汉语学习》2004 年第 3 期。

燃(吴稚晖):《书神州日报东学西渐篇后》,《新世纪》,张枏、王忍之编《辛亥革命前十年间时论选集》,三联书店,1960~1977。

容应萸:《戊戌维新与清末日本留学政策的成立》,王晓秋主编《戊戌维新与近代中国的改革——戊戌维新一百周年国际学术讨论会论文集》,社会科学文献出版社,2000。

沈国威:《王夫之使用过"物理""化学"吗?》,香港中国语文学会《词库建设通讯》第 19 期,1999 年。

沈国威:《1819 年的两本西方地理书》,《或问》,2004 年。

沈国威:《原创性、学术规范与"躬试亲验"》,《九州学林》2005 年冬季号。

沈国威:《奥地利国家图书馆藏近代汉译西书》,《或问》,2005 年。

沈国威:《译词与借词——重读胡以鲁〈论译名〉》,《或问》,2005 年。

沈国威:《近代西方新概念的词汇化——以"陪审"为例》,关西大学《亚洲文化交流研究》,2006 年。

沈国威:《黄遵宪的日语、梁启超的日语》,《或问》,2006 年。

沈国威:《黄遵宪〈日本国志〉的编码与解码》,关西大学《东西学术研究所纪要》,2007 年。

沈国威:《清末民初中国社会对"新名词"之反应》,关西大学《亚洲文化交流研究》,2007 年。

沈国威:《关于和文奇字解类资料》,《或问》,2008 年。

沈国威:《时代的转型与日本途径》,王汎森等《中国近代思想史的转型时代》,联经出版事业股份有限公司,2007。

沈国威:《"一名之立,旬月踟蹰"之前之后——严译与新国语的呼唤》,关西大学《东亚文化交涉研究》,2008 年。

沈国威:《近代东亚语境中的日语》,《或问》,2009 年。

沈国威:《清末民初申报载"新名词"史料(1)》,《或问》,2013 年。

沈国威:《关于清学部编简易识字课本(1909)》,《或问》,2009 年。

沈国威:《近代译词与汉语的双音节化演进:兼论留日学生胡以鲁的"汉语后天发展论"》,陈百海、赵志刚编《日本学研究纪念文集——纪念黑龙江大学日语专业创立 50 周年》,黑龙江大学出版社,2014。

沈国威:《近代英华辞典环流:从罗存德,井上哲次郎到商务印书馆》,《思想史》(7),2017 年。

沈国威:《Evolution 如何译为"天演"?》,关西大学《东西学术研究所纪要》,2019 年。

舒雅丽、阮福禄:《略论双音节汉越词与汉语双音节词的异同》,《汉语学习》2003 年第 6 期。

汤志钧：《再论康有为与今文经学》，《历史研究》2000 年第 6 期。

王宝平：《黄遵宪〈日本国志〉征引书目考释》，《浙江大学学报》（人文社会科学版）2003 年第 5 期。

王国维：《论新学语之输入》，《教育世界》，《王国维遗书》，上海书店出版社，1983。

王立达：《现代汉语中从日语借来的词汇》，《中国语文》1958 年第 2 期。

王树槐：《清末翻译名词的统一问题》，《中央研究院近代史研究所集刊》第 1 期，1969 年。

王扬宗：《清末益智书会统一科技术语工作述评》，《中国科技史料》1991 年第 2 期。

王扬宗：《关于〈化学鉴原〉和〈化学初阶〉》，《中国科技史料》1990 年第 1 期。

许海华：《近代中国日语教育之发端——同文馆东文馆》，《日语学习与研究》2008 年第 1 期。

姚小平：《早期的汉外字典——梵蒂冈馆藏西士语文手稿十四种略述》，《当代语言学》2007 年第 2 期。

余新忠：《晚清"卫生"概念演变探略》，黄爱平、黄兴涛主编《西学与清代文化》，中华书局，2008。

余又荪：《日译学术名词沿革》，《文化与教育旬刊》，1935 年。

余又荪：《日文之康德哲学译著》，《国闻周报》，1934 年。

余又荪：《西周之生涯与思想》，《国闻周报》，1934 年。

袁翰青：《化学教育 1》，杨根编《徐寿和中国近代化学史》，科学技术文献出版社，1986。

张秉伦、胡化凯：《中国古代"物理"一词的由来与词义演变》，《自然科学史研究》1998 年第 1 期。

张大庆：《早期医学名词统一工作：博医会的努力和影响》，《中华医史杂志》1994 年第 1 期。

张大庆：《高似兰：医学名词翻译标准化的推动者》，《中国科技史料》2001 年第 4 期。

张仲民：《"文以载政"：清末民初的"新名词"论述》，《学术月刊》2018 年第 2 期。

郑奠:《谈现代汉语中的"日语词汇"》,《中国语文》1958 年第 2 期。

朱京伟:《严复译著中的新造词和日语借词》,《人文论丛》2008 年卷，中
　　国社会科学出版社，2009。

【日文】

八耳俊文「19 世紀後半の中国と化学」『第 10 次化学史研究春季研習班』、
　　1994 年。

八耳俊文「『重学浅説』の書誌学的および化学史的研究」『青山学院女子
　　短期大学紀要』、1996 年。

坂出祥伸「『六合叢談』に見える化学記事」『科学史研究』、1970 年。

坂出祥伸「戊戌変法期における康有為の明治維新論」関西大学『文学論
　　集』、1992 年。

陳力衛「新漢語の現代」佐藤武義（編著）『概説現代日本のことば』朝
　　倉書店、2005。

村田雄二郎「康有為と『東学』」『東京大学外国語科研究紀要』、1992 年。

大鳥蘭三郎「我医学に使用せらるゝ解剖学語彙の変遷」『中外医事新報』、
　　1932~1933 年。

島尾永康「『化学』の初出についての新説」『科学史研究』、1988 年。

飛田良文「外来語の取り入れ方の変化」『日本語学』、1998 年。

宮島達夫「現代語いの形成」『国立国語研究所論集ことばの研究 3』、
　　1967 年。

宮島達夫「日本語とドイツ語の語彙史の比較（続）」『京都橘女子大学研
　　究紀要』、1999 年。

宮島達夫「語彙史の比較（1）──日本語」『京都橘女子大学研究紀要』、
　　2009 年。

宮島達夫「日本語とドイツ語の語彙史の比較」『国語と国文学』、1999 年。

宮田和子「十九世紀の英華・華英辞典目録──翻訳語研究の資料として」
　　『国語論究 6 近代語の研究』、1997 年。

古田東朔「『智環啓蒙』と『啓蒙智慧之環』」『近代語研究』、1968 年。

谷口知子「『望遠鏡』の語誌について」『或問』、2000 年。

広田鋼蔵「明治期の日本国民の化学観」『化学史研究』、1986 年。

広田鋼蔵「明治の化学者――その抗争と苦渋」『東京化学同人』、1988 年。

菅原国香「『化学』という用語の本邦での出現・使用に関する一考察」『科学史研究』、1987 年。

菅原国香「宇田川榕菴の造語『舎密加』と『舎密』の典拠とその使用例について」『化学史研究』、1998 年。

鈴木修次「厳復の訳語と日本の新漢語」『国語学』、1983 年。

劉凡夫「中国語辞書辞源初版に収録された日本語語彙の性格」『国語学研究』、1993 年。

マシニ―「早期の宣教師による言語政策：17 世紀までの外国人の漢語学習における概況――音声、語彙、文法」内田慶市、沈国威（編）『19 世紀中国語の諸相：周縁資料（欧米・日本・琉球・朝鮮）からのアプローチ』雄松堂出版、2007。

内田慶市「ヨーロッパ発～日本経由～中国行き――『西学東漸』もう一つのみちすじ」『浙江と日本』、1997 年。

那須雅之「G. C. Stent とその著書について」『中国語学』、1993 年。

那須雅之「W. Lobscheid 小伝――英華字典無序本とは何か」『文学論叢』、1995 年。

那須雅之「Lobscheid の英華字典について ―― 書誌学的研究（1）（2）」『文学論叢』、1997~1998 年。

那須雅之「英華字典を編んだ宣教師ロブシャイト略伝（上中下）」『しにか』、1998 年。

上垣外憲一「黄遵憲記念館所蔵の日本漢籍について」『中国に伝存の日本関係典籍と文化財――国際シンポジウム第 17 集』、2002 年。

沈国威:「[Ｖ＋Ｎ] 構造の二字漢語名詞について――動詞語基による装定の問題を中心に、言語交渉の観点から」『国語学』、1991 年。

沈国威「大阪外大図書館蔵英華字典」『国語学』、1993 年。

沈国威「中国の近代学術用語の創出と導入」『文林』、1995 年。

沈国威「漢語の育てた近代日本語 ―― 西学東漸と新漢語」『国文学』、1996 年。

沈国威「近代における漢字学術用語の生成と交流医学 ―― 用語編（1）（2）」『文林』、1996~1997 年。

沈国威「新漢語研究に関する思考」『文林』、1998 年。

沈国威「日本発近代知への接近――梁啓超の場合」関西大学『東アジア
　　文化交·研究』、2009 年。

沈国威「近代の新語訳語と中国語の二字語化――日本語の影響作用を中
　　心として」沈国威、内田慶市（編著）『環流する東アジアの近代新
　　語訳語』ユニウス、2014。

石山洋「潘吉星教授：用語『化学』および『植物学』の初期使用に関す
　　る新資料に接して」『科学史研究』、1985 年。

手島邦夫「西周の新造語について――『百学連環』から『心理説ノ一斑』
　　まで」『国語学研究 41 集別册』、2002 年。

舒志田「『全体新論』と『解体新書』の語彙について」『或問』、2004 年。

松本秀士「ホブソン（合信）にみる解剖学的語彙について」『或問』、
　　2006 年。

松村明「翻訳、対訳、直訳、義訳――解体新書とその訳語（一）」『国語
　　研究室』、1964 年。

松井利彦「近代日本語における『時』の獲得」『或問』、2005 年。

松浦章「上海沙船船主郁松年の蔵書」『或問』、2001 年。

蘇小楠「近代日本語の成立が近代中国語に与えた影響」『日本語論究 7』、
　　2003 年。

田中実「日中学術用語交流史の一問題」『科学史研究』、1970 年。

武藤長蔵「再ビ銀行ナル名辞ノ由来ニ就テ」『国民経済雑誌』、1919 年。

小沢三郎「『智環啓蒙』と耶蘇教」『幕末明治耶穌史研究』、1973 年。

中村久四郎「六諭衍義と智環啓蒙」『東亜之光』、1916 年。

宗田一「わが国における『化学』の呼称」『科学史研究』、1971 年。

资料·辞典类

【中文】

柴萼:《梵天庐丛录》，中华书局，1926。

《昌言报》，中华书局，1991。

陈旭麓、方诗铭、魏建猷主编《中国近代史词典》，上海辞书出版社，1982。

陈学恂主编《中国近代教育史教学参考资料》，人民教育出版社，1986。

《第一次中国教育年鉴》，传记文学出版社，1971。

丁文江、赵丰田编《梁启超年谱长编》，上海人民出版社，1983。

樊楚才编《樊山判牍正编续编》，大达图书供应社，1933。

樊增祥：《樊山政书》，中华书局，2007。

冯君豪注解《天演论》，中州古籍出版社，1998。

高步瀛、陈宝泉编《国民必读》，1905。

郭嵩焘：《伦敦与巴黎日记》，岳麓书社，1984。

国家档案局明清档案馆编《戊戌变法档案史料》，中华书局，1958。

合信：《全体新论》，墨海书馆，1851。

合信：《博物新编》，墨海书馆，1855。

合信：《西医略论》，墨海书馆，1857。

合信：《妇婴新说》，墨海书馆，1858。

合信：《内科新说》，墨海书馆，1858。

合信：《英华医学字释》，墨海书馆，1858。

黄时鉴整理《东西洋考每月统记传》，中华书局，1997。

黄遵宪：《日本国志》，上海古籍出版社，2001。

《江西乡试闱墨》，国家图书馆普通古籍部藏。

姜义华、张荣华编校《康有为全集》，中国人民大学出版社，2007。

李圭：《环游地球新录》，岳麓书社，1985。

李国俊编《梁启超著述系年》，复旦大学出版社，1986。

李提摩太：《泰西新史揽要》，上海书店出版社，2002。

呤唎：《太平天国革命亲历记》，王维周、王元化译，上海人民出版社，
　　1997。

刘正埮：《汉语外来词词典》，上海辞书出版社，1984。

楼宇烈整理《康南海自编年谱》，中华书局，1992。

罗森：《日本日记》，岳麓书社，1985。

玛吉士：《新释地理备考全书》，中华书局，1991。

孟昭常编《公民必读初编》，预备立宪公会发行，1907。

闵尔昌辑《碑传集补》，文海出版社，1973。

牛仰山选注《严复文选》，百花文艺出版社，2006。

《清光绪朝中日交涉史料》，文海出版社，1963。

《清季外交史料全书》，学苑出版社，1999。

清史编委会编《清代人物传稿》，辽宁人民出版社，1984。

《时务报》，中华书局，1991。

舒新城编《近代中国教育史料》，中国人民大学出版社，2012。

谭汝谦主编《中国译日本书综合目录》，香港中文大学出版社，1980。

《王国维遗书》，上海古籍书店，1983。

王宏翰：《医学原始》，上海科学技术出版社，1989。

王栻主编《严复集》，中华书局，1986。

王韬：《弢园文录外编》，中州古籍出版社，1998。

王先谦：《虚受堂书札》，文海出版社，1971。

吴振清、徐勇、王家祥编校整理《黄遵宪集》，天津人民出版社，2003。

夏东元编《郑观应集》，上海人民出版社，1982。

香港中国语文学会编《近现代汉语新词词典》，汉语大词典出版社，2001。

熊元锷等：《江西乡试录》，奎宿堂。

学部编《国民必读课本初稿》，学部图书局印行，1910。

叶德辉：《翼教丛编》，文海出版社，1971。

《译书公会报》，中华书局，2007。

曾纪泽：《出使英法俄国日记》，岳麓书社，1985。

章伯锋等编《近代稗海》，四川人民出版社，1988

政协南昌市文史资料研究委员会编《南昌文史资料选辑》第1辑，1983。

《知新报》，澳门基金会、上海社会科学院出版社，1996。

中国社会科学院近代史研究所翻译室编《近代来华外国人名辞典》，中国
    社会科学出版社，1981。

《中国现代学术经典·余嘉锡、杨树达卷》，河北教育出版社，1996。

【日文】

『植学启原·植物学』恒和出版、1980。

大槻清修『磐水存響』自家版、1912。

『大日本古文書幕末外国関係文書』東京大学史料編纂所、1972。

大友信一等（編）『日本一鑑本文と索引』笠間書院、1974。

大友信一等（編）『遊歴日本図経本文と索引』笠間書院、1975年。

『荻生徂徠全集』河出書房新社、1977。

加藤知己等（編）『幕末の日本語研究 W. H. メドハースト英和・和英語彙複製と研究・索引』三省堂、2000。

飛田良文、琴屋清香『改訂増補哲学字彙訳語総索引』港の人、2005。

交詢社（編）『宇都宮氏経歴談 補』汲古会、1932。

京都大学文学部（編）『纂輯日本訳語』京都大学国文学会、1968。

京都市立西京商業高等学校（編）『京都市立西京商業高等学校図書館所蔵洋学関係資料解題Ⅱ』京都市立西京商業高等学校、1967。

『日本国語大辞典　2版』小学館、2002。

『日本立法資料全集』信山社、1999。

杉本つとむ『語源海』東京書籍、2005。

『通航一覧続輯』清文堂出版、1972。

『文明源流叢書』国書刊行会、1915。

惣郷正明『明治のことば辞典』東京堂出版、1986。

惣郷正明等（編）『辞書解題辞典』東京堂出版、1977。

【英文】

A. Wylie, *Memorials of Protestant Missionaries to the Chinese: Giving a List of Their Publications, and Obituary Notices of the Deceased,* Presbyterian Mission Press, 1867.（成文书局1967年影印版）

附 录
《辞源》中的日源词[*]·日本参照词

---

* 加下画线者为现代汉语中仍在使用的词（专有名词除外）。

① 对"假释"一词需要做一点解释。《辞源》的释义为："假释，法律名词。刑律对于已入
狱而有梭悔实据者，满一定之年限，依一定之程序，得许假释出狱。日本谓之假出狱。"
可知"假释"来自于日语的"假释放"应无问题，虽然日语的原词形没有保持下来，在
此也一并作为日源词处理。

兴行	<u>舞蹈</u>	舶来品	荷物	华族
万年笔	<u>号外</u>	西海道	西乡隆盛	见本
规尼涅	觉书	角埒	言叶	<u>调制</u>
护谟	丰臣秀吉	贷方	卖捌	赘泽品
越几斯	<u>输入</u>	<u>输出</u>	辨当	<u>辩护士</u>
运转手	<u>道具</u>	远足	邮便	配达
配当（金）	重曹	钓钟虫	长崎	亲族
开港场	关白	隐居	露西亚	鲸尺
鮨	鹿儿岛	麒麟		

正编日本参照词

押汇	东洋车	东洋参	上校	上将
上尉	中校	中尉	中将	刑律
刑事诉讼律	加斯	大总统	民律	民事诉讼律
清理人	纸版	台球	跳舞	

续编日源词

一灯园	中江藤树	乙女	二距斜	伊藤仁斋
创立总会	敕令	取引所	大本教	大审院
大藏省	女阪	妃色	山崎暗斋	后见监督人
御中	御免	挽物	抚子	政友会
政治季节	<u>文库</u>	文科中学	日本教育	日本薄荷
日本住血吸虫病	木下顺庵	水平运动	波止场	熟柿主义
玉虫厨子	相杀	相续分	破门	硝子
秽多非人	筒袖	缟物	缩缅	纐珍
续藏经	<u>羊羹</u>	羽织	羽二重	臆病
剃刀体操	藤田东湖	藤原惺窝	<u>处女作</u>	蝙蝠伞
襦祥	西原借款	请负	护谟树	贝原益轩
赖山阳	金巾	<u>高等学校</u>		

续编日本参照词

堙壕臼炮	外国荷花	大亚细亚主义	大丽花	工会
引港费	扣押	柳叶菜	熟石灰	玉蝉花
相对人	程序	苔苈	里白	

事项索引

词语索引

后 记

本书是前著《近代中日词汇交流研究：汉字新词的创制、容受与共享》（中华书局，2010）的修订版。在前著的后记中，笔者曾写道：

笔者的博士学位申请论文以专著的形式出版是在 1994 年 3 月（《近代日中语汇交流史》，东京：笠间书院）。或许是第一本以"近代中日词汇交流"为书名的著作的缘故，拙著受到了学界的善意回应，获得了 1996 年度日本新村出研究赞助奖，并在售罄多年之后于 2008 年出了平装改订新版。最初，我也曾有过翻译成中文，就教于国内专家学者的想法，但终因原著过多涉及日语的问题，无法完整译出而作罢。数年前，畏友黄兴涛教授动员我索性另写一本，并热情代为联系出版事宜。只是作者生性拖沓，动笔后，原先说好的日期一再延宕，直到今天才勉强交卷。首先要感谢兴涛教授的忍耐和宽容。

前著出版以后，作者更明确地意识到中日之间的词汇交流问题，不仅仅是语词借贷取予的"恩恩怨怨"，而应该放在"近代"的历史脉络中，作为民族国家的形成和"国语"获得的问题加以考虑。这种研究思路的转换首先得益于马西尼的那本名为 *The Formation of Modern Chinese Lexicon and its Evolution toward a National Language* 的著作，以及与其他研究领域的专家学者们的交流。

笔者开始思考：围绕汉字新词译词展开的词汇交流与"近代"

之间究竟是何种关系，语言研究者的任务是什么？本书或可以算是一个初步的回答。本书力求从汉字文化圈域内各语言词汇近代化的视角，把握汉语与日语在词汇方面的互动关系。

民族国家的成立使自然语言层面上的"方言"成为"国语"。16 世纪末的耶稣会士东来，特别是 19 世纪初新教传教士来华以后，人们又开始强烈地意识到"外国语"的存在。占据东亚学术语言地位的汉语书面语被相对化，并在词语体系上逐渐与西方语言建立了互相对应的关系。广泛的接触和深度的互动是语言的"近代"特征。近代的语言接触不仅仅指边界、移民、贸易等引起的语言现象，更主要的是指作为知识载体、媒介的语言的交流。前者常以口头语言为主，引起了生活、名物语词的借贷、洋泾浜语等现象，后者主要通过书面语实现，促成了抽象词汇的发生和文章体裁的变革。

我们从词汇、语音、语法三个层面感受到语言的变化。近代以前的汉语是否处于"超稳定结构"的状态？需要指出的是：语言的变化至少在近代以后被视作一种"进化"，即朝着一个特定的方向逐渐完善。可以说这是西方进步史观对语言意识的影响。例如，我们曾经相信象形文字是野蛮的文字，必然要向拼音文字发展进化，并最终被其取代。现在我们反思：语言是按照其自身的客观规律而变化的，其基本动因是时代、社会的要求和语言使用者的价值取向；同时，政治等外力的作用也是强大的，足以一时甚至永久地扭曲语言。近代以后，东亚各语言的词汇体系发生了哪些变化？之间的互动关系如何？这些课题都需要我们加以深入的研究。

语言是知识的载体，是信息的媒介，与社会生活之间存在着紧密的互动关系。西方新知识的东渐促进了东亚各语言向近代转变，同时语言的变化又记录了东亚社会的种种近代性获得的轨迹。汉字文化圈的存在，使域内的语言处于一种紧密的力学关系状态。如同汉语与中国的近代有不可分割的关系一样，汉字与东亚的近代也有着密切的联系。在西学东渐的大背景下，汉语一方面对汉字文化圈的其他语言产生了巨大的影响，另一方面也受到了汉字文化圈其他语言，尤其是日语的深刻影响。其中最重要的就是利用汉字接受西方新概念这一问题上的"共创、共享"。汉字文化圈内，大量抽象词语，或时代的关键词都是以汉字同形的形式存在的，这毫无疑问是域内语言接触、词汇交流的结果。而各语言之间的同形词在意义、用法上的异同反映了不同的国家、地区容受西方新概念、新知识的历程。

几个世纪以来，汉语发生了巨大的变化；特别是19世纪20世纪之交，汉语迎来了质变的时期，其后，汉语的"进化"也没有停止，一直持续到今天。那么，现在我们使用的汉语可以称之为"近代"的语言吗？或者说，汉语的近代化进程完成了吗？答案也许是否定的。作为民族国家的"近代"语言，至少应该具有以下的特征：可以用来表述不断出现、日益增多的新概念（能产性）；可以用来讲授新知识（传播性）；书面形式和口头形式具有较大的一致性（普及性）；有为绝大部分国民所掌握的可能（民主的机会均等）。从这些观点看，汉语还远远没有实现"近代化"。汉语中还有很多历史的遗物在左右我们的书面语价值取向。

以上就是本书的基本立场。本书除了《语言接触编》第一章"中国人遇到日本语"主要译自旧著外，其余章节为近年的研究成果。大部分内容曾首先在各种研讨会上发言，然后作为杂志论文发表。在这一过程中承蒙师友们惠赐宝贵意见。笔者特别感谢：自然科学史领域的王扬宗、韩琦、八耳俊文、顾有信（Joachim Kurtz）、阿梅龙（Iwo Amelung），历史、思想史研究领域的周振鹤、熊月之、松浦章、张西平、陶德民、黄兴涛、章清、方维规、邹振环、张仲民，语言、词汇史研究领域的内田庆市、马西尼（F. Masini）、陈力卫、朱京伟、李汉燊等诸位先生。

前著刊印2000册，现已难以购到。值此版权协议满期之际，蒙社会科学文献出版社不弃，拙著有机会以修订版形式再度奉献给读者。笔者衷心感谢社会科学文献出版社历史学分社宋荣欣总编辑的大力推动和责任编辑陈肖寒先生的精细工作。书稿的校对，得到了挚友冯谊光先生一如既往的热情帮助。

　　十年一瞬，前著出版后，日语借词方面的研究进展迅猛，论文、专书令人目不暇接。而回过头去看前著，尽管在内容上难免有些许沧桑感，但为了保持原貌，在此力求"修旧如旧"，改订仅限于一部分不准确的叙述和误植。同时为了反映学界的最新动向，整理充实了参考文献，并增写了"结语"。在"结语"里，笔者就汉语词汇体系近代重构的问题谈了一些想法。在前著中朦胧有所感的问题，经过近几年的思索有了新的心得。相关内容的详细论述还请参见笔者新著《一名之立　旬月踟蹰：严复译词研究》（社会科学文献出版社，2019）、《汉语近代二字词研究：语言接触与汉语的近代演化》（华东师范大学出版社，2019）。

　　总之，关于日语借词，本书做了一些粗浅的探索，同时也深深意识到问题的复杂和艰巨。道阻且长，还有很多工作要做。聊记数语，以为自勉。

沈国威

2020 年 3 月

图书在版编目（CIP）数据

新语往还：中日近代语言交涉史／（日）沈国威著
. -- 北京：社会科学文献出版社，2020.7（2021.12 重印）
ISBN 978 - 7 - 5201 - 6633 - 1

Ⅰ.①新…　Ⅱ.①沈…　Ⅲ.①词汇 - 文化交流 - 研究
- 中国、日本 - 近代　Ⅳ.①H134②H363

中国版本图书馆 CIP 数据核字（2020）第 078753 号

新语往还

——中日近代语言交涉史

著　　者／〔日〕沈国威

出 版 人／王利民
组稿编辑／宋荣欣　陈肖寒
责任编辑／李期耀　陈肖寒
责任印制／王京美

出　　版／社会科学文献出版社 · 历史学分社（010）59367256
　　　　　地址：北京市北三环中路甲 29 号院华龙大厦　邮编：100029
　　　　　网址：www.ssap.com.cn
发　　行／市场营销中心（010）59367081　59367083
印　　装／三河市东方印刷有限公司

规　　格／开本：787mm × 1092mm　1/16
　　　　　印张：37.25　字数：612 千字
版　　次／2020 年 7 月第 1 版　2021 年 12 月第 2 次印刷
书　　号／ISBN 978 - 7 - 5201 - 6633 - 1
定　　价／118.00 元